मोदी @20

मोदी @20

सपने हुए साकार

ब्लू क्राफ्ट डिजिटल फाउंडेशन

रूपा

प्रकाशित
रूपा पब्लिकेशंस इंडिया प्राइवेट लिमिटेड 2022
7/16, अंसारी रोड, दरियागंज
नई दिल्ली 110002

सेल्स सेन्टर:
इलाहाबाद बेंगलुरू चेन्नई
हैदराबाद जयपुर काठमाण्डू
कोलकाता मुम्बई

पुस्तक में छपी दुर्लभ तस्वीरों के लिए हम narendramodi.in के आभारी हैं

ISBN: 978-93-5520-801-9

तृतीय संस्करण 2022

10 9 8 7 6 5 4 3

भारत में मुद्रित

विषय-सूची

भाग 3
जन-धन: अर्थव्यवस्था सबके लिए

भाग 4
शासन की नयी मिसाल

भाग 5
वसुधैव कुटुम्बकम्: भारत और विश्व

प्रस्तावना

लता मंगेशकर
भारत रत्न

यह मेरा सौभाग्य है कि मैंने भारत जैसे एक शाश्वत और महान राष्ट्र में जन्म लिया है। एक ऐसा राष्ट्र जिसने दुनिया को इतना कुछ दिया है और हमेशा बड़े पैमाने पर वैश्विक भलाई के लिए काम किया है। हमारे देशवासियों में दया और करुणा जैसे गुण उनके अंत:करण तक बसे हुए हैं। हाँ, हमने समय समय पर चुनौतियों का सामना किया है, लेकिन अंतत: हम इंसान के तौर पर हमेशा प्रबल रहे हैं।

इस ऐतिहासिक कालखंड में हमारे देश के नेता, जो प्रधानमंत्री का पद संभाले हुए हैं, वह हैं हमारे चहेते नरेंद्र भाई। मैं उनको पिछले कई वर्षों से जानती हूँ और बहुत दिलचस्पी के साथ मैंने उनके उन सारे असाधारण कामों का अनुसरण किया है जो उन्होंने देशवासियों के लिए किए हैं।

सात अक्टूबर 2021 को, नरेंद्र भाई ने लोकतान्त्रिक रूप से चुनी हुई सरकार के एक प्रमुख के तौर पर बीस लगातार साल पूरे किए हैं।

नरेंद्र भाई अपने स्वभाव से वैसे राजनेता नहीं हैं जैसा कि हम पारंपरिक रूप से एक राजनेता की कल्पना करते हैं। जो मेरी उनके साथ अलग-अलग समय पर बातचीत हुई, उससे मैंने यह महसूस किया है कि उनका काम करने का तरीका अलग ही है। उनको सत्ता से कोई लगाव नहीं है।

उनके लक्ष्य बड़े हैं; जो कि भारत के लोगों के लिए कुछ करने के लिए हैं। उनकी अभिलाषा इस तथ्य में निहित है कि वह हमारे देश के प्रत्येक व्यक्ति के विकास की कहानी को अर्थपूर्ण बनाना चाहते हैं। भारत के इतिहास में, महात्मा गांधी का नाम स्वर्ण अक्षरों में लिखा हुआ है क्योंकि उन्होंने पूरे स्वतंत्रता संग्राम को एक जन आंदोलन में परिवर्तित कर दिया था। उन्होंने प्रत्येक नागरिक को यह सोचने के लिए प्रेरित किया कि वह जो भी कार्य करेंगे; उससे भारत के स्वतंत्रता के संकल्प को मजबूती मिलेगी। उसी भावना के साथ नरेंद्र भाई, भारत के विकास की यात्रा को एक जन आंदोलन में परिवर्तित कर रहे हैं। वह भारत के प्रत्येक नागरिक को इस लक्ष्य के साथ जोड़ रहे हैं।

हम सभी यह जानते हैं कि प्रधानमंत्री बनने से पहले, नरेंद्र भाई का मुख्यमंत्री के रूप में एक बेहद प्रभावशाली ट्रैक रिकार्ड रहा है। जिसके कारण उनको शासन की बारीकियों को समझने में मदद मिली है। एक मुख्यमंत्री के रूप में, नरेंद्र भाई ने गुजरात राज्य को विकास के नक्शे पर ला खड़ा किया। उन्होंने राज्य के विकास की सभी आवश्यकताओं पर कार्य किया, फिर चाहे वह कृषि के क्षेत्र में हो या उद्योग के। गुजरात में रहने वाले मेरे मित्र मुझे बताते हैं कि बिजली क्षेत्र को सुव्यवस्थित करना उनके स्थाई प्रभावों में से एक है। दूर दराज के आदिवासी क्षेत्र, जहां वर्षों से कभी विकास पहुँचा ही नहीं था, वह भी विकास के साक्षी बने हैं।

वर्ष 2014 में, भारत के लोगों ने नरेंद्र भाई को ऐसा जनादेश दिया जो कि दशकों में नहीं देखा गया था। मुझे स्पष्ट रूप से याद है कि उनको प्रधानमंत्री के रूप में देखने के लिए लोगों में गजब का उत्साह था। कोई भी भारतवासी वह भावुक दृश्य नहीं भूल सकता जब नरेंद्र भाई ने भारत की संसद और संविधान को झुक कर नमन किया था। लाल किले की प्राचीर से उनके पहले सम्बोधन ने राष्ट्र के आकांक्षी विचारों को बल मिला जब उन्होंने शौचालयों के बारे में बात की और जब उन्होंने महिला सुरक्षा के मुद्दे पर, माता-पिता को अपनी बेटियों के स्थान पर अपने बेटों से सवाल करने को कहा।

पिछले सात वर्षों में, वह बहुत सी ऐसी अद्वितीय पहल लेकर आए हैं जिनका उद्देश्य गरीबी और समस्याओं को खत्म करना है। उनके इन प्रयासों के कारण, गरीबों के बैंक में खाते खुल गए, उनको सामाजिक सुरक्षा मिली, घर मिले, बिजली और पानी की सुविधा मिली। यह उनकी कड़ी मेहनत का ही नतीजा है कि उनको एक बार फिर भारत की जनता ने वर्ष 2019 में व्यापक जनादेश दिया। मैं यह विश्वास के साथ कह सकती हूँ कि पूरी दुनिया उनके शासन के बारे में बात कर रही है।

नरेंद्र भाई अलग इसलिए दिखते हैं क्योंकि लोग उनपर भरोसा करते हैं। लोगों को पता है कि, चुनौती चाहे कितनी भी विकट क्यों ना हो, वह अपने सर्वोत्तम प्रयास और इरादों के साथ उसपर कार्य करेंगे और उसका समाधान निकाल लेंगे। इरादों और कार्यवाई पर ऐसा भरोसा, एक नेता को बाकी लोगों से अलग करता है। मुझे यह कहने में कोई झिझक नहीं है कि देश के प्रत्येक भाग में लोग उनको परिवार के एक सदस्य के रूप में देखते हैं जो कि ऐसे मुद्दों के बारे में बात करते हैं जिनसे लोग खुद को जोड़ पाते हैं।

मुझे इस बात की बेहद खुशी है कि नरेंद्र मोदी जी के राजनीतिक कार्यक्षेत्र के 20 वर्ष पूरे होने के उपलक्ष्य में एक पुस्तक लिखी जा रही है।

मुझे पूरा विश्वास है कि यह पुस्तक हम सभी के लिए एक प्रेरक और असाधारण गाथा के रूप में सामने आएगी।

मैं एक बहुत ही खास क्षण के बारे में बताना चाहती हूँ जिसके परिणामस्वरूप मैं नरेंद्र भाई से जुड़ी थी। वर्ष 2013 में, जब वह गुजरात के मुख्यमंत्री थे, तो हमारे निमंत्रण पर, नरेंद्र भाई ने बहुत ही विनम्रता के साथ अपने व्यस्त कार्यक्रमों से समय निकाल कर पुणे में हमारे दीनानाथ मंगेशकर सुपर स्पेशिएलिटी अस्पताल का उद्घाटन किया था।

बहुत सहज रूप से हम भाई-बहन के अनोखे बंधन में बंध गए और यह हमारे नाते के प्रत्येक पल में दृष्टिगत होता है।

मैं हमारे इस रिश्ते हो हमेशा सँजो कर रखती हूँ और आगे भी रखती रहूँगी।

एक गौरवान्वित भारतीय की तरह, मैं हमेशा यह देखना चाहती हूँ कि मेरा देश हमारी समृद्ध विरासत का एक प्रेरक और लगातार उभरता हुआ अवतार बने और उन ऊंचाइयों तक पहुंचे जिसके लिए हमारे स्वतंत्रता सेनानियों ने लड़ाई लड़ी थी।

हमारे प्रधानमंत्री नरेंद्र भाई को मेरी हार्दिक शुभकामनाएं। मैं यह आशा करती हूँ और प्रार्थना करती हूँ कि वह अपनी गतिशीलता, अभिलाषा और साहस से हमारे राष्ट्र को गौरव के पथ पर अग्रसर करते रहें।

परिचय

असली लोकतंत्र का स्वभाव तार्किक और प्रतिस्पर्धात्मक होता है। इसमें संवैधानिक रूप से अभिव्यक्ति की स्वतंत्रता, प्रेस की स्वतंत्रता, स्वतंत्र न्यायपालिका और समाज की भागीदारी होती है, जहां सभी को निडर होकर अपने विचार रखने का मौका मिलता है। हजारों वर्ष पुराने इतिहास और समानांतर बहस और चर्चाओं की समृद्ध परंपराओं वाला भारत जैसा देश इस तरह की प्रतियोगिताओं का शिरोबिंदु है। इसे एक अरब से अधिक के पैमाने पर जोड़ें तो एक युवा आबादी और भाषाओं, संस्कृतियों और भूगोल की एक मनमोहक विविधता साफ शामिल दिखाई देती है। साथ ही कोई भी भारत में निरंतर अवधि के लिए किसी भी एक विचार या विचारधारा केंद्र मंच की जटिलता और लगभग असंभव तक की भी कल्पना कर सकता है। इन सब के बावजूद देश में दो दशकों से अधिक समय से आइडिया ऑफ मोदी यानी मोदी के विचारों का ही बोलबाला है। एक तरह से देखा जाए तो राष्ट्र-निर्माण के परिपेक्ष में, ये 'मोदी के विचार' ही हैं जिन्होंने भारत को 21 वीं सदी में नया रूप दिया है और नए सिरे से परिभाषित किया।

नरेंद्र मोदी ने पहली बार 7 अक्टूबर 2001 को पश्चिमी भारतीय राज्य गुजरात के मुख्यमंत्री के रूप में शपथ ली थी, 2021 में उन्होंने लोकतांत्रिक ढंग से चुनी गई सरकार के प्रधान के रूप में बीस वर्ष पूरे किए, जिसमें साढ़े बारह साल एक मुख्यमंत्री और सात वर्ष से अधिक भारत के प्रधानमंत्री के रूप में रहे हैं। ये एक अनूठी घटना है जिसमें न केवल भारत में, बल्कि दुनिया भर में किसी भी लोकतांत्रिक राजनीति के लिए कुछ समानताएं हैं ।

इन बीस वर्षों में मोदी ने पांच चुनाव लड़े जिसमें उनका खुद का भविष्य दांव पर लगा था। 2002, 2007 और 2012 में गुजरात के मुख्यमंत्री पद के दावेदार के रूप में तो 2014 और 2019 का लोकसभा (सीधे संसद के लिए निर्वाचित) चुनाव में भारत के प्रधानमंत्री पद के उम्मीदवार के रूप में। इनमें से प्रत्येक चुनाव में वे न केवल अपराजित रहे हैं, बल्कि देश के भीतर हर चुनाव के साथ उनकी लोकप्रियता की रेटिंग 70 के ऊपर रही है।

2014 से पहले भारत की जनता ने तीन दशकों तक पूर्व बहुमत वाली सरकार का चयन नहीं किया था। 2014 में जब मोदी पीएम पद के उम्मीदवार थे तब भी तीन दशकों का पैटर्न उनके रास्ते का रोड़ा साबित नहीं हो सका और पहली बार उनकी पार्टी बीजेपी को पूर्ण बहुमत प्राप्त हुआ। हालांकि उनके आलोचकों ने इस परिणाम को अस्थायी घटना के रूप में खारिज कर दिया। मोदी के विरोधियों ने ऐलान कर दिया कि ये नतीजे मोदी से पैदा हुई उम्मीदों से ज्यादा प्रेरित था और ये उनके कार्यों और डिलिवरी से बिल्कुल भी मेल नहीं खाएगा। 2014 का कार्यकाल पूरा करने के बाद मोदी 2019 में एक बार फिर पहले से भी अधिक और बड़े बहुमत से विजयी हुए और मोदी यह उपलब्धि हासिल करने वाले लगभग पचास वर्षों में पहले प्रधानमंत्री बने। इस बार का फैसला सिर्फ उम्मीद से नहीं बल्कि उनके प्रदर्शन से प्रेरित था। इन वर्षों के दौरान, मोदी की लोकप्रियता पर सवार होकर, भाजपा ने उन राज्यों में भी सरकार बनाई जहां पहले से पार्टी की किसी भी तरह की कोई जमीन नहीं थी

भारत में राजनीतिक सफलता हासिल करने के लिए जो भी पैमाने होते हैं वो मोदी पर लागू नही होते वो एक ऐसी सामाजिक और आर्थिक पृष्ठभूमि से आते हैं, जहां सुविधाओं का आभाव रहा, उनका कोई वंशवादी विशेषाधिकार नहीं था, वो किसी बड़े कॉलेज नहीं गए ना ही किसी विशिष्ट वर्ग का हिस्सा थे जो उससे पहले भारत पर शासन करता था और न ही उनके पास बेहिसाब पैसा था। 2001 से पहले तो मोदी के पास कोई स्थानीय निर्वाचित दफ्तर भी नही था वो लगातार पर्दे के पीछे रहकर राष्ट्रीय स्वंमसेवक संघ और बाद में बीजेपी में अपनी भूमिका मजबूत करते रहे। एक तरह से उनका कोई ऐसा इतिहास नहीं रहा जिसे देश ने इतने बड़े पद तक पहुंचने के लिए पात्रता के तौर पर अतीत में देखा हो। फिर भी, बीस साल बाद देखा जाए तो मोदी न सिर्फ चुनावी मैदान में अपराजित रहे, बल्कि लोगों के बीच उनकी लोकप्रियता, सार्वजनिक प्रशंसा और सबसे महत्वपूर्ण रूप से भारत की स्वतंत्रता के बाद सबसे भरोसेमंद व्यक्तित्व के तौर पर निखरकर सामने आए हैं। देश में चुनाव राष्ट्रीय हों, राज्यों में हों या फिर स्थानीय नगरपालिका के ही क्यों न हो- राजनीतिक परिदृश्य में मोदी की उपस्थिति ही एक तरह से केंद्र बिंदु बन जाती है।

2014 में मोदी जनता के जयघोष से पद ग्रहण करने वाले पहले निर्वाचित प्रधानमंत्री बने। मोदी से पहले, किसी भी प्रधानमंत्री ने अपने नाम पर लोकप्रियता के साथ, पूर्ण बहुमत से सरकार बनाकर पद ग्रहण नहीं किया था। उनसे पहले के अन्य प्रधानमंत्रियों को या तो पहली बार उनके पदों पर नामित किया गया था और बाद में चुनाव जीते या फिर पूर्ण बहुमत न मिलने के बाद खंडित जनादेशों के साथ समझौता

करने वाले उम्मीदवार थे। स्वतंत्र भारत में मोदी पहले ऐसे प्रधानमंत्री हैं, जिन्हें चुनाव से पहले एक उम्मीदवार के तौर पर बाकायदा घोषित किया गया और फिर लोकप्रिय वोटों के भारी बहुमत के माध्यम से उस पद के लिए चुना गया।

आखिर देश के अलग अलग वर्गों, क्षेत्रों, जनसांख्यिकियों और उम्र के लोगों के बीच मोदी की इस निरंतर जन लोकप्रियता के क्या कारण हो सकते हैं? क्या यह 'गुजरात मॉडल' है; जो अच्छाई का पर्याय बन गया है और बाद में राष्ट्रीय स्तर पर दोहराया गया शासन उनकी सफलता की व्याख्या करता है? जटिल शासन चुनौतियों का सामना करते समय क्या यह मोदी की काम करके दिखाने की जानी मानी क्षमता है, जो उन्हें सबसे अलग बनाती है? क्या ये जन भागीदारी और सहभागी शासन पर उनका जोर है, जो न सिर्फ उन्हें लोगों से जोड़ता है बल्कि अन्य राजनेताओं से अलग बनाता है? क्या मोदी की सफलता की व्याख्या 'सबका साथ सबका विकास' से की जा सकती है, जिसने भारत में शासन के पैमाने को पूरी तरह से बदल दिया है और पहली बार जनता और केंद्र सरकार के बीच विश्वास पैदा किया?

ये वो तमाम मनमोहक सवाल हैं जिनका कोई निश्चित या परिभाषित जवाब नहीं है। यह मोदी के रूप को समझने की एक खोज है। वो साल 2021 में उनके द्वारा निर्वाचित पद ग्रहण करने की 20वीं वर्षगांठ का ही समय था; जब हमने सबसे पहले एक किताब के बारे में सोचना शुरू किया। हालांकि इस सोच के साथ-साथ हमें जल्द ही एहसास हो गया था कि अगर हम इस विषय पर गंभीरता से विचार करते हैं तो यह कोई साधारण किताब नहीं होगी। कारण साफ थे। सबसे अहम तो ये कि 20 वर्षों में मोदी के काम को पूरी तरह परिभाषित करने और दर्शाने का दावा किया जाए और फिर इस सवाल का जवाब दिया जाए कि मोदी नाम की अद्‌भुत घटना कैसे काम करती है, ये कौन कर सकता है? एक शिक्षाविद से पूछा जाए तो उसका जवाब एक संपत्ति सृजित करने वाले से बिल्कुल ही अलग होगा। वहीं अगर किसी राजनेता की राय जानी जाए तो वो देश के मतदाता से बिल्कुल अलग राय रखेगा। राजनेता बिल्कुल भी मोदी की ऐसी छवि से इत्तेफाक नहीं रख सकते जो मोदी के बारे में एक सामान्य मतदाता की सोच होगी। ये भी मोदी नाम की अद्‌भुत घटना का एक पहलू है कि उनमें से हर कोई अपने तरीके से सही होगा, क्योंकि कोई एक ही नजरिया मोदी जैसी सच्चाई को कैसे परिभाषित कर सकता है?

इतने मंथन के बाद हमें जल्द ही ये समझ आ गया कि ये पुस्तक केवल एक व्यक्ति का दृष्टिकोण नहीं हो सकती है। भले ही, वो व्यक्ति कितना भी जानकार क्यों न हो, मोदी के सभी पहलुओं के साथ न्याय करने के कैनवस पर वो कमतर ही उतरेगा। विचारों की जद्दोजहद में हमारे मन में एक विचार आया। ये विचार था संग्रह करने का। हमने सोचा कि क्यों हम अलग-अलग तरह के अपने-अपने क्षेत्र

में माहिर लोगों को एक साथ लाएं और मोदी विषय पर उनसे अपने विचार लिखने का अनुरोध करें?

वो अपनी विशेषज्ञता और विश्वसनीयता के जरिए एक ऐसा खाका तैयार करेंगे, जिसमें विश्लेषणात्मक और सैद्धांतिक दोनों तरीकों के साथ मोदी के व्यक्तिगत संस्मरण भी हों। ऐसा हुआ तो ये लोग अपने साथ न सिर्फ विशेषज्ञता लेकर आएंगे बल्कि ये भरोसेमंद भी होगा औरे साथ-साथ जो किताब बनेगी वो विश्लेषणात्मक और शैक्षणिक ढांचा से परिपूर्ण रहेगी। यही नहीं मोदी के साथ काम करने के व्यक्तिगत किस्सों से इस पुस्तक को पढ़ने वालों को मोदी के दिमाग के बारे में एक अंतर्दृष्टि भी मिलेगी। पूरी तरह से, यह किताब अपनी तरह की एकमात्र किताब बन जाएगी, जो यह समझाएगी कि मोदी कैसे काम करते हैं?

सैद्धांतिक रूप में कुल मिलाकर यही एक सही विचार लगा इसलिए हम काम पर लग गए। फिर विचार को मूर्त रूप देने का जो सिलसिला शुरू हुआ उसका नतीजा आपके हाथ में हैं। अंतिम परिणाम के रूप में इस किताब को देखकर ये कहा जा सकता है कि इन 20 सालों की व्याख्या के लिए लोगों का इससे बेहतरीन समूह नहीं जुटाया जा सकता था।

पूरी पुस्तक में पांच खंड और इक्कीस अध्याय हैं। प्रत्येक अध्याय एक प्रसिद्ध विशेषज्ञ द्वारा लिखा गया है। हर अध्याय अपने संबंधित विषय के एक समग्र ढाँचे में ढला हुआ, उस पर चर्चा करता है और उस विषय से संबंधित पूरे बीस वर्षों को एक सहज कथा में पिरोए हुए है।

भाग 1 मोदी के सामाजिक प्रभाव के बारे में है। दो बार की ओलंपिक पदक विजेता पी.वी. सिंधु युवाओं से उनके जुड़ाव पर लिखती हैं, अपोलो ग्रुप की शोभना कामिनेनी महिला सशक्तिकरण और अर्थशास्त्री सुरजीत भल्ला ने इसे समझने के लिए एक अकादमिक ढांचा तैनात किया है ताकि समाज के गरीब व्यक्ति तक पहुंच रही और गरीबी उन्मूलन को लेकर काम कर रही मोदी की नीतियों के असर को समझा जा सके।

भाग 2 मोदी के राजनीतिक प्रभाव से संबंधित है। भारत के नामी लेखकों में से एक अमीश त्रिपाठी मोदी के दौर के सांस्कृतिक पुनरुत्थान पर लिखते हैं। मोदी के नेतृत्व में भाजपा के राजनीतिक सफर पर हमें ले जाने के लिए गृहमंत्री अमित शाह से बेहतर व्यक्ति कौन हो सकता है। अपने लेखन के माध्यम से उन्होंने दिलचस्प जानकारी का खजाना प्रदान किया है। इस खंड का अंतिम अध्याय भारत के सबसे विश्वसनीय चुनाव विशेषज्ञों में से एक प्रदीप गुप्ता का है, जो हमें संख्याओं और आंकड़ों के माध्यम से बताते हैं कि कैसे मोदी ने भारत में चुनाव लड़ने के तरीके को हमेशा के लिए बदल दिया है।

भाग 3 मोदी की आर्थिक नीति पर है। भारत के मुख्य आर्थिक सलाहकार अनंत नागेश्वरन ने मोदी की बड़ी सोच और फिर उस सोच पर अमल करने की अनूठी क्षमता पर चर्चा की है। भारत के सबसे सम्मानित अर्थशास्त्री प्रोफेसर अरविंद पनगढ़िया ने मोदी के नेतृत्व में आर्थिक सुधारों की प्रक्रिया और उन्हें किए जाने के तरीके के बारे में गहराई से बताया। एक प्रतिष्ठित अर्थशास्त्री और लेखिका डॉ शमिका रवि सूक्ष्म अर्थशास्त्र पर अध्याय में अपने अद्वितीय डेटा विश्लेषण के माध्यम से बताती हैं कि कैसे मोदी गरीबों को सशक्त बनाते हैं? भारत के अग्रणी बैंकर, उदय एस. कोटक, इस हिस्से में अंतिम अध्याय लिखते हैं, जो पूंजीपतियों का सम्मान करने और उन्हें प्रोत्साहित करने के दर्शन से संबंधित है।

भाग 4 मोदी द्वारा लाए गए शासन के एक नए प्रतिमान के बारे में है। अंतर्राष्ट्रीय सौर गठबंधन के अजय माथुर विकास और पर्यावरण संरक्षण की परस्पर प्रक्रिया को समझाते हैं। पिछले कई वर्षों से ये मोदी के काम की पहचान रही है

अभिनेता अनुपम खेर बताते हैं कि एक राजनेता पर भरोसा न करने की पारंपरिक सोच के विपरीत संकट के समय मोदी ही सबसे भरोसेमंद व्यक्ति क्यों हैं? भारत के प्रमुख कृषि वैज्ञानिक प्रोफेसर अशोक गुलाटी ने कृषि क्षेत्र के प्रबंधन पर लिखा। वहीं भारत की प्रमुख चिकित्सा पेशेवर डॉ देवी शेट्टी, कोविड-19 महामारी के प्रबंधन में शासन की प्रतिक्रिया का विश्लेषण करती हैं। एक अग्रणी तकनीकी दिमाग वाले नंदन नीलेकणि ने अपने निजी संस्मरणों के माध्यम से हमें बताया कि कैसे मोदी ने दिन-प्रतिदिन के शासन में प्रौद्योगिकी को एकीकृत किया और इसे शासन का एक अमिट उपकरण बना दिया। अपने पहले कार्यकाल में मोदी के प्रधान सचिव रहे नृपेंद्र मिश्रा से बेहतर कोई नहीं हो सकता है, जो मोदी की प्रसिद्ध निष्पादन क्षमताओं की गतिशीलता को समझा सके। शासन में जन आंदोलनों की प्रक्रियाओं के कई गुना होने वाले प्रभाव की व्याख्या करने के लिए हमें एक आध्यात्मिक गुरू की आवश्यकता थी। एक ऐसे गुरू की, जिसे जन आंदोलनों के तंत्र की समझ हो और वो ये बता सके कि वे कब, कैसे और क्यों काम करते हैं। इस अध्याय को लिखने के लिए सहमत होने के लिए हम सद्गुरु जग्गी वासुदेव के ऋणी हैं। 'विंड्स ऑफ चेंज' यानी बदलाव की बयार अध्याय में खूबसूरत कहानी, जो मोदी के वर्षों में हुए परिवर्तनों को दर्शाती है, केवल भारत के सबसे प्रिय और सफल लेखकों में से एक सुधा मूर्ति द्वारा लिखी जा सकती थी।

भाग 5 इस बारे में है कि मोदी के अधीन भारत बाकी देशों से कैसे संबंध रखता है। राष्ट्रीय सुरक्षा सलाहकार अजीत डोभाल, मोदी कार्यकाल के तहत राष्ट्रीय सुरक्षा मामलों से निपटने के अपने अनुभव को विस्तार और वैचारिक विस्तार में समृद्ध करते हैं। ब्रिटेन से मनोज लाडवा और संयुक्त राज्य अमेरिका से भरत बरई, दो लोग

जो व्यक्तिगत रूप से मोदी को लगभग तीन दशकों से जानते हैं, व्यक्तिगत कहानियों के माध्यम से उस अद्वितीय प्रवासी ताकत के पीछे का तरीका बताते हैं, जिसे मोदी जुटाने में सक्षम हैं। अंत में भारत के विदेश मंत्री डॉ एस जयशंकर मोदी की विदेश नीति के बारे में बताते हैं। ऐसी नीति जो कि 2014 के बाद से और भविष्य में राष्ट्रों के समुदाय के बीच भारत के स्थान की झलक दिखलाती है।

ब्लूक्राफ्ट डिजिटल फाउंडेशन में हम इस शताब्दी के शुरुआती दशकों में अकादमिक साहित्य में योगदान करने के लिए ऐसे विशिष्ट व्यक्तित्वों को एक मंच पर एक साथ लाने में सक्षम होने के लिए सम्मानित महसूस करते हैं।

हम आशा करते हैं कि यह पुस्तक न केवल मोदी के काम को समझने के लिए, बल्कि एक नई सदी के पहले दो दशकों और एक नए भारत के उद्भव की एक टिप्पणी के रूप में भी सार्वजनिक चर्चा में एक उपयोगी साबित होगी।

भारत के पूर्व राष्ट्रपति डॉ ए.पी.जे. अब्दुल कलाम की कही एक बात बहुत प्रसिद्ध है, “सपनों को सच करने के लिए पहले आपको सपने देखने होंगे।” यदि इस नई सहस्राब्दी में सार्वजनिक कार्यालय में नरेंद्र मोदी के बीस वर्षों के बारे में एक निर्विवाद वास्तविकता है तो वह यह कि उन्होंने न केवल हम सभी के साथ बड़े सपने देखे, बल्कि उन सपनों में से कई को सामूहिक रूप से पूरा करने में भी मदद की। हम आशा करते हैं कि आपको मोदी@20: सपने हुए साकार को पढ़ने में उतना ही आनंद आएगा, जितना हमें इसे सहेजने में आया है

पढ़ने का आनंद लें। अब आपकी बारी!

ब्लूक्राफ्ट डिजिटल फाउंडेशन
20 फरवरी 2022

भाग 1

जनता पहले

KHELO
INDIA
PRIME MINISTER

मोदी जी युवाओं के निर्विवादित आइकन क्यों हैं

पी.वी. सिंधु

यह बात सर्वसम्मत है कि प्रधानमंत्री नरेंद्र मोदी जी उन चुनिंदा लोगों में शामिल हैं जो निर्विवाद रूप से भारत के युवाओं के प्रेरणास्रोत माने जाते हैं। यदि मैं इसे दूसरी तरह से कहूँ तो, अगर कभी इस बात पर बहस हुई है कि वर्तमान भारत में सबसे अधिक व्यापक रूप से स्वीकृत, सम्मानित और लोकप्रिय युवा आइकन कौन है, तो प्रधानमंत्री मोदी जी अपने सभी प्रतिद्वंदियों को पीछे छोड़ते हुए सर्वश्रेष्ठ यूथ आइकन के रूप में इस बहस को ही निष्प्रभावी कर देते हैं।

लेकिन, जब मैंने यह चैप्टर लिखना शुरू किया, तो जिस प्रश्न ने मुझे बेहद विस्मित किया वह था: ऐसा क्यों है? अगर हम पारंपरिक विवेक पर भी चलें तो भी कि एक युवा आइकन कौन हो सकता है, तो प्रधानमंत्री मोदी जी इस विवेक की संपूर्णता को पूरी तरह से खारिज करते हैं। वह युवा नहीं हैं। वह खेल-कूद, सिनेमा, लोकप्रिय संस्कृति अथवा ऐसे किसी भी अन्य कार्यक्षेत्र से नहीं आते जो कि पारंपरिक रूप से युवाओं को आकर्षित करते हैं। वास्तव में, राजनीति को प्रधानमंत्री मोदी जी ने आजीवन सेवा के रूप में चुना है - अगर हम हाल के इतिहास को देखें तो, शायद ही राजनीति को यूथ आइकन से जोड़ कर देखा गया है। फिर भी, उन्होंने अब लगभग पिछले दो दशकों से, पहले गुजरात में और फिर सम्पूर्ण भारत में, हमारे देश के युवाओं को उत्साहित किया है। अभी भी लगातार वह ऐसा करते आ रहे हैं।

मैंने कई दिनों तक इस प्रश्न पर विचार किया, लेकिन मुझे इसका उत्तर नहीं मिला। जब मैं इस बारे में सोच रही थी और इस पर शोध कर रही थी, तो मोदी जी के उद्धरणों में से एक बार बार मेरे दिमाग में गूँज रहा था। वर्ष 2017 के स्वतंत्रता दिवस पर लाल किले की प्राचीर से प्रधानमंत्री जी ने कहा था कि, "हमें यह 'चलता है' का रवैया छोड़ना होगा। हमें 'बदल सकता है' के बारे में सोचना

होगा। हमें एक राष्ट्र के तौर पर यही रवैया मदद करेगा। हमारे अंदर यह विश्वास होना चाहिए कि त्याग और कड़ी मेहनत और कुछ करने के संकल्प से हमें आवश्यक संसाधन मिलेंगे और उस कार्य को करने की क्षमता मिलेगी, फिर एक बड़ी तबदीली आएगी, और हमारा संकल्प एक उपलब्धि में बदल जाएगा"।

वह क्या है, जो युवाओं के रवैये को परिभाषित करता है?

अन्ततः मैंने इस प्रश्न तक पहुँचने के अपने तरीके को ही बदल दिया, और फिर इसका उत्तर इतना स्वाभाविक लगने लगा। वह कौन सा एक ऐसा परिभाष्य गुण है जो कि हम युवाओं के साथ सबसे अधिक जोड़ते हैं? आयु निश्चित रूप से एक गुण है, लेकिन वह जैविक गुण है और जरूरी नहीं कि यह एक विशेषता अथवा मनोवृत्तिपूर्ण गुण हो। यदि मुझे एक गुण की पहचान करनी हो - एक दृष्टिकोण की - जो कि युवा वर्ग को सबसे अधिक परिभाषित करता है, वह होगा, "कुछ कर गुजरने का जज्बा" और परिस्थितियों के साथ समझौता करने के बजाए उसे बदलने की हिम्मत। 'होगा कैसे नहीं'? किसी भी युवा व्यक्ति की एक उत्कृष्ट विशेषता है। यही वह गुण है, जो उसे अपनी क्षमताओं की सीमाओं से अधिक प्रयास करने की हिम्मत देता है, असंभव को संभव करने का सपना दिखाता है और उसे पूरा करवाता है।

सदियों से, वह युवा वर्ग ही है, जिसने प्रभावपूर्णता से मानव प्रयासों और मानव उपलब्धियों को विकसित करने के लिए अपनी क्षमताओं की सीमाओं से अधिक प्रयास किया है। आयु निश्चित रूप से 'यह कैसे संभव नहीं होगा?' के रवैये को रखना संभव बनाती है। जब तक कोई भी व्यक्ति युवावस्था में रहता है, तब तक उसके पास जीवन के इतने अधिक अनुभव नहीं होते, जो उसकी हिम्मत के जज्बे को कम कर सकें। उसके पास अपरिवर्तनीय नतीजों की परवाह किए बिना प्रयास करने और असफल होने का समय होता है। इसीलिए, वह उस समय तक बार बार प्रयास कर सकता है जबतक कि उसे सफलता प्राप्त नहीं हो जाती। उसकी वह असीम ऊर्जा, जो उसे दुनिया के साथ एक नए तरीके से जोड़ती है, अतीत के किसी भी भार से हर प्रकार से मुक्त, बाहरी दुनिया में जाने की उसकी भावना को प्रोत्साहित करती है और अपने तरीके से दुनिया को ढालने के जज्बे को बढ़ावा देती है।

उम्र के उस पड़ाव तक के जीवन के अनुभव, चाहे वह कितने ही छोटे क्यों ना हों, उनकी हिम्मत को और बढ़ा देते हैं। क्योंकि, किशोरावस्था और जवानी की पहली सीढ़ी पर कदम रखने के दौरान, लगभग सभी चुनौतियाँ जो हमें कभी विकट लगती थीं - चलना और बोलना सीखने से लेकर, अथवा गणित में महारथ हासिल करने से लेकर, कोई भी खेल खेलने अथवा कोई मित्र बनाने तक - पर अन्ततः

वह सफलता के एक उच्च परिमाण के साथ विजय प्राप्त कर ही लेता है। तो, एक युवा व्यक्ति के पास दुनिया का और उसकी परेशानियों का सामना करने का रवैया क्यों नहीं होगा और वह उन परेशानियों के असंभव से प्रतीत होने वाले समाधानों के बारे में क्यों नहीं सोच सकता और कहता 'होगा कैसे नहीं?'

मुझे मेरी युवावस्था का एक अनुभव याद आता है - 2013-14 के आस-पास जब मैं 18 वर्ष की थी। यह वही समय था जब मैंने विश्व चैंपियनशिप में कांस्य पदक जीता था। उस प्रतियोगिता के बाद मुझे मेरे अगले पाँच-वर्षीय लक्ष्य के बारे में बोलने को कहा गया था। मैंने उस आत्मविश्वास के साथ घोषणा की, जो कम उम्र के तजुर्बे के कारण होता है कि मैं विश्व के शीर्ष-रैंक के खिलाड़ियों में अपना नाम शुमार करना चाहती हूँ। मेरे इस बयान ने बहुतों को चौंका दिया था। लेकिन, मैं वहाँ खड़ी थी सबकुछ संभव कर दिखाने की, अपनी काबलियत पर भरोसा रखते हुए। मैंने ऐसा करके भी दिखाया!

परंतु, जैसे जैसे उम्र बढ़ती है, बहुत सारी ऐसी चीजें होतीं हैं, जो कि उस भावना का या तो ह्रास कर देती है अथवा उसे कम कर देती है, या फिर कुछ मामलों में उस भावना को 'यह कैसे संभव नहीं होगा'? पूरी तरह से मिटा ही देती है। मेरे जैसे खिलाड़ी के बारे में ही सोचिए। हम अन्तत: उस उम्र में खेलना बंद कर देते हैं, जो कि अपेक्षाकृत बहुत ही कम होती है। क्योंकि, जो हम 21 वर्ष की आयु में कर सकते हैं वह 35 वर्ष की आयु में नहीं कर पाते। वही व्यक्ति होता है, उन्हीं सब कुशलताओं के साथ, बेहतर अनुभव के साथ और बेहतर प्रशिक्षण के साथ। फिर भी, शरीर दिमाग और उसकी मनोदृष्टि का साथ नहीं देता। दूसरे मामलों में, जीवन के उतार चढ़ाव लोगों को उनकी महत्वाकांक्षाओं के साथ समझौता करने पर, अपनी अपेक्षाओं को कम करने पर, हालातों के साथ समझौता करने पर और अपने वर्तमान जीवन की सच्चाईयों के साथ जीने पर मजबूर कर देते हैं। उम्र के साथ खतरा उठाने की क्षमता भी घटने लगती है - 21 वर्ष की उम्र में एक व्यक्ति के पास 45 वर्ष की उम्र वाले व्यक्ति की तुलना में खोने को कुछ नहीं होता, जिसे 45 वर्ष की उम्र में कोई भी जोखिम लेने से पहले दशकों से बनाई अपनी प्रतिष्ठा के बारे में सोचना होता है, अपनी पारिवारिक परिस्थितियों के बारे में सोचना होता है, अपनी रोजगार की सुरक्षा के बारे में सोचना होता है और कई और कारकों के बारे में सोचना होता है, जो कि शायद वह 21 वर्ष की उम्र में ले लेता या ले लेती। संक्षेप में, जीवन के अनुभव युवावस्था की गर्मजोशी को हल्का कर देते हैं।

मोदी जी की असंभव उपलब्धियां

अब प्रधानमंत्री मोदी जी के बारे में सोचिए और उनके उन कुछ कामों के बारे में सोचिए, जो कि वह देश के लिए कर पाए हैं। जब उन्होंने वर्ष 2014 में कार्यभार संभाला था, उनको स्वतंत्रता प्राप्ति के समय से भारत द्वारा सही जा रही लंबे समय से लंबित, पुरानी समस्याओं के बारे में बताया गया होगा। वह उनसे डर भी सकते थे और निकट भविष्य में उनको सुलझाने को लेकर सभी उम्मीदों को छोड़ भी सकते थे, क्योंकि दशकों से उन समाधानों को टाला ही तो जा रहा था।

देश के लगभग सभी स्कूलों में, लड़कियों के लिए अलग शौचालय तो छोड़िए, शौचालय ही नहीं थे। सभी घरों को तो छोड़िए, सभी गावों में भी बिजली नहीं थी (18000 से अधिक गावों में बिजली कि कोई व्यवस्था ही नहीं थी)। देशभर में प्रत्येक वयस्क को तो छोड़िए, प्रत्येक घर में भी कम से कम एक बैंक खाता भी नहीं था (वर्ष 2014 में केवल 58 प्रतिशत वयस्कों के पास ही बैंक खाते थे)। सौ प्रतिशत तो बहुत दूर की बात है, 50 प्रतिशत देशवासियों के पास भी सुरक्षित स्वच्छता नहीं थी। वहीं एक गरीब व्यक्ति को तो छोड़िए, मध्यम वर्ग के लोग भी दुर्घटना और जीवन बीमा द्वारा सुरक्षित नहीं थे। लाखों गरीब बिना घर के अपना जीवन जी रहे थे। और तो और, हमारे सैनिक पिछले चार दशकों से भी अधिक समय से एक रैंक एक पेंशन (ओ.आर.ओ.पी.) योजना की प्रतीक्षा ही कर रहे थे।

वर्ष 2014 में प्रधानमंत्री का कार्यभार संभालने के अपने कार्यकाल के प्रथम वर्ष में ही, मोदी जी ने सभी स्कूलों में शौचालय बनवा दिए, जिनमें लड़कियों के लिए अलग शौचालय थे। ना केवल सभी गाँव, अपितु लगभग सभी घरों में बिजली पहुँच दी गई। सुरक्षित स्वच्छता को लगभग 100 प्रतिशत तक ले जाते हुए, अक्टूबर 2019 तक 108 लाख से अधिक शौचालयों का निर्माण कर दिया गया। दिसम्बर 2021 के अंत तक, जन धन के सार्वभौमिकरण के अंतर्गत देशभर के लोगों लिए बैंक खाते खोले गए। जिसके अंतर्गत 442 लाख से अधिक नए खाते खोले गए और दिसम्बर 2021 तक 268 लाख से अधिक लोगों को जन सुरक्षा योजना के अंतर्गत शामिल किया गया। वर्ष 2014 के बाद से 21 लाख से अधिक पक्की छतों वाले मकानों का निर्माण किया गया। आज पाँच वर्ष से अधिक हो चुका है ओ.आर.ओ.पी. को हकीकत बने हुए।

जो प्रश्न मैं अकसर अपने आप से पूछती हूँ, वह है: जब मोदी जी के सामने यह सब समस्याएं रखी गई होंगी तो उन्होंने क्या कहा होगा? क्या उन्होंने यह नहीं कहा होगा कि, 'होगा कैसे नहीं'? और उसके बाद एक विस्तृत योजना को आकार देने में लग गए होंगे, जिससे कि इनको समय-बद्ध सीमा में पूरा किया जा सके।

इसके अतिरिक्त और कौन सी ऐसी विशेषता है जिससे इतने कम समय में ऐसी उपलब्धि को और वो भी इतने बड़े पैमाने पर संभव किया जा सकता है? यह केवल 20वीं सदी की ही समस्याएँ नहीं है - जो कि बहुत लंबे समय पहले ही सुलझा लेनी चाहिए थीं - जो कि प्रधानमंत्री मोदी जी ने अपना कार्यभार संभालने के केवल कुछ ही वर्षों में सुलझा लीं, अपितु उन्होंने 21वीं सदी की समस्याओं के प्रति भी वही रवैया दिखाया है।

वर्ष 2016 में लोगों ने उनसे पूछा; जबकि हमारा देश गरीब है और मोबाईल फोन चार्ज करने के लिए बिजली तक नहीं होती, तो आप पूरी दुनिया में डिजिटल भुगतान में देश को नंबर एक पर कैसे पहुंचाएंगे? लेकिन वर्ष 2018 में ही भारत ने चीन को पछाड़ते हुए नंबर एक का खिताब हासिल कर लिया और चीन की तुलना में लाखों लेनदेन में लगभग दोगुनी मात्रा के साथ वर्ष 2021 को समाप्त करेंगे। अब इसकी तुलना 2011 से करें तो, उस समय चीन भारत से लगभग चार गुणा आगे था! पूरी तरह से घरेलू तौर पर बनाया यू.पी.आई., एक डिजिटल भुगतान पारिस्थितिकी तंत्र के रूप में इतना अच्छा है कि गूगल ने भी अमेरिकी फेड्रल रिजर्व को इसी कि तर्ज पर डिजिटल भुगतान के लिए एक समान पारिस्थितिकी तंत्र विकसित करने की सिफारिश की है।[1]

यह कुछ ऐसे उदाहरण हैं, जिनको कि अबतक असंभव माना जाता था। लेकिन, मोदी जी के प्रधानमंत्री के कार्यकाल के कुछ ही वर्षों के दौरान इसको संभव बना दिया गया। उनको कोई भी ऐसी चुनौती दी जाए, जिसको पूरा किया जाना चाहिए, वह उसे पूरा करने के लिए कमजोर परिणाम के साथ कभी समझौता नहीं करते बल्कि 'होगा कैसे नहीं'? के रवैये के साथ सर्वोच्च पुरस्कार हासिल करते हैं। यह उनका वह रवैया ही है - जो कि इतना अनूठा है - वह भी इस उम्र में, जो कि उनको युवा वर्ग के साथ तुरंत जोड़ देता है। युवा उनमें अपना आत्मविश्वास, अपनी आत्मछवि की प्रतिध्वनि पाते हैं। क्या फिर इसमें कोई संशय रह जाता है कि क्यों वह लगातार और वह भी इतने लंबे समय से निर्विवादित युवा आइकन हैं?

इस सबकी शुरुआत कैसे हुई

किसी भी खिलाड़ी के लिए भारत का प्रतिनिधित्व करना और अपने देश के लिए ओलंपिक में खेलना एक बहुत दुर्लभ अवसर है। रियो ओलंपिक से पूर्व मेरी शारीरिक अवस्था बहुत खराब थी। वर्ष 2015 में फरवरी से अगस्त तक, लगभग सात महीने तक मैं अपने बाएँ पैर में स्ट्रेस फ्रैक्चर से उबर रही थी तथा पैर में लगे प्लास्टर के कारण मैं अपने बिस्तर तक ही सीमित थी। इस दौरान, मैंने अपनी हालत के बारे

में सोचते हुए कई रातें जाग कर बितायीं। कई बार मैं, बिना कुछ भी सोचे, कुर्सी पर बैठे हुए, या स्विस बाल से, अभ्यास करने लगती थी। सितंबर 2015 और मार्च 2016 के बीच मेरे पुनर्वास के बाद, मैंने 22 टूर्नामेंट्स में भाग लिया जिससे की विश्व स्तर पर मेरे रैंक में सुधार हो। और अंततः, मैंने ओलंपिक के लिए अर्हता प्राप्त 16 एथलीटों में 13वां स्थान हासिल कर ही लिया।

इस दौरान मैंने एक बार भी अपने जोश को कम नहीं होने दिया। एक बार फिर उठकर और दुनिया के सर्वश्रेष्ठों में से एक बनने का मेरा दृढ़ निश्चय कभी मरा ही नहीं। प्रतियोगिता में भाग लेने और अपने देश के लिए जीतने और पदक लेने के मेरे संकल्प ने मुझे आगे बढ़ते रहने में सहायता की। जैसा कि आप सभी जानते हैं, मैंने रियो ओलंपिक में एक कमजोर खिलाड़ी के रूप में भाग लिया था और अंत में रजत पदक प्राप्त किया था। बाद में सोचने पर, इस पूरे प्रकरण ने, जब मुझे ऐसा काम दिया गया जिसको कि हासिल करना असंभव प्रतीत हो रहा था, मुझे प्रधानमंत्री जी के उस रवैय्ये की याद दिलाई कि 'होगा कैसे नहीं'?

विश्व चैंपियन बनने का अपना लक्ष्य निर्धारित करने के बाद, मैंने उस दिशा में अपना प्रयास जारी रखा और वर्ष 2017 में विश्व चैंपियनशिप में एक अन्य रजत पदक जीता। कुछ ही महीनों की अवधि में, उन सभी सुपर सीरीज में जिस में भी मैंने वर्ष 2017-2018 के दौरान भाग लिया, कुल सात रजत पदक जीते। लोग मुझे 'रजत संधू' के नाम से बुलाने लगे, क्योंकि मैं स्वर्ण पदक नहीं जीत पा रही थी! लेकिन मेरे दृढ़ प्रयासों के परिणाम मुझे मिले और वर्ष 2018 में मैंने प्रतिष्ठित विश्व टूर फाइनल्स में स्वर्ण पदक जीता।

विश्व चैंपियनशिप में मेरी चार जीत के सर्व-कालिक रिकार्ड के बावजूद स्वर्ण पदक अभी भी मुझे चकमा दे रहा था, और इसी कारण ने मुझे अपने अभ्यास सत्रों में नई रणनीति बनाने के लिए प्रेरित किया। अंत में, मैंने अगस्त 2019 के विश्व चैंपियनशिप के दौरान स्वर्ण पदक जीत ही लिया। इस प्रकार मैंने अपने उस सपने को पूरा किया जो मैं एक लंबे समय से देख रही थी।

मैंने अपने इस व्यक्तिगत अनुभव को केवल इस बात को स्पष्ट करने के लिए सुनाया है कि चूंकि हम युवा हैं। हमें भी बड़े सपने देखने होंगे और साथ ही अपने सपनों को पूरा करने के लिए अपना सर्वश्रेष्ठ प्रदर्शन भी देना चाहिए। और यदि हम यह दोनों काम सही अनुपात में करते हैं तो, कुछ भी असंभव नहीं है।

रियो ओलंपिक में मेरे रजत पदक जीतने के बाद, मैं कुछ मौकों पर प्रधानमंत्री मोदी जी से मिली वह सभी मुलाकातें अत्यंत प्रेरणादायक और प्रेरित करने वाली थीं।

इन्हीं मुलाकातों में से एक के दौरान प्रधानमंत्री मोदी जी ने मुझे अपनी शुरुआती जिंदगी से एक वाक्या सुनाया, जो कि प्रासंगिक है। यह बात 1970 के दशक के

उत्तरार्ध से है। मच्छु बांध 2 की विफलता के बाद की, या फिर मोरबी बाढ़, जैसा कि उसको आमतौर पर कहा जाता है। यह आपदा 11 अगस्त 1979 को आई थी, और वर्तमान गुजरात में स्थित मोरबी जिले में घटी थी। मोरबी एक औद्योगिक शहर था और बांध के ढह जाने के कारण बाढ़ ने शहर के पूरे औद्योगिक आधार को ही जड़ से मिटा डाला था, और इसके साथ रोजगार भी समाप्त हो गए।

एक युवा स्वयंसेवक के तौर पर मोदी जी ने इस प्राकृतिक आपदा को बहुत करीब से देखा था और उनको लोगों के साथ काम करने का और उनकी मदद करने का मौका मिला था। वह वहाँ गए और वहीं डेरा डाल कर रहने लगे। शहर में उन्होंने हताशा कि व्यापक भावना देखी और लोगों में नाउम्मीदी देखी। इस निराशाजनक माहौल में, सभी इस बात का इंतेजार कर रहे थे कि सरकार कुछ करेगी। लेकिन मोदी जी, उस उम्र में भी, आत्मनिर्भरता पर भरोसा करने वाले और लोगों को एकजुट करने की शक्ति में विश्वास करने वाले इंसान थे।

इसके बाद जो उन्होंने किया वह विस्मयजनक था।

उन्होंने मोरबी के लोगों के नाम एक दिल को छू लेने वाला और प्रेरणापूर्ण पत्र लिखा। जिसमें उन्होंने लिखा कि यह उन सबका शहर है और यह उन सबकी जिम्मेदारी है कि आपदा के बाद के हालातों को संभालने के लिए वह स्वयं अपना नेतृत्व करें। उन्होंने इस पत्र को घर घर जाकर लोगों को देना शुरू किया। सभी लोग यह बात जानते हैं कि वर्तमान में मोदी जी किस प्रकार अपने शब्दों से लोगों को प्रेरित कर सकते हैं। लेकिन उस समय भी, उनके पास यह उपहार था। इसीलिए, एक दिन के अंदर ही, युवावर्ग का एक बहुत बड़ा समूह अपने शहर के पुनर्निर्माण का बीड़ा उठाने के लिए तैयार हो गया। इस प्रकार, मोदी जी ने लोगों की शक्ति को इस कार्य के लिए संगठित किया। गुजरात सरकार की ओर से बाढ़ राहत प्रयास के लिए प्रभारी के तौर पर नियुक्त भारतीय प्रशासनिक सेवा के अधिकारी एच.के. खान ने युवा मोदी जी की, लोगों को संगठित करने के उनके कार्य के लिए, व्यक्तिगत रूप से खूब प्रशंसा की। लेकिन मोदी जी केवल लोगों को संगठित करने तक ही नहीं रुके। बल्कि उन्होंने इस बात को भी सुनिश्चित किया कि युवावर्ग को अपने शहर के पुनर्निर्माण के लिए अपने स्वैच्छिक प्रयासों के माध्यम से अपने लिए उपयुक्त भूमिका मिले।

जैसा कि प्रधानमंत्री जी ने मुझे बताया, उन्होंने बहुत छोटी आयु में ही यह सीख लिया था कि जो लोग सत्ता में बैठे हैं अथवा जिनके पास कोई पद है, उनको किसी भी काम को करने के लिए युवावर्ग पर भरोसा करना चाहिए और उनको वितरण प्रणाली का हिस्सा बनाना चाहिए। और फिर, वह सत्ताधारी और पदधारी लोग वह परिवर्तन देख सकेंगे जो यह युवावर्ग ला सकता है। यह सबक वह उस समय से ही अपने साथ-साथ लेकर चल रहे हैं।

गुजरात के वर्ष: समग्र विकास

जब वर्ष 2001 में मोदी जी गुजरात के मुख्यमंत्री बने, तो उनका विशेष ध्यान युवाओं पर था। मैं वर्ष 2013 में एस.आर.सी.सी. में दिए उनके भाषण से एक उद्धरण लेना चाहूँगी, जो कि मैंने उस समय बड़े ही ध्यान से देखा और सुना था कि 'हमने शिक्षा के क्षेत्र में भी बहुत अधिक विकास देखा है। जब मैंने कार्यभार संभाला, उस समय केवल 11 विश्वविद्यालय थे। आज, 42 विश्वविद्यालय हैं'। पहला फोरेंसिक विज्ञान विश्वविद्यालय, पहला रक्षा शक्ति विश्वविद्यालय और एक भारतीय शिक्षक शिक्षा संस्थान कुछ ऐसे अन्य प्रमुख पहल में से थे, जिनको मुख्यमंत्री मोदी जी ने अपने इस यादगार भाषण में सूचिबद्ध किया था। उस भाषण की, जो सबसे प्रभावशाली बात थी वह मोदी जी द्वारा शिक्षा के क्षेत्र में सूचिबद्ध उन उपलब्धियों का पैमाना और उसकी व्यापकता नहीं थी, अपितु वह गहरी सोच थी, जो उस प्रत्येक प्रयास को करने में लगी थी।

हालांकि, उनके मुख्यमंत्री के दिनों के उनके कार्यों में मेरे लिए सबसे पसंदीदा दो अन्य पहल हैं। उनमें से पहली है, कन्या केलावणी महोत्सव: जो उनके इस विश्वास से प्रेरित है कि 'मेरा भविष्य सरकारी प्राथमिक विद्यालयों के शिक्षकों द्वारा गढ़ा गया है'। मोदी जी ने वर्ष 2003 और 2004 में कन्या केलावणी और शाला प्रवेशोत्सव अभियान की शुरुआत की थी। मुख्यमंत्री के रूप में उनके कार्यकाल के शुरुआती दौर में केवल तीन-चौथाई योग्य छात्रों ने ही स्थानीय विद्यालयों में दाखिला लिया और कुल छात्रों में से लगभग केवल 33 प्रतिशत ने ही प्राथमिक विद्यालय की शिक्षा पूरी की। यह परिस्थिति बालिकाओं के लिए और भी अधिक विकट थी, क्योंकि उनके लिए आधारभूत सुविधाओं की कमी थी, जैसे अलग से शौचालय ना होना परिस्थिति को और भी बदतर कर रहा था। यह कैसे संभव है कि युवावर्ग अपने प्राइम समय में 'होगा कैसे नहीं?' के जज्बे को दिखाए, जबकि उनको बुनियादी शिक्षा ही नहीं मिल पा रही थी? और इस प्रकार उन दो कार्यक्रमों का जन्म हुआ।

अपने शुरुआती जीवन से सीख लेकर मुख्यमंत्री मोदी जी ने एक जन आंदोलन खड़ा किया। प्रत्येक वर्ष, गर्मियों में जून महीने की कड़कड़ाती धूप में, मुख्यमंत्री सहित सम्पूर्ण सरकारी तंत्र, गावों में चला जाएगा। इसका केवल एक लक्ष्य था कि विद्यार्थियों में भर्ती के प्रतिशत को 100 प्रतिशत तक लाना। और साथ ही आधारभूत सुविधाओं को पैदा करने के लिए निरीक्षण, अंकन और अनुपालन को सुनिश्चित करना, विद्यार्थियों के स्कूल छोड़ने की दर को न्यूनतम करना और बालिकाओं पर विशेष ध्यान देना। इस अभियान के दौरान 18000 से अधिक गावों को अंतर्निहित किया गया। इसके परिणाम आश्चर्यचकित कर देने वाले थे; प्राथमिक स्कूलों में

100 प्रतिशत दाखिला हुआ, जिनमें बलिकाएं भी सम्मिलित थीं; और विद्यार्थियों द्वारा स्कूल छोड़ने की दर लगभग शून्य हो गई। कुछ ही वर्षों में इसका केंद्र बदल कर गुणोत्सव अभियान जैसी पहल के साथ शिक्षा के परिणामों और शिक्षक की गुणवत्ता में सुधार पर चला गया।

दूसरी पहल थी, एक बाल विश्वविद्यालय की स्थापना करना, जिसका उद्देश्य था 'पंचकोष' के सिद्धांत पर एक शैक्षणिक पद्धति और जीवन शैली को विकसित करना। यह वास्तव में प्रेरणादायक था कि भारतीय सभ्यता और संस्कृति को आधुनिक शिक्षाशास्त्र में अंतर्निहित करते करने के साथ-साथ प्रमुख महत्व दिया जा रहा है।

बेशक, मैं इस बात का उल्लेख करने से कैसे चूक सकती हूँ, जो मुख्यमंत्री मोदी जी ने गुजरात में खेलों के लिए किया। पारंपरिक रूप से गुजरात राज्य खेल-कूद के लिए नहीं जाना जाता था। लेकिन खेल महाकुंभ, पूरे राज्य भर में शीर्ष श्रेणी के खेल-कूद के बुनियादी ढांचे के निर्माण पर निरंतर ध्यान, खिलाड़ियों को वित्तीय प्रोत्साहन राशि प्रदान करना जिसमें पैरा-खिलाड़ी भी सम्मलित थे खेल-कूद पर जो व्यक्तिगत ध्यान उन्होंने दिया, उसने ना केवल खेल-कूद में राज्य की काया पलट कर दी अपितु भारतीय खेल को भी अत्यधिक लाभान्वित किया। जिसकी गवाही हाल ही में हुए ओलंपिक खेल देते हैं।

लेकिन, मेरे विचार में, मोदी जी का राष्ट्रीय युवा आइकन के रूप में उभरने का व्यापक कारण, जिसने आंशिक तौर पर उनको वर्ष 2014 में राष्ट्रीय स्तर पर नेतृत्व करने में सहायता की, केवल उनका वह कार्य ही नहीं था जो उन्होंने गुजरात में युवाओं के लिए किया, अपितु वह कुछ और ही था। जब मोदी जी ने वर्ष 2001 में मुख्यमंत्री का पदभार ग्रहण किया, उस समय गुजरात पारंपरिक रूप से व्यापारिक राज्य के तौर पर ही जाना जाता था। उनके कार्यकाल के अंत तक - जो कि 12 वर्ष से कुछ अधिक की अवधि का था - गुजरात ने स्वयं को औद्योगिक पवारहाउस, एक वैश्विक निवेश केंद्र, एक ऐसा राज्य जिसने कृषि क्षेत्र में चमत्कारिक बदलाव देखा हो, एक शहरी आधारभूत आदर्श राज्य, एक ऐसा राज्य जिसकी सकल घरेलू उत्पाद की विकास दर लगभग पिछले एक दशक से दो अंकों में थी, एक उच्चतम दर्जे का राज्य जहां बिना किसी परेशानी के व्यापार किया जा सकता था, और एक ऐसा राज्य जहां कि पूरे देशभर के मुकाबले सबसे कम बेरोजगारी की दर थी, के रूप में स्थापित कर लिया था। यदि आप सपने देखने की और उसको पूरा करने के लिए प्रतिदिन कड़ी मेहनत करने की हिम्मत रखते हैं, तो कुछ भी असंभव नहीं है! मोदी जी युवावर्ग के लिए युवा आइकन क्यों नहीं बनेंगे? या फिर कहें कि, उनके अलावा और कौन युवा आइकन बन सकता है?

प्रधानमंत्री के तौर पर उनका समय

मैं कोई नीति से संबंधित व्यक्ति नहीं हूँ और ना ही ऐसी व्यक्ति हूँ, जो कि नीति निर्माण की पेचीदगियों में गहराई से उतर सके। लेकिन, मैं परदे के पीछे से, कैमरे से दूर, दिन पर दिन निरंतर की जा रही कड़ी मेहनत के मूल्य को समझती हूँ। दुनिया ओलंपिक प्रतियोगिता में खेले जा रहे फाइनल मैच को देखती है, लेकिन जो दुनिया को शायद दिखाई नहीं देता वह है उस एक मैच को खेलने तक का सफर तय करने के लिए तैयारी में लगाई गई, सालों साल की कड़ी मेहनत।

वर्ष 2020 में सामने आई राष्ट्रीय शिक्षा नीति के बारे में एक बहुत ही विशिष्ट बातचीत मुझे याद है। लगभग पिछले पाँच वर्षों से इस नीति पर कार्य चल रहा था। क्योंकि यह नीति हमारे देश और हमारे युवावर्ग के भविष्य के बारे में थी। राष्ट्रीय राजधानी में बैठे कुछ 'विशेषज्ञ' ही यह क्यों तय करें कि राष्ट्रीय नीति क्या होनी चाहिए, और वह भी शिक्षा जैसे एक अत्यंत महत्वपूर्ण विषय पर? प्रधानमंत्री मोदी जी ने ऐसा तरीका चुना जो एकदम नया और क्रांतिकारी था। उन्होंने 300,000 से अधिक स्थानीय निर्वाचन निकायों - जैसे पंचायत, ब्लॉक स्तर के परिषद, जिला परिषद और राज्य सरकारों - से परामर्श किया, जो कि एक राष्ट्रीय नीति तैयार करने के लिए बहुत ही अनोखी जबरदस्त परामर्श प्रक्रिया थी। यह प्रक्रिया इतनी व्यापक और इतनी गहन थी कि देश के प्रत्येक क्षेत्र और प्रत्येक हितधारी से इस बारे में कई कई बार परामर्श लिया गया। प्रधानमंत्री मोदी जी ने इस विषय पर स्वयं 23 विस्तृत बैठकें कीं। इस अवधि के दौरान, कई मंत्रीगण बदल गए, लेकिन इसका केंद्र अडिग रहा।

इस सबका परिणाम रहा एक ऐसी राष्ट्रीय शिक्षा नीति (एन.ई.पी.) जिसकी सभी ने प्रशंसा की और जो कि एक भविष्यवादी नीति है - क्योंकि यह हमारी पारंपरिक ताकत और सांस्कृतिक आधार का आधुनिक ऊर्जा के साथ मिश्रण करती है। इसके अतिरिक्त, इस नीति ने किसी भी प्रकार का कोई विवाद उत्पन्न नहीं किया। यह कैमरे के पीछे से वर्षों की कड़ी मेहनत के कारण ही संभव हो सका, जो कि एन.ई.पी. को बनाने में लगी।

अन्यथा, टारगेट ओलंपिक पोडियम योजना (टी.ओ.पी.एस.) के बारे में विचार करें, जो कि मोदी जी के प्रधानमंत्री के तौर पर पदभार संभालने के तुरंत बाद शुरू की गई थी। दुनिया ने टोक्यो ओलंपिक में हमारे खिलाड़ियों के शानदार परिणाम देखे हैं, जहां भारत ने आजतक के ओलंपिक खेलों में सबसे अधिक पदक हासिल किए। यही नहीं टोक्यो पैरा-ओलंपिक में भी - जहां जीते गए पदकों की संख्या अबतक जीते गए सभी पदकों की कुल संख्या से भी अधिक थी। लेकिन इससे पहले क्या

दुनिया को पता भी था कि टी.ओ.पी.एस. क्या है? बेशक, खिलाड़ियों को पता था। टी.ओ.पी.एस. के माध्यम से खिलाड़ियों की दिनचर्या के प्रत्येक मूलभूत पहलू को बेहतर बनाया गया। लेकिन इन सब से अधिक महत्वपूर्ण बात यह है, टी.ओ.पी.एस. के माध्यम से दुनिया में कहीं भी उच्च स्तरीय प्रशिक्षण के लिए खिलाड़ियों को धन और समर्थन उपलब्ध कराया गया, जिससे एक बहुत बड़ा फर्क पड़ा। मैं आजतक एक भी ऐसे एथलीट से नहीं मिली, जिसके पास टी.ओ.पी.एस. के बोलने के लिए एक भी अच्छा शब्द ना हो।

वह संस्थागत समर्थन जो टी.ओ.पी.एस. खिलाड़ियों को प्रदान करता है, यदि बेहतर नहीं बनाया गया तो, कम से कम उस प्रेरणादायक समर्थन से तो मेल खाता ही है जो स्वयं प्रधानमंत्री जी प्रदान करते हैं।

एक खिलाड़ी के लिए, इससे अधिक और प्रेरणादायक कुछ नहीं हो सकता कि देश का प्रधानमंत्री स्वयं उसको ऑनलाइन संबोधित करे अथवा उनको व्यक्तिगत रूप से मिले, और हम में से प्रत्येक को और बेहतर प्रदर्शन करने के लिए प्रेरित करे। प्रधानमंत्री मोदी जी ने सभी ओलंपिक खिलाड़ियों के साथ ऐसा किया, और सौभाग्य से मेरे माता-पिता के साथ भी। टोक्यो ओलंपिक से पहले मोदी जी ने मुझे खेल में अपना सर्वश्रेष्ठ प्रदर्शन देने के लिए प्रेरित किया, और एक अतिरिक्त प्रोत्साहन के साथ कि जब मैं वहाँ से वापस लौटूँगी तो हम साथ में आइसक्रीम खाएंगे!

जैसा कि उन्होंने वादा किया था, मेरे कांस्य पदक जीतने के तुरंत बाद ही उन्होंने मुझे फोन किया और बधाई दी और मेरे वापस लौटने पर आइसक्रीम खाने के बारे में याद दिलाया। आखिरकार, मैंने वह आइसक्रीम खाई! हालांकि, एक सच्चे नेता की तरह, मोदी जी ना केवल पदक जीतने वालों को ही प्रेरित करते हैं, अपितु प्रत्येक खिलाड़ी को प्रेरित करते हैं।

टोक्यो ओलंपिक में कांस्य पदक जीतने के बाद मैं प्रधानमंत्री मोदी जी से अपने दक्षिण कोरियाई कोच पार्क ताए-सँग के साथ मिली। मोदी जी ने अयोध्या और दक्षिण कोरिया के साथ पौराणिक संबंधों के बारे में जिक्र किया और मेरे कोच को अयोध्या देखने जाने के लिए भी प्रेरित किया। कोरियन किंवदंतियों के अनुसार, अयोध्या की राजकुमारी सुरीरत्ना ने करीब 2000 साल पहले कोरिया की यात्रा की थी और वहाँ के राजा किम सूरो से विवाह कर वहाँ के रानी हएो हवांग बन गई। मोदी जी की यह टिप्पणी हमारी संस्कृति और इतिहास की जड़ों के प्रति उनके प्रेम को दर्शाती है।

मोदी जी का युवाओं के प्रति दृष्टिकोण

ऐसा नहीं है कि केवल प्रधानमंत्री मोदी जी ही युवाओं को प्रोत्साहित करने के मूल्य को समझते हैं। समय समय पर भारत और विदेश के अन्य नेताओं ने भी युवाओं को बढ़ावा देने अथवा युवाओं के लिए कार्य करने / उनके लिए नीतियाँ बनाने में अपने प्रयासों को समर्पित किया है। लेकिन इसमें एक अंतर है, जो कि मोदी जी के युवावर्ग के सशक्तिकरण के दृष्टिकोण की संकल्पना को पारंपरिक विचारों की तुलना में अलग कर देता है।

परंपरागत रूप से, युवाओं को अपने विचार देने, सुझाव देने और चर्चाओं में भाग लेने के लिए प्रेरित किया जाता है। हालांकि, कदाचित ही, यदि कभी ऐसा हुआ हो, क्या वह निर्णय लेने की प्रक्रिया का हिस्सा बनते हैं अथवा उस प्रणाली का हिस्सा बनते हों जो कि उन सुझावों को लागू करती है। इसके बारे में सोचिए। एक व्यक्ति जो कि जुनून से भर कर एक सुझाव देता है, वही उस सुझाव को क्रियान्वित करने वाले तंत्र का हिस्सा नहीं होता। फिर इसका नतीजा यदि पूर्ण विफलता ना भी हो तो भी संभावित रूप से सफलता के न्यूनतम परिणाम स्तर पर समाप्त नहीं होगा क्या? खेल-कूद में इसका उलट ही सत्य है। वह व्यक्ति जो कि रणनीति तैयार करता है - खेल को कैसे खेला जाना है अथवा एक चाल को कैसे निष्पादित करना है - यही व्यक्ति होता है जिसको कि वास्तव में इसका निष्पादन करने का कार्य दिया जाता है। परंतु, नीति और वास्तविक जीवन की दुनिया में, चीजें अलग ही तरह से होती हैं। युवाओं को बेवजह ही अपनी बारी का इंतजार करना पड़ता है।

वहीं दूसरी ओर, मोदी जी ने, अपने मोरबी जन आंदोलन के समय सीखे ज्ञान के चलते, इस वक्र को मोड़ने का प्रयास किया है। युवाओं को केवल सुझाव देने के लिए प्रेरित करने के इस उदाहरण को पलटते हुए, उन्होंने, जहां भी संभव हो सका, युवाओं को - उस प्रणाली और प्रक्रिया का हिस्सा बनाकर, निर्णय लेने की स्थिति में रखा है।

यह सुविचारित दृष्टिकोण, जिसके अंतर्गत युवाओं को प्रणाली के अंदर एकीकृत किया जाए, सभी कार्यक्षेत्रों में प्रकट होता है। कुछ वर्ष पहले, एन.आई.टी.आई. आयोग ने पूरे दिनभर की एक सभा का आयोजन किया था, जहां केवल युवावर्ग को ही आमंत्रित किया गया था और उनको उन सभी मुद्दों पर अपने समाधान प्रस्तुत करने को कहा गया था, जो कि हमारे देश के सामने हैं। प्रधानमंत्री मोदी जी पूरा दिन उन सुझावों को सुनते हुए उस सभा में उपस्थित रहे। अपने आप में ही यह प्रशंसनीय होता, लेकिन यह एक बार किया हुआ प्रयास ही होता। इसके विपरीत, वहाँ उपस्थित

सभी युवाओं में से सबसे उत्तम विचारकों को उनके द्वारा प्रस्तुत विचारों पर कार्य करने के लिए उससे संबंधित विभागों और सचिवों से मिलवाया गया। इस प्रकार केवल अपने विचार प्रस्तुत करने भर का नहीं, अब उन युवाओं का अपने विचारों के निष्पादन को आकार देने में भी हाथ था।

अपने राजनीतिक दल, भाजपा, के भीतर प्रमुख नियुक्तियों से लेकर, प्रमुख मंत्रियों और मुख्य मंत्रियों की नियुक्ति तक और प्रमुख पशर्वीय पेशेवरों को जिम्मेदारी देने से लेकर नीति निर्माण में युवा पेशेवरों के प्रवेश को संस्थागत करने तक, युवावर्ग पर दिखाया गया उनका भरोसा अचूक है।

क्षमता में विस्तार

हमारे युवाओं को प्रशिक्षित करने और उनको शिक्षा देने के लिए सही वातावरण को तैयार करने के साथ-साथ उनपर भरोसा भी होना चाहिए, जिससे कि अधिक से अधिक बच्चे दुनिया में सर्वश्रेष्ठ लोगों के साथ प्रतिस्पर्धा करने के लिए हर प्रकार से तैयार हो सकें।

इस विचार को ध्यान में रखते हुए, पिछले कुछ वर्षों में क्षमता में जो विस्तार किया गया है, वह बहुत प्रभावपूर्ण है। वर्ष 2014 में देश में 16 आई.आई.टी. थे; अब 23 हैं। वर्ष 2014 के हिसाब से, केवल नौ आई.आई.आई.टी. थे; उसके बाद के वर्षों में 16 आई.आई.आई.टी. स्थापित किए गए। वर्ष 2014 से अब तक, सात नए आई.आई.एम. स्थापित किए जा चुके हैं। उसी प्रकार से, वर्ष 2014 तक एम्स की कुल सात शाखाएँ थीं। वर्ष 2014 से अब तक, एम्स की 15 और शाखाओं को मंजूरी दी जा चुकी है।[2]

अटल इनोवेशन अभियान के अंतर्गत 8700 से अधिक अटल टिंकरिंग लैब्स की स्थापना की जा चुकी है, जो अत्याधुनिक विज्ञान और प्रोद्योगिकी की शिक्षा और उस तक पहुँच को सुनिश्चित करता है। एन.ई.पी. के अंतर्गत कम से कम 15,000 नए मॉडल विश्व स्तरीय विद्यालय, 100 नए सैनिक विद्यालय और 750 एकलव्य मॉडल आवासीय विद्यालयों की स्थापना की जा रही है। कौशल शिक्षा का प्रमुख आधार माने जाने वाले आई.टी.आई. नेटवर्क का विस्तार अब 14,939 केंद्रों तक पहुँच चुका है।

फिट भारत अभियान और खेलो इंडिया यूथ गेम्स[3] के बाद खेलो इंडिया यूनिवर्सिटी गेम्स ने हजारों युवाओं में फिटनेस की संकल्पना को और खेलों के महत्त्व, दोनों को एक व्यवहार्य आजीविका के साधन के रूप में समझाया है दोनों ही कार्यक्रम बेहद सफल हुए हैं।

भविष्य

जैसे ही हम इस महामारी के परे अपने भविष्य की ओर देखते हैं और भारत की उस भूमिका की ओर देखते हैं जो कि वह विश्व के मंच पर निभा सकता है, मैं मोदी जी को हमारे युवाओं की क्षमता पर उद्धरित करना चाहूँगी। प्रधानमंत्री बनने से पहले, मुख्यमंत्री मोदी जी ने वर्ष 2013 में कहा था कि, 'पंद्रह वर्ष पहले मैं ताइवान एक दौरे पर गया था। मेरे अनुवादक ने झिझकते हुए मुझसे पूछा कि क्या वास्तव में ही हम सपेरों का देश हैं। मैंने जवाब दिया हमारे पास सांपों को पकड़ने की और हिम्मत नहीं रह गई है और, इसीलिए वर्तमान में हम माउस पकड़ने वालों का देश बन गए हैं। माउस पर एक क्लिक से हमारे देश के युवा दुनिया के किसी भी छोटे से छोटे कोने तक पहुँच जाते हैं, वह यही युवा नागरिक हैं, और ना कि राजनेता, जिन्होंने हमारी मातृभूमि को गौरवान्वित किया है। दुनिया अब भारत को एक नए चश्मे से देख रही है'।[4]

परंपरागत रूप से, हमने माना है कि हमारे युवाओं को यदि कुछ चाहिए तो वह है एक मौका और फिर वह दुनिया में सर्वश्रेष्ठ बन सकते हैं। यह निश्चित रूप से सत्य है। लेकिन, यहाँ मैं एक क्वालिफायर जोड़ना चाहूँगी। यदि किसी नेता द्वारा नेतृत्व किया जाता है, जो कि एक युवा की तरह सोचे और व्यवहार करे, जो युवाओं की तरह अपने अंदर एक आग लिए हुए हो - तो ना केवल युवावर्ग अपितु सम्पूर्ण भारत के पास वह सब कुछ है, जो कि उसे विश्व में सर्वश्रेष्ठ बनने के लिए चाहिए।

देखिए जब हम इसमें अपने विचार लगाए तो हमने क्या हासिल किया।

1. वर्ष 2021 में अधिकतम यूनिकॉर्न के साथ भारत दुनिया का सबसे बड़ा स्टार्ट-अप पारिस्थितिकी तंत्र बना - जो कि दुनिया के किसी भी अन्य देश से अधिक है।
2. कोविड-19 महामारी से मुकाबला करने के लिए दुनिया का सबसे बड़ा टीकाकरण अभियान और एक दिन में 25 मिलियन से भी अधिक टीके लगाने के लिए दुनिया का एक दिन का सबसे बड़ा कीर्तिमान स्थापित करने वाला देश।
3. अनुच्छेद 370 की विभाजन रेखा को सफलतापूर्वक समाप्त करना और दुनिया को अपने पक्ष में रखते हुए, अपने देश की भूमि को एक करना।
4. महामारी के दौरान डी.बी.टी. कोष से लेकर टीकाकरण प्रमाणीकरण के साथ दुनिया का सबसे बड़ा डिजिटल आर्किटेक्चर।
5. पिछले कुछ वर्षों में भारतीय खेलों की - एथलीट से लेकर, बैडमिंटन, हॉकी, और क्रिकेट तक - कई गुणा बढ़ती रूपरेखा।

यह सब हमारे वैज्ञानिकों, खिलाड़ियों, सुरक्षा बलों, नवप्रवर्तकों, चिकित्सा पेशेवरों, चिकित्सकों, इंजीनियर्स और हमारे युवाओं की कड़ी मेहनत से ही हासिल हो सका है।

प्रधानमंत्री जी ने हम खिलाड़ियों को भी एक बेहद महत्वपूर्ण कार्य सौंपा है। अपने घर पर सुबह के नाश्ते पर बुलाई एक बैठक के दौरान, उन्होंने सभी ओलंपिक खिलाड़ियों से एक वादा लिया - वर्ष 2023 के स्वतंत्रता दिवस तक हम सब खिलाड़ी व्यक्तिगत रूप से कम से कम 75 प्राथमिक स्कूलों और महाविद्यालयों में जाएंगे और कुपोषण के विरुद्ध संदेश को प्रसारित करेंगे और विद्यालय के बच्चों के साथ कोई एक खेल खेलेंगे, जिससे कि वह प्रेरित महसूस करें।

अपने इस संदेश द्वारा मोदी जी ने युवाओं के प्रति - जो कि हमारे भविष्य के राष्ट्र निर्माता हैं, पौष्टिक आहार के अपने महत्व को केंद्रित किया है। इसी प्रकार, उनके साथ खेलने और मेलजोल बढ़ाने से, हम उनको उनके दिए गए क्षेत्र में अपना सर्वश्रेष्ठ प्रदर्शन करने के लिए प्रेरित करेंगे। इस बात से साफ तौर पर अपने देश के युवाओं के लिए प्रधानमंत्री मोदी जी की प्रतिबद्धता और उनकी दृष्टि का पता चलता है। जिसके द्वारा वह हमारे युवाओं के मन में उस भावना को विकसित चाहते हैं कि वह दुनिया में सर्वश्रेष्ठ हो सकते हैं।

महामारी के बाद आज दुनिया हमारे देश को एक नए उत्साह के साथ देख रही है। मैं मानती हूँ कि हमारे युवाओं की ऊर्जा और हमारे 'युवा' प्रधानमंत्री जी का दृष्टिकोण इस बात की व्यापक संभावना सँजोए हुए है कि यह भारत के सबसे उत्तम दिन होने वाले हैं।

महिला सशक्तिकरण का नया व्याकरण

शोबना कामिनेनी

'बेटी बचाओ बेटी पढ़ाओ'। यह चार शब्द एक चौंका देने वाला प्रभाव पैदा करने के लिए बनाए गए हैं और हमारे देश में अद्वितीय विकास की अगली लहर को खोलने की क्षमता रखते हैं। पिछले कई वर्षों में, भारतीयों के तौर पर हमने इतना कुछ हासिल कर लिया है जिसके लिए हम न्यायसंगत रूप से गर्व कर सकते हैं। हालांकि, यह भी सत्य है कि हमारे देश की लाखों महिलाओं को अभी भी उस क्षमता तक पहुंचना है जिसके लिए वह सक्षम हैं।

ऐतिहासिक रूप से, महिलाओं को, पूरे विश्व भर में, और खास तौर पर हमारे देश में अपने अधिकारों और अपनी पहचान बनने के लिए एक अत्यंत कठिन लड़ाई लड़नी पड़ी है। लेकिन, अब चीजें तेजी से बदल रही हैं और बहादुर और प्रतिभाशाली महिलाओं की पीढ़ियाँ बराबरी की राह पर दूरदर्शिता, प्रतिभा, हिम्मत और अपनी कड़ी मेहनत से आगे बढ़ रहीं हैं।

भारत में महिला सशक्तिकरण के इस लंबे प्रयास में प्रधानमंत्री नरेंद्र मोदी जी का मिशन कि महिलाओं के उज्ज्वल भविष्य को पोषित किया जाना चाहिए, अत्यंत प्रेरणादायक है। इसके लिए इससे बेहतर समय नहीं हो सकता था - जैसे भारत एक लोकतान्त्रिक और समावेशी महाशक्ति बनने की राह पर तेजी से बढ़ रहा है, एक मॉडल जिसका विश्व अनुसरण करेगा, तो हमें चाहिए कि हमारी महिलायें एक निर्माता, उद्यमी, उपलब्धियां हासिल करने वालीं और नेता बनें।

समानता अपरक्राम्य क्यों है

यह आवश्यक क्यों है कि महिलाओं का सशक्तिकरण किया जाए? इसके कई कारण हैं, लेकिन नैतिक, जैविक, आर्थिक और विधिक कारण इनमें सबसे अहम हैं। हजारों वर्षों से महिलाओं के विरुद्ध भेदभाव हो रहा है। समाज के पास अब ज्ञान है और

इस ऐतिहासिक भूल को सुधारने की नैतिक जिम्मेदारी भी है। महिलायें हमारे ग्रह पर मानव जीवन लातीं हैं और उस जीवन का पालन-पोषण करके समाज को बढ़ाने का काम करती है। यह अपने आप में एक सशक्त कारण है। मौलिक स्तर पर भी, महिलायें विश्व की लगभग आधी जनसंख्या बनातीं हैं और इसीलिए विश्व की आर्थिक भलाई के लिए उनको उसी अनुपात में अपना योगदान देना चाहिए।

#नारी शक्ति

प्रधानमंत्री मोदी जी ने इस बात की पुनः पुष्टि करते हुए नारी शक्ति की अदम्य भावना का आह्वान किया कि भारत कैसे संयुक्त राष्ट्र को उसके 'समान सोचे, स्मार्ट बनाएं, बदलाव के लिए नया करें', के मोटो का महिला सशक्तिकरण के संबंध में समर्थन करता है। उन्होंने आगे कहा कि, 'जब भी महिलाओं को अवसर मिला है, उन्होंने भारत को गौरवान्वित किया है और उसको और अधिक मजबूत बनाया है'। उदाहरण के तौर पर, वर्ष 2021 में टोक्यो में आयोजित ओलंपिक खेल; पी.वी. संधु, साईखौम मीराबाई चानू और लोवलिना बोरगोहाइन ने ओलंपिक में पदक जीत कर भारत को गौरवान्वित किया। हालांकि भारतीय हॉकी टीम कांस्य पदक से बाल बाल चूक गई, फिर भी, उन्होंने अपने शानदार प्रदर्शन से विश्व की महिला हॉकी में अपनी छाप छोड़ दी।

भारत अब महिलाओं को स्व-रोजगार और रोजगार के बराबर अवसर प्रदान करने के लिए प्रतिबद्ध है। आज, महिलायें कोयला खदानों में काम करती हैं, लड़ाकू विमान उड़ाती हैं और ऐसा कोई क्षेत्र नहीं है जो उनकी पहुँच से परे हो। प्रधानमंत्री जी ने एक बहुत कड़ा संदेश दिया है कि, उनके लिए, सुशासन केवल बात करने के बारे में है, बिना किसी अगर और मगर के, मुद्दों का डट कर मुकाबला करना। जो कुछ भी करने की आवश्यकता हो उसको करना होगा, और वह भी बिना आलोचना के डर के।

एक निडर नेता

मोदी जी ने महिलाओं के विकास को बढ़ावा देने पर विशेष ध्यान दिया है। कभी-कभी, वह पारंपरिक, जड़ रवैयों के प्रति मुखर आलोचक रहे हैं। एक राजनीतिक शख्सियत होने के बावजूद, यदि परंपरावादियों को आपके रवैये से अपमान महसूस हो, तो ऐसे लोगों की कठोर प्रतिक्रिया का सामना भी करना पड़ सकता है, फिर भी, वह आगे बढ़े और उन्होंने अपने मन की बात कह दी। इस दुनिया में, जहां राजनीतिक

विरोधी प्राचीन रूढ़िवादी सोच का फायदा उठाते हैं, मोदी जी ने अपने मन की बात कहकर अपार साहस दिखाया है। गुजरात के मुख्यमंत्री के रूप में भी, उन्होंने कन्या भ्रूण हत्या के कदाचार को समाप्त करने के लिए एक जन आंदोलन का नेतृत्व किया था। भारत के प्रधानमंत्री के पद का कार्यभार संभालने के तुरंत बाद ही, 11 अक्टूबर 2014 को अंतर्राष्ट्रीय बालिका दिवस के अवसर पर इस मुद्दे को एक ठोस तरीके से संबोधित करते हुए, उन्होंने कन्या भ्रूण हत्या को 'गहरी शर्म की बात' के रूप में वर्णित किया और लोगों को इस लिंग आधारित भेदभाव को समाप्त करने का संकल्प लेने को कहा और एक ऐसे माहौल का सृजन करने को कहा जिसमें लड़कियों के लिए समानता हो।

उन्होंने mygov वेबसाइट पर भी लोगों को आमंत्रित करते हुए 'बेटी बचाओ बेटी पढ़ाओ' अभियान पर अपने विचार साझा करने को बोला और साथ में कहा कि हमें कक्षा से खेलों तक अपनी बेटियों की उपलब्धियों का भी जश्न मानना चाहिए, जिससे कि वह हर जगह चमकें। उन्होंने ट्वीट भी किया और भारत को बालिकाओं के लिए समानता का माहौल सृजित करने का संकल्प लेने को कहा, जिससे कि यह सुनिश्चित किया जा सके कि लिंग के आधार पर कोई भेदभाव ना हो। उनका मानना था कि समाज से इस खतरे को हटाने के लिए हमें एकसाथ कार्य करना चाहिए।[1]

वर्ष 2014 में, एक नई शुरुआत को चिन्हित किया गया जिसमें जागरूक करने का आह्वान एक ऐसे नेता ने किया था, जो कि एक भारी जनादेश के साथ चुने गए थे। इसने बालिकाओं को बचाने के एक आदर्श परिवर्तन की शुरुआत की, और अब तक किए गए उपायों की सफलता के परिणाम स्वयं अपनी कहानी सुनाते हैं। भारत के लिंग अनुपात ने शहरी क्षेत्रों में एक भारी वृद्धि देखी है। वर्ष 2011-12 में यह संगत अनुपात 922 था, जो वर्ष 2017-18 में बढ़कर 965 हो गया। वर्ष 2014-15 से 2018-19 तक बेटी बचाओ बेटी पढ़ाओ (बी.बी.बी.पी.) योजना के अंतर्गत शामिल किए 640 जिलों में से 422 जिलों ने एस.आर.बी. (जन्म के समय लिंग अनुपात) में सुधार दिखाया। प्रथम तिमाही में गर्भावस्था के दौरान देखभाल (ऐ.एन.सी.) के पंजीकरण ने सुधार की प्रवृति दिखाई, जो कि वर्ष 2014-15 में 61 प्रतिशत थी और वर्ष 2019-20 में बढ़ कर 71 प्रतिशत हो गई। अस्पताल आदि में होने वाले प्रसव ने भी सुधार की प्रवृति दिखाई, जो कि वर्ष 2014-15 में 87 प्रतिशत से वर्ष 2019-20 में बढ़ कर 94 प्रतिशत हो गई।

बालिकाओं के लिए शिक्षा

शिक्षा लोगों को सशक्त बनाती है और एक मजबूत, कुशल कार्यबल के माध्यम से एक राष्ट्र के आर्थिक विकास की आधारशिला रखती है। यह विशेष रूप से तब सच होता है जब यह बालिकाओं को शिक्षा के अवसर मिलते हैं, क्योंकि शिक्षा ही उनको ऐसी योग्यता प्रदान करती है जिससे उनको जानकारी पर आधारित निर्णय लेने का ज्ञान मिलता है, उनका आत्मविश्वास बढ़ता है और वह स्वतंत्र बनतीं हैं जिससे उनका जीवन बदल जाए, जिससे वह अपना जीविकोपार्जन कर सकें और स्वयं का सहारा बन सकें। बालिकाओं को शिक्षित करना लैंगिक हिंसा को कम करने का कारण भी बनाता है और यह लिंग आधारित भेदभाव और असमानता को समाप्त करने की दिशा में एक कदम है।

मोदी जी का बालिकाओं को शिक्षित करने पर ध्यान उनके गुजरात राज्य और देश के लिए उनकी सेवा के हर पहलू में स्पष्ट है। एक मुख्यमंत्री के रूप में उन्होंने 'पंचामृत' की अवधारणा देकर उसे भविष्य के विकास का मार्ग बताया। संस्कृत से व्युत्पन्न, 'पंच' का अर्थ होता है पाँच और 'अमृत' का अर्थ होता है देवताओं का शर्बत। उन्होंने विकास के लिए विद्या की शक्ति या 'ज्ञान शक्ति' को अपने पंचामृत के पाँच प्रमुख अवयवों में से एक के रूप में जोर दिया है। इस अंतर्दृष्टि ने गुजरात में बालिका शिक्षा को बढ़ावा देने के लिए कन्या केलावणी निधि (बालिका शिक्षा) और शाला प्रवेशोत्सव (स्कूल नामांकन अभियान) जैसे अनेक परिवर्तनात्मक कार्यक्रमों को शुरू करने की प्रेरणा दी।

उनका यह अभियान और व्यावहारिक दृष्टिकोण इस बात से दिखाई देता था कि वह केवल अपनी मार्गदर्शक नीतियों से संतुष्ट नहीं थे, अपितु व्यक्तिगत रूप से जमीनी स्तर पर उनके क्रियान्वयन को सुनिश्चित करते थे। जून 2011, इस कार्यक्रम के शुरू होने के नौ वर्ष बाद, तीन दिनों में मुख्यमंत्री मोदी जी ने शिक्षा को आगे और प्रोत्साहन देने के लिए यह सुनिश्चित किया कि, उनके साथ-साथ, अन्य मंत्रीगण, सचिवगण, सरकारी अधिकारीगण और जनता के नेता लोग 18000 ग्रामों में, 151 नगर पालिकाओं और आठ नगर निगमों में विद्यालयों का दौरा करें।[2] भारत के प्रधानमंत्री का दायित्व संभालने के लिए गुजरात छोड़ने से पहले, उन्होंने एक व्यक्तिगत उदाहरण के रूप में अपनी व्यक्तिगत बचत से '21 लाख' (2.1 मिलियन) रुपये का दान देकर गुजरात सरकार में काम करने वाले वाहन चालकों और चपरासियों की बेटियों की शिक्षा के लिए एक कॉर्पस फंड तैयार किया।[3]

बेटी बचाओ और बेटी पढ़ाओ की परिकल्पना बेटियों को कन्या भ्रूण हत्या से बचाने के लिए की गई थी और इसीलिए भी कि गई थी ताकि उनको एक गरिमापूर्ण

जीवन और अवसर प्रदान किए जा सकें। वर्ष 2015 में आरंभ कि गई, बहु-क्षेत्रीय जिला कार्य योजना के साथ-साथ 'बेटी के साथ सेल्फी' जैसी परिवर्तनात्मक सोशल मीडिया पहल के साथ इस योजना के सकारात्मक परिणाम देखने को मिले, और समाज में बालिकाओं को देखने के तरीके में परिवर्तनकारी बदलाव सुनिश्चित करने में बहुत सफलता मिली है। बेटी बचाओ बेटी पढ़ाओ पहल के साथ शुरू की गई सुकन्या समृद्धि योजना, बालिकाओं को शिक्षा की सुविधा प्रदान करने के लिए की गई थी, जो अब तक तीन करोड़ (30 मिलियन) से भी अधिक महत्वाकांक्षी युवा महिलाओं तक पहुँच चुकी है।

उनके नेतृत्व में स्वच्छ भारत अभियान के परिणामस्वरूप 1,467,679 विद्यालयों में लड़कियों के लिए संचालित शौचालय हैं, जो कि वर्ष 2013-14 की तुलना में 4.17 प्रतिशत अंक वृद्धि है[4], जिससे लड़कियों के दाखिले को प्रेरणा मिली है। मानव संसाधन विकास मंत्रालय ने भी 5,930 कस्तूरबा गांधी बालिका विद्यालयों, अथवा बालिकाओं के लिए आवासीय विद्यालयों को मंजूरी दी है, जिसके कारण एक बड़ी संख्या में बालिकाओं को गुणवत्तापूर्ण शिक्षा तक पहुँच मिली है।

संविधान (छयासीवें संशोधन) अधिनियम, 2002, के परिणामस्वरूप भारत के संविधान में एक अतिरिक्त अनुच्छेद 21ऐ को जोड़ा गया है जिसके अंतर्गत छः से 14 वर्ष के सभी बच्चों को मौलिक अधिकार के रूप में मुफ्त में और अनिवार्य रूप से शिक्षा प्रदान की जाएगी। शिक्षा का अधिकार (आर.टी.ई.) अधिनियम को अस्तित्व में आए आज एक दशक से अधिक का समय हो गया है, और इसमें उल्लेखनीय प्रगति हुई है, जो कि खास तौर पर मोदी जी के मार्गदर्शन में देखने को मिली है। शिक्षा रिपोर्ट की वार्षिक स्थिति (ऐ.एस.ई.आर.) सर्वेक्षण के अनुसार 11 से 14 वर्ष के बीच की लड़कियों के स्कूल छोड़ने के अनुपात में एक नियमित गिरावट देखी गई है जो कि वर्ष 2006 में 10.3 प्रतिशत से गिर कर वर्ष 2018 में 4.1 प्रतिशत हुई है[5] और यह गिरावट महामारी के वर्ष में भी 2021 में 3.9 प्रतिशत तक गिरी है।

पंद्रह से सोलह वर्ष की आयु की लड़कियों के लिए भी वही सच है, वर्ष 2008 में उनका स्कूल छोड़ने का प्रतिशत 20 प्रतिशत से घट कर वर्ष 2019 में 13.5 प्रतिशत हो गया और वर्ष 2021 में और अधिक घट कर 7.1 प्रतिशत तक आ गया। वर्ष 2020 के ऐ.एस.ई.आर. सर्वेक्षण ने भी लड़कियों के सरकारी स्कूल में दाखिले में वृद्धि दिखाई है - जिसका प्रतिशत वर्ष 2018 में 70 प्रतिशत था, जो बढ़ कर वर्ष 2020 में 73 प्रतिशत हो गया।[6] राष्ट्रीय शिक्षा नीति 2020, अब तीन से 18 वर्ष के बच्चों के लिए आर.टी.ई. अधिनियम के दायरे में वृद्धि प्रस्तावित करती है।

वर्ष 2021 में राष्ट्रीय बालिका दिवस के अवसर पर प्रधानमंत्री जी द्वारा लड़कियों #देशकीबेटी (देश की बेटी) को सलाम करने के साथ, हम अब इस बात से

निश्चिंत हो सकते हैं कि उनके प्रगतिशील नेतृत्व में बालिकाओं को शिक्षित करने का अभियान जारी रहेगा।

समानता की शुरुआत

लैंगिक समानता के पक्षपाती होने के नाते, मोदी जी आगे बढ़कर नेतृत्व करने से कभी नहीं कतराते, और वह इस तथ्य से परिचित हैं कि महिलाओं का सशक्तिकरण केवल लैंगिक समानता और लैंगिक न्याय के बारे में ही नहीं है। इसका अर्थ है अधिक नौकरियां, विकास और उद्यमिता के लिए बराबर के अवसर, उच्च सुरक्षा, बच्चों का रक्षण, और सबसे अधिक महत्वपूर्ण 'महिलाओं को जैसी हैं वैसे रहने देना' भी है। यदि कोई एक ऐसा नेता है, जो महिलाओं को वह जो हैं और जैसी भी हैं उसी प्रकार से पहचाना है, तो वह हैं प्रधानमंत्री मोदी जी। फिर चाहे वह प्रसिद्ध प्रधानमंत्री उज्ज्वला योजना के माध्यम से उनको मुफ्त रसोई गैस उपलब्ध करना हो, या फिर वित्तीय समावेशन से, अथवा महिलाओं को प्रौद्योगिकी का लाभ उठाने के लिए सक्षम करना हो, इसके लिए हाल ही के वर्षों में कई तरह की योजनाएं शुरू की गई, जिससे कि महिलाओं को आत्मनिर्भरता की राह पर सशक्त किया जा सके।

इसी प्रकार, महिलाओं के नेतृत्व वाले विकास में मोदी जी के दृष्टिकोण का आधार रहा है, महिलाओं में उद्यमशीलता की भावना को प्रवर्तित करना। गुजरात के मुख्यमंत्री के रूप में, उन्होंने यह घोषणा की, कि महिला शक्ति विकास को चलाएगी। वह महिलाओं के वित्तीय सशक्तिकरण के प्रवर्तक रहे हैं। उनके प्रधानमंत्री बनने के बाद महिलाओं में उद्यमिता को बढ़ावा देने का उनका उत्साह कई गुना बढ़ा है। जन धन, मुद्रा और स्टैन्ड-अप भारत जैसे कार्यक्रमों ने पिछले कुछ वर्षों में महिलाओं में उद्यमिता को एक बड़ा बढ़ावा दिया है।

यह देखते हुए कि भारत की महिलायें, विशेष रूप से गरीब महिलायें, आर्थिक बहिष्कार से पीड़ित रही हैं, तो उन्होंने यह अपनी सरकार की जिम्मेदारी बना ली कि इस बात को सुनिश्चित किया जाए कि जन धन योजना (जे.डी.वाई.) के शुरू होने से इस विसंगति को सुधारा जाए। वर्ष 2014 के बाद से, महिलाओं के लिए 24 करोड़ (240 मिलियन) से भी अधिक बैंक[7] खाते खोले गए, जिससे उनको वित्तीय स्वतंत्रता मिली और वह बैंकिंग प्रणाली के औपचारिक ऋण और अन्य सेवाओं तक पहुँचने में सक्षम बनीं। जे.डी.वाई. की सफलता तालाबंदी के दौरान भी देखने को मिली, जब सरकार प्रत्यक्ष लाभ हस्तांतरण (डी.बी.टी.) के अंतर्गत महिलाओं के खातों में तेजी से पैसे हस्तांतरित कर सकी।

एक और उल्लेखनीय पहल जो वर्ष 2010 में शुरू की गई थी, जब वह गुजरात के मुख्यमंत्री थे, वह थी मिशन मंगलम, जो कॉर्पोरेट मूल्य श्रंखला के द्वारा स्वयं सहायता समूहों (एस.एच.जी.) को एकीकृत करने का प्रयास था।[8] इससे पहले कोई राज्य इस प्रकार की योजना का साक्षी नहीं रहा है। इस योजना ने एकत्र हुए स्वयं सहायता समूहों को अपने प्रशासनिक ढांचे को मजबूत करने और अपनी आजीविका की संभावनाओं को बढ़ाने के लिए ऋण संस्थाओं के साथ जुड़ने में मदद की। देश में इस अपनी तरह की एक अनूठी पहल ने ना केवल इस बात को सुनिश्चित करने की मांग की कि महिला एस.एच.जी. का गठन हो, जिससे कि महिलाओं को आजीविका प्रदान की जा सके, अपितु इसका यह अर्थ भी था कि एस.एच.जी.[9] के लिए उद्योग संपर्क पैदा कर महिलाओं को फलने-फूलने में मदद की जा सके। यह मुद्रा योजना का पूर्वगामी असर था।

मोदी जी का हमेशा यही प्रयास रहा है कि महिला उद्यमिता के विकास और भारतीय अर्थव्यवस्था में उनकी भागीदारी को रोकने वाली बाधाओं को हटाया जाए। कई बड़े सुधारों में एक जो अपने पैमाने, आकार, पहुँच और लाखों महिलाओं के जीवन में परिवर्तन लाने के कारण अलग ही दिखाई देता है वह है प्रधानमंत्री मुद्रा योजना (पी.एम.एम.वाई.)। इसकी लगभग 70 प्रतिशत[10] लाभार्थी महिलायें हैं, मुख्यतः वह महिलायें जो कि समाज के हाशिये पर रहने वाले वर्ग से संबंध रखतीं हैं। वर्ष 2015 से 2018[11] तक इस योजना ने महिलाओं के लिए 69 लाख (6.9 मिलियन) अतिरिक्त रोजगार की स्थितियाँ पैदा करने में मदद की है। लेकिन, सार्वजनिक डोमेन में उपलब्ध कुछ वास्तविक जीवन की कहानियों से अधिक इस सफलता को कुछ और समझा नहीं सकता। ऐसी ही एक कहानी झारखंड के बोकारो शहर की रहने वाली किरण कुमारी की है, जो कि कभी एक फेरी वाली थी और अब दो लाख अथवा 2,00,000 रुपये[12] का ऋण पाकर एक खिलौनों और गिफ्ट की दुकान की मालकिन है।

इसी प्रकार, उद्यमशीलता को बढ़ावा देने के लिए स्टैन्ड-अप भारत की शुरुआत की गई और मार्च 2021 की शुरुआत तक, इसके लाभार्थियों में से 81 प्रतिशत महिलायें थीं।[13] मोदी जी की सरकार की प्रमुख योजनाओं का सबसे महत्वपूर्ण पहलू - चाहे वह जन धन, मुद्रा अथवा आवास योजना हो - महिलाओं की भारी भागीदारी है। इसने महिलाओं की सामाजिक-आर्थिक गरिमा को सुरक्षित किया है, और उनको अपनी नियति को बनाने के लिए एक मजबूत आधारशिला प्रदान की है। एस.एच.जी., एम.एस.एम.ई. और स्टार्ट-अप के लिए अधिक ऋण तक पहुँच सुनिश्चित करने के प्रावधान करना, सुरक्षित कार्यस्थल और उचित मजदूरी सुनिश्चित करने के लिए कानून, इन सबने मिलकर महिलाओं के लिए कार्यबल में प्रवेश करने के रास्ते को और अपनी पसंद की नौकरी लेने के रास्ते को सुगम बना दिया है।

महिलाओं का स्वास्थ्य और कल्याण

यह सच है कि स्वस्थ महिलायें, स्वस्थ अर्थव्यवस्थाओं के लिए महत्वपूर्ण योगदान देती हैं, और इसीलिए, अत्यंत आवश्यक है कि एक राष्ट्र उनके स्वास्थ्य और कल्याण की रक्षा करने कि लिए दृढ़ता से लगा रहे। इसके अतिरिक्त, एक अग्रणी स्वास्थ्य सेवा के परिवार से संबंध होने के कारण, मैंने बहुत नजदीक से खराब स्वास्थ्य के विनाशकारी प्रभाव को देखा है, और मैं इस बात से भली-भांति परिचित हूँ कि किस प्रकार एक महिला को असमय खो देने से पूरा परिवार तितर-बितर हो जाता है।

यह एक दुर्भाग्यपूर्ण वास्तविकता थी कि भारतीय समाज के कुछ भागों में, घर में महिला के स्वास्थ्य को अकसर वह प्राथमिकता नहीं दी जाती, जिसकी वह हकदार है। लेकिन, शुक्र है कि, पिछले कुछ वर्षों में, जिस प्रकार आज महिलायें राष्ट्रीय स्तर पर के साथ-साथ अंतर्राष्ट्रीय स्तर पर चमक रही हैं और देश की ख्याति बढ़ा रही हैं, इस प्रकार की प्रतिगामी प्रथाओं में गिरावट आई है। इसी तरह का सकारात्मक बदलाव उनके स्वास्थ्य सूचकांक में भी दिखाई देता है।

जबकि, पहले महिलाओं के स्वास्थ्य पर केवल गर्भावस्था के दौरान और प्रसव के तुरंत बाद ही ध्यान दिया जाता था, लेकिन अब इस दृष्टिकोण में 360 डिग्री का बदलाव हुआ है जो महिलाओं के सभी प्रकार के स्वास्थ्य संबंधी चिंताओं को संबोधित करता है, जिसमें ना केवल उनका मातृ संबंधी स्वास्थ्य और पोषण शामिल है अपितु उनका मासिक धर्म संबंधी स्वास्थ्य, स्वच्छता, शुद्ध हवा और बुनियादी स्वच्छता भी शामिल हैं।

प्रधानमंत्री मोदी जी के नेतृत्व में सरकार के प्रयासों से महिलाओं के स्वास्थ्य में उल्लेखनीय सुधार हुआ है, विशेष रूप से स्वच्छता को लेकर। वर्ष 2020 के अपने स्वतंत्रता दिवस पर दिए भाषण में उन्होंने एक बार फिर महिलाओं के स्वास्थ्य के विभिन्न पहलुओं पर अपनी अंतर्दृष्टि प्रस्तुत करते हुए मासिक धर्म के दौरान स्वच्छता को बनाए रखने वाले उत्पादों के महत्व पर भी बोला। केवल शब्दों तक ही सीमित ना होकर, इस पर जमीनी स्तर पर कार्यवाई की गई और (दिसंबर 2021 के मध्य तक) 8578 से अधिक जनौषधि केंद्रों से केवल '1 रुपये में एक पैड'[14] में गरीब महिलाओं को 111 मिलियन से भी अधिक सैनिटेरी पैड वितरित किए गए।

सरकार की नीतियों और कार्यक्रमों ने विश्व भर में असंक्रामक रोगों (एन.सी.डी.) से महिलाओं के स्वास्थ्य को प्रभावित करने वाले मुद्दों में हुए बदलावों को भी ध्यान में रखा है, जो कि विश्व भर में महिलाओं में मृत्यु का प्रमुख कारण बन रहे हैं।[15]

आयुष्मान भारत की शुरुआत महिलाओं को कैंसर जैसी बीमारियों की जांच के लिए आगे आने के लिए प्रोत्साहित करने के लिए किया गया था, विशेष रूप से

ग्रामीण क्षेत्रों की महिलाओं को। इससे बीमारी के समय रहते मूल्यांकन करने में मदद मिलेगी और यह एन.सी.डी. से रोगों की संख्या और मृत्यु दर को कम करने में योगदान देगा। देश भर में स्वास्थ्य और कल्याण केंद्रों की स्थापना के साथ, 14.8 करोड़ (148 मिलियन) से भी अधिक महिलायें इस पहल से लाभान्वित हुई हैं।

मोदी जी ने एक ऐसे मुद्दे को भी संबोधित किया जिसको कि कई दशकों से नजरंदाज किया जा रहा था; महिलाओं के सामने आने वाला स्वास्थ्य संबंधी वह खतरा, जो उनको लकड़ी पर, गायें के गोबर के उपलों से और कोयले पर खाना बनाने के समय खराब-हवादार रसोई से हो रहा था, जिससे खतरनाक गैस और रसायन निकलते हैं, जिसके परिणामस्वरूप स्वास्थ्य पर प्रतिकूल प्रभाव पड़ता है। उज्ज्वला योजना ने यह सुनिश्चित किया कि घरों में साफ ईंधन और साफ हवा का संचार हो, जिससे महिलायें सांस की समस्या तथा अन्य बीमारियों के पैदा होने से बिना डरे काम कर सकेंगी।

जबकि इन प्रगतिशील पहल ने इस बात को सुनिश्चित किया कि दशकों से उपेक्षित महिलाओं के स्वास्थ्य के पहलुओं को संबोधित किया जाए, मातृ स्वास्थ्य के बुनियादी मुद्दों को लगातार मजबूत किया जाता रहा। वर्ष 2017 में, प्रधानमंत्री मातृ वंदना योजना (पी.एम.एम.वी.वाई.) ने यह सुनिश्चित किया कि गर्भवती महिलाओं और स्तनपान कराने वाली माताओं को एक प्रत्यक्ष लाभ हस्तांतरण (डी.बी.टी.) योजना के अंतर्गत उनकी बढ़ी हुई पोषण संबंधी जरूरतों को पूरा करने में सहायता मिले। वित्त वर्ष 2020 में, इस योजना ने एक करोड़ (10 मिलियन) महिलाओं को लाभान्वित कर एक अत्यंत महत्वपूर्ण मील का पत्थर हासिल कर लिया। पोषण अभियान के अंतर्गत विभिन्न पूरक पोषण कार्यक्रमों का विलय किया गया, और पोषण अभियान 2.0 को शुरू कर पोषण संबंधी वितरण को मजबूत किया गया।

सुरक्षित गर्भावस्था को एक जन आंदोलन बनाते हुए, प्रधानमंत्री सुरक्षित मातृत्व अभियान ने प्रत्येक माह निजी चिकित्सक सेवाओं द्वारा सुरक्षित और स्वस्थ प्रसव पूर्व देखभाल के लिए मुफ्त चेक अप सुनिश्चित किए। इसके कारण गर्भावस्था से संबंधित दिक्कतों और जोखिमों का पहले ही पता लगा पाना संभव हुआ। वर्ष 2021 की शुरुआत तक, 25.46 लाख (2.546 मिलियन) उच्च जोखिम वाले गर्भधारण को पहचान कर उनके उपचार के साथ, पूरे देश भर में 3.02 करोड़ (30.2 मिलियन) से भी अधिक प्रसव पूर्व चेक अप स्वास्थ्य सेवा केंद्रों में किए जा चुके हैं। इन पहल के परिणामस्वरूप वर्ष 2011-2013 में जो मातृ मृत्यु दर (एम.एम.आर.) 167 प्रति 100,000 जीवित जन्म थी, वह गिर कर वर्ष 2016-2018 में 113 प्रति 100,000 जीवित जन्म तक हो गई। वर्ष 2014 में शुरू हुए मिशन इंद्रधनुष ने भी महिलाओं में लक्षित टीकाकरण को सुनिश्चित किया है और निवारक स्वास्थ्य सेवा में एक नया प्रतिमान स्थापित किया है। यह सभी निर्णायक कदम और निवेश, जो महिलाओं के

स्वास्थ्य का ध्यान रखने में लिए किए गए उन्होंने भारतीय महिलाओं के लिए स्वास्थ्य सेवाओं तक उनकी पहुँच में सुधार किया है। जो कभी एक दूर का सपना था आज वास्तविकता में बदल रहा है!

गरिमा-सशक्तिकरण का आधार

प्रत्येक महिला के मौलिक आधारों में से एक है गरिमा के साथ जीने का अधिकार, हिंसा के डर से, लिंग के आधार पर दबाव अथवा भेदभाव से मुक्ति। प्रधानमंत्री मोदी जी का यह दोहराना अद्वितीय ताजगी से भरा था कि महिलाओं के विरुद्ध हिंसा अपरिहार्य नहीं है और यह कि परिवारों और समुदायों को चाहिए कि वह अपने सामाजिक मानदंडों और दृष्टिकोण में बदलाव लायें।

वर्ष 2014 में अपने सबसे पहले स्वतंत्रता दिवस के भाषण में उन्होंने इस आवश्यकता की शुरुआत की, जब उन्होंने कहा, 'मैं प्रत्येक माता-पिता से पूछना चाहता हूँ कि यदि आपकी बेटी है तो, आप हमेशा सतर्क रहते हैं; समय समय पर उससे पूछते रहते हैं, "कहाँ जा रही हो?" अथवा "कब वापस आओगी?" अथवा "पहुँच कर तुरंत सूचित करना"। माता-पिता अपनी बेटियों से सैकड़ों सवाल करते हैं, लेकिन कोई माता-पिता अपने बेटे से नहीं पूछता कि वह कहाँ जा रहा है, क्यों जा रहा है, उसके दोस्त कौन हैं? यह अत्यंत महत्वपूर्ण है, क्योंकि जो पुरुष किसी महिला के विरुद्ध अपराध करता है, वह भी किसी का बेटा है और, इसीलिए इस बदलाव की शुरुआत माता-पिता के साथ होनी चाहिए'।

जाहिर है, वर्ष 2014 के बाद से, देश बहुत से बदलावों का साक्षी हुआ है, और प्रधानमंत्री मोदी जी ने महिलाओं के मुद्दों को पारंपरिक रूप से देखने का नजरिया ही बदल दिया है। उन्होंने सभी क्षेत्रों में उन अधिकारों की टोकरी का विस्तार करने का कार्य किया है जिसकी महिलायें हकदार हैं। मुस्लिम महिलाओं को तीन तलाक का अपराधिकरण करके सशक्त बनाने से अनुच्छेद 370 और 35ऐ को समाप्त कर जम्मू और कश्मीर की महिलाओं के विरुद्ध भेदभावपूर्ण प्रावधानों को समाप्त करने तक और जम्मू और कश्मीर में बाल विवाह के विरुद्ध कानून लाने तक, उन्होंने हमारे संविधान के अंतर्गत महिलाओं को आश्वस्त अधिकारों के मामले में बराबरी के स्तर पर लाने का कार्य किया है। इसके अतिरिक्त, मेडिकल टर्मिनेशन ऑफ प्रेग्नेंसी अधिनियम (संशोधन) बिल, 2020 के माध्यम से गर्भवती महिलाओं के अधिकारों में भी विस्तार हुआ है, जिसके द्वारा विशेष श्रेणियों की महिलाओं में गर्भपात करने की ऊपरी सीमा को 24 सप्ताह तक बढ़ाया गया है। महिलाओं के कमजोर वर्ग में गर्भधारण से 24 सप्ताह तक की गर्भावधि के गर्भपात की अनुमति देकर और पर्याप्त

भ्रूण असमानताओं के साथ हुए गर्भधारण के मामलों में गर्भावधि की कोई सीमा ना रख कर, हमारे देश की महिलाओं को आखिरकार वह चिकित्सकीय समाधान प्रदान किया है जो कि वह लंबे समय से मांग रहीं थीं।

महिलाओं के नेतृत्व में विकास

नए भारत की विकास गाथा को लिखते हुए, प्रधानमंत्री मोदी जी ने इस बात पर जोर दिया है कि भारत महिलाओं के विकास से 'महिलाओं के नेतृत्व वाले विकास' में परिवर्तित हो रहा है।

नए-पारित श्रम कानून में ऐसे प्रावधान शामिल किए गए हैं, जो कि महिला कर्मचारियों को विभिन्न प्रकार की भूमिकाओं में और रात की पाली में भी पर्याप्त सुरक्षा के साथ कार्य करने में सक्षम बनाएंगे। मजदूरी पर श्रम संहिता के अंतर्गत महिलाओं को भी समान मजदूरी देने की गारंटी दी गई है। एक बड़े कदम द्वारा महिलाओं को उचित कार्य-जीवन संतुलन बनाने के लिए सक्षम करने में, मोदी जी की सरकार ने मातृत्व लाभ अधिनियम में संशोधन किया है, जिसके अंतर्गत संगठित क्षेत्रों में कार्य करने वाली महिलाओं को पूर्ण भुगतान वाले 12 सप्ताह के मातृत्व अवकाश को बढ़ा कर 26 सप्ताह कर दिया गया है, जिससे वह काम पर आने से पहले पूरी तरह से स्वस्थ होने में समर्थ हो जाएँ।[16]

इसके साथ साथ, कार्यस्थल पर लैंगिक समानता को बढ़ावा देने के लिए, 2013 कंपनीज अधिनियम के अंतर्गत भारत में सभी सार्वजनिक रूप से सूचिबद्ध फर्मों के लिए कम से कम एक महिला निदेशक का होना अनिवार्य कर दिया गया। पिछले पाँच वर्षों में, भारतीय बोर्ड में महिलाओं की औसत संख्या दोगुनी हो गई है, और यह विविधता में वृद्धि केवल कॉर्पोरेट भारत तक ही सीमित नहीं है। देश में हाल ही में हुए मंत्रिमंडल के फेरबदल के उपरांत, मोदी जी की सरकार में 11 महिला मंत्री शामिल हैं। यह विविध दृष्टिकोण को शामिल करने की और बात को चलाने की प्रतिबद्धता को रेखांकित करता है।

एक व्यवसाय को चलाने के सिद्धांतों में से पहला जो मैंने अपने पिता, डॉ. प्रताप सी. रेड्डी, अपोलो अस्पताल के संस्थापक-अध्यक्ष, से सीखा और आत्मसात किया, वह था, राष्ट्र की चुनौतियों को संबोधित करना कॉर्पोरेट नेताओं की उतनी ही जिम्मेदारी है जितनी प्रशासकों की है। मैंने वर्ष 2017 में भी इस पाठ को अपने साथ रखा, जब मैंने भारतीय उद्योग परिसंघ (सी.आई.आई.), जिसकी स्थापना आज से 125 वर्ष पहले हुई थी, की पहली महिला अध्यक्ष के रूप में पतवार संभाली। यह एक बड़ा सम्मान था और उतनी ही बड़ी जिम्मेदारी थी। मुझे पता था कि आगे की राह तय

करने के लिए, सरकार के साथ काम करते हुए अथाह शक्ति की साझेदारी के साथ रास्ता बनाना होगा।

इसीलिए केन्द्रबिन्दु था 'इंडिया अहेड, इंडिया टुगैदर और एक इन्क्लूसिव इंडिया'।[17] मेरी सबसे पहली प्राथमिकताओं में से एक थी, भारतीय अर्थव्यवस्था में महिलाओं की क्षमताओं को समझना। मैंने कार्यबल में 25 प्रतिशत और महिलाओं को शामिल करने के उपायों का सुझाव दिया, क्योंकि मेरा यह मानना था कि यह कदम भारत के सकल घरेलू उत्पाद में 750 अमेरिकी डॉलर की वृद्धि कर सकता है। उद्योग निकाय की अध्यक्ष के रूप में, मुझे अनेक कार्यक्रमों में प्रधानमंत्री मोदी जी से मिलने का सौभाग्य प्राप्त हुआ और मैंने देखा कि वह भारत में महिलाओं के लिए अधिक से अधिक पहुँच बनाने के लिए कितने भावुक हैं।[18]

वर्तमान समय में, यह गर्व की बात है कि सशस्त्र बलों की सभी शाखाओं में भारतीय महिलाओं को स्थाई नियुक्ति प्रदान की गई है और उनको नौसेना और वायुसेना दोनों में लड़ाकू विमानों के पायलट के रूप में भी शामिल किया गया है। मई 2021 में, सेना ने सैन्य पुलिस कोर में महिलाओं के पहले दस्ते को शामिल किया। इस प्रकार महिलाओं को युद्ध की स्थिति में सेवा करने के लिए सक्षम किया गया।[19] वर्ष 2021 के स्वतंत्रता दिवस के अपने भाषण में प्रधानमंत्री जी ने यह भी कहा कि लड़कियों को अब देश भर के सैनिक स्कूलों में भी दाखिला मिलेगा।[20]

यह हमारे लिए गर्व की बात है कि हमारी महिलायें विज्ञान और तकनीक के क्षेत्र में भी सबसे आगे हैं। अभी हाल ही का चंद्रयान-2 मिशन, महिलाओं के नेतृत्व में विकास का एक मामला है, चूंकि इस मिशन का नेतृत्व हमारी दो प्रख्यात अंतरिक्ष वैज्ञानिकों मुथय्या विनीता, जो कि परियोजना निदेशक थीं, और ऋतु करिधल जो मिशन निदेशक थीं, द्वारा किया गया था। यह हमारे भारतीय अंतरिक्ष अनुसंधान संस्थान (आई.एस.आर.ओ.) का पहला ऐसा मिशन बना। चंद्रयान-2 की टीम में 30 प्रतिशत महिलायें थीं।[21]

31 अगस्त 2021 की सुबह, न्यायाधीश हिमा कोहली, बी.वी. नागरत्ना और बेला त्रिवेदी ने उच्चतम न्यायालय के न्यायाधीशों के रूप में शपथ ली। भारतीय इतिहास में ऐसा पहली बार हुआ कि तीन महिला न्यायाधीशों को उच्चतम न्यायालय में एक साथ पदोन्नत किया गया था। इसके अतिरिक्त, यह इस संभावना को बेहतर बनाता है कि शायद वर्ष 2027 में हमें - इन तीन विधिक प्रतीकों में से भारत की पहली महिला मुख्य न्यायाधीश मिल जाए। इन तीनों की नियुक्ति ने उच्चतम न्यायालय में महिला न्यायाधीशों की संख्या में भारी वृद्धि की है। यह सर्वोच्च न्यायिक निकाय और भारत के सर्वोच्च न्यायालय में महिला प्रतिनिधित्व का एक उत्सव था।

आगे का रास्ता

हमारे सामने एक रोमांचक परिदृश्य खुल रहा है और इस महान राष्ट्र के निर्माण में महिलायें अपनी भूमिका अदा कर रही हैं। मोदी जी की दूरदृष्टि पहचानती है कि महिलाओं के नेतृत्व वाला विकास कई क्षेत्रों में एक सकारात्मक परिणाम पैदा करने की क्षमता रखता है। एक तरह से, सतत् विकास लक्ष्य 5; 'लैंगिक समानता' के अंतर्गत लक्ष्यों को प्राप्त करना, अन्य एस.डी.जी. की प्राप्ति को भी सुविधाजनक बनाता है और, इस प्रकार बहु-आयामी सम्पूर्ण विकास सुनिश्चित करता है।

अंततः, नेतृत्व का बेहतरीन मापदंड है स्थाई परिवर्तन पैदा करने की क्षमता, रूपांतरण की शुरुआत, जिसकी गूंज पीढ़ियों तक सुनाई दे और प्रधानमंत्री मोदी जी के प्रयास इस माप पर एक स्वर्ण मानक है।

बेटी बचाओ
बेटी पढ़ाओ

जन केंद्रित दृष्टिकोण की सफलता

सुरजीत एस. भल्ला

नरेंद्र मोदी जी ने प्रत्येक बड़ा चुनाव, जो भी उन्होंने लड़ा है, उसमें जीत हासिल की है – तीन बार गुजरात के मुख्यमंत्री के रूप में, एक बार प्रधानमंत्री के उम्मीदवार के रूप में और एक बार पदधारी प्रधानमंत्री के रूप में। उनके पहले गुजरात चुनावों में (सितंबर 2002), यह व्यापक रूप से अनुमान लगाया जा रहा था, कि वह गोधरा दंगों के बाद हार जाएंगे। अंत में, वह चुनाव में बड़े बहुमत के साथ विजयी हुए (दो-तिहाई सीटों के साथ), और अपने इस प्रदर्शन को वर्ष 2007 और 2012 में फिर दोहराया।

यह उल्लेखनीय है कि दो राष्ट्रीय चुनावों में (वर्ष 2014 और 2019), वह पसंदीदा नहीं माने जा रहे थे। उनकी उम्मीदवारी पर काफी संदेह किया गया – क्या उनकी गुजरात सफलता को राष्ट्रीय मंच पर दोहराया जा सकता है। वास्तव में, मई 2019 के चुनावों से कुछ माह पहले, एक व्यापक धारणा थी कि भले ही भाजपा वोटों की बहुलता से जीते, लेकिन उन्हें प्रधानमंत्री के रूप में बदल दिया जाएगा। (मेरी किताब, *सिटिजन राज,* जो वर्ष 2019 के चुनावों से दो माह पहले प्रकाशित हुई थी में यह सही और साहसपूर्ण भविष्यवाणी की गई थी कि मोदी जी अपने स्वयं के दम पर चुनाव जीतेंगे)। उन्होंने ना केवल आसानी से चुनाव जीता, अपितु (वर्ष 1971 के बाद) अपने स्वयं के बहुमत के साथ राष्ट्रीय चुनाव में दोबारा चुने जाने वाले पहले पदधारी बने।

हम इस अध्याय में मोदी परिघटना की जांच करना चाहते हैं। उनकी सफलता के निर्धारक क्या हैं? क्या उनकी दूरदर्शिता में कोई प्रतिमान अथवा कोई तालमेल है? भारतीय जनता पार्टी के शीर्ष पदों पर उनके लगभग दो-दशक पुराने राजनीतिक कार्यकाल से ऐसे कौन से सबक हैं, जो इतिहासकार लेंगे? यह अध्याय उन सब प्रश्नों के उत्तर नहीं देगा, लेकिन यह उनकी राजनीतिक सफलता की असाधारण प्रकृति की तलाश की ओर शुरुआत है।

राज्य और केंद्र दोनों में उनके कार्यकाल की एक प्रमुख विशेषता, गरीबों के लिए विकास और कार्यक्रमों पर उनका संकेन्द्रण रहा है। भारत के अधिकांश प्रधान मंत्रियों के लिए सैद्धांतिक रूप से गरीब उनकी नीति के केंद्र में रहे हैं; याद है 'गरीबी हटाओ' इंदिरा गांधी का कॉलिंग कार्ड था। मोदी जी और अन्य प्रधानमंत्रियों में यह अंतर रहा है कि सिद्धांत को प्रभावी अभ्यास में लाया गया है। मोदी जी की असाधारण राजनीतिक सफलता के पीछे यह सबसे महत्वपूर्ण कारक हो सकता है।

इस पहलू का दस्तावेजीकरण करने की आवश्यकता है और हम यह उनके गुजरात और राष्ट्रीय कार्यकाल से प्राप्त साक्ष्यों से प्रदान करेंगे। मोदी जी वर्ष 2001 से मई 2014 तक गुजरात के मुख्यमंत्री थे।

शिक्षा, पानी, बालिका, स्वच्छता, गरीबी घटाना - यह सब मोदी जी के निशाने पर रहे हैं और वह भी प्रतिपादन के अति महत्वपूर्ण जोर के साथ।

एक विस्तृत नजरिये से मोदी जी के बारे में निम्नलिखित बातों का पता चलता है। उनकी विनम्र पृष्ठभूमि ने उन्हें उन कम भाग्यशाली लोगों - या यूं कहें कि आबादी के निचले आधे अथवा निचले दो-तिहाई हिस्से (आगे चल कर मोदी जी के लक्षित निर्वाचन क्षेत्र) की ओर से अधिक सोचने और अधिक कार्य करने के लिए तैयार किया। बेटी बचाओ बेटी पढ़ाओ से लेकर विमुद्रीकरण से लेकर लंबे समय से लंबित कृषि कानून के निर्माण तक, उनकी कई पहल में से प्रत्येक में लक्षित निर्वाचन क्षेत्र को ध्यान में रखा गया है। यह उनकी आर्थिक नीतियों की अग्निपरीक्षा रही है। वर्ष 1985 में, तत्कालीन प्रधानमंत्री राजीव गांधी ने सुविदित रूप से (और सही ढंग से) यह घोषित किया था कि गरीबों के लिए जो पैसा होता है उसका केवल 15 प्रतिशत पैसा (भोजन) ही गरीबों तक पहुंचता है (खाद्यान्न की सार्वजनिक वितरण प्रणाली (पी.डी.एस.) के माध्यम से)। मोदी जी के तहत, आधार के माध्यम से लाभार्थियों का सफल लक्ष्यीकरण, एक राष्ट्र एक राशन कार्ड (ओ.एन.ओ.आर.सी.) का लंबे समय से विलंबित कार्यान्वयन, तथा प्रत्यक्ष लाभ हस्तांतरण (डी.बी.टी.) के उपयोग का अर्थ है कि रिसाव अब गरीबों के लिए बने (लेकिन वितरित नहीं हुए) सरकारी कार्यक्रमों के लिए डूबना नहीं रह गया है।

एक आस्था है जो आत्मविश्वास की एक मजबूत खुराक के साथ मिलकर, उनकी नीतियों के माध्यम से चलती है। पर्यवेक्षकों के रूप में हम अनुमान लगा सकते हैं कि यह आस्था और आत्मविश्वास कहाँ से आता है। पृष्ठभूमि की बात करें तो, ध्यान दें कि नेहरू, शास्त्री, इंदिरा गांधी, राजीव गांधी, वी.पी. सिंह और वाजपेयी के विपरीत मोदी जी दूसरे गैर-अभिजात वर्ग से, गैर-ब्राह्मण हैं जिन्होंने प्रधानमंत्री का पद ग्रहण किया है (देवे गौड़ा पहले थे)। यदि नेता ब्राह्मण नहीं थे तो (वी.पी. सिंह, मनमोहन सिंह की तरह) वह 'सत्तारूढ़ अभिजात वर्ग' का भाग थे। मोदी जी के

पास आत्मविश्वास है क्योंकि वह, दूसरे प्रधान मंत्रियों के विपरीत, लोगों के साथ तादात्म्य स्थापित करते हैं; वह उनके परीक्षणों, उनकी गरीबी और उनकी आकांक्षाओं को समझते हैं। यह राजनीतिक सफलता और एक नेता की सफलता के लिए लगभग एक गारंटी के समान है जिसका कि लोग अनुसरण करना चाहते हैं।

अगले कुछ खंडों में, हम उनके वितरण और लक्ष्यीकरण के रिकॉर्ड को स्वयं के लिए बोलने देंगे। हम पहले गुजरात के मुख्यमंत्री के रूप में उनके अनुभव का दस्तावेजीकरण करेंगे, और यह देखेंगे कि कैसे गुजरात प्रशासन का अध्ययन प्रधानमंत्री के रूप में उनकी सफलता की दिशा में मार्गदर्शन के लिए आवश्यक है। उनकी नीतियाँ गरीबों और जिनके विरुद्ध भेदभाव हुआ है - महिलायें, को लाभ का वितरण करने पर जोर देतीं हैं। इसीलिए, यह पता चलता है कि महिलायें मोदी जी के विकास कार्यक्रमों की प्रमुख लाभार्थी रहीं हैं। हम आगे दस्तावेजीकरण करते हैं कि कैसे महामारी के बाद मोदी जी की सरकार की प्रतिक्रिया गरीबों में बड़ी आय (भोजन) हस्तांतरण करने की थी, और किस प्रकार यह हस्तांतरण व्यक्तियों को अत्यंत गरीबी की हालत में गिरने से बचाने के लिए पर्याप्त थे। इसके बाद, हम यह चर्चा करेंगे कि किस प्रकार प्रधानमंत्री मोदी जी की सरकार ने महामारी संकट के दौरान प्रधान आर्थिक सुधारों को संस्थापित किया - और किस प्रकार वह ऐसा करने वाले बहुत कम देशों में से एक थे। इसके उपरांत हम जलवायु शमन पर भारत के प्रयासों और प्रदर्शन का आकलन करेंगे।

निशाने पर गरीब और महिलायें

यदि गरीबों को निशाना बनाया जाता रहा है तो, महिलाओं को दोगुना निशाना बनाया गया है। क्योंकि पूरे इतिहास में, और विश्व भर में, महिलाओं के विरुद्ध भेदभाव किया जाता रहा है। भारत में, इस भेदभाव ने कुरूपतम रूप ले लिया है। पहले कन्या शिशु हत्या के रूप में, फिर बाद में, मध्य अस्सी के दशक में शुरू होते हुए, तकनीक की उपलब्धता के साथ, कन्या भ्रूण हत्या के रूप में।

बहुत पहले गुजरात के मुख्यमंत्री के रूप में, मोदी जी ने कन्या केलावणी योजना आरंभ की - सभी के लिए शिक्षा, और मुख्यतः बालिकाओं के लिए। लड़कों में भी शिक्षा की कमी थी, लेकिन लड़कियों में यह कमी अधिक थी। वर्ष 2019-20 के आवधिक श्रम बल सर्वेक्षण (जिसका नाम बदल कर एन.एस.एस.ओ. सर्वेक्षण रख दिया गया) ने यह बताया कि 15-24 वर्ष की महिलाओं में औसत शिक्षा प्राप्ति के वर्ष 9.7 थे - और यही औसत पुरुषों में इसी आयु वर्ग में 9.7 वर्ष थी। केवल 30 वर्ष पहले (वर्ष 1993/94 में), युवा पुरुषों में औसतन शिक्षा प्राप्ति स्तर 6.3

वर्ष था, जो कि युवा महिलाओं के प्राप्ति स्तर से दो वर्ष अधिक था। एक दशक पहले, वर्ष 2011-12 में, यह अंतर 0.7 वर्षों का रह गया। वर्ष 2018 में, भारत में कॉलेज की महिला छात्राओं की संख्या पुरुषों से अधिक थी। यह प्रगति / विकास पुरुष अथवा नारी जाति को ज्ञात सबसे बड़ा परिवर्तन है।

दोनों लक्ष्यों - शिक्षा और कन्या भ्रूण हत्या पर हमला - का एक संयोजन बेटी बचाओ बेटी पढ़ाओ के राष्ट्रीय अभियान के तौर पर लाल किले से प्रधानमंत्री के रूप में, उनके पहले स्वतंत्रता दिवस के भाषण के प्रमुख केंद्र बिन्दु के रूप में शुरू किया गया। क्या प्रधानमंत्री के तौर पर मोदी जी द्वारा नीतिगत पहल के लिए उनके मुख्यमंत्री के रूप में अपने अनुभव का कोई सुराग (प्रमुख संकेतक) है?

हाँ - और हमें वर्ष 2002 से 2012 तक गुजरात में मोदी जी की नीतियों से यह साक्ष्य मिलते हैं। याद करें कि उन्होंने तीन लगातार जीत हासिल की थी, और प्रत्येक जीत एक प्रचंड बहुमत के साथ मिली थी। यह बात अनुमान लगाने की है कि लोगों को इसका लाभ मिला, इसीलिए उन्होंने सराहना की, और मोदी जी को मुख्यमंत्री के रूप में दोबारा वोट दिए। गुजरात शासन और विकास में मोदी जी की पहल से कितना अंतर आया यह तालिका 1 में प्रस्तुत आँकड़ों द्वारा पेश किया गया है। यह आँकड़े मोदी जी के द्वारा वर्ष 2001, 1992-2001, में मुख्यमंत्री की भूमिका ग्रहण करने के उनके नौ वर्षों की अवधि के राज्य-स्तर के, और 11 वर्ष की अवधि के उनके आने के बाद, वर्ष 2002-2012, के आँकड़ों पर आधारित हैं। वर्ष 1993, 1999 और 2011-12 के लिए राष्ट्रीय नमूना सर्वेक्षणों की उपलब्धता के अनुरूप इसकी पुष्टि के लिए इन तिथियों का चयन किया जाता है (पूर्ण गरीबी में प्रवृत्तियों के विश्लेषण के लिए इसे उपयोग किया जाता है)। यह एक राज्य-स्तर का विश्लेषण है, और हमारा लक्ष्य गुजरात के उस अवधि के प्रदर्शन का आकलन करना है जिस अवधि में मोदी जी मुख्यमंत्री नहीं थे और जब वह गुजरात में शिखर पर थे।

विकास एक जटिल संवृत्ति है और नेतृत्व के अतिरिक्त विभिन्न कारक इस परिवर्तन को प्रभावित करते हैं। फिर भी, नीति के छात्र होने के नाते, राजनीतिक परिवर्तन में हुए आर्थिक बदलाव के बारे में अनुमान लगाने के लिए (जो स्वचालित रूप से अनुमानों और समझ का कारण बंता है), हमें प्रदर्शन को समझना और उसका आकलन दोनों करना होगा। हम मोदी जी की लोकप्रियता के आधार को समझना चाहते हैं, जो कि एक लोकतंत्र में, जैसा कि लोगों ने माना है, उनके प्रदर्शन पर आधारित होता है। और लोग सामान्यत: साक्ष्यों से प्रभावित हो जाते हैं।

तो, साक्ष्य क्या दिखाते हैं? मोदी जी के नेतृत्व में गुजरात ने जीवन के सभी संकेतक स्तरों पर, जब गुजरात मोदी जी के अधीन नहीं था, की तुलना में उल्लेखनीय

ढंग से बेहतर प्रदर्शन किया है, क्योंकि हम इन दोनों अवधियों के संकेतकों में परिवर्तन की दर में रुचि रखते हैं, हमको इस संभावना पर विचार करना होगा कि पूरी कक्षा बेहतर करे - जैसा कि उन्होंने वर्ष 2002 से 2012 के बीच किया। तो इन परिस्थितियों में 'बेहतर' को कैसे परिभाषित किया गया? प्रचुर वृद्धि को देख कर, यानि गुजरात और दो अन्य वर्गीकरणों से बने राज्यों में विकास का अंतर, और दो अन्य तुलनाकारकों के साथ प्रचुर वृद्धि को देख कर। यह दो तुलनाकारक हैं (i) गुजरात को छोड़कर सभी बड़े राज्य, और (ii) पाँच 'प्रगतिशील' और / अथवा समृद्ध राज्य; हरियाणा, केरल, महाराष्ट्र, पंजाब और तमिलनाडु।

राज्य के घरेलू उत्पाद में प्रति व्यक्ति विकास - किसी भी सरकार के लिए यह सबसे कठिन परीक्षा होती है - उनके कार्यकाल के दौरान, विकास ने सभी को भारी अंतर से (अन्य बड़े राज्यों के मुकाबले 1.7 प्रतिशत प्रति वर्ष; और अन्य तुलनात्मक राज्यों के मुकाबले 1.4 प्रतिशत प्रति वर्ष) से पीछे छोड़ दिया। पहले के गैर-मोदी काल में, गुजरात अन्य तुलनात्मक राज्यों से 0.3 प्रतिशत प्रति वर्ष की दर से पीछे था।

अत्यधिक गरीबी (जिसे तेंडुलकर गरीबी रेखा के अनुसार परिभाषित किया गया है, जो वर्ष 2011 के पी.पी.पी. में विश्व बैंक के 1.9 अमेरिकी डॉलर प्रति दिन प्रति व्यक्ति के बराबर भी है)। गुजरात में पहले की अवधि में गरीबी में कम गिरावट आई (और यह विकास के अनुभव में एक जैसी बनी हुई थी)। दूसरी अवधि में, सभी राज्य गरीबी कम करने में बेहतर करते हैं, लेकिन अन्य बड़े राज्यों की तुलना में, मोदी जी के युग में उल्लेखनीय रूप से बड़ी गिरावट आई, मुख्यतः सबसे गरीब लोगों के लिए - अनुसूचित जाति / अनुसूचित जनजाति और मुसलमानों के लिए।

जीवन स्तर के संकेतक - जन्म के समय लिंगानुपात, प्रजनन की क्षमता, और लड़के और लड़कियों में शिशु मृत्यु दर में गिरावट का गुजरात में सुधार हुआ, और खास तौर पर यह मोदी जी के समय में हुआ। जन्म के समय लिंगानुपात - सभी राज्यों ने लिंगानुपात में सुधार दिखाया (सुधार का अर्थ है भ्रूण हत्या का कम होना)।

परिवर्तन के अग्रदूत के रूप में स्वतंत्रता दिवस पर दिए गए भाषण

स्वतंत्रता दिवस पर दिए गए मोदी जी के भाषण एक अच्छे भविष्यवक्ता के समान हैं, जो यह बताते हैं कि वह क्या करने वाले हैं। वर्ष 2014 में पहले भाषण में, बेटी बचाओ बेटी पढ़ाओ कार्यक्रम की शुरुआत की (बेटी को बचाओ और लड़कियों को पढ़ाओ)। इसका स्पष्ट रूप से लक्ष्य भारत में भ्रूण हत्या, शिशु हत्या, लिंग-चयनात्मक गर्भपात और लड़कियों (और महिलाओं) के विरुद्ध बड़े पैमाने पर होने वाले भेदभाव की सदियों पुरानी प्रथा को बदलना था।

दो वर्ष बाद, इस दूरदर्शिता को मोदी जी के वर्ष 2016 के अपने स्वतंत्रता दिवस के भाषण में औपचारिक रूप से व्यक्त किया गया।

'यदि हम अपनी माताओं और बहनों के लिए दो चीजें सुनिश्चित कर सकते हैं, यानि आर्थिक सशक्तिकरण और स्वास्थ्य समस्याओं के विरुद्ध सशक्तिकरण और हम उनको शिक्षा प्रदान करें, तो आप इसे एक भरोसे के रूप में ले सकते हैं कि यदि परिवार में केवल एक महिला को शिक्षित किया जाता है, यदि वह शारीरिक रूप से मजबूत है और आर्थिक रूप से स्वतंत्र है, तो उसके पास गरीब से गरीब परिवार को भी गरीबी से बाहर निकालने की शक्ति है और इसीलिए *हम अपनी गरीबी के विरुद्ध इस लड़ाई में महिलाओं के सशक्तिकरण, महिलाओं के स्वास्थ्य, महिलाओं में आर्थिक समृद्धि, महिलाओं का शारीरिक सशक्तिकरण पर जोर देकर कार्य कर रहे है'*।

इसीलिए, इसमें कोई आश्चर्य नहीं है कि मोदी जी की सरकार की अधिकांश बड़ी और सबसे सफल योजनाओं का लक्ष्य गरीबों के जीवन को आसान बनाना, उन्हे सशक्त करना, और उनकी पूरी क्षमता तक पहुँचने के उनके रास्ते में आने वाली बाधाओं को दूर करना है। और मोदी जी की सरकार की प्रमुख योजनाओं में मुख्य लाभार्थी महिलायें हैं।

एक नया प्रतिमान, जाति और लिंग, साथ ही गरीबी और लिंग - ऐसा नहीं है कि जाति प्रासंगिक नहीं है, लेकिन बात इससे कम समझ में आती है; वहीं लिंग शायद इसे बेहतर समझा पाता है। राजनीतिक जीत का रास्ता आर्थिक रूप से पिछड़े लोगों और महिलाओं के वोटों से होकर जाता है!

प्रधानमंत्री के रूप में अपने पहले भाषण में, मोदी जी ने दर्शकों को खुले में शौच के बारे में बात करके चौंका दिया। यह स्वास्थ्य विशेषज्ञों, और महिलाओं के लिए लंबे समय से चिंता का विषय रहा है। लंबे समय से विद्वानों द्वारा यह नोट किया जा रहा था कि भारत के युवाओं का स्वास्थ्य सूचकों में, जैसे बल प्रदर्शन और अपक्षय में उप-सहारा अफ्रीका के बहुत से गरीब देशों के मुकाबले बदतर रिकार्ड रहा है। तार्किक तौर पर और अनुभव दोनों से, स्वास्थ्य और स्वच्छता में एक अत्यंत मजबूत कड़ी है। फिर भी पिछले सभी प्रधान मंत्रियों द्वारा इस कड़ी को नजरंदाज किया जाता रहा, और स्वच्छता को नीति विकल्प के रूप में बहुतों (वास्तव में सभी) द्वारा नहीं माना गया।

इस कड़ी को जल्दी ही स्वच्छ भारत अभियान (एस.बी.एम.) के माध्यम से जोड़ा गया। स्वच्छ भारत कार्यक्रम एक और सशक्तिकरण कार्यक्रम है, जो मुख्य रूप से महिलाओं को लाभान्वित करने के लिए बनाया गया है।

इस कार्यक्रम का प्रमुख लक्ष्य था, स्वच्छ भारत के मूल प्रस्तावक महात्मा गांधी की 150वीं जयंती 2 अक्टूबर 2019 तक भारत को खुले में शौच मुक्त (ओ.डी.एफ.)

बनाना। (दुर्भाग्य से, राजनीतिक नेता जैसे जैसे भारत को आधुनिक और समृद्ध बनाने की राह पर बढ़े, वह भी स्वच्छता में सुधारों पर विचार किए बिना, वह गांधी के इस संदेश को भूल गए। शौचालयों को स्पष्ट रूप से वोट-योग्य नहीं माना जाता था)।

गुजरात का प्रदर्शन बनाम अन्य बड़े राज्य: 1992-2012

	बड़े राज्य	*तुलनात्मक राज्य*	*गुजरात*	*गुजरात के विकास वृद्धि*	
				बड़े राज्य	*तुलनात्मक राज्य*
प्रति व्यक्ति सकल घरेलू उत्पाद विकास					
अवधि 1 (1992-2001)	2.9	3.7	3.4	0.5	-0.3
अवधि 2 (2003-2012)	6.2	6.5	7.9	1.7	1.4
अत्यधिक गरीबी में परिवर्तन (सबका)					
अवधि 1 (1993-1999)	-3.9	-8.5	-1.8	2.1	6.7
अवधि 2 (1999-2011)	-18.3	-16.7	-19.6	-1.3	-2.9
अत्यधिक गरीबी में परिवर्तन (अनुसूचित जाति + अनुसूचित जनजाति)					
अवधि 1 (1993-1999)	-4	-10.8	5.8	9.8	16.6
अवधि 2 (1999-2011)	-24.1	-23.3	-27.9	-3.8	-4.6
अत्यधिक गरीबी में परिवर्तन (मुसलमानों में)					
अवधि 1 (1993-1999)	-8.5	-6.5	-3.6	4.9	2.9
अवधि 2 (1999-2011)	-21.4	-28.2	-28.1	-6.7	0.1
जन्म के समय लिंगानुपात (प्रतिशत में बदलाव)					
अवधि 1 (1992-2001)	-0.31	-0.32	-0.32	-0.01	0
अवधि 2 (2003-2012)	-0.42	-0.49	-0.55	-0.13	-0.1
प्रजनन दर में गिरावट					
अवधि 1 (1992-2001)	-1.7	-1.7	-0.8	0.9	0.9
अवधि 2 (2003-2012)	-2.4	-2	-2.1	0.3	-0.1
शिशु मृत्यु दर में गिरावट (पुरुष)					
अवधि 1 (1992-2001)	-2.6	-3.9	-1.8	0.8	2.1
अवधि 2 (2003-2012)	-4.1	-4	-4.2	-0.1	-0.2
शिशु मृत्यु दर में गिरावट (महिला)					
अवधि 1 (1992-2001)	-1.8	-1.2	-0.4	1.4	0.8
अवधि 2 (2003-2012)	-3.8	-4.8	-5.3	-1.5	-0.5

नोट्स: अवधि 1 वह है जब मोदी जी गुजरात के मुख्यमंत्री नहीं थे; अवधि 2 वह है जब वह गुजरात के मुख्यमंत्री थे।
अत्यधिक गरीबी को जिसे तेंडुलकर गरीबी रेखा के अनुसार परिभाषित किया गया है (और वर्ष 2011 के पी.पी.पी. में 1.9 अमेरिकी डॉलर प्रति दिन के बराबर था)
सभी दरें वार्षिक प्रतिशत परिवर्तनों की औसत हैं; गरीबी परिवर्तन प्रतिशत गरीबों में परिवर्तन के संदर्भ में है।
तुलनात्मक राज्य है हरियाणा, केरल, महाराष्ट्र, पंजाब और तमिलनाडु।

सामाजिक और राजनीतिक दोनों रूपों से, ओ.डी.एफ. भारत पहल एक साहसिक पहल थी। यह सभी के लिए अचरज की बात थी – यह तथ्य कि एक शब्द जो रोजमर्रा की बातचीत में निषेध है – 'शौच' – पर खुलेआम चर्चा होने लगी, और वह भी और किसी के द्वारा नहीं बल्कि प्रधानमंत्री के द्वारा। यह कोई ऐसा विषय नहीं था जो कि अभिजात वर्ग, विशेष रूप से 'गरीबों के नाम पर' समूह से संबंधित उच्च-वर्ग के अभिजात वर्ग ने कभी सार्वजनिक रूप से तो दूर, निजी तौर पर भी इस बारे में बात नहीं की थी। इसीलिए, खुले में शौच कम करने संबंधित नीतियाँ ना तो पूर्व में कभी कार्यसूची में थीं, और ना कभी होनी थीं। अत:, यह भी परस्पर अज्ञात था कि 60 प्रतिशत से अधिक ग्रामीण भारत 'खुले' में जाता था; और यह भी कि जिस कड़ी का कभी अध्ययन ही नहीं किया गया था वह आधुनिक स्वच्छता प्रणाली से ले कर शिशु मृत्यु, बल प्रदर्शन और अपक्षय आदि थे।

स्वच्छ भारत अभियान के शुरू होने के बाद से सराहनीय बदलाव देखा जा चुका है। खुले में शौच की संख्या बहुत धीमी गति से घट रही थी, और वर्ष 2014 में, ओ.डी.एफ. का अनुमान 50 प्रतिशत के करीब था। जिनके पास शौचालय नहीं है, ऐसे लोगों का वर्तमान में अनुमान शून्य के आँकड़े के करीब होने से लेकर लगभग 10-20 प्रतिशत तक है। कुछ का दावा है कि सरकारी आँकड़े सफलता की सच्चाई से अधिक अनुमानित हैं। इसके बावजूद, सच यही है कि मोदी जी के आने से पहले गरीबों के रहन-सहन को बदलने के बारे में किसी ने नहीं सोचा था। और यह कि उनके आने के बाद से ही क्रांतिकारी अभूतपूर्व सुधार हुआ है।

शौचालय, जीवन और राजनीति के लिए एक खेल परिवर्तक

यह तो निश्चित है कि शौचालयों के निर्माण से लोगों के जीवन में बेहतर बदलाव आए हैं। इसके अलावा इस बात का भी अनुमान लगाना कठिन है कि गरीबों के लिए बनी इस योजना से कितना राजनीतिक लाभ हुआ है। मई 2019 के चुनावों

में मोदी जी की संभावित सफलता का एक संकेत वर्ष 2018 में मध्य प्रदेश में गुना के पास एक बहुल अनुसूचित जाति के गाँव में उपलब्ध था। संभवत: एक (विकास) अर्थशास्त्री के रूप में मेरे काम का सबसे दिल छू लेने वाला अनुभव उस समय हुआ था। एक दौरे के दौरान, मेरा आगना-सामना गुस्से में भरीं छह युवतियों से हुआ। वह मुखर और खुद-एतमाद (बहुत सकारात्मक तरीके से) थीं। वह अपने अधिकारों की मांग कर रही थीं। क्या अधिकार? शौचालय का अधिकार, जैसे कि उनके कुछ पड़ोसियों के पास पहले से थे। भारत में हमेशा गरीबों के नाम पर सब्सिडी मिलती रही है, लेकिन पहली बार, मैंने काम पर इन सब्सिडियों को देखा। इसीलिए यह जोरदार शिकायतें थीं (मेरे पड़ोसियों के पास शौचालय है - मेरे पास क्यों नहीं?)

कुछ शौचालय सरकारी निधि से (स्वच्छ भारत) बनाए गए थे, लेकिन गाँव के सरपंच को बिना पैसा खिलाए यह संभव नहीं दिख रहा था, जो शौचालयों के निर्माण के लिए सरकारी अधिकारियों से सीधे संपर्क में था। (शौचालय का फोटो सत्यापन करने पर, 12,000 रुपये महिला के बैंक खाते में जमा किए गए)। महिलाओं ने पूछा कि किस प्रकार गरीब लोग वह कुछ हजार रुपये लाएंगे, जो कि निर्माण को शुरू करने के लिए आवश्यक हैं? यह जरूरी नहीं है कि भारतीय गाँव में सभी पात्र लोग जो नीचे से 50 प्रतिशत की श्रेणी में हैं अपने शौचालय और घर बनाने वाले पहले व्यक्ति नहीं हो सकते (जिसकी लागत 2.5 लाख अथवा 250,000 प्रति घर है और जो सरकार द्वारा भुगतान किया जाता है)।

वहाँ एक कतार लगी हुई थी, और जिनकी बारी अभी तक नहीं आई थी वह शिकायत कर रहे थे। फिर, यहाँ शौचालयों में पानी की कमी थी - और महिलायें शिकायत कर रहीं थीं क्योंकि उनको कहीं दूर से पानी लेकर आना पड़ता था। वास्तविकता में यह शिकायतें रही थीं। (पानी की समस्या के प्रति जागरूकता ने हर घर में नल के पानी की योजनाओं को और गति दी)। लेकिन वही महिलायें अपने बच्चों को स्कूल भेज रही थीं और उन्हें अपनी बेटियों पर कॉलेज में अच्छा प्रदर्शन करने पर गर्व था। और हाँ, जिनके पास शौचालय थे, वह उनका इस्तेमाल कर रहे थे, खास तौर पर महिलायें।

परिवर्तन। महिलाओं के अधिकार। गरीब महिलाओं के अधिकार। सभी मोदी जी की पहल से आपस में जुड़े हैं। स्वच्छ भारत के साहसिक कार्य की सफलता ने अन्य महत्वपूर्ण सुधारों को जन्म दिया, जिसके कारण भी गरीबों, खास करके गरीब महिलाओं के जीवन में सुधार हुआ। उदाहरण के तौर पर, पाइप जलापूर्ति नीति। 15 अगस्त 2019 को (एक और महत्वपूर्ण स्वतंत्रता दिवस नीति), केवल 32.3 मिलियन ग्रामीण घरों में नल से पानी की आपूर्ति हो रही थी, दिसंबर 2021 के मध्य तक,

इन घरों की संख्या बढ़ कर 86.7 मिलियन हो गई, या फिर यह कहें कि 45 प्रतिशत ग्रामीण घरों में यह सुविधा मिलने लगी थी।[1]

मोदी जी की एक और नीति है, गरीब महिलाओं के लिए एल.पी.जी. सिलेंडरों का प्रावधान, जिससे वह सांस लेते समय धुआँ अंदर जाने से खाँसे अथवा मरे नहीं। मोदी जी द्वारा शुरू की गई उज्ज्वला योजना के अंतर्गत अब तक 82 मिलियन से अधिक एल.पी.जी. कनेक्शन वितरित किए जा चुके हैं - जो कि भारत में प्रति तीन घरों में से एक घर कम है। यदि इस तरह से एल.पी.जी. चूल्हे ग्रामीण भारत में आ जाते हैं तो, वर्ष 2024 के चुनावों तक, बहुत कम ही ऐसे परिवार रह जाएंगे, जहां चूल्हे पर काम किया जाता है।

शौचालय। नल से पानी। गैस सिलेंडर। इस क्रम में बैंक खाते और वित्तीय स्वतंत्रता भी शामिल है। राष्ट्रीय प्रजनन स्वास्थ्य सर्वेक्षण (एन.एफ.एच.एस.) के अनुसार, वर्ष 2015/16 से 2019/20 के बीच केवल चार वर्षों में ऐसी महिलाओं की संख्या 53 प्रतिशत से बढ़ कर 81 प्रतिशत हुई है जिनके पास बैंक खाते हैं जिसको वह स्वयं इस्तेमाल कर रहीं हैं।

मोदी जी के कार्यकाल में महिला सशक्तिकरण के उपायों की सूची लंबी है। ऐसा नहीं है कि प्रगति पहले नहीं हुई होगी; लेकिन वर्ष 2014 के बाद से विकास कार्यों में तेजी आई है। भारतीय सरकारों का शुरू से ही नारा 'गरीबों के नाम पर' रहा है। कुछ ने ही इस नारे का अभ्यास किया, और किसी ने भी गरीबों पर ध्यान केंद्रित नहीं किया। शायद यह पूर्व के शहरी उच्च वर्ग के प्रधान मंत्रियों का अभिजातवाद था, जो उन्होंने कभी भी शौचालयों जैसी गरीब-समर्थक नीतियों को राजनीतिक रूप से सही और राजनीतिक रूप से सफल, दोनों ही नहीं माना।

महामारी के बाद भारत में अत्यंत गरीबी

निचले-स्तर पर गरीबी का सामना करना मोदी जी की सरकार के प्रमुख लक्ष्यों में से एक रहा है - और हमने देखा है कि किस प्रकार वर्ष 2002 और 2012 के बीच उन्होंने गुजरात के गरीबी प्रदर्शन में अंतर लाया। गरीबों को मुफ्त खाना वितरित करने में उल्लेखनीय वृद्धि महामारी के समय मोदी जी की सरकार की मजबूत प्रतिक्रियाओं में से एक थी। मार्च 2020 से शुरू होकर, अनाज के इस मुफ्त आवंटन को 5 किलो प्रति व्यक्ति प्रति माह से बढ़ा कर दोगुना कर दिया गया। यह बढ़ोत्तरी उन सभी 800 मिलियन सभी पी.डी.एस. पात्र लोगों के लिए थी। आगे, एक राष्ट्र एक राशन कार्ड की नीति की शुरुआत की गई, इसके माध्यम से बिना इस बात की परवाह किए कि कोई व्यक्ति अपने मूल निवास स्थान से दूर है, सम्पूर्ण गरीब आबादी को

सब्सिडी प्रदान की गई। यह उम्मीद की गई कि गरीबों के खपत स्तर की रक्षा की जाएगी, चूंकि भोजन अत्यधिक गरीब व्यक्ति का महत्वपूर्ण हिस्सा है, जो कुल खपत का 60 प्रतिशत से अधिक है।

भारतीय या अन्य देशों में फूड सब्सिडी की खपत होने वाले सर्वे में शामिल नहीं किया जाता। घरेलू खपत सर्वेक्षण केवल प्रत्येक व्यक्ति (परिवार) द्वारा भुगतान की गई वास्तविक कीमतों और खरीदी गई मात्रा के बारे में ही रिपोर्ट करता है। परंतु जब आप अपने पूरे अनाज की खपत को केवल 1 रुपये प्रति किलो में प्राप्त करते हैं, तो खाद्य सब्सिडी प्रति व्यक्ति लगभग 270 रुपये प्रति माह अथवा 9 रुपये प्रति दिन होती है। तेंडुलकर गरीबी रेखा के अनुमान से वर्ष 2020-21 में यह 50 रुपये प्रति व्यक्ति प्रति दिन होगी। जो भी गरीबी रेखा के करीब हैं उनके लिए, अकेले खाद्य सब्सिडी की खपत में ही लगभग 20 प्रतिशत तक की वृद्धि हुई है। इसीलिए यह स्पष्ट है कि मोदी जी की सरकार की कोविड-19 नीति की प्रतिक्रिया ने अत्यधिक गरीबों को उनके पूर्व-महामारी के पहले से ही कम गरीबी दर में, वृद्धि से बचा लिया है। वर्ष 2011-12 के राष्ट्रीय सैम्पल सर्वे का आकलन करने पर, खपत और गरीबी का स्तर (जनसंख्या का केवल 14.7 प्रतिशत), वर्ष 2011/12 से 2018/19 तक पिछले आठ वर्षों में खपत में वृद्धि, संकेत मिलते हैं कि गरीबी दर जनसंख्या का केवल 3 प्रतिशत है।

आर्थिक सुधारः संकटकाल को कभी जाया ना जाने दें

मोदी जी उन गिने-चुने राजनीतिक नेताओं में से एक थे, जिन्होंने कोविड-19 को लेकर आपदा में अवसर नीति का विचार रखा। कोविड-19 के वर्ष में केवल कुछ मुट्ठीभर देशों ने ही संरचनात्मक सुधार किए, और भारत ने अन्य देशों (उदाहरण के तौर पर इंडोनेशिया, ग्रीस, ब्राजील आदि) द्वारा मिला कर किए गए सुधारों से अधिक सुधार स्थापित किए। इन संरचनात्मक सुधारों का असर भले ही कुछ देर से हुआ हो, लेकिन उनका असर हुआ जरूर है।

आज, निजीकरण केवल चार अक्षरों का शब्द ही नहीं रह गया है। एक लंबे और घुमावदार रास्ते पर चलने के साथ इसने भारत की ओर से अंग्रेजी भाषा में एक शब्द का योगदान दिया - विनिवेश - केंद्र सरकार ने वर्ष 2021-22 के केन्द्रीय बजट को अपने विस्तारित प्रवास से वापस लाने की प्रक्रिया शुरू की।

प्रधानमंत्री मोदी जी द्वारा शुरू किए गए कृषि सुधार पर बुनियादी आर्थिक सुधारों के बारे में जानते हैं। कृषि कानून अमीर किसानों को वैसे ही आगे बढ़ते रहने देंगे जैसे वह थे - साथ ही अनेक छोटे किसानों को आर्थिक स्वतंत्रता प्रदान करेंगे। गरीब

किसान अब विनियमित बाजार की दया पर नहीं रहेंगे। लेकिन कृषि विरोध द्वारा यह सुधार रोक दिया गया (कम से कम विलंबित किया गया)। काँग्रेस पार्टी इन विरोधों में शामिल हो गई, यद्यपि (अपने वर्ष 2019 के चुनावी घोषणापत्र में!) उन्होंने स्वयं मोदी जी के समान इन्ही कृषि कानूनों की व्यापक रूप से वकालत की थी। आम तौर पर, विरोध कुचले हुए लोगों के अधिकारों और उनके कल्याण के लिए होते हैं। लेकिन वह किसान जिन्होंने, अपने अधिकारों के लिए विरोध किया, वह भारत के सबसे बड़े और अमीर किसान हैं - और भारत के कुछ बहुत अमीर बिचौलियों (अर्थिया) द्वारा समर्थित हैं।

बाधाओं के बावजूद गरीबों के लिए लड़ाई जारी है।

जलवायु परिवर्तन के प्रयासः नीतियाँ और साक्ष्य

हर कोई मौसम में परिवर्तन को सार्वजनिक तौर पर सबसे अधिक हानिकारक मानता है, और विश्व के अधिकांश देशों ने 2015 के पैरिस समझौते की सदस्यता ले ली है। भारत भी इसका एक हस्ताक्षरकर्ता है। अपने वर्ष 2021 के स्वतंत्रता दिवस भाषण में, प्रधानमंत्री मोदी जी ने जलवायु परिवर्तन में कमी के प्रयासों के महत्व का संकेत दिया था।

भारत ने बार बार यह दोहराया है कि उत्सर्जन को बड़े पैमाने पर प्रति व्यक्ति के संदर्भ में देखा जाना चाहिए। और यह कि पहले से बड़े उत्सर्जकों को ऐतिहासिक दोष का भागीदार होना होगा। यह अवस्थिति भी भारत को जलवायु शमन में अग्रणी होने से नहीं रोक पाई है। जलवायु परिवर्तन में कमी के उपायों के सफल प्रदर्शन की बात करें तो, भारत को लगातार तीसरे वर्ष भी शीर्ष 10 प्रदर्शनकर्ताओं में स्थान दिया गया है।[2] वर्ष 2021 के नवीनतम रैंकिंग में, भारत को दसवां स्थान मिला और पूर्व में शीर्ष स्थान प्राप्त करने वाला स्वीडन चौथे स्थान पर रहा। (किसी भी देश को चौथे से ऊंचा स्थान नहीं मिला इसीलिए प्रभावी रूप से कह सकते हैं कि भारत को सातवाँ स्थान मिला)। चीन 33वें स्थान और संयुक्त राष्ट्र अमेरिका अंतिम 61वें स्थान पर रहे।

भारत की सौर क्षमता वर्ष 2014 में 2.6 गीगावाट (gw) से बढ़ कर वर्ष 2020 में 36 गीगावाट हो गई है। हमारी अक्षय ऊर्जा की क्षमता, विश्व में चौथी सबसे बड़ी है। भारत के जलवायु लक्ष्यों के केंद्र में सौर और पवन ऊर्जा के साथ, वर्ष 2022 तक एक महत्वाकांक्षी 175 गीगावाट की अक्षय ऊर्जा स्थापित करने का लक्ष्य है और वर्ष 2030 तक 450 गीगावाट की अक्षय ऊर्जा स्थापित करना है - जो कि भारत की वर्तमान बिजली ग्रिड क्षमता से 20 प्रतिशत अधिक है। भारत वर्ष 2022 के

अपने 175 गीगावाट के लक्ष्य को पूरा करने में आधा रास्ता तय कर चुका है, जिसमें नवीकरणीय ऊर्जा 88 गीगावाट तक पहुँच गई है, जो भारत की कुल स्थापित क्षमता के 24 प्रतिशत हो जाएगी। कोविड-19 की आर्थिक गिरावट के बावजूद, भारत अपने राष्ट्रीय स्तर पर निर्धारित योगदान (एन.डी.सी.) को प्राप्त करने के लिए प्रतिबद्ध है।

निष्कर्ष

मोदी जी के विकास के प्रति दृष्टिकोण का एक महत्वपूर्ण परिणाम यह है कि आज भारत में एक मौलिक रूप से परिवर्तित राजनीतिक परिदृश्य है। भारत ने विकास के पहले 67 वर्षों में से 15 वर्षों को छोड़ कर सभी वर्षों में एक-पार्टी-एक-परिवार के शासन को देखा है। यह पार्टी पाँच वर्षों की एक छोटी सी अवधि में, 10 प्रतिशत से भी कम सीटों पर सिमट कर रह गई - और लगातार दो चुनावों में इसी कम संख्या पर है। काँग्रेस पार्टी के गुणों या अवगुणों के और उसके खो चुके नेतृत्व के बावजूद, मोदी जी की सफलता का उनके और उनकी पार्टी के गुणों से अधिक लेनादेना है बजाए उनके अवगुणों से, और / अथवा उनके विपक्ष की असफलता से।

मोदी जी की असाधारण राजनीतिक सफलता भारत में हो रहे अन्य परिवर्तनों का सूचक है, विशेष रूप से उनके ऊपर की ओर उठने और उनके प्रधानमंत्री पद को घेरे हुए राजनीतिक संवादों में। पूरे विश्व भर में, और भारत में, नीतियों, और राजनीतिक नेताओं की चर्चा हमेशा एक तुलनात्मक प्रकृति की रही है। एक नीति दूसरी की तुलना में कितनी (अधिक प्रभावकारी) है? अथवा एक राजनीतिक नेता दूसरे की तुलना में कैसा है, अथवा y जैसी परिस्थिति का सामना होने पर x ने क्या किया होगा?

अब, अजीब और आश्चर्यजनक रूप से, आलोचक मोदी जी को निरंकुशता के आधार पर आँकते हैं। उदाहरण के तौर पर, विचार यह है कि हाँ, गरीबों के लिए बैंक खाते खोले गए, लेकिन सभी के पास बैंक खाता क्यों नहीं है? अथवा यह कि शौचालय उपलब्ध कराए गए, लेकिन अभी भी ऐसे लोग हैं जिनके घरों में शौचालय नहीं हैं। अथवा यह कि महिलायें पहले की तुलना में अधिक शिक्षित हैं, और 15-24 वर्ष के आयु वर्ग में पुरुषों के समान हैं, लेकिन अभी भी नौकरी के बाजार में उनके साथ भेदभाव किया जाता है और कुछ के साथ अभी भी घरों में दुर्व्यवहार किया जाता है, और कुछ को अभी भी यौन हिंसा का सामना करना पड़ रहा है। भारत में अभी भी जमीनी स्तर पर बहुत विकास होना बाकी है - 'निरंकुशता' की ओर चलना भारतीय अपेक्षाओं में मोदी जी के प्रति सम्मान की बात है ना कि उनके लिए आलोचनात्मक होने की।

अगले राष्ट्रीय चुनाव में, हम यह पता लगाएंगे कि मोदी जी द्वारा भारतीय परिदृश्य में लाए गए कुछ वास्तविक परिवर्तन कितने महत्वपूर्ण थे - सभी के लिए समान अधिकार वाला राष्ट्र (अनुच्छेद 370 और नहीं) और समान नागरिक सँहिता के संभावित अधिनियम को लेकर होने वाले दबाव को जानेंगे। सभी के लिए समान अधिकारों के संबंध में, यह याद रखा जाना चाहिए कि यह मोदी जी के कार्यकाल में ही था कि उच्चतम न्यायालय ने गे और लेसबियन अधिकारों के मामले की सुनवाई के लिए लंबे समय से चली आ रही अपनी आपत्ति को उलट दिया था। दिनांक 6 सितंबर 2018 को, संयोगवश मोदी जी के प्रधानमंत्री काल में ही, न्यायालय ने सर्वसम्मति से फैसला सुनाया कि धारा 377 असंवैधानिक थी 'जहां तक यह एक ही लिंग के वयस्कों के बीच सहमति से यौन आचरण का अपराधिकरण करता है'।

मोदी जी के कार्यकाल के लेखा-जोखा को समझें तो जो अभिजात्य वर्ग द्वारा महत्वहीन समझा गया, अब गरीबों को भी उसका अनुभव मिला। सबसे गरीब लोगों के लिए भी बैंक खाते खोले गए; उन लोगों को भी गैस कनेक्शन दिए गए, जो आज से पहले इस स्वास्थ्य आवश्यकता के बारे में केवल सपना ही देख सकते थे। बहुत से लोगों के लिए (अधिकांश ग्रामीण परिवार), शौचालय उपलब्ध कराए गए, जिन्होंने कभी अपने जीवन में इस प्रकार के सुख साधन के बारे में सोचा तक नहीं था। और सभी को शिक्षा प्राप्त हुई।

मोदी जी के पहले कार्यकाल को विकास वर्ष के रूप में याद रखा जाएगा; उनके दूसरे कार्यकाल में भारत ने विश्व अर्थव्यवस्था के विकास में एक महत्वपूर्ण देश होने की ओर अगला बड़ा कदम आगे उठाया है।

भाग 2

एकता और विकास की राजनीति

मोदी के भागीरथ प्रयास

अमीश त्रिपाठी

हम सभी इक्ष्वाकु राजवंश के महान राजा भागीरथ की कथा से परिचित हैं। वे एक काबिल प्रशासक और न्यायप्रिय राजा थे; उन्हें आज भी भारत में बड़े सम्मान के साथ याद किया जाता है। महान गंगा नदी को स्वर्ग से धरती पर लाने का श्रेय राजा भागीरथ को ही जाता है, और सदियों से माँ गंगा भारतीय संस्कृति की पहचान के केंद्र में रही हैं।

भागीरथ-प्रयास मुहावरे के रूप में प्रचलित वाक्यांश है, जिसका प्रयोग एक दुष्कर और आमूलचूल परिवर्तन लाने वाले कार्य के वर्णन हेतु किया जाता है; जैसे कि पश्चिमी जगत में 'हरक्यूलियन' शब्द का इस्तेमाल होता है। प्रधानमंत्री नरेंद्र मोदी ने भारतीय सभ्यता के लिए ऐसा ही भागीरथ प्रयास किया है।

मैं जरा विस्तार से बताता हूँ।

भारत महज एक राष्ट्र न होकर 'सभ्यता' है:

भारत विश्व के कुछ ऐसे विलक्षण देशों में शामिल है, जिसके पास अपनी 'सभ्यता' रही है। संभवत: यह ऐसी एकमात्र सभ्यता है, जिसकी जड़ें पूर्व-कांस्य युग तक जाती हैं। प्राचीन मिस्र से लेकर सुमेरियाई मेसोपोटामिया तक पूर्व-कांस्य युग की लगभग प्रत्येक सभ्यता ने अपने प्राण, यानी जीवन ऊर्जा खो दी है। वे अब गुजरे जमाने की चीजें होकर रह गयी हैं। लेकिन भारतीय सभ्यता तब से लेकर आज तक न सिर्फ जीवंत है, बल्कि फल-फूल भी रही है। आज भी हम उन परंपराओं का पालन करते हैं, जो सिंधु-सरस्वती सभ्यता या उसके भी पूर्वकाल से चली आ रही हैं। हम आज भी उन कहानियों को सुनते पढ़ते हैं, जो मानव सभ्यता के शुरुआती दौर में लिखी गई थीं। हम हजारों साल पहले रचे गए भजनों और मंत्रों का जाप करते हैं।

एक 'सभ्यतागत राज्य' अपनी प्रकृति में 'राष्ट्र राज्य' से अलग होता है। विद्वानों का मत है कि राष्ट्र राज्यों या नेशन स्टेट का उदय सत्रहवीं शताब्दी में वेस्टफेलिया की शांति से हुआ। 'नेशन स्टेट' किसी राष्ट्र के मामलों का नियंत्रण, संचालन और प्रबंधन करता है। और, राष्ट्र को आम तौर पर एक ऐसी भूमि के रूप में परिभाषित किया जाता है, जिसमें एक समान जातीयता, धर्म, भाषा और संस्कृति शामिल होती है। वहीं दूसरी ओर 'सभ्यता' एक बहुत बड़ा समूह और कहीं अधिक परिष्कृत अवधारणा है। सभ्यता में यथासंभव मनुष्यों का सबसे बड़ा एकत्रीकरण होता है; केवल मानवता ही उससे बड़ा जन एकत्रीकरण है।

ईसाईजगत सभ्यता की परिभाषा में एकदम फिट बैठता है लेकिन यह कई राष्ट्रों में विभाजित है। यही हाल सभ्यतागत इस्लाम का भी है। चीन एक सभ्यता भी है और राज्य भी, इसलिए यह एक सभ्यतागत राज्य है; हालांकि चीनी सभ्यता के कुछ अंश ताइवान, सिंगापुर और कुछ अन्य देशों में भी फैले हुए हैं।

भारत भी एक सभ्यतागत राज्य है, लेकिन आजादी के बाद के कई नेता इसे सभ्यतागत राज्य के रूप में स्वीकार करने से परहेज करते रहे। प्रधानमंत्री मोदी ने उस परिपाटी को तोड़ा है। मुझे कई अवसरों पर उनसे मिलने का सौभाग्य प्राप्त हुआ है। ऐसी ही एक मुलाकात में, उन्होंने विष्णु पुराण के एक प्राचीन दोहे को उद्धृत किया था:

उत्तरम् यत समुद्रस्य, हिमाद्रेश्चौव दक्षिणम्,
वर्षं तद भारतम् नामा, भारती यात्रा सन्ततिहि।

(महासागर के उत्तर और हिमालय के दक्षिण में बसा
देश भारत है, जहां भारतीय निवास करते हैं)

विष्णु पुराण लगभग 1500-2500 साल पूर्व लिखा गया था। इसकी मूल रचना संभवत: और पहले हुई हो। और उपर्युक्त श्लोक स्पष्ट रूप से यह दर्शाता है कि भारत प्राचीन काल से एक जीवित इकाई रहा है।

वर्तमान समय में अधिकांश भारतीय बहुत सी बातों को भूल गए हैं। इन भारतीयों में सत्तारूढ़ अभिजात वर्ग के लोग शामिल है, जिन्हे स्वतंत्रता के बाद सत्ता प्राप्त हुई थी। विष्णु पुराण की इन पंक्तियों को कभी पढ़ाया ही नहीं गया और वे वास्तव में अज्ञात ही रहीं। इसके बजाय, हमारी दोषपूर्ण शिक्षा प्रणाली ने हमें यह गलत तथ्य समझाया कि अंग्रेजों द्वारा भारतीय उपमहाद्वीप के अधिकांश भाग पर विजय प्राप्त करने के पूर्व भारत अस्तित्व में था ही नहीं।

स्वतंत्रता प्राप्ति के बाद के ज्यादातर भारतीय नेताओं ने हमारी भूमि की सभ्यतागत स्मृति को खारिज कर दिया। और तत्कालीन नीति निर्धारकों ने यह सुनिश्चित किया

कि शिक्षित भारतीय अपनी प्राचीन विरासत को भूल चुके हों। यह ऐसा ही था, जैसे भारतीय राज्य और सभ्यता पर किसी अभिजात वर्ग का शासन हो और वह उसी सभ्यता को मिटाने का प्रयास कर रहा हो। फलतः भारतीयों की स्मृति से यह विलुप्त ही हो गया कि उनकी विरासत क्या थी।

मिलन कुंदेरा ने कहा था, 'लोगों को खत्म करने की दिशा में पहला कदम यह है कि उनकी स्मृति को मिटा दिया जाए। उनकी पुस्तकों, संस्कृति और इतिहास को नष्ट कर दो... जल्द ही वह राष्ट्र भूलने लगेगा कि वह क्या था और क्या है।'

पूर्व के अनेक नेताओं के विपरीत, प्रधानमंत्री मोदी का यह स्पष्ट संदेश है: *हमें सदैव याद रखना चाहिए कि हम कौन हैं।* यह एक ऐसा संदेश है जिसे अधिकांश आम भारतीय अपने मन से स्वीकार करते हैं, भले ही वे इसे शब्दों में अभिव्यक्त न कर सकें। हम एक महान सभ्यता के उत्तराधिकारी हैं, जिसकी जड़ें ऐतिहासिक काल के आरंभ तक जाती हैं। हम ऐसी एकमात्र प्राचीन पूर्व-कांस्य-युगीन सभ्यता हैं, जो आज भी जीवंत है और फल-फूल रही है। और हमारी भूमि को एकता के सूत्र में पिरोने वाली धारा 'धर्म' है। वास्तव में, धर्म ही वह धागा है जो इस उपमहाद्वीप के अलग-अलग पुष्पों को एक माला में पिरोये हुए है।

यह सच है कि भारत अनेकता में एकता की कहावत को चरितार्थ करता है। लेकिन यह एकता धर्म के कारण ही है।

और हमें यह समझना चाहिए कि धर्म किसी भी पंथ या कर्मकांड से परे है। यह जीवन का नियम है। धर्म वह है, जो लोगों को परस्पर बांधता और बनाए रखता है।

यदि हम धर्म को विस्मृत कर देते हैं, तो हमारी भूमि अपरिहार्य विभाजनकारी प्रवृत्तियों के समक्ष समर्पण कर देगी। धर्म के बिना, हमारी सभ्यता हवा में धूल की तरह बिखर जाएगी।

हमारे सामने एक जीता-जागता उदाहरण है: भारत माता के गर्भ से निकला हुआ एक देश - पाकिस्तान। अपनी शानदार किताब 'क्रिएटिंग ए न्यू मदीना' में वेंकट धूलिपाला लिखते हैं कि इस्लाम की कल्पना एक ऐसी गोंद के रूप में की गई थी जो हमारे पड़ोसी देश को बांध कर रखेगी। इस रणनीति के सफल होने के लिए एक तार्किक आवश्यकता यह थी कि धर्म अर्थात प्राचीन भारतीय जीवन पद्धति को लोगों की सामूहिक चेतना से मिटा दिया जाए। लेकिन धर्म के अभाव में वह गोंद काम नहीं आया। पाकिस्तान के निर्माण के पच्चीस वर्षों से भी कम समय में इसके पूर्वी हिस्से ने विद्रोह कर दिया और वह पाकिस्तान से अलग होकर बांग्लादेश बन गया।

अपनी कल्पनाओं में, पाकिस्तानियों ने स्वयं को पहले तुर्क-मंगोल मुगलों, फिर फारसियों, फिर अरबों के वंशजों के रूप में देखा। अब ऐसा लगता है कि जैसे वहाँ तुर्कों की सत्ता वापस आ गई हो। यह देखना दुखद है कि उस देश के कुलीन

सत्ताधारियों ने एक अमूर्त चीज की तलाश में अनेक बार अपने पूर्वजों को बदला और अपने वास्तविक मूल को विस्मृत कर दिया। हाल ही में हुए आनुवंशिक अनुसंधानों ने यह तथ्य उजागर किया है कि उनमें से अधिकांश लोग भारतीय हिंदुओं और बौद्धों के वंशज हैं। अपनी भूमि और सभ्यता के आधार के विस्मृत होने ने पाकिस्तान के सांस्कृतिक आख्यान को दिग्भ्रमित कर दिया; जिससे उनके राष्ट्रीय हितों और वैश्विक प्रतिष्ठा को क्षति पहुंची है।

भारतीय मुसलमानों की स्थिति इस मामले में बहुत अलग है। हाल ही में सम्पन्न प्यू सर्वेक्षण (2021 में प्रकाशित) स्पष्ट रूप से यह रेखांकित करता है कि भारतीय मुसलमानों की स्थिति अन्य धर्मों, देवी-देवताओं और कर्म और धर्म की अवधारणाओं को लेकर एकदम सहज है। भारतीय मुसलमान गर्व के साथ अपने धर्म का पालन करते हैं और अन्य धर्मों के साथ उनका शांतिपूर्ण सह-अस्तित्व है। हमारा देश धर्म के कोमल स्पर्श के साथ सहज रूप से एकता के मजबूत बंधन में बंधा हुआ है।

देश को एकजुट और मजबूत बनाए रखने के लिए, धर्म को संस्थागत रूप से पुनर्जीवित करना होगा। हमारी परंपराओं और संस्कृतियों को हमारे शासन तंत्र और सांस्कृतिक अभिजात वर्ग द्वारा अंगीकृत किया जाना चाहिए।

प्रधानमंत्री मोदी इस बात को अच्छी तरह से समझते हैं। हम भारतीयों को अपनी जड़ों के बारे में स्पष्ट और अडिग होना चाहिए, क्योंकि इससे ही आत्मविश्वास से परिपूर्ण देश और राज्य का निर्माण होगा। महान प्राचीन अतीत के साथ अपनी सांस्कृतिक चेतना को पुनर्जीवित करना वैसी ही कठिन तपस्या है, जैसी राजा भागीरथ ने मां गंगा को पृथ्वी पर लाने के लिए की थी; जिसने हमारी मातृभूमि को पुनर्जीवित किया था।

जैसे ही हम इस व्यापक उद्देश्य को समझ लेते हैं, हमें प्रधानमंत्री मोदी द्वारा सांस्कृतिक क्षेत्र में उठाए गए कई कदम स्वयमेव समझ में आने लगते हैं। अपनी संस्कृति और धर्म से जुड़ाव को पुनर्जीवित करना ही उनकी तपस्या है; प्रधानमंत्री मोदी धीमे-धीमे और सौम्य कदमों से हमारी संस्कृति रूपी गंगा को पुनर्जीवित कर रहे हैं।

धीमे-धीमे और कोमलता से क्यों?

राजा भागीरथ की कहानी याद कीजिए। उन्होंने भगवान शिव से प्रार्थना की कि गंगा जी के पृथ्वी पर अवतरित होने पर उनके प्रवाह को धीमा करने की कृपा करें, अन्यथा तेज प्रवाह और यकायक परिवर्तन से भारी तबाही हो सकती है। इसी तरह, हमें भी आधुनिक काल में अपनी संस्कृति को पुनर्जीवित करने का कार्य धीमे-धीमे और कोमलता के साथ करना चाहिए।

भारत जैसे सभ्यतागत राज्य में परिवर्तन भी क्रमिक रूप से होने चाहिए। ऐसा करते

समय वर्तमान वास्तविकताओं को भी ध्यान में रखा जाना चाहिए। और, यह शून्यवादी (सभी धार्मिक और नैतिक सिद्धांतों को नकारने वाला) नहीं होना चाहिए। इसे पहले से ही अस्तित्व में मौजूद चीजों पर आधारित होना चाहिए। यह स्वीकार योग्य होना चाहिए। इस अर्थ में दक्षिणपंथी और वामपंथी (पश्चिमी विचार से प्रेरित अवधारणा) दोनों ही विचार अतिरेकवादी हैं, क्योंकि वे त्वरित क्रांतिकारी परिवर्तन और दूसरे पक्ष पर विजय प्राप्त करना चाहते हैं। एक सतत प्रगतिशील प्रक्रिया यह सुनिश्चित करती है कि हम मौजूदा परंपराओं और तौर-तरीकों पर आधारित हों; यदि कोई परंपरा इतने लंबे समय से अस्तित्व में है तो उसे किसी न किसी उद्देश्य की पूर्ति करना चाहिए। साथ ही साथ, यह अनावश्यक मतभेद और घर्षण को कम करती है। भारत में, परिवर्तन के वाहकों में विनम्रता और धैर्य जैसे गुणों का होना अत्यंत आवश्यक है।

प्रधानमंत्री मोदी की दृष्टि वामपंथी और दक्षिणपंथी विभाजनों से परे है। वे सिर्फ मातृभूमि भारत के लिए काम करते हैं, यहाँ तक कि इस कार्य में उन्हे राजनीतिक दलों की सीमाओं से परे पर्याप्त मौन समर्थन हासिल है।

प्रधानमंत्री मोदी तीर्थयात्रियों की भूमि 'भारत' की सेवा करते हैं

मंदिरों और आध्यात्मिक केंद्रों के मामले में उनकी सरकार ने धैर्यपूर्ण परिवर्तन के द्वारा स्थिर, किन्तु नाटकीय प्रगति की है। अयोध्या मामले पर अदालत द्वारा फैसला सुनाने के बाद सरकार ने श्री राम जन्मभूमि तीर्थ क्षेत्र ट्रस्ट का गठन किया, जिसे अब राम मंदिर बनाने का काम सौंपा गया है। स्वयं प्रधानमंत्री ने मंदिर परिसर का भूमि पूजन किया। मंदिर के निर्माण हेतु समूचे भारत से धन एकत्र किया गया ताकि आम जनमानस अपने हृदय में यह स्मृति रखते हुए मधुर भावना सँजो सके कि उन्होंने भी रामलला के इस महान मंदिर के पुनर्निर्माण में अपना योगदान दिया था। पवित्र शहर अयोध्या के आधारभूत ढांचे में व्यापक सुधार किये जा रहे हैं, जिसका तीर्थयात्रियों के अनुभवों पर सकारात्मक असर पड़ेगा।

हम सिर्फ एक मंदिर का पुनर्निर्माण नहीं कर रहे हैं जिसे सदियों पहले आक्रमणकारियों ने नष्ट कर दिया था, बल्कि इसके साथ ही हम पूरे आत्मविश्वास के साथ अपनी संस्कृति को पुनर्जीवित करने और सभी को मानवता की एक सभ्यतागत धारा के अंश के रूप में एकजुट करने की दिशा में आगे बढ़ रहे हैं।

हार्वर्ड विद्वान और प्रोफेसर, डायना एक्क लिखती हैं कि भारत अपने पवित्र मूल में एकता के सूत्र में बंधा हुआ है, 'राजाओं और सरकारों की शक्ति से नहीं, बल्कि तीर्थयात्रियों की चहलकदमी से'। भारत देश भक्ति के सूत्र और एक धार्मिक प्रिज्म के माध्यम से जीवन और ब्रह्मांड के प्रश्नों के समाधान ढूँढने के लिए अनंत आवेग

द्वारा आपस में जुड़ा हुआ है। तीर्थयात्रियों और उनकी कहानियों ने हमारी भूमि को एक सूत्र में पिरोया हुआ है। यह कोई आश्चर्य की बात नहीं है कि महमूद खिलजी से लेकर औरंगजेब और पुर्तगालियो तक तमाम विदेशी आक्रमणकारियों ने हमारे मंदिरों, विहारों और गुरुद्वारों को नष्ट करने का कार्य किया। वे न सिर्फ हमारे धर्म और जीवन पद्धति पर हमला कर रहे थे, बल्कि उस सूत्र पर भी हमला कर रहे थे जो इस उपमहाद्वीप के लोगों को आपस में जोड़े हुए था।

राम जन्मभूमि मंदिर का पुनर्निर्माण एक कदम भर है, चाहे वह कितना भी विशाल क्यों न हो। मोदी सरकार ने काशी विश्वनाथ कॉरिडोर भी बनवाया है। यह एक विशालकाय परियोजना है; जिसने काशी विश्वनाथ मंदिर और उसके आसपास के वैभव को पुनर्जीवित किया है। इससे महादेव के भक्तों को पूर्व काल की तरह मंदिर से गंगा जी तक का सीधा रास्ता और बेहतरीन नजारे देखने को मिले हैं। विश्वनाथ जी मंदिर परिसर में हुए विकास कार्य से तीर्थयात्रियों की सुविधा में काफी वृद्धि होगी। आधारभूत ढांचे के हिसाब से वाराणसी का चेहरा तेजी से बदल रहा है। वहाँ की बेहतर सड़कें, कचरा प्रबंधन, विद्युत आपूर्ति के साथ-साथ सौंदर्यीकरण के प्रयासों को देखकर किसी की आंखों में खुशी के आंसू छलक सकते हैं। काशी में ये विकास कार्य काफी समय से लंबित थे। यह आज की काशी है - हमारी सभ्यता की धरोहर।

इसके अलावा और भी बातें हैं। केदारनाथ धाम के साथ-साथ पर्वतीय शहर के पुनर्विकास के लिए 'प्रसाद' योजना पर प्रधानमंत्री की व्यक्तिगत निगरानी में तेजी से कार्य हो रहा है। इसी 'प्रसाद' योजना के तहत हो रहे बद्रीनाथ धाम के पुनर्विकास से देवभूमि उत्तराखंड में तीर्थयात्रियों का यात्रा अनुभव और अधिक मधुर हो जाएगा।

मंदिर परिसरों के सौंदर्यीकरण और आधारभूत ढांचे में विकास के साथ-साथ हमें वहां तक पहुंचने वाले मार्ग में भी सुधार करने की आवश्यकता है। इसे तीर्थयात्रियों के लिए सुविधाजनक, सुरक्षित और कम खर्चीला बनाया जाना चाहिए। इस दिशा में भी शांतिपूर्वक काफी काम किया गया है। बिजली की गति से आगे बढ़ रही महत्वाकांक्षी चार धाम परियोजना, हर मौसम में तीर्थयात्रियों की सुगम यात्रा सुनिश्चित करेगी। वंदे भारत ट्रेनों के साथ वैष्णो देवी मंदिर के लिए कटरा तक रेलमार्ग बन जाने से लाखों तीर्थयात्रियों की यात्रा बेहद सुगम हो गई है। काशी महाकाल एक्सप्रेस ओंकारेश्वर जी (इंदौर के पास), महाकालेश्वर जी (उज्जैन) और काशी विश्वनाथ जी (वाराणसी) के महत्वपूर्ण ज्योतिर्लिंग मंदिरों को आपस में जोड़ती है। श्री करतारपुर साहिब के लिए एक गलियारा खोल दिया गया, जिससे सिख और हिंदू भक्तों के लिए तीर्थयात्रा बहुत आसान हो गई है। 'प्रसाद' योजना के तहत, निम्नलिखित तीर्थ स्थानों में भी पर्यटन संबंधी बुनियादी ढांचे का पुनर्विकास किया गया है:

- अजमेर (राजस्थान)
- अमृतसर (पंजाब)
- अमरावती, श्रीशैलम और तिरुपति (आंध्र प्रदेश)
- द्वारका (गुजरात)
- गया (बिहार)
- कामाख्या (असम)
- कांचीपुरम (तमिलनाडु)
- वाराणसी, मथुरा और अयोध्या (उत्तर प्रदेश)
- पुरी (ओडिशा)
- वेलंकन्नी (तमिलनाडु)
- बेलूर (पश्चिम बंगाल)
- देवघर (झारखंड)
- गुरुवायुर (केरल)
- हजरतबल और कटरा (जम्मू और कश्मीर)
- ओंकारेश्वर (मध्य प्रदेश)
- सोमनाथ (गुजरात)
- त्र्यंबकेश्वर (महाराष्ट्र)

हमने प्रधानमंत्री मोदी में गुजरात के मुख्यमंत्री के रूप में कार्यकाल के दौरान भी संस्कृति पर ध्यान देने के शुरुआती संकेत देखे हैं। कच्छ में वर्ष 2001 के भूकंप से क्षतिग्रस्त हुए दो सौ साल पुराने लखपत साहिब गुरुद्वारे का जीर्णोद्धार और पुनर्निर्माण भी गुजरात सरकार द्वारा कराया गया था। इस परियोजना को भारतीय पुरातत्व सर्वेक्षण (एएसआई) से अनुदान प्राप्त हुआ था और इसे संयुक्त राष्ट्र स्वयंसेवी कार्यक्रम से भी सहयोग प्राप्त हुआ। यह सराहनीय बात है कि सांस्कृतिक गतिविधि विभाग ने जनभागीदारी से इस कार्य को अंजाम दिया। यह पुरस्कार जीतने योग्य प्रयास था। यूनेस्को ने 2005 में इसे विशिष्ट पुरस्कार से सम्मानित भी किया। वास्तव में, न्यायाधीश मण्डल ने 'संरक्षण प्रक्रिया और अभ्यास के दोनों पहलुओं - तकनीकी और सामाजिक- में प्रदर्शित हुई परिष्कृत समझ'[1] की सराहना की थी।

धार्मिक भाईचारा

श्री गुरु नानक देव जी के 550वें प्रकाश पर्व को भारत में बड़े उत्साह के साथ मनाया गया। इसके अलावा, चूंकि सिख दुनिया भर में सबसे अधिक फैले भारतीय समुदायों में से एक हैं, इसलिए दुनिया भर के सभी भारतीय दूतावासों और मिशन

ने आईसीसीआर (भारतीय सांस्कृतिक संबंध परिषद) के सहयोग से इस महान अवसर को भव्य तरीके से मनाया। श्री गुरु नानक देव जी के संदेश को प्रसारित करने के लिए नेशनल बुक ट्रस्ट ने तीन ग्रंथ - गुरु नानक बानी, नानक बानी और साखियां गुरु नानक देव - का विमोचन किया। श्री गुरु गोबिंद सिंह जी के 350वें प्रकाश पर्व को भी पूर्ण हर्षोल्लास के साथ मनाया गया, और प्रधानमंत्री ने वर्ष 2017 में पटना में आयोजित आधिकारिक समारोह में भाग लिया। वर्ष 2021 में करुणा और वीरता के प्रतीक श्री गुरु तेग बहादुर जी का 400वां प्रकाश पर्व भारत और दुनिया भर में फैले भारत सरकार के विभिन्न प्रतिष्ठानों के माध्यम से मनाया गया।

स्वदेश दर्शन योजना के तहत वर्ष 2015 से बौद्ध तीर्थस्थलों की यात्रा को बढ़ावा दिया जा रहा है; इसके अंतर्गत ढांचागत और सांस्कृतिक परियोजनाओं के विकास[2] हेतु बड़े पैमाने पर निवेश किया जा रहा है। महापरिनिर्वाण एक्सप्रेस जैसी ट्रेनों के शुभारंभ के साथ तीर्थ स्थल संपर्क में काफी सुधार हुआ है। यह ट्रेन बिहार के बौद्ध सर्किट को कवर करती है तथा अनेक ऑफ और ऑन-बोर्ड सेवाएँ[3] देती है। इसके अलावा कुशीनगर, उत्तर प्रदेश में अंतरराष्ट्रीय हवाई अड्डे की शुरुआत, और कोलंबो और वाराणसी (भगवान बुद्ध के पहले उपदेश का स्थान[4]) के बीच सीधी उड़ान सेवा जैसी अन्य सुविधाएं भी आरंभ की गई हैं। बुद्ध पूर्णिमा, लुंबिनी महोत्सव, लोसार महोत्सव और संघ दिवस जैसे अनेक बौद्ध त्योहार राष्ट्रीय समारोहों के कैलेंडर में जोड़े गए हैं। डॉ. अम्बेडकर इंटरनेशनल सेंटर के तहत लगभग ₹200 करोड़[5] (2 बिलियन) की लागत से बौद्ध अध्ययन के लिए एक विद्यालय स्थापित किया गया है। आई.सी.सी.आर. ने स्वदेशी बौद्ध संस्कृति को प्रोत्साहित करने के लिए लद्दाख महोत्सव जैसे त्योहारों की शुरुआत की। आई.सी.सी.आर. नवंबर 2021 में पहली बार (वर्तमान समय में) अंतर्राष्ट्रीय बौद्ध सम्मेलन की मेजबानी भी कर रहा है।

स्वदेश दर्शन योजना के तहत पवित्र तीर्थंकरों और जैन धर्म से जुड़े आध्यात्मिक स्थानों को और अधिक लोकप्रिय बनाने और प्रोत्साहित करने के लिए तीर्थंकर आध्यात्मिक सर्किट का विकास किया जा रहा है। यह सर्किट बिहार[6] में वैशाली-आरा-मसाद-पटना-राजगीर-पावापुरी-चंपापुरी इत्यादि स्थानों को कवर करता है। गुजरात, बिहार और कर्नाटक इत्यादि राज्य भी जैन आध्यात्मिक सर्किट का विकास कर रहे हैं। प्रधानमंत्री मोदी ने वर्ष 2018 में श्रवणबेलगोला में भगवान बाहुबली गोमतेश्वर के महामस्तकाभिषेक में भाग लिया और गोमतेश्वर जी का आशीर्वाद प्राप्त किया। इस अवसर पर उन्होंने विंध्यगिरि पर्वत (जहाँ गोमतेश्वर जी की 58 फुट ऊँची प्रतिमा विराजमान है) पर नवनिर्मित 630 सीढ़ियों और बाहुबली जनरल अस्पताल[7] का उद्घाटन किया। पिछली कुछ शताब्दियों में, केवल महान मराठा रानी अहिल्याबाई होल्कर ने

ही सम्पूर्ण भारत में मंदिरों के पुनर्निर्माण के लिए प्रयास किए थे। इसके बाद ऐसा प्रधानमंत्री मोदी के कार्यकाल में हुआ है।

हमारी प्राचीन संस्कृति के पुनरुद्धार के लिए मंदिर और आध्यात्मिक केंद्र अत्यंत आवश्यक हैं।

भारतः धार्मिक सद्भाव की वैश्विक राजधानी

पारसी धर्मः उदवाड़ा को पारसियों और गैर-पारसियों[8] के लिए एक वैश्विक आध्यात्मिक और सांस्कृतिक विरासत स्थल में बदलने की योजना पर चर्चा करने के लिए प्रधानमंत्री मोदी ने शपथ ग्रहण करने के तुरंत बाद वड़ा दस्तूरजी खुर्शीद दस्तूर को नई दिल्ली आमंत्रित किया।

वैश्विक स्तर पर इरानशाह उदवाड़ा महोत्सव (आई.यू.यू.) का आयोजन तभी संभव हो सकाश जब प्रधानमंत्री मोदी ने आयोजकों से एक वार्षिक उत्सव अथवा द्वि-वार्षिक उत्सव आयोजित करने का आग्रह किया - ताकि उदवाड़ा में दुनियाभर में फैले पारसी समुदाय सदस्य एकत्र हो सकें। भारत ने पारसी विरासत की रक्षा की है, जिसने कई सदियों पहले फारस में अपनी ऐतिहासिक मातृभूमि खो दी थी। पारसी धर्म का पालन करने वाले पारसी धर्मावलंबी भारत के प्रिय और मूल्यवान नागरिक बने हुए हैं।

इस्लामः भारतीय मुसलमानों के लिए गहरे धार्मिक महत्त्व के अनेक स्थानों जैसे अजमेर (राजस्थान), चेरामन जुमा मस्जिद (त्रिशूर, केरल), हजरतबल (जम्मू और कश्मीर)[9] में 'प्रसाद' योजना के कार्यान्वयन द्वारा पर्यटकों हेतु बुनियादी सुविधाओं का विकास किया गया है। अंतर-धार्मिक संवाद और सद्भाव के समर्थन में प्रधानमंत्री मोदी ने मुस्लिम विद्वानों से संपर्क किया है एवं धार्मिक स्थलों का भ्रमण किया है। अजमेर शरीफ स्थित सूफी संत हजरत ख्वाजा मोइनुद्दीन चिश्ती की दरगाह पर वार्षिक उर्स[10,11] के अवसर पर नियमित रूप से 'चादर' चढ़ाई जाती है। उन्होंने 2015[12] में बरेलवी सूफी विद्वानों के एक प्रतिनिधिमंडल से मुलाकात की और 2016[13] में सूफी संतों की वैश्विक बैठक विश्व इस्लामिक सूफी सम्मेलन को संबोधित किया। उन्होंने वर्ष 2018[14] में दाऊदी बोहरा समुदाय के साथ मुहर्रम मनाने के लिए इंदौर की प्रसिद्ध सैफी मस्जिद का भ्रमण किया। उन्होंने वैश्विक नेताओं के समक्ष भारतीय इस्लामी कला और संस्कृति के प्रदर्शन हेतु नियमित प्रयास किए हैं। वे जापानी प्रधानमंत्री शिंजो आबे को अहमदाबाद स्थित सिद्दी सैय्यद जाली मस्जिद[15] लेकर गए। वर्ष 2016 में प्रधानमंत्री मोदी ने सऊदी अरब के राजा को चेरामन मस्जिद की एक प्रतिकृति (जिसे कई लोग दुनिया की दूसरी सबसे पुरानी मस्जिद मानते हैं) उपहार में दी थी।

ईरान में, प्रधानमंत्री मोदी ने ग्रैंड अयातुल्ला, सैय्यद अली होसैनी खमेनी को चौथे खलीफा हजरत अली से संबंधित पवित्र कुरान की सातवीं शताब्दी की एक दुर्लभ पांडुलिपि की अनुकृति, जिसे विशेष रूप से तैयार किया गया था, उपहार में दी थी। प्रधानमंत्री ने ईरान के राष्ट्रपति डॉ. हसन रौहानी को विशेष रूप से पारसी भाषा में तैयार किए गए मिर्जा गालिब के काव्य संग्रह एवं कुलीयात-ए-फारसी-ए-गालिब[16] की अनुकृति, उपहार में दी थी। देश के चिन्हित अल्पसंख्यक बहुल क्षेत्रों (एम.सी.ए) में पी.एम.जे.वी.के. (प्रधानमंत्री जन विकास कार्यक्रम) के माध्यम से मुस्लिमों की सामाजिक-आर्थिक स्थिति में सुधार के लिए जोरदार प्रयास किए गए हैं।

पिछले सात वर्षों में पी.एम.जे.वी.के. के तहत अल्पसंख्यक बहुल क्षेत्रों में शिक्षा, स्वास्थ्य, कौशल विकास, महिलाओं से संबंधित परियोजनाओं, खेल और सद्भाव मंडप आदि से संबंधित 43,000 से अधिक आधारभूत ढांचा परियोजनाओं को स्वीकृति दी गई है। इन परियोजनाओं के कार्यान्वयन के लिए राज्यों/केंद्र शासित प्रदेशों को ₹10,000 करोड़ (₹100 बिलियन) से अधिक स्वीकृत की गई है और ₹8,000 करोड़ (₹80 बिलियन) की धनराशि जारी की गई है। कोविड-19 महामारी के दौरान, सरकार ने अल्पसंख्यक बहुल क्षेत्रों (एम.सी.ए.) के लिए ₹512.25 करोड़ (₹5.12 बिलियन) की 186 स्वास्थ्य परियोजनाओं को स्वीकृति दी।

ईसाई धर्म: 'प्रसाद' योजना के अंतर्गत भारतीय ईसाइयों के अनेक महत्वपूर्ण धार्मिक तीर्थ स्थलों जैसे वेलंकन्नी (तमिलनाडु), सेंट थॉमस इंटरनेशनल श्राइन (मलयात्तूर)[17] और गोवा स्थित चर्चों के बुनियादी ढांचों और सुविधाओं में सुधार किया है। शेष दुनिया के साथ ईसाई धर्म के सांस्कृतिक संबंधों को बनाए रखने के लिए सरकार ने कड़ी मेहनत की है। उदाहरण के लिए, भारत ने गोवा[18] में सेंट क्वीन केटेवन के सत्रहवीं शताब्दी के पवित्र अवशेष मिलने के लगभग सोलह साल बाद, उन्हें जॉर्जिया की सरकार को उपहार में दिया। प्रधानमंत्री ने एकजुटता के प्रतीक[19] के रूप में कोलंबो स्थित सेंट एंथोनी चर्च का भ्रमण किया, जिसे आतंकवादियों ने निशाना बनाया था। उन्होंने सेंट जैकब के रूढ़िवादी चर्च विवाद में परस्पर विरोधी गुटों के बीच समझौते में महत्वपूर्ण भूमिका निभाई। उतार-चढ़ाव भरी किसी बाहरी घटना में भारतीय ईसाइयों के पकड़े जाने पर सरकार ने स्वयं को हमेशा उनकी सुरक्षा के जमानतदार के रूप में देखा है। उदाहरण के लिए, वर्ष 2014[20] में इराक से 46 ईसाई नर्सों को बचाया गया था। वर्ष 2015 में, जेसुइट रिफ्यूजी सर्विस के रोमन कैथोलिक पादरी फादर एलेक्सिस प्रेम कुमार को अफगानिस्तान[21] से बचाया गया था। वर्ष 2017[22] में, यमन में आई.एस.आई.एस. आतंकवादियों द्वारा अगवा किए गए भारतीय फादर टॉम उझुन्नलिल को बचाया गया था। प्रधानमंत्री और सरकार सांस्कृतिक और विकासात्मक मुद्दों पर ईसाई समुदाय के साथ हमेशा जुड़े रहते हैं।

भारतीय उत्सव, कला और हस्तशिल्प

हमारे समस्त सांस्कृतिक त्योहारों और उन्हे हर्षोल्लास पूर्वक मनाने को प्रधानमंत्री मोदी बेहद अहमियत देते हैं। गुजरात के मुख्यमंत्री के रूप में भी उन्होंने, त्योहारों के आयोजन, सुविधाओं के विकास एवं कला और हस्तशिल्प को प्रोत्साहित करके राज्य की संस्कृति को बढ़ावा देने के लिए निरंतर प्रयास किए।

मुख्यमंत्री मोदी[23] द्वारा यूनेस्को विरासत स्थल धोलावीरा का जीर्णोद्धार किया गया था। उनका नजरिया उल्लेखनीय और अनुकरणीय है। उन्होंने धोलावीरा के विकास को सीमित दृष्टिकोण से नहीं देखा, तथा आसपास के बुनियादी ढांचे को भी विकसित किया। इसके अलावा उन्होंने स्थानीय वनस्पतियों और जीवों की रक्षा के साथ-साथ स्थानीय समुदायों को एकजुट करने पर ध्यान दिया।

गुजरात में बौद्ध सर्किट भी विकसित किया गया। श्रीलंका सरकार के साथ एक समझौता ज्ञापन (एम.ओ.यू.) पर हस्ताक्षर किये गए थे, जिसके तहत श्रीलंका के बौद्ध, गुजरात की यात्रा कर सकते थे और गुजरात के निवासी श्रीलंका में भगवान राम से जुड़े धार्मिक स्थलों की यात्रा पर जा सकते थे।

एक अभिनव पी.पी.पी. (सार्वजनिक-निजी क्षेत्र भागीदारी) मॉडल की मदद से कच्छ को एक पर्यटन स्थल के रूप में बढ़ावा देने के लिए रण उत्सव की कल्पना की गई थी। साथ ही साथ भूकंप से तबाह क्षेत्र[24] में आय अर्जन के साधन भी विकसित किए गए थे। इस त्योहार की सफलता का आज तक कोई मुकाबला नहीं है। शुरुआत में यह तीस-दिवसीय आयोजन था, जो अब 90 दिनों तक चलने वाला उत्सव बन गया है, जिसके लिए पर्यटकों को अग्रिम बुकिंग करानी पड़ती है; इसे लेकर साल-दर-साल उत्साह बढ़ता ही जा रहा है।

आज समूचे विश्व में[25] गुजराती गरबे की धाक है। गुजरात के मुख्यमंत्री के रूप में, नरेंद्र मोदी ने गुजरात की संस्कृति को दुनिया के समक्ष प्रदर्शित करने के लिए घरेलू और अंतरराष्ट्रीय स्तर पर गरबा महोत्सव के आयोजन को प्रोत्साहित किया था। आज, नवरात्रि नृत्य उत्सव एक प्रमुख अंतर्राष्ट्रीय आयोजन है।

गुजरात सरकार ने मुख्यमंत्री नरेंद्र मोदी[26] के नेतृत्व में साबरकांठा जिले में शामलाजी मंदिर परिसर का जीर्णोद्धार किया। इसने तीर्थयात्रियों को बेहतर सुविधाएं प्रदान की हैं और आसपास के आदिवासी क्षेत्रों में ₹70 करोड़ (₹700 मिलियन) की लागत से रोजगार के अवसर पैदा किए गए हैं।

वर्ष 2016 में शुरू की गई 'हुनर हाट' ने कारीगरों और शिल्पकारों को बाजार और रोजगार के अवसर प्रदान किए हैं। देश के विभिन्न हिस्सों में आयोजित 'हुनर हाट' के माध्यम से 550,000 से अधिक कारीगरों और शिल्पकारों को रोजगार के अवसर प्राप्त हुए हैं।

हमारी शिक्षा प्रणाली में हमारी संस्कृति

हमारी सभ्यतागत अस्मिता को मिटाने में हमारी शिक्षा प्रणाली प्राथमिक दोषी रही है। हमारी शिक्षा प्रणाली में सुधार के लिए अंततः वर्ष 2020 में राष्ट्रीय शिक्षा नीति (एन.ई.पी.) शुरू की गई है जो विद्यार्थियों को पुनः उनकी जड़ों से जोड़ने में मदद करेगी। एन.ई.पी. में सबसे बड़ा बदलाव यह है कि विद्यार्थियों को उनकी मातृभाषा में ही शिक्षा प्रदान की जाएगी। यह समानता (श्रेष्ठता नहीं) की दिशा में उठाया गया कदम है, जिससे अंग्रेजी के प्रति दासता का भाव निष्प्रभावी हो जाएगा। यह शर्म की बात है कि भारतीय विश्वविद्यालयों में हिंदू धर्म के अध्यापन हेतु कोई स्नातक पाठ्यक्रम नहीं है परंतु अन्य सभी धर्मों का अध्यापन होता है। औपचारिक रूप से हिंदू धर्म का अध्ययन करने के इच्छुक विद्यार्थी को ऑक्सफोर्ड जैसे विदेशी विश्वविद्यालयों के दरवाजे खटखटाने पड़ते थे। हाल ही में, बनारस हिंदू विश्वविद्यालय (बी. एच. यू.) ने हिंदू धर्म पर भारत का पहला स्नातक पाठ्यक्रम शुरू किया है।

बी. एच. यू. के दर्शन विभाग के तहत संचालित होने वाले दो वर्षीय पाठ्यक्रम में हिंदू धर्मशास्त्र, वास्तुकला, कला और इतिहास को पढ़ाया जाएगा। निस्संदेह, आने वाले समय में और भी विश्वविद्यालय इस उदाहरण का अनुसरण करेंगे। सबसे आवश्यक बात यह है कि हमारी प्राचीन शास्त्रीय भाषा के पुनरुद्धार और प्रसार के लिए केंद्रीय संस्कृत विश्वविद्यालय विधेयक वर्ष 2019[27] में पारित किया गया था। मोदी सरकार ने वर्ष 2018 में 'स्टडी इन इंडिया' कार्यक्रम आरंभ किया। इसके अंतर्गत योग, भारतीय इतिहास और संस्कृति जैसे भारतीय विषयों और संस्कृत जैसी शास्त्रीय भाषाओं पर अल्पकालिक शैक्षिक पाठ्यक्रम का अध्यापन होता है। आई.सी.सी.आर. ने युवाओं को संस्कृत अध्ययन में मदद करने के लिए 'लिटिल गुरु' नामक पहला सरलीकृत संस्कृत शिक्षण एप्लिकेशन लॉन्च किया है, जिससे विद्यार्थियों को उनकी पसंद के अनुरूप संस्कृत अध्ययन में मदद मिलेगी। आई.सी.सी.आर. ने एक यू.टी.आई.के.एस. (पारंपरिक भारतीय ज्ञान पद्धतियों का सार्वभौमिकरण) प्लेटफॉर्म भी लॉन्च किया है, जिसके माध्यम से भारतीय संस्कृति के विभिन्न पहलुओं जैसे कि पाककला और व्यंजन परंपराओं, भारत में वनस्पतियों और जीवों, भारतीय स्वतंत्रता संग्राम इत्यादि पर ऑनलाइन शैक्षिक / प्रशिक्षण पाठ्यक्रम पेश किए जाएंगे।

आई.सी.सी.आर. के माध्यम से, भारत ने दक्षिण पूर्व एशिया के कई विश्वविद्यालयों में शैक्षणिक पीठ की स्थापना की है और अब तक प्रमुख धार्मिक स्थलों पर छह अंतर्राष्ट्रीय बौद्ध सम्मेलन आयोजित कर चुका है। कंबोडिया[28] में बौद्ध और संस्कृत अध्ययन पीठ जारी रखने के लिए कंबोडिया और भारत सरकार के बीच एक समझौता ज्ञापन पर हस्ताक्षर किए गए हैं। भारत में बौद्ध धर्म अध्ययन को प्रोत्साहित करने

के लिए उत्साही अंतरराष्ट्रीय विद्यार्थियों के लिए छात्रवृत्ति और अनुदान वितरित किए गए हैं[29] और भारत ने द्वीप राष्ट्र[30] श्रीलंका के साथ बौद्ध संबंधों को बढ़ावा देने के लिए $15 मिलियन का अनुदान भी दिया है। लद्दाख, अरुणाचल प्रदेश, वाराणसी और नालंदा में बौद्ध अध्ययन के लिए चार स्वायत्त स्कूल और संस्थान आरंभ हो गए हैं।[31]

भारत सरकार ने पारंपरिक भारतीय चिकित्सा प्रणालियों के अध्ययन को पुनर्जीवित करने के लिए भी पहल की है। राष्ट्रीय आयुर्वेद संस्थान, जयपुर को मानद सम विश्वविद्यालय का दर्जा प्रदान किया गया है और आयुर्वेद शिक्षण एवं अनुसंधान संस्थान (आई.टी.आर.ए.) जामनगर, गुजरात को राष्ट्रीय महत्व के संस्थान का दर्जा दिया गया है। आयुर्वेद के सभी प्रमुख शास्त्रीय संकलन को एक मंच पर लाने के लिए एक वेब पोर्टल 'आयुर्वेद ग्रंथ समुच्चय' विकसित किया गया है। आयुर्वेदिक शिक्षा प्रणाली को सुव्यवस्थित करने के लिए, केंद्रीय भारतीय चिकित्सा परिषद (सी.सी.आई.एम.) के स्थान पर भारतीय चिकित्सा पद्धति राष्ट्रीय आयोग का गठन किया गया है।

खेलकूद और शारीरिक स्वास्थ्य भी हमारी संस्कृति के महत्वपूर्ण अंग हैं!

सभ्यता की महान विरासत को पुनर्जीवित करने में आध्यात्मिक स्थानों और शिक्षा का महत्त्वपूर्ण स्थान है। किंतु संस्कृति में इनके अलावा अन्य कई चीजें भी शामिल होती हैं। सफल सभ्यताएं अपने होने में भरोसा रखती हैं और विजेताओं को स्वयं तैयार करती हैं। खेल और शारीरिक कौशल इस विचार के महत्वपूर्ण तत्व हैं।

सरकार ने बेहद शानदार ढंग से खेल बजट को 2014 की तुलना में लगभग तीन गुना बढ़ाकर 2021 में ₹2,596 करोड़ (₹25.96 बिलियन) कर दिया है। साथ ही -

कुल 22 खेल संघों को तैयार किया गया है और उन्हें पेशेवर रंग-रूप दिया है। प्रधानमंत्री ने 2018 में खेलो इंडिया स्कूल खेलकूद का शुभारंभ किया था। उसके अगले वर्ष, मोदी जी ने फिट इंडिया आंदोलन भी शुरू किया। इस मौके पर उन्होंने कहा था कि, 'खेलकूद का फिटनेस से सीधा संबंध है। हालाँकि, आज हमने जो फिट इंडिया मूवमेंट शुरू किया है, उसका उद्देश्य खेल की दुनिया से परे जाना है। फिटनेस सिर्फ एक शब्द नहीं है, स्वस्थ और समृद्ध जीवन के लिए यह एक आवश्यक शर्त है।'

जब अधिक भारतीय शारीरिक रूप से मजबूत होंगे, तो खिलाड़ियों का एक बड़ा समूह सामने आएगा। बेशक, हर खेलने वाला पेशेवर खिलाड़ी नहीं बन सकता है पर उनका बेहतर शारीरिक स्वास्थ्य, यह सुनिश्चित करेगा कि वे समृद्ध और सुखी जीवन व्यतीत करें।

इन चीजों के साथ अपने खिलाड़ियों को समर्थन देने के लिए कई अभिनव प्रयासों की शुरुआत की गई। पूरे बोर्ड में बुनियादी ढांचे में सुधार किया गया, उदाहरण के

तौर पर नई दिल्ली का मेजर ध्यानचंद नेशनल स्टेडियम है। हमारे एथलीट्स को समर्थन देने के लिए टार्गेट ओलंपिक पोडियम योजना (टॉप्स) शुरू की गई थी।[32] पांच सौ निजी अकादमियों को निधि देने के लिए एक नई प्रोत्साहन संरचना की घोषणा की गई। खेल कोटे के तहत नौकरी के लिए बीस नए विषयों को पात्रता दी गई। राष्ट्रीय खेल पुरस्कारों की पुरस्कार राशि में वृद्धि की गई। सेवानिवृत्त खिलाड़ियों की मदद के लिए एक हजार 'खेलो इंडिया केंद्र' स्थापित किए गए जो नई प्रतिभाओं को भी खोज सकने में सक्षम हैं। खेलो इंडिया के एथलीट्स को महामारी के दौरान सहायता के रूप में वित्तीय मदद मिली। आहार और खाद्य पूरक शुल्कों का युक्तिकरण एक सरल लेकिन बहुत प्रभावी कदम था। सीनियर, जूनियर और सब-जूनियर सभी एथलीट्स को बेहतर खुराक के लिए वित्तीय सहायता उपलब्ध करवाई गई।

इसके परिणाम साफ दिख रहे हैं। सात पदक (एक स्वर्ण, दो रजत और चार कांस्य पदक) के साथ यह भारत का अब तक का, सर्वश्रेष्ठ ओलंपिक प्रदर्शन था। गौरतलब है कि हमारे खिलाड़ी कई अन्य विधाओं में पदक जीतने की दहलीज पर थे। कई क्वार्टर फाइनल या हीट्स राउंड में पहुंचे। हमारे खिलाड़ी जीत की दहलीज पर दस्तक दे रहे हैं। उम्मीद है कि भविष्य के ओलंपिक में और भी पदक प्राप्त होंगे। प्रधानमंत्री मोदी ने इन खिलाड़ियों को धूमधाम से और गर्वित हृदय से सम्मानित किया। और सबसे महत्वपूर्ण बात है, उनकी संवेदनशीलता। उन्होंने अपने आवास पर हमारे सभी ओलंपिक प्रतिभागियों के लिए एक स्वागत समारोह रखा। उन्होंने भगवत गीता के गहन दर्शन को अपने तरीके से उनके समक्ष रखा, 'जीत को सर पर चढ़ने न दो, हार को मन में बसने न दो (जीत में अहंकारी मत बनो और हार से निराश मत हो)।' प्रधानमंत्री यहीं नहीं रुके। वे खिलाड़ियों के अभिनंदन तक ही सीमित नहीं रहे। उन्होंने खिलाड़ियों की अगली पीढ़ी को प्रोत्साहित करने के लिए प्रत्येक खिलाड़ी से स्वतंत्रता दिवस, 2023 से पहले कम से कम पचहत्तर स्कूलों का दौरा करने का अनुरोध किया। उन्होंने स्वर्ण पदक विजेता नीरज चोपड़ा से अपना भाला देने जैसे कुछ यादगार योगदान का अनुरोध किया ताकि इसे धन जुटाने के लिए नीलाम किया जा सके। उन्होंने एकता का संदेश देते हुए भारत के भिन्न हिस्सों को रेखांकित किया जहां-जहां से खिलाड़ी थे।

इन खिलाड़ियों से बातचीत करते हुए प्रधानमंत्री ने भारत के युवाओं को एक संदेश भेजा, जिसमें कहा गया था कि "भारत माता अपने बच्चों को देश के कोने-कोने से प्रोत्साहित करेगी और उनका समर्थन करेगी। सबसे महत्वपूर्ण बात यह है कि हम भारत माता के बच्चे कठिन प्रतियोगी और विजेता साबित हो सकते हैं। हमें हार के रंग में इतिहास को पढ़ाया गया है। हमारे इतिहास की किताबों से जो छिपा संदेश आया, वह यह था कि हम कायर सभ्यता के लोग हैं, जिनके पूर्वज पिछली सहस्राब्दी में

विदेशी आक्रमणकारियों से बार-बार हारे हैं। लेकिन यह गलत है, हमने कुछ लड़ाइयाँ हारीं, लेकिन कुछ जीती भी। यही कारण है कि हम अभी भी अस्तित्व में हैं। या फिर, कई अन्य प्राचीन संस्कृतियों की तरह हमारा भी नामोनिशान मिटा दिया गया होता। हम भी अब तक संग्रहालय के अंश होते।''

प्रधानमंत्री मोदी ने भारत के युवाओं से कहा कि वे विजेता हैं, कि वे दुनिया को हरा सकते हैं। सर्वश्रेष्ठ बनें, सिर्फ खेल में ही नहीं, हर क्षेत्र में। अपने आप पर विश्वास करें, कड़ी मेहनत करें और भागीदारी करें। देश आपके साथ है।

उन्होंने यह अपने खास अंदाज, सहजता और नम्रता के साथ बात की। याद रखें: धीमा और निरंतर सुधार।

विदेशी गणमान्य व्यक्तियों को हमारी संस्कृति की झलक

संस्कृति और सभ्यता के मुद्दे सिर्फ यह नहीं तय करते कि हम खुद को कैसे देखते हैं; यह इस बारे में भी है कि दुनिया हमें कैसे देखती है। इस आयाम में भी प्रधानमंत्री मोदी ने विचार और ऊर्जा का संचार किया है।

विदेशी नेताओं के भारत दौरे का ख्याल आता है। यहां स्वाभाविक रूप से उन देशों की मीडिया, हमारे जहन में आ जाती है। अतीत में कई भारतीय नेता भारतीय संस्कृति, मंदिरों और परंपराओं को दुनिया के सामने दिखाने के लिए अनिच्छुक थे। कुछ लोगों ने शर्मिंदगी की अजीब भावना के साथ-साथ इसे खराब ढंग से प्रस्तुत किया। उन्होंने अकसर अतीत को परे करते हुए, यह संदेश दिया कि भारत आधुनिकता के पथ पर है। आधुनिकीकरण अच्छी बात है। यह आवश्यक चीज है, लेकिन आधुनिकीकरण का अर्थ यह नहीं है कि हम अतीत के प्रति असम्मान का भाव रखें और अपनी परंपराओं को खारिज कर दें।

नरेंद्र मोदी अपने सांस्कृतिक गौरव को ओढ़ते पहनते हैं और वे देश भ्रमण पर आए गणमान्य व्यक्तियों को भारत की संस्कृति को दिखाने का मौका, कभी नहीं चूकते हैं। वे ऑस्ट्रेलिया के प्रधानमंत्री को दिल्ली के अक्षरधाम ले गए। वे कोरिया गणराज्य की प्रथम महिला को दिवाली के त्योहार पर अयोध्या लेकर गए। जहाँ उन्होंने रानी हियो ह्वांग-ओके को भी याद किया। उन्हें सूरीरत्न के नाम से भी जाना जाता है। वे एक अयोध्यावासी राजकुमारी थीं, जिनकी प्राचीन समय में कोरियाई शाही परिवार में शादी हुई थी। वर्तमान में 60 लाख से अधिक कोरियाई अपने आपको सूरीरत्न का वंशज बताते हैं। उन्होंने अफगानिस्तान के राष्ट्रपति को अमृतसर में स्वर्ण मंदिर का दर्शन करवाया और जापान, इजरायल के प्रधानमंत्री के साथ-साथ फ्रांस के राष्ट्रपति को काशी विश्वनाथ के साथ जादुई गंगा आरती के दर्शन भी करवाए। उन्होंने चीन के

राष्ट्रपति को महाबलीपुरम दिखलाया और धीमे से यह अभिव्यक्त किया कि अतीत में भारत का व्यापार ज्ञात दुनिया के अधिकांश हिस्सों तक फैला था। आई.सी.सी.आर. ने कई विदेशी राजदूतों और गणमान्य व्यक्तियों के साथ-साथ प्रवासी भारतीय दिवस के प्रतिनिधियों को 2019 में प्रयागराज में कुंभ मेला का दर्शन करवाया।

विदेशों में अपनी विरासत को फिर से जीवंत करना

नरेंद्र मोदी प्रशासन ने कई देशों में हमारी सांस्कृतिक विरासत को फिर से जीवंत करने, उसे बहाल करने और इस तरह उनकी विरासत में भारतीय योगदान को मजबूत करने के लिए अनेकानेक प्रयास किये हैं। प्रधानमंत्री ने बहरीन की राजधानी में दो सौ साल पुराने श्रीनाथ जी मंदिर के पुनरुद्धार का श्रीगणेश किया। साथ ही साथ मित्रवत, अबू धाबी सरकार से स्वामीनारायण जी मंदिर के निर्माण की अनुमति हेतु प्रयास किए। इसके साथ ही संयुक्त अरब अमीरात में पहला पारंपरिक हिंदू मंदिर तैयार हुआ। यूनेस्को विरासत चाम मंदिर परिसर को बहाल करने में पडोसी देश वियतनाम की सहायता की। ए.एस.आई. और विदेश मंत्रालय ने म्यांमार के बागान हेरीटेज क्षेत्र में आनंद मंदिर और वट फु के लाओस में खमेर मंदिर के पुनरुद्धार के लिए काम किया है। भारत सरकार बोरोबुदुर और प्रम्बानन मंदिर के संरक्षण की दिशा में इंडोनेशिया सरकार के साथ मिलकर काम कर रही है। भारत नेपाल में पशुपतिनाथ जी मंदिर के संरक्षण और बाला त्रिपुर सुंदरी जी मंदिर के जीर्णोद्धार में शामिल है।

भारत ने श्रीलंकाई अधिकारियों के साथ थिरुकुटेश्वर जी मंदिर के संरक्षण की दिशा में काम किया है और भूटान में रिग्सम गोयनपा लखांग की बहाली, लिंग्जी द्जोंग संरक्षण परियोजना और सरपंग जोंग के निर्माण जैसी महत्वपूर्ण परियोजनाओं पर भी कार्यरत है। बांग्लादेश में रमना काली जी मंदिर और श्री श्री जॉय काली मटर मंदिर का पुनर्निर्माण कार्य भी भारतीय सरकार के सहयोग से हुआ है। आई.सी.सी.आर. ने दक्षिण कोरिया और भूटान जैसे बौद्ध देशों में भगवान बुद्ध की मूर्तियों को स्थापित करने का काम किया है।

विदेश यात्रा के दौरान प्रधानमंत्री मोदी, मंदिरों के दर्शन करने का कोई मौका नहीं छोड़ते। यह जिस तरह भारतीय समुदायों (अकसर उन क्षेत्रों में अल्पसंख्यकों के बीच) में गर्व और एकता की भावना भरता है, वह अपनेआप में अद्वितीय है। उन्होंने बांग्लादेश में ठाकुर बारी जी, जेसोरेश्वरी जी और ढाकेश्वरीजी का दौरा किया और पूजा अर्चना की। उन्होंने श्रीलंका में नागुलेश्वरम जी मंदिर, ईरान के तेहरान में गंगा सिंह सभा जी गुरुद्वारा और नेपाल में पशुपतिनाथ जी मंदिर और मुक्तिनाथ जी मंदिर में पूजा-अर्चना की। कनाडा में उन्होंने, ऐतिहासिक वैंकूवर गुरुद्वारा और लक्ष्मी

नारायण जी मंदिर में प्रार्थना की। उन्होंने ओमान के मस्कट में ऐतिहासिक शिव मंदिर में पूजा की है।

ये सब उन सभी मंदिरों, विहारों और गुरुद्वारों की एक चुनिंदा सूची है, जिसका उन्होंने प्रधानमंत्री के रूप में दुनिया भर में भ्रमण किया है। उन्होंने बेहद सहज तरीके से यह दर्शाया है कि भारत और भारतीयों ने प्राचीन काल से लेकर आधुनिक काल तक दुनिया भर में अपनी छाप छोड़ी है और सबसे महत्वपूर्ण बात यह है कि भारतीयों ने अपने प्रवास के देशों के विकास में सकारात्मक भूमिका निभाई है। वे आर्थिक और शैक्षिक रूप से अच्छा कार्य करते हैं। अन्य अप्रवासी समुदायों की तुलना में भारतीयों द्वारा किए जाने वाले अपराध की घटनाएं बहुत कम हैं। कई देशों में प्रधानमंत्री के प्रवासी भारतीयों के साथ हुए कार्यक्रमों के दौरान इसे असाधारण रूप से प्रदर्शित किया गया है।

मैं फिलहाल लंदन में रहता हूं, और मुझे ब्रिटिश राजनेताओं ने बताया है कि उन्हें, वेम्बली स्टेडियम में लोगों को एकत्रित करने के लिए मशक्कत करनी पड़ती है। प्रधानमंत्री मोदी के ब्रिटेन की यात्रा के दौरान, यह पूरे उत्साह में खचाखच भरा हुआ था। दुनिया भर में हुए ऐसे कई आयोजनों में, सभी धर्मों, क्षेत्रों और समुदायों के प्रवासी भारतीय गर्व के साथ एकत्र हुए और भारतीय संस्कृति और उनकी आर्थिक सफलताओं को प्रदर्शित किया। वे प्रधानमंत्री मोदी से विशेष रूप से प्रेरित थे, जिनका प्रवासी भारतीयों के लिए संदेश सुसंगत था: अपनी भारतीय विरासत पर गर्व करें लेकिन उस देश में भी दृढ़ता से योगदान दें, जहां आप अब रहते हैं।

उपहार के रूप में कलाकृतियां

प्रधानमंत्री मोदी द्वारा विदेशी गणमान्य व्यक्तियों को दिए गए उपहारों को भी अंतरराष्ट्रीय मीडिया द्वारा व्यापक रूप से कवर किया गया है। वे अच्छी तरह सोच विचार करके चयन करते हैं और हमारी पारंपरिक संस्कृति को मजबूत करने का कोई मौका नहीं गंवाते हैं। उन्होंने, पूर्व अमेरिकी राष्ट्रपति बराक ओबामा को श्रीमदभगवतगीता की प्रति और गुजरात के एक खत्री मुस्लिम परिवार द्वारा बनाई गई एक दुर्लभ रोगन पेंटिंग भेंट की थी। उन्होंने जापान के प्रधानमंत्री शिंजो आबे को श्रीमदभगवतगीता की एक प्रति भेंट की। उन्होंने चीनी राष्ट्रपति शी जिनपिंग को हाथ से बनी सिरुमुगई रेशम की शॉल तोहफे में दी। इसके अलावा, दक्षिण कोरिया के राष्ट्रपति पार्क ग्यून हे को जम्मू-कश्मीर की पश्मीना शॉल, जिस पर गुरुदेव रवींद्रनाथ टैगोर की कविताएँ उकीर्ण थीं, भेंट की। भूतपूर्व अमेरिकी राष्ट्रपति डोनाल्ड ट्रम्प और प्रथम महिला मेलानिया ट्रम्प को एक कश्मीरी शॉल, एक हिमाचली चांदी का ब्रेसलेट और पंजाब

में तैयार शीशम की लकड़ी का एक संदूक उपहार में दिया था।

प्रधानमंत्री ने अपने ऑस्ट्रेलियाई समकक्ष टोनी एबॉट[33] को रानी लक्ष्मी बाई की ओर से ऑस्ट्रेलियाई वकील जॉन लैंग के द्वारा ईस्ट इंडिया कंपनी के खिलाफ 1854 में दायर की गई याचिका, उपहार में दी। उन्होंने गरीबी कम करने और बचपन में कुपोषण से निपटने के लिए, राष्ट्रपति पॉल कागामे की महत्वाकांक्षी पहल के समर्थन में रवांडा में ग्रामीणों को दो सौ गायें उपहार में दीं। दोनों देशों[34] द्वारा साझा किए गए समान विरासत मूल्यों को उजागर करने वाले इस उपहार का सांस्कृतिक महत्त्व याद रखने लायक रहा।

उन्होंने वर्ष 2016 में सऊदी के शाह सलमान बिन अब्दुलअजीज को केरल की प्राचीन चेरामन मस्जिद की सोने की परत चढ़ी प्रतिकृति भेंट की।[35] चेरामन मस्जिद को दुनिया की दूसरी सबसे पुरानी मस्जिद माना जाता है, जिसे मक्का की मस्जिद से भी पहले बनाया गया था। यह आदान-प्रदान एक संपन्न रिश्ते का प्रतीक है। इस्लाम की शुरुआत से ही भारत और अरब दुनिया के बीच आध्यात्मिक और वाणिज्य संगम का आदान-प्रदान चलता रहा है। यह धार्मिक सद्भाव का प्रतीक है।

ईरान में, प्रधानमंत्री मोदी ने ग्रैंड अयातुल्ला सैय्यद अली होसैनी खमेनी को पवित्र कुरान की सातवीं शताब्दी की एक दुर्लभ पांडुलिपि उपहार में दी। यह पांडुलिपि हजरत अली को चौथा खलीफा बताती है। प्रधानमंत्री ने ईरानी राष्ट्रपति डॉ हसन रूहानी को विशेष रूप से मिर्जा असदुल्ला खान गालिब के फारसी कुल्लियात 'कुलियात-ए-फारसी-ए-गालिब' (फारसी गालिब के कविता का संग्रह) और सुमेर चंद के रामायण के फारसी अनुवाद[36] की अनुकृतियां भी भेंट कीं ।

वे हमारी महान संस्कृति को प्रदर्शित करने का कोई अवसर नहीं छोड़ते हैं और उनके इन विचारों को दुनिया भर के नेताओं का समर्थन मिला है।

जर्मन चांसलर, एंजेला मर्केल ने प्रधानमंत्री नरेंद्र मोदी को आध्यात्मिक नेता रामकृष्ण[37] पर जर्मन भाषाविद् मैक्स म्यूलर की पुस्तक का पहला और मूल संस्करण उपहार में दिया। इसी क्रम में पूर्व अमेरिकी राष्ट्रपति बराक ओबामा ने प्रधानमंत्री को एक दुर्लभ पुस्तक: द वर्ल्ड्स कांग्रेस: रिलिजन्स एट द वर्ल्ड्स कोलंबियन एक्सपोजिशन, 1893 पुस्तक भेंट की। यह किताब 1893 में हुए विश्व धर्मों के शिखर सम्मेलन पर आधारित थी। यहीं स्वामी विवेकानंद ने वैश्विक मंच पर अपनी छाप छोड़ी थी।[38] ब्रिटिश महारानी एलिजाबेथ द्वितीय ने प्रधानमंत्री मोदी को महात्मा गांधी के द्वारा अपने हाथों से काता गया एक सूती लेस[39] तोहफे में दिया।

जब वैश्विक नेताओं के साथ सांस्कृतिक संबंध बनाए रखने की बात आई तो प्रधानमंत्री का ध्यान आध्यात्मिकता के अमूर्त आयाम पर भी गया। जब चीनी राष्ट्रपति शी जिनपिंग ने गुजरात का दौरा किया, तो प्रधानमंत्री मोदी ने उन्हें बताया कि उनके

जन्मस्थान का चीन में राष्ट्रपति शी के जन्मस्थान[40] के साथ एक विशेष संबंध है। चीनी यात्री, ह्वेनत्सांग (हुआन त्सांग और जुआन जुआंग के रूप में भी प्रसिद्ध) जब भारत आए थे, तब वे वडनगर में रुके थे। वापस घर लौटने पर ह्वेनत्सांग, शी के गृहनगर जियान में भी रहे। राष्ट्रपति शी ने बाद में वर्ष 2015 में शानक्सी[41] में प्रधानमंत्री मोदी की मेजबानी की।

खोई हुई और चुराई गई पुरा-धरोहरों को वापस लाना

दुनिया भारत और भारत सरकार के संदेशों से सबक लेती है। सदियों से हमारे अमूल्य खजाने और पुरावशेषों को लूटा गया है। दुर्भाग्य से, यह आजादी के बाद भी जारी रहा, लेकिन अब, कई विदेशी सरकारों का रवैया बदल रहा है। भारत दुनिया भर में स्पष्ट कर रहा है कि हमारी विरासत हमारे लिए महत्वपूर्ण है और हम इसे वापस पाना चाहते हैं।

वास्तव में, कई देश हमारी चोरी की हुई विरासत को वापस लाने में हमारी मदद कर रहे हैं। पिछले सात वर्षों में चोरी की लगभग 250 ऐसी कलाकृतियाँ[42,43] या तो वापस की जा चुकी हैं या वापस की जा रही हैं। इसकी तुलना 2004 से 2014 के दौरान दस वर्षों में वापस आई महज 01 कलाकृति से करें!

पिछले कुछ वर्षों में ए.एस.आई. द्वारा संरक्षित किसी भी स्मारक या संग्रहालय से किसी तरह की चोरी की सूचना नहीं मिली है। यह भारत की विरासत के संरक्षण में एक गंभीर बदलाव का संकेत देता है। प्रधानमंत्री मोदी की उपस्थिति में, अमेरिका ने अंतरराष्ट्रीय बाजार में 100 मिलियन डॉलर से अधिक मूल्य की दो सौ कलाकृतियों को भारत को वापस करने का वादा किया। इनमें दो हजार साल पहले की कुछ प्राचीन वस्तुएं भी शामिल थीं। इसके अलावा, ऑस्ट्रेलिया की नेशनल गैलरी ने जुलाई 2021 में, भारत से चुराई गई 2.2 मिलियन डॉलर की कलाकृतियों को वापस करने की घोषणा की।

भारत के नेतृत्व में योग को एक वैश्विक आंदोलन बनाना

योग के क्षेत्र में मोदी सरकार के निरंतर प्रयासों का जिक्र किए बिना उपर्युक्त सभी बातें अधूरी रहेंगी। शारीरिक, मानसिक, भावनात्मक और आध्यात्मिक स्वास्थ्य की प्राचीन भारतीय परंपरा धीरे-धीरे पश्चिम देशों में लोकप्रिय हो गई हैं। लेकिन योग अपनी जड़ों से लगभग कट ही चुका था। यह भारतीयों के लिए चौंकाने वाला था, लेकिन दुनियाभर में कई लोगों ने योग और इसकी आध्यात्मिक वास्तविकता को इसकी जड़ों

यानी भारत से अलग करके सोचना शुरू कर दिया था। कुछ लोग तो यहाँ तक दावा करते हैं कि योग की जड़ें आधुनिक यूरोप के कुछ भागों में है!

मोदी सरकार ने संयुक्त राष्ट्र के साथ नजदीकी से काम करते हुए यह स्थापित करने में सफलता प्राप्त की कि योग की परंपरा मूल रूप से भारत भूमि से जुड़ी हुई है, और 21 जून - ग्रीष्मकालीन संक्रांति के दिवस - को अंतर्राष्ट्रीय योग दिवस के रूप में घोषित कराने में सफलता प्राप्त की। उनके इस प्रयास को लेकर ढेर सारा समर्थन और उत्साह देखा गया और बड़ी संख्या में दुनियाभर के देशों ने इस पहल का समर्थन किया। इसके बाद से प्रतिवर्ष, दुनियाभर में योग के प्रति जोश उमड़ता ही जा रहा है। योग दिवस की घोषणा से दुनिया भर में भारत की सांस्कृतिक विरासत के बारे में स्थायी प्रभाव पड़ा है। निस्संदेह इससे दुनिया भर की नजर में योग और भारत का अटूट संबंध सुनिश्चित हुआ है। योग दुनिया भर में एकता की शक्ति के रूप में उभरा है।

जैसा कि प्रधानमंत्री मोदी ने कहा:

> "समूची दुनिया अंतरराष्ट्रीय योग दिवस मनाती है। बहुत ही कम समय में अंतर्राष्ट्रीय योग दिवस के रूप में 21 जून को दुनिया भर में पहचान मिली है और यह लोगों को आपस में जोड़ रहा है। एक ऐसे समय में जब विभाजनकारी ताकतें अपना घिनौना सिर उठा रही हैं, यह पूरी दुनिया को भारत का महान उपहार है। हमने योग के माध्यम से पूरी दुनिया को सफलतापूर्वक एकजुट किया है। जिस तरह योग मन, शरीर और आत्मा को जोड़ता है, उसी तरह यह दुनिया भर के लोगों को भी आपस में जोड़ता है।"[44]

स्पष्ट रूप से, अतीत में भारतीय नेताओं ने योगाभ्यास किया है और वे इसके लाभों से भी अवगत रहे हैं। लेकिन फिर भी, कभी भी स्कूलों में योग के प्रशिक्षण को अनिवार्य नहीं किया गया। योग बस कुछ लोगों तक ही सीमित रहा। योग का अभ्यास किया गया, लेकिन कभी इसकी शिक्षा प्रदान नहीं की गई। आज, हम समूचे विश्व में इसकी स्वीकृति देख गौरवान्वित हैं। अब यह एक जन आंदोलन है।

दो कम स्वीकृत, किन्तु महत्त्वपूर्ण योगदान

दो और महत्त्वपूर्ण बातें हैं, जिनके बारे में मैं बात करना चाहूंगा। यद्यपि, वास्तव में ये ऐसी किसी भी पारंपरिक श्रेणी में फिट नहीं होती, जिसकी समीक्षा की जाए, लेकिन मेरा मानना है कि एक समावेशी भारत के लिए ये अत्यंत आवश्यक हैं। पहली बात यह कि प्रधानमंत्री मोदी के मन में अंग्रेजी भाषा पर अपने कम अधिकार को लेकर

किसी भी तरह की हीनभावना नहीं है। उन्होंने यह शक्तिशाली संदेश दिया है कि सत्ता में रहने और देश की सेवा करने के लिए आपको 'अंग्रेजीदां' होने की आवश्यकता नहीं है। इस बात से कोई फर्क नहीं पड़ता कि आपकी अंग्रेजी कितनी अच्छी है; बल्कि यह मायने रखता है कि आपके मन में मातृभूमि की सेवा करने की कितनी क्षमता और मंशा है। केंद्रीय स्वास्थ्य मंत्री मनसुख मंडाविया जी की अंग्रेजी पर उठे हालिया 'विवाद' ने इस बात का संकेत दिया है कि यह लड़ाई कितनी महत्वपूर्ण और दुष्कर है।

दूसरी महत्त्वपूर्ण बात भारत के पूर्वोत्तर राज्यों की ओर ध्यान देना है। बेशक, बुनियादी ढांचे में नाटकीय रूप से सुधार हुआ है। लेकिन यह दुर्भाग्यपूर्ण बात है कि पूर्वोत्तर के कुछ हिस्सों को रेलमार्ग, आधुनिक राजमार्ग और पुलों से जुड़ने में सत्तर साल से अधिक समय लग गया। लेकिन इससे भी अधिक महत्वपूर्ण बात है - भावनात्मक एकीकरण। संभवतः पहली बार, पूर्वोत्तर इलाकों की खेलकूद उपलब्धियों, इस क्षेत्र के नेताओं और उपलब्धि हासिल करने वालों पर राष्ट्र का ध्यान गया है। यह उल्लेखनीय है कि आज पूरे भारत में सबसे लोकप्रिय युवा नेताओं में से एक पूर्वोत्तर इलाके से वास्ता रखते हैं। सबसे ज्यादा निराश करने वाली बात यह है कि यह क्षेत्र भारत की तथाकथित 'मुख्य भूमि' से अलग है। सच तो यह है कि 'भारत भूमि' में पूर्वोत्तर राज्य भी अभिन्न रूप से शामिल हैं। हम एक हैं। प्रधानमंत्री ने इस एकता के संदेश को अपने शब्दों और कर्मों से चरितार्थ किया है। यह अध्याय भारत माता के सांस्कृतिक एजेंडे पर काम कर रही मोदी सरकार की गतिविधियों और योगदान को प्रस्तुत करने का मेरा संक्षिप्त प्रयास रहा है। अभी बहुत कुछ किया जाना बाकी है। लेकिन इस बात से इनकार नहीं किया जा सकता है कि यह कार्य बिना किसी हिचकिचाहट के प्रगति पर है।

केवल भारत ही नहीं, बल्कि समूची दुनिया, हमारी प्राचीन जीवनशैली से लाभान्वित होने के इंतजार में है। हमारे पूर्वजों का ज्ञान लोगों के दिलोदिमाग को रोशन कर सकता है। लेकिन यह भी इतना ही सच है कि सांस्कृतिक आधार के बिना हम, हवा में धूल की तरह बिखर जाएंगे।

संस्कृति अन्य सभी बातों से ऊपर है। किसी भी राष्ट्र की संस्कृति, उसकी राजनीति, व्यापार, अंतरराष्ट्रीय संबंधों, यहां तक कि पारस्परिक संबंधों तक में झलकती है। संस्कृति पवित्र गंगोत्री की तरह है। गंगोत्री के जल में कुछ भी मिलाया जाए, वह माँ गंगा के शक्तिशाली प्रवाह के साथ नीचे उतर ही आएगा। और गंगा जी का आशीर्वाद लेने वाले सभी लोग, उनके पवित्र जल को ग्रहण करेंगे।

गंगा जी के मैदानी इलाकों में रहने वाले सभी लोगों पर गंगोत्री का प्रभाव पड़ता है। इसी तरह, जब आप किसी देश की संस्कृति को प्रभावित करते हैं, तो आप वहाँ की हर चीज को प्रभावित करते हैं।

जैसा कि गंगा स्त्रोत में कहा गया है: "पतितिनिवारिणी त्रिभुवनधन्ये" यानी "माँ गंगा, आप सभी पतित लोगों को पाप मुक्त करती हैं और तीनों लोकों में समृद्धि लाती हैं।"

हम अपने पूर्वजों का सम्मान करने के लिए अपनी संस्कृति को पुनर्जीवित करते हैं। हम अपनी मातृभूमि के प्रति प्रेम के लिए अपनी संस्कृति को पुनर्जीवित करते हैं। अंततः हम अपने लिए ही संस्कृति को पुनर्जीवित करते हैं, क्योंकि इसका सबसे पहला लाभ हमें ही मिलता हैं।

आइए, हम सभी अपने माननीय प्रधानमंत्री नरेंद्र मोदी के भागीरथ-प्रयासों का सम्मान करें, जो हमारी संस्कृति को हमारे जीवन और चेतना के केंद्र में वापस ला रहे हैं।

हम सभी पर भारत माता और गंगा माता की कृपा बनी रहे।

लोकतंत्र, वितरण और उम्मीद की राजनीति

अमित शाह

नरेंद्र मोदी जी ने शासन काल के अपने 20 वर्ष पूरे कर लिए हैं। पहले, वर्ष 2001 से अगले 13 वर्ष तक गुजरात के मुख्यमंत्री के रूप में और फिर वर्ष 2014 से आज सात वर्षों तक, भारत के प्रधानमंत्री के रूप में। इसलिए यह महत्वपूर्ण है कि उनकी इस दुर्लभ और असाधारण यात्रा के युग और उपलब्धियों को समाहित किया जाए। शासन के शीर्ष पर इस 20 वर्षों की अवधि का आकलन कोई कैसे कर सकता है? इसका उत्तर जितना सरल है, उतना ही जटिल भी है, क्योंकि राष्ट्र निर्माण के उनके योगदान को देखने के लिए कई और वैकल्पिक तरीके हैं।

पिछले दो दशकों का समय नरेंद्र मोदी जी या नरेंद्र भाई, जैसा कि मैंने उनको हमेशा संबोधित किया है, के लिए राजनीति और नीति में बहुत बड़ी उपलब्धियों का दौर रहा है। उन्होंने लोगों के लिए विस्मयकारी प्रेरणा और सर्व समर्पण के साथ अथक कार्य किया है। उन्होंने गुजरात और पूरे देश, दोनों में, एक सशक्त और न्यायसंगत अर्थव्यवस्था का निर्माण किया है। उन्होंने ना केवल व्यक्तिगत उदाहरणों से अपितु, सर्वश्रेष्ठ आचरण को संस्थागत करके, और भविष्य में कोई गलती ना हो यह सुनिश्चित करते हुए, एक स्वच्छ और पारदर्शी राज्यतंत्र और प्रशासनिक प्रणाली को बनाने में मदद की है। वह एक अच्छे, ईमानदार और जिम्मेदार शासन के प्रतीक बन कर आए हैं।

नरेंद्र भाई द्वारा पिछले वर्षों में लाए गए यह बदलाव, उनके नेतृत्व के सबसे दृश्यमान पहलू रहे हैं। हालांकि, उनमें और उनके सफर में इसके अतिरिक्त भी बहुत कुछ है। उन्होंने अपना जीवन एक संघर्षरत, श्रमिक वर्ग के भारतीय परिवार के बच्चे के रूप में आरंभ किया था। और आज, वह विश्व के सबसे ऊंचे वैश्विक राजनेताओं के बीच, सर्वोपरि और सबसे लोकप्रिय भारतीय नेता बन गए हैं। राजनीति के क्षेत्र में प्रधानमंत्री जी की व्यक्तिगत अपील में यह अतिशय वृद्धि, भाजपा के भौगोलिक और सामाजिक विस्तार में प्रतिबिंबित हुई है। वह एक ऐसे उत्प्रेरक हैं, जिन्होंने पूरे भारत में पार्टी की लोकप्रियता को संचालित और त्वरित किया है।

स्वतंत्रता के बाद, देश के आजतक के इतिहास में, भाजपा का अखिल भारतीय स्तर का विकास, पिछले सात वर्षों में किसी भी अन्य पार्टी के मुकाबले बेजोड़ रहा है। विश्व के लोकतंत्रों में इस प्रकार के उदाहरण बहुत कम ही हैं, यदि कोई हैं भी तो। नरेंद्र भाई की लोकप्रियता, उनके प्रदर्शन और उनकी विश्वसनीयता ने ना केवल राष्ट्रपति अथवा राष्ट्रपति-शैली जैसे चुनावों में राजनीतिक जीत को अनुवादित किया है, अपितु पार्टी के लिए एक स्थाई अभिवृद्धि और संरचनात्मक दीर्घ-कालिक लाभ को भी सक्षम किया है।

मुझे, नरेंद्र भाई को करीब से जानने का, उनको देखने का और उनसे बहुत कुछ सीखने का सौभाग्य प्राप्त हुआ है, अकसर आश्चर्य करता हूँ कि क्या यह 20 वर्ष का ब्रेकेट उनके संचित ज्ञान और उनके कौशल की विशालता के साथ न्याय करता है। मैं इसे, उस लंबे सफर के एक भाग के रूप में देखता हूँ, जो कि बहुत पहले ही सत्तर के दशक में, उन्होंने एक युवा आर.एस.एस. कार्यकर्ता के रूप में शुरू किया था। और फिर, अस्सी के दशक में भाजपा के कार्यकर्ता के रूप में उन्होंने अपना यह सफर जारी रखा। उन प्रारम्भिक वर्षों के दौरान, उन्होंने आम आदमी के जीवन की जो अंतर्दृष्टि प्राप्त की, वह सरकार में उनके नेतृत्व का निर्माण खंड बनी। इन दोनों ने साथ मिलकर जो, अबाध क्रम बनाया वह समकालीन भारतीय सार्वजनिक जीवन में कोई अन्य नहीं कर सका था।

मेरी दुविधा यह है कि इस कहानी को मैं कहाँ से शुरू करूँ? क्या मैं वर्ष 1987 से आरंभ करूँ, जब नरेंद्र मोदी जी को अहमदाबाद नगर निगम के चुनावों में भाजपा के प्रचार का प्रभार सौंप गया था, जो कि उनका पहला स्वतंत्र चुनावी कार्यभार था, और पार्टी के लिए तैयार की गई उनकी अनेक अभूतपूर्व विजयों में सबसे पहला था? अथवा 90 के दशक से शुरू करूँ, जब उनको पंजाब, हरियाणा, हिमाचल प्रदेश और जम्मू और कश्मीर सहित अनेक राज्यों के समूहों में पार्टी के चुनावी प्रचार की जिम्मेदारी सौंपी गई थी? अथवा मैं वर्ष 2001 से शुरू करूँ, जब मोदी जी ने ऐसे समय पर गुजरात के मुख्यमंत्री का पदभार संभाला था जब राज्य गणतंत्र दिवस के उस भूकंप के विनाशकारी परिणाम अभी भी सामना कर रहा था? मैं सबसे आसान विकल्प लूंगा और वर्ष 2014 के लोक सभा चुनावों के साथ शुरुआत करूंगा।

◆

आज हर कोई यह मानता है कि भारतीय राजनीति के इतिहास में वर्ष 2014 के चुनाव ने सबसे निर्णायक बदलाव को चिन्हित किया है। यह नरेंद्र भाई और पार्टी के लिए जनादेश की प्रकृति से स्पष्ट था, भाजपा ऐसी पहली पार्टी बनी, जिसे पिछले 30 वर्षों में अपने दम पर बहुमत मिला हो और, भाजपा के नेतृत्व वाला राष्ट्रीय

जनतान्त्रिक गठबंधन दो-तिहाई बहुमत के साथ विजयी हुआ।

किसी भी पार्टी ने वर्ष 1984 के बाद से लोकसभा चुनावों में पूर्ण बहुमत हासिल नहीं किया था। वह पार्टी और प्रधानमंत्री, जिन्होंने वर्ष 1951-52 और 1984 के बीच आम चुनावों के दौरान पूर्ण बहुमत प्राप्त किया था, उसका कारण था; स्वतंत्रता आंदोलन के दौरान हासिल की सद्भावना, पारिवारिक विरासत, सत्ताधारी सरकार के विरुद्ध आक्रोश (1977), डर और सहानुभूति का मिश्रण (1984), तुष्टीकरण, वर्गीय पूर्वाग्रह, खोखली नारेबाजी ('गरीबी हटाओ', 1971) और वोट बैंक जुटा कर। उम्मीद के लिए कोई जनादेश नहीं होता - और कोई ऐसा जनादेश भी नहीं होता जो प्रदर्शन की परख के पुरस्कार के रूप में मिले।

भारत पर, वर्ष 1989 से 2014 के बीच, पच्चीस वर्षों के लिए, गठबंधन की सरकारों का शासन रहा है। गठबंधन, अपने मूल स्वभाव से ही एक समझौता रहे हैं। वह राजनीतिक हितों का और नीतिगत परिणामों का समझौता रहे हैं। इसके परिण ामस्वरूप आम नागरिकों में भाग्यवाद स्थापित हो गया था। उन्होंने भी अपनी आकांक्षाओं के साथ समझौता कर लिया था - फिर चाहे वह अपने लिए और अपने परिवार के लिए हो अथवा अपने सपनों के भारत के लिए हो। एक ऐसी भावना बन गई थी कि गठबंधन प्रणाली का निर्माण, नीतिगत पक्षाघात, प्रशासनिक भ्रम, झगड़ालू नेता और सहयोगियों का भयदोहन करना, भ्रष्टाचार, आतंकवाद को लेकर असुरक्षा और अरक्षितता, और कमजोर और निर्णय ना ले पाने वाले प्रधानमंत्री - जो कि नेताओं के तुलना में प्रबंधकों के रूप में अधिक कार्य कर रहे थे - को मिलाकर किया गया है। यह सब भारतीय लोकतंत्र पर एक स्थाई अभिशाप बन गए थे।

आकांक्षाओं का एक निम्न-स्तर का संतुलन स्थापित हो गया था। भारत ने स्वयं को सिखा लिया था कि उसे बड़ी और महत्वाकांक्षी सोच नहीं रखनी है। वर्ष 2004 से लेकर 2014 के बीच के 10 वर्षों ने राष्ट्रीय स्तर पर इस बेचैनी और निराशा (या शायद 'पतन' एक अधिक उचित शब्द होगा) का चरम सीमा तक प्रतिनिधित्व किया है। लोकप्रिय मनोबल बहुत कम था और भारत की जनता खिन्न थी। इसी पृष्ठभूमि के विरुद्ध नरेंद्र मोदी जी प्रधानमंत्री के लिए एक दमदार अखिल-भारतीय उम्मीदवार के रूप में उभरे। वह भाजपा को नए क्षेत्रों, नए निर्वाचन क्षेत्रों और सामाजिक समूहों में ले गए। इस सबसे अधिक, उन्होंने एक उम्मीद जगाई।

मोदी जी इतने कम समय में देश भर में इतने लोकप्रिय और प्रसिद्ध कैसे हो गए? क्या यह एक धमाकेदार चुनावी अभियान का नतीजा था? अथवा, यह उस संदेश का नतीजा था, जो कि ना केवल भाजपा के अथक कार्यकर्ताओं, अपितु लाखों गैर-राजनीतिक स्वयंसेवकों द्वारा देश की प्रत्येक सड़क, गली और मोहल्लों में पहुंचाया गया था? अथवा यह उन आदर्शवादी पुरुषों, महिलाओं और युवाओं के कारण हुआ,

जो मोदी जी में विश्वास करने लगे थे? अथवा यह प्रोद्योगिकी की बढ़ती शक्ति की सहायता से हुआ था? यह सब माध्यम थे, परंतु जो इन सबसे अधिक चुंबकीय और शक्तिशाली थी, वह थी, मोदी जी के संदेश की वास्तविकता। वह संदेश बहुत पहले ही गुजरात में उनके तप और प्रयासों के वर्षों में, और उसकी आर्थिक और सामाजिक उपलब्धि के वर्षों में लिखा जा चुका था।

मैं नरेंद्र भाई को सबसे पहले वर्ष 1987 में अहमदाबाद में मिला था। उनको उस समय हाल ही में भाजपा के गुजरात राज्य की इकाई के महासचिव (संगठन) का भार सौंपा गया था। उस समय अहमदाबाद नगर निगम के चुनावों की घोषणा हुई ही थी। इस चुनाव के संदर्भ की सराहना होनी चाहिए। गुजरात और पूरे देश में काँग्रेस का दबदबा था। उसने वर्ष 1984 और 1985 के लोकसभा और विधानसभा चुनावों में भारी जनादेश हासिल किया था। भाजपा, उस समय एक राजनैतिक और चुनावी शक्ति के रूप में, पहाड़ की तलहटी पर थी और उसके आगे एक लंबी चढ़ाई थी। हमारी पार्टी, इस निवर्तमान अहमदाबाद नगर निगम में लगभग एक दर्जन सीटों के साथ शायद ही किसी गिनती में थी।

चुनाव का प्रभार सौंपे जाने के बाद, नरेंद्र भाई ने हमें उच्च लक्ष्य और विधिपूर्वक रूप से योजना बनाना सिखाया। कई मायनों में, उन्होंने हमको चुनावों और चुनाव अभियान को दोबारा सोचने और फिर से उसकी कल्पना करने में मदद की। अहमदाबाद में भाजपा की शहरी इकाई के सचिव के तौर पर, मैंने उनको बहुत करीब से सुना और देखा है और फिर जो कुछ भी उन्होंने कहाए उसका कार्यान्वयन शुरू किया गया। मोदी जी की रणनीति का मूल आधार बहुत सरल था: चुनाव के लिए पार्टी की और संघ के नेटवर्क की शक्तियों और क्षमताओं को संगठित करए उनको उपयुक्त बनाना। इसका नतीजा चौंका देने वाला निकला। भाजपा ने नगर निगम में अधिकांश सीटों के साथ-साथ मेयर के पद पर भी जीत हासिल की।

अब हिचकने का सवाल ही नहीं था। वर्ष 1988 में एक राज्यव्यापी सदस्यता अभियान शुरू किया गया। जो अन्यथा एक नियमित कार्यक्रम होता, मोदी जी ने उसे 'संगठन पर्व' (संगठन उत्सव) में बदल दिया। वह इस बात को लेकर बिल्कुल स्पष्ट थे कि यह एक त्योहार हो, जिसका स्वामित्व लोगों और उनकी जन भागीदारी से हो और वही इसको ऊर्जा प्रदान करें, ना कि पार्टी और उसके पदाधिकारियों द्वारा और अपने ही लिए आयोजित एक निर्जीव समारोह। उन्होंने निर्देश दिए कि सदस्यों की भर्ती को क्रमांकित करके रजिस्टर में दर्ज किया जाए। यह रजिस्टर, तहसील और जिला स्तर पर आकस्मिक जांच और लेखा परीक्षा के लिए उपलब्ध रहेंगे। मुझे भी कई अन्य लोगों की तरह, जिले सौंपे गए जहां मुझे रजिस्टरों और उनमें सूचीबद्ध नामों के सत्यापन के लिए जाना होगा।

नरेंद्र भाई के साथ मैं राज्य के दो लंबे दौरों पर गया। उनके कार्य करने की गति, उनके अवलोकन की तीक्ष्णता और चीजों को विस्तार से देखने की उनकी क्षमता, मंत्रमुग्ध कर देने वाली थी। जितना हो सकता था मैंने उसे आत्मसात किया। उनकी एक सलाह विशेष रूप से मेरे साथ रह गई। नरेंद्र भाई ने हमें कहा कि, पिछले सरपंच के चुनाव में प्रत्येक गाँव में कम से कम दो प्रमुख उम्मीदवार होने की संभावना थी। विजेता हर स्थिति में या तो कॉंग्रेस से या फिर जनता दल से होगा, जो कि उस समय गुजरात की दो प्रमुख पार्टियां थीं। हारने वाले को दरकिनार कर दिया जाएगा और फिर भुला दिया जाएगा। मोदी जी ने हमें पार्टी के सदस्यता अभियान के लिए द्वितीय विजेता को लक्षित करने के लिए कहा।

यह एक तीखा तर्काधार था। उन्होंने कहा, सरपंच के चुनाव में हारने वाले के पास कम से कम 30 से 40 प्रतिशत वोट होंगे। यह जीतने के लिए पर्याप्त नहीं था, फिर भी बहुमूल्य था। मोदी जी ने हमको, ऐसे सभी लोगों से संपर्क करने को कहा और हमारी पार्टी की स्थितियों और दर्शन के बारे में ईमानदारी से बात करके, सम्मान के साथ उन्हें, भाजपा में आमंत्रित करने को कहा। यदि यह मेल कारगर साबित होता है तो, इससे ग्राम स्तर पर हमारे मौजूदा कोर में मतदाताओं की संख्या में एक बहुत बड़ी वृद्धि होगी। इसने हमें एक उल्लेखनीय, सूक्ष्म-स्तरीय नेता भी दिया, जो प्रभावशाली था।

यह स्पष्ट करते हुए कि पार्टी के विस्तार और उसकी चुनावी प्रतिस्पर्धा को एक साथ होना होगा, गुजरात में मोदी जी ने पार्टी संगठन का निर्माण किया। शासन इसका तीसरा कोण होगा, और वर्ष 2001 में मोदी जी को इस त्रिभुज को पूरा करने का मौका दिया गया, जो कि निश्चित रूप से भाजपा की वैचारिक विशिष्टता को बनाए रखते हुए किया जाना था।

◆

मोदी जी ने मुख्यमंत्री के तौर पर अपने तेरह वर्षों के कार्यकाल में, गुजरात की काया पलट कर दी। एक प्रारम्भिक स्तर के औद्योगिक और वस्तु अर्थव्यवस्था से, राज्य एक उत्पादन और सेवा पावर हाउस के रूप में विकसित हो गया। उन्होंने अक्षमताओं को अवसरों में परिवर्तित कर दिया। हर घर में पाइप से पानी पहुँच गया और छोटे स्तर के किसानों को तकनीकी सहायता प्राप्त सॉइल हेल्थ कार्ड से सक्षम बनाया गया। जनजातीय क्षेत्रों में डेरी क्रांति ने और कच्छ क्षेत्र की पुनर्कल्पना ने - जो कि भूकंप के मलबे से उठ कर एक आधुनिक औद्योगिक अर्थव्यवस्था बन गया था - राज्य के जीवन और आजीविका की काया पलट दी थी।

जो भूकंप आने पर भी क्षतिग्रस्त ना हों ऐसे आवासों से लेकर इक्कीसवीं सदी

के बुनियादी ढांचे तक, मोदी जी के वेग को रोकना असंभव था। मैंने नरेंद्र भाई के मुख्यमंत्री काल की केवल एक छोटी सी झलक ही प्रस्तुत की है। इस पुस्तक के अन्य अध्याय उनकी उपलब्धियों पर और अधिक विस्तार के साथ चर्चा करेंगे और उनका वर्णन करेंगे।

व्यक्तिगत परियोजनाओं और आंकड़ों से परे, मोदी जी जो गुजरात में लेकर आए थे, वह था, लोक सेवा का एक नया शास्त्र, और शासन की एक नई मिसाल। वह इस व्यापक धारणा से अप्रभावित थे कि 'सत्ता-विरोधी लहर' और सरकारों को वोटों के माध्यम से बदल देना भारतीय चुनावी जीवन की एक स्वाभाविक और विचारहीन आदत है। उनको मतदाताओं की समझदारी और संवेदनशीलता पर भरोसा था। उनको भरोसा था कि वह सही और गलत में, तथा अच्छी दीर्घकालिक मंशा और अल्पकालिक दिखावे में भेद कर सकेंगे।

गुजरात में उनके बहुत से कार्यक्रमों की अवधारणा एक दूर दृष्टि के साथ की गई थी - उदाहरण के तौर पर दक्षिण गुजरात से सौराष्ट्र में नर्मदा नदी का पानी लाना। इन कार्यक्रमों के पूरा होने की अवधि एक से अधिक चुनावी चक्रों तक चली। मोदी जी ने केवल अगले चुनाव के लिए ही कार्य नहीं किया, अपितु उन्होंने अगले दशक और अगली पीढ़ी के गुजरात के लिए कार्य किया। प्रत्याशित रूप से भाजपा भी, गुजरात के विकास के लिए और अगले दशक और अगली पीढ़ी की आकांक्षाओं के लिए राजनीतिक वाहन बन गई।

मोदी जी की तर्कशक्ति और उनके दृष्टिकोण के लिए निरंतर और प्रत्यक्ष संचार की आवश्यकता थी। वह गांधीनगर के सचिवालय की बेड़ियों में जकड़े हुए नहीं थे। सप्ताह दर सप्ताह वह राज्य में यहाँ वहाँ यात्रा करते रहे। उन्होंने विभिन्न श्रोताओं और हितधारियों से लेकर विविध लोगों और समुदायों को सरकारी योजनाओं के लाभों के बारे में अवगत कराया। उन्होंने भाजपा को भी ऐसा करने के लिए प्रोत्साहित किया - लोगों से बात करो, बनिस्बत केवल मीडिया से बात करने के।

उन्होंने प्रदर्शन के प्रभाव को बहुत चतुराई से उपयोग किया। उन्होंने इस बात के प्रमाण प्रस्तुत किए कि कैसे एक परियोजना कुछ आबादियों और उप-क्षेत्रों की मदद कर रही थी, जिससे कि यह अंदाजा लगाया जा सके कि उस कार्यक्रम को उसके तर्कसंगत निष्कर्ष तक ले जाते ही, अन्य उप-क्षेत्रों और आबादियों का क्या भला हो सकता है। चुनावों के समय, उन्होंने ना केवल नए वादे किए, अपितु एक रिपोर्ट कार्ड भी दिया; जिसमें उन्होंने पाँच साल पहले जो वादे किए थे, उसकी तुलना में कितने पूरे किए हैं, इस बात का ब्योरा था।

मोदी जी उन राजनेताओं में से नहीं हैं, जो अपनी पार्टी के घोषणापत्र को भूल जाते हैं। उनका पार्टी के प्रति एक भावनात्मक जुड़ाव है, जो कि बहुत दुर्लभ और

दिल को छू लेने वाला है। मई 2014 में संसद में दिए अपने यादगार भाषण में एक नहीं कई बार उन्होंने कहा कि वह पार्टी को अपनी 'माँ' के रूप में देखते हैं। भाजपा वो माँ है, जिसने उनका पालन-पोषण किया है और उनको उनकी महत्वपूर्ण पहचान दी है। वैसे भी, पार्टी का घोषणापत्र उनके लिए उनकी माँ के वचनों के समान है। यह उनके लिए पवित्र है, और उसको सम्मान देना उनकी नैतिक जिम्मेदारी है।

गुजरातियों ने उस समय एक नई राजनीतिक और सार्वजनिक सेवा संस्कृति का अनुभव किया, जब मोदी जी ने इस प्रकार की भावनाओं को ईमानदार कार्यवाई में बदला। अब उनके मुख्यमंत्री जाति गठबंधन और संक्षिप्त भाषा ना तो बोलते थे और ना ही वैसा सोचते थे, वह पूरे गुजरात के लोगों, प्रत्येक गुजराती के बारे में बोलते और सोचते थे। मोदी जी के कार्यक्रम अपनी वांछनीयता, बनावट और वितरण में सार्वभौमिक थे, उन्होंने प्रत्येक परिवार को छुआ हैं। राज्य के हर एक हिस्सा ने - फिर चाहे, उसका मतदान इतिहास और जाति अथवा समुदाय का बीजगणित कुछ भी हो - मोदी जी की सरकार के दृढ़ फिर भी कोमल स्पर्श हो महसूस किया।

गुजरात में यह संस्कृति मोदी जी की महान विरासत है। इसलिए यह कोई आश्चर्य की बात नहीं है कि राज्य ने 1990 के दशक के मध्य से ही भाजपा से कभी मुंह नहीं मोड़ा। गुजराती समाज और उसकी आशाओं और सपनों के साथ भाजपा की इकाई की पहचान पूर्ण है। यह वास्तव में गुजरात मॉडल ही है, जिसे वर्ष 2014 के बाद पूरे देश में बढ़ाया गया। उस वर्ष जैसे ही चुनाव करीब आए, तो, गुजरात मॉडल और गठबंधन-काँग्रेस मॉडल, दोनों के बीच विसंगति इतनी स्पष्ट हो गई कि उसको नजरंदाज नहीं किया जा सकता था। संयोगवश, गुजरात में असाधारण विकास और दिल्ली में यू.पी.ए. सरकार का खराब प्रबंधन और विफलताएं, एक ही समय में हुईं। और मोदी जी के प्रस्ताव पर भारत जाग उठा।

गुजरात ने हमेशा से देश के हर हिस्से से लोगों को आकर्षित किया है। जैसे जैसे मोदी जी के नेतृत्व में राज्य की अर्थव्यवस्था का विकास हुआ और उसमें विविधता आई, गुजरात अन्य क्षेत्रों के श्रमिकों और निवेशकों के लिए और अधिक चुंबकीय हो गया। वह देश के हर कोने से यहाँ आने लगे; पूर्वी भारत से लेकर दक्षिण के राज्यों तक से दिल्ली और राष्ट्रीय राजधानी क्षेत्र से लेकर मुंबई-पुणे-थाने के बड़े स्तर के क्षेत्रों तक से और ऐजावल से लेकर अलप्पुजा तक से। जैसे-जैसे उन्होंने मोदी जी के शासन को अनुभव किया तो पहले एक उत्सुकता और फिर आदर बनने लगी। उनकी रगों में प्रवाह बढ़ने लगा। उन्होंने स्वयं से पूछा, क्या यह... क्या यह भारत का भविष्य हो सकता है?

गुजरात के कायाकल्प में यह अतिथि कार्यकर्ता, निवेशक और हितधारक नरेंद्र मोदी जी के राजदूत बने। उन्होंने मोदी जी के संदेश को फैलाया। वह अपने साथ मोदी जी

की व्यक्तिगत कहानियाँ ले कर गए - जो कि उनके भारत के और राष्ट्र गौरव के साथ शुद्ध और ना झुकने वाली पहचान की कहानियाँ थी; जो कि उनकी कड़ी मेहनत, उनकी अथक ऊर्जा, उनकी सच्चरित्रता और दूरदर्शिता; उनकी सरकार के कल्याणकारी कार्यक्रमों की, सामाजिक क्षेत्र में वितरण की और दूरदर्शी आर्थिक परियोजनाएँ की कहानियाँ थीं।

उन्होंने इन कहानियों की चर्चा ट्रेन में और बसों में, ढाबों पर और चाय की दुकानों में, दोस्तों के साथ, जान-पहचान वालों के साथ और यहाँ तक कि अजनबियों के साथ भी और साथ ही असंख्य छोटे शहरों और गावों में अपने पारिवारिक समारोहों के दौरान भी की। पंक्ति दर पंक्ति, उदाहरण दर उदाहरण, उनसे संबंधित घटनाओं के विवरण, पूरे भारत में, सभी समुदायों और जातियों के बीच जिसमें वह लोग भी सम्मिलित थे, जिनका गुजरात से कभी कोई प्रत्यक्ष अनुभव नहीं रहा - मोदी जी की ख्याति बढ़ने लगी। समय के साथ-साथ इस फुसफुसाहट की आवाज इतनी ऊंची होती चली गई कि इसको अनसुना करना असंभव हो गया।

शुरू शुरू में, राष्ट्रीय मीडिया ने इस पर ध्यान नहीं दिया, या शायद ध्यान ना देने का दिखावा किया। पीछे मुड़ कर देखें तो, उस समय मोदी तथ्य पर मीडिया की प्रतिक्रिया के चार चरण थे: अनभिज्ञता; बर्खास्तगी; इनकार; और अंत में कुढ़न और अस्थिर स्वीकृति। यह तथाकथित राष्ट्रीय मीडिया लगभग पूरी तरह से इस अंतर्धारा से चूक गया। फिर भी, जो कि गुजरात से बहुत दूर रहते थे और मतदाता अथवा गुजरात में तत्काल हितधारक भी नहीं थे, उन लोगों के बीच भी यह प्रश्न उठा: क्या मोदी जी ही वह व्यक्ति हैं, जिसकी भारत प्रतीक्षा कर रहा था? लोग आपस में धीमी आवाज में बात करने लगे कि क्या हमारे देश को अंततः वह नेता मिल गया है, जो कि उसके टूटे हुए सपनों को जोड़ेगा और भारत को उसकी खोई हुई समृद्धि और प्रधानता बहाल करके देगा जो हमेशा से उसकी नियति थी?

इसका परिणाम एक भावनात्मक विस्फोट के रूप में बाहर आया, एक अरब आकांक्षाओं का जनादेश, और लोगों के हृदय से निकली एक पुकार 'अबकी बार, मोदी सरकार'। वह सभी लोग, जो ऐसे निर्वाचन क्षेत्र, समूह, समुदाय, परिवार से सम्बद्ध थे, जिन्होंने पहले कभी भाजपा के पक्ष में मतदान नहीं किया था, कदमों में उत्साह और दिलों में उम्मीद के साथ निर्वाचन केंद्र में पहुंचे। उन्होंने एकसाथ मिलकर भारत को एक नई शुरुआत दी।

◆

संख्याओं ने सब स्पष्ट कर दिया। भाजपा ने प्रधानमंत्री के उम्मीदवार के रूप में नरेंद्र मोदी जी के नेतृत्व में और मोदी सरकार के वादे के साथ, 282 लोक सभा सीटें और 31 प्रतिशत लोकप्रिय वोट जीते। यह भाजपा के लोक सभा में अब तक के

सर्वश्रेष्ठ चुनाव के मुकाबले 100 सीटें अधिक थीं - जब वर्ष 1999 में भाजपा को 182 सीटें मिलीं थीं। वर्ष 2009 के चुनाव के साथ तुलना की जाए - जब भाजपा ने 116 सीटें जीतीं थीं और 18.8 प्रतिशत वोट हासिल किए थे - तो इसने मोदी जी की वृद्धि को दर्शाया था।

वर्ष 2009 में, उस समय के भारत के 35 राज्यों और केंद्र शासित प्रदेशों में से भाजपा ने 17 सीटें जीतीं थीं।[1] वर्ष 2014 में, मोदी जी ने लोक सभा चुनावों में पार्टी का 36 राज्यों और केंद्र शासित प्रदेशों में 27 सीटों पर नेतृत्व किया।[2] तुलनात्मक रूप से, वर्ष 1996 में, जब भाजपा सरकार ने पहली बार शपथ ली थी, तब पार्टी ने उस समय के 32 राज्यों और केंद्र शासित प्रदेशों में से 12 लोक सभा सीटें जीतीं थीं।[3] दूसरे तरीके से देखा जाए तो, इसका अर्थ होगा कि वर्ष 1996 में भाजपा ने भारतीय राज्यों और केंद्र शासित प्रदेशों में 37.5 प्रतिशत सीटों पर जीत हासिल की। और वर्ष 2009 में, यह आंकड़ा बढ़ कर 48.6 प्रतिशत हो गया; वर्ष 2014 में, पहली मोदी लहर इसको 75 प्रतिशत के एक बहुत बड़े आँकड़े तक ले गई।

महिलाओं का वोट भारतीय चुनावों का सबसे जटिल और सांकेतिक मापदंड है। महिलायें, हमारे परिवारों और हमारे समाज की मुख्य आधार हैं। वह कैसे वोट करती हैं, उनकी पसंद और प्राथमिकताएँ क्या हैं, यह उनके व्यक्तिगत आकांक्षाओं को इंगित करती हैं और साथ ही, उन बहुत सी अन्य परेशानियों को भी इंगित करती हैं, जो कि मतदाता पर असर डालती हैं। एक महिला का वोट आर्थिक चिंताओं में फंसा होता है - जैसे कि महंगाई अथवा उनके परिवार के सदस्य के लिए रोजगार - सुरक्षा तथा कानून और व्यवस्था, शिक्षा के अवसर, और ईमानदारी और नैतिकता के मानकों की लड़ाई।

वर्ष 2014 के मतदान के दौरान महिलाओं का बड़ी संख्या में वोट डालने आना यह स्पष्ट कर रहा था कि वह मोदी जी में विश्वास रखती हैं। वर्ष 2009 में, जबकि 60.2 प्रतिशत पुरुष मतदाता मतदान केंद्र आए थे, केवल 55.8 प्रतिशत महिला मतदाता ही मतदान केंद्र तक पहुँच पाई थीं।[4] पाँच साल बाद, मोदी सरकार का विचार ही 10 प्रतिशत अधिक महिला मतदाताओं का मतदान केंद्र में पहुँचने के लिए पर्याप्त था। वर्ष 2014 में, 65.54 प्रतिशत महिला मतदाताओं ने मतदान किया था।[5]

वर्ष 2019 में, उत्साह और अधिक तब बढ़ा जब मोदी जी का उम्मीदवार के रूप में किया वादा मोदी सरकार के प्रदर्शन में बदला। इस बार 67.18 प्रतिशत महिला मतदाता सामने आईं। पहली बार, उनकी संख्या ने पुरुष मतदाताओं की संख्या (67.02 प्रतिशत)[6] को पछाड़ दिया था। महिलाओं को नरेंद्र भाई के कार्यक्रमों के आदर्शों और उनका क्रियान्वयन समझ आ रहा था। भाजपा के अत्यंत वफादार मतदाताओं में परिवार दर परिवार गिने जाने लगे।

निश्चित तौर पर, वर्ष 2019 में, मोदी जी के प्रधानमंत्री के रूप में पाँच साल के कार्यकाल को मतदाताओं ने और अधिक संख्या में सराहा और स्वीकार किया। भाजपा ने 303 लोक सभा सीटें जीतीं और 37.3 प्रतिशत लोकप्रिय वोट हासिल किए। उन पाँच वर्षों में, मोदी जी ने शासन की परिभाषा को बदल दिया, और बदल दिया था भारत को। इस प्रक्रिया में, वह भाजपा को नए सामाजिक और क्षेत्रीय मोर्चों पर ले गए। वह शासन और चुनावी राजनीति का, व्यक्तिगत नेतृत्व और पार्टी की दृढ़ता का, अर्थव्यवस्था और कल्याण का, सामाजिक समानता और राष्ट्रवाद का, घर में आश्वासन और सीमा पर सुरक्षा का एकदम सही तालमेल था।

मोदी जी ने ऐसा कैसे किया? उनके दृष्टिकोण और अंदाज का आदर्श रूप, और उनका विकेन्द्रीकरण और लोकतंत्रीकरण के लिए प्रेरित करना, इसका उत्तर दिल्ली में तो नहीं है – या निश्चित रूप से सिर्फ दिल्ली में तो नहीं है। यह भारत के विभिन्न और विविध राज्यों में निहित है।

◆

दिसंबर 2013 से इस बात पर ध्यान रखा जाने लगा कि गुजरात के बाहर मतदाताओं पर मोदी जी का क्या प्रभाव हो रहा है। नरेंद्र भाई को, इससे केवल कुछ ही सप्ताह पहले भाजपा के प्रधानमंत्री पद के उम्मीदवार के रूप में चुना गया था। उस घटना के बाद राज्य चुनावों का पहला चरण, एक विशेष महत्व रखता था। पार्टी ने राजस्थान, मध्य प्रदेश और छत्तीसगढ़ जैसे बड़े राज्यों में पूर्ण बहुमत हासिल किया।

दिसंबर 2013 के चुनावों से पहले, भाजपा के पास विभिन्न राज्यों में चार मुख्यमंत्री थे। एक अन्य मुख्यमंत्री एक सहयोगी दल से सम्बद्ध था और वहाँ वह एन.डी.ए. सरकार का नेतृत्व कर रहा था। भाजपा के पूरे देश में कुल 773 विधायक थे। मई 2018 में यह आंकड़ा भाजपा के 1460 विधायकों और 15 मुख्य मंत्रियों के शिखर तक पहुँच गया। जिस समय मैं यह लिख रहा हूँ (अक्टूबर 2021 में) भाजपा के स्वयं के 12 मुख्यमंत्री हो गए हैं, छः मुख्यमंत्री सहयोगी दलों के साथ मिल कर हैं, और विभिन्न राज्यों में कुल मिला कर 1389 पार्टी विधायक हैं।

मतदाता मतदान से थक चुके थे और सत्ता विरोधी लहर की बात हो रही थी, इस सब को निरर्थक करते हुए, मोदी सरकार के सात साल पूरे होने के बाद भी भाजपा एक व्यापक और गहरी वैधानिक और राजनीतिक उपस्थिति बनाए हुए है। यह इस बात का पैमाना है कि मोदी जी के नेतृत्व ने किस प्रकार पार्टी के सामाजिक और भौगोलिक परिदृश्य का विस्तार किया है।

भाजपा ने, दिसंबर 2013 के बाद से उन राज्यों में तो बहुमत हासिल कर सरकारें बनाई ही हैं, जहां वह पहले भी जीते थे, लेकिन उन राज्यों में भी बहुमत हासिल कर

सरकार बनाई है, जहां वह अपेक्षाकृत कमजोर थे। वर्ष 2017 में भाजपा ने उत्तराखंड के इतिहास में सबसे बड़ा जनादेश प्राप्त किया। उत्तर प्रदेश में (2017) तीन-चौथाई बहुमत वर्ष 1977 के बाद से उस राज्य के किसी भी चुनाव में सबसे बड़ा बहुमत था। यह व्यापक रूप से पूर्वानुमानित था कि हरियाणा का जातीय अंकगणित भाजपा को कभी समर्थन नहीं देगा। पार्टी ने वर्ष 2014 में उस राज्य में बहुमत प्राप्त किया और उसके पश्चात दोबारा चुनी गई। वर्ष 2014 में महाराष्ट्र में भाजपा ने जीत हासिल की और वर्तमान में वह एक प्राथमिक और प्रधान पार्टी है। राज्य की राजनीति इसके इर्द-गिर्द घूमती है। झारखंड की कहानी भी इससे मिलती जुलती है।

ऐसा कहा जाता था कि भाजपा को उत्तर-पूर्व के राज्यों में कभी समर्थन नहीं मिलेगा। इसके विपरीत, पार्टी और उसके सहयोगी दलों ने अरुणाचल प्रदेश, असम और मणिपुर में चुनाव जीते। एक साम्यवादी सरकार के मजबूत मोर्चे के विरुद्ध, जिसका परमादेश लगभग 25 वर्षों तक चला, त्रिपुरा में चुनावी जीत विशेष रूप से संतोषजनक थी। यह नरेंद्र मोदी जी के नेतृत्व में एक दृढ़ और कर्मठ प्रचार की कड़ी मेहनत से अर्जित किया हुआ नतीजा थाए जो एक वैचारिक विजयोल्लास का प्रतिनिधित्व करता है। पार्टी इसीलिए जीती, क्योंकि उसने स्थानीय समुदायों की आकांक्षाओं के बारे में स्पष्टता से कहा। हमारे प्रतिद्वंद्वी मार्क्स और लेनिन के नैतिक गुणों से आगे कभी बढ़ ही नहीं सके।

राजनीतिक विश्लेषक, साम्यवादी पार्टी के साथ भाजपा की आमने सामने की लड़ाई का महत्व को भली प्रकार जानते थे। भारत में पहले भी अन्य राज्यों के चुनावों में साम्यवादी पार्टियों को पराजित किया गया था। हालांकि, जिन राजनीतिक ताकतों और दलों ने उनको हराया था और उनका स्थान लिया था, उन्होंने साम्यवादी सोच और एकतंत्र का केवल एक भिन्न रूप ही प्रस्तुत किया था। भाजपा ने विचारों और विश्व मत पर आधारित एक ईमानदार लड़ाई लड़ कर जीत हासिल की थी - जो कि एक ओर सुराज और स्वराज के बीच और दूसरी ओर कैडर राज के बीच थी।

आज, भाजपा वस्तुतः जम्मू और कश्मीर से लेकर पुदुचेरी तक, और नागालैंड से लेकर गोवा तक हर राज्य और केंद्र शासित प्रदेश में चुनावी गणना में है। यहाँ तक कि उन राज्यों के चुनावों में भी जहां पार्टी ने जीत हंसिल नहीं की, मोदी डाइनमो भाजपा के मतों को अब तक के उच्चतम स्तर पर ले गया है। पश्चिम बंगाल, ओडिशा और तमिल नाडु इसके उदाहरण हैं। वर्ष 2020 का ग्रेटर हैदराबाद नगर निगम चुनाव इस बात का संकेतक है कि पार्टी कितनी प्रतिस्पर्धी हो गई है। भाजपा ने 150 में से 48 सीटें हासिल कर दूसरा स्थान प्राप्त किया। पिछले मतदान के बाद से इसकी गिनती में आश्चर्यजनक 12 प्रतिशत की वृद्धि हुई है।

इतने कम समय में इस सराहनीय विस्तार का भारतीय चुनावी राजनीति में कोई

मेल नहीं है। यह नरेंद्र मोदी जी के कद और लोकप्रियता बढ़ने के साथ-साथ संभव हुआ है, जिसको उन्होंने, प्रधानमंत्री के तौर पर, पार्टी नेता के तौर पर और एक प्रचारक के तौर पर अपने प्रयासों से संभाला है। इससे भी अधिक असाधारण बात यह है कि, किसी जाने माने पारिवारिक उपनाम के अथवा किसी प्रमुख जाति की पहचान का अनुचित लाभ उठाए बिना, जिसके इर्द-गिर्द वह अपनी राजनीति का गठन करते - उन्होंने ऐसा कर दिखाया - और अभी भी लगातार कर रहे हैं।

भाजपा का बहुत से राज्यों में विगत इतिहास रहा है। सभी राज्यों में उसके पास सार्वजनिक साख वाले और जमीनी स्तर पर कार्य करने वाले नेताओं, कार्यकर्ताओं और पदाधिकारियों की आधारशिला मौजूद है। मोदी जी एक्स फैक्टर थे, वह अतिरिक्त कुछ जिसने हाशिये की प्रतियोगिता और एक आरामदायक मुकाबले के बीच - अथवा एक संकीर्ण विजय और जोरदार समर्थन के बीच अंतर पैदा किया।

राज्यों के चुनावी अभियानों में मोदी जी की भूमिका विशेष है। वह केवल कुछ कार्यक्रमों और रैलियों के लिए कुछ समय के लिए जोड़े गए अथवा कोई जंतर या तावीज नहीं हैं। वह राज्य के अभियानों, मुद्दों और वहाँ की बोली को, उसके प्रत्येक रस के साथ अपनाते हैं। वह स्थानीय राजनीति की गहरी समझ और वहाँ की चिंताओं को पटल पर लाने के लिए, राज्यों की भाजपा इकाइयों और नेताओं के पूरक बनते हैं। यह अन्य पार्टियों के उन कहने भर के राष्ट्रीय नेताओं से बहुत अलग है। जो आने-जाने वाले उन आगंतुकों के समान हैं, जिनको जमीनी वास्तविकता का कोई अंदाजा नहीं है।

प्रत्येक राज्य और प्रत्येक क्षेत्र के साथ व्यक्तिगत संबंध एक अनमोल योग्यता के समान है। इसको समझने के लिए हमको चौकन्ना होकर, कान खोलकर और एक खुले दिमाग के साथ वर्ष 2001 से भी पहले के मोदी जी तक जाना होगा, जिस समय वह सब सीख रहे थे, उस समय की उनकी निर्विराम, अथक भारत यात्रा तक जाना होगा। वही तपस्या उनके वास्तविक जीवन का विश्वविद्यालय थी।

◆

एक राष्ट्रीय नेता को कोई कैसे परिभाषित कर सकता है? इस प्रश्न ने मोदी जी से पहले के भारत में, राजनीति और समाज के बहुत से विचारशील छात्रों को व्यस्त और हैरान दोनों किया। वर्ष 1947 के तत्काल बाद, राष्ट्रीय नेता सभी क्षेत्रों और राज्यों में स्वतंत्रता संग्राम में अपनी भागीदारी के कारण नाम से पहचाने जाते थे। हालांकि उसके बाद के दशकों में, प्रमुखतः गठबंधन के युग की पराकाष्ठा के समय, 'राष्ट्रीय नेता' की अभिव्यक्ति का बहुत दुरुपयोग किया गया।

दिल्ली की मीडिया ने अपने मित्रों और खास लोगों को उदारता से यह दर्जा बाँटा

था। यह लेबल उन राजनेताओं को बिना किसी सिद्ध योग्यता के बाँटा गया, जो एक अथवा दो सुरक्षित लोक सभा सीटों से चुनाव जीतने में सक्षम थे। वह टेलीविजन स्टूडियो पर खबरों में बहुत अधिक देखे जा सकते थे, लेकिन संसद भवन से मात्र 25 किलोमीटर दूर किसी गावों में, उन्हें कोई नहीं जानता था। मोदी जी और 2014 के बाद, 'राष्ट्रीय नेताओं' के ऐसे सरल और निष्ठाहीन उत्पादन पूरी सत्यता के साथ सामने रखा गया। नरेंद्र मोदी जी अब इसका आदर्श हैं की एक राजनेता होने का अर्थ क्या होता है और एक राजनेता बनने के लिए क्या खोना पड़ता है।

सीधे तौर से कहें तो, एक राष्ट्रीय नेता वह व्यक्ति होता है, जो किसी नागरिक से ना केवल बड़े, राष्ट्रीय मुद्दे - जैसे रक्षा अथवा विदेश नीति - पर जुड़ता है, अपितु वह होता है, जो किसी व्यक्ति और उसके परिवार, पास-पड़ोस, शहर अथवा गावों, राज्य अथवा क्षेत्र जैसे तत्कालिक चिंताओं के विषयों पर भी जुड़ता है। चुनाव के दौरान, राष्ट्रीय-स्तर के प्रचारक इस प्रकार के सबंधों पर जोर देने का प्रयास करते हैं। कभी-कभी जब वह अपना भाषण देने की तैयारी कर रहे होते हैं, तो उनको स्थानीय मामलों पर नोट्स पकड़ाए जाते हैं। यह एक अशोधित तरीका है। अधिकतर संगठित राजनीतिक नेताओं और पार्टियों के पास एक ऐसी प्रणाली होती है, जो वांछित जानकारी एकत्र कर उसे निरंतर प्रदान करती रहती है।

यह एक गंभीर निर्धारक है कि जो व्यक्ति उस जानकारी को पढ़ रहा है और शोध सामग्री को आत्मसात कर रहा है, वह उसे कितना समझ पाता है। संबंधित राष्ट्रीय नेता पहले से कितना जानते हैं? वह कितनी तेजी से कोहरे को काट कर मतदाताओं के हृदयों तक पहुँच सकते हैं? स्वतंत्र रूप से भी, ऐसा नेता उस राज्य अथवा क्षेत्र से कितना परिचित है? यहाँ श्रेष्ठ शिक्षक होगा साधारण स्थलों की यात्रा करना, साधारण परिवारों से मिलना, साधारण अनुभवों को साझा करना, और यह तब कारगर होगा जब सब साधारण साधनों की सहायता से किया जाए। नरेंद्र मोदी जी ने यह पिछले 75 वर्षों में किसी भी अन्य राजनेता की तुलना में अधिक बार और गंभीरता के साथ किया है।

एक युवा कर्मठ राजनीतिक कार्यकर्ता के रूप में, नरेंद्र भाई ने रेलगाड़ी और बसों से देश के लगभग सभी जिलों और हजारों हजार गावों की यात्रा की है। अपनी इन उत्साही यात्राओं की अवधि में, वह शायद ही कभी एक ही स्थान पर दो रातें लगातार सोये हों। यहाँ तक कि प्रधानमंत्री के रूप में भी, उन्होंने अकसर राज्य-स्तरीय भाजपा के पदाधिकारियों को ऐसे मुद्दों का विस्तृत ब्यौरा देकर चकित कर दिया, जो किसी के विचार में शायद किसी गिनती में ही नहीं थे। कुछ मामलों में तो, वह लोग स्वयं भी उस विषय के साथ पूर्ण रूप से परिचित नहीं होते थे, अथवा कम से कम मोदी जी से मेल खाते विवरण के स्तर पर तो नहीं।

यह इसलिए संभव हुआ, क्योंकि नरेंद्र भाई ने इन मुद्दों को व्यक्तिगत रूप से देखा था और उनको अपनी स्मृति में गढ़ लिया था। इससे उनको ऐसी योग्यता प्राप्त हुई जो कि इतिहास में कुछ गिने चुने लोगों के ही पास थी - यह योग्यता है एक श्रोताओं की भारी भीड़ में एक अकेले व्यक्ति से बात करना और उसके साथ एक रिश्ता कायम करना जैसे कि वह केवल एक दूसरे से ही बात कर रहे हों। ऐसा वह ना केवल अपनी वाक-पटुता से करते हैं, बल्कि उस व्यक्ति के सामाजिक, सांस्कृतिक और भौगोलिक संदर्भ के विशिष्ट मनोभावों और उसके रोजमर्रा की भावनाओं के महत्व को समझ कर, उन्हें व्यक्त करके करते थे।

यह अनुभवात्मक शिक्षा ही नरेंद्र भाई के ज्ञान का आधार है। इसने उनको, भारत की ऐसी विशाल समझ दी है, जिसके कारण वह उसे सम्मान से देखते हैं बजाए, उसे नीचा देखने के, कुछ करने का दबाव महसूस करने के तथा एक ऐसे राष्ट्रीय नेता बनने की, जो केवल दिल्ली-केंद्रित होकर नहीं सोचता। इसने उनको एक दक्ष और अचूक अंतर्दृष्टि दी है कि किस प्रकार हमारे राज्यों और क्षेत्रों में समान चुनौतियों के साथ-साथ असाधारण चुनौतियाँ भी हैं। निस्संदेह, उन्होंने जो कुछ भी देखा और सीखा है, उसने शासन में उनकी नीतियों को प्रभावित किया है।

इसका एक उदाहरण महिलाओं में एल.पी.जी. सिलेंडर को लेकर एक ऐसी गहरी अभिलाषा है, जो उनकी असुविधाजनक और अस्वस्थ कोयला ईंधन से चलने वाली रसोई को स्वच्छ और स्वस्थ रसोई में बदल सकेगा। एक अन्य उदाहरण है शौचालयों का महत्व। केवल वही राष्ट्रीय नेता जो, अपने राष्ट्र को और उसके लोगों को जानता है, इस प्रकार के मुद्दों को अपने एजेंडे का केंद्र बनाएगा। प्रधानमंत्री उज्ज्वला योजना और स्वच्छ भारत अभियान, ऐसी अवधारणाएँ थीं, जो नरेंद्र भाई के दिमाग में उनकी निरंतर यात्राओं के शुरुआती दिनों से ही घूम रहीं थीं। उन्होंने उस पल का इंतेजार किया; और जैसे ही वह प्रधानमंत्री बने, उन्होंने उस मौके का फायदा उठाया।

◆

नरेंद्र मोदी जी का ज्ञान और उनकी संवेदना ने भाजपा को चुनावी काल के अतिरिक्त भी बहुत मदद की है। जैसे जैसे हमारी राज्य सरकारों ने किसी कल्याणकारी और आर्थिक कार्यक्रम का मसौदा तैयार कर उनपर कार्य करना आरंभ किया, मोदी जी ने उनका, सटीकता और फोकस के साथ मार्गदर्शन किया। प्रधानमंत्री बहुत सरलता से एक बड़े कैनवास से निकाल कर, सूक्ष्म दृष्टिकोण में चले जाते हैं। इन सब ने भाजपा सरकारों को सक्षम बनाया है और एक बेहतर वितरण सुनिश्चित किया है। इसके बदले में, पार्टी ने अपने शासन के रिकार्ड को नए सामाजिक समूहों में और क्षेत्रों में अपने विस्तार को बनाए रखने में प्रयोग किया है और दूसरी अथवा लगातार

एक के बाद एक जीत दर्ज की है।

नरेंद्र भाई एकदम व्यवहारात्मक हैं। यहाँ तक की चुनाव में सफल परिणामों के बाद भी, जीत की खुशी उनको प्रभावित नहीं कर सकी। अपने यथार्थवाद और उत्सुक अवलोकन से, वह हमेशा उन कमियों को देख लेते हैं, जो रह जाती हैं। वर्ष 2014 के संसदीय चुनाव के कुछ सप्ताह उपरांत, मुझे भाजापा का राष्ट्रीय अध्यक्ष नियुक्त कर दिया। वर्ष 2015 में, मैं प्रधानमंत्री के पास गया और कहा कि हम एक पार्टी सदस्यता अभियान की योजना बना रहे हैं। उनकी त्वरित प्रतिक्रिया थी कि यदि हम इसे पुराने तरीके से करते हैं तो इससे कोई उद्देश्य पूरा नहीं होगा। हम आसानी से और बिना किसी मेहनत के उन भौगोलिक क्षेत्रों में अधिक से अधिक संख्या में सदस्यों की भर्ती कर लेंगे, जहां पहले से ही हमारी उपस्थिति है।

उन्होंने पूछा कि ऐसे किस प्रकार भाजपा का विस्तार होगा? उन राज्यों और क्षेत्रों के लिए आपकी क्या रणनीति है जहां हम अपेक्षाकृत अनुपस्थित हैं अथवा हमारे सदस्यों की संख्या बहुत कम है? उन्होंने मुझे ना केवल राज्यों, अपितु राज्यों के अंदर क्षेत्रों के ठोस उदाहरण दिए। कम सदस्यता के कारण पार्टी की क्षमता सीमित रह गई, और सीमित पार्टी क्षमता का अर्थ था सदस्यता कम रहेगी। हम इस चक्र से बाहर कैसे निकलेंगे?

एक ऊंचा मापदंड तय करने के बाद, नरेंद्र भाई ने हमें सलाह दी कि हम उस स्थिति से कैसे बाहर निकाल सकते हैं। उन्होंने हमें तकनीक का इस्तेमाल करने को कहा, मिस्ड कॉल के आधार पर सदस्यता अभियान शुरू करने को कहा। यदि कोई व्यक्ति पूर्व-प्रकाशित नंबर पर मिस्ड कॉल देता था तो उसे तुरंत सदस्य के तौर पर नामांकित कर लिया जाता था। यह भाजपा के मूक समर्थक के लिए आसान हो जाएगा, जो इससे आकर्षित तो होता है, लेकिन उसको यह नहीं पता होता कि वह इसके साथ जुडने के लिए वास्तविक रूप में पार्टी संगठन से कैसे बात करे।

नरेंद्र भाई ने चेताया, कि अगला कदम और कठिन होगा। 1980 के दशक से गुजरात में सदस्यता रजिस्टर के सत्यापन से सबक लेते हुए, उन्होंने कहा कि प्रत्येक मिस्ड कॉल की वास्तविकता का भी पता लगाना होगा। कॉल करने वाले कितने लोग गंभीर होंगे और कितने लोगों ने वह कॉल बस यूं ही किया होगा? नए सदस्यों से संपर्क करना होगा और उनको पार्टी से, इसकी संरचनाओं से और इसकी सोच से परिचित करना होगा। उन्होंने मुझे जोर देकर कहा कि मैं पार्टी को इस दूसरे चरण के लिए तैयार करूँ, जबकि मिस्ड कॉल की कवायद, अभी भी जारी थी। शुभचिंतकों को पूर्णकालिक पार्टी सदस्यों में बदलने का अनुवर्ती चरण महत्वपूर्ण होगा - जैसा कि हम इसको कहते थे, 'शुभचिंतक से कार्यकर्ता तक'। समय के साथ, यह 'मिस्ड कॉल सदस्यों' के अनुभवहीन जोश को दीर्घकालिक संस्थागत संरचना में उत्प्रेरित करेगा।

जिन चुनौतियों के बारे में नरेंद्र भाई ने हमें बताया था, वह उन राज्यों में अधिक मुश्किल होने वाली थीं, जहां पार्टी की उपस्थिति कम थी। इन्ही क्षेत्रों में जहां हमारा आधार कम है, वास्तव में यहीं पर क्रमागत राजनीतिक और चुनावी लाभ सबसे अधिक होगा। वह बिल्कुल सही थे। सदस्यों की संख्या के मामले में, इस अभियान ने भाजपा को किसी भी लोकतंत्र में सबसे बड़ी पार्टी बना दिया। इसने हमारे जस्ते का उन क्षेत्रों और उन समुदायों के बीच विस्तार किया, जहां पहुंचना अब तक कठिन था।

प्रधानमंत्री बनने के बाद भी नरेंद्र भाई की पार्टी में पूर्ण भागीदारी और इसके विकास के प्रति उनकी प्रतिबद्धता को लेकर जरा भी कमी नहीं आई। उन्होंने सरकार में सामरिक लाभों के लिए पार्टी के हितों का कभी त्याग नहीं किया, अपितु वास्तव में उनको सहजीवी के रूप में देखा। एक अनुशासित सिपाही की तरह, वह स्वयं को पार्टी की बैठकों और विधानसभा के चुनावों के लिए उपलब्ध रखते हैं। वह पार्टी अध्यक्ष और नेतृत्व के फैसले का आदर करते हैं, और उनके द्वारा अंतिम रूप दिए गए कार्यक्रमों का पालन करते हैं, जो इसके लिए जिम्मेदार हैं। इस बात की परवाह किए बिना कि यह उनको शारीरिक रूप से कितना थका देगा, वह जनसभाओं और प्रचार रैलियों के लिए हमेशा उपलब्ध रहते हैं। वह कभी किसी चीज को ना नहीं कहते।

इस सबके बावजूद, वह अपेक्षाओं से कहीं अधिक कार्य करते हैं। मुझे आज भी वर्ष 2017 के उत्तर प्रदेश चुनावों के वह अंतिम दिन याद हैं। हम वाराणसी और पूर्वांचल (पूर्वी उत्तर प्रदेश) में प्रचार के अंतिम चरण के लिए थे, जो बहुत ही थका देने वाला था। मोदी जी किसी अन्य निर्वाचन क्षेत्र के सांसद और पार्टी कार्यकर्ता की तरह गलियों तक में चले गए और घर घर जा कर प्रचार करने लगे। उनका ऐसा करना भाजपा कार्यकर्ताओं के लिए प्रेरणादायक था, जिन्होंने अब अपने प्रयासों को दोगुना कर दिया था। कमांडर अब जंग में उतर चुका था, और उन्होंने इस प्रसिद्ध विजय में हमारा नेतृत्व किया। वहाँ सब एक राष्ट्रीय नेता का स्थानीय प्रभाव देख रहे थे।

◆

नरेंद्र मोदी जी के नेतृत्व में भाजपा के विस्तार की सबसे प्रमुख पुष्टि वर्ष 2019 के लोक सभा चुनावों में सामने आई। पार्टी ने ना सिर्फ वर्ष 2014 में कमाए महत्वपूर्ण लाभों और ठोस किया, बल्कि उसने अपनी सीमाओं का और अधिक विस्तार किया। अनुसूचित जाति और अनुसूचित जनजाति के लिए आरक्षित निर्वाचन क्षेत्रों में, और पूर्वोत्तर में वोटों की एक बड़ी हिस्सेदारी इसका सूचक थी। ओडिशा में (वर्ष 2014 में एक सीट से वर्ष 2019 में आठ सीटों तक) और पश्चिम बंगाल में (दो से बढ़ कर 18 सीटें) भी सीटों में एक प्रभावशाली वृद्धि हुई थी।

यहाँ तक कि उन राज्यों में जहां कि अभी कुछ ही माह पहले भाजपा को निराशा झेलनी पड़ी थी - राजस्थान, मध्य प्रदेश और छत्तीसगढ़ ने वर्ष 2018 के शीतकाल में नई विधानसभाओं के लिए चुनाव हुआ था - वहाँ मोदी जी की सरकार को मजबूती से और सशक्त रूप से दोबारा चुना गया। यह घटना मोदी जी के नेतृत्व वाली भाजपा के लिए एक असाधारण संतुष्टि व्यक्त करती है। वर्ष 2014 में सरकार के परिवर्तन से शासन में एक वास्तविक बदलाव हुआ। भाजपा परिपक्व होकर भारत के शासन के लिए एक स्वाभाविक पार्टी के तौर पर सामने आई।

वर्ष 2014 और 2019 के मध्य, नरेंद्र भाई ने हितों में सामंजस्य बैठाया और दूसरों के अलगाव से संचालित नीति निर्माण की प्रक्रिया को तोड़ दिया। अब आर्थिक विकास और कल्याण को भिन्न और पृथक नहीं देखा जाने लगा था। अब तकनीक या उद्यमिता, अथवा यहाँ तक कि आर्थिक सुधार के विचार भी शिक्षित शहरी अभिजात वर्ग तक सीमित नहीं रह गए थे, जैसा कि वर्ष 1991 से चला आ रहा था। बल्कि, इनका विस्तार कर, इनको और समावेशी बना दिया गया था। नरेंद्र भाई के भारत में स्टार्ट-अप्स ने प्रोद्योगिकी संचालित यूनिकॉर्न का सृजन किया। इसी प्रकार, नरेंद्र भाई की स्टार्ट-अप संस्कृति ने पिरामिड के सबसे नीचे के उद्यम को बढ़ावा दिया है।

आसान प्रारम्भिक पूंजी (मुद्रा लोन, स्टार्ट-अप भारत, स्टैन्ड-अप भारत) और प्रौद्योगिकी के प्रयोग ने - ई-कॉमर्स विंडोज सहित - एक व्यापार में वृद्धि यंत्र के तौर पर और सुविधाजनक बनाया है। इसके अतिरिक्त चार सौ मिलियन से अधिक लोगों को बैंक खातों और जैम ट्रिनिटी (प्रधानमंत्री जनधन योजना, आधार बायोमेट्रिक पहचान, और मोबाईल फोन नंबर) का लाभ पहुँचा कर अर्थव्यवस्था को औपचारिक रूप देना, एक परिवर्तनकारी कदम था। नरेंद्र भाई ने उदारीकरण के तर्कसम्मत विचार का विस्तार कर सम्पूर्ण भारत की विविधता को समायोजित कर दिया।

नरेंद्र भाई, सामाजिक क्षेत्र की व्यय शक्ति के लिए इसी प्रकार का एक प्रबोधन लेकर आए हैं। पिछली सरकारों और सत्तारूढ़ दलों ने कल्याण के मुद्दों के साथ अपेक्षित व्यवहार नहीं किया। उन्होंने वोट पाने के लिए कुछ भी यूं ही दे दिया, कर्ज माफी, यहाँ तक कि उपभोक्ता सामान और कुछ टिकाऊ वस्तुओं की भी पेशकश की। उन्होंने चुनावी समर्थन के लिए इस प्रकार के वितरण दस्ते बना लिये। नरेंद्र भाई अलग हैं। उन्होंने कल्याण को सकल घरेलू उत्पाद की वृद्धि के साथ जोड़ दिया। उनके कार्यक्रमों ने टिकाऊ, दीर्घकालिक बुनियादी ढांचे का निर्माण किया, जिसका बड़े पैमाने पर क्रियान्वयन किया गया, और उसे वैश्विक वितरण के लिए ढाला गया। यह एक बड़े पैमाने पर पूंजी निवेश के प्रतिनिधि बने, जिन्होंने आर्थिक मांग और बहु-पीढ़ीगत सामाजिक लाभ का एक नैतिक चक्र आरंभ किया।

कुछ आंकड़ों पर गौर करते हैं। वर्ष 2014 से अब तक, स्वच्छ भारत अभियान

के अंतर्गत 113 मिलियन शौचालयों का निर्माण हो चुका है। ग्रामीण भारत और शहरी भारत, दोनों में मिला कर प्रधानमंत्री आवास योजना के अंतर्गत घरों का निर्माण किया गया (ग्रामीण भारत में 15 मिलियन से भी अधिक घर और शहरी भारत में पाँच मिलियन घर)। पंद्रह अगस्त 2019 को घोषित जल जीवन अभियान के अंतर्गत वर्ष 2024 तक 190 मिलियन ग्रामीण घरों से भी अधिक में (जिसका आधार 33 मिलियन घरों से शुरू होता है) पाईप के माध्यम से पीने का पानी पहुंचाया जाएगा। इसकी लागत 3,50,000 करोड़ रुपये या लगभग 50 बिलियन अमेरिकी डॉलर है।

नमामि गंगे अभियान केवल वाराणसी अथवा एक या दो प्रतिष्ठित शहरों में ही पवित्र गंगा नदी की सफाई तक सीमित नहीं है। यह एक समग्र बेसिन-व्यापी कायाकल्प कार्यक्रम है। इस कार्यक्रम का कार्य होगा प्रदूषण से निपटना, पर्यटन को बढ़ावा देना, अन्तर्देशीय जलमार्ग की सुविधा प्रदान करना और भारत के केन्द्रीय स्थल में, माँ गंगा का सांस्कृतिक और आर्थिक जीवन रेखा के रूप में पोषण करते हुए, विशाल आर्थिक गतिविधियों को उत्पन्न करना। अयोध्या में श्रद्धेय श्री राम जन्मभूमि मंदिर के पुनर्निर्माण के कार्य के साथ-साथ मध्य और पूर्वी उत्तर प्रदेश के अयोध्या और उसके आस पास के क्षेत्रों में व्यापक पैमाने पर सड़क निर्माण कार्य, बुनियादी ढांचे और शहरी नवीनीकरण की परियोजनाओं के कार्य किया भी जा रहे हैं। इसके परिणामस्वरूप प्रभु श्री राम का आशीर्वाद बड़े दायरे में रहने वाली संपूर्ण आबादी, जिसमें उपासक और गैर-उपासक दोनों एक समान सम्मिलित होंगे, को उपलब्ध होगा।

इन सभी कार्यक्रमों के लिए सीमेंट, लोहा और स्टील, पानी के पाइप, निर्माण सामग्री, स्वच्छता उपकरण, बिजली की लाइनें और एल.ई.डी. बल्ब, और अन्य कच्चे माल पर एक बड़े पैमाने पर खर्च की आवश्यकता होगी। यह निर्माण, उत्पादन और सेवा क्षेत्रों में रोजगार उत्पन्न करेंगे। यह एक प्रकार से मानव पूंजी में निवेश है। यह बेहतर स्वास्थ्य परिणामों के रूप में अनगिनत दीर्घकालिक क्षमता में वृद्धि प्रदान करते हैं। यह एक नागरिक की मानवीय गरिमा, आर्थिक जरूरतों और व्यक्तिगत निर्वाह को सक्षम बनाते हैं।

यह कार्यक्रम 21वीं सदी के भारत के लिए और नए भारत के लिए, मोदी जी के भारत के लिए, आधारभूत कार्यक्रम हैं। यह कुछ समय के लिए मुफ्त में दी गई चीज नहीं हैं; यह कल्याण और सकल घरेलू उत्पाद के व्यय के संयोजन की पेशकश करते हैं। यह परिवार और राष्ट्र के लिए स्थाई परिसंपत्तियाँ उत्पन्न करते हैं, जो आने वाले कई दशकों तक याद रखे जाएंगे। हमारे देश के लोग इस बात को समझते और सराहते हैं कि मानव विकास के साथ सकल घरेलू उत्पाद की वृद्धि हो रही है, वह भी एक मानवीय स्पर्श के साथ। और यही कारण है कि वह लगातार अपना भरोसा मोदी जी में रख रहे हैं।

पिछली सरकारों और राजनैतिक संस्कृतियों के लेन-देन के कल्याणवाद के विपरीत, नरेंद्र भाई का 'सकल घरेलू उत्पाद के साथ कल्याण' का मॉडल समूहों, समुदायों, जातियों और धर्मों में भेदभाव नहीं करता। यदि किसी सड़क का निर्माण होता है तो, वह सभी के उपयोग के लिए निर्मित की गई है। यही कोई कार्यक्रम उन लोगों को समर्थन प्रदान करने के लिए बनाया गया है, जो कि एक दिए गए मानदंड को पूरा करते हैं - जैसे आय, आयु, लिंग, भौगोलिक अवस्थिति इत्यादि - तो जो कोई भी व्यक्ति इन मापदंडों पर पूरा उतरता है, वह इसके अंतर्गत आ जाता है।

पार्टी संगठन, इन कार्यक्रमों की खबर समाज में दूर दूर तक प्रचारित करता है। वह लोगों को अपने अधिकारों और लाभों तक पहुँचने के लिए प्रोत्साहित करता है। पार्टी केवल एक मध्यस्थ अथवा एक बिचौलिये के रूप में काम नहीं करती, अपितु जैसा कि एक बार नरेंद्र भाई ने कहा था, एक 'विकास के धर्म चक्र' के रूप में काम करती है।

धर्म चक्र का तर्क बहुत सरल है। नागरिक अपनी इच्छाओं और आशाओं को पार्टी और इसके अनगिनत कार्यकर्ताओं के साथ साझा करते हैं। फिर पार्टी इन बातों को अपने कार्यक्रमों और शासन के एजेंडा में शामिल करती है, और इस आधार पर चुनी जाती है कि, उसने किस हद तक अपना वादा पूरा किया है। चुने जाने के उपरांत भाजपा सरकार लोगों के लाभ और उनकी संतुष्टि तक फिर इन कार्यक्रमों को अमल में लाती है। इसके उपरांत पार्टी फिर लोगों तक उनकी संशोधित प्रतिक्रिया के लिए जाती है। और इस प्रकार यह चक्र पूरा होता है।

जैसा कि स्पष्ट है, पार्टी केवल एक-तरफा संवाद-यंत्र नहीं है; यह एक इंटरफेस है। इसका स्थानीय लोगों और समुदायों के साथ लगातार मेल-जोल द्वारा भारतीय परिवारों के जीवन की जरूरतों और कमियों को पहचानने के लिए उपयोग किया जाता है। सुझावों का प्रवाह अनवरत और बिना रुके बना हुआ है। यह वास्तविक जीवन के आँकड़े के पत्रक, और वास्तविक-समय की जानकारी के तौर पर एक निश्चित रूप ले लेता है, जिससे कि पार्टी इसका विश्लेषण और इसे संसाधित कर सके, और इसको अपने राज्य के और राष्ट्रीय घोषणापत्रों के लिए इस प्रक्रिया को अपना सके और अनुकूल बना सके। इसके उपरांत पार्टी सरकार को इन वादों को पूरा करने के लिए जिम्मेदार ठहराती है। नरेंद्र भाई की प्रतिक्रिया लेने का चक्र पूरा है। भाजपा का सामाजिक और चुनावी विस्तार एक प्राकृतिक परिणाम है।

◆

भारतीय चरित्र वास्तव में लोकतान्त्रिक है। यदि इतिहास के माध्यम से एक सहस्राब्दी पीछे जाएं तो, हमारी सभ्यता और समाज ने लोकतान्त्रिक दर्शन को संजोया है और

विभिन्न लोकतान्त्रिक रूपों के साथ प्रयोग किया है। हमारे अतीत में चुनावों और चुनी हुई सरकार के संस्थागत उदाहरण मौजूद हैं। ग्राम पंचायत से लेकर बड़े बड़े साम्राज्यों तक, व्यापारी संघों से लेकर धार्मिक परिसरों तक, राजाओं और प्रशासकों द्वारा नागरिकों और हितधारकों के अधिकारों और उनके प्रति जिम्मेदारियों, दायित्वों और न्यासिता के राज-पत्र, यह हम सब की स्मृति में बैठाए हुए हैं।

वर्ष 1950 से हमारा देश एक संवैधानिक लोकतंत्र है। हम भारतीय अपने लोकतंत्र और अपने मताधिकार पर गर्व करते हैं। सरकारों को मतदान के दिन पुरस्कृत करने और दंड देने की अपनी शक्ति और विशेषाधिकार को सैकड़ों करोड़ मतदाता संजोते हैं। इस गर्व के बावजूद, यह अपरिहार्य था कि कभी-कभी आधारभूत वस्तुओं और सेवाओं का वितरण को लेकर प्रशासनिक प्रणाली के आशा के विपरीत कार्य करने पर प्रश्न उठना अपरिहार्य है। गठबंधन युग का प्रवाह और यू.पी.ए. सरकार के दशक लंबे कार्यकाल का अस्त-व्यस्त अंत: स्फोट ने भी इसकी कोई सहायता नहीं की।

नरेंद्र भाई का कार्यकाल एक नई सकारात्मकता लाया है कि लोकतंत्र सार्वजनिक वस्तुएं, आर्थिक विकास, और सामाजिक क्षेत्र में सेवाएं प्रदान कर सकता है, और यह सब पारदर्शिता, निष्पक्षता और निपुणता के साथ किया जा सकता है। मोदी जी की सरकार ने लोकतंत्र में विश्वास को और गहरा और नवीनीकृत किया है। यह एक केस स्टडी के रूप में सामने आता है कि एक लोकतान्त्रिक मॉडल काम कर सकता है और 1.3 बिलियन लोगों के समाज में एक बड़े पैमाने का और सकारात्मक बदलाव ला सकता है। यहाँ भारत और दुनिया के लिए बहुत स्पष्ट आशय है - एक ऐसा विश्व जहां लोगों की सोच, लगातार राजनैतिक और शासन के मॉडल की तुलना और मूल्यांकन करती रहती है।

लोकतंत्र का यह नवीनीकरण उस भरोसे से आया है, जो प्रधानमंत्री मोदी जी की मंशा, उनकी क्षमताओं और विवेक, तथा उनके व्यक्तिगत गुणों की प्रशंसा पर है। उनकी सत्यनिष्ठा और सच्चरित्रता समाज में एक उदाहरण के तौर पर प्रस्तुत की जाती है। लोग उनको अपने बच्चों के लिए एक प्रेरणास्रोत के रूप में रखते करते हैं। उनकी अथक, सातों दिन 24 घंटे की कार्य नीति ने उनको भारतीय परिवारों के लिए एक लोक नायक बना दिया है।

इस विश्वास का पैमाना बहुत बड़ा और अडिग है कि मोदी जी मेरे देश के लिए, मेरे परिवार के लिए और मेरे लिए सर्वोत्तम ही सोचेंगे। वास्तव में यह विश्वास, केवल भाजपा अनुयायियों और मोदी जी के मतदाताओं तक ही सीमित नहीं है। बहुत से ऐसे लोग भी जो कि हमारी पार्टी के प्रति, अथवा वास्तव में राजनीति के ही प्रति बिल्कुल भी झुकाव नहीं रखते, उनमें भी ऐसे गुणों और उस कोरे जुनून और वेग के प्रति स्वीकृति का भाव है जो कि नरेंद्र भाई अपने साथ प्रधानमंत्री कार्यालय में लाए हैं।

'मोदी पे भरोसा' (मोदी जी पर आस्था और विश्वास) एक स्थाई सिद्धांत है, फिर चाहे वह आर्थिक मंथन के दौरान हो, प्राकृतिक आपदा के दौरान हो, महामारी के दौरान हो, आतंकवादी हमले के दौरान हो अथवा सीमा पर किसी खतरे के दौरान हो। सैकड़ों हजारों भारतीयों के लिए, नरेंद्र मोदी जी परिवार के एक मुखिया, एक समझदार पारिवारिक सदस्य, और एक भरोसेमंद बड़े भाई के समान हैं। वह एक राष्ट्रीय राजनेता हैं और उनमें भारत की उम्मीदें और आकांक्षाएं और लोगों की अविश्वसनीय अपेक्षाएं निवेशित हैं।

यदि कोई भारतीय विश्व के किसी भी कोने में संकट में होता है, तो उसको एक तसल्ली होती है कि नरेंद्र मोदी जी मेरे साथ खड़े रहेंगे। यह कि उनका पूरा ध्यान, केवल एक ट्वीट भर की दूरी पर है। वहाँ यह विश्वास है कि मोदी जी अपना भरकस प्रयास करेंगे, यह कि वह अपना पूरा जोर लगा देंगे, हर पल को निचोड़ लेंगे और अपना सब कुछ इसमें लगा देंगे। वह एक प्रधानमंत्री से कहीं अधिक हैं; प्रचलित कल्पना में, वह भारत के प्रहरी हैं।

आधुनिक भारत की सबसे बड़ी चुनौती है कोविड-19 महामारी। इसने हमारे लोगों की सहन शक्ति की और नरेंद्र भाई के नेतृत्व की परीक्षा ली है। ना तो इनमें से कोई झुक और ना ही लड़खड़ाया। प्रधानमंत्री और उनके साथी नागरिकों के बीच अग्रिम, इस संकट के समय ईमानदारी से बातचीत ने, हमारी जनता का पूर्ण तालाबंदी पर बहुत कम समय में दी गई सूचना का अनुशासन के साथ पालन सुनिश्चित किया। तुरंत ही जनता को यह समझ आ गया कि जो उनके प्रधानमंत्री ने कहा वह अत्यंत महत्वपूर्ण हैं।

नरेंद्र भाई ने उनको निराश नहीं किया। 400/800 की प्रतिक्रिया - अर्थात 400 मिलियन से अधिक व्यक्तियों को नकद राशि का हस्तांतरण और 800 मिलियन से अधिक लोगों को खाद्य हस्तांतरण करना - अनिवार्य आपूर्ति को घर के दरवाजे तक ले आया।[7] डिजिटल तकनीक का लक्षित वितरण और इसका निपुण प्रयोग, फिर चाहे वह नकद हस्तांतरण के लिए हो अथवा संभावित कमियों और विसंगतियों को दूर करने के लिए, यह सब नरेंद्र भाई द्वारा सावधानी से तैयार किये कल्याण और सार्वजनिक सेवाओं के मंच और पाइपलाइन पर बनाया गया था। वर्तमान में चल रहा वैक्सीन रोलआउट, वैश्विक इतिहास में सबसे बड़ा है, और किसी भी विकासशील देश के लिए सबसे तेज है। नरेंद्र मोदी जी अपने लोगों के लिए सर्वश्रेष्ठ से कम में कभी समझौता नहीं करेंगे; लोगों को यह महसूस होता है, उनको यह पता है, और वह अपनी आंतरिक भावनाओं के लेकर मोदी जी पर भरोसा करते हैं।

भाजपा के विस्तार में नरेंद्र भाई की भूमिका को केवल वोटों और सीटों पर नहीं आँका जा सकता। इसका सही माप अमूर्त है। यह उस सम्मान में निहित है, जो उन्होंने और उनके प्रशासन ने भाजपा के लिए अर्जित किया है, यहाँ तक कि

उन लोगों में भी, जिन्होंने कभी भी हमारी पार्टी के लिए वोट नहीं दिया है। कई साल पहले, मुझे याद है गांधीनगर में एक विचारशील क्षण में, उन्होंने मुझसे कहा था कि, 'एक दिन हमारी पार्टी अपने स्वयं के लोक सभा बहुमत के साथ दिल्ली में सत्ता में आएगी। केवल तभी हम दुनिया को दिखा सकेंगे कि भाजपा की सरकार का मॉडल क्या हासिल कर सकता है'।

नरेंद्र भाई पिछले 20 वर्षों में, पहले गुजरात में और फिर पूरे भारत में, हमेशा अपने आदर्शों के प्रति सच्चे रहे हैं। उन्होंने भाजपा को विश्व के सबसे बड़े लोकतंत्र में ना केवल एक प्रधान और सबसे बड़े राजनीतिक पार्टी के तौर पर, अपितु राष्ट्रीय हित के अखिल भारतीय अवतार के रूप में स्थापित किया है। मेरी बात मानिए, उनका काम अभी पूरा नहीं हुआ है। दशक अभी शुरू ही हुआ है। यह देखने लायक होगा कि यह नरेंद्र मोदी जी को कहाँ ले जाता है, मोदी जी भाजपा को कहाँ ले जाते हैं - और भाजपा और मोदी जी मिल कर भारत को कहाँ ले जाते हैं।

चुनाव और चुनाव आंदोलन को हमेशा के लिए बदलना

प्रदीप गुप्ता

चुनाव जीतने की कला लोगों का दिल जीतने के बारे में है, और इसमें कुछ भी नकली नहीं हो सकता। एक लंबे समय तक, राजनेताओं ने चुनाव जीतने के लिए कूटनीतियों और युक्तियों का सहारा लिया है। गठबंधन को पैबंद लगाकर किसी भी प्रकार से सरकार बनाई जाती थी। वास्तव में इस कारण से, लोगों का राजनेताओं से धीरे धीरे विश्वास उठ गया और राजनीति एक गंदा शब्द बन गई; सफेदपोश व्यवसायों में रहने वालों ने राजनीति से दूर रहना चुना। एक राजनेता की छवि एक दागी गुंडे की थी, जो पैसे और बाहुबल का दिखावा करता था।

नरेंद्र मोदी जी के तेजोमय उदय का श्रेय उस प्रतिमान बदलाव को जाता है, जो उन्होंने भारत में आधुनिक राजनीति को दिया। वह उन तरीकों की खोज में लगे रहे जिसके माध्यम से भारतीय राजनीति को केवल चुनाव जीतने के हथकंडों और फटाफट से ठीक करने की कूटनीतियों से मुक्त कर सकें। उन्होंने राजनीतिक प्रक्रियाओं में अपनी समझ और अंतर्दृष्टि का इस्तेमाल किया और अपने शुरुआती वर्षों में गुजरात में स्थानीय निकाय के चुनावों में प्रयोग किया। गुजरात में भाजपा में महासचिव (संगठन) के रूप में शामिल होने के बाद, मोदी जी वर्ष 1987 में अहमदाबाद नगर निगम के चुनावों के प्रभारी बने। पार्टी ने पहले राजकोट और जूनागढ़ निगमों में जीत हासिल की थी, लेकिन अहमदाबाद में उनकी किस्मत ऐसी नहीं हुई। लगातार हुई चुनावी हारों ने पार्टी कैडर को हतोत्साहित कर दिया, और उनमें चुनाव जीतने के लिए एक महत्वपूर्ण तत्व की कमी हो गई – दृढ़ विश्वास।

मोदी जी ने पार्टी कैडर को प्रोत्साहित किया कि वह लोगों को शहर के शासन को रूपांतरित करने के पार्टी के मजबूत इरादों के बारे में बताने पर ध्यान केंद्रित करें। उन्होंने, उनसे कहा कि, अगर वह इस संदेश को प्रभावी ढंग से संचारित करने

में सफल रहे, तो पार्टी को विजयी होने से कोई नहीं रोक पाएगा। पूरी बारीकी से नियोजित इस अभियान ने काँग्रेस के विरुद्ध पहले से प्रचलित असंतोष का इस्तेमाल किया, और भाजपा चुनाव जीतने में सफल हुई।

राजनीति एक ऐसा विज्ञान है जो आम आदमी के मानस की समझ और अंतर्दृष्टि की आवश्यकता है। मानव मनोविज्ञान आवश्यकताओं, अपेक्षाओं, और आकांक्षाओं से संचालित होता है, जो बदले में किसी की पसंद और निर्णय के पीछे के कारण होते हैं। राजनीति और चुनाव में एक वैज्ञानिक स्वभाव के साथ प्रवेश करना और लोगों की स्वीकृति प्राप्त करने के लिए उनके साथ जुड़ना, केवल चुनाव प्रबंधन नहीं है, अपितु एक विकसित मानव संसाधन तंत्र है। इसके लिए मानव मनोविज्ञान की गहरी समझ होने की आवश्यकता है। वर्षों से काँग्रेस पार्टी का समर्थन करने वाले मतदाताओं के सामाजिक समूह और वर्गों ने अपनी निष्ठा को एक-एक करके मोदी जी के प्रति स्थानांतरित कर दिया, जिन्होंने परिवर्तनात्मक प्रयोग किए और लगातार चुनावी सफलताओं के साथ उनको पुरस्कृत किया गया। मोदी जी समझ गए कि चुनाव केवल राजनीति का नतीजा ही नहीं है, अपितु सामाजिक विज्ञान का एक हिस्सा है। राजनेता राजनीतिक दलों के चेहरे हो सकते हैं; उनकी जीत अथवा हार एक साधारण सफलता अथवा असफलता प्रतीत हो सकती है, लेकिन ऐसे कई कारण हैं कि लोग उनको जिताते या हराते हैं। यह निर्णय पूरी तरह से जनता के हाथ में होता है, और जिस कारण से वह किसी विशेष राजनेता को चुनते या उसे अस्वीकार करते हैं, आमतौर पर इसका बहुत ही सरल उत्तर होता है - वो है लोगों से जुड़ना।

मोदी जी इस बात से भी सचेत हैं कि राजनीति और चुनाव सामाजिक विभाजनों और तनाव को अकसर कम करने के स्थान पर बढ़ा सकते हैं। यह सुनिश्चित करना कि राजनीति सामाजिक संबंधों को नुकसान ना पहुंचाए और इसके बजाए जमीनी स्तर पर राजनीति को मजबूत करे, उनके लिए हमेशा सबसे महत्वपूर्ण प्राथमिकता रही है।

यहाँ एक उदाहरण है। 1980 के दशक के मध्य में, गुजरात राज्य सक्रिय आरक्षण विरोधी आंदोलन के कारण, मुख्यतः जाति समूहों के बीच, एक तीव्र अंतर-समूह शत्रुता का साक्षी बन रहा था। स्थानीय चुनाव गाँव के भीतर अकसर तनाव पैदा करते हैं; यहाँ तक कि अगल-बगल के पड़ोसी भी खुद को विरोधी पक्षों में पाते हैं। जब मोदी जी लगभग 12 वर्ष के थे, उन्होंने सर्वोदय नेता द्वारकादास जोशी को अकसर यह कहते सुना था कि कैसे चुनावों ने गाँव के स्तर पर दरार पैदा कर दी। उनके शब्द मोदी जी की स्मृति में खुदे रहे और गुजरात सरकार की समरस ग्राम योजना के पीछे की प्रेरणा बने। इस कार्यक्रम के अंतर्गत, यदि गाँव सर्वसम्मति से सरपंच[1] का चुनाव करते हैं तो, उनको विशेष प्रोत्साहन राशि दी जाती है। छः चरणों में, पूरे राज्य में 3,700 से अधिक पंचायतों ने सर्वसम्मति से अपने सरपंच का चयन किया और 'समरस'[2] बन गए।

किसी भी चुनाव में उम्मीदवारों को मतदाता विकल्पों, उनके विकल्पों के नीचे के क्यों और किसलिए, के सटीक विश्लेषण के लिए लोगों की प्रतिक्रियाओं का अध्ययन करना चाहिए। केवल इसके बाद ही, वह उम्मीदवार स्वयं को, अपनी पार्टी और सही मुद्दों को इस प्रकार से तैयार कर पाएंगे कि चुनावी सफलता के संबंध में सकारात्मक उत्तर की गारंटी दी जा सके।

फिर चाहे वह स्थानीय निकाय के चुनाव हों अथवा राष्ट्रीय और विधानसभा चुनाव, मोदी जी प्रत्येक चुनाव की 'गारंटी' रहे हैं, इसीलिए नहीं कि वह एक चुनावी मशीन हैं, अपितु इसीलिए क्योंकि, उनको लोगों के दिलों पर राज करने की कला आती है। जिन लोगों से वह बात करते हैं उनके साथ उनका तत्काल कनेक्शन - फिर चाहे वह रैलियों में हो, छोटे परस्पर संवादात्मक सत्र हों अथवा वह लोग, जिनके साथ वह विभिन्न रूप में आमने-सामने टकराते हैं - ने उन्हें ऐसे अनुयायी दिए हैं, जो कोई भी अन्य नहीं बना पाया।

मोदी जी का मंत्रः मानवीय राजनीति

महात्मा गांधी दिल जीतने की कला में अग्रणी थे, और अब 21वीं सदी में, मोदी जी इसे अगले पायदान पर ले गए हैं। उन्होंने मानवीय राजनीति की है। यह बहुतों को एक विरोधाभास की तरह लग सकता है - इस निर्मम व्यवसाय में कौन मानवीय रहा है? लेकिन यह एक हकीकत है। यह, मुझे लगता है कि, उनका मंत्र है जिसने उनको दो दशकों तक कठोर विरोध के बावजूद चुनाव जीतने में मदद की है। चाहे उनके राजनीतिक प्रतिद्वंद्वी कुछ भी कहें, अथवा करें, वह देश के पसंदीदा बने रहे।

गांधी के तावीज को ध्यान देते हुए - हमेशा कतार में खड़े अंतिम व्यक्ति को ध्यान में रखते हुए - मोदी जी ने प्रधानमंत्री के रूप में अपने पहले कार्यकाल के दौरान, परिवर्तनकारी योजनाएं दीं। मानवता उनके नेतृत्व का मूल रही है; उदाहरण के तौर पर, उन्होंने महिलाओं की दुर्दशा को समझा जो खुले में शौच का अपमान सह रहीं थीं अथवा उनको धुएं से भरी रसोई को सहना पड़ता था। स्वच्छ भारत के अंतर्गत हर घर में शौचालय और उज्ज्वला योजना के अंतर्गत गैस कनेक्शन उनके लिए खेल परिवर्तक थे क्योंकि, जिन महिलाओं का उन्होंने ध्यान रखा, उन्होंने उन्हें प्रचंड बहुमत के रूप में आशीर्वाद दिया।

बेशक, समाज के किसी भी वर्ग का सशक्तिकरण केवल योजनाओं की घोषणा से नहीं होता है, मूखर्तापूर्ण कार्यान्वयन वह घटी हुई चोरी है, जो आखिर कतार के अंत में खड़े उस व्यक्ति तक पहुँचती है। जबकि पिछली सरकारों ने महिलाओं के सशक्तिकरण का वादा किया था, मोदी जी ने जन धन खाते खोलकर, इसे वास्तविकता

बना दिया, जिसने उनको प्रत्यक्ष नकद हस्तांतरण प्राप्त करने में सक्षम बनाया। महिलाओं के पास हाथ में नकद पैसा हो सकता था, जिसे वह अपना कह सकें और अपनी इच्छाओं के अनुरूप उसे खर्च कर सकें। प्रधानमंत्री आवास योजना के अंतर्गत महिलायें अपने स्वयं के घरों की गौरवमय स्वामिनी बन गईं। अब वह अपने घर के पुरुषों के रहमोकरम पर नहीं थी। उनके घरों में और इस विस्तार से, समाज में भी उनके स्थान में उल्लेखनीय वृद्धि हुई। जो कुछ भी फाइलों और कार्यों में था, वह इन महिलाओं के जीवनकाल में ही हकीकत बन गया।

मोदी जी का जनता से अतुलनीय जुड़ाव है। वर्ष 2013 में उत्तराखंड में अचानक आई बाढ़ त्रासदी के दौरान, बचाव कार्यों को देखने के बाद, वह हजारों गुजरातियों को मलबे से बचाने और उनको, उनके घर भेजने के लिए व्यक्तिगत रूप से देहरादून पहुँच गए। अपने सौहार्द के एक और उदाहरण में, मोदी जी ने वर्ष 2020 में जैसलमेर के लोंगेवाला की सीमा पर जवानों के साथ दिवाली मनाई। क्या यह अभी भी कोई रहस्य है कि उन्होंने लाखों लोगों के दिलों को क्यों जीता और क्यों जीतते रहते हैं?

अपनी तीक्ष्ण राजनीतिक कुशाग्रता और चातुर्य से, मोदी जी विपक्ष को उनकी गलतियों की याद दिलाने का कोई मौका नहीं जाने देते। उनके विरुद्ध कहा गया 'चायवाला' और 'मौत का सौदागर' के अप्रिय उपहास का उन्होंने प्रभावी रूप से मुकाबला किया। यहाँ तक कि जब वह अपने विपक्षियों पर आलोचना शुरू करते हैं कि किस प्रकार उन्होंने राष्ट्र के संसाधनों को और उसके नागरिकों के बेहतर भविष्य को लूटा है, तो भी मोदी जी के भाषण तुच्छ व्यक्तिगत हमलों से ऊपर उठे होते हैं। उन्होंने चुनावी भाषणों के लहजे को व्यक्तिगत उपहास से हटा कर अपनी सरकार के प्रदर्शन और पिछली सरकारों अथवा वह सरकारें, जिनका अन्य राजनीतिक दलों द्वारा विभिन्न राज्यों का नेतृत्व किया गया के बीच तुलनात्मक विश्लेषण में बदल देते हैं। यह एक सरल 'मेरा रिपोर्ट कार्ड बनाम आपका रिपोर्ट कार्ड' कथा है। वह सख्ती से उन मुद्दों पर टिके रहते हैं, जो एक आम आदमी को प्रभावित करते हैं, जो समाज के अभिजात और विशेषाधिकार प्राप्त वर्गों को शायद प्रभावित ना करे, लेकिन मोदी जी को यकीनन आम आदमी का पूरा ध्यान मिल रहा है। यह संभवतः उनके शुरुआती वर्षों की कड़ी मेहनत की सीख है और आकांक्षी राजनेताओं की भावी पीढ़ियों के लिए एक मार्गदर्शक हो सकते हैं।

मोदी जी ने बार बार अन्य सरकारों से जवाबदेही मांगी है, जबकि वह स्वतंत्र रूप से इस बात का खुलासा करते हैं कि उनका रिपोर्ट कार्ड कैसा दिखता है। अपने स्वयं के प्रदर्शन का साक्ष्य देकर, वह विपक्ष को कठघरे में खड़ा कर देते हैं। एक ऐसे वातावरण में जहां, केंद्र में सत्ताधारी पार्टी उदाहरण के रूप में नेतृत्व कर रही है, वहाँ पूरी चुनाव प्रणाली अधिक उत्तरदायी और पारदर्शी हो गई है।

पहली बार ऐसा हुआ है कि एक प्रधानमंत्री ने खुद को 'प्रधान सेवक' बुलाने का फैसला किया। इसके अतिरिक्त, उन्होंने लोगों के साथ एक नया समीकरण बनाया। अब यह शासक और उसकी प्रजा का संबंध नहीं रह गया है, अपितु एक सार्वजनिक सेवा के दबाव में पड़े एक व्यक्ति और उसके अपने लोगों का संबंध है। यही वह जादू है, मानवीय राजनीति, जो मोदी जी की ताकत है। यह कोई छलावा नहीं हो सकता, क्योंकि दो दशकों तक ढोंग को बनाए रखना संभव नहीं है। प्रधान सेवक अब एक मुहावरा नहीं है, बल्कि एक वास्तविकता है जिसका पूरा देश ना केवल साक्ष्य है, अपितु बार बार उन्होंने इसका समर्थन भी किया है।

यात्राओं के माध्यम से राजनीतिक सफर

जब वर्ष 1915 में महात्मा गांधी दक्षिण अफ्रीका से भारत वापस आए थे, तो स्वतंत्रता संग्राम की अगुवाई की दिशा में पहला कदम उठाते हुए, उन्होंने पूरब से पश्चिम और उत्तर से दक्षिण सम्पूर्ण भारत की यात्रा की। उन्होंने, इसको एक ऐसे अभ्यास के रूप में लिया जिसके माध्यम से वह स्वयं को जनता से परिचित कर सकें, यह जान सकें कि ऐसा क्या है जिससे लोग वास्तव में त्रस्त हैं और उनकी आकांक्षाएं और अपेक्षाएं क्या थीं - अगर एक दिन स्वराज (स्व-शासन) एक वास्तविकता बन गया। एक बैरिस्टर, जो आसानी से पहली श्रेणी के आराम को वहन कर सकता था, ने पूरे दो वर्षों तक भारतीय रेल के दूसरी श्रेणी के डिब्बों में यात्रा करना चुना। यह जनता के बीच होने का एक जानबूझकर उठाया गया कदम था, जो कि उस समय तक मौन रहे होंगे, लेकिन जल्द ही बदलाव के एजेंट और इतिहास रचने वाले बन जाएंगे। गांधी ने अपनी यात्राओं के माध्यम से ना केवल इस विशाल और विविध देश की जमीनी हकीकत से खुद को परिचित कराया, अपितु उन्होंने लोगों को एक ऐसे विश्व की फिर से कल्पना करने के लिए सशक्त किया, जहां स्वराज केवल एक दुःसाहसी सपना नहीं था।

गांधी ने जितना अधिक पारंपरिक तौर पर स्वयं को नीचे किया - कढ़े सूट से धोती तक, और विलास से तपस्या तक - लोगों की नजर में उनकी छवि उतनी ही बड़ी होती गई। गांधी को जल्द ही लोगों और काँग्रेस पार्टी के नेताओं, जो कि अधिकतर अभिजात्य वर्ग से थे, के बीच के अलगाव का एहसास हो गया था। एक नियमित परिवर्तन के माध्यम से, उन्होंने इन अभिजात्य वर्ग के लोगों के हाथों से स्वतंत्रता संग्राम को ले लिया और इसको एक जन आंदोलन बना दिया। और बाकी सब इतिहास है।

स्वतंत्रता के बाद, गांधी ने सलाह दी कि काँग्रेस को एक लोक सेवक दल बनाना चाहिए और लोगों के लिए कार्य करना चाहिए। उन्होंने काँग्रेस पार्टी की भूमिका को

बदले हुए संदर्भ में फिर से कल्पना करने का आह्वान किया। लेकिन काँग्रेस नेताओं ने इस विचार को खारिज कर दिया, और एक बार फिर, काँग्रेस एक अभिजात्य वर्ग की पार्टी बन गई। सत्रह वर्षों तक, नेहरू, जिन्होंने राष्ट्र का नेतृत्व किया, एक स्वप्निल-आँखों वाले नेता बने रहे। वह जमीनी हकीकत से कोसों दूर थे। जो वह विरासत पीछे छोड़ गए और उनके पदचिन्हों पर चलने वाले शासक कभी विशेषाधिकार के साँचे से बाहर नहीं निकाल सके। विशेषाधिकार प्राप्त नेताओं की पीढ़ियाँ उन लोगों से जिनका वह प्रतिनिधित्व कर रहीं थीं, के प्रतिकूल थीं, जनता की वास्तविकताओं से कटी हुई थीं, और उन्होंने काँग्रेस को अनावश्यक बना दिया।

आजादी के बाद, पहले कुछ दशकों तक राजनीतिक पृष्ठभूमि स्वतंत्रता संग्राम की थी। ध्यान का केंद्र एक नए राष्ट्र का निर्माण था। अगली कुछ पीढ़ियों ने सामाजिक क्रांति की शुरुआत की, लेकिन वर्ष 1975 में आपातकाल ने इन नेताओं को कुचल दिया और उनकी सामाजिक क्रांति, एक खामोश मौत मर गई। इसके बाद के वर्षों में जो नेता सामने आए, उनकी कोई सामाजिक प्रासंगिकता नहीं थी और वह लोगों के दिमाग में एक स्थायी छाप छोड़ने में विफल रहे।

सत्रह वर्ष की आयु में, जबकि उनके साथियों के अपने लिए अलग अलग सपने और आकांक्षाएं थीं, मोदी जी ने घर छोड़ने का फैसला किया और पूरे भारत में भ्रमण किया। हालांकि इस बात से उनके परिवार को झटका लगा, उन्होंने जल्द ही इसको स्वीकार कर लिया। उनके प्रस्थान के दिन, उनकी माता जी ने एक मीठा पकवान बनाया, जो कि किसी विशेष अवसर पर पकाया जाता है और उनके माथे पर प्रथागत तिलक लगा कर उनको अपने आशीर्वाद के साथ विदा किया।

उन्होंने हिमालय की यात्रा की, जहां वह गरुड़चट्टी में रहे, पश्चिम बंगाल में रामकृष्ण आश्रम में रहे, और यहाँ तक की पूर्वोत्तर में भी रहे। उन्होंने देश के विभिन्न हिस्सों में विविध संस्कृतियों की खोज करते हुए, भारत के विस्तृत परिदृश्य को घूमा। वह उनके लिए आध्यात्मक जागृति का भी समय था, जिसने उनको उस व्यक्ति से और अधिक जोड़ा, जिसकी वह हमेशा प्रशंसा करते थे - स्वमी विवेकानंद।

गांधी की तरह, भारतीय समाज को करीब से देखने की और राष्ट्र की बनावट को समझने की अब यह मोदी जी की बारी थी। गांधी के अनुयायी, विनोबा भावे ने भी मोदी जी पर गहरा प्रभाव डाला था, जिससे उनको शुरुआत से ही अपने स्पष्ट लक्ष्य विकसित करने में मदद मिली। आगे के कुछ महीनों और वर्षों की यात्रा मोदी जी के लिए विश्व की एक खिड़की के समान थे और इसने उनपर एक अमिट छाप छोड़ी। तब उन्होंने प्रारम्भिक काँग्रेस नेतृत्व के वास्तविक तत्व को समझा, जिसने भारत को स्वतंत्रता और गरिमा हासिल करने में मदद की थी। वह एक छात्र बन गए और उन्होंने आम आदमी को उसकी आवश्यकताओं को, उसकी उम्मीदों और

आकांक्षाओं को, उसके असंतोष और चिंताओं को बारीकी से देखा। यह आगे चल कर जनता के बारे में उनकी गहरी समझ और अपने कार्यकाल के सभी वर्षों में बनाए, उस गहरे संबंध का आधार बनने वाला था। जब, वर्ष 2014 की चुनावी रैलियों के दौरान, दर्शक दीवारों और टावर्स पर चढ़ गए, केवल मोदी जी की एक झलक पाने के लिए और उन्मादी चीयरलीडर्स के समान नारे लगाने लगे, उनकी अपनी पार्टी और विपक्ष के भीतर कई लोग उनकी इस मादक अपील के पीछे के कारण को समझने में विफल रहे। संभवत: महात्मा गांधी वह आखिरी नेता थे, जिन्होंने इस प्रकार के जुनूनी अनुयायियों को आकर्षित किया था। 'मोदी लहर' को गांधी के सामाजिक संबंध का अगला अध्याय कहा जा सकता है।

दरअसल, यात्राएँ दो प्रकार की होती हैं: नाम की यात्रा और काम की यात्रा। पहली यात्रा एक विज्ञापन और बाहर जाने का एक प्रयास है और यह आज की राजनीति में आमतौर पर देखा जा सकता है। बाद वाला, अधिक सार्थक और उद्देश्य-संचालित उपक्रम है। यह जनता से जुडने में और उनकी आवश्यकताओं और इच्छाओं को समझने में मदद करता है। हालांकि, यह 21वीं सदी की इस तेज-रफ्तार राजनीति में दुर्लभ है, यह वही है जो पार्टी कार्यकर्ताओं को संगठित करने में मदद करता है और दीर्घकालिक बदलावों को लाने में कारगर होता है।

अपने लंबे और शानदार राजनीतिक जीवन में, मोदी जी ने कई यात्राओं की योजना बनाई और उन पर अमल किया है। इन यात्राओं ने महत्वपूर्ण मुद्दों के बारे में जन जागरूकता बढ़ाने में एक अभिन्न भूमिका निभाई है और चुनावी लामबंदी में भाजपा की मदद की है। गुजरात भाजपा के महासचिव के रूप में, उन दो महत्वपूर्ण यात्राओं के पीछे उनका ही दिमाग था, जिसने राज्य में पार्टी के राजनीतिक वर्चस्व की नींव रखी। 1980 के दशक के मध्य में, गुजरात को तीन लगातार सालों तक सूखे का सामना करना पड़ा था। वर्ष 1987 में मोदी जी ने पूरी बारीकी से एक न्याय यात्रा की योजना बनाई और उसे पूरे राज्य भर में शुरू किया, जो सूखा राहत के मुद्दे पर नागरिकों को जुटाने और भीतरी इलाकों में भाजपा के बारे में जागरूकता पैदा करने के लिए की गई थी। यह यात्रा पूरे राज्य में 115 तहसील और 15,000 से भी अधिक गावों से हो कर गुजरा।[3]

मोदी जी द्वारा आयोजित एक और यात्रा, जिसने गुजरात की राजनीति की कार्यप्रणाली को बदल दिया, वह थी वर्ष 1989 में की गई, लोक शक्ति यात्रा। केशुभाई पटेल के समर्थन आधार का विस्तार करने और सौराष्ट्र और पटेलों से आगे उनकी स्वीकार्यता को बढ़ाने के लिए राज्य भर में एक रथ यात्रा की योजना बनाई गई थी। इस लोक शक्ति यात्रा ने सफलतापूर्वक केशुभाई पटेल को राज्य भर में एक जाना-पहचान चेहरा बना दिया और कुछ साल बाद उनके मुख्यमंत्री बनने का मार्ग प्रशस्त किया। दोनों

यात्राओं ने गुजरात में भाजपा के तेजोमय उदय के लिए आधार तैयार किया - वर्ष 1985 में केवल 11 सीटों पर मामूली विजय से लेकर वर्ष 1995 में दो-तिहाई बहुमत हासिल करने और दो दशकों से भी अधिक समय तक सत्ता में बने रहने तक।

गुजरात के मुख्यमंत्री के रूप में अपने कार्यकाल के दौरान, मोदी जी ने कई यात्राएं शुरू कीं, जो पक्षपातपूर्ण लक्ष्यों के बजाय राज्य के विकास के लिए लोगों को जुटाने पर केंद्रित थीं। उदाहरण के तौर पर, वर्ष 2012 में, मोदी जी ने एक महीने तक चलने वाली स्वामी विवेकानंद युवा विकास यात्रा शुरू की, जो 11 सितंबर को शुरू हुई थी - शिकागो में विश्व धर्म संसद में स्वामी विवेकानंद के ऐतिहासिक भाषण की वर्षगांठ पर।

लोकतंत्र में, चुनाव अपने प्रतिनिधियों को चुनने का एक शक्तिशाली माध्यम है। मोदी जी चुनाव लड़ने और जीतने और सरकार बनाने और तोड़ने के बुनियादी तथ्य समझ गए थे। वह लोकतान्त्रिक प्रक्रियाओं का अध्ययन करते रहे और सम्पूर्ण व्यवस्था को त्रुटि-मुक्त और जन-हितैषी बनाने के तरीकों के साथ प्रयोग करते रहे।

मुद्दे, लोग और संदर्भ गतिशील हैं, और वर्ष बीतने के साथ-साथ बदलते रहते हैं। वह नेता, जो स्वयं को इन गतिशील बदलावों को अनुकूल बनाने में कामयाब हो जाते हैं और वर्तमान संदर्भ में स्वयं को उपयोगी साबित कर पाते हैं, केवल वे ही वह होते हैं जो बच पाते हैं। यदि आप कोई पेन खरीदते हैं और वह पेन लिखने में विफल रहता है तो, क्या आप उसको कूड़ेदान में नहीं डालेंगे? उसी प्रकार, लोग एक प्रतिनिधि को चुनते हैं, उनसे यह आशा करते हैं कि वह प्रदर्शन करेगा। लेकिन, यदि वह प्रतिनिधि प्रदान करने में विफल हो जाता है, तो क्या यह स्पष्ट नहीं है कि उसको जल्दी ही अस्वीकृत कर दिया जाएगा? अब, जितने भी पेन काम करते हैं, उनमें से सबसे पसंदीदा कौन सा है? राजनीतिक संदर्भ में, वह क्या है, जो एक नेता को दूसरों से अलग बनाता है? मैं कहूँगा वह है, मानवीय राजनीति, क्योंकि मनुष्य होने के नाते हम मानवता की मूल प्रवृति द्वारा शासित होते हैं। दयालुता का एक स्पर्श विश्व की सभी विलासिताओं का अधिक्रमण कर लेता है।

हमेशा के लिए एक छात्र

वर्ष 2001 में, तत्कालीन प्रधानमंत्री अटल बिहारी वाजपेयी जी के एक अप्रत्याशित फोन कॉल ने मोदी जी का जीवन और भारतीय राजनीति को हमेशा के लिए बदल दिया। मोदी जी को जब यह कॉल आया, वह एक वरिष्ठ छायाकार गोपाल बिष्ट के अंतिम संस्कार में थे, जो कि उन पत्रकारों में से एक थे, जो माधवराव सिंधिया के साथ एक दुर्भाग्यपूर्ण विमान दुर्घटना में मारे गए थे। वाजपेयी जी ने उनको उसी शाम

को अपने निवास स्थान पर आने को कहा, और बाकि सब इतिहास है। मोदी जी को वापस गुजरात भेज दिया गया, मुख्यमंत्री के रूप में कार्यभार संभालने के लिए; उन्होंने इससे पहले कभी विधायक के तौर पर भी काम नहीं किया था। दिनांक 7 अक्टूबर 2001 को, उन्होंने राज्य की बागडोर संभाली और गुजरात के सबसे लंबे समय तक बने रहने वाले मुख्यमंत्री बने - वर्ष 2014 में राष्ट्रीय राजनीति में आने से पहले तक रिकार्ड चार बार मुख्यमंत्री बने।

वर्ष 2001 में वह गुजरात विधानसभा में भले ही नवागंतुक रहे हों, लेकिन मोदी जी नौसीखिए नहीं थे। उन्होंने पहले ही भाजपा संगठन में वर्षों बिताए थे, जहां उनको उनके संगठनात्मक कौशल के लिए पहचाना जाने लगा था। वर्ष 1990 में, वह उस कोर दल का हिस्सा थे जिसने गुजरात विधानसभा चुनावों के लिए रणनीति बनाई थी। इन चुनावों के नतीजों ने काँग्रेस शासन के दशक का अंत कर दिया था। वर्ष 1980 और 1985 में क्रमशः 141 और 149 सीटों से, काँग्रेस 33 सीटों पर सिमट कर रह गई थी और भाजपा ने 67 सीटों पर जीत हासिल की, और वह चिमनभाई पटेल के साथ गठबंधन की सरकार में शामिल हो गई। यह गठबंधन भले ही पूरे कार्यकाल तक नहीं टिक पाया, लेकिन भाजपा गुजरात में एक मजबूत ताकत के रूप में उभरी।

वर्ष 1995 में, जब मोदी जी विधानसभा चुनावों के प्रचार में सक्रिय रूप से शामिल थे, भाजपा ने पहली बार सभी 182 सीटों पर चुनाव लड़ने का फैसला किया। एक ऐतिहासिक परिणाम के रूप में, पार्टी ने 121 सीटों पर विजय प्राप्त की और सरकार बनाई। एक वर्ष बाद, उनको भाजपा के राष्ट्रीय सचिव के रूप में दिल्ली बुलाया गया और पंजाब, हरियाणा, हिमाचल प्रदेश और जम्मू और कश्मीर जैसे प्रमुख उत्तर भारतीय राज्यों का प्रभार दिया गया। वर्ष 1998 में, भाजपा ने अपने दम पर हिमाचल प्रदेश में सरकार बनाई और हरियाणा (1996), पंजाब (1997) और जम्मू और कश्मीर में गठबंधन किया। उन्होंने प्रकाश सिंह बादल, बंसी लाल और फारूक अब्दुल्लाह जैसे नेताओं के साथ मिलकर काम किया। वर्ष 1996 का चंडीगढ़ नगर निगम का चुनाव मोदी जी के लिए विशेष रूप से उल्लेखनीय था। यह शहर में पहला नगर निगम चुनाव था और मोदी जी चाहते थे कि भाजपा दूसरे शहरों के लिए एक मिसाल कायम करे। उन्होंने यह सुनिश्चित किया कि टिकट का वितरण एक समावेशी तरीके से आयोजित किया जाए, और भाजपा प्रतिष्ठित नागरिकों के लिए एक द्वार बन गई, जैसे एयर मार्शल (सेवनिवृत) आर.एस. बेदी, ने राजनीति में भाग लिया। जब भाजपा कुल 20 में से 13 वॉर्ड जीत कर विजयी हुई तो स्वर्गीय नीरजा भनोट के पिता हरीश भनोट को नगर निगम के लिए नामांकित किया गया, और निर्दलीय उम्मीदवारों ने चार वार्ड पर अपनी जीत दर्ज की और शिरोमणि अकाली दल (एस.ऐ.डी.) को दो वार्ड मिले; काँग्रेस केवल एक ही वार्ड जीत सकी।

गुजरात में भी, मोदी जी ने पेशेवरों और प्रतिष्ठित नागरिकों को भाजपा के माध्यम से राजनीति में शामिल होने के लिए प्रोत्साहित किया। वर्ष 2014 में, मोदी जी ने सक्रिय चुनावी राजनीति में असंख्य पेशेवरों और टेक्नोक्रेट्स के प्रवेश को सुगम बनाया।

वर्ष 1998 में, मोदी जी को महासचिव (संगठन) की भूमिका सौंपी गई, एक महत्वपूर्ण पद, जो पहले सुंदर सिंह भण्डारी और कुशाभाऊ ठाकरे जैसे दिग्गजों के पास था। महासचिव के रूप में, वर्ष 1998 और 1999 के लोकसभा के अभियानों में उनकी भूमिका महत्वपूर्ण थी। भाजपा दोनों चुनावों में सबसे बड़ी पार्टी बन गई और अटल बिहारी वाजपेयी जी के नेतृत्व में सरकार बनाई। शुरू से ही, मोदी जी ने संगठन को मजबूत करने पर जोर दिया, क्योंकि उन्होंने महसूस किया कि शीर्ष स्तर पर एक महान ब्रांड इक्विटी को जनता में सफलता बनाने के लिए समर्थन की आवश्यकता है।

गुजरात में मुख्यमंत्री के रूप में उनका कार्यकाल एक से अधिक तरीकों से चुनौतीपूर्ण था, लेकिन वह दौड़ते हुए मैदान में उतरे। शासन में उनके अनुभव की कमी के बावजूद, उन्होंने आवश्यकता अनुकूल काम किया, और कैसे! गहरी जड़ें ही मीठा फल देती हैं। वह सभी वर्ष, जो उन्होंने लोगों के बीच रह कर बिताए थे और देश के सामाजिक ताने-बाने की उनकी गहरी समझ ने उनको पद संभालने के बाद एक शुरुआती बढ़त दी। मोदी जी के पहले 100 दिनों में शासन में सुधार के लिए एक अपरंपरागत दृष्टिकोण देखा गया। उन्होंने ठहराव से बाहर निकालने के लिए, कई लीक से हट कर विचार प्रस्तावित किए। कच्छ में आए विनाशकारी भूकंप के बाद पुनर्वास के प्रयासों में तेजी लाने के लिए उन्होंने, गुजरात में प्रशासनिक लालफीताशाही को कम करने के लिए और प्रक्रियाओं को सरल बनाने के लिए अधिकारी तंत्र के साथ मिलकर काम किया। उन्होंने दीवाली पूर्व संध्या कच्छ में भूकंप पीड़ितों के साथ बिताई और पुनर्वास के प्रयासों का एक ध्येयपूर्ण तरीके से नेतृत्व किया।

उन्होंने फिजूलखर्ची को भी कम किया, और संभवत: पहली बार, मितव्ययिता के उपाय लाए। उन्होंने उदाहरण से नेतृत्व किया, और एक अच्छा श्रोता और शीघ्र सीखने वाला बनने का प्रयास किया। गुजरात में बिजली क्षेत्र में सुधार के लिए मोदी जी की ज्योतिग्राम पहल, राज्य भर में 24 घंटे और सातों दिन बिजली पहुँचाने का एक और क्रांतिकारी विचार था, बड़े शहरों से लेकर दूरदराज के आदिवासी गावों तक। इसे किसानों के कड़े विरोध का सामना करना पड़ा और किसान-लॉबी के साथ लंबे समय से चले आ रहे गतिरोध के बावजूद, मोदी जी ने जो अपने राज्य के लिए कल्पना की थी, उससे पीछे हटने से इनकार कर दिया। ज्योतिग्राम एक राज्यव्यापी सफलता बन गया और मोदी जी ने एक बार फिर साबित कर दिया कि दृढ़ता और समावेशी दृष्टिकोण समाज के हर तबके की किस्मत बदल सकता है। इसके अतिरिक्त,

लड़कियों के लिए शिक्षा को प्राथमिकता देकर, विकास निधि से गावों को प्रोत्साहित करना, राज्य के लोगों को उनके अपने शासन में भागीदार बनाकर सशक्त करना, इन सभी को उनके आत्मनिर्भरता के अब लोकप्रिय नारे के शुरुआती बीज के तौर पर देखा जा सकता है।

हालांकि, मुख्यमंत्री मोदी जी की राह शुरुआत से ही चुनौतियों से भरी रही। यह उनके लिए आग से दीक्षास्नान था। उन्होंने अक्टूबर 2001 में पदभार संभाला था, और चार माह बाद, गोधरा में हुए दंगों ने अनिश्चितता का माहौल बना दिया और उन्हें कुछ कदम पीछे खींच लिया। स्वतंत्रता के बाद से, शायद ही कभी ऐसा हुआ हो कि किसी राजनेता को विपक्ष की इस प्रकार की कड़ी आलोचना का शिकार होना पड़ा हो। अगर वहाँ कोई अन्य नेता होता, तो उनको संकट के कारण अपना पद छोड़ना पड़ सकता था, लेकिन मोदी जी ने उन मुश्किल महीनों में भी संचालन किया।

बेशक, उनके साथ लोगों का आशीर्वाद था, जो तब स्पष्ट हुआ जब एक वर्ष बाद दिसंबर 2002 उन्होंने विधानसभा चुनाव का सामना किया। लोगों का फैसला जोरदार और स्पष्ट था। वह मजबूती से मोदी जी के पीछे खड़े रहे। उन्होंने भाजपा की पिछली सीटों में 10 सीटों का सुधार करते हुए, 127 सीटों से साथ सहज बहुमत हासिल किया। इस प्रकार के प्रदर्शन को अंजाम देना, एक राजनीतिक दिग्गज के लिए भी कठिन काम होता, और यहाँ वह थे - पहली बार एक विधायक और मुख्यमंत्री। उन्होंने वर्ष 2007 और 2012 में लगातार 'वाइब्रन्ट गुजरात' के वादे को पूरा करने के लिए इस असाधारण काम को दोहराया। मोदी जी ने गुजरात को उसके संकट से बाहर निकाल कर विकास और सुशासन की राजनीति पर ध्यान केंद्रित किया, जो वास्तविक रूप से प्रसिद्ध 'गुजरात मॉडल' के स्तम्भ हैं।

वर्ष 2013 में, जब भाजपा और आर.एस.एस. नेतृत्व ने मोदी जी के नेतृत्व में वर्ष 2014 के आम चुनावों की बड़ी लड़ाई लड़ने का फैसला किया, तो इस फैसले ने बहुतों को हैरान और स्तंभित कर दिया। पार्टी के भीतर भी कई नेताओं ने इसे अस्वीकार्य पाया।

जब मोदी जी अपनी नई पारी की शुरुआत करने दिल्ली पहुंचे, तो बहुत कम लोगों ने सोच था कि, वह राष्ट्रीय राजनीति का चेहरा ही बदल देंगे। अपने बायोडाटा पर गुजरात मॉडल के साथ, उन्होंने विचारधारा के प्रश्न को वापस राष्ट्रीय चुनावी राजनीति के सामने ला कर खड़ा कर दिया। उन्होंने 'राष्ट्रवाद' और 'विकास' को एक नए भारत के पुनर्निर्माण के लिए स्तम्भ से रूप में प्रस्तुत किया। मोदी जी ने भारत में नए राष्ट्रवाद के विचार को पुनर्जीवित किया। उन्होंने मजबूत सीमाओं की जरूरतों को दोहराया और अपने 'मेड इन इंडिया' अभियान और अपने नरम कूटनीति प्रयासों के माध्यम से अंतर्राष्ट्रीय स्तर पर स्वदेशी उत्पादों को आगे बढ़ाया। अंतर्राष्ट्रीय स्तर

पर स्वदेशी उत्पादों के विपणन और प्रचार-प्रसार पर इतना जोर, पहले कभी नहीं दिया गया था। हर बार जब मोदी जी प्रवासी भारतीयों के पास पहुंचे, तो उनकी मुलाकात, विदेशों में खचा-खच भरे सभागारों से हुई और यहाँ भारत में भारतीयों के सीने गर्व से फूल गए। वर्ष 2014 में अहमदाबाद में साबरमती नदी के किनारे पर पारंपरिक झूले पर बैठे चीनी प्रधानमंत्री शी जिनपिंग और मोदी जी की तस्वीर राष्ट्र की सामूहिक स्मृति में आज भी बसी हुई है। पाकिस्तान के तत्कालीन प्रधानमंत्री नवाज शरीफ के जन्मदिन के अवसर पर मोदी जी की अचानक लाहौर यात्रा, एक पड़ोसी के प्रति दिल को छू लेने वाला भाव था, जिसके लिए उनको इतिहास में जाना जाएगा। उनकी दृढ़ लेकिन मैत्रीपूर्ण विदेश नीति, उनके अब तक के कार्यकाल की मुख्य विशेषताओं में से एक रही है।

यह लोगों के लिए एक नए दृष्टिकोण के रूप में आया, विशेषकर उन युवाओं के लिए जो राजनीतिक रणनीति और व्यवस्था में व्याप्त भ्रष्टाचार से थक चुके थे। मोदी जी ताजी हवा में सांस के रूप में आए, क्योंकि उन्होंने लोगों को राजनीति और शासन में जीवन के एक नए तरीके के वादे की पेशकश की। बदले में, उन्होंने अन्य राजनीतिक दलों को भी राजनीतिक रणनीति से ऊपर उठने और वैचारिक राजनीति में संलग्न होने के लिए मजबूर किया।

यह राजनीतिक रणनीति केवल एक मौका नहीं थी, अपितु काँग्रेस को एक जगह पर रखने के लिए एक सोची-समझी रणनीति थी। जिसे अकसर 'मोदी लहर' कहा जाता है, उसने काँग्रेस को कई राज्यों से बाहर कर दिया। यह एक अभूतपूर्व बात है। वर्ष 1977, 1989, 1996, 1998 और 1999 में, काँग्रेस ने चुनाव हारे और वह विपक्षी बेंच पर बैठी, लेकिन उन्होंने जल्द ही खोई हुई जमीन वापस हासिल की और अगले चुनावों में शानदार जीत हासिल की। वर्ष 2014 के आम चुनावों से पहले, भाजपा का सर्वश्रेष्ठ प्रदर्शन 1998 में 25.6 प्रतिशत के वोट शेयर के साथ 182 सीटों का था, और वर्ष 1999 में एक बार फिर 23.75 प्रतिशत वोट शेयर के साथ उसे 182 सीटें मिली थीं।

वहीं दूसरी ओर, इंदिरा गांधी की हत्या के बाद, काँग्रेस का अब तक का सर्वश्रेष्ठ प्रदर्शन वर्ष 1984 में, 47 प्रतिशत वोट शेयर के साथ 414 सीटों का था। काँग्रेस ने कभी भी 114 सीटों से कम सीटें हासिल नहीं की थीं, उस समय भी जब वह सरकार नहीं बना सकी और विपक्षी बेंच पर बैठी थी। जहां तक वोट शेयर की बात है, पार्टी को कभी भी 26 प्रतिशत से कम वोट शेयर नहीं मिला था।

वर्ष 2014 के बाद से, काँग्रेस का लोकसभा में इस तरह सफाया हो गया है कि उसके पास नेता प्रतिपक्ष बनाने के लिए भी संख्या नहीं है। वर्ष 2013 में, गोवा में भाजपा के ऐतिहासिक अधिवेशन के दौरान मोदी जी को प्रधानमंत्री पद के उम्मीदवार

के रूप में घोषित करने के साथ, भाजपा ने 31 प्रतिशत वोट शेयर के साथ अपने दम पर 282 सीटें जीती। तीस वर्षों और सात आम चुनावों के बाद ऐसा हुआ कि एक ही पार्टी के पास बहुमत था और उसने एक स्थिर सरकार बनाई। अकसर यह कहा जाता है कि पहली बार सत्ता में आना मौजूदा सरकार के गैर-प्रदर्शन के कारण होता है, लेकिन दोहराने के लिए, एकमात्र कारक मौजूदा सरकार का प्रदर्शन होता है। वर्ष 2019 में, भाजपा ने अपनी पिछली टैली को भी पीछे छोड़ दिया और 39.36 प्रतिशत वोट शेयर के साथ 303 सीटों पर विजय हासिल की, जो उसके वर्ष 2014 के आँकड़ों से कई पायदान अधिक है।

वर्ष 2014 में, 44 सांसदों के साथ, काँग्रेस के पास कुल सदन की संख्या का 10 प्रतिशत से भी कम था। वर्ष 2019 में, पार्टी ने महाराष्ट्र, मध्य प्रदेश, उत्तर प्रदेश, कर्नाटक, बिहार, झारखंड, मेघालय, ओडिशा, गोवा, पुदुचेरी और अंडमान और निकोबार राज्यों में सिर्फ एक-एक सीट जीती। पश्चिम बंगाल और छत्तीसगढ़ में उसने दो सीटों पर जीत हासिल की। असम और तेलंगाना में उसने तीन सीटें जीतीं। इसका मुख्य प्रतिनिधित्व तीन राज्यों से आया - पंजाब और तमिल नाडु (जिन्होंने 18 सीटें जीतीं) और केरल 15 सीटों के साथ - जहां राज्य स्तर पर भाजपा के साथ कोई सीधा मुकाबला नहीं है। काँग्रेस 17 राज्यों और केंद्र शासित प्रदेशों - राजस्थान, गुजरात, हरियाणा, उत्तराखंड, हिमाचल प्रदेश, जम्मू और कश्मीर, आंध्र प्रदेश, दिल्ली, असम, अरुणाचल प्रदेश, नागालैंड, मणिपुर, मिजोरम, त्रिपुरा, चंडीगढ़, दादरा और नगर हवेली और लक्षयद्वीप में एक भी सीट हासिल नहीं कर सकी।

लोगों का जनादेश स्पष्ट था। उन्होंने संसद में प्रमुख विपक्ष को ध्वस्त कर दिया। भाजपा के लिए वर्ष 2014 और 2019 की जीत का परिमाण यह इंगित करता है कि लोग एक विकल्प का बेसब्री से इंतेजार कर रहे थे और अब, जब उनके पास वह है, तो उन्होंने पीछे मुड़ कर नहीं देखा है। यह संभव है कि यदि पिछले सात दशकों में, इन्हीं लोगों के पास ऐसा कोई विकल्प होता, तो उन्होंने उस समय भी यही फैसला सुनाना था। वर्ष 2014 के बाद से, मोदी जी का कोई विकल्प नहीं है और ना ही अब कोई दिखाई दे रहा है।

राष्ट्रीय चुनावों में, मोदी जी ने अपने नारे बहुत सावधानी से गढ़े। 'अच्छे दिन आने वाले हैं' (2014), 'मोदी है तो मुमकिन है' (2019) ने लोगों को उत्साहित किया और अटल बिहारी वाजपेयी-युग के लोकप्रिय नारों 'सिंहासन खाली करो कि जनता आती है' और 'अब कि बारी अटल बिहारी' की याद दिल दी। इन्होंने युवा और बुजुर्गों, दोनों को एक समान प्रभावित किया। राजनीति के छात्र राष्ट्रीय मंच पर आ चुके थे, इस बार मास्टर बनकर।

मोदी, जनता और बड़ी रैलियाँ

मोदी जी ने भारत में चुनाव अभियानों के एक महत्वपूर्ण तत्व के रूप में बड़ी सार्वजनिक रैलियों को फिर से शुरू किया। 1990 के दशक के बाद से, चुनावी अभियानों में बड़ी रैलियों का प्रवाह कम हो गया था, और मीडिया कवरेज और सोशल मीडिया प्लेटफॉर्म के तेजी से विस्तार के कारण उनकी प्रासंगिकता में और गिरावट आने की उम्मीद थी। हालांकि, वर्ष 2014 के लोकसभा चुनावों में पहुँचने तक यह बदल गया। मोदी जी ने भाजपा के प्रधानमंत्री के उम्मीदवार के रूप में कई विशाल जनसभाओं को संबोधित किया, और देश भर में भारी भीड़ को आकर्षित किया। सितंबर 2013 से मई 2014 के बीच, मोदी जी ने 400 से भी अधिक रैलियों और सार्वजनिक कार्यक्रमों को संबोधित किया और 300,000 किलोमीटर से भी अधिक की दूरी तय की।[4,5]

इनमें सबसे पहली थी, हरियाणा के रेवाड़ी में पूर्व सैनिकों की रैली।[6] प्रधानमंत्री पद के उम्मीदवार के रूप में अपनी पहली रैली के लिए हरियाणा को चुनने के मोदी जी के चुनाव ने कई लोगों को हैरान कर दिया। उस समय हरियाणा में भाजपा की संभावनाएं बहुत खराब थीं। वर्ष 2013 में, भाजपा के पास उस राज्य से एक भी सांसद नहीं था, उसके पास केवल चार विधायक थे, और वह काँग्रेस और भारतीय राष्ट्रीय लोक दल (आई.एन.एल.डी.) से तीसरे स्थान पर थी। हरियाणा में रेवाड़ी रैली से शुरू हुई मोदी लहर ने आखिरकार राज्य को झकझोर कर रख दिया। भाजपा ने वर्ष 2014 के लोकसभा चुनाव में हरियाणा में सात सीटें जीतीं थीं और विधानसभा में अपने दम पर बहुमत हासिल किया था।

वर्ष 2014 के चुनावों तक पहुँचने से पहले एक स्मरणार्थक रैली, जो भारतीय राजनीति के इतिहास में अंकित रहेगी, हुंकार रैली थी, जो अक्टूबर 2013 में पटना के गांधी मैदान में आयोजित की गई थी। वहाँ आई भारी भीड़ ने अतीत में ऐतिहासिक स्थल पर महत्वपूर्ण रैलियों की यादें ताजा कर दीं। कार्यक्रम स्थल पर सिलसिलेवार बम धमाकों के बावजूद, मोदी जी ने शांति बनाए रखी और स्वयं को बिना किसी त्रुटि के संचालित किया। उन्होंने अपने अभियान के बाद के ब्लॉग में लिखा, 'पटना में हुई घटनाएँ हमेशा मेरी स्मृति में अंकित रहेंगी – वहाँ एक तरफ जिंदा बम थे, लेकिन लोगों के संकल्प की जीत हुई। कोई भी रैली स्थल से बाहर नहीं गया'।[7] मेरे जैसे उत्सुक राजनीतिक पर्यवेक्षकों को, वह रैली मोदी लहर के चलन का पहला संकेत थी। ऐसा लग रहा था कि जे.डी.यू. के एन.डी.ए. गठबंधन से अलग हो जाने के बावजूद बिहार में भाजपा की संभावनाएँ उज्ज्वल थीं। वर्ष 2014 में भाजपा ने 22 लोकसभा सीटें जीतीं और सहयोगी दलों, आर.एल.एस.पी. और एल.जे.पी. के साथ राज्य में जीत हासिल की।

वर्ष 2014 की चुनावी जीत का जोर, मार्च से मई 2014 तक मोदी जी द्वारा संबोधित लगभग 200 भारत विजय रैलियों से आया। दिनांक 26 मार्च को माता वैषणों देवी से आशीर्वाद लेने के बाद, मोदी जी ने देश भर में भारत विजय रैलियों को संबोधित करना शुरू किया। इन रैलियों के माध्यम से, उन्होंने देश भर के मतदाताओं को 'अच्छे दिन' लाने का वादा किया। इस अभियान के अंत में, भारी जीत लगभग नौ महीनों में मोदी जी के असाधारण प्रयासों के लिए एक उपयुक्त पुरस्कार के समान लग रही थी।

बड़ी रैलियों के अलावा, मोदी जी ने जनता से जुड़ने के लिए नयी स्मार्ट पद्धति का इस्तेमाल किया। आम तौर पर, अभियान के आयोजनों में दो-तरफा संचार और जनता तक पहुँच के स्तर के बीच एक अदला-बदली शामिल होती है। वर्ष 2014 के चुनावी अभियान के दौरान, मोदी जी ने इस अदला-बदली पर काबू पा लिया और अपने चाय पे चर्चा अभियान के माध्यम से, देश भर के मतदाताओं के साथ सीधे संवाद किया। कार्यक्रमों की श्रृंखला आयोजित की गई, जिसमें मोदी जी ने राष्ट्र महत्व के विभिन्न मुद्दों पर चर्चा की। देश भर में सैकड़ों सार्वजनिक चाय की दुकानों पर स्क्रीन्स लगाई गईं। मोदी जी ने चुनिंदा जगहों के नागरिकों से सीधे बातचीत की, उनके विचार सुने और निर्दिष्ट मुद्दों पर सवालों के जवाब दिए। चौबीस राज्यों में करीब चार हजार स्थानों पर, कई दौरों में, अनेक चर्चाओं का आयोजन किया गया। विदेशों में भी, 15 देशों में करीब 50 स्थानों पर कार्यक्रम आयोजित किए गए।[8]

वर्ष 2014 के लोकसभा चुनावों में एक और नई पद्धति थी, मोदी जी की 3डी होलोग्राम रैलियां। वर्ष 2012 के गुजरात के विधानसभा चुनावों में, उन्होंने कुछ 3डी होलोग्राम रैलियां आयोजित की थीं - विश्व स्तर पर चुनाव अभियानों में 3डी होलोग्राम तकनीक का पहला इस्तेमाल। मतदाताओं से सकारात्मक प्रतिक्रिया और चुनाव अभियान कार्यक्रम के बारे में मतदाताओं में उत्साह और जिज्ञासा पैदा करने के लिए, ये नई तकनीकी क्षमता के कारण हो सकती है। जिसने मोदी जी को इस तकनीक को वर्ष 2014 के लोकसभा चुनावों में और बड़े पैमाने पर इस्तेमाल करने के लिए प्रेरित किया हो। इन 3डी होलोग्राम रैलियों के लिए, आवश्यक विशेष प्रोजेक्टरों को 3डी होलोग्राम रैलियों के प्रत्येक दौर के लिए विभिन्न स्थानों पर लगाया गया। मोदी जी एक सेटेलाइट लिंक के माध्यम से जुड़े और गांधीनगर के एक विशेष स्टूडियो से देश भर में फैलीं सभी 3डी होलोग्राम रैलियों को एक साथ संबोधित किया। अप्रैल और मई 2014 के दौरान, उन्होंने 3डी होलोग्राम रैलियों के माध्यम से करीब 1,350 विभिन्न स्थानों पर नागरिकों को संबोधित किया। इन 3डी होलोग्राम रैलियों ने मोदी जी को उन निर्वाचन क्षेत्रों में मतदाताओं तक पहुँचने और उन्हें संबोधित करने का मौका दिया, जहां वह चुनाव प्रचार के लिए नहीं जा सकते थे।[9]

जब उत्पाद में सत्व होता है तो प्रचार और विज्ञापन काम करते हैं। मोदी जी जिस ब्रांड को पटल पर लाए थे, उसने राष्ट्र की सामूहिक कल्पना को हवा दी।

मोदी धार

गठबंधन की राजनीति से लेकर बड़ी विधायी चालों तक, मोदी जी ने अकल्पनीय करने की हिम्मत की है। उन्होंने अपनी पार्टी की विचारधारा या अपने स्वयं के आदर्शों से समझौता किए बिना, कुछ सबसे विलक्षण गठबंधन सरकारों को एक साथ जोड़कर गठबंधन की राजनीति को एक नया कोण दिया। जम्मू और कश्मीर में भाजपा-पी.डी.पी. सरकार और मुख्यमंत्री के रूप में महबूब मुफ्ती, बिहार में नीतीश कुमार और पूर्वोत्तर और दक्षिण भारत में कई अन्य लोगों के साथ गठबंधन, उनकी लीक से हट कर सोच के उदाहरण हैं। जबकि पार्टियों ने पहले भी गठजोड़ किया था, उन्हें भी अपने एजेंडे पर समझौता करना पड़ा, क्योंकि गठबंधन अस्थिर थे। हालांकि, मोदी जी इन गठबंधनों में अपनी जमीन पर कायम रहे, और जब वह टूट गए, तो भाजपा और मजबूत होकर वापस आ गई। जम्मू-कश्मीर हो या बिहार, पार्टी को बाद के चुनावों में चुनावी जीत हासिल हुई, यह पूरी तरह से राष्ट्रीय स्तर पर मोदी जी के प्रदर्शन के कारण हुआ।

ऐसे समय में, जब राष्ट्रीय राजनीति किसी भी वैचारिक दृष्टिकोण से रहित थी, उन्होंने भाजपा के हिन्दुत्व के वादे को फिर से पेश किया। विपक्ष के विरोध के बावजूद, वह अपनी विचारधारा पर इतना अडिग रहे कि विपक्ष को एक नया, नरम हिन्दुत्व दृष्टिकोण अपनाना पड़ा। जैसे कि मीडिया द्वारा लोकप्रिय रूप से वर्णित किया गया है, हर बड़े और छोटे चुनाव से ठीक पहले काँग्रेस के वरिष्ठ नेताओं के 'टेम्पल रन' ने इस मुद्दे के प्रति उनकी प्रतिबद्धता की कमी को उजागर किया है। यह एक दिखावा था, जिसे किसी ने नहीं खरीदा। इस बीच, मोदी जी ने लाखों लोगों का अटूट विश्वास और समर्थन अर्जित किया, जिन्होंने उन्हें उनकी ईमानदारी के लिए समर्थन दिया।

यह मोदी जी और उनके अनुयायियों के लिए एक दो-तरफा रास्ता बन गया। मतदाताओं ने मोदी जी को एक के बाद एक मजबूत जनादेश दिया और मोदी जी ने अपने वादों को पूरा किया। चाहे अयोध्या में राम मंदिर निर्माण हो, अनुच्छेद 370 को निरस्त करना हो, तीन तलाक का उन्मूलन अथवा काले धन का मुकाबला करने के लिए विमुद्रीकरण, मोदी जी ने कड़े कदम उठाए और लंबे समय से लंबित सुधारों को आगे बढ़ाया। इनमें से प्रत्येक में, उन्हें लोगों द्वारा समर्थित किया गया और साहसिक और प्रगतिशील परिवर्तनों की शुरुआत करने के लिए पुरस्कृत किया

गया। विमुद्रीकरण के दौरान, बैंकों के बाहर लोगों की लंबी-लंबी कतारें भी लोगों को परेशान नहीं करती थीं, वह उन पर अचानक से नोटबंदी के कारण आने वाली कठिनाइयों को मुस्कुराते हुए सहते थे। उनका विचार था कि, यदि मोदी जी एक निष्पक्ष और ईमानदार व्यवस्था के पुनर्निर्माण का प्रयास कर रहे हैं, तो, उन्हें राष्ट्र के लिए अपने योगदान के हिस्से के रूप में इसमें भाग लेना चाहिए। मोदी जी ने जिस राष्ट्रवाद का परिचय दिया, वह हमेशा बदलते रहने वाला संदर्भ है, और यह एक सफल प्रयोग रहा है। जनता के इस प्रकार के भारी समर्थन के सामने विपक्ष शक्तिहीन है। मोदी जी कि स्वीकृति को विपक्ष की स्पष्ट और निर्णायक अस्वीकृति के रूप में भी पढ़ा का सकता है।

विमुद्रीकरण इस बात का भी प्रमाण है कि मोदी जी ने अमीर और बड़े व्यवसायों का आँख बंद करके समर्थन नहीं किया, जैसा कि विपक्ष ने आरोप लगाया था। यह एक ऐसे महान न्याय के लिए संघर्ष करने वाले के रूप में आया, जहां गरीब और अल्पाधिकार प्राप्त लोगों ने गलियारों से देखा कि, किस प्रकार अमीरों को अपने गलत तरीके से लूटे गए माल से अलग होना पड़ा। नोटबन्दी की पहली चाल से एक और अस्पृश्य लाभ होने वाला था - युवाओं ने महसूस किया कि जो पैसा प्रणाली से बाहर रहता है, वह किसी भी क्षण मिट्टी हो सकता है।

यात्रा और पर्यटन, रत्न और आभूषण, सुख साधन की वस्तुओं की बिक्री और अचल संपत्ति जैसे प्रमुख योगदानकर्ताओं के कोविड-19 के बाद, अपने सार्वकालिक निचले स्तर पर होने के बावजूद मार्च, 2021 में रिकार्ड जी.एस.टी. संग्रह 1.23 लाख करोड़ (1.23 ट्रिलियन) से भी अधिक हो गया। यह आंकड़ा विमुद्रीकरण के कारण पूर्व कोविड-19 स्तर को पार कर गया, जिसका श्रेय विमुद्रीकरण को जाता है। मोदी जी ने काले धन को वापस लाने का वादा किया था, और यह उनके वादे को पूरा करने का उनका तरीका था। सुनहरा क्षण वह था जब मोदी जी की बुजुर्ग माताजी आम आदमी की तरह कतारों में खड़ी थीं; यह एक नम्र अनुस्मारक के रूप में आया कि मोदी जी का कोई व्यक्तिगत असबाब नहीं है। शुरुआत से ही, मोदी जी की छवि ने - एक एकल व्यक्ति, जिसका ध्यान राष्ट्र के प्रति सेवा में केंद्रित है - उनके लिए बहुत काम किया है। एक तपस्वी को चोरी की क्या आवश्यकता है? और अगर वह करता भी है तो, वह किसके लिए संपत्ति छोड़ कर जाएगा? यह काँग्रेस और बहुत सी अन्य पार्टियों के बिल्कुल विपरीत था, जिन पर राजनीतिक राजवंशों का वर्चस्व है और इसीलिए सार्वजनिक सेवा के लिए समर्पित सरकारों के बजाए पारिवारिक व्यवसायों के रूप में अधिक देखा जाता है।

भारत में चुनाव, सबसे लंबे समय के लिए, धन और बाहुबल से जुड़े रहे हैं। एक वैचारिक आधार देकर मोदी जी ने धीरे-धीरे ध्यान वास्तविक मुद्दों पर स्थानांतरित

किया है। वह एक ऐसी सरकार को गिराकर सत्ता में आए, जिसे भ्रष्ट समझा जाता था, और उनकी पार्टी के उम्मीदवारों के चयन से पता चलता है कि वह अपनी सरकार में दक्षता लाना चाहते हैं। उन्होंने उद्योग विशेषज्ञों को, पूर्व नौकरशाहों को और खेल की प्रतिभाओं को अपने मंत्रिमंडल के हिस्से के रूप में काम करने के लिए नियुक्त किया, जिससे सत्ता के गलियारों में एक ताजगी का संचार हुआ, जो कि लालफीताशाही और व्यावसायिकता की गंभीर कमी से ग्रस्त थे। उनके पहले कार्यकाल के शुरुआती दिनों में नौकरशाहों को, उनके निरुत्साहपूर्ण रवैये से बाहर निकालने के लिए सख्त सतर्कता देखी गई क्योंकि मोदी जी स्वयं अपने मंत्रियों और वरिष्ठ अधिकारियों के कार्यालय में उनके कार्य-समय में जाकर जांच करते थे। मंत्रालय बायोमेट्रिक उपस्थिति पर जोर देने के कारण एक बहुत बड़े परिवर्तन के साक्षी बने, जिसने सरकारी कार्यालयों में समय की पाबंदी और परिश्रम का मार्ग प्रशस्त किया।

मोदी जी ने नए तरीके से लोकतंत्र को सशक्त किया है। उन्होंने विचारधारा के साथ-साथ प्रौद्योगिकी और संचार का उपयोग, सराहनीय तरीके से किया है, जिससे उन्हें एक आधुनिक और प्रगतिशील राजनेता की छवि मिली है। विमुद्रीकरण के दौरान डिजिटल लेन-देन में अनिवार्य बदलाव के रूप में जो शुरू किया गया था, उसने पूरे देश को तैयार किया और वह उस समय काम आया, जब हमें कोविड-19 के दौरान अप्रत्याशित आपातकाल का सामना करना पड़ा।

मोदी जी का ईमानदार और सीधा संवाद कौशल, उनकी प्रमुख ताकतों में से एक रहा है। चुनावी रैलियों में उनके जोशीले भाषण, उनके दर्शकों को मंत्रमुग्ध कर देते हैं, लेकिन वह अपने विचारों को भी दृढ़ता से व्यक्त कर लेते हैं। उनकी वाणी में विराम और स्वरमान, उतार-चढ़ाव उनके दर्शकों को इस प्रकार से प्रभावित करते हैं, जो कि कुछ ही अन्य राजनेता कर पाए हैं। उनके पास वह कुंजी है, जिससे आज के सामाजिक और राजनीतिक संदर्भ में बदलाव लाया जा सकता है - एक कुंजी जो, उन्होंने उस समय खोजी होगी जब उन्होंने 17 वर्ष की आयु में इस आश्चर्यजनक राष्ट्र के दिलों और दिमागों में झाँकने के लिए घर छोड़ा था।

गांधी ने इस राष्ट्र के लिए जो रास्ता तय किया था, वह पिछले वर्षों में कहीं खो गया। हमारे किसानों की स्थिति, स्वास्थ्य सेवा और शिक्षा, बिना बढ़ाए चढ़ाए कहें तो भयावह है। यदि 70 प्रतिशत स्कूल जाने वाले बच्चे सरकारी स्कूलों में जाते हैं और उनका शिक्षा स्तर उनको रोजगार योग्य नहीं बनाता, तो यह कुछ गहन आत्मनिरीक्षण के लिए कहता है। इसके लिए कौन उत्तरदायी है, और कोई जवाबदेही तय क्यों नहीं की गई?

जहां अमीर और गरीब के बीच में जो यह स्पष्ट विभाजन है, यह वह देश नहीं है, जिसकी कल्पना गांधी ने की थी। दो कार्यकालों से भी कम समय में, हर

घर में नल, शौचालय, गैस कनेक्शन और सभी के लिए बैंक खाते, यदि मोदी जी यह व्यापक बदलाव ला सकते हैं, उन्होंने निश्चित ही अपनी स्वयं की कुर्सी की उम्मीदों से बेहतर प्रदर्शन किया है। नेताओं की भावी पीढ़ी को मोदी जी के द्वारा स्थापित किए, इन उच्च मानकों से मेल खाने के लिए कड़ी मेहनत करनी पड़ेगी। यह स्पष्ट है कि चुनाव और चुनाव अभियान एक नाटकीय बदलाव के साक्षी हैं और एक नया खाका तैयार किया गया है। भविष्य के नेताओं से मोदी जी द्वारा निर्धारित मानदंडों को पूरा करने की उम्मीद है - एक अरब लोगों के जीवन को बदलने के लिए मानवता, जवाबदेही, पारदर्शिता और सरासर समर्पण का स्पर्श।

भाग 3

जन-धन: अर्थव्यवस्था सबके लिए

बड़ा सोचना और बड़े पैमाने पर निष्पादन करना

अनंत नागेश्वरन

भारत एक विशाल देश है, जो विभिन्न भागों में बंटा हुआ है। हम यहाँ पर सामाजिक, आर्थिक और सांस्कृतिक मतभेदों की बात नहीं कर रहे हैं। यकीनन, उन मतभेदों में भारत की ताकत शामिल है और वह उसकी संपत्ति का उतना ही हिस्सा है, जितना कि वह उसकी चुनौतियों का हिस्सा हैं। भारत की उत्पादन इकाइयां - कृषि भूमि अथवा कारखाने - बहुत छोटे और बनते हुए हैं। उद्योगों के वार्षिक सर्वेक्षण (ए.एस.आई.) की रिपोर्ट को ही लें। वर्ष 2017-18 में ए.एस.आई. को रिपोर्ट करने वाले 242,395 कारखानों में से लगभग 40 प्रतिशत में 15 से कम कर्मचारी थे। उनमें से भी, लगभग आधे या तो एकमात्र स्वामित्व वाले थे या भागीदारी वाले। पाँच सौ अथवा उससे अधिक श्रमिकों वाले कारखानों का अनुपात, 5 प्रतिशत से भी कम है। भारत की कृषि भूमि का ही उदाहरण लें। भारत की दो-तिहाई से भी अधिक कृषि संपत्ति एक हेक्टेयर से कम है। छठी आर्थिक जनगणना के अनुसार, भारत में 58.5 मिलियन कृषि और गैर-कृषि प्रतिष्ठान थे। उनमें से करीब 99 प्रतिशत में 10 से भी कम कर्मचारी थे। भारतीय कॉर्पोरेट क्षेत्र में भी यही स्थिति है। भारत बड़ा है, लेकिन उसकी अर्थव्यवस्था को सहारा देने और बढ़ाने का बोझ अनुपातहीन ढंग से छोटी कृषिभूमि, फर्मों और कारखानों पर पड़ता है। वह भारत की महत्वाकांक्षी युवा आबादी का समर्थन करने के लिए आवश्यक लाखों नौकरियां पैदा करने में सक्षम नहीं हैं।

नरेंद्र मोदी जी का प्रवेश।

सार्वजनिक कार्यालय में दो दशकों में, उनमें से 13 वर्ष गुजरात के मुख्यमंत्री के रूप में और सात वर्ष इस विशाल राष्ट्र के प्रधानमंत्री के रूप में, उन्होंने खंडित भारतीय अर्थव्यवस्था को एक उत्पादक और कुशल अर्थव्यवस्था में बदलने की शुरुआत

की है, जो लाखों लोगों के जीवन को बदलने में और देश को एक उच्च और अधिक विकसित सामाजिक क्षेत्र में ले जाने में सक्षम है।

भारत के लिए उनकी दूरदर्शिता ने पैमाने और आकार की आवश्यकता को समझा - इसीलिए नहीं कि बड़े का अर्थ सुंदर होता है, अपितु इसीलिए कि 1.4 बिलियन लोगों के देश की जरूरतों और महत्वाकांक्षाओं को पूरा करने के लिए अधिक की आवश्यकता है। महत्वपूर्ण रूप से, उनकी दूरदर्शिता और ध्येय केवल अर्थशास्त्र तक ही सीमित नहीं थे, अपितु सामाजिक और मानव संसाधन विकास के लिए भी थे। समान रूप से, उनकी दूरदृष्टि ने 'स्टैचू ऑफ यूनिटी' से लेकर शौचालयों तक पूरे वर्णक्रम में पैर फैलाए। इसीलिए 'श्रेष्ठ भारत' के लिए उनकी दूरदृष्टि में सामाजिक और मानव संसाधन आयामों के साथ-साथ आर्थिक पहलुओं में बड़े पैमाने पर सोच और निष्पादन शामिल था।

उनके दृष्टिकोण के ठोस उदाहरण की सूची कुछ ऐसी है - लंबे और स्थाई रूप से बड़ी सोच और बड़े पैमाने पर निष्पादन करना। यह जानना मुश्किल होता है कि कहाँ से शुरू करें। हालांकि, शुरू तो करना होगा और देश और राज्य का संचालन करना उनके नेतृत्व के दृष्टिकोण से सीखना होगा।

सोचने और बड़ा करने की उत्पत्ति

गुजरात के मुख्यमंत्री और भारत के प्रधानमंत्री के रूप में, मोदी जी ने बड़े कैनवास पर रंग भरने का आनंद लिया है। पश्चिम कैसे समृद्ध हुआ और चीन ने कैसे सफलतापूर्वक उनका अनुकरण किया, यह देखकर उन्हें पता चल गया था कि भारत अपने अतीत का कैदी नहीं हो सकता। इसीलिए, प्रधानमंत्री जी के नीतिगत ढांचे के बौद्धिक मूल पर संक्षेप में ध्यान देना उपयोगी होगा।

औद्योगिक क्रांति के मद्देनजर, उत्पादन का तरीका श्रम से पूंजी में स्थानांतरित हो गया। परिणामस्वरूप, चीन और भारत, दो श्रम प्रधान अर्थव्यवस्थाओं ने पश्चिम को अपना प्रभुत्व सौंप दिया। पिछली दो शताब्दियाँ पश्चिम की थीं। पिछली शताब्दी के किसी समय के उत्तरार्ध में चीजें बदलने लगीं। पहले, चीन ने वर्ष 1979 में चीनी विशेषताओं के साथ पूंजीवाद का अनुसरण करना शुरू किया। उसने पैमाने और पूंजी की आवश्यकता को अपनाया, जैसा कि प्रयोग में होता है। उसकी विशाल घरेलू बचत ने आवश्यक निवेश को वित्तपोषित किया। जबकि, 70 के दशक के शुरुआत में, भारत और चीन की प्रति व्यक्ति आय समान थी, चीन ने उस दशक के अंत तक पीछे हटना शुरू कर दिया। वर्ष 2020 तक, चीन का प्रति व्यक्ति सकल घरेलू उत्पाद भारत की तुलना में लगभग आठ गुणा अधिक था। बेशक, दोनों के बीच

सटीक अंतर ना केवल इसीलिए विवादास्पद है क्योंकि चीन के सकल घरेलू उत्पाद के आँकड़े शंकास्पद हैं, अपितु इस प्रक्रिया में अपने बही-खातों पर लिए ऋण की मात्रा को लेकर भी है।

गुजरात के मुख्यमंत्री के रूप में, नरेंद्र मोदी जी ने चीन में जो देखा, उससे वह प्रभावित हुए। उन्होंने सही निष्कर्ष निकाला, कि भारत के पास उस स्तर को पाने का प्रयास करने के अतिरिक्त कोई रास्ता नहीं है। यह उनकी एक बड़े कैनवास पर चित्रकारी करने के स्वाभाविक प्रवृति के अनुरूप था। उन्होंने जो एक महत्वपूर्ण बदलाव किया, वह यह था कि वह इसको आर्थिक रूप से टिकाऊ तरीके से करना चाहते थे। वास्तव में, भारत के सार्वजनिक वित्त पर पड़े महामारी के प्रभाव के बावजूद, ऋण के लिए समायोजित भारत का सकल घरेलू उत्पाद चीन के अपने ऋण के लिए समायोजित सकल घरेलू उत्पाद से अधिक है।

क्या प्रधानमंत्री मोदी जी ने वहीं से उड़ान भरी थी, जहां से मुख्यमंत्री मोदी जी ने छोड़ा था? आइए हम अपनी यात्रा गुजरात से शुरू करें, जहां यह सब शुरू हुआ था।

भूकंप राहत से लेकर आर्थिक कायाकल्प तक

बड़ा सोचने और बड़े पैमाने पर निष्पादित करने की उनकी क्षमता के शुरुआती संकेत तब स्पष्ट हुए, जब उन्होंने वर्ष 2001 में भुज क्षेत्र में आए बड़े पैमाने के भूकंप के कहर का सामना किया। वास्तव में, जब ऐसा हुआ, नरेंद्र मोदी जी ना तो गुजरात में रहते थे और ना ही वह इसके मुख्यमंत्री थे। एक स्वयंसेवक के रूप में, उन्होंने राहत प्रयासों की निगरानी की, और जैसे ही वह अक्टूबर 2001 में गुजरात के मुख्यमंत्री बने, उन्होंने घोषणा की कि भूकंप पीड़ितों का पुनर्वास और तबाह हुए क्षेत्रों का पुनर्निर्माण उनकी सर्वोच्च प्राथमिकता होगी।

रिक्टर पैमाने पर 6.9 की तीव्रता वाले इस भूकंप का केंद्र भुज से 30 किलोमीटर दूर चोबारी गाँव के पास था। इसने 1.8 लाख (180,000) वर्ग किलोमीटर से अधिक के क्षेत्र को प्रभावित किया था - जो कि असम और पश्चिम बंगाल के भौगोलिक क्षेत्र से अधिक था। लोगों पर इसका शारीरिक और मनोवैज्ञानिक प्रभाव बहुत अधिक था। लोगों के बीच अपनेपन की भावना पैदा करने के लिए और यह दिखाने के लिए कि राज्य उनके दर्द का सहभागी है, वर्ष 2001 में मुख्यमंत्री के रूप में पदभार ग्रहण करने के कुछ दिनों के भीतर ही, उन्होंने घोषणा की कि सरकार दीवाली नहीं मनाएगी।

जून 2014 में प्रकाशित अपनी पुस्तक मोदी, मुस्लिम और मीडिया में, मधु किश्वर ने लिखा कि, 'मोदी जी ने ना केवल नौकरशाही को पुनः उन्मुख और फिर से सक्रिय किया, जैसा कि बाकी सब चीजों के साथ किया है, उन्होंने अपने

गुजराती समाज की आंतरिक शक्ति और रचनात्मक ऊर्जा का दोहन किया है'। उन्होंने यह भी कहा कि, 'चोबारी ने एक योजनाबद्ध तरीके से छोटी बस्ती के रूप में निर्माण किया, बजाए पुरानी शैली के घने गाँव के। आय में तेज वृद्धि के साथ, पिछले आठ से 10 वर्षों में, इन परिवारों के जीवन स्तर में भी नाटकीय रूप से वृद्धि हुई थी'। चोबारी में परिवर्तन अकेले नहीं आया था। उसने मोदी जी के नेतृत्व में धोरडो का भी दौरा किया था। धोरडो भुज से 86 किलोमीटर दूर स्थित एक गाँव है, वह जिला मुख्यालय, जिसने वर्ष 2001 के भूकंप के सबसे खराब प्रभाव का सामना किया।

भुंगस, कच्छ क्षेत्र के पारंपरिक गोल घर जो धोरडो में थे, वह विनाशकारी गुजरात भूकंप के दौरान नहीं गिरे, और इस प्रकार बहुत सी जानें बच गईं। अब, यह जीवन रक्षक घर चल रहे रणोत्सव में, जो कि कच्छ के महान रण के प्राचीन सफेद नामक रेगिस्तान के बीच वर्तमान में अंतर्राष्ट्रीय स्तर पर प्रसिद्ध धोरडो गाँव की सीमा में, स्थित है, आगंतुकों के बीच बहुत लोकप्रिय हैं। वर्ष 2005 में, मोदी जी ने एक वार्षिक रण उत्सव (रण का उत्सव) की मेजबानी करने का फैसला किया और टी.वी. और अन्य मीडिया प्लेटफॉर्म पर अमिताभ बच्चन द्वारा एंकर किए एक बहुत ही रचनात्मक और ऊंचे-दर्जे के विज्ञापन अभियान के माध्यम से इसे बढ़ावा दिया। इससे भी महत्वपूर्ण बात यह है कि, गाँव के चारों ओर अब रिंग रोड है। सबसे महत्वपूर्ण बात यह है कि, इसमें दो वर्षों तक चल सके, इतना पर्याप्त पानी है, क्योंकि वर्ष 2008 में यहाँ कई बड़े जल संचयन तालाब बनाए गए थे।

गुजरात के अपने डॉकलैंड्स

साबरमती नदी का रूपांतरण कोई कम उल्लेखनीय नहीं रहा है। वर्ष 2012 में, वैश्विक परामर्श फर्म के.पी.एम.जी. ने साबरमती रिवरफ्रंट विकास परियोजना को अन्य सौ परिवर्तनात्मक परियोजनाओं के साथ नामित किया था, जिसका उद्देश्य शहरों को विश्व स्तर पर रहने योग्य और टिकाऊ बनाना है। यह उस समय चुनी गई छः आगामी बुनियादी ढांचा परियोजनाओं में से एक थी।[1] यह दूसरे अर्थों में टिकाऊ था। साबरमती रिवरफ्रंट विकास ने एक पुनर्वास चुनौती सामने रखी, क्योंकि कई लोग वर्षों से इसके किनारे पर रह रहे थे। मुख्यमंत्री मोदी जी ने सुनिश्चित किया कि उन्हें अधिक आरामदायक आवास में समायोजित किया जा जाए, जो कि सुविधाजनक रूप से बने हों। इस प्रकार, आधुनिकीकरण और विकास साथ-साथ चले। वर्ष 2015 तक, यह एक वास्तविकता बन गया था।

श्रमण गांगुली ने जनवरी 2015 में द *इकनॉमिक टाइम्स* में लिखा:

'वर्ष 2005 में, साबरमती एक सूखी नदी के तल के अलावा और कुछ भी नहीं थी - कभी-कभी खेती करने के लिए इस्तेमाल की जाती थी - औद्योगिक अपशिष्टों और सीवेज के पोखर के साथ। आज, शहर के बीचोंबीच साबरमती का सौंदर्यीकरण हो गया है। नदी को 263 मीटर की एक समान चौड़ाई में प्रवाहित किया गया है, जिसमें नदी के तट के कुछ हिस्सों को पुन:निर्मित किया गया है और दोनों किनारों के साथ एक वाटरफ्रंट विकसित किया गया है। प्रत्येक में लगभग 11 किलोमीटर की दूरी तय की गई है'।[2]

वाईब्रेन्ट गुजरात केवल एक नारा नहीं था

मोदी जी ने 'वाईब्रेन्ट गुजरात' निवेशक शिखर सम्मेलन का शुभारंभ किया। 'वाईब्रेन्ट गुजरात' सिर्फ निवेशकों को लुभाने का नारा नहीं था। इसने एक ब्रांड की स्थापना की, गुजरात। वह मोदी जी की प्रतिभा थी। जब 60 के दशक में राज्य का गठन किया गया था, यह मुख्यत: दलदली रेगिस्तानी भूमि थी। मुख्यमंत्री मोदी जी ने राज्य में कृषि और विनिर्माण को बदल दिया और इसको वाईब्रेन्ट बना दिया।

जाने माने स्तम्भ-लेखक स्वामीनाथन अय्यर ने जुलाई 2009[3] में लिखा कि वर्ष 2007 में मोदी जी की चुनावी सफलता का रहस्य, उनका गुजरात में कृषि परिवर्तन था। उन्होंने अशोक गुलाटी, तुषार शाह और गंगा श्रीधर के अध्ययन का हवाला दिया, 'वर्ष 2000 से गुजरात में कृषि प्रदर्शन', जिसमें उस चीज पर प्रकाश डाला गया है जिसे कुछ ही लोग जानते हैं - कि गुजरात का कृषि प्रदर्शन भारत में अब तक का सबसे अच्छा प्रदर्शन है।

अय्यर ने आगे कहा, 'वर्ष 2000-01 और 2007-08 के बीच, कृषि मूल्य वृद्धि में प्रति वर्ष 9.6 प्रतिशत की अभूतपूर्व वृद्धि हुई (वर्ष 2002 के एक बड़े सूखे के बावजूद)। यह भारत की कृषि विकास दर से दोगुने से भी अधिक है, और हरित क्रांति के दिनों में पंजाब के कृषि विकास की तुलना में बहुत तेज है। वास्तव में, 9.6 प्रतिशत कृषि विकास विश्व में कहीं भी दर्ज की गई, सबसे तेज विकास दरों में से एक है। इससे गुजरात के प्रदर्शन के परिमाण का पता चलता है। ....आई.एफ.पी.आर.आई. (अंतर्राष्ट्रीय खाद्य नीति अनुसंधान संस्थान) के अध्ययन में कहा गया है कि वर्ष 2000 तक 10,700 जांच किए हुए बांध बनाए गए, और 32,000 हेक्टेयर को सूखा-प्रूफ बनाने में मदद मिली। ऐसा लगता है कि यह बहुत है। लेकिन बाद में, मोदी जी के तहत, गुजरात ने 10 गुणा अधिक जांच किए हुए बांध बनाए हैं! ....अनुसंधान से पता चलता है कि ग्रामीण सड़कें कृषि के लिए

सबसे महत्वपूर्ण निवेश हैं। गुजरात में भारत का सबसे अच्छा ग्रामीण सड़क नेटवर्क है, और उसके 98.7 प्रतिशत गाँव पक्की सड़क से जुड़े हुए हैं....' मोदी जी के प्रयास ना केवल कच्छ क्षेत्र को कृषि उत्पादन में विकसित करने में सफल हुए हैं, अपितु उन्होंने अन्य क्षेत्रों को भी परिवर्तित किया है। कच्छ क्षेत्र पड़ोसी राज्यों को बिजली निर्यात करता है। इसके अलावा, कच्छ क्षेत्र और गुजरात राज्य सौर ऊर्जा और पवन ऊर्जा में भी अग्रणी हैं।

सफलता से सफलता मिलती है। गुजरात की कृषि उत्पादकता वृद्धि ने कंपनियों को राज्य में कृषि-निर्यात, कृषि-प्रसंस्करण, संगठित खाद्य खुदरा क्षेत्र में प्रवेश करने के लिए आकर्षित किया और ग्रामीण बुनियादी ढांचे के विकास को उत्प्रेरित किया।

मुख्यमंत्री के रूप में अपने 13 वर्षों में, मोदी जी ने दिखाया कि लोकतंत्र विकास के लिए कोई बाधा नहीं है। दूसरा, उन्होंने नीति-संचालित सरकार चलाई। नीतियों को झटके से अपनाया या छोड़ नहीं गया। निवेशकों ने सहज और आश्वस्त महसूस किया कि वह उनके प्रशासन के तहत व्यापार कर सकते हैं। इस भरोसे को वह अपने साथ दिल्ली लेकर गए।

एक नेता, जिसके पास ऐसी बुलंद दूरदृष्टि है और जो बड़े निष्पादन कर सकता है, उसे बड़े मंच की आवश्यकता थी। उनके नेतृत्व का लाभ बहुत बड़ी आबादी को मिलना चाहिए और उसे केवल गुजरात तक सीमित नहीं होना चाहिए। इस प्रकार वर्ष 2014 में भारत के प्रधानमंत्री के रूप में नरेंद्र मोदी जी के दिल्ली आगमन के लिए मंच तैयार किया गया था।

गांधीनगर से दिल्लीः जीत के महाकाव्य की पटकथा

यह अध्याय आर्थिक क्षेत्र में उनके सार्वजनिक नीति और निर्णयों के बारे में हो सकता है। हालांकि, एक महत्वपूर्ण राजनीतिक उपलब्धि को नजरंदाज नहीं किया जा सकता है। उनके अपने राजनीतिक दल में और पंडितों के बीच किसी ने भी भारतीय जनता पार्टी को उनके नेतृत्व में अपने दम पर सरकार बनाने का ज्यादा मौका नहीं दिया। हालांकि, मोदी जी ने संभावनाओं में विश्वास किया और वर्ष 2014 में अपनी पार्टी को पूर्ण बहुमत के लिए निर्देशित किया। जिसे बताने के लिए कि यह मौका नहीं था, परंतु सोची-समझी योजना और कार्यान्वयन का परिणाम है, उन्होंने वर्ष 2019 के चुनावों में अपने ही रिकार्ड को बेहतर बना दिया। यह दोनों ना केवल बड़ा सोचने, बड़े पैमाने पर निष्पादन करने, अपितु बड़े पैमाने और शैली में हासिल भी करने के बड़े उदाहरण हैं। अब, सार्वजनिक नीति पर वापस आते हैं।

आइए वर्तमान से, समय में पीछे जाते हैं। पिछले डेढ़ वर्ष में, सरकार ने अपने

निपटान में अपेक्षाकृत सीमित वित्तीय संसाधनों से साथ भी महामारी के आर्थिक और सामाजिक प्रभाव के लिए अच्छी प्रतिक्रिया दी है। महामारी के प्रति सरकार की प्रतिक्रिया की उल्लेखनीय विशेषताओं में से एक प्रत्यक्ष लाभ हस्तांतरण मिशन की शानदार सफलता रही है।

डी.बी.टी. मिशन और जे.ए.एम. की तिकड़ी

सुमिता काले और मैंने हाल ही में मिंट में लिखा है: 'सामान्यत:, पिछले 18 महीनों में, जबकि अर्थव्यवस्था जैसे बड़े क्षेत्र और परिवारों जैसे सूक्ष्म क्षेत्रों में बहुत कम उम्मीद की किरण रही है। उनमें से एक उम्मीद की किरण का प्रदर्शन रहा है जे.ए.एम. (जन धन योजना - आधार - मोबाईल फोन) की तिकड़ी का प्रभाव, जिसने लाखों भारतीयों को भुखमरी से दूर रख सका है। इसकी अधिक चर्चा नहीं होती है, लेकिन प्रत्यक्ष लाभ हस्तांतरण (डी.बी.टी.) मिशन की सफलता निर्विवाद है। पूर्व प्रधानमंत्री राजीव गांधी के सम्बद्ध यादगार अनुस्मरणों में से एक है उनकी निष्कपट स्वीकारोक्ति है कि आम नागरिक को रुपये का केवल 15 पैसा ही मिलता है, जिसे सरकार ने उन्हें हस्तांतरित करने की कोशिश की थी। यदि वह आज जीवित होते, तो शायद वह उस संख्या को ऊपर की ओर बहुत हद तक संशोधित कर देते। नकद और कृपा के रूप में हस्तांतरित लाभों के बीच, वर्ष 2013-14 में सरकारी कल्याण हस्तांतरणों की राशि केवल 7,367 करोड़ (73.67 बिलियन) थी जिसकी तुलना में वर्ष 2020-21 में यह राशि बढ़कर 5.52 ट्रिलियन हो गई'।[4]

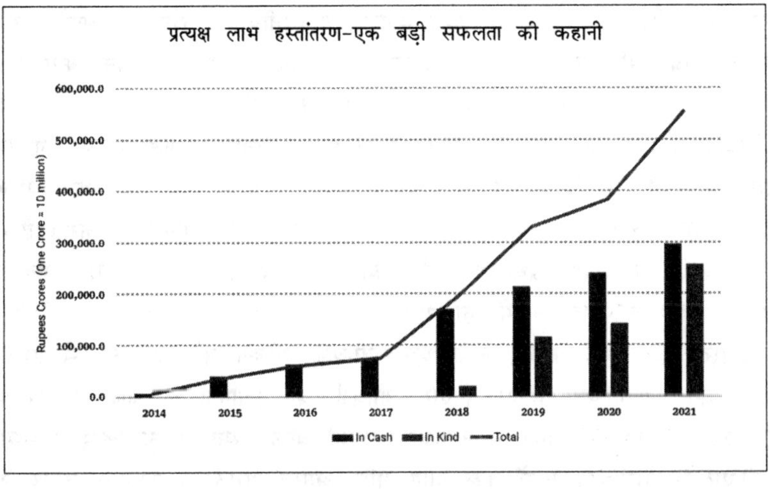

स्रोत: www-dbtbharat-gov-in (लैन्डिंग पृष्ट पर 26 जून 2021 को दाखिल हुआ)

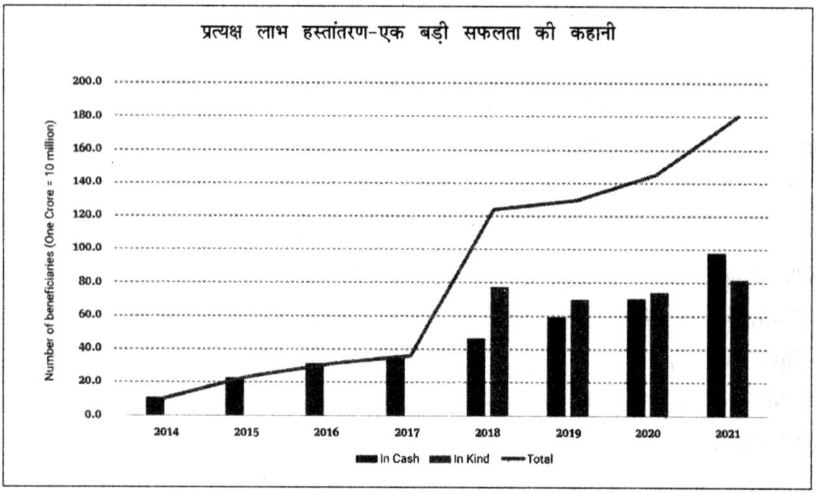

स्रोत: www-dbtbharat-gov-in (लैन्डिंग पृष्ट पर 26 जून 2021 को दाखिल हुआ)

वह क्या था जिसने डी.बी.टी. को इतना सफल बनाया? यह जे.ए.एम. की तिकड़ी – जन धन योजना, आधार और मोबाइल फोन की क्षमता की प्राप्ति के साथ प्राप्त सफलता पर आधारित है। जन धन योजना वर्ष 2014 में नई दिल्ली में पहली बार मोदी जी की सरकार की पहली पहल में से एक है।

अभी हाल ही में, प्रधानमंत्री जन धन योजना (पी.एम.जे.डी.वाई.) ने अपनी सांतवीं वर्षगांठ मनाई है। इस अवसर पर, वित्त मंत्रालय ने वित्तीय समावेशन के अपने प्राथमिक लक्ष्य के संबंध में इस योजना की प्रभावशाली प्रगति का प्रमाण प्रदान किया है।

प्रेस विज्ञप्ति[5] के कुछ महत्वपूर्ण अंश इस प्रकार हैं:

प्रधानमंत्री जन धन योजना (पी.एम.जे.डी.वाई.) वित्तीय समावेशन के लिए एक राष्ट्रीय मिशन है, जो वित्तीय सेवाओं, अर्थात बैंकिंग / बचत और जमा खातों, परेशान, क्रेडिट, बीमा, पेंशन (एक किफायती तरीके से) तक पहुँच सुनिश्चित करता है। पी.एम.जे.डी.वाई. की घोषणा प्रधानमंत्री मोदी जी ने दिनांक 15 अगस्त 2014 को अपने स्वतंत्रता दिवस के सम्बोधन में की थी।

अगस्त 2018 में, सरकार ने पी.एम.जे.डी.वाई. योजना को 'हर घर से हर बैंक रहित वयस्क' तक बढ़ा दिया। पी.एम.जे.डी.वाई. की स्थापना के बाद से अब तक 44.2 करोड़ (442 मिलियन) से अधिक लाभार्थी बैंकिंग सेवाओं का लाभ उठा सकते हैं। पी.एम.जे.डी.वाई. खातों में कुल जमा राशि अगस्त 2015 में 22,901 करोड़ रुपये (229 बिलियन रुपये) की तुलना में दिसंबर 2021 के अंत तक 1,50,939.6 करोड़

रुपये (1.50 ट्रिलियन रुपये) हो गई। यह छः वर्षों में 36 प्रतिशत की चक्रवृद्धि वार्षिक वृद्धि दर है।

पी.एम.जे.डी.वाई. खाते मार्च 2015 में 14.72 करोड़ (147.2 मिलियन) से तीन गुना बढ़कर, दिसंबर 2021 में 44.2 करोड़ (442 मिलियन) हो गए हैं। पचपन प्रतिशत जन धन खाताधारक महिलायें हैं और 67 प्रतिशत खाताधारक ग्रामीण और अर्ध-शहरी क्षेत्रों में हैं। कुल 44.2 करोड़ पी.एम.जे.डी.वाई. खातों में से 37.9 करोड़ (379 मिलियन खाते, 85.7 प्रतिशत) चालू खाते हैं। प्रधानमंत्री गरीब कल्याण योजना के तहत, कोविड-19 तालाबंदी के दौरान महिला पी.एम.जे.डी.वाई. खाताधारकों के खातों में कुल 30,952 करोड़ रुपये (309.52 बिलियन रुपये) जमा किए गए हैं।

पी.एम.जे.डी.वाई. खाताधारकों को रूपे कार्ड की पेशकश करना भी, एक स्मार्ट निर्णय था। इसने धारकों के आत्म-मूल्य की भावना को बढ़ाया और उनके आत्म-सम्मान को बढ़ाया। कहा गया है, पी.एम.जे.डी.वाई. की उपलब्धि का महत्व संख्या में नहीं है, जो आश्चर्यजनक रूप से प्रभावशाली है, अपितु इससे कहीं बढ़कर है। कई लाखों लोगों के गरिमापूर्ण जीवन और संघर्षपूर्ण जीवन के बीच औपचारिक वित्त की पहुँच कई बदलाव लाएगी।

स्वतंत्र शैक्षिक अनुसंधान इसकी पुष्टि करता है; यह प्रधानमंत्री और उनकी सरकार के लिए संतोष का विषय होना चाहिए। प्रसन्ना तंत्री, यक्षुप चोपड़ा और नागपूर्णानन्द प्रभाला ने बैंक खाते के विवरण से मालिकाना डेटा का अध्ययन किया और पुष्टि की कि पी.एम.जे.डी.वाई. के परिणामस्वरूप खातों में महत्वपूर्ण वृद्धि, उपयोग, उपयोग वृद्धि और शेष राशि का संचय हुआ है। उन्होंने आगे देखा कि, गतिनिधि का स्तर समय के साथ बढ़ता गया और गैर-पी.एम.जे.डी.वाई. खाताधारकों की ओर अभिसरित हो गया, भले ही पी.एम.जे.डी.वाई. खाताधारक औसतन गरीब थे और बैंकिंग से अपरिचित थे और उन्होंने कोई वित्तीय साक्षरता प्रशिक्षण नहीं लिया था।[6]

आइए जे.ए.एम. की तिकड़ी के दूसरे तत्व को समझते हैं - आधार। अगस्त 2021 में, एन.ऐ.एस.एस.सी.ओ.एम. ने एक बहुत महत्वपूर्ण प्रकाशन निकाला, जिसका शीर्षक था, *डिजिटल इंडिया: डिजिटल पब्लिक गुड्ज प्लाटफॉर्माइजेशन प्ले।*[7] आधार एक 12 अंकों की व्यक्तिगत पहचान संख्या है; जिसको भारत सरकार की ओर से भारतीय विशिष्ट पहचान प्राधिकरण (यू.आई.डी.ऐ.आई.) द्वारा जारी किया गया है। यह संख्या भारत में कहीं भी व्यक्ति कि पहचान और पते के प्रमाण के रूप में काम करता है। इसको वर्ष 2009 में शुरू किया गया था। यह भारतीय निवासियों के लिए एक विश्वसनीय बायोमेट्रिक पहचान का प्रमाण है। सरकार को इससे एक फायदा यह भी होगा कि, यह सरकार को उन लोगों की पहचान करने में आसानी होगी; जिनके पास कोई अन्य पारंपरिक पहचान दस्तावेज नहीं है, यानि निवास आदि का प्रमाण।

आधार प्रधानमंत्री मोदी जी के बौद्धिक लचीलेपन का साक्ष्य है। हालांकि, यह पिछली सरकार की पहल थी, जैसे उन्होंने वर्ष 2014 में कार्यालय संभाला, उन्होंने इस परियोजना को पूरा करने के लिए, नामांकन शुरू करने के लिए और अरबों भारतीयों के एक विशिष्ट बायोमेट्रिक पहचान पत्र जारी करने के लिए हरी झंडी दिखा दी। वास्तव में, मोदी जी ने उस निष्क्रयता का समाधान किया, जो इस परियोजना में रेंग कर घुस गई थी, जिसके कारण पिछली सरकार में बहुत भ्रम पैदा हो गया था कि क्या, उनको आधार - विशिष्ट पहचानकर्ता - अथवा जनसंख्या रजिस्टर के साथ आगे बढ़ना चाहिए। यह सुनिश्चित करने के बाद कि आधार वह कर सकता है, जो जनसंख्या रजिस्टर कर सकता है, और उस पर यह एक विशिष्ट, बायोमेट्रिक पहचान देगा; जिसके साथ छेड़-छाड़ नहीं की जा सकती, मोदी जी ने आधार को आगे बढ़ाया। इसके बाद पीछे मुड़ कर नहीं देखा।

दोनों को एक साथ रखते हैं - पी.एम.जे.डी.वाई. और आधार - और अब हम मोदी जी की दूरदर्शिता को देख सकते हैं, जिसमें औपचारिक होने की क्रिया और समावेशन शामिल है। यह ऐसे बहुत से भारतीयों के लिए एक पहचान का साधन प्रदान करता है जिनके पास पहले यह नहीं था। इसके कारण उनके लिए औपचारिक अर्थव्यवस्था तक पहुंचना कठिन हो गया था। परंतु अब वह वहाँ तक पहुँच गए हैं, जहां से आगे का रास्ता सरल हो जाता है। आधार के साथ, कोई भी बैंक में खाता खुलवा सकता है। बैंक खाते से, वह सरकारी हस्तांतरण के लाभ, अन्य भुगतान, प्राप्त कर सकता है, और इसके कारण उनमें बचत करने की आदत बनती है, बचत को बढ़ाता है और फिर अन्य वित्तीय उत्पाद जैसे बीमा उनके लिए सुलभ हो जाते हैं।

तिकड़ी का तीसरा स्तम्भ है, मोबाइल फोन। यह कहना अतिशयोक्ति नहीं होगी कि जे.ए.एम. की तिकड़ी के तीन स्तंभों पर बने डी.बी.टी. अधिरचना का अर्थ है कि पिछले दशक में अर्थव्यवस्था को जो झटके झेलने पड़े - बैंकिंग प्रणाली में डूबते ऋण, वैश्विक विकास का धीमा होना और अंतर्राष्ट्रीय व्यापार, और फिर महामारी - उसके कारण कई भारतीयों को व्यापक अभावों और कष्टों का सामना नहीं करना पड़ा।

एक सार्वजनिक भले के लिए डिजिटलीकरण

वास्तव में, आधार कई डिजिटलीकरण पहल में से एक है; जिसे हाल के वर्षों में भारत सरकार द्वारा विकसित किया गया है। एन.ए.एस.एस.सी.ओ.एम. रिपोर्ट में प्रदर्शित 20 डिजिटलीकरण पहल में से 18, जिसका उल्लेख पहले किया गया था, वर्ष 2014 में नरेंद्र मोदी जी के प्रधानमंत्री बनने के बाद से विकसित किए गए हैं। जैसा कि

रिपोर्ट में कहा गया है; इन पहलों ने भारत को अपने प्रतिस्पर्धात्मक सूचकांक गणना में सुधार करने में मदद की है; उन्होंने डेटा कोष्ठागारों को तोड़ दिया है और एक साझा बुनियादी ढांचा बनाया है और तीसरा, उन्होंने बहु-हितधारक पारिस्थितिकी तंत्र के गठन को सक्षम किया है।

इनमें से कम से कम तीन - भीम यू.पी.आई. (एकीकृत भुगतान इंटरफेस), कोविन (टीकाकरण पंजीकरण के लिए एक वेब पोर्टल) और रुपे कार्ड - वैश्विक हो रहे हैं। भीम का अर्थ, भारत इंटरफेस फॉर मनी है। भीम के जरिए अब तक 3.2 अरब का लेनदेन हो चुका है। भीम पर कुल 235 बैंक सक्रिय हैं और लेनदेन का मूल्य 600 अरब रुपये से अधिक हो गया है। रुपे कार्ड कम से कम नौ अन्य देशों में उपलब्ध है।

भारतीय राष्ट्रीय भुगतान निगम द्वारा जारी 'एन.पी.सी.आई. मंच पर खुदरा भुगतान सांख्यिकी' भारत के डिजिटलीकरण की कहानी कहती है। वित्तीय वर्ष 2014-15 में वित्तीय लेनदेन 3.7 अरब (मात्रा में) था और उसका कुल मूल्य 76 ट्रिलियन रुपये था। मार्च 2021 में समाप्त होने वाले वर्ष में, अनुरूपी आँकड़े क्रमशः 37.5 बिलियन और 165.5 ट्रिलियन थे (नीचे चार्ट देखें)।

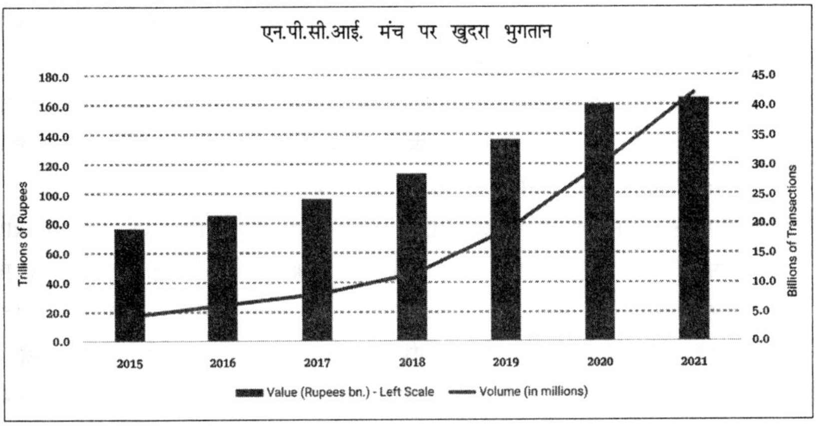

स्रोत: भारतीय राष्ट्रीय भुगतान निगम (http://www-npci-org-in/pdf/npci/statics/retail-payments-statistics-jul-2021-xlsx- 7 सितंबर 2021 तक दाखिल हुआ)। डेटा मार्च में समाप्त होने वाले वित्तीय वर्षों के लिए हैं।

भारतीय रिजर्व बैंक (आर.बी.आई.) का डिजिटल भुगतान सूचकांक मार्च 2018 में 100 से बढ़कर मार्च 2021 तक 270 हो गया था। अगस्त 2021 के मासिक बुलेटिन

में आर.बी.आई. ने लिखा कि अर्थव्यवस्था का तीव्र औपचारिक होने की क्रिया और उसका डिजिटलीकरण, उसके इंडेक्स में प्रकट हो रहा था।

हम उपरोक्त संख्याओं के पीछे के कारक के कारणों पर लंबे समय तक बहस कर सकते हैं। विमुद्रीकरण, वित्तीय लेनदेन के डिजिटलीकरण का, यदि कारण नहीं तो कम से कम उसका एक मुख्य स्रोत था, जो अब अपने पीछे निशान प्रदान करता है। यह छोड़े गए निशान, कई प्रकार से लाभदायक हैं। यह लेनदेन की मात्रा को बढ़ाते हैं, भुगतान तेजी से और सुरक्षित रूप से वितरित करते हैं, और उपभोक्ता व्यवहार पर नजर रखने में मदद करते हैं। महामारी से डिजिटलीकरण की प्रक्रिया में तेजी आई है।

इसके बहुत से घोषित, अघोषित और अतिरिक्त उद्देश्य थे। मुख्य रूप से, यह अवैध लेनदेन के लिए उच्च मूल्य वर्ग के नोटों के इस्तेमाल को हतोत्साहित करने के बारे में था, और इसके माध्यम से काले धन के व्यापक इस्तेमाल को रोकने के बारे में था। इस प्रक्रिया में, यह अपेक्षित था कि उच्च मूल्य वर्ग के नोटों पर प्रतिबंध व्यापारिक लेनदेन में, अर्थव्यवस्था को औपचारिक रूप देने में डिजिटलीकरण को प्रोत्साहित करेगा और सरकारी कर राजस्व बढ़ेगा।

मोटे तौर पर, इसके और अन्य औपचारिक उपायों के कारण, जो विमुद्रीकरण के प्रयासों के पूरक थे, प्रत्यक्ष कर संग्रह में वित्तीय वर्ष 2017-18 और 2018-19 में क्रमश: 17.9 प्रतिशत और 13.5 प्रतिशत की वृद्धि हुई। मार्च 2017 के अंत तक भारत में संगठित कर निर्धारितियों की संख्या 608,863 थी। मार्च 2018 को समाप्त होने वाले वर्ष के लिए यह संख्या बढ़कर 841,687 हो गई थी - 38.2 प्रतिशत की वृद्धि। मार्च 2019 के अंत तक, यह संख्या और बढ़कर 885,289 निर्धारिती हो गई थी।

मार्च 2018 और मार्च 2019 में समाप्त होने वाले वर्षों के लिए संगठित आयकर संग्रह में क्रमश: 5,71,202.87 करोड़ (5.71 ट्रिलियन रुपये) और 6,63,571.62 करोड़ (6.63 ट्रिलियन) का उछाल आया, जो मार्च 2017 के अंत तक 4,84,923.86 करोड़ (4.84 ट्रिलियन) था।

विमुद्रीकरण ने अर्थव्यवस्था में आरोपित अनौपचारिकता के बारे में एक बहस छेड़ने में महत्वपूर्ण भूमिका निभाई - इसका कैसे और क्या करना है। इस अर्थ में, इसने समस्या पर ध्यान केंद्रित करने में एक बड़ी भूमिका निभाई और, जैसा कि कोई उम्मीद करेगा, समाधान बहुआयामी निकले। महत्वपूर्ण नीतिगत निर्णयों पर फैसला तत्काल या वास्तविक समय में नहीं दिया जा सकता है। बैंक का राष्ट्रीयकरण इसका उदाहरण है। पहले दो दशकों के अंत में, इसका स्कोरकार्ड संतुलन पर सकारात्मक था; पाँच दशकों के अंत में, यह नकारात्मकता में शामिल हो गया। इतिहासकार यह रिकॉर्ड करेंगे कि विमुद्रीकरण का सच, इसके विपरीत है।[8]

शासन में सुधार: जी.ई.एम.

प्रधानमंत्री जी की बड़ी सोच और बड़े पैमाने पर निष्पादन करने की क्षमता की अनूठी विशेषता (और शैली में, यदि मैं जोड़ सकता हूँ तो) सामाजिक और आर्थिक दोनों छोर तक फैली हुई है। जी.ई.एम. या सरकारी ई-मार्किट्प्लैस, ऐसी ही एक पहल है। यह सार्वजनिक चेतना में पंजीकृत नहीं हो सकती है क्योंकि, यह सरकारी विभागों और मंत्रालयों द्वारा निजी आपूर्तिकर्ताओं से की जाने वाली खरीद के बारे में है। लेकिन यह कई छोटे आपूर्तिकर्ताओं के लिए एक वरदान है, जो अकसर आपूर्तिकर्ताओं के रूप में सूचीबद्ध होने और भुगतान प्राप्त करने आदि के लिए नौकरशाहों की दया पर होते हैं।

द *इकनॉमिक टाइम्स* ने जुलाई 2019 में लिखा:

> 'जी.ई.एम. मंच पर विक्रेताओं की बढ़ती संख्या; जो सरकार द्वारा खरीद में क्रांति ला रही है। वर्ष 2016 में एन.डी.ए. सरकार द्वारा शुरू किया गया था, जी.ई.एम. एक ई-कॉमर्स मंच है, जिसे सरकारी खरीद को कैशलेस, कान्टैक्ट-लेस और पेपरलेस बनाने की महत्वाकांक्षा के साथ शुरू किया गया है - यदि आप मानें तो एक प्रकार से सरकार के लिए एमेजोन के समान.... वर्ष 2016 तक, भारत में सरकारी खरीद ऐनलॉग की दुनिया से संबंधित थे, डी.जी.एस.एन.डी. (आपूर्ति और निपटान महानिदेशायल) के साथ यह प्रत्येक उत्पाद की दरों और विशेष विवरणों, दोनों को तय करने के एकमात्र प्राधिकरण थे।[9]

संदीप सोनी ने *फाइनेंशियल एक्स्प्रेस* के लिए जुलाई 2021 में लिखा:

> 'जी.ई.एम. के नवीन आँकड़ों के मुताबिक, बाजार में वर्तमान में 21.29 लाख विक्रेता और सेवा प्रदाता हैं.... सूक्ष्म और लघु विक्रेताओं की हिस्सेदारी भी उस अवधि के दौरान सकल क्रम मान में 56 प्रतिशत हिस्सेदारी के साथ, 1 लाख के आसपास से बढ़ कर 7 लाख से कुछ अधिक हो गई.... बाजार में वर्तमान में लगभग 53,000 पंजीकृत सरकारी विभाग, संगठन और सार्वजनिक क्षेत्र के उपक्रम हैं; जो खरीददारों के रूप में 16,335 उत्पाद श्रेणियों और 172 सेवा श्रेणियों में से सामान खरीद रहे हैं'।[10]

अभी दो वर्ष पहले, जी.ई.एम. में पंजीकृत विक्रेताओं की संख्या केवल 2.5 लाख या यूं कहें कि 250,000 ही थी। यह अब आठ गुना से ज्यादा हो गई है।

सबसे बड़े सरकारी खरीदारों में से एक, रेलवे है। यह जल्द ही मंच का हिस्सा बनने जो रहा है। इसके अलावा, जी.ई.एम. सहाय नामक एक ऋण आवेदन ऐप से जी.ई.एम. विक्रेताओं के लिए ऋण आवेदनों के लिए स्वीकृति के समय पर शुरू

किया गया है। यह स्मार्ट और समावेशी सोच है।

जे.ए.एम. के आधार पर बनाया गया डी.बी.टी., बिना किसी रिसाव के सभी पात्र लाभार्थियों को सरकारी लाभ और हस्तांतरण प्रदान करने के बारे में था; जी.ई.एम. कई छोटे आपूर्तिकर्ताओं के लिए कुशल सरकारी खरीद और अवसरों के बारे में था; जी.एस.टी. (वस्तु एवं सेवा कर) और आई.बी.सी. (दिवालिया और शोधन अक्षमता संहिता) अर्थव्यवस्था और वाणिज्य को कुशल और बड़ा बनाने के बारे में थे।

मोदी जी की दूरदृष्टि और निष्पादन ने कल्याण से लेकर शासन से लेकर वाणिज्य तक पूरी विस्तृत श्रेणी में पाँव फैला लिए हैं।

एक राष्ट्र, एक कर और एक बाजार

वस्तु एवं सेवा कर (जी.एस.टी.) ने एक ही वस्तु और सेवाओं पर अलग-अलग दरों के साथ, भारत के अलग अलग राज्यों के कर की गड़बड़ी में सुधार किया है। केन्द्रीय उत्पाद शुल्क, उत्पाद शुल्क और सीमा शुल्क पर अतिरिक्त शुल्क, औषधीय और शौचालय तैयारी अधिनियम के अंतर्गत वसूल किया गया उत्पाद शुल्क, सेवा शुल्क, अधिभार और विभिन्न प्रकार के उपकार और राज्य कर जैसे राज्य मूल्य-वर्धित कर (वैट), बिक्री कर, केन्द्रीय बिक्री कर, खरीद कर, मनोरंजन कर (जो स्थानीय निकायों द्वारा लगाए जाते हैं उनके अतिरिक्त), विलासिता कर, प्रवेश कर (सभी रूपों में) और लॉटरी, सट्टेबाजी और जुए पर लगाए कर, इन सभी को जी.एस.टी. ढांचे में 17 करों और 13 उपकरों में जोड़ दिया गया था। पहले के करों का आधार ना केवल अनुपालन की गड़बड़ी थी; अपितु कार्यक्षमता पर भी खिंचाव था। उदाहरण के तौर पर, चुंगी जैसे प्रवेश करों ने एक राज्य से दूसरे राज्य में जाने पर माल ढुलाई, गाड़ियों और ट्रकों को चेक पोस्ट पर रोक दिया। यदि ट्रक कई राज्यों को पार करता है, तो देरी, लागत और उनसे बचने के लिए दी गई रिश्वत का ढेर लग जाता है। कोई आश्चर्य नहीं है कि भारत की रसद लागत का अनुमान लगभग 12 प्रतिशत से 14 प्रतिशत था।

यह सुनिश्चित हो, जी.एस.टी. वर्ष 2000 से बन रहा था। लेकिन, इसे वास्तविकता बनने के लिए एक निर्णायक धक्के की आवश्यकता थी। मोदी जी की एन.डी.ए. सरकार ने इसे अंतिम रूप देकर जुलाई 2017 में एक राष्ट्र, एक कर और एक बाजार का मार्ग प्रशस्त करते हुए, इसकी शुरुआत की। निर्विवाद रूप से, पूरे देश में एकल बाजार बनाने की दिशा में यह एक महत्वपूर्ण कदम है।

जी.एस.टी. की शुरुआत के लिए महत्वपूर्ण सफलता कारकों में से एक था, महाराष्ट्र और तमिल नाडु जैसे विनिर्माण राज्यों की परेशानियों के बारे में मोदी जी

की समझ, चूंकि गुजरात भी, उनके नेतृत्व में एक प्रमुख विनिर्माण राज्य के रूप में उभरा था। वह उनकी परेशानियों का निराकरण कर सकते थे। दूसरा, उनकी सरकार ने वैट मुआवजे की बकाया राशि का भुगतान कर दिया, जिससे जी.एस.टी. मुआवजे को लेकर उनकी सरकार के वादों की विश्वसनीयता बढ़ी और मेड़ पर बैठे राज्यों को अपने साथ आने के लिए राजी किया।

बिजनेस स्टैन्डर्ड के लिए लिखते हुए, वी.एस. कृष्णन, केन्द्रीय अप्रत्यक्ष कर और सीमा शुल्क बोर्ड के पूर्व सदस्य, ने कहा:

'वस्तु और सेवा कर (जी.एस.टी.) के कार्यान्वयन के बारे में बहुत से आलोचकों को एक तथ्य को असपष्ट करने की अनुमति नहीं दी जानी चाहिए कि जो लागू किया गया था; वह वास्तव में परिवर्तनकारी कर सुधार था... भारतीय संविधान में "प्रविष्टि 52" के उन्मूलन ने आम भारतीय बाजार को एकीकृत कर दिया है। ट्रकों का माल उतार कर वापस लौटने के समय में पूरे देश में नाटकीय रूप से गिरावट आई है। विश्व बैंक की सहभागिता के साथ सड़क परिवहन और राजमार्ग मंत्रालय के लिए हमारे अध्ययन से पता चलता है कि दिल्ली-मुंबई, दिल्ली-बैंगलोर, दिल्ली-चेन्नई, मुंबई-बैंगलोर और कोलकाता-बैंगलोर सहित पाँच प्रमुख माल परिवहन गलियारों में, जी.एस.टी. के बाद से, यात्रा का औसत समय 17.5 प्रतिशत कम हो गया है... जी.एस.टी. के उन्मूलन से रसद क्षेत्र में नियमों को मौलिक रूप से बदल दिया है... हमारे अध्ययन से पता चलता है कि परिवहन और वित्त जैसे सेवा क्षेत्रों के लिए सीमांत प्रभावी कर दर में जी.एस.टी. के बाद से 50 प्रतिशत से अधिक की गिरावट आई है।[11]

दिवालियापन और शोधन अक्षमता संहिता

जी.एस.टी. की तरह ही आई.बी.सी. पर भी कुछ समय से काम किया जा रहा था। लेकिन मोदी जी की सरकार ने इसे हकीकत बना दिया। आई.बी.सी. के तहत ऋणों की वसूली उन विकल्पों से कहीं बेहतर साबित हुई है जो आई.बी.सी. के आने से पहले भारत में ऋणदाताओं के पास थे।[12] भारतीय व्यवसायों के पास बाहर निकालने का विकल्प है और भारतीय ऋणदाताओं के पास अब वसूली का विकल्प है। इस प्रक्रिया में, वाणिज्यिक और उत्पादक परिसंपत्तियों को गंवाने की आवश्यकता नहीं थी। उन्हें उत्पादक हाथों में देकर पुनर्जीवित किया जा सकता है।

उपरोक्त के अलावा, पूर्वप्रभावी करारोपण को समाप्त करने के लिए भी पहल की गई थी। हम शुरू करते हैं 'बड़ा सोचने' के ऐसे साक्ष्य से, जो हाल ही में सामने आया है। वर्ष 2012-13 में, पिछली सरकार भारत के कर कानूनों में पूर्वप्रभावी

संशोधन लाई। एक निवेश गंतव्य के रूप में, भारत का आकर्षण कम हो गया था। जब मोदी जी सत्ता में आए, उनकी सरकार ने ना केवल समस्या को पहचाना, लेकिन इसके आयामों को भी स्पष्ट रूप से समझा। उनकी सरकार ने कर कानूनों में पूर्व में लागू संशोधनों को ना लाने का वादा किया और अपना वादा निभाया। दूसरे, इसने संभावित रूप से कर कानूनों को बदलने के लिए संप्रभु के अधिकार पर जोर दिया और स्पष्ट रूप से कहा कि कर कानून अंतर्राष्ट्रीय मध्यस्थता के विषय ना होकर एक सार्वभौम विशेषाधिकार हैं। तीसरा, साथ ही यह मध्यस्थता की कार्यवाई के लिए धैर्यपूर्वक इंतजार कर रहा था, जब वह कार्यालय में आए तो, अपने तार्किक निष्कर्ष पर पहुँचने के लिए, यह पहले से ही चल रहा था।

वर्ष 2020 के अंत में जब, जन मध्यस्थता की प्रक्रिया समाप्त हो गई, तो सरकार लगभग एक दशक पहले किए गए संशोधन के कारण हुए नुकसान को पूर्ववत करने में लग गई। इसने पूर्व में लागू कर संबंधी दावों को वापस ले लिया। जो बड़ी सोच का एक श्रेष्ठ उदाहरण है। सरकार, महामारी से तबाह हो चुके, सार्वजनिक वित्त को स्थापित करने के कठोर कार्य का सामना करने के बावजूद, अपने कर के दावों को छोड़ने में जरा भी नहीं हिचकिचाई और इस सड़ चुके विवाद को सुलझाया।

सार्वजनिक आस्तियों का मुद्रीकरण

इससे और अधिक नया है; वह घोषणा जो सरकार ने सार्वजनिक परिसंपत्तियों को पट्टे पर देकर उनका मुद्रीकरण करने के बारे में की। राजकोष और अर्थव्यवस्था दोनों के लिए सार्वजनिक परिसंपत्तियों की उत्पादकता, चाही गई उत्पादकता से कोसों दूर है। परिसंपत्तियों के मुद्रीकरण की सिफारिश के लिए बहुत अधिक कार्य किया गया है। सरकार ने सरकारी और सार्वजनिक परिसंपत्तियों के मुद्रीकरण का एक महत्वाकांक्षी लक्ष्य तय किया है, जिससे कि वह उनसे राष्ट्र के लिए बेहतर आर्थिक मूल्य प्राप्त कर सके। नीति आयोग द्वारा किए गए कार्यों के आधार पर, सरकार का अनुमान है कि मुद्रीकरण का सामर्थ्य '6 ट्रिलियन'[13] है। यह सकल घरेलू उत्पाद का लगभग 3 प्रतिशत है। यह सामर्थ्य और महत्वाकांक्षा बड़े हैं। जब निष्पादन किया जाएगा तो अर्थव्यवस्था को कम से कम दो तरीकों से लाभ होगा। एक है कि निजी क्षेत्र को सरकार की तुलना में परिसंपत्तियों से बेहतर दक्षता लाभ हासिल होने की संभावना है। दूसरा, सार्वजनिक और निजी क्षेत्रों के बीच एक सहयोगी दृष्टिकोण के माध्यम से मुद्रीकरण को आगे बढ़ाने के कार्यक्रम के लिए भारतीय पूंजी बाजारों के लिए संपार्श्विक लाभ भी बहुत होंगे।

आत्मनिर्भर भारत

सबसे नई पहल में तीसरी पहल जो; इस अध्याय की विषय-वस्तु से मिलती है वह हैं, उत्पादन से जुड़ी प्रोत्साहन (पी.एल.आई.) योजनाएं, जो सरकार ने विभिन्न क्षेत्रों के लिए पिछले डेढ़ वर्षों में घोषित की हैं। भारत शायद 'औद्योगिक-क्रांति' की बस से जरा सा चूक गया, क्योंकि औपनिवेशिक शासक औद्योगीकरण के फल को नकारने के लिए दृढ़ थे और इसे कच्चे माल और अपने तैयार उत्पादों के आयात करने के लिए एक महत्वपूर्ण बाजार के स्रोत के रूप में इस्तेमाल करना चाहते थे। पी.एल.आई. योजना का उद्देश्य भारत को हुए इस ऐतिहासिक नुकसान को ठीक करना है। यह भारत के असामयिक विऔद्योगीकरण के मिथक को दूर करने के लिए है। विभिन्न क्षेत्रों जैसे ऑटोमोबाइल, इलेक्ट्रॉनिक्स, फार्मासूटिकल्स, नवीकरणीय ऊर्जा, इलेक्ट्रिक बैटरी, स्टील - के लिए पी.एल.आई. योजना का उद्देश्य उत्पादन में वैश्विक स्तर हासिल करना है। इसका उद्देश्य भारत को कई क्षेत्रों में ग्लोबल मैन्युफेक्चरिंग हब का केंद्र बनाना है।

स्वतंत्रता के बाद, एक विदेशी शासन के अनुभव से आहत, सरकार ने आरक्षण के माध्यम से आयात प्रतिस्थापन और लघु उद्योगों को समर्थन देने का विकल्प चुना। इस प्रकार, भारत के औद्योगीकरण में और देरी हुई। ऐसे में इसे सुधारना आसान नहीं होने वाला था। इसकी शुरुआत 80 के दशक में लाइसेंसों के ब्रॉड-बैंडिंग से की गईं थीं और बाद 90 के दशक में प्रधानमंत्री पी.वी. नरसिम्हा राव द्वारा उसे आर्थिक उदारीकरण के भाग के रूप में अपनाते हुए, डी-लाइसेंसिंग के माध्यम से किया गया था। लेकिन यह भारत को विशिष्ट उत्पादों के वैश्विक विनिर्माण केंद्र के रूप में स्थापित करने के लिए पर्याप्त दूरी तय नहीं कर पाए। पी.एल.आई. योजना वैश्विक स्तर पर बड़ा सोचने के साहस को दर्शाती है।

जैसा कि सिटीग्रुप (इंडिया) का एक शोध ('मेक-इन' से 'सेल्फ-रेलायंट' - ए प्राइमर ऑन इंडियाज मेन्युफेक्चरिंग पुश', 16 अगस्त 2020) कहता है, महामारी के आलोक में, पी.एल.आई. योजना के नए स्तम्भ थे स्पष्ट राजकोषीय प्रोत्साहन, आयात पर प्रतिबंध, निर्यात पर कम ध्यान देना और अस्थाई आपूर्ति श्रृंखलाओं को भारत में आकर्षित करने की बड़ी अभिलाषा। हालांकि, वर्ष 2012 से इलेक्ट्रॉनिक्स, एक केन्द्रीय क्षेत्र रहा है, भारत ने वर्ष 2019 में इलेक्ट्रॉनिक्स उत्पादन पर एक नई नीति की घोषणा की थी।

भारत का इलेक्ट्रॉनिक्स निर्यात वर्ष 2021-22 के केवल नौ महीनों में वर्ष 2017-18 के 6.4 बिलियन अमेरिकी डॉलर से लगभग दोगुना होकर 11.1 बिलियन अमेरिकी डॉलर हो गया है। यह कहानी फार्मा क्षेत्र में खुद को दोहराती है। भारत में फार्मा का निर्यात भी पिछले एक दशक में दोगुना होकर वर्ष 2020-21 में 9.0 बिलियन अमेरिकी डॉलर से बढ़कर 24.4 बिलियन अमेरिकी डॉलर हो गया। इलेक्ट्रॉनिक्स और

फार्मासूटिकल्स अवयवों के घरेलू उत्पादन को प्रोत्साहित करके प्राप्त की गई सफलता का अनुकरण करने के लिए, सरकार ने मोबाईल फोन उत्पादन के लिए वैश्विक केंद्र बनने के लिए एक महत्वाकांक्षी योजना की घोषणा की है।

कई अंतर्राष्ट्रीय निर्माताओं ने मोबाईल फोन के लिए सरकार की पी.एल.आई. योजना पर प्रतिक्रिया दी है। बिजनेस स्टैन्डर्ड की एक रिपोर्ट[14] के अनुसार, एप्पल, सैमसंग जैसी कंपनियां और लावा समूह जैसी घरेलू कंपनी भारत में मोबाईल उपकरण निर्माण के लिए एक प्रमुख निर्यात केंद्र बनाने के लिए तैयार हैं।[15]

प्रख्यात अर्थशास्त्री इंदिरा राजारमन ने पी.एल.आई. को सराहनीय बताया है:

> 'एक और सराहनीय कदम उत्पादन के लिए प्रदर्शन से जुड़ा प्रोत्साहन तंत्र रहा है, जिसे अब तक तीन क्षेत्रों में विस्तारित गया है: इलेक्ट्रॉनिक्स हार्डवेयर का घरेलू उत्पादन; चिकित्सा उपकरण, जिसमें सुरक्षा उपकरण और परीक्षण किट शामिल हैं; और प्रभावकारी फार्मासूटिकल्स उपकरण जिन्हें वर्तमान में चीन से आयात किया जाता है। यह ऐसे समय में अत्यंत आशाजनक पहल है, जब निराशाजनक वैश्विक व्यापार परिदृश्य में फार्मासूटिकल्स और चिकित्सा उपकरण एकमात्र तरणशील क्षेत्र हैं। कम अवधि के लिए आने वाली इस प्रकार की सूक्ष्म पहल में प्रोत्साहन क्षमता अधिक होने की संभावना होती है बजाए, अधिक समग्र विस्तार वाले वित्तीय खर्च के जिसके तत्वों के आवंटन और अवशोषण के पहलुओं पर ध्यान नहीं दिया जाता।[16]

पी.एल.आई. योजनाएँ आत्मनिर्भर भारत की धारणा के प्रमाण हैं, जो अलगाव के प्रयासों के बजाए उत्कृष्टता के प्रयास हैं। यह विश्व के लिए भारत में बनाने के बारे में है।

विश्व का सबसे बड़ा टीकाकरण अभियान

यह देखते हुए कि हम एक महामारी के परिणाम से निपट रहे हैं, जिसने विश्व स्तर पर लगभग 5.4 मिलियन लोगों की जान ले ली है[17] - और अभी भी गिनती जारी है, भारत का टीकाकरण कार्यक्रम विश्व का सबसे बड़ा टीकाकरण कार्यक्रम है। दिसंबर 2021 के अंत तक, 817 मिलियन से अधिक लोगों को एक खुराक[18] दे दी गई थी, जबकि 601 मिलियन से अधिक लोगों का पूरी तरह से टीकाकरण[19] हो चुका था। भारत सरकार के स्वास्थ्य परिवार कल्याण मंत्रालय द्वारा विकसित कोविन एप और रचनात्मक अभियान ने टीकाकरण की रिकार्ड संख्या में योगदान दिया।

महामारी द्वारा पहुंचाए गए नुकसान का परिमाण विचार करने योग्य है यदि सात वर्ष पहले प्रधानमंत्री मोदी जी ने स्वच्छ भारत मिशन ना शुरू किया होता। मिशन

का शहरी भाग ग्रामीण क्षेत्रों में 10.7 करोड़ शौचालयों के निर्माण के अतिरिक्त शहरी क्षेत्रों के अंतर्गत लगभग 6.3 मिलियन घरों में व्यक्तिगत शौचालयों के निर्माण का और 616,000 सामुदायिक शौचालयों के निर्माण का साक्षी रहा है। दिसंबर 2021 के अंत तक, कुल 4,520 शहरों में से, 4,371 खुले में शौच मुक्त (ओ.डी.एफ.) शहर थे।[20]

आपूर्ति-पक्ष संरचनात्मक सुधार

ऐसी धारणा है कि प्रधानमंत्री मोदी जी के नेतृत्व में एन.डी.ए. सरकारों में वर्ष 2014 और 2019 में स्पष्ट आर्थिक रणनीति का अभाव रहा। इसे गहराई से देखने से पता चलता है कि इस आलोचना का कोई अर्थ नहीं है। आर्थिक सुधारों का पहला प्रवाह, हिचकिचाहट के साथ पहली बार 80 के दशक में शुरू हुआ था, और फिर वर्ष 1991 में 'भुगतान संतुलन संकट' के मद्देनजर पुनर्जीवित हुआ था; जो मुख्य रूप से बाहरी क्षेत्र और वित्तीय क्षेत्र पर केंद्रित था। इसने बहुत आसान कार्य किए हैं। लेकिन इस सदी के लगभग 25 वर्ष बीत जाने के बाद, जब मोदी जी सत्ता में आए तो उन्होंने एहसास किया कि यह भारतीय अर्थव्यवस्था का आपूर्ति-पक्ष था जिस पर ध्यान देने की आवश्यकता थी।

आपूर्ति-पक्ष में सुधार मजाक नहीं हैं, लेकिन यदि भारत को कम विकास-उच्च मुद्रास्फीति और अक्षमता के जाल से बचना है तो वह आवश्यक हैं। बहुत से लोग इसे ग्रामीण क्षेत्र, दैनिक वेतन भोगी श्रमिक और कृषि क्षेत्र आदि जैसे अनौपचारिक क्षेत्रों की कीमत पर भारतीय अर्थव्यवस्था के औपचारिकरण के रूप में देखते हैं। इसके विपरीत यह अनौपचारिक क्षेत्रों के औपचारिकरण के बारे में है, जब वह अपने परिवर्तनकाल में थे, तब भी उनकी देखभाल करते हुए और उनका समर्थन करते हुए। औपचारिकरण के बिना, वह ऋण और बाजार तक पहुँच का लाभ नहीं उठा पाएंगे जिसका आनंद, औपचारिक क्षेत्र में काम करने वाली फर्म उठातीं हैं। औपचारिकरण से सम्बद्ध पीड़ा को कम करने और यहाँ तक कि उसको दूर करने के लिए उनकी चिंता डी.बी.टी. पर जोर देने में स्पष्ट है।

वर्ष 2014 के बाद से उनके कई आर्थिक नीतिगत फैसले भारतीय अर्थव्यवस्था औपचारिकरण और आपूर्ति पक्ष को स्थिर करने के इस पूरे सिद्धांत के साथ सुसंगत हैं। उन्हें कौन दोष दे सकता है? पश्चिमी अर्थव्यवस्थाएं, प्रत्येक संरचनात्मक समस्या को कुल मांग में घाटे के मुद्दे के रूप में देखती हैं और उन्होंने लगातार मौद्रिक और राजकोषीय प्रोत्साहन प्रदान करना जारी रखा है। इसके परिणामस्वरूप, इसके मद्देनजर वह एक अस्थिर ऋण बोझ और अनिश्चित भविष्य का सामना करते हैं।

उनके जी.एस.टी. और आई.बी.सी. के सुधारों को उस आलोक में देखा जाना

चाहिए। सितंबर 2019 की साहसिक कर कटौती और पी.एल.आई. योजनाएँ, आपूर्ति-पक्ष के दृष्टिकोण के अनुरूप हैं। लेकिन अर्थव्यवस्था के लिए इस तरह के आपूर्ति-पक्ष के दृष्टिकोण के प्रमुख अंशों को उनके द्वारा की गई तीन पहलों में देखा जाना था। एक पहल, जो उनके पहले कार्यकाल के दौरान हुई और दो पहलें वर्ष 2020 में।

सबसे पहले, वर्ष 2014 में प्रधानमंत्री बनने के तुरंत बाद, मोदी जी ने विदेशों का दौरा किया। उन्होंने विशेष रूप से ऐसे समय में भी जब घरेलू पूंजी निर्माण बैंकिंग क्षेत्र में चल रही समस्याओं के कारण संघर्ष कर रहा था, भरपूर लाभांश का भुगतान किया । भारत में प्रत्यक्ष विदेशी निवेश वर्ष 2014 से महत्वपूर्ण रूप से बढ़ा है। भारत से अन्य देशों में प्रत्यक्ष विदेशी निवेश के लिए लेखांकन के बाद भी, भारत में शुद्ध एफ.डी.आई. (अन्य देशों में भारत के एफ.डी.आई. का शुद्ध) वर्ष 2014 के बाद से प्रति वर्ष यू.एस. डॉलर 30.3 बिलियन से अधिक हो गया है। हाल ही के वर्षों में, यह 40.0 बिलियन अमेरिकी डॉलर से अधिक हो गया है। यह आँकड़े वर्ष 2014 से पहले कभी नहीं देखे गए थे।

शुद्ध एफ.डी.आई. कई बिलियन अमेरिकी डॉलर में

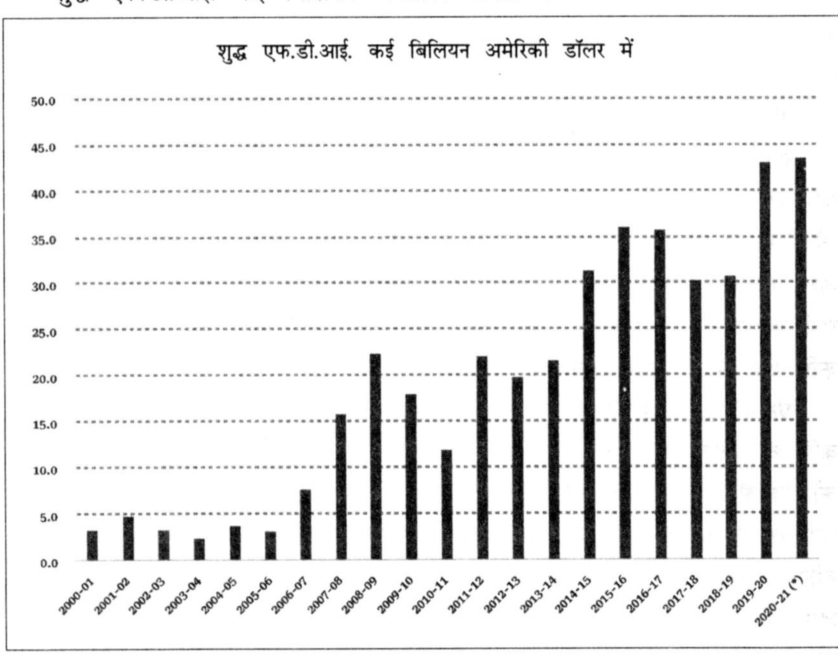

स्रोत: तालिका 148: विदेश निवेश अंतर्वाह, भारतीय अर्थव्यवस्था पर सांख्यिकी की पुस्तिका, भारतीय रिसर्व बैंक। (वर्ष 2020-21 के आँकड़े अनंतिम हैं)

निवेशक, किसी विदेशी देश पर सिर्फ इसीलिए भरोसा नहीं करते क्योंकि एक प्रधानमंत्री निवेश की तलाश में जाता है। मोदी जी के मामले में, गुजरात में उनके दिनों में विश्वास की स्थापना हुई; जैसा कि पहले उल्लेखित है, वह एक पारदर्शी, नीति-संचालित शासन की पेशकश करेंगे ना कि विवेकाधीन अथवा मनमाने शासन की। उनके कार्यकाल की शुरुआत में ही प्रदर्शन शुरू हो गया था; जब उन्होंने कोयले और अन्य खनन खंडों के लिए पारदर्शी ई-नीलामी की थी। वास्तव में, हम दृढ़ता से कह सकते हैं कि पूर्व में लागू कर के अनसुलझे मुद्दे विदेशी निवेशकों को नहीं रोक पाये, क्योंकि गुजरात में मोदी जी के प्रदर्शन और शासन के आधार पर उनका, मोदी जी में पूर्ण विश्वास था। उन्हें उम्मीद थी कि, दिल्ली चले जाने के बाद भी यह जारी रहेगा और मोदी जी ने उन्हें निराश नहीं किया।

लांस प्राइस ने अपनी किताब *मोदी इफेक्ट*[21] में प्रधानमंत्री जी के बारे में लिखा है कि मोदी जी ने भारत के मंगल मिशन, मंगलयान; जिसमें एक अंतरिक्ष यान छोड़ा गया था, जो सितंबर 2014 से मंगल ग्रह की परिक्रमा कर रहा है। सितंबर 2014 में न्यू यॉर्क के मेडीसन स्क्वायर गार्डन में भाषण देते हुए मोदी जी ने इंगित किया कि भारत ने मंगल ग्रह पर एक अंतरिक्ष यान केवल 7 रुपये प्रति किलोमीटर की दर से भेजा है, जबकि एक टैक्सी में अहमदाबाद को पार करने के लिए 10 रुपये प्रति किलोमीटर का खर्च आता है!

छः वर्ष आगे चलते हैं, और नई पद्धति में बचत की भावना अभी भी बरकरार थी। इस बार नीतिगत क्षेत्र में। महामारी के दौरान, विकसित देशों के विपरीत, मोदी जी ने अपने दुर्लभ वित्तीय संसाधनों को जरूरतमंदों और योग्य लोगों की ओर निर्देशित करने के लिए पाट दिया और साथ ही महामारी संकट को दीर्घकालिक समृद्धि के मार्ग पर चलने के अवसर में परिवर्तित कर दिया। दो सुधार प्रस्तावः श्रम सुधार और कृषि क्षेत्र सुधार सबसे अलग दिखते हैं।

प्रख्यात कृषि अर्थशास्त्री, अशोक गुलाटी ने भारत के कृषि क्षेत्र के सुधारों को कृषि के लिए वर्ष 1991 का क्षण कहा, क्योंकि कृषि क्षेत्र के सुधारों ने किसानों को प्रभावी ढंग से अपने उत्पाद को जिसे वह चाहते हैं, जब भी चाहते हैं और जहां वह चाहते हैं और जिस भी कीमत पर वह चाहते हैं; बेचने की अनुमति दी।[22] हरीश दामोदरन ने लिखा[23] कि सरकार ने ए.पी.एम.सी. अधिनियम को समाप्त कर दिया, किसानों को कहीं भी और हर जगह बेचने की अनुमति दी और आवश्यक वस्तु अधिनियम (ई.सी.ए.) के प्रावधानों को कमजोर कर दिया। इसने रिकार्ड मात्रा में खाद्यान्न की खरीद की, ऋण वितरित किए, किसानों के खातों में प्रत्यक्ष हस्तांतरण किया, पी.एम. किसान निधि योजना के अंतर्गत पहली किस्त का भुगतान स्थानांतरित किया और ग्रामीण रोजगार गारंटी कार्यक्रम (मनरेगा) में आवंटन बढ़ाया।

दामोदरन ने नोट किया कि भारत सरकार ने ग्रामीण अर्थव्यवस्था पर 1.5 लाख करोड़ रुपये (1.5 ट्रिलियन रुपये) खर्च किया था, और वह भी तीन महीने के अंतराल में। वार्षिक रूप से, यह सकल घरेलू उत्पाद का 3 प्रतिशत के लगभग बन गया - वह भी देशव्यापी तालाबंदी के बीच में, महामारी के बीच में। इसीलिए, लाखों प्रवासी कामगारों के गाँव में अपने घरों को वापस जाने के बावजूद, भारत ने अकाल या भुखमरी से संबंधित कष्टों का अनुभव नहीं किया।[24]

हाल ही में, सरकार ने नए कृषि कानूनों को निरस्त करके कृषि क्षेत्र के उदारीकरण पर एक सामरिक वापसी की। लेकिन, प्रधानमंत्री जी ने एक अलग और अधिक पारदर्शी प्रक्रिया के माध्यम से एक बेहतर कानून बनाने के लिए दरवाजा खुला रखा है। हालांकि, यह एक नाकामयाबी प्रतीत हो सकती है, लेकिन एक बहस, जो कृषि कानूनों ने शुरू की और जिस उदारीकरण का इसने वादा किया था, उन्होंने मिलकर एक सकारात्मक संचालक शक्ति की शुरुआत की है जिनको वापस लेना आसान नहीं होगा, भले ही अभी कानूनों को निरस्त कर दिया गया हो।

सरकार द्वारा शुरू किए गए श्रम सुधारों पर, क्रेडिट सुइस के अर्थशास्त्रियों ने लिखा:

> 'कई वर्षों के काम की परिणति में, 41 केन्द्रीय श्रम कानूनों को घटाकर चार कर दिया गया है (वर्ष 2016-19, 12 निरस्त, और 29 अब शामिल किए हैं)। धाराओं की संख्या में 60 प्रतिशत (1,232 तो 480) की गिरावट आई है, अब छः के बजाए एक पंजीकरण की आवश्यकता है, चार के बजाए एक लाइसेंस, और कई (हालांकि सभी नहीं) अपराधों का वैधीकरण किया है। संहिताओं को समसामयिक बनाया गया है (उदाहरण के लिए अर्थदंड बढ़ा दिया गया है; निश्चित अवधि के रोजगार की शुरुआत 69 प्रतिशत क्रमागत कारखाने के श्रमिकों के रूप में की गई थी वर्ष 1998-2018 (में) जो ठेकेदारी पर थे; गिग कर्मचारियों के लिए सामाजिक सुरक्षा शुरू की गई थी), और अनुपालन बोझ को कम करने के लिए फर्म-आकार की सीमाएँ बढ़ाई गईं: 10 से 20 तक एक कारखाना कहा जाएगा, 20 से 50 तक पर अनुबंध श्रमिक कानून लागू होंगे, और 100 से 300 स्थाई आदेश के लिए (छंटनी सहित)।[25]

यह हमें एक महत्वपूर्ण बिन्दु और इस अध्याय के अंतिम भाग पर लाता है। मोदी जी की सरकार द्वारा शुरू किए गए कई सुधारों को राज्यों द्वारा लागू किया जाना है, चाहे वह कृषि क्षेत्र का उदारीकरण हो, या श्रम कानून में सुधार या भारत की उच्च शिक्षा में सुधार हों। परंतु प्रधानमंत्री मोदी जी ने कार्य को गतिमान कर दिया है और बहस की शर्तों को बदल दिया है। वह एक दिन पूरे भारत में लागू होंगे। लेकिन पहली और बड़ी छलांग नरेंद्र मोदी जी ने ली थी।

आगे क्या?

जबकि प्रधानमंत्री जी सार्वजनिक जीवन के दो दशकों को पीछे मुड़ कर गर्व और संतुष्टि के साथ देख सकते हैं वह उनमें से नहीं हैं, जो अपनी ख्याति पर ठहर जाते हैं। वह अगले दशक और उससे आगे के लिए राष्ट्र निर्माण की कार्यसूची के बारे में सोच रहे होंगे। चिंता के तीन क्षेत्र दिमाग में आते हैं।

तालिबान द्वारा अफगानिस्तान पर कब्जा किए जाने से पड़ोस में सुरक्षा का माहौल बदल गया है। इसके परिणामस्वरूप, वह इस बात पर विचार करेंगे कि फिलहाल अफगानिस्तान में रणनीतिक गहराई की संभावित हानि की स्थिति में भारत को कैसे सुरक्षित किया जाए। इसकी लिए बड़ा सोचने और सुरक्षा के बारे में अलग तरीके से इसके सोचने की आवश्यकता है। आर्थिक और भौतिक सुरक्षा का एक साथ अनुसरण करना होगा क्योंकि आर्थिक सुरक्षा भौतिक सुरक्षा की गारंटी नहीं देती।

दूसरी बड़ी चुनौती भारत में सूक्ष्म, लघु और मध्यम उद्यमों (एम.एस.एम.ई.) को एक स्थायी रास्ते पर लाना है। भारत में सूक्ष्म उद्यमों कि संख्या बहुतायत में है, वहीं छोटे और मध्यम उद्यमों की कमी हैं। प्रधानमंत्री मोदी जी ने अपने सात वर्षों के कार्यकाल में एम.एस.एम.ई. के लिए व्यापार और ऋण की स्थिति में सुधार के लिए बहुत कुछ किया है। इस संबंध में जी.ई.एम. एक प्रमुख प्रदर्शनी है। यह सुनिश्चित करने के लिए कि वह सरकार के सभी स्तरों पर 'लाइसेंस, अनुपालन और निरीक्षण राज' के चंगुल से मुक्त हों, और बहुत कुछ किया जाना बाकी है। वह अपनी आजादी का इंतजार कर रहे हैं।

तीसरा और उन सबमें सबसे बड़ा, संवैधानिक सुधार है। संविधान की सातवीं अनुसूची जो केंद्र शासित प्रदेशों और राज्यों के बीच जिम्मेदारियों को विभाजित करती है और कुछ को दोनों के लिए 21वीं सदी के लिए एक क्रांतिकारी पुनर्विचार और जीर्णोद्धार की आवश्यकता है।

नोबेल पुरस्कार विजेता डेनियल कन्नमैन ने कहा था, कि मनुष्य बहुत बड़ी या बहुत छोटी संख्या को समझने में असमर्थ है। यदि उन्हें इस अध्याय में प्रस्तुत साक्ष्य के बारे में जानकारी होती तो शायद वह नरेंद्र मोदी जी के लिए एक अपवाद बना देते। कई नीतिगत पहल और जमीन पर किए परिवर्तन के साक्ष्य स्पष्ट रूप से स्थापित करते हैं कि नरेंद्र मोदी जी बड़ी संख्या को अधिकांश से अधिक बेहतर समझते हैं। यह ना केवल भारतीय राजनीतिक और आर्थिक इतिहास में, अपितु भारत में भी उनके स्थान के लिए शुभ संकेत है।

उज्ज्वला

एक समृद्ध भारत की ओर

अरविंद पणगड़िया

वर्ष 2012 में, यह अनुमान कि गुजरात के मुख्यमंत्री, नरेंद्र मोदी जी, भारत के प्रधानमंत्री कार्यालय के उम्मीदवार हो सकते हैं, गुजरात में उनके नेतृत्व में हुए प्रदर्शन पर एक जीवंत बहस का कारण बना था। उस समय, मैं तीन-वर्षीय शोध परियोजना के एक भाग के रूप में भारत के प्रमुख राज्यों के आर्थिक प्रदर्शन का अध्ययन कर रहा था, जिसका संचालन मैं कोलम्बिया विश्वविद्यालय में कर रहा था। मेरे लिए, आँकड़े स्पष्ट थे कि मुख्यमंत्री मोदी जी के नेतृत्व में गुजरात का आर्थिक प्रदर्शन उत्कृष्ट रहा था।

मैंने सितंबर 2012 में टाइम्स ऑफ इंडिया में अपने मासिक कॉलम में इस संदेश को व्यक्त किया। मैंने बताया कि वर्ष 2002-03 से 2009-10 के दौरान इसके शुद्ध राज्य घरेलू उत्पाद (एन.एस.डी.पी.) में 10.5 प्रतिशत की वार्षिक औसत दर से वृद्धि हुई है, और गुजरात भारत के प्रमुख राज्यों में शीर्ष प्रदर्शन करने वाला राज्य रहा है। इसके निकटतम प्रतिद्वंद्वी, महाराष्ट्र, इन्हीं वर्षों के दौरान 10.1 प्रतिशत की वार्षिक दर से बढ़ा था। वर्ष 2002-03 में बड़े राज्यों में प्रति व्यक्ति एन.एस.डी.पी. रैंकिंग में छठे स्थान से शुरू होकर, गुजरात राज्य वर्ष 2005-06 में तमिल नाडु, केरल और पंजाब से बेहतर प्रदर्शन करते हुए, ऊपर चढ़ कर तीसरे स्थान पर पहुँच गया था। वर्ष 2012 में, इसने उस रैंक को बरकरार रखा।

मैंने लेख में आगे लिखा कि जहां मीडिया ने मोदी जी के नेतृत्व में गुजरात के कृषि प्रदर्शन पर आवश्यकता से अधिक ध्यान दिया था, वहीं इसके प्रभावशाली प्रदर्शन की असली कुंजी, उत्पादन क्षेत्र में थी। यह राज्य के एन.एस.डी.पी. के 27.4 प्रतिशत के लिए जिम्मेदार है, जबकि इसकी तुलना में भारत-व्यापी औसत केवल 15 प्रतिशत है। वर्ष 2004-05 और 2009-10 के बीच उच्च वृद्धि गरीबी अनुपात में नौ प्रतिशत अंक की कमी का कारण बनी है। वर्ष 2009-10 में, राज्य में गरीबी अनुपात भारत-व्याप्त औसत से सात प्रतिशत अंक नीचे रहा है।

यह आर्थिक प्रदर्शन, निश्चित रूप से, समग्र नीतिगत पहल, परिश्रमी कार्यान्वयन

और शीर्ष पर भ्रष्टाचार मुक्त शासन का परिणाम था। मुख्यमंत्री जी ने प्रदेश में उच्च गुणवत्ता वाली सड़कों और अच्छी तरह से काम करने वाले बंदरगाहों का निर्माण, निर्बाध बिजली की व्यवस्था, उद्यमों द्वारा स्व-मूल्यांकन पर अधिक निर्भरता के माध्यम से इंस्पेक्टर राज को कम करके, श्रम विवादों के शीघ्र निपटारे और वाइब्रेन्ट गुजरात शिखर सम्मेलन जैसी पहल से राज्य में व्यवसाय के लिए अनुकूल वातावरण बनाने के विशेष प्रयास किए थे।

इस सबके अतिरिक्त, मुझे बाद में यह पता चला, कि उनकी दूरदर्शिता गुजरात के विशेष आर्थिक क्षेत्रों (एस.ई.जेड.) में श्रम बाजारों को किसी भी अन्य राज्य की तुलना में अधिक लचीला बनाने में असाधारण थी। मार्च 2004 में, वर्ष 1947 के औद्योगिक विवाद अधिनियम में संशोधन के माध्यम से, उन्होंने गुजरात में एस.ई.जेड. में सभी आकार के उद्यमों के अधिकार भी बहाल किए थे। उन उद्यमों को बस बर्खास्त किए गए कर्मचारियों को, उनके द्वारा काम किए गए प्रत्येक वर्ष के लिए 45 दिन के वेतन का भुगतान करना था। इस सुधार ने गुजरात में एस.ई.जेड. की भारी सफलता में योगदान दिया। वर्ष 2008 और 2015 के बीच भारत में एस.ई.जेड. के निर्यातों में, उनका हिस्सा 49 प्रतिशत था। यह देखते हुए कि सभी एस.ई.जेड. द्वारा भारत में किया गया निर्यात वर्ष 2010-11 और 2014-15 के बीच भारत के कुल निर्यात का एक-चौथाई से अधिक था, जिन्होंने स्वयं वर्ष 2003-04 के बाद से असाधारण रूप से तेजी से विकास देखा था, यह प्रदर्शन दोगुना प्रभावशाली था।

टाइम्स ऑफ इंडिया में मेरे लेख ने मुख्यमंत्री जी का ध्यान खींचा और मुझे उनके सीधे संपर्क मे लाया। मैं उनसे पहली बार, नवंबर 2012 में गांधीनगर में उनके कार्यालय में एक घंटे के लिए मिला था। उस एक घंटे में, मैंने प्रत्यक्ष रूप से उनकी विशिष्ट शासन शैली और अर्थव्यवस्था के सभी क्षेत्रों में, उनके द्वारा की गई कई पहल के बारे में जाना। इसके बाद, जैसे ही प्रधानमंत्री के पद के लिए उनकी उम्मीदवारी ने गति ली, मुझे कई अवसरों पर भारत की अर्थव्यवस्था पर उनके साथ बातचीत करने का असामान्य अवसर मिला। इन मुलाकातों के दौरान, हमने भारत को एक उच्च-विकास के चक्र में पुनः स्थापित करने के लिए, आवश्यक सुधारों पर विस्तार में चर्चा की। इन मुलाकातों के दौरान मुख्यमंत्री जी की ऊर्जा विस्मयकारी थी। एक अवसर पर, उन्होंने मुझे मेरी कई प्रस्तुतियों को प्रस्तुत करने को कहा, जो लगभग सात घंटों तक चलीं!

राष्ट्रीय मंच पर

इसमें मोदी जी संसदीय चुनावों में एक निर्णायक जीत हासिल कर भारत के प्रधानमंत्री बने, एक पद जिस पर वह, सात वर्ष बाद भी बने हुए हैं। वर्ष 2019 में, उन्होंने

अपनी पार्टी के लिए वर्ष 2014 से अधिक संसदीय सीटों की संख्या और गठबंध के साथ एक और जीत हासिल की। उनके पहले कार्यकाल के दौरान, मुझे नीति आयोग के पहले उपाध्यक्ष के रूप में काम करने का सौभाग्य मिला एक संस्था; जिसे उन्होंने भूतपूर्व योजना आयोग को बदलने के लिए बनाया था। यह भारतीय स्वतंत्रता के इतिहास में 65 वर्षों से अधिक समय में पहली बार था कि किसी प्रधानमंत्री ने कैबिनेट मंत्री के पद पर हाल ही में विदेश से लौटे, किसी व्यक्ति को नियुक्त करने का साहस दिखाया हो। इस पद ने मुझे एक नई संस्था को आकार देने और राष्ट्रीय आर्थिक नीतियों में योगदान करने का अवसर प्रदान किया, जो एक शिक्षक के लिए दुर्लभ है। जो दो वर्ष और आठ महीने मैंने इस पद पर बिताए, वह प्रिंसटन में मेरी पीएच.डी. डिग्री पूरी होने के बाद से, 43 वर्षों तक फैले मेरे पूरे पेशेवर जीवन में सर्वश्रेष्ठ रहे।

प्रधानमंत्री मोदी जी के कार्यकाल के पहले पाँच वर्षों के दौरान, अर्थव्यवस्थ 7.4 प्रतिशत की औसत वार्षिक दर से बढ़ी, मुद्रास्फीति 5 प्रतिशत से नीचे रही, चालू खाता घाटा 2 प्रतिशत से नीचे रहा और राजकोषीय घाटा हर वर्ष घट रहा था। सभी मानकों के अनुसार, यह एक ऐसी अर्थव्यवस्था के लिए एक प्रभावशाली वापसी थी; जो पिछले दो वर्षों के दौरान निवर्तमान संयुक्त प्रगतिशील गठबंधन (यू.पी.ए.) सरकार 2 के कार्यकाल के दौरान लगभग संकट में थी। लेकिन यह ऐसी धारणा नहीं है, जो कोई भारत अथवा विदेश में मीडिया कवरेज से प्राप्त कर सकता है, जिसने पिछले दो वर्षों को ही अपनी कवरेज के केंद्र के लिए में चुना, जब अर्थव्यवस्था का प्रदर्शन खराब रहा था।

यह निश्चित है कि पिछले दो वर्षों के दौरान विकास में नाकामयाबी मिली है, जिसमें वर्ष 2019-20 के दौरान सकल घरेलू उत्पाद में केवल 4 प्रतिशत की वृद्धि हुई है और फिर वर्ष 2020-21 के दौरान अभूतपूर्व रूप से 7.3 प्रतिशत की गिरावट आई। वर्ष 2019-20 में कम विकास दर का कारण था; निगमों और सार्वजनिक क्षेत्र के बैंकों (पी.एस.बी.) दोनों की बैलेंस शीट का बहुत अधिक कमजोर होना, जो वर्ष 2008-14 के दौरान निगमों द्वारा लापरवाही से उधार लेने और सार्वजनिक क्षेत्रों के बैंकों द्वारा उधार देने के मद्देनजर हुई। मोदी जी की सरकार की सुधारात्मक प्रतिक्रिया में देरी ने उन्हें विरासत में मिली मुसीबतों को और बढ़ा दिया।

जबकि सुधारात्मक कार्यवाही अभी चल ही रही थी, दुर्भाग्य से, भारत और विश्व अर्थव्यवस्था कोविड-19 की चपेट में आ गई। वायरस के बारे में अधूरी जानकारी और इससे लड़ने के लिए तैयारियों की कमी के चलते, भारत ने महामारी की पहली तिमाही में एक गंभीर तालाबंदी का विवेकपूर्ण कदम उठाया। इसके परिणाम के रूप में उस तिमाही (अप्रैल-जून 2020) में सकल घरेलू उत्पाद में 24.4 प्रतिशत और वर्ष

2020-21 के पूरे वित्त वर्ष में 7.3 प्रतिशत की गिरावट आई। फिर भी, अर्थव्यवस्था ने निरंतर कोविड-19 संकट के बावजूद, वर्ष 2020-21 के उत्तरार्ध में प्रभावशाली सुधार किया। वर्ष की इस दूसरी छमाही के दौरान सकल घरेलू उत्पाद एक वर्ष पहले की इसी (पूर्व कोविड-19) अवधि से अधिक हो गया।

जबसे भारत टीकाकरण अभियान में तेजी से प्रगति कर रहा है, तब से सामान्य स्थिति में लौटने की संभावनाएँ दिन-ब-दिन तेज होती जा रही हैं। छोटी अवधि के भीतर, देश ने टीके की आश्चर्यजनक 1.45 बिलियन खुराकें दीं हैं। दिसंबर 2021 के अंत तक, पहले ही 90 प्रतिशत से भी अधिक वयस्क आबादी कम से कम एक खुराक ले चुकी है और 60 प्रतिशत आबादी दोनों खुराकें ले चुकी है। टीकों की आपूर्ति हर महीने बढ़ रही है और वर्तमान में यह प्रति माह लगभग 250 मिलियन खुराक हो गई है। ऐसा कहना, अतिरिक्त सुरक्षा उपायों जैसे कि मास्क का उपयोग और अधिक भीड़-भाड़ वाले स्थानों के बचने के महत्व को नकारा नहीं जा सकता है। इजराइल, संयुक्त राष्ट्र अमेरिका और यूनाइटेड किंगडम के साक्ष्य स्पष्ट हैं कि पूरी आबादी के दो-तिहाई का पूर्ण टीकाकरण भी कोरोना वायरस के डेल्टा प्रकार के विरुद्ध पर्याप्त सुरक्षा साबित नहीं हुआ।

एक बार सामान्य स्थिति बहाल हो जाने के बाद, भारत में दो या अधिक दशकों के लिए 7-8 प्रतिशत की दर से निरंतर विकास की उत्कृष्ट संभावनाएँ हैं। मेरे आशावादी होने के तीन कारण है। पहला, भारत में औसत श्रम उत्पादकता, जो कि इसकी 2000 अमेरिकी डॉलर प्रति वर्ष की न्यूनतम प्रति व्यक्ति आय से प्रतिबिंबित है, चीन, दक्षिण कोरिया और ताइवान जैसे तुलनात्मक देशों से बहुत पीछे है। इसका अर्थ है कि भारत में केवल मौजूदा प्रौद्योगिकी के अवशोषण के माध्यम से ही विकास की पर्याप्त गुंजाइश है। दूसरा, भारत की वर्तमान बचत दर, जो कि 30 प्रतिशत या उससे भी नीचे, वर्ष 2007-08 में अपने पिछले 37 प्रतिशत के शिखर से बहुत कम है। इसीलिए, आने वाले वर्षों में बचत दर को बढ़ाने की बहुत गुंजाइश है। अंत में, और सबसे महत्वपूर्ण, मोदी जी की सरकार ने पिछले पाँच वर्षों में कई सुधार प्रस्तावित किए हैं। केंद्र और राज्य सरकार की नौकरशाही की धीमी गति से नए कानूनों को लागू करने के कारण, सुधारों को लागू करने और उनके पूर्ण लाभकारी प्रभावों को समझने में बहुत समय लग जाता है3।

चूंकि मौजूदा मंदी ने निराशावाद का माहौल बना दिया है, इसीलिए मोदी जी के युग के दौरान प्रस्तुत कुछ प्रमुख आर्थिक सुधारों और संबंधित उपायों को याद करना महत्वपूर्ण है। उनकी गहराई को तभी सराहा जा सकता है जब हम उन्हें समग्रता से देखें और तभी हम भविष्य में विकास के लिए उनके संकल्प को भी समझ सकेंगे।

बड़े नीति सुधार

कम से कम छः बड़े सुधार हैं; जिनकी चर्चा दस-बीस वर्षों से हो रही थी, लेकिन पिछली कोई भी सरकार उन्हें लागू करने का साहस नहीं जुटा पाई। मोदी जी ने ना केवल इन सुधारों को लागू किया है, अपितु उनकी पूरी जिम्मेदारी भी ले ली है। दिनांक 11 अगस्त 2021 को भारतीय उद्योग परिसंघ में दिए उनके एक भाषण को उद्धरित करते हुए, 'हमने निडर फैसले लिए हैं। महामारी के दौरान भी सुधार जारी रहे। सरकार मजबूरी से नहीं बल्कि विश्वास से सुधार कर रही है'। एक वाक्यांश, 'सुधारों पर कोई आम सहमति नहीं है', जिसे कई पूर्व नेताओं ने अपनी कार्यवाही की कमी को सही ठहराने के लिए प्रयोग किया, से यह परिवर्तन 'मजबूरी के बजाए दृढ़ विश्वास से सुधार' एक स्फूर्तिदायक बदलाव है।

एक आधुनिक दिवालियापन कानून: सरकार ने जो पहला बड़ा सुधार पेश किया, वह दिवालियापन और शोधन अक्षमता संहिता 2016 के माध्यम से आधुनिक दिवालियापन कानून है। पहली बार, उधार देने वाले उधार लेने वालों से अपने भुगतान को ना चुका पाने की स्थिति में एक दिवालियापन न्यायालय में मुकद्दमा कर सकते हैं और 90 दिनों की अतिरिक्त वृद्धि की संभावना के साथ, 180 दिनों के भीतर समय-बद्ध समाधान की उम्मीद कर सकते हैं। हालांकि इस समय सीमा का हमेशा पालन नहीं हुआ है, फिर भी समाधान की गति और वसूली की मात्रा में एक उछाल देखा गया है; जो लंबे समय से भारत में असंभव लग रहा था।

पूर्व में, समाधान में कई वर्षों का समय लगता था; जो कभी एक दशक अथवा उससे भी अधिक तक होता था, जिसके कारण उधार लेने वालों की अधिकांश संपत्ति (भूमि के अलावा) मूल्यहीन हो जाती थी। दिवालियापन की कार्यवाही के आधीन, तेजी से समाधान ने अब महत्वपूर्ण मूल्य की वसूली के साथ-साथ उद्यम के पुनरुद्धार का मार्ग भी प्रशस्त किया है। लेनदारों द्वारा दिवालियापन न्यायालय में चुनौती की संभावना भी उधार लेने वालों द्वारा भुगतान में देरी की कॉर्पोरेट संस्कृति को खत्म करने के लिए शुरू की गई है। लंबे समय में, यह वित्तीय क्षेत्र को काफी मजबूत करने का वादा करता है।

स्पष्ट तथ्यों के अतिरिक्त कि एक सही प्रकार से काम कर रही, दिवालियापन संहिता समाप्त होने वाले उद्यम की संपत्ति के मूल्य को संरक्षित करने में मदद करती है और इसके पुनरुद्धार की संभावना को बढ़ाती है, इस कानून का सबसे बड़ा दीर्घकालिक लाभ; नए व्यवसायों में प्रवेश करने के जोखिम को कम करने के परिणामस्वरूप नए निवेश को प्रेरणा देना है। जब उद्यमियों को एक ऐसे माहौल का सामना करना पड़ता है, जिसमें बाहर का रास्ता बहुत लंबा और महंगा होता है, तो

वह उच्च प्रतिफल के वादे के बावजूद ऐसे निवेश करने में अधिक सतर्क रहते हैं, जहां असफल होने की संभावना अधिक होती है। लेनदार भी इस प्रकार के निवेशों में पैसा लगाने से हिचकिचाते हैं। इसका परिणाम यह होता है कि केवल लंबी अवधि में विफलता के न्यूनतम जोखिम के आधीन निवेश किए जाते हैं। जिन परियोजनाओं में बड़े पूंजी निवेश की आवश्यकता होती है और उच्च प्रतिफल का वादा किया जाता है, भले ही उसमें विफलता का जोखिम कम हो, उसमें निवेश नहीं किया जाता है। एक सही प्रकार से काम करने वाला दिवालियापन कानून, इस समस्या को दूर करता है।

वस्तु एवं सेवा कर: मोदी जी की सरकार ने एक ही राष्ट्रव्यापी वस्तु एवं सेवा कर (जी.एस.टी.) द्वारा अप्रत्यक्ष केन्द्रीय और राज्य करों के बहुतायत को बदल दिया। वैट द्वारा उत्पाद शुल्कों को बदलने का प्रयास 1980 के दशक के उत्तरार्ध मे शुरू हो गया था। यहाँ तक कि किसी दी गई वस्तु पर, एक राष्ट्रव्यापी वैट का विचार भी दो दशक पहले वर्ष 2000 में रखा गया था। लेकिन ना तो वाजपेयी जी की सरकार और ना ही यू.पी.ए. की सरकार, इस कठिन सुधार को लागू करने के लिए आवश्यक आम सहमति बनाने में सफल हो सकी। इसे साकार करने के लिए मोदी जी की सरकार द्वारा राज्य सरकारों के साथ ठोस प्रयास और सावधानीपूर्वक बातचीत की गई। इस बदलाव के लिए कम से कम चार पृथक केन्द्रीय कानून और एक संवैधानिक संशोधन लागू करने की आवश्यकता थी, जिसको संसद और 18 राज्य विधानसभाओं द्वारा अनुमोदित किया जाना था।

कई करों के पिछले शासन से जुड़ी विकृतियों की आर्थिक लागत को समाप्त करने के अलावा, जी.एस.टी. ने अप्रत्यक्ष कर प्रणाली को बहुत सरल बना दिया; जिससे कर चोरी मुश्किल हो गई और अधिक से अधिक उद्यम कर के दायरे में लाने शुरू कर दिए। चूंकि भारत में प्रत्यक्ष करों के लिए कर आधार संकीर्ण बना हुआ है और मध्यम अवधि में पर्याप्त विस्तार की अपेक्षाकृत कम संभावनाएँ हैं, इसीलिए एक मजबूत अप्रत्यक्ष कर प्रणाली बहुत आवश्यक है। अंतिम वस्तुओं और सेवाओं की खरीद पर प्रभावी रूप से उपभोग कर होने के कारण, यह एकमात्र ऐसा कर है जिसका भुगतान लगभग सभी नागरिकों को करना होता है। वैसे भी, यह लंबे समय में राजस्व का प्रमुख स्रोत होने का वादा करता है। पहले ही, चाहे आर्थिक गतिविधि कोविड-19 के झटके से पूरी तरह उबर नहीं पाई है, जी.एस.टी. राजस्व पूर्व-कोविड-19 शिखर से काफी ऊपर पहुँच गया है और एक अभूतपूर्व दर से बढ़ रहा है।

पूर्व में, कई राज्यों में जगह जगह पर स्थित कर वसूली की चौकियाँ, सड़क पर माल की आवाजाही को बहुत धीमा कर देती थीं। वह परिवहन मार्गों पर विभिन्न चेक पोस्टों की रखवाली करने वालों में भ्रष्टाचार का एक स्रोत भी थे। कई चौकियों पर

लागू कर के स्थान पर एकल राष्ट्रव्यापी कर जी.एस.टी. ने, जिसका भुगतान डिजिटल रूप से किया जाता है और कर देने और लेने वालों के बीच न्यूनतम बातचीत की आवश्यकता होती है, भ्रष्टाचार को काबू करने और माल के परिवहन में तेजी लाने में मदद की है, खास तौर पर तब जब वाहनों को कई राज्यों की सीमाओं को पार करना होता है।

श्रम कानून सुधार: कुछ समय पहले तक, भारत में ज्यादा से ज्यादा 29 पृथक और कभी-कभी विरोधाभासी केन्द्रीय श्रम कानून थे। मोदी जी की सरकार ने उनको चार श्रम संहिताओं से बदल दिया है; जो आंतरिक रूप से सिलसिलेवार और स्पष्ट है। पुराने श्रम कानूनों को सरल और युक्तिसंगत बनाने के अलावा, श्रम बाजारों में अधिक लचीलापन देने और कर्मचारियों और नियोक्ताओं के अधिकारों के बीच बेहतर संतुलन लाने के लिए यह संहिताएं, उनमें सुधार भी करती हैं। अन्य बातों के अतिरिक्त, औद्योगिक संबंधों पर यह संहिताएं ऐसे उत्पादन उद्यमों के अधिकार को पुनर्स्थापित करतीं हैं, जिसमें 300 अथवा कम कर्मचारी काम करते हैं, जिससे कि वह उनके काम करने के प्रत्येक वर्ष के लिए उचित मुआवज़े पर छंटनी कर सकें। पहले, केवल उन उत्पादन उद्यमों के पास यह अधिकार था जहां 100 अथवा उससे कम कर्मचारी काम करते हैं।

आलोचकों ने सही तर्क दिया है कि संशोधित सीमा अभी भी कम है और इसे बहुत उच्च स्तर पर स्थापित किया जाना चाहिए, यहाँ तक की समाप्त ही कर देना चाहिए। लेकिन सकारात्मक पक्ष पर, संशोधित संहिता स्पष्ट रूप से राज्यों को अधिसूचना के माध्यम से सीमा को किसी भी स्तर तक बढ़ाने का अधिकार देती है। इसके अलावा, संहिता नियत अवधि के रोजगार के लिए एक प्रावधान भी प्रस्तुत करती है, जिसको उद्यम की इच्छा अनुसार कितनी भी बार नवीनीकृत किया जा सकता है। यह प्रावधान 300 से अधिक श्रमिकों वाले उद्यमों को नए श्रमिकों को अनंत समय तक बनाए रखने के डर के बिना, अपने कार्यबल के आकार के विस्तार में काफी लचीलापन प्रदान करता है। नई संहिताओं में शामिल अतिरिक्त सुधारों में महिलाओं पर रात की पाली में काम करने के प्रबंध को हटाना, अनुपालन रिपोर्ट दाखिल करने से छूट प्राप्त उद्यमों की सीमा वृद्धि, मोल-तोल करने के संघ के अधिकार में अधिक पारदर्शिता और श्रम कानून से संबंधित अनुपालन रिपोर्ट दाखिल करने की प्रक्रियाओं को सरल बनाना। शामिल हैं।

दक्षिण कोरिया, ताइवान और चीन जैसे आर्थिक रूप से सफल देशों में अपने समकक्षों के सापेक्ष भारतीय उद्यमों के बौनेपन में भारत में श्रम कानूनों की कठोरता का महत्वपूर्ण योगदान रहा है। इसने परिधान, जूते और अन्य हल्के उत्पादों जैसे श्रम

प्रधान क्षेत्रों के घटिया प्रदर्शन में भी योगदान दिया है। यह क्षेत्र विकासशील देशों में सीमित कौशल वाले श्रमिकों के लिए अच्छे वेतन वाली नौकरियों का प्राथमिक इंजन हैं। विकास के शुरुआती चरणों में, कृषि में श्रमबल के शुरुआती बड़े अनुपात वाले सभी देशों ने इन श्रम-प्रधान क्षेत्रों में बड़ी मात्रा में नौकरियों के सृजन के माध्यम से स्वयं को आधुनिक अर्थव्यवस्थाओं में बदल दिया। श्रम कानूनों में काफी हद तक सुधारों का एक सही प्रकार से काम कर रहे दिवालियापन कानून के साथ संयोजन के कारण, आज भारत में सीमित कौशल वाले श्रमिकों के लिए त्वरित रोजगार सृजन करने की संभावनाएँ, उल्लेखनीय ढंग से बेहतर हैं।

कृषि कानून: यह सुनिश्चित करने के लिए कि किसानों को अपनी उपज को सर्वोत्तम मूल्य पर बेचने के अधिकारों से अनिश्चित काल तक वंचित ना किया जाए और वह पूर्व-निर्धारित कीमतों पर खाद्य संसाधक और निर्यातकों जैसे उपज के खरीदारों के साथ अनुबंध करने में सक्षम हों, मोदी जी की सरकार ने संविधान के अंतर्गत प्रदत्त शक्तियों का इस्तेमाल कर केन्द्रीय कानूनों के माध्यम से सुधारों को लागू करने का साहस दिखाया है। इसके साथ ही, उन्होंने आवश्यक वस्तु अधिनियम में संशोधन लागू किए, जो पूर्व सरकारों के नीतिगत एजेंडे में था, लेकिन उस पर कोई कार्यवाही नहीं की गई थी।

हालांकि, दुर्भाग्य से, इन लंबे समय से प्रतीक्षित किसान-समर्थक सुधारों को दो राज्यों, पंजाब और हरियाणा के किसानों द्वारा एक लंबे आंदोलन के कारण वापस लेना पड़ा। कानूनों को वापस लेने का निर्णय प्रधानमंत्री जी के लिए कठिन था। इन कानूनों को वापस लेते समय राष्ट्र को संबोधित करते हुए उन्होंने कहा, यह कानून किसानों के हित के लिए लाए थे और वह उसे राष्ट्र के हित में वापस ले रहे हैं।

कॉर्पोरेट लाभ कर का सरलीकरण और कटौती: भारत में, तुलनात्मक देशों के संबंध में कॉर्पोरेट लाभ कर की दरें बहुत अधिक रही हैं। यही नहीं, विभिन्न प्रकार की छूट, भ्रष्टाचार और कर चोरी के लिए भी द्वार खोलती हैं। उच्च कर परिवर्तित होते हैं कम प्रतिधारित आय में जो कॉर्पोरेट बचत की कम मात्रा का कारण बनते हैं जिसके कारण अपेक्षाकृत अधिक उत्पादक निवेश होते हैं।

मोदी जी की सरकार ने कॉर्पोरेट लाभ कर की दरों को बहुत सरल और कम कर दिया है। इसने उत्पादन में नए निवेश के लिए कॉर्पोरेट लाभ पर कर की दर लगभग 35 प्रतिशत से घटाकर 17 प्रतिशत कर दी है, और बिना किसी छूट की अनुमति के अन्य सभी निवेशों के लिए 25.2 प्रतिशत कर दी है। इस प्रकार उस सुधार ने कई जटिल और मनमानी छूटों को समाप्त कर दिया और प्रभावी कर दर को अंतर्राष्ट्रीय मानकों के अनुरूप पुनः संगठित कर दिया है। भारत की राजनीति के भीतर, सर्वव्यापी समाजवाद के भूत के साथ, यह एक निडर सुधार है।

कॉर्पोरेट लाभ कर में कमी, प्रभावी रूप से बड़ी कॉर्पोरेट बचत और निवेश में बदल जाती है। वैसे भी, यह उम्मीद की जा सकती है कि निजी निवेश की समग्र दर में वृद्धि हो। यह विदेशी निवेश को भी बड़ी मात्रा में आकर्षित करेगा। नए उत्पादन निवेशों पर कम कर की दर कुल निजी निवेश में इस क्षेत्र की हिस्सेदारी बढ़ाने में विशेष रूप से सहायक होगी। जब हम अन्य पूरक सुधारों; दिवालियापन और शोधन अक्षमता संहिता, श्रम कानूनों में सुधार और जी.एस.टी., को ध्यान में रखते हैं तो इस बदलाव की संभावनाएं दोगुनी हो जाती हैं।

वर्ष 1956 के भारतीय चिकित्सा परिषद अधिनियम का अंत: भारत में सुधार का अंतिम मुश्किल-से-नेविगेट क्षेत्र चिकित्सा शिक्षा रहा है। यू.पी.ए. ने अत्यधिक भ्रष्ट भारतीय चिकित्सा परिषद (एम.सी.आई.) को एक वैकल्पिक नियामक संस्था द्वारा बदलने की बार-बार कोशिश की, लेकिन असफल रहा। वर्तमान सरकार ने पुरातन भारतीय चिकित्सा परिषद अधिनियम 1956 को पूरी तरह से एक नए कानून के साथ सफलतापूर्वक बदल दिया है। इससे चिकित्सा शिक्षा का संचालन करने वाली नियामक व्यवस्था का आधुनिकीकरण हुआ और इसने सभी स्तरों पर अनेक बाधाओं को दूर भी किया है, जिससे कि इसका विस्तार तेजी से हो सके। इसके साथ साथ, इसी प्रकार के कानूनों ने होम्योपैथी और भारतीय चिकित्सा पद्धति में शिक्षा के नियामक व्यवस्थाओं का संचालन करने वाले पुराने कानूनों का स्थान ले लिया है।

अभी से ही चिकित्सा शिक्षा पर नए कानून का असर महसूस किया जा रहा है। पुराने शासन के तहत, एम.सी.आई. द्वारा नए चिकित्सा कॉलेजों के विस्तार और मौजूदा चिकित्सा कॉलेजों में अनुमति प्राप्त छात्रों की संख्या, दोनों पर कड़ा नियंत्रण रखा गया था। जिसके परिणामस्वरूप, कई दशकों तक चिकित्सकों की आपूर्ति धीरे धीरे बढ़ी और वर्तमान में देश की जरूरतों से बहुत कम है। एम.सी.आई. के उन्मूलन के बाद से, सरकार ने सफलतापूर्वक चिकित्सा कॉलेजों के विस्तार को गति दी है। नया कानून बुनियादी प्राथमिक स्वास्थ्य सेवा के योग्य चिकित्सकों को तैयार करने के लिए छोटे पाठ्यक्रमों के लिए भी दरवाजे खोलता है। मध्य से लंबी अवधि में, यह बाद में शामिल इस प्रावधान से ग्रामीण क्षेत्रों में बड़ी संख्या में पूरी तरह से अयोग्य चिकित्सकों को योग्य चिकित्सकों द्वारा बदलने में सहायता करेगा।

अन्य आर्थिक नीति सुधार

वर्ष 1991 के सुधारों से पहले, कुछ क्षेत्र में पब्लिक सेक्टर के विशिष्ट संरक्षित क्षेत्र थे तो वहीं अन्य क्षेत्र लाइसेंस आधारित थे। अधिकांश क्षेत्र विदेशी निवेशकों के लिए भी वर्जित थे। वर्ष 1991 की नई औद्योगिक नीति ने इन सभी प्रतिबंधों को हटाने

का लक्ष्य रखा है। फिर भी, सुधारों के 25 वर्षों के बाद भी, कुछ क्षेत्र निजी क्षेत्रों की सीमा से बाहर थे, जबकि अन्य अभी भी विदेशी निवेशकों के लिए खोलना बाकी था। मोदी जी की सरकार ने विदेशी निवेशकों को आकर्षित करने के लिए खुले क्षेत्रों में प्रत्यक्ष विदेशी निवेश (एफ.डी.आई.) की सीमा को बढ़ाते हुए दोनों आयामों के साथ-साथ उदारीकरण में प्रगति की है।

पहले बंद क्षेत्रों को प्राइवेट सेक्टर के लिए खोलना: प्राइवेट सेक्टर के संबंध में, पहली बार, रेलवे को निजी भागीदारों के लिए खोल दिया गया है। प्रारंभ में, रेल मंत्रालय ने रेलवे स्टेशनों के पुनर्विकास के लिए निजी कंपनियों को आमंत्रित किया। हाल ही में, इसने निजी ट्रेनों को अनुमति देने का निर्णय लिया है। हालांकि, ऐसी ट्रेनों के लिए शुरुआती नीलामी का कोई सकारात्मक परिणाम नहीं निकला, लेकिन आने वाले समय में ऐसी ट्रेनें हकीकत बन जाएंगी।

सरकार ने कोयले की बिक्री पर, बिना किसी प्रतिबंध के वाणिज्यिक कोयला खनन भी शुरू किया है। नवंबर 2020 में इस कार्यक्रम के तहत कुल 19 खानों की नीलामी की गई। दूसरे दौर में, जुलाई 2021 तक अन्य 19 खानों के लिए 34 बोलियाँ लगाई जा चुकी हैं, जबकि तीसरे और चौथे दौर में, क्रमश: 88 और 99 कोयला खदानों को दिसंबर 2021 तक नीलामी के लिए रखा गया था। इस सुधार ने आखिरकार कोयले में एक वास्तविक निजी बाजार के उद्भव का रास्ता साफ कर दिया है जहां, कोयले के अंतिम उपयोग के संदर्भ में खरीदारों पर किसी प्रतिबंध के बिना, कीमतों का निर्धारण मांग और आपूर्ति की ताकतों द्वारा किया जाता है। अतीत में, या तो सरकारी खदानें विशिष्ट फर्मों को निर्दिष्ट कीमतों पर कोयले की आपूर्ति करतीं थीं या खदानों की नीलामी विशिष्ट फर्मों, जैसे स्टील अथवा बिजली के उत्पादकों के बीच प्रतिबंधित थी। अंतरिक्ष और परमाणु ऊर्जा, दो ऐसे अन्य क्षेत्र हैं, जिनमें पहली बार निजी निवेश के रास्ते खोला गया है। इन क्षेत्रों में निजी प्रवेश, विशेष रूप से अंतरिक्ष में, यह वादा करता है कि अंतरिक्ष-संबंधी रक्षा और संचार उपकरणों में भारत के कम लागत के उत्पादन और नवाचार के लाभों को कई गुणा बढ़ा देंगे।

विदेशी निवेश के लिए पहले बंद क्षेत्रों को खोलना: सरकार ने कुछ क्षेत्रों को एफ.डी.आई. के लिए भी खोल दिया है, जो पिछली सरकारों के तहत बंद रहे थे। और यह, भारतीय अर्थव्यवस्था को एफ.डी.आई. के लिए खोलने के मूल निर्णय के पारित होने के 25 वर्ष बीतने के बाद हुआ। इन क्षेत्रों में रक्षा, रेलवे, कोयला खनन, ई-कॉमर्स बाजार और कृषि शामिल हैं। अन्य क्षेत्रों में, सरकार ने कुल निवेश में विदेशी निवेशकों की हिस्सेदारी पर एफ.डी.आई. की सीमा को उदार बनाया है। इस श्रेणी में एक महत्वपूर्ण क्षेत्र बीमा है। विदेशी निवेशकों की लंबे समय से चली आ रही मांग के बावजूद यह यू.पी.ए. के तहत 10 वर्षों तक नहीं हुआ।

मोदी जी की सरकार ने अब इस सीमा को बढ़ा कर ना केवल 49 प्रतिशत कर दिया है, जैसा कि निवेशकों ने चाहा है, अपितु 74 प्रतिशत कर दिया है। रक्षा क्षेत्र में स्वचालित मार्ग से 74 प्रतिशत और अनुमोदन मार्ग से 100 प्रतिशत प्रत्यक्ष विदेशी निवेश की अनुमति है। विदेशी निवेशक, अब भारत में उत्पादित खाद्य उत्पादों में खुदरा व्यापार, रेलवे में और चिकित्सा उपकरणों के निर्माण में उच्च तकनीक और पूंजी-प्रधान गतिविधियों में भी 100 प्रतिशत हिस्सेदारी के स्वामी हो सकते हैं। उदारीकरण के कदमों और उच्च प्रतिफल की उम्मीदों ने कुल एफ.डी.आई. प्रवाह में वर्ष 2013-14 में, यू.पी.ए. के तहत पिछले पूरे वर्ष, 36 बिलियन अमेरिकी डॉलर से वृद्धि की है, जो वर्ष 2020-21 गें बढ़ कर 81.7 बिलियन अमेरिकी डॉलर हुई। भले ही वर्ष 2020-21 में कोविड-19 के झटके के कारण सकल घरेलू उत्पाद में 7.3 प्रतिशत की गिरावट देखी गई, लेकिन इस वर्ष एफ.डी.आई. में 2019-20 की तुलना में 10 प्रतिशत की वृद्धि हुई।

पूर्वव्यापी करारोपण की समाप्ति: वर्ष 2012 में, पूर्वव्यापी करारोपण की शुरुआत ने सरकार को कई वर्ष पहले पूरे किए गए लेनदेन पर कर एकत्र करने में सक्षम किया, भले ही यह कर उनके लेनदेन के समय लागू कर नियमों के तहत देय नहीं थे। क्योंकि विदेशी फर्मों के एक समूह पर अरबों डॉलर के नए करों का आकलन करने के लिए कानून का इस्तेमाल किया गया था, इसने विदेशी निवेशकों के मनोबल को गिरा दिया था।

वर्ष 2014 में मोदी जी की सरकार के शुरुआती कार्यों में से एक, इन निवेशकों को आश्वस्त करना था कि कानून के तहत कोई नया मामला शुरू नहीं किया जाएगा। उन मामलों में जो पहले ही यू.पी.ए. सरकार द्वारा शुरू किए जा चुके थे, उच्च न्यायालय के प्रतिवादी के पक्ष में फैसला सुनाए जाने के बाद, सरकार ने उन्हें आगे नहीं बढ़ाने का न्यायसंगत रास्ता अपनाया। यह आश्वासन नए विदेशी निवेशों के लिए पहले से निर्धारित बहुत अधिक करारोपण का कारण बना। फिर भी, चूंकि सरकार को सशक्त बनाने वाले कानून को निरस्त नहीं किया गया था, भविष्य की सरकार द्वारा इसको इस्तेमाल करने की आशंका बनी हुई थी। सौभाग्य से, मोदी जी की सरकार ने अब इस कानून को भी हाल ही में निरस्त कर दिया है और इस प्रकार, निवेशकों को अतिरिक्त आश्वासन दिया है। विदेशी निवेशकों ने समान रूप से भारत गें इस कानून का निरस्त होना, पहले से निर्धारित अधिक करारोपण व्यवस्था की दिशा में एक महत्वपूर्ण विकास के रूप में सम्मानित किया है।

वर्ष 2016 का रियल एस्टेट (विनियमन और विकास) अधिनियम: रियल एस्टेट (विनियमन और विकास) अधिनियम (आर.ई.आर.ऐ. (रेरा)) जो वर्ष 2016 में संसद द्वारा पारित किया गया था, और दिनांक 1 मई 2017 को पूरी तरह से लागू हुआ

था, रियल एस्टेट लेनदेन को पारदर्शी बनाने का, भ्रष्टाचार पर नियंत्रण और बिल्डरों और खरीदारों के अधिकारों के बीच संतुलन बनाने का वादा करता है। रेरा के लिए आवश्यक है कि प्रत्येक राज्य और केंद्र शासित प्रदेश एक विनियामक नियुक्त करे और ऐसे नियमों और विनियमों का ढांचा तैयार करे, जो विनियामक के कामकाज को लागू करे। यह फ्लैटों की खरीद के लिए एक एकीकृत कानूनी व्यवस्था प्रदान करता है और पूरे देश में इस प्रथा को मानकीकृत करने का प्रयास करता है।

यह अधिनियम प्रत्येक राज्य और केंद्र शासित प्रदेश में एक अचल संपत्ति नियामक प्राधिकरण की स्थापना को अनिवार्य करता है। हितधारकों के हितों की रक्षा करने के लिए, एक डाटा भंडार बनाने और समयबद्ध तरीके से एक प्रभावी शिकायत निवारण प्रणाली प्रदान करने के लिए इस प्राधिकरण की आवश्यकता है। शिकायतों के निवारण के किए अधिकतम समय 60 दिनों का निर्धारित किया गया है। देरी के मामले में, प्राधिकरण को इसका कारण दर्ज करना होगा। अधिनियम के तहत, प्रत्येक राज्य और केंद्र शासित प्रदेश को अपील के मंच के रूप में काम करने के लिए एक रियल एस्टेट अपीलीय प्राधिकारी को भी नियुक्त करना होगा।

पेट्रोलियम सब्सिडियों की समाप्तिः एक बार सब्सिडी को स्थापित करने के बाद, उन्हें हटाना राजनीतिक रूप से कठिन होता है और उनके लिए कोई औचित्य ना रहने पर भी जारी रहने का इतिहास रहा है। लेकिन मोदी जी की सरकार ने लगभग सभी पेट्रोलियम सब्सिडियों को सफलतापूर्वक समाप्त कर दिया है। डीजल और पेट्रोल की कीमतों को दिनांक 1 जनवरी 2015 तक पूरी तरह से अविनियमित कर दिया गया था। शहरी उपभोक्ताओं कि रसोई गैस सब्सिडी, जो आम तौर पर परिवारों की सम्पन्न श्रेणी में आते हैं, को भी पूरी तरह से समाप्त कर दिया गया था। इसके बजाए, इस सब्सिडी को ग्रामीण क्षेत्रों में गरीबी रेखा से नीचे (बी.पी.एल.) परिवारों में पुनर्निर्देशित कर दिया गया है। अंत में, मार्च 2020 से सरकार ने मिट्टी के तेल पर सब्सिडी को सफलतापूर्वक समाप्त कर दिया है, एक ईंधन जो अपने उपयोगकर्ताओं के स्वास्थ्य के साथ-साथ पर्यावरण के लिए भी हानिकारक है।

रसोई गैस सब्सिडी को समाप्त करने के लिए, मोदी जी ने अनुनय द्वारा सुधार की गई तकनीक का इस्तेमाल किया। अपने पहले कार्यक्रम की शुरुआत में, 'गिव इट अप' अभियान के तहत, उन्होंने अमीर लाभार्थियों से स्वेच्छा से सब्सिडी कार्यक्रम से बाहर निकालने का आह्वान किया। उनके आह्वान पर 10.3 मिलियन परिवारों ने सकारात्मक प्रक्रिया दी। शेष लाभार्थियों के लिए सरकार ने कई छोटे कदमों के माध्यम से बाजार और रियायती मूल्य के बीच के अंतर को समाप्त कर दिया, हर बार छोटी राशि से सब्सिडी को कम करके। मई 2020 तक, इस हिसाब से सब्सिडी बिल शून्य तक गिर गया था।

सूक्ष्म, लघु और मध्यम उद्यमः भारत में उद्यमों ने आकार में ना बढ़ने की प्रवृत्ति दिखाई है। हालांकि, यह प्रवृती पूर्ण ना होकर केवल आंशिक है। जिसका कारण है कि जैसे ही सूक्ष्म उद्यम बढ़ कर लघु उद्यम की श्रेणी में आते हैं, लघु उद्यम बढ़ कर माध्यम श्रेणी में आते हैं और मध्यम श्रेणी के उद्यम बढ़ कर बड़े उद्यमों की श्रेणी में आते हैं तो यह कर प्रोत्साहन और सब्सिडियाँ, उनसे वापस ले ली जाती हैं। समस्या को कम से कम आंशिक रूप से कम करने के लिए सरकार ने तीन श्रेणियों की परिभाषाओं में बदलाव किया है, जिससे कि उनमें से प्रत्येक को फैलाया जा सके। कुछ समय पहले तक, इन उद्यमों को ऐसी निवेश सीमा द्वारा परिभाषित किया गया था जिसमें प्रत्येक श्रेणी में विनिर्माण उद्यम की सीमा सेवा उद्यमों की तुलना में सबसे ऊंची थी। नई परिभाषाओं ने विनिर्माण और सेवा उद्यमों पर लागू अधिकतम सीमा के अंतर को समाप्त कर दिया है। इससे भी महत्वपूर्ण बात यह है कि उन्होंने निवेश की सीमा बढ़ा दी है। इसका मतलब है कि प्रत्येक श्रेणी में उद्यम अब उस श्रेणी के भीतर कर प्रोत्साहन और सब्सिडी खोए बिना नई, उच्च सीमा तक बढ़ सकते हैं।

अलग ढंग से सामाजिक खर्च

भारत में सभी सरकारों ने सार्वजनिक व्यय को सामाजिक कारणों के लिए समर्पित किया है। लेकिन मोदी जी के नेतृत्व में सामाजिक खर्च की दो विशिष्ट विशेषताएं हैं। सबसे पहले, उन्होंने बड़े पैमाने पर योजनाएं शुरू की हैं और उन्हें समयबद्ध तरीके से पूरा किया है। और दूसरा, उन्होंने योजनाओं में कई कमियों को दूर किया है, जिससे लाभार्थी को हर रुपये पर बड़ा मुनाफा मिला है।

पैमाने पर योजनाएंः मैं बड़े पैमाने की योजनाओं के समयबद्ध समापन के चार उदाहरण प्रस्तुत करता हूँ। सबसे पहले, दिनांक 15 अगस्त 2014 को अपने पहले स्वतंत्रता दिवस के भाषण में, मोदी जी ने एक नई पहल के तहत सभी भारतीयों के लिए बैंक खाते लाने के अपने इरादे की घोषणा की, जिसे उन्होंने प्रधानमंत्री जन धन योजना (पी.एम.जे.डी.वाई.) कहा। इस योजना के तहत प्रारम्भिक लक्ष्य बिना बैंक खाते वाले सभी परिवारों को कवर करने के लिए निर्धारित किया गया था, जिसका अनुमान दिनांक 26 जनवरी 2015 तक 75 मिलियन था। सरकार 23 और 29 अगस्त 2014 के बीच केवल एक सप्ताह में 18 मिलियन खाते खोलने में सफल रही। एक ऐसी उपलब्धि, जिसे गिनीज बुक ऑफ रेकॉर्ड्स में जगह मिली। दिनांक 26 जनवरी 2015 तक, पी.एम.जे.डी.वाई. खातों की कुल संख्या 125.4 मिलियन तक पहुँच गई, जो मूल लक्ष्य से बड़े अंतर से अधिक थी। दिनांक 29 दिसंबर 2021 को इन खातों की संख्या 442 मिलियन से अधिक थी।

उसी स्वतंत्रता दिवस भाषण में, मोदी जी ने स्वच्छ भारत मिशन (एस.बी.एम.) की भी घोषणा की, जिसके तहत उन्होंने दिनांक 2 अक्टूबर 2019 को राष्ट्रपिता, महात्मा गांधी की 125वीं जयंती पर भारत को खुले में शौच मुक्त (ओ.डी.एफ.) करने का लक्ष्य रखा। यह कहते हुए कि उस समय केवल 38 प्रतिशत ग्रामीण परिवारों के पास शौचालय की सुविधा थी, यह एक असंभव लक्ष्य प्रतीत होता था। फिर भी, सरकार कम से कम ग्रामीण भारत में समय सीमा तक सभी घरों में शौचालय लाने में सफल रही। उन्होंने अपने भाषण द्वारा, दिनांक 2 अक्टूबर 2019 को अहमदाबाद में साबरमती नदी के तट पर देश भर के 20,000 एस.बी.एम. कार्यकर्ताओं को संबोधित किया था, मोदी जी ने कहा कि भारत में खुले में शौच करने वालों की संख्या वर्ष 2014 में 600 मिलियन से घट कर अब नगण्य रह गई है।

आजादी के बाद से ग्रामीण भारत के विद्युतीकरण का कार्यक्रम चल रहा है। दिनांक 1 अप्रैल 2015 तक कुल 18,452 गाँव अभी भी बिजली के बिना रह रहे थे। दिनांक 15 अगस्त 2015 को, मोदी जी ने अपने स्वतंत्रता दिवस के भाषण में वादा किया था कि वह अगले 1000 दिनों के भीतर शेष सभी गावों में बिजली पहुंचाएंगे। समय सीमा ने सभी हितधारकों को जुटाया और लक्ष्य पूरा किया गया। दिनांक 28 अप्रैल 2018 को, बिजली उन सभी जनगणना वाले गाँवों तक पहुँच गई थी, जो पहले विद्युतीकृत नहीं थे।

मोदी जी द्वारा बड़े पैमाने पर किए गए कार्यक्रमों का चौथा और अंतिम उदाहरण जल जीवन मिशन (जे.जे.एम.) है। दिनांक 15 अगस्त 2019 को घोषित, यह मिशन 2024 तक सभी ग्रामीण घरों में, मुख्य रूप से पानी की पाईप लाइनों के माध्यम से, सुरक्षित और पर्याप्त पानी लाने का वादा करता है। हालांकि, कोविड-19 के कारण रुकावटों ने इस मिशन की प्रगति को रोक दिया, लेकिन इसने प्रभावशाली प्रगति की है। दिनांक 15 अगस्त 2019 की घोषणा के समय, कुल 192 मिलियन घरों में से केवल 32.3 मिलियन घरों के पास नल के पानी के कनेक्शन थे। दिनांक 20 दिसंबर 2021 तक, नल से पानी के कनेक्शन वाले परिवारों की संख्या बढ़कर 86.7 मिलियन हो गई। इसीलिए, कुल परिवारों में ऐसे परिवारों का अनुपात ढाई वर्ष के भीतर सिर्फ 16.85 प्रतिशत से बढ़ कर 45.1 प्रतिशत हो गया है। आजादी के बाद की पूरी अवधि की तुलना में पिछले दो वर्षों में अधिक घरों को पाईप से पानी मिला है।

प्रत्यक्ष लाभ हस्तांतरण के माध्यम से कमियों को रोकना: बड़े पैमाने, जिसे ऊपर शामिल नहीं किया गया, की एक महत्वपूर्ण पहल, जिसे मोदी जी की सरकार ने अपने पहले कार्यकाल की शुरुआत में ही पूरा कर लिया था; वह थी नागरिकों को एक बायोमेट्रिक पहचान देना, जिसे आधार के नाम से जाना जाता है। यह कार्यक्रम मूल रूप से यू.पी.ए. सरकार द्वारा शुरू किया गया था, परंतु इसकी प्रगति ने रफ्तार

मोदी जी के नेतृत्व में ही पकड़ी। दिनांक 29 अगस्त 2021 तक कुल 1.3 अरब आधार कार्ड जारी किए जा चुके हैं।

बायोमेट्रिक पहचान ने सरकार को उन लाखों मृत लाभार्थियों को छाँटने की क्षमता दी है, जिनके नाम पर पहले कई योजनाओं के तहत लाभ प्राप्त किया जा रहा था। पहचान, बैंक खातों और डिजिटल भुगतान प्लेटफॉर्म ने सरकार को बिना बिचौलियों के बीच में आए लाभार्थियों को सीधे नकद हस्तांतरण करने की शक्ति दी है। सरकार अब नियमित रूप से यह हस्तांतरण करती है। अभी हाल ही में, इसने न्यूनतम समर्थन मूल्य (एम.एस.पी.) कार्यक्रम के तहत इसका उपयोग किसानों से खरीदे गए अनाज के भुगतान को सीधे उसके बैंक खाते में जमा करने के लिए करना शुरू किया है। पहले सरकार इस राशि का भुगतान, उस बिचौलिये को करती थी, जो किसान की ओर से उसे उपज बेचता था। लेकिन इसके कारण किसान बिचौलियों की दया पर छोड़ दिया जाता था।

डिजिटल भुगतान प्रणाली

जबकि सड़क, रेलवे, बंदरगाहों और पुलों जैसे भौतिक बुनियादी ढांचे के विभिन्न क्षेत्रों में भी उल्लेखनीय प्रगति हुई है; यह डिजिटल भुगतान की आधारभूत संरचना में प्रगति और नवाचार है जो विशेष उल्लेख के योग्य है। भारत के लिए एक अद्वितीय डिजिटल भुगतान प्रणाली विकसित की है, जो व्यक्तियों को मोबाइल फोन का उपयोग करके एक-दूसरे को धन हस्तांतरित करने की अनुमति देती है, भले ही उनके खाते एक ही अथवा अगल-अलग बैंकों में हों। इसके अलावा, स्थानांतरण तुरंत और लगभग शून्य लागत पर होता है। यह यूनिफाइड पेमेंट इंटरफेस (यू.पी.आई.) के रूप में जाना जाता है, इसे विश्व भर के विशेषज्ञों ने सबसे सक्षम अस्तित्व वाले प्लेटफॉर्म के रूप में सम्मानित किया गया है।

पारंपरिक मोबाइल वॉलेट, भुगतानकर्ता के बैंक खाते से पहले से एक निश्चित राशि लेकर भविष्य में लेनदेन का व्यवहार करने के लिए, इसे अपने खाते में संग्रहीत करके कार्य करता है। यह सुविधा केवल एक से वॉलेट के उपयोगकर्ताओं के बीच लेनदेन की अनुमति देती है। इसके विपरीत, यू.पी.आई. को किसी भिन्न खाते में धन के पूर्व हस्तांतरण की आवश्यकता नहीं होती है और यह भुगतानकर्ता और प्राप्तकर्ता को उनके संबंधित खातों से सीधे लेनदेन करने देता है। सरकार ने एक असंरचित अनुपूरक सेवा आँकड़े प्रोटोकॉल भी बनाया है, जो स्मार्टफोन की कमी वाले ग्राहकों को यू.पी.आई. के माध्यम से फीचर फोन का उपयोग करके रकम हस्तांतरित करने की अनुमति देता है।

यू.पी.आई. प्लेटफॉर्म पर बैंकों की संख्या, अप्रैल 2016 में केवल 21 से बढ़ कर अप्रैल 2021 में 216 हो गई है। गूगल पे, फोनपे, पेटीएम और अमेजन पे सहित सभी प्रमुख वॉलेट अब यू.पी.आई. के माध्यम से काम करते हैं। दिसंबर 2021 के महीने में, यू.पी.आई. ने 4.56 बिलियन लेनदेन का रिकॉर्ड बनाया है, जिसका मूल्य 8.27 ट्रिलियन रुपये के बराबर था। यह लेनदेन और उनका मूल्य जनवरी 2021 के महीने में हुए लेनदेन और मूल्य के ऊपर 98 प्रतिशत और 91 प्रतिशत की वृद्धि का प्रतिनिधित्व करता है!

नागरिकों के लिए जीवन की सुगमता

मोदी जी की सरकार ने सार्वजनिक रूप से प्रदान की जाने वाली सेवाओं तक नागरिकों की पहुँच में सुधार के लिए भी कदम उठाए हैं। कुछ उदाहरण इस बात को स्पष्ट करते हैं।

पूर्व में, सरकारी अभिकरणों को हलफनामा अथवा आवेदन जमा करते समय, व्यक्तियों को अपने डिप्लोमा और डिग्री की प्रतियों को प्रमाणित कराने के लिए किसी वरिष्ठ सरकारी अधिकारी अथवा न्यायपालिका के एक वरिष्ठ सदस्य को ढूँढना पड़ता था। खासकर ग्रामीण क्षेत्रों में रहने वालों के लिए यह बहुत महंगा मामला था। मोदी जी की सरकार ने हलफनामे अथवा आवेदन जमा करते समय डिप्लोमा और डिग्री की प्रतियों को स्व-प्रमाणन की अनुमति देकर, इस प्रथा को समाप्त कर दिया है।

कर निर्धारण और अपील तंत्र एक अन्य क्षेत्र है, जिसमें करदाताओं को कर निरीक्षकों के उत्पीड़न का सामना करना पड़ता है। कई मौकों पर, कथित ईमानदार करदाताओं से रिश्वत लेने के लिए इस तरह के उत्पीड़न का सहारा लेते हैं। इस समस्या को कम करने के लिए, मोदी जी की सरकार ने पूरी तरह से फेसलेस ऑडिट को अपनाया है, जिसके तहत कर निरीक्षक को करदाता के साथ केवल डिजिटल रूप से ही बातचीत करनी होगी। शारीरिक संपर्क की अनुमति नहीं होने से, रिश्वत मांगना मुश्किल हो जाता है और इसे प्राप्त करना जोखिम भरा हो जाता है क्योंकि यह उनके विरुद्ध एक प्रमाण बन जाएगा।

जीवन की सुगमता का तीसरा उदाहरण, पेंशनभोगियों से संबंधित है। पुरानी प्रथा के तहत, प्रत्येक नवंबर में, एक पेंशनभोगी को बैंक, डाकघर, भारतीय जीवन बीमा निगम (एल.आई.सी.) कार्यालय अथवा कर्मचारी भविष्य निधि संगठन (ई.पी.एफ.ओ.) के कार्यालय का दौरा करना पड़ता था, ताकि यह प्रमाण दिया जा सके कि वह अगले वर्ष पेंशन प्राप्त करने के लिए जीवित है। इस कठिनाई से बुजुर्गों को राहत देने के लिए, मोदी जी की सरकार ने वर्ष 2014 में जीवन प्रमाण योजना की शुरुआत की।

यह योजना अब, पेंशनभोगियों को अपने अस्तित्व को डिजिटल रूप से प्रामाणित करने की अनुमति देती है।

इस श्रेणी में चौथा और अंतिम उदाहरण, पासपोर्ट के नवीनीकरण की प्रक्रिया से संबंधित है। पूर्व में, जब भी कोई व्यक्ति अपने पासपोर्ट के नवीनीकरण के लिए जाता था, तो उसे पुलिस रिपोर्ट प्राप्त करनी पड़ती थी। मोदी जी की सरकार ने इस प्रावधान को समाप्त कर दिया है। उन्होंने पासपोर्ट जारी करने और नवीनीकरण के लिए आवेदन की प्रक्रिया को भी डिजिटल कर दिया है।

शासन में कुछ सुधार

मोदी जी की सरकार ने समग्र रूप से शासन में सुधार करने का प्रयास किया है। जीवन की सुगमता में सुधार के लिए डिजिटलीकरण का अभियान, प्रत्यक्ष लाभ हस्तांतरण और भ्रष्टाचार से निपटने की पहल, इस प्रयास का एक हिस्सा रहा है। विशेष रूप से, कारोबारी माहौल में सुधार के लिए पहले कार्यकाल में उनकी पहल ने विश्व बैंक की 'ईज ऑफ डूइंग बिजनेस' रैंकिंग में वर्ष 2014 में 142 से वर्ष 2020 में 63 पर लाकर भारत की स्थिति में सुधार किया।

लंबे समय से लंबित महत्वपूर्ण सुधार, जो मोदी जी की सरकार द्वारा लाया गया वह था, योजना का अंत। भारत ने निर्णायक रूप से समाजवादी-युग के नियोजन मॉडल को बाजार मॉडल में परिवर्तित किया है, जिसकी शुरुआत वर्ष 1991 में हुई थी। फिर भी, परंपरानुसार, सरकार ने पंचवर्षीय योजनाओं को लिखना जारी रखा। यहाँ तक कि प्रधानमंत्री मनमोहन सिंह ने भी, जब वह वर्ष 2014 में अपना कार्यकाल समाप्त कर रहे थे, इस मुद्दे को उठाया था। मोदी जी की सरकार ने आखिरकार इस महत्वपूर्ण सुधार को पूरा कर लिया है। इस सुधार के उप-उत्पाद के रूप में, योजना और गैर-योजना व्यय के बीच बजट में लंबे समय से चले आ रहे कृत्रिम अंतर को भी समाप्त कर दिया गया है।

प्रशासनिक सुधारों में, शायद सबसे महत्वपूर्ण सिविल सेवा में सुधार है। इसके महत्व को लंबे समय से स्वीकार किया जाता रहा है। क्योंकि कई प्रशासनिक सुधार आयोग पूर्व में अपनी रिपोर्ट प्रस्तुत करते रहे हैं, लेकिन पिछली सरकारों द्वारा कोई वास्तविक कार्यवाही नहीं की गई। मोदी जी की सरकार ने इस क्षेत्र में भी कुछ कदम उठाए हैं। पहली बार, इसने संयुक्त सचिवों के वास्तविक और सार्थक पदों के लिए बाहरी लोगों के लिए, देर से प्रवेश का द्वार खोला है। बेशक, प्रवेश पाने वालों की संख्या कम रही है, इसीलिए इस आयाम के साथ प्रगति का महत्व मूल अंतर के बजाए सिद्धांत स्थापित करने में अधिक रहा है। जाहिर है, बाहरी प्रवेश के द्वार

को और अधिक व्यापक तौर पर खोलने की आवश्यकता है। लेकिन मोदी जी ने वरिष्ठ पदों पर भारतीय प्रशासनिक सेवा के अधिकारियों के एकाधिकार को तोड़ने में और अधिक महत्वपूर्ण सुधार किए हैं; उन्होंने आंतरिक राजस्व सेवा, भारतीय सीमा शुल्क और केन्द्रीय उत्पाद शुल्क सेवाओं और भारतीय रेलवे सेवा जैसी अन्य सेवाओं से अभूतपूर्व संख्या में अधिकारियों को वरिष्ठ पदों पर नियुक्त किया है, विशेष रूप से संयुक्त सचिव के पद पर।

मोदी जी ने रेलवे के लिए अलग बजट की परंपरा को भी खत्म कर दिया है और इसे केन्द्रीय बजट में मिला दिया है। एक अलग रेल बजट का शायद पहले के दशकों के दौरान औचित्य था, जब भारतीय रेलवे कुल सरकारी व्यय के एक बहुत बड़े हिस्से के लिए जिम्मेदार था। लेकिन अब ऐसा नहीं है और हर साल बजट अभ्यास जारी रखने का कोई मतलब नहीं है, जिसके चलते, जनता के समय का एक बड़ा हिस्सा और मीडिया में जगह के इस्तेमाल का अपव्यय हो रहा था।

मोदी जी की सरकार ने किसी भी वित्तीय लेनदेन को करने के लिए केंद्र के साथ-साथ राज्यों के लिए भी सार्वजनिक वित्त प्रबंधन प्रणाली (पी.एफ.एम.एस.) के उपयोग को अनिवार्य कर दिया है। इससे अधिक पारदर्शिता बनाने के साथ-साथ भुगतान में तेजी लाने में मदद मिली है। विशेष रूप से, इसने केंद्र सरकार के विभिन्न कार्यक्रमों के तहत ना केवल राज्य सरकारों को, अपितु उन परिवारों को भी पैसा हस्तांतरण करने की अनुमति दी है, जिनका पूर्ण लेखांकन है और कोई कमी नहीं है।

सौर ऊर्जा में रेवर्स नीलामी की शुरुआत एक ऐसे छोटे सुधार के तौर पर है, जिसका भारत में सौर ऊर्जा बाजार के विकास पर बड़ा प्रभाव पड़ा है। इस नीलामी के तहत, पूर्व-योग्य संभावित सौर ऊर्जा विकासक इसके टैरिफ पर बोली लगाते हैं, जिस पर वह सरकार को एक निर्दिष्ट मात्रा में सौर ऊर्जा की आपूर्ति करेंगे। रेवर्स नीलामी की शुरुआत से पहले, राष्ट्रीय सौर मिशन के तहत पहली 150 मेगावाट की सौर ऊर्जा परियोजना को 12.16 प्रति किलोवाट घंटे की औसत दर सूची पर टेंडर दिया गया था। रेवर्स नीलामी ने इस दर सूची को रीवा सौर पार्क में सफलतापूर्वक 3.30 प्रति किलोवाट घंटा तक नीचे ला दिया। इस कीमत ने सरकार को सौर ऊर्जा का विस्तार बहुत तेज गति से करने की अनुमति दी है, अन्यथा इसके सीमित राजस्व को देखते हुए यह संभव नहीं होता।

पटल पर बड़े सुधार, और वह जो होने चाहिए थे

मोदी जी की सरकार के पास पटल पर इस समय कई बड़े सुधार हैं। इनमें गैर-राजनीतिक के रूप में पहचाने गए क्षेत्रों में सभी सार्वजनिक क्षेत्र के उद्यमों

(पी.एस.आई.) और दो सार्वजनिक क्षेत्र के बैंकों (पी.एस.बी.) का निजीकरण शामिल है; एक ट्रिलियन मूल्य की संपत्ति मुद्रीकरण कार्यक्रम; राष्ट्रीय उच्च शिक्षा आयोग अधिनियम द्वारा पुरातन विश्वविद्यालय अनुदान आयोग अधिनियम 1956 का प्रतिस्थापन; और बिजली वितरण क्षेत्र में निजी कंपनियों का प्रवेश। यह सभी, अत्यंत महत्वपूर्ण सुधार हैं, जो अर्थव्यवस्था की उत्पादकता बढ़ाने की दिशा में एक लंबा रास्ता तय करेंगे और सरकार की आर्थिक स्थिति को भी मजबूत करेंगे।

तीन अतिरिक्त सुधार हैं जिन्हें मैं आवश्यक समझता हूँ, जो सरकार की वर्तमान कार्यसूची में नहीं हैं। सबसे पहला, और वास्तव में सबसे महत्वपूर्ण, भारत को संरक्षणवाद की ओर अपने हालिया रुख को उलटने और अपनी अर्थव्यवस्था को अंतर्राष्ट्रीय व्यापार के लिए फिर से शुरू करने की आवश्यकता है। मोदी जी की सरकार ने बड़ी संख्या में क्षेत्रों में दर सूची बढ़ाई है, जिसके परिणामस्वरूप 15 प्रतिशत अथवा उससे अधिक दरों वाली दर सूची लाइनें सभी दर सूची लाइनों में वर्ष 2015 में 13 प्रतिशत से बढ़कर वर्ष 2020-21 में 25 प्रतिशत हो गई। विश्व के व्यापारिक माल के आयातों में 3 प्रतिशत से कम हिस्सेदारी होने के बावजूद, भारत गैर-बाजार मूल्य के गिरने का दूसरा उसका सबसे अधिक उपभोक्ता भी है, जैसा कि मौजूदा कार्यवाइयों की संख्या से मापा जाता है। देश विनिर्माण क्षेत्र में, विशेष रूप से श्रम प्रधान क्षेत्रों में वैश्विक बाजारों पर विजय प्राप्त किए बिना जनता के लिए अच्छे रोजगार का सृजन नहीं कर सकता है और इसके लिए एक खुली अर्थव्यवस्था की आवश्यकता होती है। वाणिज्य सचिव द्वारा हाल ही में संयुक्त अरब अमीरात, यूरोपीय संघ, यूनाइटेड किंगडम, कनाडा और ऑस्ट्रेलिया के साथ मुक्त व्यापार समझौतों पर बातचीत करने की घोषणा, इस संबंध में एक अत्यंत सकारात्मक विकास है। हालांकि, आज तक, इस प्रकार की घोषणाओं पर अनुवर्ती कार्यवाही कम उत्साहजनक रही है।

दूसरा सुधार सार्वजनिक क्षेत्र के बैंकों के निजीकरण के लिए और अधिक आक्रामकता के साथ आगे बढ़ाने की चिंता से संबंधित है। आई.बी.सी. के आने के साथ, वित्तीय बाजारों में प्रमुख बची हुई कमजोर कड़ी इन बैंकों का खराब प्रदर्शन है। इन बैंकों को विनियमित करने के साथ-साथ इन बैंकों के स्वामित्व वाली सरकार के बीच एक अंतर्निहित विरोधाभास है। इन बैंकों के सी.ई.ओ. के रूप में काम करने वाले सरकारी कर्मचारियों में भी उच्च प्रत्याशित प्रतिफल के साथ-साथ जटिल परियोजनाओं का आकलन करने की विशेषज्ञता के साथ जोखिम भरी परियोजनाओं को वित्त देने की भूख नहीं है। यह बैंक भारतीय रिजर्व बैंक के कुछ प्रमुख नियमों की पहुँच से भी बाहर रहते हैं। सैद्धांतिक रूप से, पी.एस.बी. को सरकार से कुछ दूरी पर रखना संभव है जैसा कि सिफारिश की गई है, उदाहरण के तौर पर, पी.जे. नायक समिति द्वारा, और उनके विनियमन को पूरी तरह से भारतीय रिजर्व बैंक के हाथों में रखा

जाए। लेकिन व्यवहार में, इस प्रकार के सुधार के लिए नौकरशाही बाधाएँ अचूक हैं, जैसा कि इस तथ्य से प्रामाणित है कि समिति द्वारा इसकी सिफारिश करने के बावजूद इस तरह के सुधार की दिशा में कोई गतिविधि नहीं हुई। और इसके अतिरिक्त, निजीकरण ही एकमात्र तरीका है जिससे बैंकों को वास्तविक वाणिज्यिक संस्थाओं में परिवर्तित किया जा सकता है और भारतीय रिजर्व बैंक के पूर्ण विनियमन के तहत लाया जा सकता है।

अंत में, सरकार को शिक्षा का अधिकार (आर.टी.ई.) अधिनियम के एक बड़े संशोधन पर भी गंभीरता से विचार करना चाहिए। अपने वर्तमान रूप में अधिनियम शिक्षकों को सभी अधिकार देता है, लेकिन उनके कर्तव्यों के प्रवर्तन के लिए कोई तंत्र प्रदान नहीं करता है। इसका परिणाम अनियमित शिक्षकों की अनुपस्थिति, कर्तव्य की उपेक्षा और सरकारी स्कूलों में सेवा का खराब वितरण रहा है। हैरानी की बात यह है कि माता-पिता बराबर अपने बच्चों को सरकारी स्कूल से निकाल कर, ऐसे किसी भी निजी स्कूल में ले जा रहे हैं, जहां के लिए वह आर्थिक तौर पर समर्थ हैं। परिणामस्वरूप पब्लिक स्कूल अब खाली हो रहे हैं, लगभग 70 प्रतिशत पब्लिक प्राथमिक स्कूलों में अब औसतन प्रति कक्षा केवल पाँच से सात छात्र ही रह गए हैं। इस प्रकार की छोटी कक्षाएँ, ना केवल शैक्षणिक दृष्टि से अक्षम हैं, अपितु शिक्षक के वेतन में प्रति छात्र प्रति वर्ष 40,000 रुपये से अधिक खर्च होते हैं। यह एक विकट स्थिति है जिसे आर.टी.ई. अधिनियम के उचित सुधार के माध्यम से संबोधित करने की आवश्यकता है।

निष्कर्षः आगे देख रहे हैं

कोविड-19 के बाद भारतीय अर्थव्यवस्था कैसी दिखेगी? पारस्परिक रूप से मजबूत सुधारों के समुच्चय जैसे की निवेश अनुज्ञापन को समाप्त करना, विदेशी व्यापार और निवेश के लिए खोलना, दूरसंचार क्षेत्र को निजी भागीदारों के लिए खोलना, बुनियादी ढांचे का विस्तार, निजी बैंकों में उदार प्रवेश और प्रधानमंत्री राव और वाजपेयी के तहत ब्याज दरों का अविनियमन ने निवेश और उत्पादन का एक अच्छा चक्र शुरू किया, जिससे कि वर्ष 2003-04 में शुरू होकर लगभग एक दशक के लिए आठ प्रतिशत से अधिक वृद्धि हो। इसी प्रकार श्रम कानून, दिवालियापन प्रणाली, कॉर्पोरेट लाभ कर और अप्रत्यक्ष करों के समान पारस्परिक रूप से मजबूत सुधार, जो बुनियादी ढांचे और डिजिटलीकरण के तेजी से विस्तार के पूरक हैं, मोदी जी के तहत कोविड-19 युग के बाद आठ प्रतिशत से अधिक की वृद्धि हासिल करने का वादा करते हैं। जब तक भविष्य की सरकारें उस तरह की विकास-विरोधी नीतियों की ओर नहीं लौटतीं

जैसी यू.पी.ए. ने अपने दूसरे कार्यकाल में लागू की थी, यह विकास दो दशकों तय कायम रहने की संभावना है। बेशक, अगर सरकार अतिरिक्त रूप से व्यापार को उदार बनाती है और सार्वजनिक क्षेत्र के उपक्रमों और सार्वजनिक क्षेत्र के बैंकों के बड़े हिस्से का निजीकरण करती है, तो वह इस विकास दर को 10 प्रतिशत तक बढ़ने पर का भरोसा कर सकते हैं।

संक्षेप में, भारत में दो दशकों से भी कम समय में प्रति व्यक्ति आय 8000 अमेरिकी डॉलर में 2020 अमेरिकी डॉलर अथवा उससे भी अधिक की प्रति व्यक्ति आय प्राप्त करने की उत्कृष्ट संभावनाएं हैं। इस प्रति व्यक्ति आय पर, यह अपने लगभग सभी नागरिकों के लिए एक समृद्ध जीवन सुनिश्चित कर सकता है। इस प्रकार की समृद्धि इसे शीर्ष तीन वैश्विक शक्तियों में एक स्थान की गारंटी भी देगी और इसे अपने अतीत के खोए हुए वैभव को वापस लौटा देगी।

सूक्ष्म क्रांतियां; जिन्होंने आम आदमी के जीवन को बेहतर बनाया

डॉ. शमिका रवि

लोकतांत्रिक तरीके से चुने गए नेताओं के समक्ष एक मौलिक चुनौती है - आर्थिक समृद्धि के साथ विकास को संतुलित करना। यह चुनौती ऐसी गतिशील अर्थव्यवस्थाओं में विशेष रूप से पाई जाती है; जो कि उदारवादी एवं बहुलतावादी लोकतंत्र हैं। हालांकि, परिवर्तनकारी नेतृत्व जटिल चुनौतियों से जूझते हुए भी राष्ट्रों को आगे ले जा सकता है और साहसपूर्ण एवं नवीन विचारों को सामने ला सकता है। यह निबंध, नरेंद्र मोदी के प्रशासन की पांच महत्त्वपूर्ण सफलताओं पर प्रकाश डालता है; जो कि आधुनिक भारतीय अर्थव्यवस्था में घटित हुई सूक्ष्म क्रांतियों को दर्शाता है। देशभर में आम लोगों के जीवन को बेहतर बनाने में, इन पाँचों घटनाओं की भूमिका है। यह लेख सार्वजनिक रूप से उपलब्ध आंकड़ों के कठोर अनुभवजन्य विश्लेषण का उपयोग करते हुए, भारत में विकास के परिणामों पर व्यापक और महत्त्वपूर्ण प्रभाव के साक्ष्य प्रस्तुत करता है।

यहां जिन पांच प्रमुख सफलताओं पर प्रकाश डाला गया है, वे हैं: (1) भारत की कल्याणकारी राजव्यवस्था के ढांचे को मजबूत करना; (2) शौचालयों तक आसान पहुंच के माध्यम से स्वास्थ्य, स्वच्छता और सुरक्षा में सुधार करना; (3) वैश्विक महामारी के प्रति आपातकालीन और चुस्त प्रतिक्रिया; (4) महिला नेत्रियों का सशक्तिकरण; और (5) गुजरात की समृद्धि के साथ विकास के अनुभव को प्रदर्शित करना।

विकास की विस्तृत सूची यहीं तक सीमित नहीं है, बल्कि इन्हें अनुसंधान अभिरुचियों और डेटा उपलब्धता के आधार पर तैयार किया गया है। दर्शाई गई प्रत्येक परिघटना के लिए, स्वतंत्र शोधवृत्ति और विभिन्न स्रोतों द्वारा सार्वजनिक रूप से उपलब्ध डेटा के अनुभवजन्य विश्लेषण द्वारा साक्ष्य उपलब्ध कराए गए हैं। साक्ष्यों का अध्ययन और मूल्यांकन आधिकारिक सरकारी आंकड़ों से परे ही किया जाना चाहिए। इसके साथ

ही, लोकप्रिय संचार माध्यमों में अकसर देखे और सुने जाने वाले समाचारों की स्वतंत्र और निरंतर जांच आवश्यक है। अतः यह लेख युवा शोधार्थियों को इन परिणामों को दोहराने और सत्यापित करने के लिए भी आमंत्रित करता है।

कल्याणकारी राजव्यवस्था के ढांचे को सुदृढ़ करना

सभी राज्यों और केंद्र शासित प्रदेशों में भारतीय परिवारों ने वर्ष 2014 के बाद से संयोजन अथवा कनेक्टिविटी में उल्लेखनीय सुधार महसूस किया है। हालांकि, इस सुधार को सड़कों और बिजली जैसे कठिन बुनियादी ढांचे के संदर्भ में स्पष्ट और व्यापक रूप से अनुभव किया जा सकता है, लेकिन यहाँ मैंने अपना ध्यान एक ऐसी ही महत्त्वपूर्ण कनेक्टिविटी पर केंद्रित किया है, जिस पर अब तक ज्यादा ध्यान नहीं गया है। JAM (जन धन, आधार और मोबाइल) प्लेटफॉर्म पर औसत भारतीय परिवारों की उपस्थिति ने भारत के भविष्य के आर्थिक विकास और कल्याणकारी ढाँचे के लिए एक मूलभूत आधार तैयार किया है। कोई भी व्यक्ति संबंधित संस्थानों के आधिकारिक आंकड़ों को देखकर, इस प्लेटफॉर्म की ताकत और कवरेज का अध्ययन कर सकता है, या देश भर में घरेलू सर्वेक्षणों से प्राप्त डेटा का हवाला ले सकता है। यू.आई.डी.ए.आई. (UIDAI)* के नवीनतम आंकड़ों के अनुसार, भारत में लगभग 132.3 करोड़ व्यक्तियों के पास आधार कार्ड हैं। यह देश की आबादी का लगभग 95 प्रतिशत है।

इसी तरह, कोई भी व्यक्ति वर्ष 2014 में किए गए विशाल पी.एम.जे.डी.वाई. अभियान के माध्यम से बैंक खातों तक पहुंच सकता है। दिसंबर 2021 तक, 44.2 करोड़ से अधिक बैंक खाते खोले गए हैं, और अधिकांश महिलाओं (55 प्रतिशत)** के लिए हैं। ट्राई डेटा[1] के अनुसार नवंबर 2021 तक 1.19 बिलियन से अधिक ग्राहकों तक मोबाइल फोन कनेक्टिविटी पहुँच चुकी है।

घरेलू सर्वेक्षणों में JAM कनेक्टिविटी के आधिकारिक डेटा को बारीकी से दिखाया गया है। राष्ट्रीय परिवार स्वास्थ्य सर्वेक्षण 2015-16 (एन.एफ.एच.एस.-4) के आंकड़ों से पता चलता है (चित्र 1) कि भारत के सभी राज्यों में औसतन 90 प्रतिशत से अधिक परिवारों तक बैंक खाते, मोबाइल टेलीफोन कनेक्शन और आधार कार्ड पहुंच चुके हैं। एन.एफ.एच.एस.-4 में एकत्र किए जाने के चार साल बाद, इनकी संख्या में काफी बढ़ोत्तरी हुई है, जैसा कि हाल ही में प्रकाशित एन.एफ.एच.एस.-5 (2019-20)

---

*31 दिसंबर 2021 को रिपोर्ट किया गया

**https://www-pmjdy-in/account - 8 दिसंबर 2021 तक

के नवीनतम सर्वे में बताया गया है। जबकि एन.एफ.एच.एस.-5 का यूनिट स्तर डेटा अभी भी सार्वजनिक रूप से अनुपलब्ध है। हम प्रकाशित रिपोर्ट के माध्यम से जानते हैं कि 93.3 प्रतिशत परिवारों के पास मोबाइल कनेक्शन हैं और 95.5 प्रतिशत के पास बैंक (या डाकघर) खाता है। ग्रामीण और शहरी क्षेत्रों में क्रमशः 96% और 95% बैंक (या डाकघर) खाता कवरेज है। मोबाइल फोन कनेक्टिविटी के संदर्भ में, शहरी परिवारों में लगभग 97 प्रतिशत सर्वव्यापक कवरेज है, जबकि ग्रामीण परिवारों में 92 प्रतिशत की थोड़ी कम कवरेज है।

इसलिए यदि हम एन.एफ.एच.एस.-5 डेटा (जब भी उपलब्ध हो) के साथ चित्र 1 को फिर से बनाते हैं, तो हम औसत आंकड़ों में वृद्धि की उम्मीद करते हैं, लेकिन प्रकारांतर में काफी गिरावट की संभावना है। ऐसा इसलिए है, क्योंकि पिछले पांच वर्षों में अधिकांश प्रयासों को देश भर में कम सेवा वाले राज्यों की ओर लक्षित किया गया था। निरपेक्ष तौर पर, JAM आउटरीच कनेक्टिविटी के अभूतपूर्व स्तर और गति को दर्शाता है, जो वैश्विक पटल पर कहीं और नहीं देखा गया है।

चित्र 1: जैम (JAM) कनेक्टिविटी (2015–16)

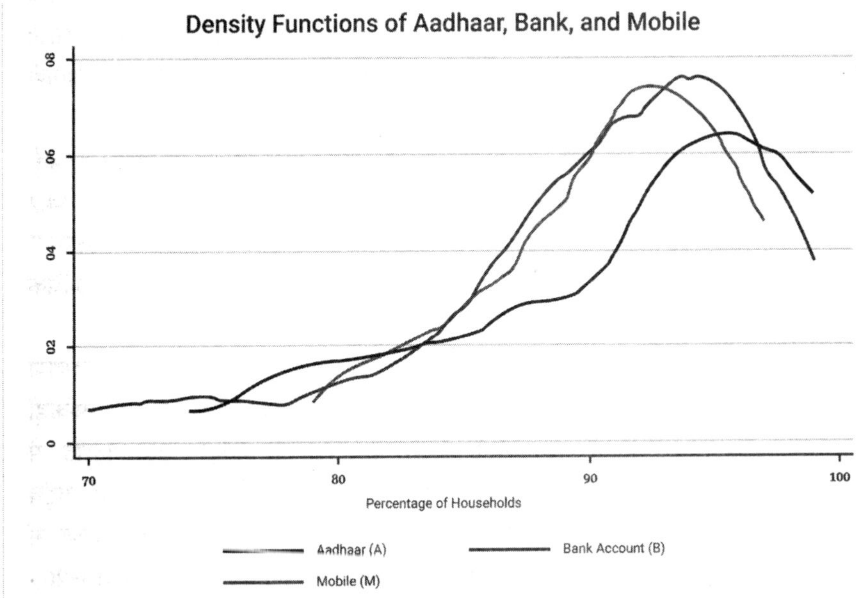

स्रोत: राष्ट्रीय परिवार स्वास्थ्य सर्वेक्षण 2015-16 (एन.एफ.एच.एस.-4)

JAM के इन तीन आधारों को विशेष रूप से दर्शाया जाना महत्त्वपूर्ण है। आधार और बैंक खातों तक पहुंच में जो भी सुधार हुए हैं, उनका श्रेय सरकारी प्रयासों को ही जाता है, जबकि मोबाइल टेलीफोन कनेक्टिविटी में उल्लेखनीय सुधार मुख्य रूप से निजी उद्यमों के कारण हुए हैं। बेहतर कनेक्टिविटी से देश भर में नागरिकों के जीवन स्तर में तेजी से सुधार हो रहा है। यह बाजारों तक पहुंच के विस्तार और सरकारी कल्याण सहायता तक पहुंच में सुधार, दोनों माध्यमों से हो रहा है। कृषि-तकनीकी सेवाओं, वित्तीय सेवाओं, मीडिया और मनोरंजन सेवाओं सहित, कई नए बाजार समाधान उपलब्ध कराए जा रहे हैं। साथ ही साथ, JAM मंच का उपयोग देश भर में कमजोर तबके को कई योजनाओं के माध्यम से प्रत्यक्ष लाभ हस्तांतरण के लिए भी किया जा रहा है। दिसंबर 2021 अंत तक के नवीनतम आंकड़ों से पता चलता है कि 54 मंत्रालयों के माध्यम से 310 योजनाओं के लिए प्रत्यक्ष लाभ हस्तांतरित किए जा रहे हैं।[2] मेहनत से किए गए शोध कार्य ने यह तथ्य उजागर किया है कि, प्रमुख कल्याणकारी योजनाओं को JAM से जोड़ने से भ्रष्टाचार में उल्लेखनीय कमी दिखाई दी है। भारत की सबसे बड़ी कल्याणकारी योजना यानी सार्वजनिक वितरण प्रणाली (पीडीएस) के संबंध में भ्रष्टाचार में उल्लेखनीय कमी पाए जाने का अनुमान लगाया गया था।[3] पिछले दशकों में भ्रष्टाचार से जूझते देश की पृष्ठभूमि में पीडीएस में व्याप्त भ्रष्टाचार और लीकेज को देखते हुए, यह उल्लेखनीय सुधार है। कुशल कल्याणकारी आधारभूत ढांचे की स्थापना के इस प्रयास में, भारत के कमजोर तबकों के दीर्घकालिक हित निहित हैं। संक्रमण काल के दौरान बहिष्करण की आशंकाओं को JAM ढांचे के भीतर ही हल किया जा सकता है, क्योंकि फोन-आधारित निगरानी को आखिरी छोर तक सेवा वितरण में सुधार के एक लागत प्रभावी तरीके के रूप में पहचाना गया है।[4]

शौचालयों तक पहुंच

देश भर में ग्रामीण परिवारों के लिए शौचालयों तक बेहतर और व्यापक पहुंच प्रधानमंत्री मोदी के प्रशासन की स्थायी उपलब्धियों में से एक है। प्रति व्यक्ति भारत के सकल घरेलू उत्पाद में लगातार वृद्धि के बावजूद वर्ष 2014 तक खुले में शौच एक प्रमुख चिंता का विषय बना रहा। भारत ने, खुले में शौच की दर 40 प्रतिशत से अधिक बताई है, जो वैश्विक औसत 12 प्रतिशत से अधिक है। खुले में शौच खराब स्वास्थ्य और मानव पूंजी परिणामों के साथ निकटता से जुड़ा हुआ है।[5] ग्रामीण परिवारों के लिए शौचालयों की सार्वभौमिक पहुंच प्रदान करने के लिए गांधी जयंती के अवसर पर स्वच्छ भारत मिशन (एस.बी.एम.) वर्ष 2014 में शुरू किया गया था। पिछले

दशकों में सरकारों ने शौचालय की पहुंच में सुधार के लिए अनेक प्रयास किए थे, लेकिन सीमित सफलता ही प्राप्त हुई थी।

इसकी तुलना में, स्वच्छ भारत मिशन (एस.बी.एम.) ने पूरे देश में, अपनी तेज गति के कारण व्यापक सफलता प्राप्त की। इस स्वच्छता परिवर्तन को ठीक तरह से समझने के लिए व्यवहार-केंद्रित डिजाइन पर आधारित परिवर्तन के सिद्धांत का उपयोग करके अनुसंधान किया गया। यह दर्शाता है कि, सक्रिय और परिवर्तनकारी राजनीतिक नेतृत्व ने देश भर में सरकारी नौकरशाही को प्रेरित किया, बड़े पैमाने पर जनता को सूचित और प्रेरित किया, और नैतिक व्यवहार के नए मानदंड स्थापित किए।[6] पाँच वर्षों के भीतर, 2019 तक सार्वभौमिक कवरेज प्राप्त करते हुए, पूरे भारत में लगभग 98 मिलियन शौचालयों का निर्माण किया गया।[7] सुरक्षित एवं सार्वभौमिक रूप से स्वच्छता के लक्ष्य को प्राप्त करने की इच्छुक सरकारें भारत के, स्वच्छ भारत मिशन की सफलता से सबक ले सकती हैं।

विद्वानों ने पिछले कुछ वर्षों में शौचालयों तक पहुंच के प्रभाव का कड़ाई से अध्ययन किया है। इस बात को साबित करने के लिए अनेक साक्ष्य हैं कि इसने आम भारतीयों के स्वास्थ्य और स्वच्छता परिणामों में महत्त्वपूर्ण सुधार किया है।[8] ग्रामीण क्षेत्रों में महिलाओं और लड़कियों की सुरक्षा पर एस.बी.एम. का महत्त्वपूर्ण प्रभाव है, संभवतः इस बात का अपेक्षाकृत कम संज्ञान लिया गया है। घरों के पास शौचालयों का निर्माण और आसान पहुंच होने से, महिलाओं के प्रति होने वाले अपराध का जोखिम कम हो जाता है। राष्ट्रीय अपराध रिकॉर्ड ब्यूरो (NCRB) के साथ शौचालय निर्माण के आंकड़ों को जोड़ते हुए, विद्वानों ने सावधानीपूर्वक अनुभवजन्य अनुसंधान किया है, ताकि यह पता लगाया जा सके कि इस योजना के कारण यौन उत्पीड़न में 22 प्रतिशत की कमी आई और शुरुआती कुछ वर्षों के भीतर ही बलात्कार में 14 प्रतिशत तक की कमी आई है।[9] हालांकि इस तरह के निष्कर्षों को लोकप्रिय मीडिया चर्चाओं में कोई स्थान नहीं मिलता है, जो कि भारत के ग्रामीण लोगों, विशेष रूप से महिलाओं और बच्चों के जीवन की गुणवत्ता में मौलिक सुधार को दर्शाते हैं।

वैश्विक महामारी के प्रति दक्ष एवं चुस्त प्रतिक्रिया

कोविड-19 महामारी इस सदी की सबसे भयावह वैश्विक स्वास्थ्य आपदा रही है। इसने बड़े पैमाने पर जीवन और रोजगार को प्रभावित किया और दुनिया के अनेक लोकतांत्रिक देशों में नागरिक स्वतंत्रता पर अंकुश लगाया। जबकि चीन जैसे सत्तावादी देशों से बहुत कम विश्वसनीय आंकड़े आ रहे हैं। हम जानते हैं, कि दुनिया भर में लोकतंत्रों ने बड़े पैमाने पर विरोध और उथल-पुथल देखी है। यह बात विशेष रूप से

समृद्ध पश्चिमी देशों के बारे भी सच है, जिनके पास उच्च गुणवत्तापूर्ण स्वास्थ्य संबंधी आधारभूत ढांचा और टीका वितरण कार्यों तक आसान पहुंच मौजूद है । भारत इस मामले में एक अपवाद है, जिसका प्रदर्शन स्वास्थ्य आधारभूत ढांचे एवं अर्थव्यवस्था में सीमित संसाधनों के बावजूद विशेष रूप से उल्लेखनीय है। निश्चय ही भारत अपने सामर्थ्य से बेहतर प्रदर्शन कर रहा है।

नवीनतम आंकड़ों से पता चलता है कि प्रति हजार जनसंख्या पर कोविड-19 परीक्षणों के संदर्भ में (आंकड़ा 2 देखें) भारत ने पड़ोस के किसी भी देश की तुलना में, कहीं अधिक परीक्षण किए हैं। लेकिन, शायद अधिक उल्लेखनीय तथ्य यह है कि भारत ने मेक्सिको, दक्षिण अफ्रीका, ब्राजील और थाईलैंड जैसे समृद्ध देशों की तुलना में भी काफी अधिक परीक्षण किए हैं। किफायती परीक्षणों को सभी के लिए आसानी से उपलब्ध कराना, देश की महामारी प्रबंधन रणनीति का एक महत्त्वपूर्ण हिस्सा रहा है। यह न केवल समय पर संक्रमण का पता लगाने और उसकी रोकथाम के लिए महत्त्वपूर्ण है, बल्कि लोगों के डर को शांत करने में भी महत्त्वपूर्ण भूमिका निभाता है। लोगों की अपेक्षाओं और आशंकाओं का प्रबंधन भी जोखिम प्रबंधन के अंतर्गत आता है।

चित्र 2: प्रति 1,000 जनसंख्या पर कोविड-19 परीक्षण

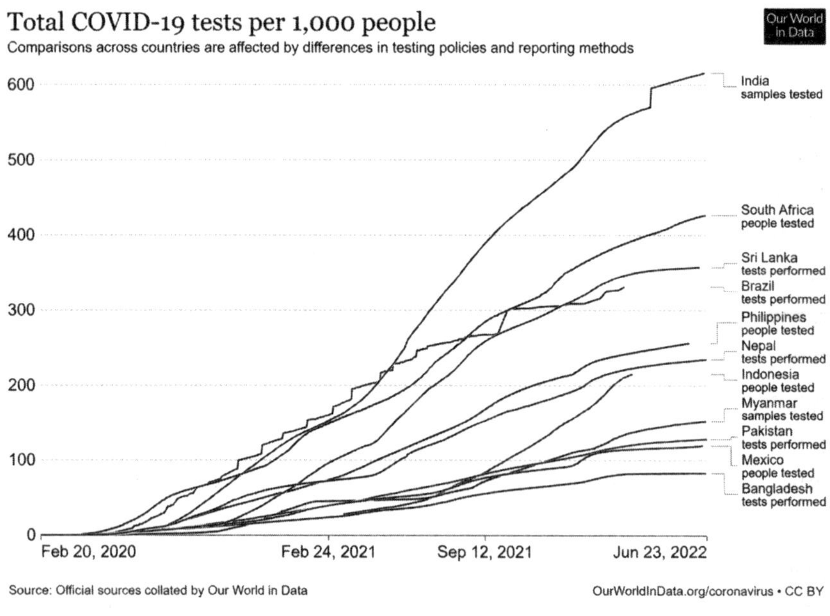

जबकि वैश्विक स्तर पर सरकारें लॉकडाउन और सोशल डिस्टेंसिंग की रोकथाम रणनीतियों का इस्तेमाल जारी रखे हुए हैं, अब यह आमतौर पर स्वीकृत तथ्य है कि महामारी का एकमात्र टिकाऊ समाधान आबादी का व्यापक टीकाकरण ही है। अमीर OECD (आर्थिक सहयोग और विकास संगठन) देशों के बाहर, भारत टीकों का सबसे बड़ा उत्पादक है और बहुत कम विकासकर्ताओं में से एक है। वैक्सीन की खोज के साथ, कोविड-19 महामारी वैश्विक असमानता की पारंपरिक समस्या में बदल गई है। वैक्सीन के बढ़ते राष्ट्रवाद और दवा कंपनियों के बीच अंतरराष्ट्रीय बाजार में हिस्सेदारी के लिए हो रही हलचल के बीच, भारत ने पिछली प्रतिबद्धताओं को पूरा करते हुए, न केवल विश्व समुदाय को महत्वपूर्ण खुराक की आपूर्ति की है, बल्कि कम से कम एक खुराक के साथ 90 प्रतिशत से अधिक वयस्क आबादी को बिना किसी शोरशराबे के टीकाकृत किया है। कुल संख्या आश्चर्यचकित कर देने वाली है- दिसंबर 2021 के अंत तक 817 मिलियन से अधिक व्यक्ति और 1.45 बिलियन से अधिक खुराक। यह कार्य अधूरा है, लेकिन देश 2022 के मध्य तक सभी पात्र आबादी को टीका लगाने के लक्ष्य को पूरा करने के लिए तैयार है। दैनिक टीकाकरण में हाल ही में तेजी - कई दिनों तक 10 मिलियन से अधिक खुराक और एक बार, एक ही दिन में 25 मिलियन का लक्ष्य प्राप्त करना - एक बेहतरीन रफ्तार का संकेत देता है। महामारी के दौरान भी भारत के बारे में अंतरराष्ट्रीय मुद्रा कोष के उच्च विकास अनुमानों के पीछे यही प्रेरक कारक है।[10] नवीनतम आँकड़े (जनवरी 2022) देश को चालू और अगले वित्तीय वर्षों के लिए विश्व स्तर पर सबसे तेजी से बढ़ती अर्थव्यवस्था के रूप में पेश करना, जारी रखे हुए हैं। यह सराहनीय बात है कि एक मजबूत टीकाकरण अभियान और स्वास्थ्य संबंधी बुनियादी ढांचे (परीक्षण, अस्पताल के बिस्तर, ऑक्सीजन, आदि) की उपलब्धता विनाशकारी वैश्विक महामारी से, भारत की आर्थिक सेहत को दुरुस्त करने में सहायक होगी।

महामारी के प्रसार और भलीभाँति प्रबंधित टीकाकरण अभियान के साथ-साथ देश भर की कमजोर आबादी तक, मानवीय सहायता पहुंचाना महामारी प्रबंधन का एक महत्त्वपूर्ण पहलू है। महामारी के कारण राष्ट्रव्यापी तालाबंदी ने शुरुआती महीनों में बड़े पैमाने पर आर्थिक व्यवधान पैदा किया। भारत की राष्ट्रव्यापी तालाबंदी गरीबों के लिए बेहद कठिन थी, और उनकी कठिनाइयों को अच्छी तरह से लिखित रूप में दर्ज किया गया है।[11] आपातकाल को भांपते हुए, राष्ट्रीय तालाबंदी के दौरान सरकारी हस्तक्षेपों का प्रारंभिक चरण मुख्य रूप से गरीबों, प्रभावित परिवारों को मानवीय सहायता पहुँचाने पर ही केंद्रित था। अन्य राहत उपायों के अलावा निर्माण कार्य में लगे श्रमिकों, किसानों, बुजुर्गों और स्वयं सहायता समूहों में कार्यरत महिलाओं को सीधे नकद हस्तांतरण किया गया। देश के सभी राज्यों में सार्वजनिक वितरण प्रणाली के माध्यम से खाद्यान्नों का व्यापक आपात वितरण किया गया।

चित्र 3: लोगों को दी गयीं टीकाकरण खुराक

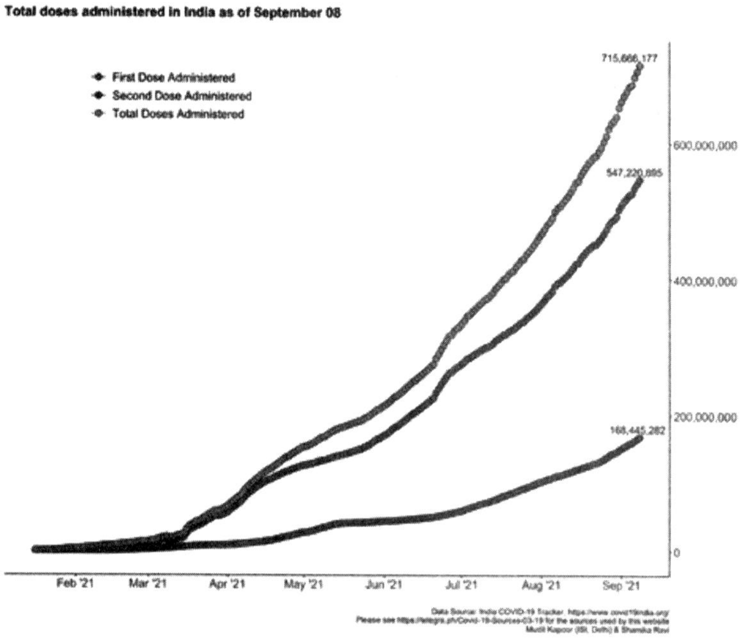

समय पर और आगे बढ़ कर की गयी राष्ट्रीय तालाबंदी के कारण अनौपचारिक श्रमिकों का औद्योगिक राज्यों से, उनके गृह राज्यों की ओर व्यापक रूप से पलायन देखा गया। राष्ट्रीय तालाबंदी के बाद देश के विभिन्न राज्यों से श्रमिकों का बिहार की ओर बड़ी संख्या में पलायन देखा गया। इसलिए, कोविड-19 उथल-पुथल के बाद बिहार में सम्पन्न राज्य विधानसभा चुनाव सरकार की नीतियों के लिए एक अग्निपरीक्षा के समान था। अधिकांश एग्जिट पोल ने सत्तारूढ़ एन.डी.ए. गठबंधन के लिए नुकसान की भविष्यवाणी की। लेकिन एन.डी.ए. के पक्ष में आए चुनाव परिणामों ने कई राजनीतिक टिप्पणीकारों और विशेषज्ञों को चौंका दिया। इसके बाद, अधिकतर विशेषज्ञों ने दो प्रमुख कारकों का उपयोग करते हुए जीत की व्याख्या की: (1) महिला मतदाता, जिन्होंने रा.ज.द. के कुशासन को याद किया और एन.डी.ए. का समर्थन किया; और (2) मुस्लिम वोट, जोकि ए.आई.एम.आई.एम. जैसी पार्टियों के कारण द्वारा राजद के नेतृत्व वाले महागठबंधन को नहीं मिल पाया था। हमारा व्यापक शोधपरक विश्लेषण, एक अलग ही कहानी की ओर इशारा करता है।[12] सच तो यह है कि बिहार राज्य के सबसे गरीब मतदाताओ ने मौजूदा गठबंधन और विशेष रूप से भा.ज.पा. के पक्ष में भारी मतदान किया (चित्र 4 देखें)।

चित्र 4: बिहार विधानसभा चुनाव 2020 में एक निर्वाचन क्षेत्र जीतने का विषम अनुपात

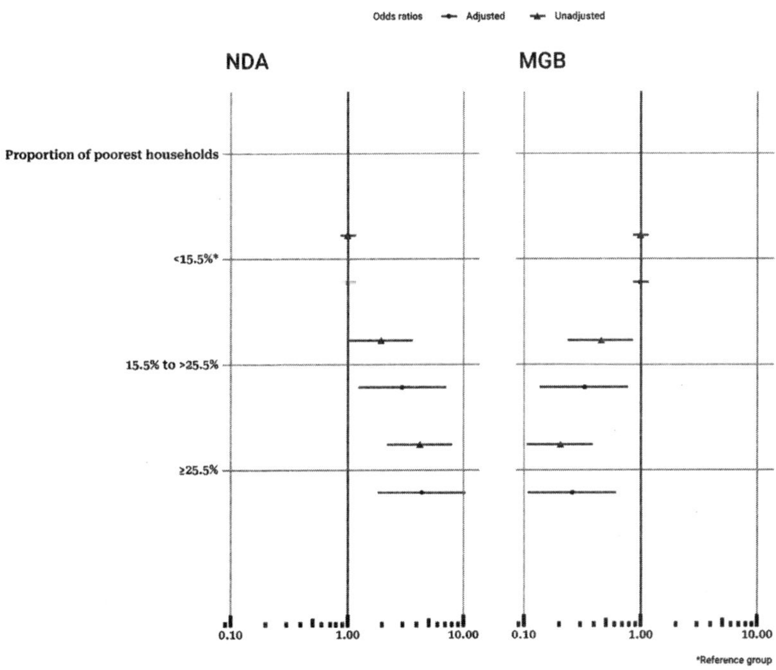

ग्राफ स्रोत: टेक टैंक, ब्रुकिंग्स इंस्टीट्यूशन[13]

नोट:

1) विषम अनुपात की गणना निर्वाचन क्षेत्र के स्तर पर एक लॉजिस्टिक रिग्रेशन चलाकर की जाती है, जहां आश्रित चर 1 का मान लेता है यदि NDA/MGB निर्वाचन क्षेत्र में चुनाव जीता और अन्यथा मान 0 लेता है।
2) समायोजित अंतर अनुपात के लिए मॉडल को विधानसभा क्षेत्र में मतदाताओं के लिंग अनुपात, जिले में मुस्लिम, सामान्य जाति और ग्रामीण परिवारों के अनुपात, जहां विधानसभा क्षेत्र स्थित है, ए.आई.एम.आई.एम. और एल.जे.पी. कारक के लिए समायोजित किया गया है।

भारत के चुनाव आयोग के आंकड़ों और राष्ट्रीय परिवार स्वास्थ्य सर्वेक्षण के चौथे चरण के घरेलू संपत्ति और गरीबी के आंकड़ों को मिलाकर, हमने इन चुनाव परिणामों में गरीबी के प्रभाव का विश्लेषण किया हैं; जो कि सामान्य तौर पर चुनाव परिणाम की व्याख्या के परंपरागत कारकों जैसे महिला वोट और मुस्लिम वोट आदि से अलग है। हमारा निष्कर्ष यह है कि, बिहार के सबसे गरीब निर्वाचन क्षेत्रों में एन.डी.ए. के जीतने की अधिक संभावना थी। ये परिणाम इसलिए भी महत्वपूर्ण हैं क्योंकि, बिहार

विधानसभा चुनाव कोविड-19 महामारी के दौरान हुए थे, जिसने सबसे गरीब आबादी को बुरी तरह प्रभावित किया था। बिहार, भारत का सबसे गरीब राज्य है, इसलिए इन परिणामों की प्रासंगिकता विशेष रूप से उल्लेखनीय है।

महिला नेत्रियों का सशक्तिकरण

मोदी प्रशासन की ऐसी नीतियों पर बहुत कुछ लिखा जा चुका है, जिनसे महिलाओं को विशेषकर फायदा हुआ है। इनमें प्रधानमंत्री उज्ज्वला योजना (पी.एम.यू.वाई.) के माध्यम से एल.पी.जी. ईंधन की बेहतर उपलब्धता, महिलाओं के स्वास्थ्य पर प्रभाव और महिलाओं के स्वास्थ्य और सुरक्षा पर एस.बी.एम. के तहत शौचालयों की बेहतर पहुंच का प्रभाव शामिल है। इसके अलावा, यह तथ्य कि पी.एम.जे.डी.वाई. के अधिकांश लाभार्थी महिला खाताधारक हैं, हमारे समाज के इस महत्त्वपूर्ण वर्ग के सशक्तिकरण की ओर इशारा करता है।

हालांकि, कई 'मूक क्रांतियाँ' सामने आ रही हैं, जिन पर अपेक्षाकृत किसी का ध्यान नहीं गया है। हमने इनमें में एक - हाल के वर्षों में भारत की संसद में महिला नेताओं के प्रदर्शन - का अध्ययन किया है।

लोकतंत्र में नेताओं का मूल काम अपने मतदाताओं के मुद्दों का प्रतिनिधित्व करना और जवाबदेही में सुधार के लिए सरकार को समझाना है। इसलिए संसदीय लोकतंत्र की एक अनिवार्य विशेषता यह है कि निर्वाचित सांसद राजनीतिक संबद्धता, जाति, लिंग आदि की परवाह किए बिना सरकार पर सवाल उठाते रहें। यह सरकार को निरंकुश होने से भी रोकता है और सरकार को नागरिकों के प्रति जवाबदेह बनाता है। जबकि महिलाओं के राजनीतिक सशक्तिकरण को मापने के पारंपरिक दृष्टिकोण संसद और विधानसभाओं में महिला नेताओं की गिनती तक सीमित रहे हैं, हम इसका आकलन इस विश्लेषण के बाद करते हैं कि अपने पुरुष समकक्षों की तुलना में वे दोनों सदनों में कैसे शामिल होती हैं। क्या महिला सांसद, चाहे सत्ताधारी पार्टी की हों या विपक्ष की, अपने पुरुष समकक्षों की तुलना में सदन के पटल पर सरकार से सवाल करने के लिए समान रूप से सशक्त हैं?

नागरिक और मानव अधिकारों को मजबूत करने के लिए महिलाओं का राजनीतिक सशक्तिकरण आवश्यक है (संयुक्त राष्ट्र 2011)।[14] इस संबंध में, वैश्विक और भारतीय संदर्भ पर अकादमिक साहित्य ने मुख्य रूप से संसद में महिलाओं की संख्या में अंतर,[15] राजनीतिक नेताओं के रूप में महिलाओं और सामाजिक परिणामों पर उनके प्रभाव[16-20] और महिला मतदाताओं के उदय (जिसे हमने भारत में 'मूक क्रांति' के रूप में दर्ज किया है)[21-23] पर ही विचार किया है। हालांकि इस बात पर बहुत कम चर्चा हुई है, कि संसद सदस्य के रूप में चुनी गई एक महिला राजनीतिक नेता को

सदन के पटल पर उन मतदाताओं (समाज के कमजोर वर्गों-महिलाओं और बच्चों) के मुद्दों को उठाने का अधिकार है या नहीं। यह लोकतंत्र में महिला नेताओं के राजनीतिक सशक्तिकरण को मांपने का एक महत्त्वपूर्ण पैमाना है।

अपने विश्लेषण के लिए, हम पी.आर.एस. लेजिस्लेटिव रिसर्च से पंद्रहवीं लोकसभा, (18 मई 2009 से 18 मई 2014) और सोलहवीं लोकसभा (18 मई 2014 से 23 मई 2019), पर सार्वजनिक रूप से उपलब्ध डेटा का उपयोग करते हैं, जिसे आमतौर पर पी.आर.एस.[24,25] के रूप में जाना जाता है। पी.आर.एस. लोकसभा और राज्यसभा के सांसदों के कामकाज के आंकड़ों को ट्रैक करता है। यह निर्वाचित सदस्यों और सांसदों के राजनीतिक दल के मामले में लिंग, आयु, राज्य और निर्वाचन क्षेत्र के बारे में विस्तृत जानकारी प्रदान करता है। इसके अलावा, प्रत्येक सांसद की संसद के सत्रों में उपस्थिति, उनके द्वारा किए गए प्रश्नों की संख्या, उनके द्वारा की गई बहसों की संख्या और उनके द्वारा पेश किए गए गैर-सरकारी सदस्यों के विधेयकों की संख्या का डेटा प्रदान करता है। हमारा ध्यान सांसदों द्वारा उठाए गए प्रश्नों की संख्या पर केन्द्रित रहेगा। हम लिंग और राजनीतिक संबद्धता (भारतीय जनता पार्टी अथवा भारतीय राष्ट्रीय कांग्रेस) से परे सांसदों द्वारा पूछे गए प्रश्नों की औसत संख्या की तुलना करते हैं।*** पंद्रहवीं लोकसभा में, चौंसठ महिला सांसद थीं, जिनमें से चौदह भा.ज.पा. (भा.ज.पा. सांसदों का 12 प्रतिशत) और पच्चीस भारतीय राष्ट्रीय कांग्रेस (आई.एन.सी. सांसदों का 12 प्रतिशत) से संबंधित थीं। सोलहवीं लोकसभा में, अड़सठ महिला सांसद थीं, जिनमें से बत्तीस भा.ज.पा. (भा.ज.पा. सांसदों का 11 प्रतिशत) की थीं, जबकि केवल चार कांग्रेस की (कांग्रेस सांसदों का 8 प्रतिशत) थीं।

कुल मिलाकर, हम पाते हैं कि पंद्रहवीं लोकसभा में, महिला सांसदों ने अपने पुरुष समकक्षों (135 बनाम 250) की तुलना में काफी कम प्रश्न किए। हालांकि, इसके विपरीत, उनकी संलग्नता सोलहवीं लोकसभा (218 बनाम 219) में पुरुष सांसदों के बराबर थी (चित्र 5ए देखें)। महिला सांसदों की पार्टी संबद्धता के इन परिणामों पर करीब से नजर डालने पर, एक चौंकाने वाली विशेषता का पता चलता है (चित्र 5 बी देखें)। विशेष रूप से, भा.ज.पा. (पंद्रहवीं लोकसभा की प्रमुख विपक्षी पार्टी) की महिला सांसदों द्वारा किए गए प्रश्नों की औसत संख्या 355 थी। इसके विपरीत,

***चरम मूल्यों या बाहरी कारकों की उपस्थिति के कारण हम अपने विश्लेषण के लिए माध्यिका का उपयोग करते हैं। कुछ सांसद ऐसे हैं, जिन्होंने संसद में शून्य प्रश्न पूछे हैं, जबकि अन्य ऐसे भी हैं, जिन्होंने एक हजार से अधिक प्रश्न पूछे हैं। हमारे विश्लेषण को बाहरी कारकों से प्रभावित होने से रोकने के लिए, हम माध्य (mean) के बजाय माध्यिका का उपयोग करते हैं। हालाँकि, हमारा विश्लेषण समान रहता है, यदि माध्य मानों को माध्यिका (median) की जगह माना जाता है।

कांग्रेस (पंद्रहवीं लोकसभा की प्रमुख सत्ताधारी पार्टी) की महिला सांसदों द्वारा किए गए प्रश्नों की औसत संख्या) केवल अट्ठाईस थी।

चित्र 5a: सांसदों द्वारा पूछे गए प्रश्नों की औसत संख्या

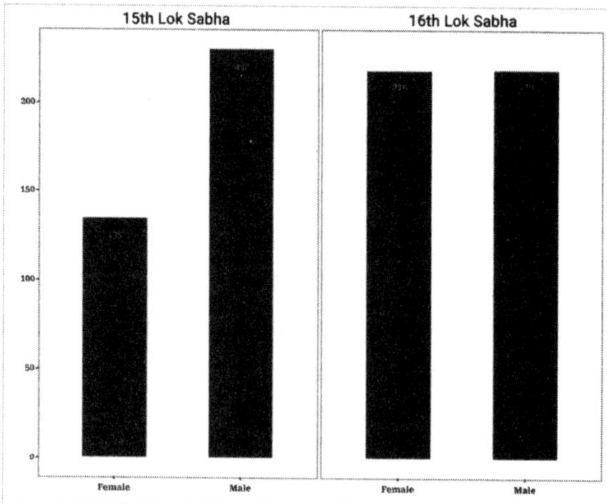

स्रोत: पी.आर.एस. लेजिस्लेटिव रिसर्च

चित्र 5b: सांसदों द्वारा पूछे गए प्रश्नों की औसत संख्या

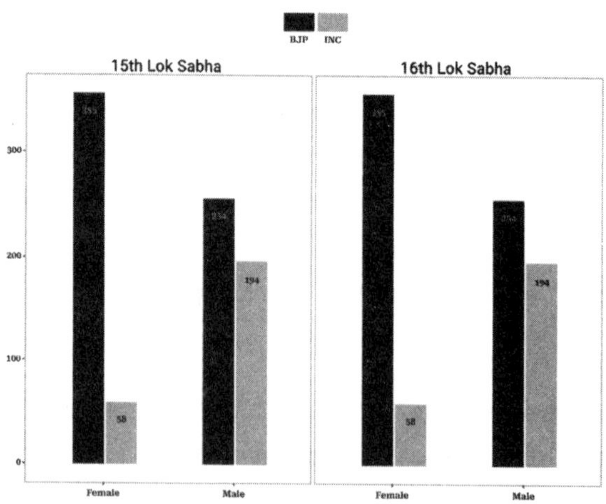

स्रोत: पी.आर.एस. लेजिस्लेटिव रिसर्च

सोलहवीं लोकसभा में जब बी.जे.पी. सत्ता में आई तो पार्टी की महिला सांसदों ने अपनी ही सरकार से सबसे ज्यादा सवाल (346) किए! इन परिणामों का अहम निहितार्थ यह है, कि जब कांग्रेस सत्ताधारी पार्टी थी, तो उसकी महिला सांसदों ने उनकी सरकार से कम सवाल किए थे। दो दलों का यह विपरीत व्यवहार संसद में प्रधानमंत्री मोदी के नेतृत्व में भाजपा के भीतर महिला सांसदों के मूल सशक्तिकरण पर प्रकाश डालता है। सत्तारूढ़ दल की महिला सांसदों ने स्वास्थ्य, शिक्षा, सड़कों और एम.एस.एम.ई. जैसे अहम मुद्दों पर, अपनी ही सरकार से काफी अधिक संख्या में प्रश्न किए। इनमें विशेष रूप से समाज के कमजोर वर्गों - महिलाओं और बच्चों के प्रति अधिक संवेदनशीलता नजर आती है (चित्र 6 देखें)।

चित्र 6: महिला और पुरुष सांसदों द्वारा मंत्रालयों से किए गए प्रश्नों में महत्त्वपूर्ण अंतर

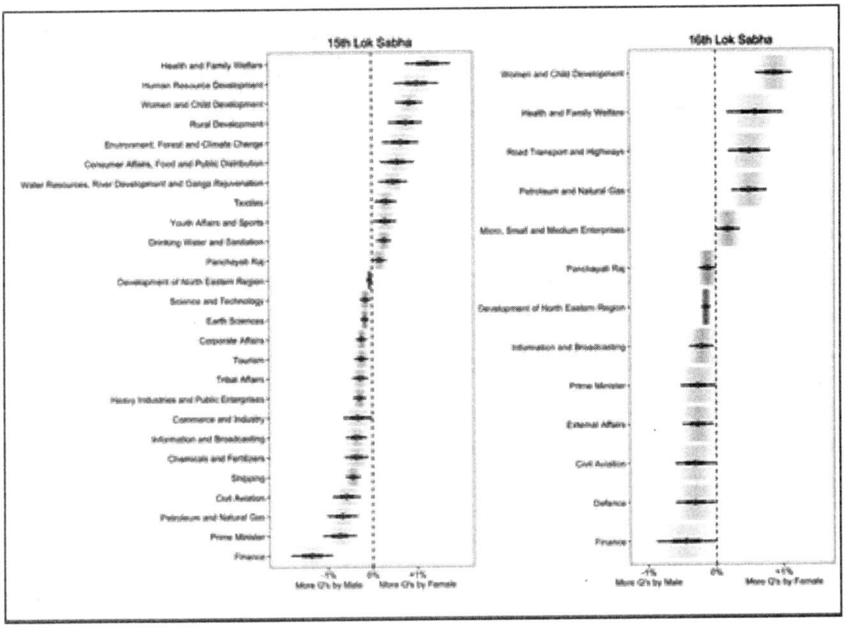

स्रोत: पी.आर.एस. लेजिस्लेटिव रिसर्च

गुजरात का अनुभव

किसी भी लोकतांत्रिक रूप से चुने गए नेता के लिए, सामाजिक संकेतकों के संदर्भ में मापी गई जीवन की बेहतर गुणवत्ता के साथ - साथ आर्थिक विकास को संतुलित करना सबसे कठिन चुनौती होती है। गुजरात को, आमतौर पर भारत के आधुनिक 'चमत्कारिक राज्यों'[26] के रूप में बताया जाता रहा है, और कई विद्वानों ने 2000 से इसके तीव्र आर्थिक विकास का विश्लेषण किया है। यद्यपि भारत के अन्य प्रमुख राज्यों की तुलना में गुजरात के प्रमुख विकास संकेतकों पर कम ही ध्यान दिया गया है। इसलिए, इस खंड में, हम गुजरात के प्रदर्शन को सामने लाने के लिए 2001 से 2018 तक भारत के राज्यों में आर्थिक और सामाजिक विकास के बीच संबंधों का पता लगाते हैं।

विशेष रूप से, हम पन्द्रह बड़े राज्यों**** के प्रदर्शन का अध्ययन करते हैं, जिनमें, भारत की लगभग नब्बे प्रतिशत आबादी निवास करती है। इस विश्लेषण में मूल रूप से शामिल हैं - (ए) स्थिर कीमतों पर कारक लागत पर प्रति व्यक्ति शुद्ध राज्य घरेलू उत्पाद (आधार वर्ष 2011-12), और (बी) नवजात मृत्यु दर (एन.एम.आर.), जिसे जीवन के पहले अट्ठाईस दिनों के दौरान, प्रति एक हजार बच्चों में से होने वाली मौतों की संख्या के रूप में परिभाषित किया गया है।[27] एन.एम.आर. का हमारा चुनाव मुख्य रूप से इस तथ्य से प्रेरित था, कि यह संयुक्त राष्ट्र के सतत विकास लक्ष्यों (एस.डी.जी.) के तहत बारीकी से निगरानी से किए जा रहे प्रमुख विकास संकेतकों में से एक है, जिसमें भारत एक हस्ताक्षरकर्ता है। 2030 तक एन.एम.आर. को प्रति एक हजार जीवित जन्मों पर 12 तक कम करना यू.एन.[28] के एस.डी.जी. में से एक है, और 2017 के आंकड़ों से पता चलता है कि दुनिया भर में 2.6 मिलियन नवजात मौतों में से 25 प्रतिशत से अधिक मौतें सिर्फ भारत में होती हैं।[29]

****आंध्र प्रदेश, असम, बिहार, गुजरात, हरियाणा, कर्नाटक, केरल, मध्य प्रदेश, महाराष्ट्र, ओडिशा, पंजाब, राजस्थान, तमिलनाडु, उत्तर प्रदेश और पश्चिम बंगाल। इन पंद्रह राज्यों का चयन इसलिए किया गया क्योंकि 2001 और 2018 के लिए नवजात मृत्यु दर डेटा (एन.एम.आर.) केवल इन राज्यों के लिए उपलब्ध था। राज्य स्तर पर एन.एम.आर. के लिए डेटा नमूना पंजीकरण प्रणाली (एस.आर.एस.), रजिस्ट्रार जनरल और जनगणना आयुक्त, भारत के कार्यालय (https://censusindia-gov-in/2011-Common/Sample_Registration_System-html) में उपलब्ध है। स्थिर कीमतों (आधार वर्ष 2011-12) पर कारक लागत पर प्रति व्यक्ति शुद्ध राज्य घरेलू उत्पाद पर डेटा भारतीय अर्थव्यवस्था पर सांख्यिकी की पुस्तिका, भारतीय रिजर्व बैंक (https://rbi-org-in) में उपलब्ध है।

हम इसी अवधि के दौरान एन.एम.आर. में बदलाव के साथ 2001 से 2018 तक प्रति व्यक्ति शुद्ध राज्य घरेलू उत्पाद (एन.एस.डी.पी.) में बदलाव की तुलना करते हैं। हम इन पंद्रह राज्यों को चार चतुर्थांशों में विभाजित करते हैं:

(ए) चतुर्थांश 1, एन.एस.डी.पी. में कम वृद्धि और एन.एम.आर. में कम कमी, जहां एन.एम.आर. 50% से कम घटता है और एन.एस.डी.पी. 200% से कम बढ़ता है।

(बी) चतुर्थांश 2, एन.एम.आर में उच्च वृद्धि और कम कमी - जहां एन.एस. डी.पी. 200 प्रतिशत से अधिक बढ़ जाता है, लेकिन एन.एम.आर. 50 प्रतिशत से कम घटता है।

(सी) चतुर्थांश 3, एन.एम.आर. में कम वृद्धि और उच्च कमी - जहां एन.एस. डी.पी. 200 प्रतिशत से कम बढ़ता है, लेकिन एन.एम.आर. 50 प्रतिशत से अधिक कम हो जाता है।

(डी) चतुर्थांश 4, एन.एम.आर. में उच्च वृद्धि और उच्च कमी - जहां एन.एस. डी.पी. 200 प्रतिशत से अधिक बढ़ता है, और एन.एम.आर. 50 प्रतिशत से अधिक कम हो जाता है।

समग्र राज्य के दृष्टिकोण से, प्रति व्यक्ति एन.एस.डी.पी. में वृद्धि और एन.एम.आर. में उच्च कमी के मामले में उच्च आर्थिक विकास के लिए चतुर्थांश 4 में होना वांछनीय है। विश्लेषण से पता चलता है कि केवल तीन राज्यों- गुजरात, महाराष्ट्र और तमिलनाडु ने अपनी प्रति व्यक्ति एन.एस.डी.पी. को तीन गुना कर दिया है और साथ ही 2001-02 से 2018-19 तक अपने एन.एम.आर. को 50 प्रतिशत से अधिक कम कर दिया है। कुल मिलाकर, हम एन.एम.आर. में कमी और प्रति व्यक्ति एन.एस.डी. पी. में वृद्धि के बीच एक सकारात्मक संबंध पाते हैं (चित्र 7 देखें)।

मोदी के नेतृत्व में गुजरात का आर्थिक प्रदर्शन उल्लेखनीय रहा है, जिसे अकादमिक जगत द्वारा भलीभांति दर्ज भी किया गया है। हालांकि, हमारे अध्ययन के निष्कर्ष से विकास के महत्त्वपूर्ण संकेतकों पर राज्य के उल्लेखनीय प्रदर्शन के बारे में उन तथ्यों को उजागर करते हैं, जिनके बारे में अब तक कम ही ध्यान दिया गया है।

चित्र 7: स्थिर कीमतों पर प्रति व्यक्ति शुद्ध राज्य घरेलू उत्पाद में वृद्धि (आधार वर्ष: 2011-12), और 2001 से 2018 तक नवजात मृत्यु दर (एन.एम.आर.) में कमी।

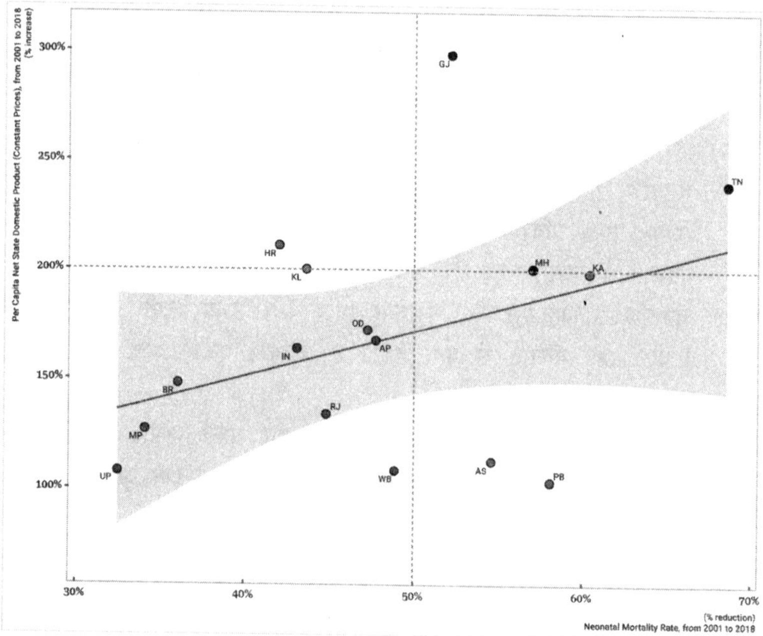

स्रोत: राज्य स्तर पर एनएमआर के लिए डेटा नमूना पंजीकरण प्रणाली (एस.आर.एस.), कार्यालय महापंजीयक और जनगणना आयुक्त, भारत (https:èkèkcensusindia-gov-inèk2011-CommonèkSample_Registration_System-html) में उपलब्ध है। स्थिर कीमतों (आधार वर्ष 2011-12) पर कारक लागत पर प्रति व्यक्ति शुद्ध राज्य घरेलू उत्पाद पर डेटा भारतीय अर्थव्यवस्था पर सांख्यिकी की पुस्तिका, भारतीय रिजर्व बैंक (https:èkèkrbi-org-in) में उपलब्ध है।

उपसंहार

इस लेख में मोदी प्रशासन की पांच प्रमुख सफलताएं प्रस्तुत की गईं, जिन्होंने देश भर में आम नागरिकों के जीवन को बदला है। सार्वजनिक रूप से उपलब्ध डेटा के कठोर अनुभवजन्य शोध का उपयोग करते हुए, हम इन पांच घटनाओं में से प्रत्येक के महत्त्व की व्याख्या करते हैं। इनमें भारत के कल्याणकारी ढांचे (जे.ए.एम.) को मजबूत करना, शौचालय सुविधाओं की लगभग सार्वभौमिक पहुंच, वैश्विक महामारी के लिए आपातकालीन और चुस्त प्रतिक्रिया, महिला नेताओं का सशक्तिकरण, और गुजरात का अनुभव शामिल है, जिसने आर्थिक विकास को सामाजिक विकास के साथ जोड़ा

है। ये प्रमुख सफलताएं, सूक्ष्म क्रांतियों के समान हैं; जो एकदम शांत तरीके से आम भारतीयों के जीवन को बदल रही हैं। खेद का विषय है कि ये बातें लोकप्रिय मीडिया और आर्थिक संवाद से गायब हैं, लेकिन ये वास्तव में महत्त्वपूर्ण लाभ हैं; जो भारत के भविष्य की निरंतर वृद्धि और सतत विकास के मुख्य आधार हैं।

MAKE IN INDIA

निजी उद्यम और राष्ट्र निर्माण

उदय एस. कोटक

'वे सभी, जो देश सेवा में समर्पित हैं और देश की समृद्धि में योगदान देते हैं, हमें अपने उन संपत्ति सर्जकों पर संदेह नहीं करना चाहिए [...]

''जो लोग संपत्ति सर्जन हेतु प्रयासरत हैं, मेरी राय में वे खुद ही राष्ट्र के लिए संपत्ति के समान हैं और उन्हें सशक्त बनाया जाना चाहिए।"

प्रधानमंत्री नरेंद्र मोदी ने 15 अगस्त 2019 (भारत की स्वतंत्रता की 72 वीं वर्षगांठ) को, देश की राजधानी दिल्ली में स्थित लाल किले की प्राचीर से भारत के उद्यमियों का जोरदार समर्थन किया था। उनका भाषण इस तथ्य को रेखांकित करता है कि उनकी सरकार, राष्ट्र निर्माण में निजी क्षेत्र और उद्यमियों की भूमिका को कितना महत्त्व देती है। उन्होंने निजी क्षेत्र को सरकार के अबाध समर्थन पर जोर दिया और देश की आर्थिक प्रगति में अपनी सरकार के साथ साझेदारी करने हेतु, निजी क्षेत्र का आह्वान किया।

प्रधानमंत्री द्वारा राष्ट्र निर्माण में उद्यमियों के योगदान को स्वीकार किए जाने से मुझे गर्व की अनुभूति हुई। ऐसा अकसर नहीं होता कि अर्थव्यवस्था और समाज में योगदान के लिए, उद्यमियों की बड़े पैमाने पर सराहना की जाती हो। मेरा यह भी मानना है कि उद्यमियों के प्रति मोदी की प्रशंसा युवाओं को उद्यमशीलता को अधिक अनुकूल रूप से देखने के लिए प्रोत्साहित करेगी और भारतीय उद्यमियों की अगली पीढ़ी को, नए क्षेत्रों में अधिक दिलचस्प व्यवसाय शुरू करने के लिए प्रेरित करेगी।

सरकार और निजी क्षेत्र के बीच यह नया 'अनुबंध' न्यायसंगत, निरंतर और दीर्घकालिक आर्थिक विकास के राष्ट्रीय उद्देश्यों को प्राप्त करने में, निजी उद्यम की महत्त्वपूर्ण भूमिका को स्वीकार करता है। जैसा कि मोदी ने अगस्त 2019 में द इकोनॉमिक टाइम्स को दिए अपने साक्षात्कार में कहा था, "मैं उद्यमियों को भारत

का विकास राजदूत मानता हूँ। मैं उन्हें बताना चाहता हूँ कि, हमारी सरकार भारत को हर तरह से व्यापार करने के लिए एक बेहतर जगह बनाने में कोई कसर नहीं छोड़ेगी। हम चाहते हैं कि उद्यमियों को बेहतर उत्पादकता और बेहतर मुनाफा मिले। हम चाहते हैं कि हमारे उद्योग गति और पैमाने पर बढ़ें। हम चाहते हैं कि हमारे व्यवसायों को देश और विदेश दोनों में बड़े बाजारों तक पहुंच प्राप्त हो। हम चाहते हैं कि हमारे निवेशक अधिक धन कमाएं, अधिक निवेश करें और अधिक रोजगार सृजित करें।"

जैसे-जैसे भारत एक आत्मविश्वास पूर्ण और आत्मनिर्भर राष्ट्र बनने की ओर अग्रसर हो रहा है, 05 ट्रिलियन डॉलर की अर्थव्यवस्था की ओर बढ़ने के लिए प्रधानमंत्री की दृष्टि, तीन कारकों से प्रेरित होती है: पहली यह कि, वे भविष्यवाणी करते हैं कि भारतीयों के लिए समृद्धि पैदा करने के लिए हमें अर्थव्यवस्था के आकार को बढ़ाने की आवश्यकता है; दूसरा, निजी उद्यम वह इंजन है, जो हमें उस बिंदु तक कुशलतापूर्वक और प्रभावी ढंग से पहुँचा सकता है; और तीसरा, विश्व मंच पर प्रभावपूर्ण उपस्थिति के लिए भारत की अर्थव्यवस्था का आकार मायने रखता है, खासकर जब आप विश्व के नेताओं से मिलते हैं और बातचीत करते हैं।

नजरिया और काम करने का तरीका

विगत बीस वर्षों के दौरान मुझे कई बार प्रधानमंत्री के साथ बातचीत करने का सौभाग्य मिला है, पहले गुजरात के मुख्यमंत्री के रूप में और बाद में प्रधानमंत्री के रूप में। गुजरात के मुख्यमंत्री के रूप में दुनिया के विभिन्न भागों में उनकी यात्राओं को, भारत में सर्वोत्तम प्रथाओं और रचनात्मक विचारों को अपनाने की तीव्र इच्छा और क्रियान्वयन के रूप में देखा जाता है। अपनी जापान यात्रा के बाद, एक बैठक में उन्होंने अपने अनुभवों को विस्तार से सुनाया। उन्होंने जापान में सड़कों और स्टेशनों के आसपास अपने भ्रमण को याद किया, जहां उन्होंने दृष्टिबाधित लोगों की सहायता करने वाले, पीली बनावट वाले पेवर्स या ब्रेल ब्लॉकों को देखा था। भारत वापस आकर, उन्होंने अहमदाबाद में कांकरिया लेक फ्रंट में ठीक उसी तरह के स्पर्शनीय ब्लॉकों को लगवाया।

मेरे मन में प्रधानमंत्री की अभूतपूर्व स्मृति और व्यक्तिगत स्पर्श के बारे में हमेशा ही सम्मान का भाव रहा है। वे जब गुजरात के मुख्यमंत्री थे, मैं उनसे अहमदाबाद की अपनी एक यात्रा के दौरान, अपने एक सहयोगी के साथ मिला था, जिसका परिवार मोदी के गृह नगर वडनगर से तालुक रखता है। मोदी ने मेरे सहयोगी के पिता का नाम याद किया और उनके शुरुआती दिनों के किस्से सुनाए। कहने की बात नहीं है, कि मेरा सहयोगी खुशी से गदगद हो गया था।

इसी तरह 'वाइब्रेंट गुजरात' शिखर सम्मेलन में उनके साथ हुई मुलाकातों ने, मुझ पर गहरी छाप छोड़ी है। भारत को बेहतर बनाने का उनका तीव्र जुनून और स्थायी विकास के इंजन के रूप में भारत के निजी क्षेत्र में उनका विश्वास, बहुत उत्साहजनक था।

हाल के दिनों में, भारत के आर्थिक परिदृश्य को तेजी से बदलने के लिए मोदी काफी मुखर रहे हैं। चीजों को विस्तार और गहराई से समझने की उनकी क्षमता उल्लेखनीय है। पिछले चार वर्षों में विश्व बैंक की 'ईज ऑफ डूइंग बिजनेस' रैंकिंग में भारत का तेजी से ऊपर चढ़ना, मोदी सरकार द्वारा भारत को एक आकर्षक निवेश गंतव्य बनाने के प्रयासों का प्रमाण है। भारत अब 63वें नंबर पर है, जो कि 2013-17 के दौरान 130 पर था। 'ग्लोबल इनोवेशन इंडेक्स' में भारत की रैंकिंग 2021 में सुधरकर 46 हो गई है, जो कि 2016 में 66 थी।

सरकार के प्रयासों में भारत के सभी निजी उद्यमों को शामिल किया गया है, बड़ी कंपनियों से लेकर छोटी इकाइयों, स्टार्ट-अप उद्यमों और लघु उद्यमों तक। इसके वैविध्य आधारित निवेश सुधारों ने उद्यमियों, बड़े और छोटे, नए और पुराने के बीच उद्यम की भावना को फिर से जागृत किया है। इसकी विशिष्ट रूपरेखा बड़े, मध्यम, लघु या सूक्ष्म उद्यमों (जैसा भी मामला हो) के लिए तैयार की गयी है। यह सरकार के आत्मनिर्भरता, निवेश और रोजगार सृजन के बड़े उद्देश्यों को पूरा करने में सहायक होगी, और निजी क्षेत्र को निवेश करने के लिए पर्याप्त प्रेरणा और प्रोत्साहन प्रदान करेगी। यह देश और उद्यमियों, दोनों के लिए फायदे की स्थिति है।

मुख्यमंत्री के रूप में अपने पहले के कार्यकाल में, मोदी ने अपनी 'वाइब्रेंट गुजरात' पहल के माध्यम से अपने गृह राज्य गुजरात में, उद्यमियों के लिए अनुकूल माहौल बनाया था। वाइब्रेंट गुजरात शिखर सम्मेलन की शुरुआत, राज्य को भारतीय और विदेशी दोनों कंपनियों द्वारा निवेश के लिए एक विश्व स्तरीय गंतव्य बनाने के लिए की गई थी। गुजरात, ऐसा करने वाला पहला राज्य था; इसके बाद, अन्य राज्यों ने भी इसका अनुसरण किया है। वैश्विक और घरेलू कंपनियों के समक्ष अपने गृह राज्य के प्रदर्शन के लिए मोदी ने बहुत सी ऊर्जा और उद्यम का प्रदर्शन किया है। मुझे इसमें कोई संदेह नहीं था कि उनकी व्यक्तिगत प्रतिबद्धता और भागीदारी से गुजरात में बड़े पैमाने पर निवेश होगा और राज्य की विकास दर बढ़ेगी, विशेष रूप से विनिर्माण क्षेत्र में। अब हम जानते हैं कि वाइब्रेंट गुजरात शिखर सम्मेलन एक बड़ी सफलता थी, गुजरात ऑटोमोबाइल, रसायन, पेट्रोकेमिकल, नवीकरणीय ऊर्जा, रिफाइनिंग और वस्त्रों के लिए एक प्रमुख विनिर्माण केंद्र बन गया। गुजरात, जीएसडीपी के निर्माण घटक में वित्तीय वर्ष 2003-14 के दौरान 11.3 प्रतिशत की वृद्धि हुई, जो मोटे तौर पर मुख्यमंत्री के रूप में मोदी के कार्यकाल की अवधि थी। इसी तरह की कहानी, प्रधानमंत्री के रूप

में उनके नेतृत्व में देश भर में उद्यमियों के साहसिक जोश को बंधन मुक्त करने के साथ सामने आ रही है। एक जीवंत भारत का समय आ गया है।

निवेश के क्षेत्र में मोदी सरकार की सबसे बड़ी उपलब्धि सरल, स्थिर और पारदर्शी नीतियों और नियमों के माध्यम से, एक स्थिर व्यावसायिक वातावरण का निर्माण है। इसने भारत की अर्थव्यवस्था को बड़ी कुशलता से प्रबंधित किया है। उत्पादन के हर कारक (पूंजी, श्रम, भूमि और संसाधनों) में बड़े सुधारों को लागू किया है। भारत की अर्थव्यवस्था को विदेशी निवेश के लिए खोल दिया है और भारत के निवेश अनुमोदन और कराधान प्रणालियों को सरल बनाया है। मेरा मानना है कि, आर्थिक समृद्धि हेतु अगले दशक के लिए रूपरेखा तैयार है।

सुधारों को लेकर मोदी सरकार की पिछली उपलब्धियां, प्रमाणित हैं। जिस तरह से उन्होंने भारत के आर्थिक विकास में बाधक विभिन्न मुद्दों को हल किया है, जो कि व्यापार करने में सरलता से संबंधित थे, उससे उनके भीतर सुधारों के प्रति दृढ़ विश्वास और प्रतिबद्धता दिखाई देती है। सात साल की छोटी सी अवधि में, उनकी सरकार ने अभूतपूर्व आर्थिक और सामाजिक सुधारों को लागू किया है। आर्थिक मोर्चे पर, मोदी सरकार ने: (1) प्रत्यक्ष और अप्रत्यक्ष दोनों करों के लिए भारत की कराधान प्रणाली को सरल बनाया है, (2) घरेलू विनिर्माण को प्रोत्साहन देने और आत्मनिर्भरता बढ़ाने के लिए पीएलआई योजनाओं को लागू किया है, (3) भारत के श्रम कानूनों को सरल बनाया है, (4) दिवालियापन समाधान ढांचे की स्थापना की है और (5) कुछ प्रमुख सुधारों पर विशेष ध्यान देने के लिए, कई क्षेत्रों को नियंत्रण मुक्त किया है।

भारत की राजकोषीय स्थिति और मुद्रास्फीति काफी स्थिर रही है और पिछले कुछ वर्षों में भारतीय रुपये में अन्य मुद्राओं की तुलना में मामूली गिरावट ही आई है। निजी क्षेत्र द्वारा निवेश के लिए एक स्थिर समग्र वातावरण का निर्माण एक आवश्यक शर्त है। कई उभरते देश बहुत अधिक मुद्रास्फीति और यहां तक कि अति मुद्रास्फीति के दौर से गुजरे हैं, जो निवेश की सभी योजनाओं को निरर्थक बना देती है। भारत की राजकोषीय स्थिरता और पिछले सात वर्षों में नियंत्रित मुद्रास्फीति कैलेंडर वर्ष 2020 की दूसरी छमाही में कोविड-19 महामारी के कारण उत्पन्न व्यवधानों से बाधित हुई थी। अन्यथा, भारत ने मोटे तौर पर मुद्रास्फीति को नियंत्रित ही रखा है। पिछले सात वर्षों में औसत सीपीआई (उपभोक्ता मूल्य सूचकांक) मुद्रास्फीति 4.8 प्रतिशत है, जो वित्तीय वर्ष 2009-14 के दौरान 9.8 प्रतिशत से काफी कम है। साथ ही, वर्तमान में भारत की बाहरी स्थिति बहुत स्वस्थ रही है। भारत के पास +633 बिलियन अमरीकी डॉलर (दिसंबर 2021 तक) का विदेशी मुद्रा भंडार, 20.1 प्रतिशत विदेशी ऋण-से-जीडीपी दर (सितंबर 2021 तक) और पंद्रह महीने के आयात हेतु आवश्यक पर्याप्त विदेशी मुद्रा भंडार है।

सुधार के लिए प्रतिबद्धता

आसान अनुपालन और लचीले भर्ती विकल्पों, जैसे भारत के श्रम सुधारों से बड़े और छोटे उद्यमों को समान रूप से लाभ होगा। भारत के सरलीकृत श्रम कानूनों से विनिर्माण क्षेत्र में निजी क्षेत्र द्वारा अधिक निवेश को बढ़ावा मिलेगा, जो दशकों से भारत में एक समस्या बना हुआ है। उनतीस श्रम कानूनों को चार श्रम संहिताओं में विभाजित कर दिया गया है और 2,400 धाराओं को घटाकर चार सौ से कम कर दिया गया है। जटिल और कठोर श्रम कानूनों ने श्रम प्रधान विनिर्माण इकाइयों के विकास में बाधा उत्पन्न की थी। एक ओर, बड़ी कंपनियों ने पूंजी-गहन उद्योगों को अपनाया और श्रम-गहन उद्योगों की उपेक्षा की, जिससे भारत की रोजगार चुनौतियों में वृद्धि हुई।

दूसरी ओर, अनेक लागतों के चलते सूक्ष्म, लघु और मध्यम (एमएसएमई) उद्यमों ने पहले से ही लागू, श्रम कानूनों के दायरे से बाहर रहने के लिए प्रगति करने के बजाय यथास्थिति लघु स्तर पर बने रहने का ही विकल्प चुना। दस से कम कर्मचारियों वाली बहुत छोटी कंपनियों को भी कारखाना अधिनियम, 1948 का पालन करना पड़ता था, जबकि सौ से अधिक कर्मचारियों वाली कंपनियों को औद्योगिक विवाद अधिनियम, 1947 के अधीन किया जाता था। भारत की अर्थव्यवस्था के विकास को देखते हुए, इन कानूनों की उपयोगिता समाप्त हो गयी थी। सरकार ने श्रमिकों के अधिकारों से समझौता किए बिना, इन पुराने कानूनों को नई अर्थव्यवस्था के लिए अनुकूलित किया है।

प्रत्यक्ष विदेशी निवेश (एफडीआई) के लिए सभी प्रासंगिक क्षेत्रों के खुलने से, पिछले कुछ वर्षों में एफडीआई में भारी वृद्धि के साथ परिणाम मिलने शुरू हो गए हैं। भारत को वित्त वर्ष 2021 में सकल एफडीआई के 82 बिलियन अमेरिकी डॉलर मिले, जबकि वित्त वर्ष 2014 में ये 36 बिलियन अमेरिकी डॉलर थे। लगभग सभी क्षेत्र अब, एफडीआई के लिए खुले हैं, जिसमें स्वचालित मार्ग के तहत 74 -100 प्रतिशत एफडीआई की अनुमति है। एफडीआई का एक बड़ा हिस्सा अब भारत की जीवंत स्टार्ट-अप अर्थव्यवस्था में जा रहा है, जिसके परिणामस्वरूप अत्यधिक उत्साही और निडर उद्यमियों की एक नई फसल का उदय, नए व्यापार मॉडल का निर्माण और तेजी से रोजगार का सृजन हो रहा है।

सरकार ने भारत की कराधान प्रणाली के पूर्ण और आमूलचूल परिवर्तन के माध्यम से निवेशकों के सबसे बड़े मुद्दों में से एक को हल किया है। प्रत्यक्ष और अप्रत्यक्ष दोनों तरह के कराधान में पिछले पांच वर्षों में महत्त्वपूर्ण परिवर्तन देखे गए हैं। सरकार ने, हाल ही में अगस्त 2021 में, दोषपूर्ण कराधान प्रणाली को हटाने के लिए, लोकसभा में एक विधेयक पेश करके घरेलू और विदेशी निवेशकों को एक स्पष्ट संकेत दिया है।

इससे पहले, सरकार ने 2019 में लंबित अप्रत्यक्ष कर विवादों को निपटाने के लिए, सबका विश्वास लिगेसी योजना और 2020 में इसी तरह लंबित प्रत्यक्ष कर विवादों को निपटाने के लिए विवाद से विश्वास योजना को लागू किया था। पूर्वप्रभावी कराधान प्रणाली और कर विवाद समाधान तंत्र को खत्म करना, सरकार के मूल उद्देश्य अधिकतम शासन, न्यूनतम सरकार के साथ प्रतिध्वनित होता है। जैसा कि प्रधानमंत्री मोदी ने 11 नवंबर 2020 को कहा था, कर दहशत से कर पारदर्शिता में परिवर्तन इसलिए हुआ है, क्योंकि हमने सुधार, प्रदर्शन और परिवर्तन की अवधारणा का प्रचार किया है।

प्रत्यक्ष कराधान के मामले में, सरकार ने उन कंपनियों और व्यक्तियों के लिए एक वैकल्पिक कराधान संरचना लागू की है, जो विभिन्न कटौती और छूट का लाभ नहीं उठाना चाहते हैं। वित्त वर्ष 2021 के केंद्रीय बजट ने व्यक्तिगत कर को सरल बनाया। व्यक्ति पूर्वगामी कटौती और छूट के बाद, कम व्यक्तिगत आयकर दरों (15 लाख या 1.5 मिलियन तक की आय के लिए) के साथ एक वैकल्पिक व्यक्तिगत कराधान व्यवस्था का लाभ उठा सकते हैं। इसने व्यक्तिगत कर फाइल करने वाले अधिकतर लोगों के लिए करों को दाखिल करना काफी सरल बना दिया है। सरकार ने सितंबर 2019 में कंपनियों के लिए एक वैकल्पिक कर संरचना पेश करके कॉर्पोरेट कराधान को सरल बनाया था, जिसके परिणामस्वरूप बड़ी कंपनियों के लिए प्रभावी कर की दर 34.9 प्रतिशत से घटकर 25.2 प्रतिशत हो गई (कर योग्य आय ₹10 करोड़ या ₹100 मिलियन से अधिक)।

साथ ही, सरकार ने नई विनिर्माण इकाइयों के लिए कॉर्पोरेट कर की दर को घटाकर 15 प्रतिशत (अधिभार और उपकर सहित 17.2 प्रतिशत) कर दिया, जो दुनिया में सबसे कम है। जब ऐसा हुआ, तो मुझे बहुत विश्वास हुआ कि, भारत में विश्व स्तरीय निर्माण करने वाली भारतीय कंपनियों के साथ, भारत आत्मनिर्भरता के अपने उद्देश्य को प्राप्त करेगा। भारतीय कंपनियों के पास अंततः एक कर दर है, जो अन्य देशों की तुलना में प्रतिस्पर्धी है। भारत लंबे समय से हाई-टेक उत्पादों के आयात पर निर्भर रहा है। श्रम सुधार और उत्पादन से जुड़े प्रोत्साहन, जैसे अन्य उपायों से मेरा आत्मविश्वास और बढ़ गया है। इसके अलावा, कम कॉर्पोरेट कर दरों के माध्यम से कंपनियों के लिए उच्च लाभ, उन्हें अपने व्यवसायों में अधिक आक्रामक रूप से निवेश करने और रोजगार सृजन और मजबूत और सतत विकास के देश के उद्देश्यों को पूरा करने के लिए प्रोत्साहित करेगा।

यह सरकार की इच्छा का एक मजबूत संकेत है कि, निजी कंपनियों को अपने निवेश से अधिक रिटर्न मिले। अप्रत्यक्ष कराधान के मामले में, जुलाई 2017 से लागू वस्तु एवं सेवा कर (जीएसटी) प्रणाली ने राष्ट्रीय, राज्य और स्थानीय करों की उलझन को दूर कर दिया है। इससे कराधान की जटिलता कम हुई है और भारत का कराधान

आधार भी विस्तृत हुआ है। मासिक फाइलिंग की संख्या, जीएसटी के कार्यान्वयन के समय साठ लाख (6 मिलियन) से बढ़कर 1.05 करोड़ (10.5 मिलियन) हो गई है। भारत के करदाताओं का यह व्यापक आधार सरकार को समय के साथ जीएसटी दरों को कम करने की स्थिति में ला सकता है।

इसके अलावा, एक प्रभावी दिवालियापन कानून उद्यमियों को, जोखिम लेने और अपनी पूंजी का निवेश करने के लिए, आवश्यक और लंबे समय से वांछित सुरक्षा जाल प्रदान करता है। सरकार द्वारा 2016 में स्थापित दिवाला और दिवालियापन संहिता में बैंकों और कंपनियों के लिए दिवालिया होने के समाधान का प्रावधान समयबद्ध तरीके से और पारदर्शी प्रक्रिया के भीतर किया गया है। तेजी से बदलती इस दुनिया में, प्रवर्तकों के लिए एक सुरक्षा जाल, विफलताओं से उबरने और जब तक वे सफल नहीं होते तब तक, प्रयास करते रहने के लिए, अनिवार्य है। दुनिया के कुछ बेहतरीन उद्यमी अपने शुरुआती प्रयासों में असफल रहे, लेकिन अत्यधिक सफल कंपनियों को बनाने के लिए उन्होंने, पुनः वापसी की। आज के युवा उद्यमी विफलता से नहीं डरते हैं, और वे अपने जुनून को आगे बढ़ाने और नए व्यवसाय सृजन में जोखिम लेने के बारे में और भी अधिक आश्वस्त होंगे। दिवालियापन कानून का समय से निर्माण एवं कार्यान्वयन भारत के लिए महत्त्वपूर्ण है ताकि पूंजीवाद की एक प्रमुख विशेषता - रचनात्मक विध्वंश - को इसके सर्वोत्तम रूप में देखा जा सके।

सही संतुलन

प्रधानमंत्री मोदी ने अर्थव्यवस्था में निजी क्षेत्र, सार्वजनिक क्षेत्र, सरकार और नौकरशाही के बीच सही संतुलन बनाने की कोशिश की है। जैसा कि उन्होंने 24 फरवरी 2021 को निजीकरण और परिसंपत्ति मुद्रीकरण पर आयोजित वेबिनार में कहा, 'यह सरकार की जिम्मेदारी है कि वह देश के उद्यमों और व्यवसायों को पूरा समर्थन दे, लेकिन आज के युग में यह आवश्यक और व्यवहार्य नहीं है कि सरकार उद्यमों को चलाए और इसका स्वामित्व जारी रखे। इसलिए, मैं कहता हूं कि सरकार के पास व्यवसाय करने की कोई ठोस वजह नहीं है। सरकार का ध्यान लोगों के कल्याण और विकास परियोजनाओं पर रहना चाहिए।'

अर्थव्यवस्था में सार्वजनिक क्षेत्र की भूमिका को कम करने के लिए सरकार की घोषित नीति के आलोक में, बड़े सार्वजनिक क्षेत्र के उपक्रमों (पीएसयू) के लिए भी बेहतर भविष्य सुनिश्चित करने में निजी कंपनियों की भूमिका का पता लगाने की आवश्यकता है। सरकार के पास कई बड़े पीएसयू हैं, जो क्षमता से कम परिणाम देने वाले और चुनौतीपूर्ण उद्योगों के साथ काम करते हैं। वे पिछले कुछ वर्षों में अपने

बाजार पूंजीकरण में लगातार क्षरण के बावजूद, वर्तमान में काफी मूल्यवान हैं। बदलती दुनिया में सार्वजनिक क्षेत्र के उपक्रमों के भविष्य को लेकर बाजार तेजी से चिंतित हो गए हैं। सरकार ने गैर-रणनीतिक क्षेत्रों में सार्वजनिक उपक्रमों के निजीकरण के लिए महत्त्वाकांक्षी योजनाओं की घोषणा की है, और कुछ रणनीतिक क्षेत्रों में एक या दो सार्वजनिक उपक्रमों को बनाए रखने के लिए चुना है। सरकार सभी क्षेत्रों में तेजी से आ रहे बदलावों को देखते हुए 'रणनीतिक क्षेत्र' की परिभाषा की समीक्षा करना चाह सकती है।

उदाहरण के लिए, कोयला, पेट्रोलियम, बिजली और अन्य खनिजों को रणनीतिक क्षेत्रों के रूप में वर्गीकृत किया गया है, भले ही भारत अपनी पेट्रोलियम आवश्यकता का एक बड़ा हिस्सा आयात करता है। इससे भी महत्त्वपूर्ण बात यह है कि जीवाश्म ईंधन को हरित ऊर्जा और नवीकरणीय ऊर्जा, इलेक्ट्रिक वाहनों और बैटरी प्रौद्योगिकी में तकनीकी विकास की दिशा में एक वैश्विक आंदोलन के प्रकाश में, बढ़ती अप्रासंगिकता का सामना करना पड़ रहा है। पीएसयू कंपनियां, इन तेजी से बदलती वास्तविकताओं की तर्ज पर खुद को पुनर्जीवित करने और अपने व्यापार मॉडल को फिर से तैयार करने की स्थिति में नहीं हो सकती हैं। एक निजी कंपनी, ऐसा करने के लिए बेहतर स्थिति में हो सकती है और इस प्रकार, पीएसयू और सरकार के होने वाले नुकसान को रोक सकती है।

मोदी सरकार मई 2014 में ऐसे समय में सत्ता में आई, जब निजी क्षेत्र में विश्वास अपने सबसे निचले स्तर पर था। निजी उद्यम 2008 में 2जी स्पेक्ट्रम और 1993-2010 में कोयला ब्लॉक दिए जाने के मामले में विभिन्न सरकारी एजेंसियों की जांच के घेरे में था। वैश्विक कमोडिटी चक्रों में मंदी और डाउनस्ट्रीम बिजली और इस्पात संयंत्रों के लिए संसाधनों की खरीद में असमर्थता ने कंपनियों के लिए समस्याओं को बढ़ा दिया, अंततः बिजली, सड़कों और इस्पात क्षेत्रों में कई कंपनियां दिवालिया हो गयीं। भारतीय बैंकिंग प्रणाली में गैर-निष्पादित संपत्ति (एनपीए) में भारी वृद्धि हुई, जो वित्त वर्ष 2018 में ऋण के 11.6 प्रतिशत के शिखर पर पहुंच गई। जिसका नतीजा, निजी उद्यम में लगातार गिरावट और निजी क्षेत्र के निवेश के पतन के रूप में सामने था।

पिछले कुछ वर्षों में, मोदी सरकार ने घरेलू विनिर्माण को प्रभावित करने वाले विभिन्न मुद्दों को हल करने के लिए एक व्यवस्थित दृष्टिकोण का पालन किया है। अपनी सबसे उल्लेखनीय उपलब्धियों में, भारत के श्रम कानूनों और कराधान प्रणालियों को सरल बनाना, प्राकृतिक संसाधनों के आवंटन में पारदर्शिता लाना और उत्पादन आधारित प्रोत्साहन (पीएलआई) योजना को लागू करना है। ये उपाय निजी क्षेत्र के विश्वास को बहाल करेंगे और नियम-आधारित प्रणाली की प्रधानता स्थापित करेंगे,

अपनी पूंजी लगाने के लिए, जो निजी निवेशकों की दो प्रमुख जरूरतें हैं।

बड़े उद्यमों के लिए दो विकास विशेष रूप से उल्लेखनीय रहे हैं: (1) खनिज ब्लॉक और दूरसंचार स्पेक्ट्रम जैसे प्राकृतिक संसाधनों के लिए एक पारदर्शी नीलामी प्रणाली की स्थापना और (2) विनिर्माण के लिए पीएलआई योजना का कार्यान्वयन।

मोदी सरकार ने पारदर्शी नीलामी प्रक्रियाओं के माध्यम से देश के प्राकृतिक संसाधनों तक उचित पहुंच सुनिश्चित की है, जो बाजार की कीमतों को तय करती है। नई नीलामी प्रणाली ने ऐसी नीलामी के विजेताओं के खिलाफ किसी भी तरह की नकारात्मक कार्रवाई के बारे में चिंताओं को दूर कर दिया है। खनिजों के दोहन या दूरसंचार संचालन की स्थागना के लिए बड़ी मात्रा में पूंजी की आवश्यकता होती है। कई विकासशील अर्थव्यवस्थाओं को आवंटन और अन्वेषण में गंभीर चुनौतियों का सामना करना पड़ा है, भ्रष्टाचार, क्रोनी कैपिटलिज्म और पर्यावरणीय गिरावट के आरोपों का सामना करना पड़ रहा है। अभी तक भारत कोई अपवाद नहीं था। कंपनियों से सरकार द्वारा प्राप्त अग्रिम या क्रमबद्ध भुगतान का उपयोग राष्ट्रीय उद्देश्यों के लिए किया जा सकता है। आखिरकार, प्राकृतिक संसाधन पर देश के नागरिकों का हक होता है और सरकार नागरिकों की ओर से उसकी संरक्षक होती है।

पीएलआई योजना भारत में विनिर्माण पुनर्जागरण का कारण बन सकती है। वास्तविक सकल घरेलू उत्पाद में विनिर्माण का हिस्सा, पिछले कई वर्षों से धीमा होकर 17 प्रतिशत पर अटका हुआ है, खासकर चीन के 26 प्रतिशत की तुलना में। विनिर्माण क्षेत्र लाखों उच्च-भुगतान वाली नौकरियां पैदा कर सकता है, जिसके परिणामस्वरूप घरेलू आय में तेजी से वृद्धि होती है और निम्न-आय वाले परिवार ऊर्ध्वगामी प्रगति कर बढ़कर मध्यम-आय वाले परिवार हो जाते हैं। बहुत कम देश मजबूत घरेलू विनिर्माण आधार के बिना विकसित हुए हैं। हमारे शोध का अनुमान है कि 2 लाख करोड़ ₹(2 ट्रिलियन ₹) के परिव्यय वाली पीएलआई योजना के परिणामस्वरूप ₹2 से ₹2.5 लाख करोड़ (₹2 से ₹2.5 ट्रिलियन) का निवेश और ₹10 से ₹13 लाख करोड़ (₹10 से ₹13 ट्रिलियन) का मूल्यवर्धन हो सकता है। इसके अलावा, पीएलआई 2030 तक सकल घरेलू उत्पाद में विनिर्माण की हिस्सेदारी को 20-22 प्रतिशत तक बढ़ा सकता है।

यह योजना भारतीय और विदेशी दोनों कंपनियों को विनिर्माण क्षेत्रों में निवेश करने के लिए अतिरिक्त प्रोत्साहन प्रदान करेगी, जहां भारत की उपस्थिति बहुत कम है या नगण्य है। अन्य के साथ यह योजना नए क्षेत्रों पर केंद्रित है, जैसे कि उन्नत रसायन विज्ञान सेल बैटरी, फोटोवोल्टिक सौर मॉड्यूल, अर्धचालक निर्माण इकाइयां और दूरसंचार उपकरण। इन क्षेत्रों में निजी क्षेत्र के लिए बहुत अधिक मात्रा में जोखिम होता है क्योंकि, भारत में इन क्षेत्रों में पर्याप्त तकनीकी क्षमताएं नहीं है। सरकार ने

इन वस्तुओं के निर्माण और आयात पर निर्भरता कम करने के लिए प्रोत्साहन के रूप में कंपनियों को अतिरिक्त 'जोखिम पूंजी' प्रदान करने का सही विकल्प चुना है।

वर्तमान में भारत के पास इन उद्योगों में विनिर्माण क्षमता सीमित है और इसलिए, घरेलू विनिर्माण आधार के बिना आयात पर तेजी से निर्भर होने का जोखिम है, खासकर जब इन उत्पादों की मांग भविष्य में तेजी से बढ़ती है। हालाँकि, भारत अपनी अर्थव्यवस्था को बदल सकता है, यदि वह उभरती हुई तेजी से बदलती तकनीकों में सफलतापूर्वक निवेश कर सकता है। एक उदाहरण इस बिंदु को स्पष्ट करने में मदद कर सकता है। भारत वर्तमान में अपनी ऊर्जा आवश्यकताओं को पूरा करने के लिए बड़े आयात पर निर्भर है। वास्तव में, भारत अपनी तेल आवश्यकताओं का 85 प्रतिशत आयात करता है। ऊर्जा भारत की सबसे बड़ी आयात आवश्यकता है, जो वर्तमान में कुल आयात का 25 प्रतिशत है।

हालाँकि, देश को प्रकृति का आशीर्वाद प्राप्त है - हमारे पास प्रचुर मात्रा में धूप है - भले ही तेल और गैस भंडार के मामले में हम, उतने समृद्ध नहीं है। यह पारंपरिक ऊर्जा से अक्षय ऊर्जा में परिवर्तन कर सकता है और आयातित ऊर्जा पर अपनी निर्भरता को कम कर सकता है। लेकिन इसके लिए, न केवल अक्षय ऊर्जा उत्पादन में बल्कि अक्षय ऊर्जा उत्पादन उपकरण जैसे फोटो-वोल्टिक (पीवी) मॉड्यूल और स्टोरेज बैटरी में भी निवेश करना होगा, जबकि वर्तमान में यह इसका उत्पादन नहीं करता है। भारत को वर्तमान ऊर्जा आयात को भविष्य के सौर पीवी उपकरण के आयात के साथ बदलने का जोखिम उठाना है, जब तक कि वह उसी का निर्माण शुरू नहीं करता। सरकार की पीएलआई योजना आज भारत के व्यापार में इस प्रकार के असंतुलन को ठीक करने में मदद करेगी। साथ ही, यह भारतीय कंपनियों के लिए इस प्रक्रिया में बाजार पूंजीकरण का दोहन और निर्माण करने के साथ देश की स्वच्छ ऊर्जा और जलवायु परिवर्तन के उद्देश्यों को प्राप्त करने का एक बिल्कुल नया अवसर पेश करेगी।

एमएसएमई, स्टार्ट अप्स को सक्रिय करना

एमएसएमई भारतीय अर्थव्यवस्था का एक महत्त्वपूर्ण हिस्सा हैं, जो भारत के सकल घरेलू उत्पाद में लगभग 30 प्रतिशत का योगदान देते हैं और गैर-कृषि क्षेत्रों में ग्यारह करोड़ (110 मिलियन) से अधिक श्रमिकों को रोजगार देते हैं। पिछले एमएसएमई सर्वेक्षण में, देश में एमएसएमई इकाइयों की संख्या 6.33 करोड़ (63.3 मिलियन यूनिट, जिनमें से 63 मिलियन सूक्ष्म उद्यम और 300,000 लघु और मध्यम उद्यम हैं) आंकी गई है। वित्त वर्ष 2021 में, निर्यात में इस क्षेत्र की हिस्सेदारी, लगभग 50 प्रतिशत

थी। जाहिर है, भारत के विकास और विकास पथ का एक बड़ा हिस्सा, इस बात पर निर्भर करता है कि एमएसएमई क्षेत्र कितना विस्तार कर सकता है। सरकार ने स्पष्ट रूप से एमएसएमई की वित्तीय ताकत में सुधार करने पर ध्यान केंद्रित किया है: (1) एमएसएमई के दायरे में अधिक उद्यमों को शामिल करना, (2) अधिक वित्तीय समावेशन और एमएसएमई के लिए औपचारिक वित्तपोषण चैनलों तक पहुंच और (3) कौशल।

आत्मनिर्भर भारत कार्यक्रम के तहत, सरकार ने एमएसएमई के निवेश और कारोबार की सीमा को संशोधित किया है। हो सकता है, कम निवेश सीमा ने विकृत रूप से फर्मों को बढ़ने से हतोत्साहित किया हो, ताकि वे एमएसएमई के लिए प्रोत्साहन प्राप्त करना जारी रख सकें। नवीनतम संशोधन में, सूक्ष्म विनिर्माण उद्यमों के लिए निवेश सीमा चार गुना बढ़कर, 1 करोड़ (10 मिलियन) हो गई है और मध्यम विनिर्माण उद्यमों के लिए दो गुना बढ़कर, 20 करोड़ (200 मिलियन) हो गई है। जुलाई 2021 में सरकार ने खुदरा और थोक व्यापार को भी एमएसएमई परिभाषा के हिस्से के रूप में शामिल कर लिया है। यह व्यापार क्षेत्र को एमएसएमई को प्राथमिकता वाले क्षेत्र को ऋण देने से लाभान्वित करने में सक्षम होगा।

एमएसएमई के लिए ऋण उपलब्धता में भी पिछले कुछ वर्षों में नाटकीय रूप से सुधार हुआ है, खासकर चल रही महामारी की अवधि में, जहां सरकार ने एमएसएमई क्षेत्र के लिए चल निधि में सुधार के उपायों को सही ढंग से लागू किया है। सरकार ने गहरे वित्तीय समावेशन के साथ-साथ व्यापार वित्तपोषण को अधिक से अधिक औपचारिक रूप देने पर ध्यान केंद्रित किया है ताकि यह सुनिश्चित किया जा सके कि एमएसएमई अनौपचारिक वित्तपोषण चैनलों की सीमाओं से बाधित न हो। इसने तीन प्रमुख क्षेत्रों पर ध्यान केंद्रित किया है: (1) मुद्रा ऋण और जन धन खाते, (2) एमएफआई (माइक्रोफाइनेंस संस्थान) ऋण और (3) ईसीएलजीएस के माध्यम से सहायता।

अप्रैल 2015 में, शुरू हुई प्रधानमंत्री मुद्रा योजना (पीएमएमवाई) का उद्देश्य गैर-कॉर्पोरेट, गैर-कृषि लघु/सूक्ष्म उद्यमों को, ₹10 लाख (₹1 मिलियन) तक का ऋण वितरित करना है। बैंकों ने वित्त वर्ष 2021 (वित्त वर्ष 2019 के स्तर के समान) में ₹3.2 लाख करोड़ या ₹3.2 ट्रिलियन के लगभग 5.1 करोड़ (51 मिलियन) ऋण वितरित किए हैं, जो वित्त वर्ष 2016 में 3.5 करोड़ (35 मिलियन) ऋण के माध्यम से वितरित ₹1.4 लाख करोड़ या ₹1.4 ट्रिलियन की तुलना में बहुत अधिक है। इसके अतिरिक्त, दिसंबर 2021 के अंत तक, वित्त वर्ष 2022 में ₹1.8 लाख करोड़ या ₹1.8 ट्रिलियन के 2.9 करोड़ (29 मिलियन) ऋण पहले ही वितरित किए जा चुके हैं। बकाया ऋणों का एक बड़ा हिस्सा महिला उद्यमियों (स्वीकृत ऋणों का दो-तिहाई)

की ओर निदेशित किया जाता है। इससे पहले कि, सरकार ने पीएमएमवाई के माध्यम से एमएसएमई उद्यमियों के लिए आसान ऋण उपलब्धता पर ध्यान केंद्रित किया, उसने अगस्त 2014 में जन धन योजना कार्यक्रम शुरू किया, ताकि बैंक रहित लोगों को बैंकिंग प्रदान की जा सके। दिसंबर 2021 के अंत तक, 1.5 लाख करोड़ रुपये या 1.5 ट्रिलियन रुपये की बकाया जमा राशि के साथ, 44 करोड़ (440 मिलियन) से अधिक खाते खोले गए हैं।

मुद्रा योजना के साथ-साथ निजी क्षेत्र के सूक्ष्म वित्त उद्योग ने भी जमीनी स्तर पर उद्यमियों को समर्थन देने में सराहनीय कार्य किया है। सितंबर 2021 तक, लगभग 2.43 लाख करोड़ या ₹2.43 ट्रिलियन ऋण (वर्ष 22 की दूसरी तिमाही, जुलाई-सितंबर 2021) बकाया है, जिसका औसत टिकट साइज लगभग ₹36,000 है। ऋणदाताओं में लगभग 41 प्रतिशत की हिस्सेदारी बैंक (छोटे वित्त बैंकों सहित) की है। महामारी की दूसरी लहर के मद्देनजर, सरकार ने सबसे छोटे उधारकर्ताओं को लाभान्वित करने के लिए एमएफआई क्षेत्र के लिए एक क्रेडिट गारंटी योजना (₹7,500 करोड़ या ₹75 बिलियन तक) की घोषणा की। वित्तीय संस्थान पुराने ऋण के पुनर्भुगतान के बजाय, नए ऋण के रूप में लगभग ₹25 लाख (₹125,000 से ₹2.5 मिलियन) छोटे उधारकर्ताओं को ₹1.25 लाख तक उधार दे सकते हैं। सरकार को डिफॉल्ट राशि के 75 प्रतिशत तक की गारंटी देनी है।

एमएसएमई क्षेत्र के लिए सरकार की सबसे हालिया वित्तीय सहायता, महामारी की शुरुआत में आई। महामारी के नेतृत्व वाले प्रभाव से निपटने के लिए सरकार ने मौजूदा उधारकर्ताओं (मुद्रा ऋणों सहित) का समर्थन करने के लिए 3 लाख करोड़ या 3 ट्रिलियन (आपातकालीन क्रेडिट लाइन गारंटी योजना, जिसे जून 2021 में 4.5 लाख करोड़ या 4.5 ट्रिलियन तक बढ़ाया गया था) की 100 प्रतिशत क्रेडिट गारंटी योजना की घोषणा की। ईसीएलजीएस (कुछ शर्तों के अधीन) के तहत, बकाया ऋण का 20 प्रतिशत उन व्यवसायों के लिए उपलब्ध है, जिनका बकाया ऋण ₹50 करोड़ (₹500 मिलियन) तक और टर्नओवर ₹250 करोड़ (₹2.5 बिलियन) तक है। वित्तीय संस्थानों ने 19 दिसंबर 2021 तक 95.2 लाख (9.52 मिलियन) उधारकर्ताओं को लगभग ₹2.28 लाख करोड़ (₹2.28 ट्रिलियन) वितरित किए हैं। ईसीएलजीएस महामारी के प्रभाव को कम करने में एमएसएमई के लिए सबसे महत्त्वपूर्ण उपायों में से एक रहा है। वित्त वर्ष 2021 में एमएसएमई को ऋण संवितरण बढ़कर 9.5 लाख करोड़ (₹9.5 ट्रिलियन) हो गया, जबकि वित्त वर्ष 2020 में यह 6.8 लाख करोड़ रुपये (₹6.8 ट्रिलियन) था। हालांकि एमएसएमई क्षेत्र का एक बड़ा हिस्सा, विशेष रूप से सूक्ष्म उद्यम, औपचारिक वित्तीय चैनलों के दायरे से बाहर रहता है, मौजूदा उधारकर्ताओं को अच्छी तरह से सहायता दी गयी है।

कुशल श्रमिकों की कमी एमएसएमई के लिए प्रमुख चुनौतियों में से एक है। इस प्रकार, सरकार उद्यमिता कौशल विकास कार्यक्रम (ईएसडीपी) को विशेष रूप से एमएसएमई के लिए सहायता प्रदान करती है। इस एमएसएमई योजना का उद्देश्य बुनियादी ढांचे के निर्माण और सुदृढ़ीकरण के उद्देश्य से एमएसएमई मंत्रालय के तहत काम करने वाले प्रशिक्षण संस्थानों को पूंजीगत अनुदान प्रदान करना और उद्यमिता और कौशल विकास प्रशिक्षण / क्षमता निर्माण कार्यक्रमों का समर्थन करना है। सरकार प्रधानमंत्री कौशल विकास योजना (पीएमकेवीवाई) के तहत राष्ट्रीय कौशल विकास मिशन चला रही है। दिसंबर 2021 तक, 61 लाख (6.1 मिलियन) प्रशिक्षित उम्मीदवारों को पूर्व शिक्षा की मान्यता से लाभ हुआ है और अन्य 45 लाख (4.5 मिलियन) को अल्पकालिक प्रशिक्षण कार्यक्रम के तहत प्रशिक्षित किया गया है। हालांकि, प्लेसमेंट की सफलता दर कम बनी हुई है – लगभग 54 प्रतिशत इनमें से 80 प्रतिशत प्रशिक्षुओं को रोजगार मिल रहा है और 18 प्रतिशत स्वरोजगार कर रहे हैं। अधिकांश प्लेसमेंट इलेक्ट्रॉनिक्स और हार्डवेयर (54 फीसदी) में हैं, इसके बाद परिधान (20 फीसदी) और खुदरा बिक्री (10 फीसदी) का स्थान है।

मोदी सरकार की पहल के परिणामस्वरूप, भारत में स्टार्ट-अप के माहौल में पिछले कुछ वर्षों में उन्मुक्त गतिविधि और बड़े पैमाने पर निवेश देखा गया है, जिसमें कई युवा उद्यमी, नए व्यवसाय मॉडल के साथ नवाचार कर रहे हैं। दिसंबर 2021 तक, निवेशकों ने 1,009 से अधिक सौदों में 34 बिलियन अमेरिकी डॉलर भारतीय स्टार्ट-अप में लगाए हैं। भारत में 90 यूनिकॉर्न (बाजार मूल्य यूएस +1 बिलियन से अधिक) थे, जिनमें से लगभग 44 सिर्फ 2021 में यूनिकॉर्न चरण में प्रवेश कर रहे थे (2020 में नौ के मुकाबले)। सरकार ने भारत में स्टार्ट-अप पारिस्थितिकी तंत्र को प्रत्यक्ष और अप्रत्यक्ष दोनों प्रकार की सहायता प्रदान की है।

हालांकि, भारत के फलते-फूलते स्टार्ट-अप आंदोलन में सरकार का बड़ा योगदान प्रधानमंत्री द्वारा निवेश, रोजगार सृजन और राष्ट्र निर्माण में धन निर्माताओं और उद्यमियों की भूमिका का निरंतर समर्थन हो सकता है। उनके द्वारा स्टार्ट-अप उद्यमों और युवा उद्यमियों के साथ-साथ सरकार के व्यापक निवेश सुधारों, जिनकी चर्चा इस अध्याय में पहले की गई थी और इसकी विशिष्ट कार्रवाइयां, जो स्टार्ट-अप कंपनियों की विशेष प्रकृति को पहचानती हैं और संरक्षित करती हैं, विशेष रूप से उल्लेखनीय है।

2019-20 में अधिनियमित नई श्रम संहिताओं पर विचार करें। ये गिग अर्थव्यवस्था की विशिष्ट विशेषताओं और गिग अर्थव्यवस्था में नियोक्ता-कार्यकर्ता जुड़ाव मॉडल की अनूठी प्रकृति को पहचानती हैं, जो अन्य उद्योगों पर लागू रोजगार अनुबंधों और मजदूरी के मानक नियोक्ता-कर्मचारी जुड़ाव मॉडल से अलग है। गिग इकॉनमी में

कंपनियों और श्रमिकों दोनों के लिए लचीला जुड़ाव मॉडल कई स्टार्ट-अप व्यवसायों के व्यापार मॉडल के लिए केंद्रीकृत है, जैसे कि भोजन वितरण और सवारी साझा करना। मजदूरी संहिता, 2019, गिग और प्लेटफॉर्म कर्मचारियों को अपने में शामिल नहीं करता है, जिससे उन्हें, न्यूनतम मजदूरी की आवश्यकता से बाहर रखा जाता है; जो कि ऐसे स्टार्ट-अप के अर्थशास्त्र और संचालन के लिए महत्त्वपूर्ण है।

साथ ही, सामाजिक सुरक्षा संहिता, 2020 यह अनिवार्य करती है कि सरकार गिग कर्मचारियों और प्लेटफॉर्म कर्मचारियों के लिए योजनाएं बनाएं ताकि वे कुछ सामाजिक सुरक्षा लाभों (कुछ शर्तों के अधीन) का लाभ उठा सकें। यह आंशिक रूप से गिग और प्लेटफॉर्म कर्मचारियों के अधिकारों के मुद्दे को संबोधित करता है, जो मानक नियोक्ता-कर्मचारी मॉडल से बाहर हैं।

वैश्विक निजी इक्विटी और उद्यम पूंजी निधियों ने स्टार्ट-अप के लिए बड़ी मात्रा में धन का योगदान किया है, लेकिन सरकार तीन प्रमुख क्षेत्रों में अपने स्टार्ट-अप इंडिया कार्यक्रम के माध्यम से महत्त्वपूर्ण सहायता प्रदान करती है: (1) कानूनी, आईपीआर (बौद्धिक संपदा अधिकार) समर्थन और दिवालियापन, (2) धन और कर प्रोत्साहन और (3) ऊष्मायन या इनक्यूबेशन। सरकार ने पेटेंट आवेदनों को तेजी से ट्रैक करके और उन्हें दाखिल करने में सहायता करने के लिए सुविधा प्रदान करके, आईपीआर आवेदन प्रक्रिया को सरल बनाया है। इसके अलावा, सरकार स्टार्ट-अप को पेटेंट फाइलिंग फीस पर 80 प्रतिशत की छूट प्रदान करती है। स्टार्टअप इंडिया पोर्टल के माध्यम से, स्टार्ट-अप को नौ श्रम कानूनों और तीन पर्यावरण कानूनों के लिए स्व-प्रमाणन की अनुमति दी गई है। दिवाला और ऋणशोधन अक्षमता अधिनियम के अनुसार, सरल ऋण संरचनाओं वाले स्टार्ट-अप को, नब्बे दिनों के भीतर समाप्त कर दिया जा सकता है।

सरकार मान्यता प्राप्त स्टार्ट-अप को कुछ कर प्रोत्साहन (कुछ शर्तों के अधीन) भी प्रदान करती है। इनमें तीन साल के लिए आयकर छूट और पूंजीगत लाभ कर छूट शामिल है, अगर लाभ को सरकार के फंड में फिर से निवेश किया जाता है। सरकार ने स्टार्ट-अप को सीड वित्तपोषण प्रदान करने के लिए, स्टार्टअप इंडिया सीड फंड शुरू किया है। 950 करोड़ या 9.5 बिलियन के प्रारंभिक कोष से चार वर्षों में करीब 3,600 स्टार्ट-अप का समर्थन करने की संभावना है, और सरकार ने सिडबी के माध्यम से स्टार्ट-अप में निवेश के लिए 2500 करोड़ रुपये (₹25 बिलियन) के प्रारंभिक कोष के साथ एक कोष की स्थापना की है, जिसको चार वर्षों में बढ़ाकर ₹10,000 करोड़ (₹100 बिलियन) किया जाना है।

भारत ने पिछले चार से पांच वर्षों में पेटेंट, ट्रेडमार्क पंजीकरण और कॉपीराइट के अनुदान में महत्त्वपूर्ण वृद्धि देखी है, जो इसके स्टार्ट-अप और समग्र अर्थव्यवस्था

के लिए अच्छा संकेत है। वित्त वर्ष 2016 में 6,326 की तुलना में वित्त वर्ष 2021 में कुल 28,391 पेटेंट दिए गए थे (4.5 गुना वृद्धि)। वित्त वर्ष 2016 में 65,045 की तुलना में वित्त वर्ष 2021 में 2,55,993 ट्रेडमार्क पंजीकृत किए गए थे (4 गुना वृद्धि)। वित्त वर्ष 2016 में 4,505 कॉपीराइट की तुलना में वित्त वर्ष 2021 में 16,402 कॉपीराइट दिए गए थे (3.5 गुना वृद्धि)।

आईएल एंड एफएस गाथा और निर्णायक कार्रवाई

इन्फ्रास्ट्रक्चर परियोजनाओं के वित्तपोषण के उद्देश्य से 1987 में स्थापित, इंफ्रास्ट्रक्चर लीजिंग एंड फाइनेंशियल सर्विसेज लिमिटेड (आईएल एंड एफएस) में सेंट्रल बैंक ऑफ इंडिया, यूनिट ट्रस्ट ऑफ इंडिया, एचडीएफसी लिमिटेड, स्टेट बैंक ऑफ इंडिया, भारतीय जीवन बीमा निगम, ओरिक्स कॉर्पोरेशन जापान और आबू धाबी निवेश प्राधिकरण, इसके मुख्य शेयरधारकों के रूप में हैं। तीन दशकों से अधिक के संचालन में, आईएल एंड एफएस समूह एक वित्तीय दिग्गज बन गया है, जिसमें बारह से अधिक व्यवसायों में 347 इकाइयां शामिल हैं, और इसकी भौगोलिक उपस्थिति ग्यारह देशों में फैली है।

हालांकि, लगभग 17:1 समेकित ऋण-से-इक्विटी अनुपात पर बड़े अंतर-समूह ऋण जोखिम और सकल उत्तोलन के साथ बहु-स्तरीय, वेब जैसी संरचना का मतलब था कि सितंबर 2018 तक, समूह की वित्त पोषित और गैर-वित्त पोषित बैलेंस शीट 99,000 करोड़ रुपये (990 बिलियन) से अधिक हो गई थी। गैर-अनुपात अंतर्निहित राजस्व धाराओं के साथ, इस तरह के अनुपातहीन उत्तोलन ने समूह की पुनर्भुगतान दायित्वों को पूरा करने की क्षमता को गंभीर रूप से बाधित कर दिया, जिससे एक बड़ा प्रणालीगत जोखिम पैदा हो गया। सितंबर 2018 तक, आईएल एंड एफएस समूह की आसन्न विफलता ने भारतीय वित्तीय बाजारों में एक संक्रामक प्रभाव की आसन्न संभावना प्रस्तुत की। यह एक आशंकित समय था, जब मीडिया के कुछ वर्गों ने इसे 'भारत का लेहमैन मोमेंट' कहा था।

आईएलएंडएफएस की विफलता की वजह विगत तीस वर्षों में इसके प्रबंधन, बोर्ड, संस्थागत शेयरधारकों, लेखा परीक्षकों, क्रेडिट रेटिंग एजेंसियों और नियामकों की सामूहिक विफलता है।

मोदी सरकार को यह जटिल ढांचा, अपनी सारी संचित समस्याओं के साथ विरासत में मिला। सितंबर 2018 में, एक विनाशकारी डोमिनोज प्रभाव के साथ, सरकार त्वरित रूप से आगे बढ़ी और निर्णायक कार्रवाई की। सरकार ने जनहित में एक नए बोर्ड का गठन किया और मुझे, इसकी अध्यक्षता करने के लिए कहा। हमें एक प्रणालीगत

वित्तीय क्षेत्र के संकट को टालने और समूह द्वारा अपने परिचालन इतिहास पर बनाई गई राष्ट्रीय संपत्तियों की रक्षा करने की जिम्मेदारी सौंपी गई थी।

पिछले तीन वर्षों में, नए आईएल एंड एफएस बोर्ड ने आईएल एंड एफएस समूह के लिए, एक व्यवस्थित समाधान यात्रा शुरू की है, और अपने सभी हितधारकों के लिए वसूली को अधिकतम करने के लिए, एक योजना बनाई है। समूह दिवाला समाधान के लिए एक कानूनी ढांचे की अनुपस्थिति ने एक अतिरिक्त चुनौती पेश की। आईएलएंडएफएस समूह की समाधान प्रक्रिया के दौरान हासिल की गई प्रगति, प्रधानमंत्री मोदी और उनकी टीम के नेतृत्व में सरकार के निरंतर समर्थन के कारण संभव हुई है, जिसमें कॉर्पोरेट मामलों के मंत्रालय, वित्त मंत्रालय, केंद्रीय प्रत्यक्ष कर बोर्ड, भारतीय रिजर्व बैंक, भारतीय प्रतिभूति और विनिमय बोर्ड, सड़क परिवहन और राजमार्ग मंत्रालय और भारतीय राष्ट्रीय राजमार्ग प्राधिकरण भी शामिल हैं। उनके समर्थन और खुले दिमाग के दृष्टिकोण ने नए बोर्ड को इनविट जैसी अलग सोच और वैकल्पिक समाधान के रास्ते पर विचार करने की अनुमति दी है, जिसने न केवल सभी स्तरों पर लेनदारों के लिए संभावित उच्च वसूली के लिए आधार तैयार किया है, बल्कि नए बोर्ड को 'गोइंग कंसर्न' की स्थिति और राष्ट्रीय संपत्तियों के मूल्य को संरक्षित करने में भी मदद की है।

आईएलएंडएफएस और सत्यम संकटों के बीच एक समानता खींचने के लिए कुछ गलत प्रयास किए गए हैं। दोनों मामले अलग-अलग हैं। सत्यम एक शून्य ऋण, सॉफ्टवेयर सेवाओं और एकल व्यापार कंपनी थी; आईएलएंडएफएस एक बहु-व्यावसायिक वित्तीय समूह था, जिसमें 347 कंपनियों में 1 लाख करोड़ रुपये या 1 ट्रिलियन रुपये का अनियंत्रित उत्तोलन था। आईएल एंड एफएस की विफलता लैंको और वीडियोकॉन जैसे व्यावसायिक समूहों की विफलता के साथ तुलनीय है, हालांकि समाधान परिणाम पूरी तरह से अलग है। विशेष रूप से, लैंको/वीडियोकॉन मामलों में, समाधान के माध्यम से कुल वसूली कुल ऋण का केवल एक छोटा प्रतिशत (एक अंक का आंकड़ा) था। आईएल एंड एफएस में, हमारे नए बोर्ड ने कई समाधान तंत्रों के माध्यम से, पूरे समूह में ऋण के 60 प्रतिशत से अधिक की वसूली का अनुमान लगाया है।

मेरे बोर्ड और मुझे वित्तीय क्षेत्र की रक्षा करने और व्यापक अर्थव्यवस्था पर संकट के प्रभाव को सीमित करने की जिम्मेदारी दी गई है, जिसे हमने अपना राष्ट्रीय कर्तव्य माना है। आईएल एंड एफएस गाथा भी लंबे समय से जमा हुई अनूठी समस्याओं के लिए नए समाधान और अंत में, उन पर निर्णायक कार्रवाई करने के लिए मोदी सरकार की इच्छा को व्यक्त करती है।

नतीजे देने को तैयार निजी उद्यम

मैं पहली बार 1990 के दशक की शुरुआत में, अमेरिका गया था। उस समय मैं जेपी मॉर्गन, गोल्डगौन सैच्स आदि जैसे वित्तीय संस्थानों के पैमाने और उपस्थिति को देखकर चकित था, जिन्होंने अमेरिका के लिए वैश्विक वित्तीय क्षेत्र का निर्माण किया था। अमेरिकी अर्थव्यवस्था की मजबूती और आकार का एक कारण इसका वित्तीय क्षेत्र है। इसी तरह, प्रधानमंत्री की व्यापक और महत्त्वाकांक्षी दृष्टि को साकार करने में भारत के वित्तीय क्षेत्र की महत्त्वपूर्ण भूमिका है। हमें एक प्रगतिशील और विश्व स्तरीय विनियामक ढांचे तथा बैंकिंग और पूंजी बाजार दोनों के लिए एक समन्वित दृष्टिकोण पर ध्यान केंद्रित करना चाहिए, ताकि वित्तीय क्षेत्र भारत के विकास के लिए उत्प्रेरक बन सके। एक आत्मनिर्भर भारत के पास एक ऐसा आत्मनिर्भर वित्तीय क्षेत्र होना चाहिए, जो विदेशी बचत का स्वागत करता है, लेकिन भारत में वैश्विक गुणवत्ता वाले संस्थानों का निर्माण करने के लिए, भारतीय बचत और भारतीय प्रतिभाओं का पोषण करता है।

चूंकि बाजार अब भारत के विकास के वित्तपोषण के लिए बड़े इंजन बन रहे हैं, इसलिए भलीभांति विनियमित, लेकिन मुक्त बाजारों के प्रति सम्मान का भाव होना महत्त्वपूर्ण है। सरकार ने अर्थव्यवस्था के लिए एक हल्के-स्पर्श नियामक दृष्टिकोण को सही ढंग से चुना है और निजी निवेश के लिए एक प्रवर्तक के रूप में अपनी भूमिका को अनुकूलित किया है। मुझे विश्वास है कि मुक्त बाजारों और निजी उद्यमों के लिए सरकारी समर्थन का एक संयोजन, निजी क्षेत्र हेतु भारतीय अर्थव्यवस्था में नवाचार और निवेश करने के लिए एक जगह बनाएगा। मेरा मानना है कि भारत का निजी क्षेत्र समावेशी आर्थिक विकास ('सबका साथ, सबका विकास') के प्रधानमंत्री के दृष्टिकोण को लागू करने के लिए तैयार और इच्छुक है।

वर्तमान में चल रही कोविड-19 महामारी ने भले ही 5 ट्रिलियन अर्थव्यवस्था के लिए भारत की कदमताल को धीमा कर दिया हो, लेकिन इसने, सरकार और निजी क्षेत्र के सहयोग से चुनौतियों से निपटने और उन्हें दूर करने की क्षमता, लचीलापन और संकल्प को भी प्रदर्शित किया है। सामान्य रूप से अर्थव्यवस्था और विशेष रूप से समाज के कमजोर वर्गों का समर्थन करने के लिए सरकार के कदमों ने, आरबीआई के अनुकूल मौद्रिक नीति दृष्टिकोण के साथ, महामारी के आर्थिक प्रभाव को कम करने में मदद की है। महामारी ने भारत के निजी क्षेत्र को डिजिटलीकरण में तेजी लाते हुए और मजबूत उभरने के लिए विघटनकारी प्रौद्योगिकियों को अपनाते हुए भी देखा।

भारत में ऐसे कुछ नेता हैं, जिनके पास इस तरह की दूरदृष्टि, शासन कला और साहस है; जो राष्ट्रीय स्तर पर परिवर्तन लाने में सक्षम हैं। पिछले बीस वर्षों के नेतृत्व

में, पहले मुख्यमंत्री के रूप में और अब प्रधानमंत्री के रूप में, मोदी ने सराहनीय गुणों का प्रदर्शन किया है कि वे इन कुछ चुनिंदा लोगों में गिने जा सकें। भावी पीढ़ी सर्वश्रेष्ठ न्यायाधीश होगी। मेरा मानना है कि यह नेतृत्व भारत के मजबूत आर्थिक शक्ति बनने और सभी भारतीयों के भविष्य बदलने के लिए एक अच्छा शकुन है।

भाग 4

शासन की नयी मिसाल

पर्यावरण निरंतरता और आर्थिक विकास: अभ्यास और कार्रवाई पर ध्यान

अजय माथुर

परिवर्तनकारी नीतियों के लिए प्रधानमंत्री नरेंद्र मोदी की व्यापक रूप से सराहना की जाती है। उन्होंने आर्थिक एवं अन्य विकास को गति दी है। हालांकि, पीएम मोदी के शासन के कुछ ऐसे मॉडल भी हैं, जिन पर अपेक्षाकृत कम चर्चा हुई है। मसलन, सतत विकास, जलवायु परिवर्तन और पर्यावरण संरक्षण। इन मॉडल पर भी उन्होंने काफी काम किया है।

पिछले बीस वर्षों में, गुजरात के मुख्यमंत्री के रूप में (2002-2014 से) और फिर भारत के प्रधानमंत्री के रूप में, मोदी ने जलवायु परिवर्तन, पर्यावरण संरक्षण, वन्यजीव संरक्षण और स्वच्छ ईंधन और नवीकरणीय ऊर्जा के क्षेत्र में असंख्य काम किए हैं। उदाहरण के लिए उनके नेतृत्व में, गुजरात देश और एशिया का पहला, और दुनिया का चौथा, ऐसा राज्य बन गया, जहाँ जलवायु परिवर्तन से जुड़े मामलों के लिए एक स्वतंत्र विभाग बनाया गया। पारंपरिक नीतिगत साधनों और सख्त नियमों पर भरोसा करने के बजाय, नरेंद्र मोदी ने पर्यावरण संबंधी चिंताओं को दूर करने और हमारे कार्बन फूटप्रिंट को कम करने के लिए नवीन समाधानों और वैज्ञानिक अनुसंधान को प्रोत्साहित किया है।

यह चैप्टर पर्यावरण के मुद्दों पर पीएम नरेंद्र मोदी के सक्रिय दृष्टिकोण को स्पष्ट तौर पर रखने और उसे देखने के लिए है। साथ ही, अक्षय ऊर्जा में बदलाव समेत उन विभिन्न पहलुओं पर चर्चा करता है, जो उन्होंने, अपने शानदार करियर के दौरान शुरू किए हैं।

विपरीत स्थितियों में आगे बढ़ना

एक आम धारणा है, कि उच्च आर्थिक विकास और पर्यावरण संरक्षण एक दूसरे के विपरीत हैं। यह दावा किया जाता है कि नीति निर्माण के लिए दोनों के बीच समझौता आवश्यक है। हालांकि, पर्यावरणीय स्थिरता और आर्थिक विकास का अभिसरण उन सभी विकास के पहलुओं की पहचान रहा है, जिनकी मोदी ने कल्पना की थी।

सतत विकास और विशेष रूप से ऊर्जा और जलवायु परिवर्तन पर, प्रधानमंत्री नरेंद्र मोदी ने एक चर्चा के दौरान कहा कि सौर ऊर्जा और ऊर्जा दक्षता, उनके दिल के करीब थी और उनका ध्यान सतत विकास को सक्षम करने पर था। दरअसल, गुजरात के मुख्यमंत्री रहते हुए उन्होंने 2009 में लिखा था, 'मेरे लिए अक्षय ऊर्जा आस्था की वस्तु है। जब सौर ऊर्जा, पवन ऊर्जा और मेरे द्वारा किए जा रहे अन्य प्रयोगों की बात आती है, तो यह विदित रहे कि हम जलवायु परिवर्तन विभाग बनाने वाली दुनिया की चौथी सरकार हैं।'

'यहां तक कि भारत सरकार के पास भी जलवायु परिवर्तन के लिए समर्पित विभाग नहीं है, क्योंकि यह मेरी प्रतिबद्धता है कि हमें आने वाली पीढ़ी के हितों का भी ध्यान रखना चाहिए। अक्षय ऊर्जा एक ऐसा क्षेत्र है, जहां हमें बड़ी समझदारी और गंभीरता से काम करना चाहिए। यही वजह है कि सौर नीति बनाने और अमल में लाने वालों में हमारी सरकार सबसे पहले और सबसे आगे है।'

उनका 'आर्टिकल ऑफ फेथ' पारिस्थितिक और आर्थिक विकास को जोड़ने की प्राचीन भारतीय परंपरा पर आधारित है। बृहदरणायक उपनिषद विशेष रूप से कहता है, 'पृथ्वी सभी जीवित प्राणियों के लिए सहायक है और सभी जीवित प्राणी पृथ्वी के लिए सहायक हैं'। बुद्ध ने मितव्ययिता को अपने आप में एक गुण के रूप में सराहा। कुशल जीवन बर्बादी से बचाता है और हमें जितना हो सके, रिसायकल करने का प्रयास करना चाहिए। उन्होंने पर्यावरण के प्रति एक सरल, सौम्य, गैर-आक्रामक दृष्टिकोण की वकालत की। प्रकृति के सभी रूपों के प्रति श्रद्धा की खेती का आह्वान किया। उन्होंने पढ़ाने के लिए प्रकृति से उदाहरणों का इस्तेमाल किया। उनकी कहानियों में, पौधे और जानवरों की दुनिया को हमारी विरासत के हिस्से के रूप में माना जाता है, यहां तक कि खुद के हिस्से के रूप में भी।

राजनीतिक व्यवहार में, इन विचारों को कई रूपों में दर्ज किया जाता है। कौटिल्य के अर्थशास्त्र में, इष्टतम जनसंख्या घनत्व को अनिवार्य करने के उद्देश्य से, वनों से कृषि और बागवानी क्षेत्रों में भूमि उपयोग के परिवर्तन को व्यवस्थित किया गया है, ताकि वहन क्षमता को बनाए रखा जा सके। आधुनिक समय में, इस संतुलन को महात्मा गांधी ने सबसे अच्छी तरह से समझा है, जिन्होंने अपने मौलिक काम

हिंद स्वराज में, एक स्वशासन वाले समाज की बात की हैं, जो पारिस्थितिकी और अर्थव्यवस्था को संतुलित करता है।

मोदी ने कहा कि, पोरबंदर के जिस घर में महात्मा गांधी का जन्म हुआ था, वहां 200 साल से भी अधिक समय पहले, भूमिगत टैंक बनाए गए थे, जिनमें बारिश का पानी जमा किया जाता था। अपने अनोखे तरीके से महात्मा ने हमें, जल संरक्षण पर एक महत्वपूर्ण संदेश दिया, ताकि आने वाली पीढ़ियों को स्वच्छ पेयजल आसानी से मिल सके।

सदियों से मानव संतुलन पर जोर, एक चरम सीमा तक पहुंच गया, जहां पर्यावरण संबंधी विचार सभी आर्थिक विकास को संदेह की नजर से देखते हैं।

मोदी ने अपनी किताब *ए कन्वीनिएंट एक्शन* में लिखा, प्रकृति के उपहार जैसे, नदियों, समुद्र और महासागरों, पहाड़ियों, बर्फीले पहाड़ों और जंगलों के पानी को संरक्षित किया जाना चाहिए और इस्तेमाल के बाद उसका पुनर्भरण किया जाना चाहिए। इसी तरह, हमें भोजन, दूध और अन्य कृषि उत्पादों की एक स्थायी मात्रा में उत्पादन करने के संबंध में भी काम करना चाहिए. स्थिरता अंततः एक नैतिक मुद्दा है, क्योंकि इसमें हमारी आने वाली पीढ़ियों के हितों की सुरक्षा शामिल है।

अपने विचारों को मूर्त रूप देने के लिए मोदी ने कई योजनाएं शुरू की। जैसे, पानी की उपलब्धता और प्रबंधन, स्वच्छ हवा, सौर ऊर्जा, ऊर्जा दक्षता और जलवायु परिवर्तन आदि। पर्यावरण और स्थिरता के प्रति गहरी प्रतिबद्धता इन कार्यक्रमों का आधार है। मेरे विचार में, इन सभी पहलों का प्रमुख सिद्धांत, हितधारकों की बेहतरी (प्रतिकूल रूप से प्रभावित लोगों की देखभाल सहित) को पर्यावरण की दृष्टि से अधिक टिकाऊ समाधानों के साथ लाने की उनकी क्षमता है। अपने व्यक्तित्व और नेतृत्व क्षमता की बदौलत इन योजनाओं को पूरा करने के लिए मोदी, इन्हें जनआंदोलनों में बदलने में सक्षम रहे हैं, जो हितधारकों की भागीदारी के मामले से जुड़े हैं।

नवीकरणीय और ऊर्जा दक्षता

2011 में, पहली बार मोदी द्वारा शुरू एक पहल ने मेरा ध्यान खींचा। मुख्य नर्मदा नहर की एक शाखा नहर पर, 1 मेगावाट का पायलट रूफटॉप सौर परियोजना का उद्घाटन किया गया था। यह वास्तव में, एक अभिनव अवधारणा थी, क्योंकि यह सौर ऊर्जा संयंत्र के माध्यम से स्वच्छ बिजली प्रदान करती थी। लेकिन साथ ही इसने नहर के पानी के वाष्पीकरण को कम कर दिया। ये दो लक्ष्य- ऊर्जा और पानी की आपूर्ति प्रदान करना, साथ ही उनके स्थायी प्रबंधन को सक्षम करना, उन परियोजनाओं की पहचान बन गए हैं, जिन्हें मैंने गुजरात से (और बाद में नई दिल्ली में केंद्र सरकार से) देखना शुरू किया था।

1 मेगावाट सोलर कैनाल रूफटॉप परियोजना तो, शुरुआत भर थी। इसके बाद उन्होंने, 10 मेगावाट की परियोजना (जिसका उद्घाटन 2015 में संयुक्त राष्ट्र महासचिव बान की मून द्वारा किया गया था) शुरू हुई और बाद की योजनाओं (कैनाल टॉप सौर ऊर्जा संयंत्रों की स्थापना के लिए) में राज्य भर में नर्मदा नहर के 500 किलोमीटर से अधिक लंबे नेटवर्क का उपयोग शामिल था। कैनाल टॉप सौर ऊर्जा परियोजनाएं उस व्यापक दृष्टिकोण के अनुरूप हैं जिसे, प्रधानमंत्री मोदी ने निरंतर समर्थन दिया है और जब भी और जहां भी संभव हो, सौर ऊर्जा उत्पादन को बढ़ाने के लिए प्रोत्साहित किया है।

एक भारतीय के रूप में, मुझे उस वक्त बहुत गर्व हुआ, जब उनके नेतृत्व में गुजरात ने 2009 में मेगावाट स्केल पालिसी लांच किया। सौर ऊर्जा विकास के लिए दीर्घकालिक पीपीए (बिजली खरीद समझौते) शुरू किया गया। बहुत से लोग (मेरे सहित) उच्च टैरिफ से आशंकित थे (पहले 12 वर्षों के लिए लगभग रू. 15/किलोवाट और फिर तेरहवें वर्ष से पच्चीसवें वर्ष तक ₹5)। लेकिन सौर ऊर्जा की कीमतों में तेज गिरावट के साथ-साथ सौर ऊर्जा उत्पादन के बढ़ते पैमाने ने हमें, इस आशंका से मुक्त कर दिया। सौर ऊर्जा डेवलपर्स को प्रदान किए गए टैरिफ में गिरावट जारी रही। जब इस नीति और इसके कार्यक्रम को बड़े पैमाने पर सबके सामने रखा गया तो तमाम सभी हितधारकों जैसे सौर निर्माताओं, डेवलपर्स, बैंकरों, आदि का ध्यान इस तरफ आकर्षित हुआ।

प्रधानमंत्री के रूप में, मोदी ने नाटकीय रूप से राष्ट्रीय सौर मिशन के 2020 तक 20,000 मेगावाट सौर ऊर्जा हासिल करने के लक्ष्य को 2022 तक 100,000 मेगावाट तक बढ़ा दिया। यह परिवर्तन 2014 में लाया गया था और इसके तुरंत बाद एक बड़ा परिवर्तन हुआ। नियामकों और राज्य बिजली विभागों सहित सभी हितधारकों की सोच बदल गयी। आज, 2021 में, हम इस लक्ष्य को प्राप्त करने की सीमा के भीतर हैं। पहले के लक्ष्य 20,000 मेगावाट को हम बहुत पहले पीछे छोड़ चुके हैं। सौर बिजली आज, 1.99 प्रति किलोवाट की कीमत पर उपलब्ध है, जो फिर से कीमतों में कमी को दर्शाता है। जाहिर है, सौर बिजली 1.99 रूपये प्रति किलोवाट केवल तभी उपलब्ध होता है, जब सूरज पूरी तरह से चमक रहा हो, लेकिन अभी तक यह बिजली के किसी भी अन्य स्रोत की तुलना में बहुत सस्ता है। इसने भारत में ऊर्जा संक्रमण के लिए एक मजबूत व्यापार मॉडल प्रदान किया है। परिवर्तन नियमों पर प्रतिबंध लगाने से नहीं, बल्कि सौर पैनलों से बिजली की बढ़ी हुई आर्थिक व्यवहार्यता से संचालित होता है, जिसे पहले ही हासिल कर लिया गया है और भंडारण बैटरी अगले एक से तीन वर्षों में हासिल करने की उम्मीद है।

मेरा मानना है कि आने वाले समय में, जब सोलर पैनल और स्टोरेज बैटरियों

से चौबीसों घंटे बिजली किफायती हो जाएगी, वित्तीय क्षेत्र को बिजली उत्पादन के किसी अन्य रूप में निवेश करने की कोई आवश्यकता नहीं दिखेगी। मोदी ने हमें विश्वासपूर्वक, विकास के आर्थिक रूप से व्यवहार्य और टिकाऊ रास्ते पर लाकर खड़ा कर दिया है। यह दुनिया को एक महान उदाहरण प्रदान करता है, जिसका उपयोग अन्य देशों में किया जा सकता है और विशेष रूप से विकासशील देशों में किया जा सकता है जो धूप से समृद्ध हैं, लेकिन अत्यधिक मांग को पूरा करने के लिए अपनी बिजली उत्पादन क्षमता का निर्माण करना बाकी है।

सौर पैनलों के स्वदेशी निर्माण पर केंद्रित एक नई पहल, पथ-प्रदर्शक हो सकती है। यह पहल उच्च दक्षता वाले सौर पैनल प्रौद्योगिकियों को प्रोत्साहन प्रदान करती है। इसे संभावित निर्माताओं से भारी प्रतिक्रिया मिली है। जो प्रोत्साहन उन्नत सौर पैनलों की बिक्री पर दिया जाएगा, वह निर्माताओं (और उनके फाइनेंसरों) को इस विश्वास के साथ प्रदान करता है कि ये प्रौद्योगिकियां, बाजार में प्रतिस्पर्धी होंगी और इसलिए निवेश के लायक हैं।

एक दूसरा क्षेत्र, जिसमें मुझे मोदी के दृष्टिकोण से व्यक्तिगत रूप से सीखने का अवसर मिला है, वह है, ऊर्जा दक्षता का। 2009 में, जब मैं ऊर्जा दक्षता ब्यूरो (बीईई) के साथ था, मैं सभी भारतीय राज्यों के ऊर्जा दक्षता प्रदर्शन को देख रहा था, पर गुजरात के डेटा ने मुझ पर जादू कर दिया। यह चौंकाने वाली बात थी कि, यह राज्य, जो 7 प्रतिशत प्रति वर्ष से अधिक की आर्थिक वृद्धि देख रहा था, केवल 4-5 प्रतिशत प्रति वर्ष की ऊर्जा मांग में वृद्धि दिखा रहा था। यहां, हमारे सामने आर्थिक विकास और ऊर्जा विकास के विघटन का एक उदाहरण था। ऐसा कुछ जिसके बारे में दुनिया बात कर रही थी, लेकिन केवल कुछ पश्चिमी देशों द्वारा ही हासिल की गई थी। जैसे-जैसे मैं संख्याओं की गहराई में गया, कई चीजें सामने आईं। पहला बिजली उत्पादन दक्षता में सुधार, जिसमें कई कार्रवाइयां शामिल थीं। जैसे, खराब प्रदर्शन करने वाले बिजली संयंत्रों का नवीनीकरण और आधुनिकीकरण, धुले हुए कोयले के उपयोग में वृद्धि और ऊर्जा कुशल उपकरणों के उपयोग में वृद्धि।

दूसरा कारक, बिजली उत्पादन में प्राकृतिक गैस का अधिक उपयोग था। ऊर्जा-गहन उद्योग (विशेष रूप से उर्वरक संयंत्र) की ऊर्जा दक्षता में वृद्धि तीसरा कारक था, और शहरी क्षेत्रों में ऊर्जा कुशल उपकरणों के उपयोग में वृद्धि, गांधीनगर में परियोजनाओं द्वारा संचालित (और बाद में सौर शहर में विस्तारित कार्यक्रम) चौथा कारक था। इसने मुझे ऊर्जा दक्षता बढ़ाने के लिए सार्वजनिक नीति रणनीति के बारे में एक मूल्यवान मंत्र सिखाया। पायलट प्रोजेक्ट के साथ शुरुआत करने, बिजनेस मॉडल को आजमाने और फिर इन तकनीकों और बिजनेस मॉडल की बड़े पैमाने पर सक्षम करने के लिए नीतियों को पेश करने का मोदी का दृष्टिकोण, ऊर्जा के उपयोग के तरीके में बदलाव

लाने में बेहद प्रभावी रहा है। ऊर्जा का उपयोग उपभोक्ताओं द्वारा माना जाता है।

मोदी के प्रधानमंत्री बनने के तुरंत बाद, उन्होंने व्यक्तिगत रूप से एलईडी लाइटिंग पर स्विच करके होटलों, कार्यालयों, कारखानों और सड़कों पर ऊर्जा दक्षता को बढ़ावा देने की चुनौती ली। यह एक बड़ी पहल थी। 2015 से पहले के वर्षों में, एनर्जी एफिशिएंसी ब्यूरो, और एनर्जी एफिशिएंसी सर्विसेज लिमिटेड (ईईएसएल) (ऊर्जा दक्षता बाजारों को बढ़ावा देने के लिए बनाए गए सार्वजनिक क्षेत्र के उपक्रमों का एक संयुक्त उद्यम) एलईडी लाइटिंग को लोकप्रिय बनाने की कोशिश कर रहे थे। लेकिन हमारे सर्वोत्तम प्रयासों के बावजूद, एक एलईडी बल्ब की कीमत अभी भी बाजार में 500 रुपये थी और अधिकांश लोग एलईडी बल्ब नहीं खरीदते थे।

मोदी ने एलईडी बल्ब के इस्तेमाल को लेकर क्रांति ला दी। उन्होंने ईईएसएल को हर राज्य में कार्यक्रम शुरू करने के लिए कहा, ताकि बिजली वितरण कंपनियों के माध्यम से एलईडी बल्ब बेचे जा सकें और इसकी लागत मासिक किस्तों की एक श्रृंखला के माध्यम से वसूल की जा सके। मुझे लगता है कि यह बहुत आकर्षक हो गया, क्योंकि किश्तों की राशि (10 रूपये प्रति माह) ऊर्जा बचत (18 रूपये प्रति माह से अधिक) से कम थी, जिसे उपभोक्ता प्राप्त करने में सक्षम थे। दूसरी ओर, जब ईईएसएल ने एलईडी बल्बों की खरीद शुरू की, मोदी ने उन्हें थोक खरीद के माध्यम से इन एलईडी बल्बों को सुरक्षित करने के लिए प्रोत्साहित किया। थोक खरीद की एक श्रृंखला शुरू हुई। जनवरी 2016 और सितंबर 2018 के बीच, एलईडी बल्ब की कीमत 40 रुपये तक कम कर दी गई और ईईएसएल उन्हें 70 रुपये में बेचने में सफलता मिली। दिलचस्प बात यह है कि, इस कीमत पर अधिकांश उपभोक्ताओं ने मासिक किश्तों के बजाय एकमुश्त खरीदारी को प्राथमिकता दी। हालांकि, जैसा कि प्रधानमंत्री अकसर उल्लेख करते हैं, मासिक किश्तों ने सबसे गरीब भारतीयों को इस अत्याधुनिक तकनीक तक पहुंचने का एक तरीका प्रदान किया।

फिर से, प्रधानमंत्री ने इस कार्यक्रम की शुरुआत की। इसे 'उजाला' या 'लाइटिंग' कहा जाता है। यह एक पायलट प्रोजेक्ट के माध्यम से उनके अपने कार्यालय और दिल्ली राज्य में से शुरू हुआ। उन्होंने, दिल्ली में एक आम उपभोक्ता को पहला एलईडी बल्ब दिया, और अपने कार्यालय में एक एलईडी बल्ब लगाया। उसके बाद उन्होंने उजाला कार्यक्रम को अपनाने के लिए विभिन्न राज्यों के मुख्यमंत्रियों सहित कई राजनीतिक नेताओं को मनाने के लिए, अपने नैतिक अधिकार का इस्तेमाल किया। 40 महीनों की अवधि में, 368 मिलियन एलईडी बल्ब, अकेले ईईएसएल के माध्यम से और बिना किसी सब्सिडी के बेचे गए। आज, परिवर्तन पूरा हो गया है, और 80 प्रतिशत से अधिक की हिस्सेदारी के साथ एलईडी लाइटिंग बाजार पर हावी है। मोदी के दृष्टिकोण का फायदा यह था कि, लोगों के कल्याण को बढ़ाने के बारे

में उनकी अपनी सोच का उपयोग करके, सतत विकास के एजेंडे को भी पूरा किया जा सकता है।

इस बात को उन्होंने अपने कार्यालय में कार्यक्रम का उद्घाटन करते हुए कहा, जब उन्होंने एलईडी बल्ब लगाया था। उन्होंने कहा, 'अगर मैं 1,000 मेगावाट ऊर्जा की स्थापना के लिए कहता हूं, तो कई संस्थाएं होंगी, जो लाइन अप करेंगी, लेकिन हमें लाखों लोगों को लाइन में लगाना होगा जो ऊर्जा दक्षता को बढ़ा सकते हैं और 1,000 मेगावाट बचा सकते हैं।'

1 मई 2016 को उनके द्वारा शुरू किए गए उज्ज्वला कार्यक्रम ने इसी तरह के विषय को संबोधित किया- ऊर्जा के मितव्ययिता का- लेकिन एक बहुत ही अलग हितधारक समूह, यानी ग्रामीण महिलाओं के लिए, जिनका जीवन खाना पकाने के लिए एलपीजी सिलेंडर तक आसान पहुंच के साथ बेहतर हो गया था। वे पहले बायोमास ईंधन का इस्तेमाल गंदे और प्रदूषणकारी तरीके से करती थीं। विश्व स्वास्थ्य संगठन (डब्ल्यूएचओ) के अनुसार, अशुद्ध खाना पकाने के ईंधन के उपयोग के कारण, भारत में हर साल लगभग 500,000 मौतें होती हैं। तत्कालीन पेट्रोलियम और प्राकृतिक गैस मंत्री धर्मेंद्र प्रधान ने प्रधानमंत्री को प्रतिध्वनित करते हुए कहा कि यह (ग्रामीण परिवारों को एलपीजी कनेक्शन प्रदान करने में निवेश) एक 'सामाजिक निवेश' का प्रतिनिधित्व करता है। इस कार्यक्रम ने दिसंबर 2021 तक 88 मिलियन बीपीएल (गरीबी रेखा से नीचे) परिवारों में एलपीजी कनेक्शनों को, उनके लिए सब्सिडी वाले कनेक्शन प्रदान करके सक्षम बनाया।

जब कोई अपनाए गए कदमों को देखता है, तो कई मामलों में यह समानताएं -केंद्र और राज्य दोनों स्तरों पर-स्पष्ट हो जाती हैं। ये रणनीतियां, मोटे तौर पर जलवायु परिवर्तन पर रणनीति के स्तंभों के साथ रेखांकित होती हैं, जिसे प्रधानमंत्री मोदी ने वर्षों से प्राप्त अनुभव, अपनी समझ और ज्ञान के आधार पर अवधारणाबद्ध किया है।

पानी की आपूर्ति और सीवेज ट्रीटमेंट

ऊर्जा के अलावा, सभी लोगों के लिए पीने के पानी पर एक प्रमुख समूह ने ध्यान केंद्रित किया है। गुजरात, 2001 तक, पानी की कमी वाला राज्य रहा, जो एक ऐसे राज्य में तब्दील हो गया है, जहां हर किसी के पास पानी की पहुंच है। इसे एक पेयजल ग्रिड द्वारा सक्षम किया गया है, जिसने गुजरात के सभी हिस्सों में पीने योग्य पानी की आपूर्ति सुनिश्चित की है। इसमें 11,500 किलोमीटर से अधिक पानी की पाइपलाइनों का निर्माण, बड़े और छोटे जलाशयों का विकास शामिल है। 151 निस्पंदन और उपचार संयंत्र यह सुनिश्चित करता है कि, 2,250 एमएलडी (प्रति दिन मिलियन

लीटर) पानी गुजरात के हर हिस्से तक पहुंचे। एक अतिरिक्त लाभ, लेकिन एक सतत विकास के दृष्टिकोण से एक बड़ा लाभ, भूजल स्तर में वृद्धि है क्योंकि, ट्यूबवेल ड्रिलिंग को लगभग रोक दिया गया था।

इससे जुड़ा है वर्षा जल संचयन और संरक्षण। 2004 में पूरे गुजरात में रेन वाटर हार्वेस्टिंग चेक डैम और तलवाडियों का निर्माण किया गया था। यह विचार अपर्याप्त पानी से उत्पन्न होने वाले किसान संकट को रोकने के लिए था। सरदार पटेल भागीदारी जल संरक्षण परियोजना ने गैर सरकारी संगठनों/नागरिक समाज समूहों को ऐसी संरचनाएं स्थापित करने की अनुमति दी। लागत और/या श्रम कार्य का एक हिस्सा, उनके द्वारा वहन किया गया, इस प्रकार यह एक अद्वितीय सार्वजनिक-जन भागीदारी बन गया। 2012 तक 3.5 लाख (350,000) से अधिक चेक डैम और तलवाडी विकसित किए गए, जिससे ग्रामीण गुजरात में 13 मिलियन से अधिक लोग लाभान्वित हुए। साथ ही, इसी अवधि के दौरान जल स्तर में 4 मीटर की वृद्धि दर्ज की गई। कुशल सिंचाई विधियों द्वारा कवर की गई 350,000 हेक्टेयर भूमि के साथ, कृषि सिंचाई का तरीका बदल दिया गया है।

अपशिष्ट जल उपचार और नदी पुनरुद्धार की पहल को भी अपनाया गया। इसमें सीवेज उपचार द्वारा उत्पन्न मीथेन गैस का उपयोग शामिल है, जो स्वच्छ ईंधन के उद्देश्य को भी पूरा करता है, साथ ही साथ उत्सर्जन और प्रदूषण को भी रोकता है। कई सरकारी प्रतिष्ठानों में इस तकनीक को अपनाना, एक सकारात्मक कदम था। साबरमती नदी के पुनरुद्धार और नदी और उसके किनारों को साफ करने के लिए अपनाए गए उपायों के साथ-साथ रिवरफ्रंट पुनर्विकास ने कई अन्य राज्यों और देशों के लिए उदाहरण के रूप में काम किया है।

वन महोत्सव ने मानसून के दौरान गुजरात सरकार द्वारा चलाए जा रहे जागरूक वनीकरण अभियानों को सक्षम किया। इन उपायों ने वृक्षों के आवरण को बढ़ाने में काफी मदद की है और जलवायु और वन्यजीव संरक्षण के कई लक्ष्यों में भी योगदान दिया है। इसके अलावा, मैंग्रोव को पुनर्जीवित करने और बहाल करने के लिए गुजरात सरकार के विशेष प्रयासों ने राज्य के तट को चक्रवातों के लिए लचीला बनाने में मदद करने का अवसर प्रदान किया।

राष्ट्रीय स्तर पर, प्रधानमंत्री मोदी ने कायाकल्प और शहरी परिवर्तन के लिए अटल मिशन (AMRUT) मिशन के माध्यम से, सभी को पेयजल आपूर्ति सुनिश्चित करने के उद्देश्य से कदम उठाए हैं। अमृत को 2015 में पहले जल-केंद्रित मिशन के रूप में लॉन्च किया गया था, जिसमें शहरी आबादी के 60 प्रतिशत को कवर करने वाले, 500 प्रमुख शहरों को शामिल किया गया था। मिशन के तहत, अमृत शहरों में कुल 41.4 मिलियन कनेक्शन लेते हुए 11.4 मिलियन नल कनेक्शन प्रदान किए

गए हैं। घरों सहित कुल 8.5 मिलियन सीवर कनेक्शनों को सेप्टेज सुविधाओं के तहत कवर किया गया है, जिससे कवरेज 232 मिलियन हो गया है। अमृत के माध्यम से कुल 6,000 एमएलडी सीवेज शोधन क्षमता विकसित की जानी है, जिसमें से 1,800 एमएलडी शोधन क्षमता विकसित की जा चुकी है। इसके अलावा, उपचारित अपशिष्ट जल के पुनर्चक्रण/पुनः उपयोग के लिए 907 एमएलडी क्षमता सृजित की गई है।

ग्रीन स्पेस प्रोजेक्ट्स के जरिए 3,850 एकड़ ग्रीन स्पेस को जोड़ा गया है और 1600 एकड़ ग्रीन एरिया को जोड़ा जाएगा। कम से कम 2,200 जलभराव बिंदुओं को समाप्त कर दिया गया है, और चल रही परियोजनाओं के हिस्से के रूप में अन्य 1,500 जलभराव बिंदुओं को समाप्त कर दिया जाएगा। 106 जलाशयों का कायाकल्प भी किया गया है।

मिशन ने सुधारों के अपने घटक के तहत भी जबरदस्त प्रगति की है। 470 शहरों में क्रेडिट रेटिंग का काम पूरा हो चुका है। जिनमें से 164 शहरों को इन्वेस्टमेंट ग्रेड रेटिंग प्राप्त हुई है, जिसमें 36 शहर, ए- या उससे ऊपर की रेटिंग वाले हैं। 455 अमृत शहरों सहित 2,471 शहरों में ऑनलाइन भवन अनुमति प्रणाली लागू की गई है। विश्व बैंक की 2020 डूइंग बिजनेस रिपोर्ट (डीबीआर) के अनुसार, इस सुधार ने 2018 में 181 से कंस्ट्रक्शन परमिट में व्यापार करने में आसानी में भारत की रैंक को 27 तक सुधारने में मदद की है।

परिवर्तनों को और आगे ले जाते हुए, अमृत 2.0 का लक्ष्य लगभग 4,700 कस्बों/शहरों को 'जल सुरक्षित' बनाना है। यह पानी की जरूरतों को पूरा करने, जल निकायों को फिर से जीवंत करने, जलभृतों का बेहतर प्रबंधन करने, उपचारित अपशिष्ट जल का पुनः उपयोग करने के लिए अमृत की प्रगति पर निर्माण करेगा, जिससे पानी की एक गोलाकार अर्थव्यवस्था को बढ़ावा मिलेगा। अमृत 2.0 का उद्देश्य, 26.8 मिलियन शहरी घरेलू नल कनेक्शन प्रदान करके, लगभग 4,700 शहरी स्थानीय निकायों के सभी घरों में पानी की आपूर्ति का 100 प्रतिशत कवरेज प्रदान करना है, जिससे लगभग 107 मिलियन लोग लाभान्वित हो रहे हैं। ऐसा करके 500 अमृत शहरों में सीवरेज और सेप्टेज का 100 प्रतिशत कवरेज प्रदान करेगा। साथ में 26.4 मिलियन सीवर कनेक्शन या सेप्टेज कनेक्शन प्रदान किया गया, जिससे लगभग 106 मिलियन लोग लाभान्वित हुए। स्थायी मीठे पानी की आपूर्ति बढ़ाने के लिए जल निकायों का कायाकल्प और शहरी जलभृत प्रबंधन किया जाएगा। उपचारित अपशिष्ट जल के पुनर्चक्रण और पुनः उपयोग से स्थिति बेहतर होने की उम्मीद बढ़ जाती है। शहरों के कुल पानी की जरूरत का 20 फीसदी और औद्योगिक मांग का 40 फीसदी पूरा किया जाता है। मिशन के तहत, प्राकृतिक संसाधनों को टिकाऊ बनाने के लिए मीठे पानी के निकायों को प्रदूषण से बचाया जाएगा।

अमृत 2.0 में कई परिभाषित विशेषताएं हैं। इनमें 100,000 से अधिक आबादी वाले अमृत के तहत कवर किए गए, 500 शहर शामिल हैं। 4,372 शहर, 100 प्रतिशत शहरी भारत को कवर करते हैं। यह प्रत्येक शहर के लिए सिटी वाटर बैलेंस प्लान के निर्माण के माध्यम से पानी की एक बेहतर अर्थव्यवस्था को बढ़ावा देगा, उपचारित सीवेज को बेहतर करने या पुनः उपयोग, जल निकायों के कायाकल्प और जल संरक्षण पर ध्यान केंद्रित करेगा। पेपरलेस मिशन को अपनाकर डिजिटल अर्थव्यवस्था को बढ़ावा दिया जाएगा। पानी के समान वितरण, अपशिष्ट जल के पुनः उपयोग और जल की मात्रा और गुणवत्ता के संबंध में, एक जटिल प्रक्रिया के माध्यम से जल निकायों का मानचित्रण सुनिश्चित करने के लिए शहरों में पेय जल सर्वेक्षण आयोजित किया जाएगा। जल के लिए प्रौद्योगिकी उप-मिशन जल के क्षेत्र में, नवीनतम वैश्विक प्रौद्योगिकियों का लाभ उठाएगा।

मिशन शहरी स्थानीय निकायों को मजबूत करने और शहरों में जल सुरक्षा में सुधार पर भी ध्यान केंद्रित करता है। प्रमुख सुधारों में जल निकायों का कायाकल्प, वर्षा जल संचयन, गैर-राजस्व जल (एनआरडब्ल्यू) को कम करना, पुनर्नवीनीकरण उपयोग किए गए पानी के माध्यम से 40 प्रतिशत औद्योगिक जल मांग को पूरा करना, उप-नियमों के निर्माण के माध्यम से थोक उपयोगकर्ताओं के लिए दोहरी पाइपिंग प्रणाली, मूल्य अनलॉक करना और भूमि उपयोग में सुधार करना शामिल है। उचित मास्टर प्लानिंग के माध्यम से दक्षता, क्रेडिट रेटिंग में सुधार और नगरपालिका बांड जारी करने और ऑनलाइन भवन अनुमति प्रणाली के कार्यान्वयन सहित बाजार वित्त तक पहुंच भी इसमें शामिल है।

अमृत 2.0 की एक अनूठी विशेषता, सार्वजनिक-निजी भागीदारी (पीपीपी) के माध्यम से अभिनव व्यावसायिक मॉडल के साथ परियोजनाओं का कार्यान्वयन है। 10 लाख से अधिक आबादी वाले शहरों के लिए यह अनिवार्य किया गया है कि वे वार्षिकी/हाइब्रिड वार्षिकी/बीओटी मॉडल के आधार पर अपने कुल परियोजना निधि आवंटन के न्यूनतम 10 प्रतिशत मूल्य की पीपीपी परियोजनाएं शुरू करें।

वन्यजीव संरक्षण

वन्य जीवन और वन संरक्षण पर मोदी का ध्यान अविश्वसनीय रहा है। व्हेल शार्क संरक्षण पर एक प्रमुख पहल थी, जिसने गुजरात के तटों पर व्हेल शार्क के शिकार को महत्वपूर्ण रूप से नियंत्रण में लाने के लिए समुदाय और धार्मिक नेताओं के साथ सहयोग किया। इसके परिणामस्वरूप, राज्य का समुद्र तट दुनिया की सबसे बड़ी मछली का प्राकृतिक आश्रय स्थल बन गया।

स्थानीय आबादी के साथ काम करते हुए, सरकार ने राज्य में गिद्धों की आबादी में मृत्यु दर को कम करने में मदद करने के लिए, लोगों को मवेशियों के लिए डाइक्लोफेनाक का उपयोग नहीं करने के लिए प्रोत्साहित करने के साथ-साथ, इसके पीछे के कारणों पर शोध कर महत्वपूर्ण प्रयास किए। इसके अलावा, कच्छ के रण का रखरखाव, जो जानवरों की कई अनूठी प्रजातियों (प्रतिष्ठित जंगली गधे सहित) और पक्षियों का घर है, एक अद्वितीय सफलता रही है। गुजरात में शेरों की आबादी में वृद्धि और गीर और अन्य जगहों में स्थानीय समुदायों से मिले समर्थन का मतलब है कि, शेरों ने एक बार फिर से पुराने क्षेत्रों का विस्तार करना शुरू कर दिया है। यह स्थानीय समुदायों के साथ जुड़ाव के कारण संभव हुआ, जो अब खुद को संरक्षण गतिविधियों से प्राप्त हितधारकों के रूप में देखते हैं।

हमने इस क्षेत्र में केबलों पर पक्षियों के टकराने की रिपोर्ट के बाद कच्छ क्षेत्र में सभी केबलों को पूरी तरह से 'अंडरग्राउंडिंग' भी देखा। इसने ट्रांसमिशन लाइनों की लागत में वृद्धि की । लेकिन इस क्षेत्र में पक्षियों की मुक्त उड़ान को सक्षम किया, जो सर्दियों के मौसम में प्रवासी पक्षियों की कई अनूठी प्रजातियों को आकर्षित करता है।

मोदी का यह दृष्टिकोण - आर्थिक विकास के लिए पर्यावरणीय स्थिरता, स्थानीय (और अकसर प्रतिकूल रूप से प्रभावित) समुदायों की भागीदारी और पायलट परियोजनाओं और व्यापार मॉडल के साथ शुरू करना और फिर बड़े पैमाने पर अपनाने के लिए नीतिगत परिवर्तन शुरू करना, साथ ही शक्ति का उपयोग करना नई तकनीक को आर्थिक रूप से व्यवहार्य बनाने, लागत को कम करने के लिए बाजार आदि बिलकुल अनूठा और लाभकारी रहा है। मुझे इन मॉडल को देखने और उनसे सीखने का सौभाग्य प्राप्त हुआ है, विशेषकर ऊर्जा और जलवायु परिवर्तन के विषय पर। जैसा कि मैं देख रहा हूं कि मोदी की अन्य योजनाओं की विविधता, चाहे वह जल प्रबंधन या जैव विविधता संरक्षण या शहरी अपशिष्ट प्रबंधन और पुनर्चक्रण का मामला हो, मैं देखता हूं कि ये दृष्टिकोण, उनके सफल कार्यान्वयन के माध्यम से भी संभव हो पाया है।

स्वच्छ भारत मिशन और शहरी कायाकल्प

मोदी ने नई दिल्ली में राजपथ पर स्वच्छ भारत मिशन के शुभारंभ के दौरान कहा, एक स्वच्छ भारत 2019 में महात्मा गांधी की 150वीं जयंती पर, उन्हें सबसे अच्छी श्रद्धांजलि होगी। 2 अक्टूबर 2014 को स्वच्छ भारत मिशन, पूरे देश में एक राष्ट्रीय आंदोलन के रूप में शुरू किया गया था। स्वच्छ भारत अभियान, भारत सरकार का सबसे महत्वपूर्ण स्वच्छता अभियान है। मोदी ने इंडिया गेट पर स्वच्छता शपथ का नेतृत्व किया, जिसमें देश भर के लगभग तीस लाख (3 मिलियन) सरकारी कर्मचारी शामिल

हुए। उन्होंने राजपथ पर एक वॉकथॉन को भी हरी झंडी दिखाकर रवाना किया और कार्यक्रम में एक प्रतिभागी के रूप में शामिल होकर लोगों को आश्चर्यचकित कर दिया।

स्वच्छता के लिए जन आंदोलन का नेतृत्व करते हुए, प्रधानमंत्री ने लोगों से महात्मा गांधी के स्वच्छ भारत के सपने को पूरा करने का आह्वान किया। मोदी ने खुद मंदिर मार्ग थाने में, सफाई अभियान की शुरुआत की। गंदगी साफ करने के लिए झाड़ू उठाकर, स्वच्छ भारत अभियान को पूरे देश में एक जन आंदोलन बनाते हुए प्रधानमंत्री ने कहा कि लोगों को न तो कूड़ा-कचरा डालना चाहिए और न ही दूसरों को कूड़ा फेंकने देना चाहिए। उन्होंने 'न गंदगी करेंगे, न करने देंगे' का मंत्र दिया था।

दूसरों को ऐसा करने के लिए प्रोत्साहित करके, उन्होंने नौ लोगों को स्वच्छता अभियान में शामिल होने के लिए आमंत्रित किया और उनमें से प्रत्येक से नौ और लोगों को इस पहल में शामिल करने का अनुरोध किया, इस प्रकार सामूहिक भागीदारी की एक श्रृंखला बनाई।

इस प्रकार, स्वच्छता अभियान एक राष्ट्रीय आंदोलन में बदल गया। अभियान के माध्यम से लोगों में जिम्मेदारी की भावना पैदा की गई है। देश भर में स्वच्छता गतिविधियों में नागरिकों के सक्रिय भागीदार बनने के साथ, महात्मा गांधी द्वारा परिकल्पित 'स्वच्छ भारत' के सपने ने आकार लेना शुरू कर दिया है।

प्रधानमंत्री ने अपने शब्दों और कार्यों के माध्यम से लोगों से आग्रह करके स्वच्छ भारत के संदेश को फैलाने में मदद की है। उन्होंने, वाराणसी में भी स्वच्छता अभियान चलाया। वो अस्सी घाट पर गंगा के पास कुदाल चलाते नजर आए।

उनके साथ स्थानीय लोगों का एक बड़ा समूह भी शामिल हुआ, जिन्होंने अभियान में सहयोग किया। स्वच्छता के महत्व को समझते हुए, प्रधानमंत्री मोदी ने अपने घरों में शौचालय की कमी के कारण लगभग आधे भारतीय परिवारों को होने वाली स्वास्थ्य समस्याओं को भी समझा है।

स्वच्छता के इस जन आंदोलन में, समाज के विभिन्न वर्गों के लोग आगे आए हैं और शामिल हुए हैं। सरकारी अधिकारियों से लेकर जवानों तक, बॉलीवुड अभिनेताओं से लेकर खिलाड़ियों तक और उद्योगपतियों से लेकर आध्यात्मिक नेताओं तक, हर क्षेत्र के लोग इस नेक काम के लिए लाइन में लगे हैं। भारत को स्वच्छ बनाने के लिए सरकारी विभागों, गैर सरकारी संगठनों और स्थानीय सामुदायिक केंद्रों की स्वच्छता पहल में, देश भर में लाखों लोग शामिल हो रहे हैं। नाटकों और संगीत के माध्यम से लगातार स्वच्छता अभियान आयोजित करना और स्वच्छता के बारे में जागरूकता फैलाना भी पूरे देश में व्यापक रूप से चलाया जा रहा है। मोदी ने सोशल मीडिया के जरिए लोगों की भागीदारी की सराहना की। देश भर में नागरिकों द्वारा किए गए

स्वच्छता कार्यों को उजागर करने के लिए स्वच्छ भारत अभियान के हिस्से के रूप में '#MyCleanIndia' भी शुरू किया गया था।

दिसंबर 2021 के अंत तक स्वच्छ भारत मिशन के हिस्से के रूप में अनुमानित 108 मिलियन शौचालयों का निर्माण किया गया है। मिशन के पहले चरण के उद्देश्यों में हाथ से मैला ढोने का उन्मूलन, जागरूकता पैदा करना और स्वच्छता प्रथाओं के बारे में व्यवहार में बदलाव लाना भी शामिल है। मिशन के दूसरे चरण का उद्देश्य, खुले में शौच मुक्त स्थिति को बनाए रखना और ठोस और तरल कचरे के प्रबंधन में सुधार करना है, साथ ही स्वच्छता कार्यकर्ताओं के जीवन को बेहतर बनाने के लिए भी काम करना है।

मिशन के दूसरे चरण में, शहरी कार्यों पर जोर दिया गया है, विशेष रूप से शहरी कचरे को उठाने और उपचार सहित उपायों के माध्यम से शहरों को स्वच्छ बनाने के लिए बढ़ावा देना। स्वच्छता के उपायों और इंटरसिटी प्रतियोगिताओं को बढ़ावा देने के लिए एक बहुत प्रभावी साधन रहा है। यह शहरों को प्रदर्शन करने के लिए प्रोत्साहित करता है, और इस प्रक्रिया में, शहरों ने केंद्र सरकार द्वारा प्रदान की गई सहायता के माध्यम से, बेहतर नगरपालिका सेवाओं के प्रावधान में निवेश किया है। कुछ शहरों ने विकास और विस्तार रणनीतियों में भी बदलाव किए हैं। ताकि विकास स्वच्छ और अधिक टिकाऊ हो।

बहुपक्षीय दृष्टिकोण

मैंने यह भी करीब से देखा है कि कैसे मोदी ने सतत विकास और विशेष रूप से जलवायु परिवर्तन पर, अंतर्राष्ट्रीय संवाद को प्रभावित किया है। यह उनके दो प्रमुख अंतरराष्ट्रीय पहल- इंटरनेशनल सोलर अलायंस (आईएसए) और द कोलिएशन फॉर डिजास्टर रेजिलिएंट इंफ्रास्ट्रक्चर (सीडीआरआई) के जरिये दिखता है। इन दोनों पहलों में, देशों के एक स्व-चयनित समूह को एक साथ लाने, एक-दूसरे से सीखने और एक-दूसरे की मदद करने पर जोर दिया गया है। अन्य देशों को भी इसमें शामिल होने के लिए प्रोत्साहित किया जाता है क्योंकि, वे इन नए पहल के लाभ को देखते हैं। बहुपक्षवाद के प्रति यह दृष्टिकोण प्रभावी होने के साथ-साथ समावेशी भी है। यह बहस के फोकस को विकासशील और विकसित देशों के बीच तीखी लड़ाई से बदलकर दुनिया के कई देशों के बीच सहयोग में बदल देता है और एक ऐसा भविष्य देखना चाहते हैं, जो पर्यावरण की दृष्टि से अधिक टिकाऊ हो। साथ में आर्थिक विकास को भी बढ़ावा देता हो। यह परिवर्तन बदले हुए आर्थिक मूल सिद्धांतों (जो तेजी से सतत विकास विकल्पों के पक्ष में है) पर आधारित है, जितना कि पर्यावरणीय विचारों

पर। इन संगठनों की सफलता और तथ्य यह है कि उन्हें विकसित देश के भागीदारों (आईएसए के मामले में फ्रांस और सीडीआरआई के मामले में यूके) के साथ मिलकर लॉन्च किया गया है। यह दृष्टिकोण की प्रासंगिकता और प्रभावशीलता को इंगित करता है, साथ ही साथ वैश्विक मामलों में मोदी के व्यक्तिगत नेतृत्व को भी दिखाता है।

आईएसए (जिसके साथ मैं जुड़ा हुआ हूं) देशों को सहकारी कार्यों में एक साथ लाता है; जो सौर बिजली को व्यवहारी बनाते हैं। आज, भारत सहित कई भौगोलिक क्षेत्रों में, सौर बिजली पहले से ही सबसे सस्ती बिजली है। लेकिन तभी जब सूरज चमक रहा हो। मोदी ने 2018 में आईएसए की पहली असेंबली में देशों को एक साथ आने की बात कही थी ताकि जिन देशों में सूरज चमक रहा है, वहां से सौर बिजली उन देशों में प्रवाहित हो सके, जहां सूरज की चमक कम है। उन्होंने इसे 'वन सन, वन वर्ल्ड, वन ग्रिड' पहल कहा, जो क्षेत्रीय बिजली ग्रिड को एक दूसरे से जोड़ेगी, जिससे यह सौर बिजली प्रवाह दिन के हर समय, उन देशों से हो सकेगा जहां सूरज अभी भी चमक रहा है। 2021 में आईएसए की चौथी सभा में इस पहल को एक अंतरराष्ट्रीय कार्यक्रम में बदल दिया है।

यह मोदी के विचार की वैश्विक स्वीकृति का प्रतिनिधित्व करता है। भारत में विकसित यह दृष्टिकोण, अक्षय ऊर्जा के खरीदारों और विक्रेताओं के लिए मजबूत आर्थिक लाभ के साथ सौर ऊर्जा के उपयोग को बढ़ावा देने का एक नया तरीका है। यह उस दृष्टिकोण पर प्रकाश डालता है, जो वैश्विक ऊर्जा संक्रमण को सक्षम करने के मोदी के दृष्टिकोण के केंद्र में प्रतीत होता है।

यह सीडीआरआई देशों को अपरिहार्य आपदाओं के लिए तैयार करने में सक्षम बनाता है। सभी देशों में पारंपरिक प्रतिक्रिया, आपदा के बाद, वित्त मंत्री के लिए आपदा राहत की मांग करना था। हालांकि, जैसा कि भारत में राष्ट्रीय आपदा प्रबंधन प्राधिकरण (एनडीएमए) के अनुभव और बांग्लादेश में आपदा प्रबंधन और राहत मंत्रालय के अनुभव ने सक्रिय कार्रवाई दिखाई है - आपदा हमलों से पहले - यह आपदा प्रभाव को कम करने में मदद करता है। इसे ध्यान में रखते हुए एनडीएमए और सीडीआरआई ने कोड और मानकों पर ध्यान केंद्रित किया है, जो आपदाओं के आधार पर क्षेत्र-विशिष्ट हैं-चक्रवात, भूकंप, आदि। द्वीप देशों का समर्थन करने के लिए सीडीआरआई पहल, कई देशों के सहयोग से सीओओपी-16 शुरू की गई। आपदा प्रबंधन की योजना बनाने में, आपदा लचीलापन के अंतर्राष्ट्रीयकरण की दिशा में इस बहुपक्षीय दृष्टिकोण की स्वीकृति को दर्शाता है।

अंतिम उदाहरण, जिसका मैं सतत विकास के क्षेत्र में उल्लेख करना चाहूंगा, वह है क्लाइमेट एक्शन के "लूजर्स" की ओर मोदी द्वारा ध्यान आकर्षित करने का प्रयास और साथ ही क्लाइमेट जस्टिस जैसे मुहावरे को गढ़ना। जलवायु परिवर्तन पर संयुक्त

राष्ट्र फ्रेमवर्क कन्वेंशन के 21वें सम्मेलन के लिए, उन्होंने वैश्विक नेताओं के साथ अपनी बातचीत में, इस विषय को बार-बार उठाया। इसे जल्द ही एक मुद्दे के रूप में पूरी तरह से पहचान लिया गया, और पेरिस समझौते की प्रस्तावना में जगह मिली। इस मुद्दे का महत्व दिन व दिन स्पष्ट होता जा रहा है क्योंकि, जीवाश्म ईंधन उद्योग में निवेशक और श्रमिक, विशेष रूप से विकसित देशों में, अपने भविष्य के बारे में अनिश्चितता पर भ्रम के साथ प्रतिक्रिया करते हैं। एक बार फिर से यह, क्लाइमेट एक्शन में क्लाइमेट जस्टिस के महत्व पर प्रकाश डालता है।

जलवायु न्याय के महत्व को कोविड-19 महामारी के दौरान हाल के अनुभवों द्वारा समझा गया है। यह सभी के लिए लाभ सुनिश्चित करने के महत्व को उजागर करने का कार्य करता है। जलवायु कार्रवाई में विकासशील देशों सहित हितधारक शामिल है। सभी के लिए आर्थिक लाभ के साथ पर्यावरणीय स्थिरता सुनिश्चित करने के मोदी के मंत्र को फिर से जलवायु न्याय दृष्टिकोण में रेखांकित किया गया है; जो समय के लक्ष्यों से परे वैश्विक एजेंडा को रीसेट करने और इसमें एक व्यापक सामाजिक आयाम को शामिल करता है।

सीख और सबक

हमें, एक अकादमिक सिद्धांत के रूप में, हमेशा सिखाया गया है कि स्व-हित, परिवर्तन को सक्षम करने का सबसे अच्छा तरीका है। मोदी ने हमें इस सिद्धांत को व्यवहार में बदलने का नजरिया प्रदान किया है। उन सिद्धातों को जीवन में कैसे अमल में लाया जाए, इसके लिए बड़ी संख्या में व्यावहारिक योजनाएं शुरू की हैं। उन्होंने स्थिरता को आर्थिक विकास के एक अभिन्न अंग के रूप में अपनी व्यक्तिगत प्रतिबद्धता को प्रदर्शित किया है, और दिखाया है कि व्यक्तिगत और राष्ट्रीय (या वैश्विक) हितों को कैसे जोड़कर आगे बढ़ा जा सकता है। जो सभी लोगों को अपने साथ ले कर चलते है, वे व्यक्तिगत गुणों से जन आंदोलन में बदल देते हैं।

मोदी: संकटों में भारत के भरोसेमंद सारथी

अनुपम खेर

नरेंद्र मोदी ने गुजरात के मुख्यमंत्री और भारत के प्रधानमंत्री रहते हुए पिछले दो दशकों में कोविड महामारी और देश के अलग-अलग हिस्सों में आई, कई प्राकृतिक आपदाओं को देखा है। 2001 में कच्छ के भूकंप से लेकर 2021 के चक्रावात यास तक, भले ही संकटों की जगह और तीव्रता अलग-अलग हो, लेकिन इन सबमें एक खास समानता यह है कि, मोदी हमेशा पहले से तैयार, शांत और अपने प्रयासों में संवेदनशील रहे हैं।

प्रधानमंत्री मोदी ने आपदा के समय में, सरकार की ओर से हमेशा प्रभावशाली कदम सुनिश्चित किया है। उनकी व्यावहारिक कार्यशैली और प्रशासन की अटूट प्रतिबद्धता आपदा से निपटने और नुकसान कम करने में साफ झलकती है। जब सैकड़ों जिंदगियां दांव पर होती हैं, तो इस संकट के समय में नेताओं को बहुत ही दबाव का सामना करना पड़ता है। ऐसे में जब, उनसे निपटने के लिए संसाधन सीमित होते हैं, तो उसकी कल्पना ही नहीं की जा सकती है। मोदी जैसे चुने गए नेताओं से नियमित रूप से संकट की स्थितियों को संभालने और त्वरित तथा प्रभावी कदम सुनिश्चित करने की अपेक्षा की जाती है। यहां फिल्मों की तरह रीटेक या गलती की कोई गुंजाइश नहीं होती और न ही किसी तरह के प्रयोग की गुंजाइश होती है।

फिर सवाल उठता है कि जब सैकड़ों जिंदगियां दांव पर हों, तो बेहद दबाव, सीमित जानकारी और अनिश्चितता के बावजूद मोदी जैसे नेता इतने सफल क्यों हैं? मैंने फिल्म 'ए वेडनेसडे' में मुंबई पुलिस के कमिश्नर प्रकाश राठौड़ के रूप में अपनी भूमिका की तैयारी के दौरान यह समझने की कोशिश की कि सफल नेताओं ने किस तरह से मुश्किलों का सामना किया। मैंने पाया कि, दबाव के दौरान शांत रहना बेहद अहम है। इसके अलावा, नेताओं को पूरी तरह से अपने देश और उसके नागरिकों के प्रति समर्पित होने की जरूरत है। तमाम विपरीत हालातों के बावजूद आपदा राहत और बचाव में लगे रहने के लिए यह जरूरी है।

मैं नरेंद्र मोदी के बीस साल के शासन की इस लंबी अवधि में उनके सामने आई, कई संकटों वाली स्थितियों के बारे में बताऊंगा। इस चैप्टर में समझने की कोशिश की गई है कि कैसे उन्होंने, फैसले लेने के अपने इनोवेटिव तरीके और नई रणनीतियों से विभिन्न स्थितियों पर सफलतापूर्वक जीत हासिल की। इसके अलावा, मैं इस बात पर चर्चा करूंगा कि संकटों की स्थिति में पूरे देश को मोदी की क्षमता पर अत्यधिक भरोसा क्यों है।

मोदी की क्षमताओं पर भरोसा

प्राकृतिक आपदाओं के नतीजे अकसर घातक होते हैं। इससे जान-माल की हानि होती है और रातों-रात अनगिनत जिंदगियां बदल जाती हैं। जाहिर है कि ऐसी निराशाजनक स्थितियों में, लोग अवसाद से घिर जाते हैं और उन्हें मदद के लिए मजबूत कंधों की जरूरत होती है। मोदी प्राकृतिक आपदा के बाद नागरिकों के लिए यह अहम भूमिका निभाने में नहीं हिचकिचाते। वह घर के किसी बुजुर्ग की तरह अपनी भूमिका निभाते हैं और अपने सहानुभूतिपूर्ण कार्यों और आश्वासनों से उनकी मदद करते हैं।

मोदी ने 2001 में गुजरात के मुख्यमंत्री के रूप में अपनी पहली दिवाली कच्छ के भूकंप प्रभावित इलाकों में बिताने का फैसला किया। वह राज्य के किसी भी हिस्से में जाकर, इस भव्य उत्सव को मना सकते थे। इसके बजाय, उन्होंने उस क्षेत्र में भूकंप में जानमाल का नुकसान झेलने वाले शोकाकुल परिवारों के साथ रहने का विकल्प चुना। यह लाखों प्रभावित परिवारों के लिए, दिल को छू लेने वाला लम्हा था। मोदी ने स्थानीय लोगों से बात की और निजी तौर पर हर संभव मदद का आश्वासन दिया। मोदी ने अपनी उस यात्रा पर, जो संवेदनशीलता और चिंता दिखाई, वह भारतीय राजनीति में बिरले ही देखने को मिलता है।

मोदी की इन कोशिशों ने लोगों में अपार विश्वास पैदा किया, क्योंकि क्षेत्र के लोगों ने महसूस किया कि, उन्हें आखिरकार एक ऐसा नेता मिल गया है, जो न केवल पुनर्निर्माण के प्रयासों के लिए प्रतिबद्ध था, बल्कि परिवार के सदस्य के रूप में हर गुजराती की देखभाल भी करता है। लोग परिवार के सदस्यों के साथ त्योहार मनाना पसंद करते हैं। मोदी के लिए पूरा देश उनका परिवार है। उन्होंने बतौर प्रधानमंत्री अकसर देश के विभिन्न हिस्सों में सैनिकों के साथ होली और दिवाली मनाई है।

आपदाओं के बाद न केवल सरकारें, बल्कि परिवार और खुद लोग, पुनर्निर्माण में लग जाते हैं। संपत्ति और जानमाल के नुकसान की वजह से पैदा हुई आर्थिक दिक्कतों की चुनौतियों पर काबू पाने के लिए बेहद ही धैर्य और दृढ़ संकल्प की जरूरत होती है। ऐसे समय में, मोदी उन लोगों के लिए एक प्रेरणादायी व्यक्ति बन

जाते हैं, जो फिर से जीवन को पटरी पर लाना चाहते हैं।

जब मैं 2019 के चुनावों में अपनी पत्नी और चंडीगढ़ की सांसद किरण खेर के लिए प्रचार कर रहा था, तो मैंने एक व्यक्ति से पूछा कि वह बीजेपी का समर्थन क्यों करता है। उस युवा लड़के ने आत्मविश्वास से कहा, 'क्योंकि सपने देखना सिखाया है हमारे पीएम ने।' अपने पिता की चाय की दुकान पर चाय बेचने वाले एक युवा लड़के से दुनिया के सबसे बड़े लोकतंत्र के प्रधानमंत्री बनने का सफर एक बेहद ही प्रेरणादायक कहानी है। मेरे आत्मकथात्मक शो का शीर्षक 'कुछ भी हो सकता है' मोदी की प्रेरक जीवन यात्रा पर पूरी तरह सटीक बैठता है।

इसके अलावा, मोदी कभी भी लोगों को अपने जैसा बनने के लिए नहीं कहते हैं। वह अपने बारे में सिर्फ इस वजह से बातें करते हैं, ताकि लोग उनकी कहानी से प्रेरित होकर, कड़ी मेहनत करें और उसी तरह बदलाव लाने की दिशा में काम करे। इस तरह की प्रेरणा लोगों को संकट से उबरने के लिए चाहिए। प्राकृतिक आपदाओं से प्रभावित लोगों के लिए मोदी की यह परिवर्तनकारी यात्रा, उनके अपने जीवन की प्रेरणा बन जाती है।

देशवासी वक्त के साथ-साथ संकट की स्थिति में मोदी के शांत और कौशलपूर्ण तरीकों के आदी हो गए हैं। संकट से निपटने की उनकी क्षमता पर लोगों को अटूट विश्वास है। लोकतंत्र में यह कम बड़ी उपलब्धि नहीं है, क्योंकि आम तौर पर लोग संकट की स्थिति में अपने नेताओं के कार्यों से असंतुष्ट होते हैं। नेता कुछ भी करते हैं, लोग उसे प्रर्याप्त नहीं मानते हैं। इसके लिए उनकी लगातार आलोचना की जाती है। मोदी के मामले में ऐसा नहीं है, क्योंकि अधिकांश लोगों को भरोसा है कि देश मोदी जी के सुरक्षित हाथों में है।

बतौर, एक्टर मुझे अकसर देश भर में घूमने मौका मिलता है। मैं लोगों से सीधे बातचीत करता हूं। लोगों में यह भावना हर जगह दिखती हैं कि, 'मोदी संभाल लेंगे।' अब तक, इस तरह की कहावतें सिर्फ क्रिकेटरों के बारे में ही सुनी जाती थी, जो मुश्किल से रन चेज को संभालते थे! प्रधानमंत्री मोदी की संकट से निपटने की क्षमता में जनता का अपार विश्वास क्या बताता है?

संकट के समय पूरी तरह निष्क्रिय रहने वाले, अपने कई पूर्ववर्तियों के उलट मोदी हमेशा आगे बढ़कर, चुनौतियों का सामना करते हैं और अपनी जिम्मेदारियों को पूरा करते हैं। यह बेहद जरूरी है, क्योंकि देशों के लिए संकट की स्थिति से उबरने के लिए सक्रिय नेतृत्व अहम है। एक ऐसे देश में जहां, नेता संकट के समय में नदारद रहते हैं, लेकिन मोदी अपवाद हैं। वह गुजरात और भारत को गंभीर परिस्थितियों से बाहर निकालने की जिम्मेदारी लेने से कभी पीछे नहीं हटे।

इसका एक उत्कृष्ट उदाहरण इसरो में सितंबर 2019 में चंद्रयान-2 का विक्रम

लैंडर से संपर्क टूटने के दौरान देखने को मिला। मोदी ने यह महसूस किया कि कड़ी मेहनत करने वाली इसरो टीम बेहद निराश है। मोदी ने बेंगलुरु में ही रहने का फैसला किया और अगले दिन, इसरो सेंटर में लौटे। उन्होंने प्रोजेक्ट टीम से बात की और उन्हें असफलता को भूलकर अपनी उपलब्धियों पर गर्व करने के लिए प्रोत्साहित किया। इसरो प्रमुख के. सिवन को गले लगाना, उन्हें सांत्वना देना मोदी के 20 वर्षों के शासन के सबसे प्रतिष्ठित क्षणों में से एक है। मोदी के हावभाव और छवि में दिखने वाली भावनाएं, उनके सशक्त नेतृत्व को बतलाती हैं। वह अच्छे और बुरे दोनों समय में उपस्थित रहकर अपना वादा पूरा कर रहे थे। जिम्मेदारी की यह भावना देश भर के लोगों के मन में खुद ही एक विश्वास पैदा कर देती है- 'चाहे जो भी हो, मोदी सब देख लेंगे।'

मैंने अपने दशकों लंबे फिल्मी करियर में बार-बार देखा है कि सफल अभिनेताओं के पास अपने प्रीमियर शो के लिए लगातार खचाखच भरे दर्शक होते हैं, क्योंकि प्रशंसक उनकी फिल्मों का बेसब्री से इंतजार करते हैं। निश्चित ही, विश्वास और अपेक्षा की भावना उनकी परफॉर्मेंस की बदौलत ही उपजी हैं। प्रदर्शन और आत्मविश्वास का ऐसा ही चक्र राजनीति में भी है। लोग मोदी पर भरोसा करते हैं, क्योंकि वह अपने वादों पर खरे उतरते हैं। यह उनकी सफलता ही है, जिसने उनके नेतृत्व में जनता के विश्वास को मजबूत किया है।

भारत ने आजादी के बाद से ही ऐसे कई नेताओं को देखा है, जो चुनावों से पहले बड़े-बड़े वादे करते हैं और सत्ता में आने के बाद बड़े-बड़े भ्रष्टाचार में शामिल पाए जाते हैं। अतीत में, इस तरह के अनुभवों की वजह से ही भारतीय ईमानदारी और अच्छे इरादे वालों पर भरोसा अधिक करते हैं। मोदी के मामले, में, ये दोनों बातें एक गारंटी देती है। मोदी के 20 साल के शासन के सफर में उतार-चढ़ाव दोनों रहे हैं। हालांकि, जो स्थिर रहा है, वह है इरादा और सकारात्मक सोच। लोग इस बात को समझते हैं कि मोदी हमेशा, उनकी भलाई की सोचते हैं और राष्ट्रहित में फैसले लेते हैं।

कच्छ का कायाकल्प

मोदी के 20 साल के शासन की कहानी 2001 में भुज भूकंप के साथ शुरू होनी चाहिए। 26 जनवरी 2001 को गुजरात में विनाशकारी भूकंप ने राज्य में हर ओर तबाही मचा दी थी। इसका केंद्र भुज में था। इस त्रासदी में लगभग 20,000 लोग मारे गए थे और दसियों हजार घायल हुए। पूरे राज्य में भूकंप के झटकों की वजह से लगभग 12 लाख घरों को नुकसान पहुंचा। अकेले कच्छ क्षेत्र में, त्रासदी के कारण

600,000 लोग बेघर हो गए थे। भूकंप से गुजरात का एक पूरा इलाका दहशत में आ गया था।[1]

इस त्रासदी ने, मोदी पर बड़ा असर डाला। अपने गृह राज्य से बेहद लगाव के कारण वह, हर संभव तरीके से राहत कार्य में भाग लेना चाहते थे। वह गुजरात के लिए रवाना हुए और कई हफ्तों तक एक स्वयंसेवक के रूप में जमीन पर काम किया। ऐसे समय में जब नेता राहत कार्यों में अपनी मामूली भागीदारी को भी ढोल बजाकर प्रचार करने का कोई मौका नहीं छोड़ते, यहां एक ऐसा नेता था, जो चुपचाप अपने गृह राज्य को फिर से पैरों पर खड़ा करने में मदद कर रहा था।

इसके कुछ महीने बाद ही संकट के बीच मोदी ने अक्टूबर 2001 में गुजरात के मुख्यमंत्री के रूप में शपथ ली। उन्होंने तुरंत, कच्छ में पुनर्निर्माण और पुनर्विकास के प्रयासों पर ध्यान केंद्रित किया। सार्वजनिक स्तर पर मोदी के लिए यह पहला लक्ष्य तय करने वाली जिम्मेदारी थी। प्रधानमंत्री के प्रधान सचिव पी.के. मिश्रा ने अपनी किताब में कच्छ भूकंप का जिक्र किया है। इसमें उन्होंने बताया है कि कैसे नए मुख्यमंत्री के तौर पर मोदी ने अधिकारियों को अपने प्रयासों में तेजी लाने और भूकंप की पहली वर्षगांठ 26 जनवरी 2002 तक महत्वपूर्ण प्रगति सुनिश्चित करने के लिए कहा।[2] इस तरह, मोदी के नेतृत्व और मार्गदर्शन में गुजरात सरकार ने इस क्षेत्र के पुनर्विकास के लिए मिशन मोड पर काम करना शुरू किया।

गुजरात सरकार ने, घरों और सरकारी इमारतों के पुनर्निर्माण के लिए 4 हजार राजमिस्त्री और 27 हजार इंजीनियरों की टीम को काम में लगाया। मजदूरों ने महज 11 महीनों में ही लगभग 70 लाख टन मलबा हटाया। गुजरात का पुनर्निर्माण इसके आंकड़ों से ही जाहिर है। राज्य सरकार 9.28 लाख घरों की मरम्मत और 2.15 लाख घरों का फिर से निर्माण का काम देख रही थी।[3] इनमें से 8.2 लाख से अधिक घरों की मरम्मत या पुनर्निर्माण, पहले साल में ही कर दिया गया था!

अगर तुलना करें, तो जापान को 1995 में भूकंप प्रभावित कोबे क्षेत्र में 1.31 लाख घरों को बनाने में चार साल लगे।[4] भूकंप ने स्कूली शिक्षा को बुरी तरह बाधित कर दिया था, क्योंकि करीब 51,000 कक्षाओं की मरम्मत या पुनर्निर्माण की जरूरत थी। गुजरात सरकार ने साल भर के भीतर, 41,514 कक्षाओं की मरम्मत और 1,792 नई कक्षाओं का निर्माण कर दिया। इन त्वरित नतीजों से क्या हुआ?

मोदी ने सरकार की कार्यसंस्कृति में बदलाव लाने का काम किया। राज्य सरकार के वरिष्ठ सचिवों को सबसे अधिक प्रभावित तालुकाओं में से कुछ को सौंपा गया था। उन्हें जनवरी 2002 के अंत तक हर हफ्ते, तीन दिनों के लिए वहां का दौरा करने का निर्देश दिया था। मुख्यमंत्री मोदी ने खुद सचिवों और अन्य अधिकारियों के साथ हर हफ्ते समीक्षा बैठकें कीं।[5]

घरों से लेकर कक्षाओं तक, सरकारी दफ्तरों से लेकर अस्पतालों तक, सड़कों से लेकर पाइपलाइनों तक... भूकंप से कुछ भी नहीं बच पाया था। हालांकि, मोदी की अगुआई वाली गुजरात सरकार ने भूकंप के तीन साल के भीतर ही अधिकांश पुनर्निर्माण और मरम्मत कार्य पूरा कर दिया था। मोदी को अपने पूर्ववर्तियों से जो बात अलग करती है, वह यह कि कच्छ का काम पूरा होने के बाद वह यहीं नहीं रुके। अधिकांश दूसरे नेता, इन्हीं कार्यों से संतुष्ट हो जाते और रुक जाते, लेकिन मोदी पहले से ही इस क्षेत्र को पूरी तरह से बदलने की योजना बना रहे थे। इससे मोदी के विचारों का एक और पहलू पता चलता है- संकट में अवसरों की खोज करना, यानी 'आपदा में अवसर'।

मोदी ने अगले 10 वर्षों तक कच्छ को आपदाग्रस्त क्षेत्र से आर्थिक केंद्र और पर्यटन स्थल में बदलने में कोई कसर नहीं छोड़ी। गुजरात सरकार ने क्षेत्र में औद्योगिक विकास को गति देने के लिए कच्छ में निवेश के लिए पांच साल तक टैक्स में छूट दी। गुजरात सरकार के इन कदमों से इस क्षेत्र में लगभग 1 लाख करोड़ रुपये का निवेश हुआ।[6] नतीजतन, एस्सार, अडानी ग्रुप, सुजलॉन, सांघी ग्रुप, टाटा पावर, वेलस्पन, वीडियोकॉन इंटरनेशनल, सूर्या ग्रुप, जेपी ग्रुप और इलेक्ट्रोथर्म जैसी प्रमुख कंपनियों ने इस क्षेत्र में कारखाने लगाए। इसके अलावा, कच्छ देश के प्रमुख पर्यटन स्थलों में से एक के रूप में उभरा है।

जैसे-जैसे कच्छ का फिर से विकास हो रहा था, यह गुजरात का प्रतिनिधि बनता जा रहा था। धीरे-धीरे गुजरात मॉडल आकार ले रहा था, जिसकी हर तरफ तारीफ हो रही थी। संकट के समय अवसरों की खोज करना क्या होता, यह इसका सबसे बड़ा उदाहरण था।

कच्छ भूकंप भारत में आपदा प्रबंधन के लिहाज से भी एक अहम मोड़ साबित हुआ। गुजरात विधानसभा ने 2003 में, गुजरात राज्य आपदा प्रबंधन विधेयक पारित किया। गुजरात, आपदा प्रबंधन के लिए नियामक और कानूनी ढांचा देने वाला देश का पहला राज्य बन गया। गुजरात सरकार के प्रयासों को 2005 में केंद्र सरकार ने दोहराया और राष्ट्रीय आपदा प्रबंधन प्राधिकरण (एनडीएमए) का गठन किया गया।[7]

'मोदी है ना'

पिछले दो दशकों में जब भी कोई बड़ी आपदा आई है, तो मोदी राहत और बचाव कार्यों के अगुआ के तौर पर उभरे हैं। इन्हीं वजहों से लोगों को एक उम्मीद नजर आती है कि मोदी है, तो सुरक्षा को लेकर चिंता की कोई बात नहीं है। लोगों को सुरक्षा की भावना मिली है। कुछ नेता विफल होने के डर से जानबूझकर संकटों से

निपटने से बचते हैं। दूसरी ओर, मोदी जैसे नेता संकट में कदम आगे बढ़ाते हैं और जनहित में आगे बढ़कर नेतृत्व करते हैं। उत्तराखंड में 2013 में आई आपदा से बड़ी कोई मिसाल नहीं हो सकती। बचाव कार्यों के दौरान मोदी की भूमिका को समझने का इससे बेहतर कोई उदाहरण नहीं है।

जैसे ही 16 जून 2013 को खबर आई कि उत्तराखंड में विभिन्न पवित्र स्थानों पर हजारों गुजराती फंसे हुए हैं, तो मुख्यमंत्री मोदी हरकत में आ गए। उनके लिए बचाव अभियान की योजना बनाना शुरू कर दिया। अगले दिन ही उन्होंने दिल्ली के लिए उड़ान भरी और गुजरात भवन से बचाव कार्यों का समन्वय किया। गुजरात भवन और उत्तराखंड सरकार के नियंत्रण कक्ष के परिसर के अंदर कैंप कार्यालय खोले गए। गुजरात सरकार के अधिकारियों ने बचाव कार्यों के समन्वय के लिए उत्तराखंड के कलेक्टरों, डिप्टी कलेक्टरों और आपदा प्रबंधन अधिकारियों से सीधे संपर्क किया। गुजराती मीडिया में एक हेल्पलाइन नंबर के साथ विज्ञापन जारी किया गया, ताकि फंसे हुए परिवार के सदस्यों और परिचितों के बारे में जानकारी जुटाई जा सके।

जैसे ही पूरे गुजरात से लोगों ने जानकारी साझा करना और बचाव के लिए अनुरोध करना शुरू किया, तो राज्य सरकार ने अपना काम तेज किया। साथ ही, मुख्यमंत्री मोदी ने तत्कालीन रेल मंत्री मल्लिकार्जुन खड़गे को पत्र लिखकर अनुरोध किया कि वह फंसे हुए नागरिकों को गुजरात वापस लाने के लिए विशेष ट्रेनों की व्यवस्था करें। गुजरात से अधिकारियों और डॉक्टरों का एक विशेष दल बचाव कार्यों की निगरानी के लिए, उसी दिन उत्तराखंड के लिए रवाना हुआ। कुछ ही दिनों में गुजरात सरकार उत्तराखंड में फंसे अपने नागरिकों को बचाने के लिए एक औपचारिक प्रक्रिया तैयार करने में कामयाब हो गई।

नरेंद्र मोदी ने मोर्चा संभाला और खुद 20 जून को बचाव प्रयासों को देखने के लिए उत्तराखंड गए। उनके उत्तराखंड पहुंचने से, अधिकारियों में बचाव कार्यों को लेकर एक जोश भरा माहौल देखने को मिला और उन्होंने अपने प्रयासों में तेजी लाई। उन्होंने बचाव कार्यों में स्थानीय भाजपा और आरएसएस के नेताओं को भी शामिल किया और उनसे मदद ली। गुजरात से दूर होने के बावजूद गुजराती जानते थे कि उनके नरेंद्र भाई उनकी सुरक्षा को लेकर हर संभव कोशिश कर रहे हैं और उनकी सुरक्षित घर वापसी सुनिश्चित करने के लिए अथक प्रयास कर रहे हैं।

2014 से विदेशों में रहने वाले भारतीयों के बीच भी इसी तरह की भावना विकसित हुई है। मैंने काफी समय तक विदेश में रहने के बाद महसूस किया है कि विदेश में रहना, विशेष रूप से छात्र या वर्किंग वीजा पर अनिश्चितताओं भरा होता है। हालांकि, सभी अनिश्चितताओं के बीच मोदी, उन्हें भरोसा दिलाने में सक्षम रहे हैं। सरकार ने जरूरत के समय, उनकी मदद की और राजनयिक कर्मचारियों को

हमेशा उनके समर्थन के लिए कहा। मैंने खुद यह महसूस किया है कि प्रधानमंत्री मोदी के नेतृत्व में, भारत सरकार हमेशा विदेशों में अपने नागरिकों का ख्याल रखती है और बस एक ट्वीट पर ही उनकी मदद को तैयार रहती है। पिछले सात सालों में जब भी विदेशों में भारतीयों को मदद की जरूरत पड़ी है, मोदी सरकार हमेशा उनके साथ खड़ी रही है।

मोदी सरकार के सत्ता संभालने के कुछ सप्ताह बाद ही, उसे संकट की स्थिति का सामना करना पड़ा। आतंकी संगठन आईएसएईएस ने छत्तीस भारतीय नर्सों को बंदी बना लिया था। ये सभी नर्से इराक के तिकरित के एक अस्पताल में फंसी थीं। महज 23 दिनों के भीतर ही सभी नर्से सुरक्षित भारत लौट आईं। ऐसा भारत सरकार के व्यापक कूटनीतिक प्रयासों और पर्दे के पीछे बातचीत से ही संभव हो पाया।[8] मोदी सरकार की कई कूटनीतिक जीत में यह पहली जीत थी। इससे भी अहम बात यह है कि इस घटना ने साफ तौर पर बताया कि मोदी का वादा महज एक चुनावी वादा नहीं था। उनका वादा राष्ट्रीय हित को प्राथमिकता देना और भारतीय नागरिकों की मदद करने के लिए हर प्रयास संभव करना रहा है। मोदी ने जो कुछ कहा था, उसे कर दिखाया।

इसके महज एक साल बाद की ही बात है। तमिलनाडु के पादरी फादर एलेक्सिस प्रेम तालिबान के कब्जे में थे। उन्हें भी महज 8 महीने के भीतर वापस देश लाया गया। विदेश मंत्रालय ने पुष्टि की थी कि उनकी रिहाई के लिए खुद प्रधानमंत्री ने कोशिश की।[9] मोदी सरकार ने 2017 में भारत के एक वेटिकन पादरी फादर टॉम उजुन्नलिल की रिहाई सुनिश्चित की। उनका यमन में अपहरण कर लिया गया था। मोदी सरकार की ओर से महीनों की कूटनीतिक बातचीत से उनकी रिहाई सुनिश्चित हो सकी थी।[10]

यमन में 2015 में जब संघर्ष और हिंसा तेज हो गई तो मोदी सरकार ने, वहां से भारतीयों को निकालने के लिए ऑपरेशन राहत शुरू किया। यह भारत सरकार द्वारा अब तक किए गए सबसे बड़े निकासी अभियानों में से एक था। मोदी ने इस बचाव अभियान में अहम भूमिका निभाई। उन्होंने, सीधे सऊदी अरब के राजा सलमान से बात की और भारतीयों को वहां से निकालने के लिए सुरक्षित मार्ग मुहैया कराने और बमबारी को रोकने की अपील की। जैसा कि पूर्व विदेश मंत्री सुषमा स्वराज ने कहा था कि यह प्रधानमंत्री मोदी के साथ निजी संबंधों की वजह से ही किंग सलमान एक सप्ताह के लिए हर दिन कुछ घंटों के लिए बमबारी को रोकने पर सहमत हुए।[11] इस बेहद सफल ऑपरेशन के जरिए विशेष उड़ानों से 4,600 से अधिक भारतीयों को सुरक्षित निकाला गया। भारत के इन सफल प्रयास की वजह से अमेरिका और ब्रिटेन सहित कई देशों ने अपने नागरिकों को वहां से निकालने में हमारी मदद

मांगी। आखिरकार, भारत ने ऑपरेशन राहत के तहत 41 देशों के 900 से अधिक नागरिकों को सफलतापूर्वक निकाला।[12]

कुछ महीने पहले, जब तालिबान ने अफगानिस्तान में अपना नियंत्रण बढ़ाया और यह जाहिर हो गया कि यह बदलाव होना तय है, तो कई देशों (भारत सहित) ने अपने नागरिकों और कुछ स्थानीय लोगों को निकालने का फैसला किया। भारत सरकार ने ऑपरेशन देवी शक्ति के तहत सैकड़ों भारतीय नागरिकों और अफगानों को निकाला। भारत ने अपने नागरिकों को बचाने के अलावा, अपने सांस्कृतिक कर्तव्यों को पूरा किया और अफगानी सिखों तथा हिंदुओं को भी निकाला। चूंकि धार्मिक रूप से लोगों का उत्पीड़न होने का खतरा बना हुआ था, तो इस वजह से गुरु ग्रंथ साहिब के तीन सरूप भी भारत लाए गए। अमेरिका में हजारों मील दूर बैठे हुए, मेरा दिल उस वक्त, गर्व से भर गया, जब मैंने हवाई अड्डे पर केंद्रीय मंत्री हरदीप सिंह पुरी को गुरु ग्रंथ साहिब की अगवानी करते हुए एक वीडियो क्लिप देखी।[13]

इन तमाम परिस्थितियों में लोगों के दिलों में एक भरोसा था कि मोदी उनकी सुरक्षित वापसी के लिए लगातार काम कर रहे हैं। यह बातें कठिन समय में लोगों के लिए ताकत का स्रोत बन गईं। सभी को यकीन था; 'मोदी हमारे साथ हैं, परिवार के सदस्य की तरह हमेशा अपनों की देखरेख कर रहे हैं।' मुझे नहीं लगता है कि आजादी के बाद के इतिहास में, किसी भी दूसरे नेता को लेकर लोगों में इस हद तक विश्वास था।

मददगार केंद्र सरकार

गुजरात के मुख्यमंत्री के तौर पर उनके कार्यकाल के दौरान सीखे गए सबक ने मोदी के प्रधानमंत्री के कार्यकाल को आकार दिया है। केंद्र में एक दशक तक दूसरे दल की सरकार होने की वजह से मोदी को अकसर संकट की स्थिति में केंद्र सरकार की अनुचित नीतियों के कारण नुकसान उठाना पड़ा। चाहे वह 2014 में जम्मू-कश्मीर में भयंकर बाढ़ हो, पश्चिम बंगाल और ओडिसा में 2021 में आया चक्रवाती तूफान 'यास' हो, केंद्र सरकार ने यह सुनिश्चित किया है कि, केंद्र और राज्य मिलकर आपदा राहत और फिर से विकास के लिए काम करेंगे।

केंद्र सरकार ने प्राकृतिक आपदाओं के समय में राज्यों को तत्काल मदद मुहैया कराई। मोदी सरकार ने समय पर राष्ट्रीय आपदा राहत बल (एनडीआरएफ) बटालियन और सशस्त्र बलों की तैनाती से, कई मौकों पर असंख्य लोगों की जान बचाई है। उदाहरण के लिए, मोदी ने जब 2014 में प्रधानमंत्री का कार्यभार संभाला, तो उसके कुछ महीनों बाद ही, जम्मू-कश्मीर में भीषण बाढ़ आई। केंद्र को लगा कि राज्य सरकार

के पास बचाव कार्यों के लिए पर्याप्त रूप से प्रशिक्षित कर्मियों और उपकरणों की कमी है। खासतौर पर, चुनौतीपूर्ण और दुर्गम क्षेत्रों में। ऐसे में केंद्र ने सेना और वायु सेना को तैनात करने का फैसला किया। सशस्त्र बलों ने राहत-बचाव कार्यों के लिए शानदार और समर्पण से काम किया, जिसकी बदौलत हजारों लोगों की जान बच पाई। सेना के इस समर्पण को, आने वाले कई वर्षों तक याद किया जाएगा।

संकट की स्थिति में केंद्र सरकार की ओर से एनडीआरएफ या सेना की तैनाती में थोड़ी देरी भी विनाशकारी साबित हो सकती थी और इससे असंख्य लोगों की जान जा सकती थी। भारत जैसे विशाल देश में तत्काल कदम उठाने और समय पर तैनाती सुनिश्चित करने के लिए मोदी सरकार ने एनडीआरएफ बटालियनों की संख्या में इजाफा किया।[14]

नेताओं को आपदा राहत के लिए जरूरतों का अनुमान लगाने में सक्षम होना चाहिए और सक्रिय रूप से काम करना चाहिए। केरल के कोल्लम जिले में पुत्तिगल मंदिर में 2016 में भीषण आग लगी थी। इसमें 100 से अधिक लोग मारे गए थे। मोदी ने तुरंत, स्थिति की समीक्षा करने के लिए कोल्लम जाने का फैसला किया। उन्होंने चिकित्सा सेवाओं और बचाव कार्यों में बाधा से बचने के लिए अधिकारियों से दौरे के दौरान सामान्य प्रोटोकॉल और औपचारिकताओं से बचने के लिए कहा।[15] प्रधानमंत्री के साथ 'बर्न विशेषज्ञों' की एक टीम भी केरल गई, क्योंकि बचाव कार्य में उनकी मदद की जरूरत थी।

राज्यों को केंद्र सरकार का सहयोग सिर्फ बचाव और तत्काल आपदा राहत में मदद तक सीमित नहीं है। मोदी सरकार ने अल्पकालिक उपायों के अलावा, पुनर्निर्माण और पुनर्विकास पर ध्यान केंद्रित किया है। प्राकृतिक आपदाएं किसी भी राज्य के लिए आर्थिक चुनौतियां भी लेकर आती हैं। यहां तक कि इनका असर उस राज्यों से परे दूसरे राज्यों तक हो सकता है। मोदी को गुजरात में अपने अनुभवों से मालूम था कि प्राकृतिक आपदा के बाद नुकसान की भरपाई करना और अर्थव्यवस्था को पटरी पर लाना, राज्य सरकारों के लिए एक कठिन काम है। इसके लिए केंद्र की मदद जरूरी है। केरल में 2018 में भारी बाढ़ आई। इससे पूरे राज्य में हजारों करोड़ का नुकसान हुआ। राज्य को फिर से पटरी पर लाने में केंद्र सरकार की सहायता केवल केंद्रीय राहत पैकेज को मंजूरी देने तक ही सीमित नहीं थी।

मोदी सरकार ने एक कदम आगे बढ़कर नागरिकों की सहायता और पुनर्विकास सुनिश्चित करने के लिए कई उपायों की घोषणा की। केंद्र ने प्रधानमंत्री आवास योजना (पीएमएवाई) के तहत, क्षतिग्रस्त घरों के निर्माण को मंजूरी दी। राष्ट्रीय ग्रामीण रोजगार गारंटी योजना (मनरेगा) के तहत मनरेगा तहत अतिरिक्त 5.5 करोड़ कार्य दिवस की घोषणा की। बीमा कंपनियों (जैसे एलआईसी) को, प्रभावित परिवारों को समय पर

मुआवजा देने के लिए कहा गया। भारतीय राष्ट्रीय राजमार्ग प्राधिकरण (NHAI) को प्राथमिकता के आधार पर, बाढ़ के कारण क्षतिग्रस्त राष्ट्रीय राजमार्गों की मरम्मत करने का निर्देश दिया गया। एनटीपीसी और पीजीसीआईएल जैसे केंद्रीय सरकारी उपक्रमों से बिजली लाइनों को बहाल करने के लिए, राज्य सरकार की हर संभव मदद करने को कहा गया। मोदी सरकार के कार्यकाल में इतने व्यापक स्तर पर मदद अपवाद नहीं, बल्कि एक आम बात बन गई।

सामूहिक रूप से संकटों से निपटने के दौरान हमेशा विपक्षी दलों के साथ राजनीतिक मतभेदों को दरकिनार रखा गया। केंद्र सरकार की मदद इस बात पर निर्भर नहीं करती है कि राज्य में भाजपा, एनडीए सहयोगी या विपक्षी दल का शासन है। राज्य में भले ही किसी की सरकार हो, मोदी सरकार ने एक नजर से, विशेष राहत पैकेजों की घोषणा की है और हर संभव समर्थन दिया है। पिछले सात वर्षों में, विपक्षी शासित राज्यों (लेकिन ऐसे राज्यों तक ही सीमित नहीं) में कई प्राकृतिक आपदाएं आई हैं। जैसे कि जम्मू-कश्मीर (2014 की बाढ़), केरल (2018 की बाढ़), चक्रवात फानी (2019), चक्रवात अम्फान (2020) और चक्रवात यास (2021)। मोदी ने एक पूर्व मुख्यमंत्री के रूप में अतिरिक्त वित्तीय सहायता की तत्काल जरूरत और ऐसी स्थितियों में केंद्र से अतिरिक्त संसाधनों के महत्व को समझा। केंद्र सरकार ने सुनिश्चित किया कि राज्यों के लिए राहत पैकेज, जल्द से जल्द जारी किया जाए, ताकि उन्हें बचाव, राहत और पुनर्विकास में किसी भी संसाधन की कमी का सामना न करना पड़े। यह साफ है कि मोदी ने न केवल 'सबका साथ, सबका विकास' के सिद्धांत के बारे में बात की है, बल्कि नीति और निर्णय लेने में भी इसका पालन किया है। राष्ट्रहित की प्राथमिकता के मामले में मोदी सरकार की पहले की सरकारों से तुलना करें, तो आपको असल बात समझ में आ जाएगी।

देश में जब भी प्राकृतिक आपदाएं आई हैं, तो प्रधानमंत्री मोदी ने हमेशा प्रभावित राज्यों का दौरा करने और राहत कार्यों की समीक्षा को प्राथमिकता दी। यहां तक कि अपने प्रति खतरे को जानते हुए भी, उन्होंने आपदा प्रभावित राज्यों का दौरा करने और आपदा प्रतिक्रिया में मदद करने से पैर नहीं खींचा। उन्होंने मई 2020 में ओडिशा और पश्चिम बंगाल का दौरा किया और अम्फान प्रभावित क्षेत्रों का हवाई सर्वेक्षण किया था। यह मार्च 2020 में कोविड लॉकडाउन शुरू होने के बाद से, उनकी पहली यात्रा थी। उस समय हमें कोविड के संक्रमण के बारे में सीमित जानकारी थी और इस तरह की यात्रा करना जोखिमों भरा था। हालांकि, मोदी ने अपने कर्तव्य को प्राथमिकता दी और दौरा किया। सत्तारूढ़ दल होने के बावजूद, वह निजी तौर पर संबंधित मुख्यमंत्रियों तक पहुंचने में सक्रिय रहे हैं। उन्होंने, अपने दौरे में यह सुनिश्चित किया कि राजनीति आड़े न आए और व्यक्तिगत रूप से समर्थन का आश्वासन दिया।

प्राकृतिक आपदाओं पर काबू पाने के लिए राज्य सरकारों और केंद्र के बीच आपसी मदद जरूरी है। दोनों को मिलकर काम करने की जरूरत है और केंद्र को राज्यों की जरूरतों को पूरा करना होता है। पीएम मोदी की संतुलित नीतियों की वजह से आपदा नियंत्रण के मामले में केंद्र-राज्य संबंधों में एक बड़ा बदलाव देखा जा रहा है।

कोविड महामारी से निपटना

साल 2020 की शुरुआत से ही, कोविड महामारी दुनिया के तमाम नेताओं के लिए एक अभूतपूर्व संकट रहा है। शुरुआत में बीमारी, इसके प्रभाव और संक्रमण के बारे में सीमित जानकारी थी। वे पर्याप्त जानकारी की कमी के कारण अनिश्चितता भरे माहौल में काम कर रहे थे। सरकार ने स्वास्थ्य विशेषज्ञों के साथ सलाह-मशविरा से, कोविड का मुकाबला करने के लिए अहम फैसले लिए। कोविड का मुकाबला करने की लॉकडाउन और प्रतिबंधों जैसे फैसलों का अर्थव्यवस्था पर असर पड़ता है। नीति निर्माताओं के लिए सभी के हितों को साधना और व्यापार बंद करना चुनौतीपूर्ण होता है। भारत में, कोविड-19 का मुकाबला करना, केंद्र सरकार की सर्वोच्च प्राथमिकता बन गई। भारत में कोविड प्रबंधन रणनीति प्राथमिकता के स्तर पर रही। मैं उन चुनिंदा पहलुओं पर ध्यान दिलाना चाहूंगा, जिन्होंने मेरा ध्यान खींचा है।

सबसे पहले, विपरीत परिस्थितियों का सामना करने के लिए पूर देश का एकजुट होना जरूरी है। वैश्विक महामारी पर काबू पाने के लिए, लोगों की सामूहिक पहल और सहयोग जरूरी है। सरकारी एजेंसियां या लोगों का एक छोटा वर्ग एहतियाती कदम उठाता भी है, तो उससे ज्यादा मदद नहीं मिलेगी। पूरी दुनिया की सरकारों ने महसूस किया कि महामारी के खिलाफ एकजुट करने के लिए सरकार के संदेश को फैलाने की जरूरत है। भारत ने ऐसा शुरुआती दौर में ही किया था। पीएम मोदी ने खुद महामारी से लड़ने के लिए जनता के बीच सामूहिक संकल्प की भावना विकसित करने की पहल की। मोदी ने अप्रैल 2020 में सभी लोगों से 5 अप्रैल को रात 9 बजे नौ मिनट के लिए सभी घरों की लाइट बंद करने और दीया या कैंडल जलाने, मोबाइल की फ्लैश लाइट जलाने की अपील की। इस सामूहिक प्रयास ने राष्ट्रीय एकता का एहसास कराया। कोविड के खिलाफ लड़ने के लिए देश के करोड़ों लोगों ने एक साथ संकल्प लिया।

दूसरा, भारत ने कोविड का मुकाबला करने के लिए, एक समग्र नजरिया अपनाया। इससे प्रतिस्पर्धी हितों को संतुलित करने में मदद मिली। दुनिया के कई देशों की तरह भारत को भी चिकित्सा के लिए बुनियादी ढांचे को बढ़ाने और बीमारी के तेजी से फैलने से को रोकने के लिए कुछ वक्त की जरूरत थी। इसकी वजह से मार्च

2020 में पहला लॉकडाउन लगाया गया। शुरू में इसे 21 दिनों के लिए लगाया गया था, लेकिन लॉकडाउन को कई बार बढ़ाना पड़ा, क्योंकि कोविड का संक्रमण थम नहीं रहा था। इसमें कोई शक नहीं है कि लॉकडाउन लगाना बेहद महंगा कदम है, क्योंकि इससे कई आर्थिक गतिविधियां ठप हो जाती हैं। यहां तक कि मोदी को भी लॉकडाउन लागू करने का कठोर निर्णय लेना पड़ा, क्योंकि उन्होंने अपने नागरिकों के जीवन को बचाने की प्राथमिकता दी थी। हालांकि, मोदी सरकार दुनिया की उन चुनिंदा सरकारों में थी, जिसने लॉकडाउन से प्रभावित लोगों की मदद के लिए जरूरी कदम उठाए। पीएम मोदी ने प्रधानमंत्री गरीब कल्याण पैकेज की घोषणा की। इसके तहत आर्थिक कठिनाइयों का सामना कर रहे लोगों की, सीधे तौर पर मदद की गई।[16] इस पैकेज में आर्थिक मदद के साथ-साथ राशन देने का प्रावधान था, जिससे करोड़ों गरीब परिवारों को लाभ पहुंचा।

तीसरा, कई लोग कोविड संकट के आर्थिक प्रभाव के बारे में सोच रहे थे, तो मोदी भारतीय अर्थव्यवस्था को नई ऊंचाइयों पर ले जाने का खाका तैयार कर रहे थे। जाहिर है कि, उन्होंने संकट में एक अवसर यानी 'आपदा में अवसर' की खोज की। अगर हम 2001 के भूकंप के बाद कच्छ के बदलाव को याद करें, तो उन्होंने आत्मनिर्भर भारत के निर्माण का आह्वान किया। मोदी ने मई 2020 में आर्थिक सुधारों के लिए एक व्यापक पैकेज 'आत्मनिर्भर भारत अभियान' की घोषणा की। सरकार ने लंबे समय से लंबित आर्थिक सुधार भी किए। इनसे देश की आर्थिक विकास को नई उंचाइयों तक पहुंचने की उम्मीद है।[17]

चौथा, भारत में दशकों से नेता अपनी विफलताओं को छुपाते थे और चुनौतियों का सामना करने से हिचकते थे। वे दावा करते थे, भारत के पास पर्याप्त क्षमता नहीं है। मोदी ने पिछले सात वर्षों में इस मानसिकता में बदलाव लाया है। ऐसा हमने विशेष रूप से कोविड प्रबंधन में साफ तौर पर देखा। मोदी ने पिछले अठारह महीनों में हमें यह एहसास दिलाया है कि, अगर भारतीय संकल्प करें, तो ऐसा कुछ भी नहीं है, जो हासिल न किया जा सके। पीपीई किट और एन-95 मास्क का आयात करने वाले देश से भारत अब इस मामले में दुनिया का सबसे बड़ा उत्पादक और निर्यातक बन गया है। वेंटिलेटर आयात करने से लेकर देश भर के सरकारी अस्पतालों में स्वदेशी वेंटिलेटर लगाने तक। विदेशों में इलाज कराने से लेकर स्वदेशी टीकों से दुनिया के सबसे बड़े टीकाकरण अभियान को चलाने तक। यह संकट देश के लिए एक अवसर का ऐतिहासिक पल बन गया, क्योंकि हमने एक नए आत्म-विश्वास से काम किया कि अब कुछ भी हमारी पहुंच से बाहर नहीं है।

पांचवां, भारत की कोविड रणनीति केंद्र सरकार और राज्य सरकारों के बीच आपसी सलाह और साथ काम करने से विकसित हुई है। महामारी के शुरू होने के

बाद से पीएम मोदी ने खुद कई बार मुख्यमंत्रियों के साथ कई समीक्षा बैठकों की अध्यक्षता की। पहले लॉकडाउन से लेकर टीकाकरण अभियान तक और दूसरी लहर के दौरान मेडिकल सप्लाई तक, केंद्र सरकार ने नीतियां बनाते समय सीएम और राज्य सरकारों के साथ लगभग सभी पहलुओं पर चर्चा की। राज्य सरकारों ने कई मौकों पर अहम मुद्दे उठाए, जिससे नीतियों में बदलाव भी करना पड़ा। इस तरह, कोविड प्रबंधन सहकारी संघवाद की ताकत का प्रतीक बन गया।

छठा, विपक्ष ने कोविड के खिलाफ लड़ाई को कई बार राजनीतिक रंग देने की कोशिश की, लेकिन मोदी ने सुनिश्चित किया कि यह पक्षपातपूर्ण ध्रुवीकरण का शिकार न बन सके। विपक्ष ने टीकों के बंटवारे से लेकर चिकित्सा आपूर्ति तक प्रधानमंत्री मोदी पर निशाना साधने का कोई मौका नहीं छोड़ा। जैसा कि मैंने कुछ महीने पहले द इंडियन एक्सप्रेस में लिखा था, ऐसा लग रहा था कि उनके विरोधी महामारी को हराने के बजाय प्रधानमंत्री को हराने पर ध्यान केंद्रित कर रहे हैं।[18] हालांकि, मोदी ने इस मुद्दे पर विपक्ष के बार-बार राजनीतिकरण करने की कोशिशों के बावजूद, महामारी का मुकाबला करने पर ध्यान केंद्रित किया। कोविड के आंकड़ों के विश्लेषण से पता चलता है कि विपक्ष शासित राज्यों का प्रदर्शन सबसे खराब रहा है। महाराष्ट्र में सबसे अधिक मामले और मौतों की संख्या देखी गई। केरल लगातार कोविड की लहर का सामना कर रहा है और बड़े राज्यों में इसकी संक्रमण दर सबसे अधिक है। पंजाब में मृत्यु दर सबसे अधिक है। हालांकि, पीएम ने इसे कभी राजनीतिक मुद्दा नहीं बनाया।

उन्होंने इन विपक्षी शासित राज्यों में, मुख्यमंत्रियों के सत्तारूढ़ दलों के खिलाफ कभी भी कोविड कुप्रबंधन को लेकर राजनीतिक टिप्पणी नहीं की। इसके उलट, उन्होंने कोविड प्रबंधन पर मुख्यमंत्रियों के साथ बैठक में जांच बढ़ाने और संक्रमण के बढ़ते मामले को लेकर चिंता न करने की अपील की। प्रधानमंत्री समझते हैं कि हम कोविड के खिलाफ सामूहिक लड़ाई लड़ रहे हैं और किसी एक राज्य की विफलता सभी को आहत कर सकती है। आज के समय में, जब नेता राजनीतिक लाभ के लिए एक भी मौका नहीं छोड़ते हैं, मोदी ने कोविड प्रबंधन का राजनीतिकरण करने से परहेज करने का साहसिक फैसला लिया है। ये मोदी की प्रभावी कोविड प्रबंधन की रणनीति के चंद आयाम हैं। दुर्भाग्य से, पिछले 18 महीनों में प्रवासी संकट जैसे कुछ चिंताजनक हालात भी देखने को मिले, जिन्हें बेहतर तरीके से संभाला जा सकता था। हालांकि, मोदी एक ऐसे नेता हैं, जो हमेशा आलोचना के प्रति सहज रहते हैं और सुधार के लिए तत्पर रहते हैं।

निष्कर्ष

लगातार दो दशकों तक शासन करना, किसी भी भारतीय नेता के लिए दुर्लभ उपलब्धि है। मोदी अपने शासनकाल के इस लंबी अवधि के दौरान, कई बार संकट स्थितियों से टकराए। उन्होंने प्राकृतिक आपदाओं, संक्रामक महामारी और मानवीय संकट जैसी स्थितियों में अपने बर्ताव से राष्ट्र के प्रति अपनी गहरी प्रतिबद्धता को जाहिर किया है। मोदी के लिए भारत हमेशा पहले है। संकट में ही नेताओं की असली परीक्षा होती है और मोदी ने इसे बखूबी पास किया है। वह आगे बढ़कर नेतृत्व करने से कतराते नहीं हैं और हमेशा शानदार नेतृत्व का प्रदर्शन करते हैं। उनकी सफलता की कुंजी शांत रहने और संयम बनाए रखने की क्षमता, आशावादी भावना और लक्ष्य के प्रति फोकस रहने में है। मोदी ने संकट की अनगिनत स्थितियों में न केवल तत्काल कदम उठाए और मदद सुनिश्चित की है, बल्कि करोड़ों लोगों को सामूहिक रूप से मदद करने के लिए प्रेरित भी किया है। जनता ने जब भी जरूरत महसूस की, मोदी उनकी उम्मीदों पर खरे उतरे हैं। यही कारण है कि वह एक ऐसी शख्सियत हैं, जिस पर भारत संकट के वक्त में भरोसा करता है।

कृषि: अच्छा है, लेकिन बेहतर की गुंजाइश है

अशोक गुलाटी

जब कोई ईमानदार और नेकनीयती वाला व्यक्ति, राजनीतिक जीवन में कदम रखता है, तो उसका इरादा अधिकांश लोगों का भला करना होता है। खासतौर पर उन लोगों का भला करना उनका मकसद होता है, जिनके पास सुविधाएं बेहद ही कम होती हैं। व्यक्ति अपने बूते, निजी प्रयासों और संसाधनों से कुछ लोगों की ही मदद कर सकता है। जब यही व्यक्ति, किसी राज्य में सत्ता में आता है, तो उस राज्य की नीतियां जनता की भलाई वाली बन जाती है। यही समावेशी तरक्की ही लोकतांत्रिक राजनीति का मूल उद्देश्य है। दुर्भाग्य से, भारत में सिर्फ चंद नेता ही, इस परीक्षा को पास कर पाएंगे।

फिर सवाल उठता है कि जनता की तरक्की की सोच रखने वाले नेता का आकलन कोई कैसे कर सकता है? राज्य के खजाने से लोगों के लिए मुफ्त की घोषणाएं करना, सबसे आसान रास्ता है। ऐसा कोई भी नेता कर सकता है। और, यह भारत में अकसर किया ही जाता है। खासकर चुनावों से ठीक पहले। यह सिर्फ खोखले वादे ही नहीं हैं, बल्कि वोटों के बदले किए गए, वादे होते हैं। यह कदम ज्यादातर मामलों में पूरी व्यवस्था को नुकसान पहुंचाता है। ऐसा इसलिए कि, यह सुविधा हमेशा के लिए नहीं होती, क्योंकि सरकारी खजाने की भी अपनी सीमाएं हैं। इसके अलावा, यह लोगों को आलसी और हमेशा के लिए सरकारी खजाने से मिलने वाले फंड पर निर्भर बनाता है। अगर मुफ्त सुविधाओं की वजह से निवेश में कटौती करनी पड़ती है, तो इससे विकास की प्रक्रिया धीमा हो जाती है। इससे लोग कम आय के कुचक्र में फंस जाते हैं। एक पुरानी कहावत है: 'लोगों को हर रोज एक मछली देने की जगह उन्हें, मछली पकड़ने के लिए तैयार करना कहीं बेहतर है।' मछली पकड़ने के लिए लोगों को तैयार करने के लिए एक योजना बनाने की जरूरत होती है। जब तक इनसे नतीजे नहीं मिलते, तब तक अलग-अलग कार्यक्रमों को लागू करने के लिए रुपरेखा बनाने और उन सभी को अमल करने की जरूरत होती है।

इस लिहाज से कृषि क्षेत्र का प्रदर्शन महत्वपूर्ण हो जाता है, क्योंकि देश और अधिकांश राज्यों में कामकाजी आबादी की बड़ा हिस्सा अभी भी खेती में लगा है। 2001 की जनगणना के अनुसार, गुजरात में कामकाजी आबादी का 51.6 प्रतिशत कृषि में शामिल है। यह 2011 में घटकर 49.6 प्रतिशत हो गया। किसानों की आय बढ़ाने से, भूमिहीन खेतिहर-मजदूरों की आमदनी भी बढ़ती है। इससे बाजार में मांग बनी रहती है और औद्योगिक विकास की रफ्तार भी तेज होती है। कृषि जनता के लिए खाद्य और पोषण सुरक्षा भी देती है।

नरेंद्र मोदी 7 अक्टूबर 2001 को गुजरात के मुख्यमंत्री बने। फिर 26 मई 2014 को प्रधानमंत्री बने। इसी हिसाब से हम गुजरात में उनके शासनकाल के दौरान 2001-02 से 2013-14 तक और देश में 2014-15 से 2020-21 तक कृषि के प्रदर्शन पर नजर डालते हैं।

कृषि क्षेत्र में चमत्कार

हमने खेती के मामले में, गुजरात की तुलना दूसरे राज्यों से की है। इसका मकसद यह पता लगाना है कि क्या, इसने देश के अन्य प्रमुख राज्यों की तुलना में बेहतर या खराब प्रदर्शन किया है। यह गुजरात के मुख्यमंत्री के रूप में मोदी की दूरदर्शिता और रणनीति की परीक्षा थी कि उन्होंने, राज्य की आबादी के सबसे बड़े वर्ग को लाभ पहुंचाने के लिए किस तरह की योजनाएं बनाईं।

कृषि क्षेत्र में प्रदर्शन को मापने का सबसे अच्छा तरीका राज्य-की कृषि-जीडीपी की औसत सालाना वृद्धि दर को देखना है। इस आधार पर देखें, तो 2001-02 से 2013-14 के दौरान गुजरात में सबसे उच्चतम विकास दर (9.2 प्रतिशत प्रति वर्ष) दर्ज की गई। जो देश के बाकी प्रमुख राज्यों से काफी बेहतर है। (चित्र-1)

भारत के इतिहास में 13 वर्षों तक कृषि में विकास का यह स्तर (9.2 प्रतिशत प्रति वर्ष) पहले कभी नहीं सुना गया। पंजाब ने हरित क्रांति के अपने सुनहरे दिनों में जो हासिल किया था, यह उससे भी कहीं अधिक था। इसके उलट देखें, तो पूरे देश में कृषि जीडीपी 3.5 प्रतिशत रही। वहीं, खेती के मामले में पंजाब जैसे काफी संपन्न राज्य (1.9 प्रतिशत) की तुलना में गुजरात का प्रदर्शन, किसी चमत्कार से कम नहीं था।

Figure-1: GDP and Agri-GDP (GSDPA) growth rates 2001–02 to 2013–14

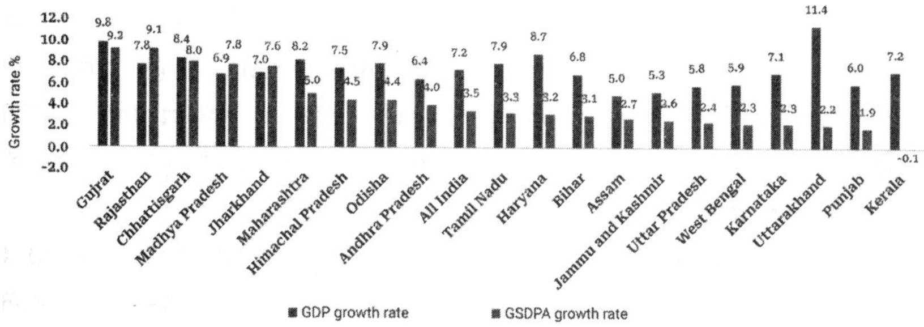

स्रोत: MOSPI (सांख्यिकी और कार्यक्रम कार्यान्वयन मंत्रालय) की ओर से प्रकाशित आंकड़ों पर आधारित

खास बात यह रही कि, इससे गुजरात का कुल जीडीपी विकास दर में इजाफा हुआ। यह 9.8 प्रतिशत तक पहुंच गया, जो उत्तराखंड के 11.4 प्रतिशत के बाद दूसरे नंबर था। वहीं, पूरे देश से तुलना करें, तो देश की जीडीपी दर 7.2 प्रतिशत ही थी। मोदी के नेतृत्व में गुजरात की विकास गाथा की सबसे अनूठी विशेषता यह थी कि इसकी जीडीपी वृद्धि (9.8 प्रतिशत प्रति वर्ष) और कृषि-जीडीपी वृद्धि (9.2 प्रतिशत प्रति वर्ष) रही। यानी दोनों लगभग समान रहे। यह चमत्कार कोई अन्य राज्य नहीं कर सकता था। यहां इस बात को ध्यान देना बेहद अहम है, क्योंकि यह बतलाता है कि मुख्यमंत्री के रूप में मोदी के कार्यकाल के दौरान गुजरात का विकास शायद किसी अन्य राज्य की तुलना में अधिक समावेशी था। इसमें कोई हैरानी नहीं कि, इसका उन्हें राजनीतिक लाभ भी मिला और मोदी लगातार तीन बार मुख्यमंत्री चुने गए। इस लिहाज से यह कई राज्यों के नेताओं के लिए अनुकरणीय हो सकता है। कृषि पर ध्यान देना, अर्थव्यवस्था के साथ राजनीति के लिए भी लाभकारी हो सकता है।

कृषि में इस विकास की वजह से गुजरात में एक किसान परिवार की औसत मासिक आय 2015-16 में 11,899 रुपये हो गई। नाबार्ड के अखिल भारतीय ग्रामीण वित्तीय समावेशन सर्वेक्षण (NAFIS) के अनुसार, पंजाब, हरियाणा और केरल के बाद यह सबसे अधिक था। यह ध्यान देने की बात है कि पंजाब में खेतों की जोत का आकार देश में सबसे बड़ा है। लगभग 99 प्रतिशत खेत सिंचित हैं। इसकी मुख्य फसलें गेहूं और चावल हैं, जिनकी सरकारी खरीद में निश्चित बाजार हैं।

फिर ऐसे में सवाल उठता है कि गुजरात ने खेती के क्षेत्र में यह चमत्कार कैसे हासिल किया? इस रहस्य को समझने के लिए हमें पहले, कृषि के भीतर विकास

के स्रोतों को समझना होगा। फिर यह देखना होगा कि किन कारकों और रणनीतियों ने शानदार विकास का रास्ता तैयार किया। यह पंजाब, हरियाणा, महाराष्ट्र, बिहार, मध्य प्रदेश, उत्तर प्रदेश सहित बाकी राज्यों के लिए कुछ अहम सबक हो सकते हैं।

गुजरात सहकारी दुग्ध विपणन संघ (जीसीएमएमएफ) पहले से ही अपने मजबूत और समावेशी प्रदर्शन के लिए मशहूर है। इसे अमूल ब्रैंड के नाम से जाना जाता है। इसकी दूध खरीद, देश में सबसे ज्यादा है। सरकार ने दूध के लिए किसी तरह के न्यूनतम समर्थन मूल्य (MSP) की घोषणा नहीं की हुई है। लेकिन, दूध और दूध उत्पादों की खुदरा कीमतों और दूध उत्पादन की लागत के मद्देनजर सहकारी नेटवर्क के भीतर ही इसकी कीमतों पर बातचीत होती है। गुजरात में दूध का उत्पादन 2001-02 में 5.9 मिलियन टन से बढ़कर 2013-14 में 11.1 मिलियन टन हो गया। हालांकि, गुजरात के कृषि उत्पाद के कुल सकल मूल्य में पशुधन की हिस्सेदारी, त्रैवार्षिक समाप्ति (टीई) 2002-03 और टीई 2015-16 के बीच लगभग 26 प्रतिशत रही। लेकिन असली बदलाव कपास से हुआ, जो 5.9 प्रतिशत से बढ़कर 12.7 प्रतिशत हो गया। फल और सब्जियां 10.9 प्रतिशत से 16.7 प्रतिशत, मसालों में बढ़ोतरी 2.2 प्रतिशत से 4.7 प्रतिशत तक और वानिकी में 2.4 प्रतिशत से 5.9 प्रतिशत तक वृद्धि हुई। (चित्र-2)।

चित्र-2: कृषि और संबद्ध गतिविधियों से उत्पादन के कुल मूल्य में क्षेत्र-वार हिस्सा (मौजूदा कीमतों पर)

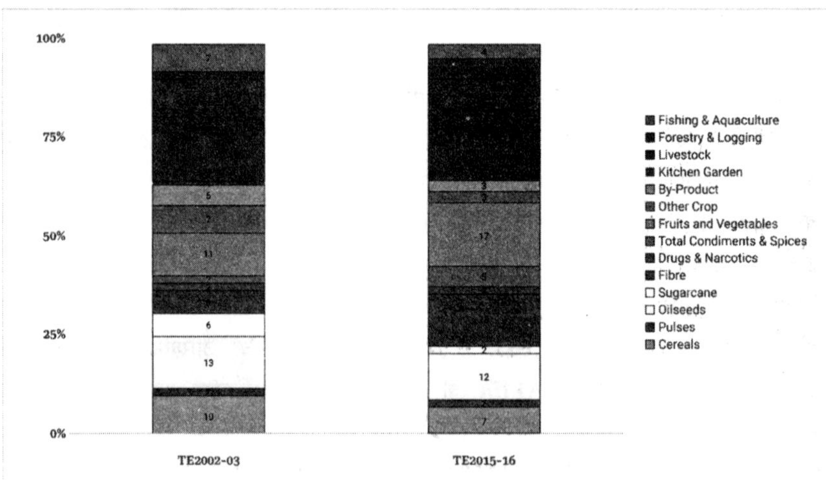

स्रोत: MOSPI (सांख्यिकी और कार्यक्रम कार्यान्वयन मंत्रालय) आंकड़ों पर आधारित (देखें गुलाटी, रॉय और हुसैन, 2021)

इस तरह से गुजरात की कृषि में असली क्रांति कपास से आई, जो बीटी कपास को अपनाने से शुरू हुई। हालांकि, आंध्र प्रदेश और महाराष्ट्र में बीटी कपास का मामला विवादास्पद हो गया। कुछ एक्टिविस्ट ने इसे महाराष्ट्र में किसानों की आत्महत्या के लिए जिम्मेदार भी ठहराया, लेकिन गुजरात की कहानी बड़ी सफलता वाली थी। यदि बीटी कपास के मामले में महाराष्ट्र और गुजरात की तुलना करें, तो गुजरात में कपास की पैदावार महाराष्ट्र की तुलना में लगभग दोगुनी थी। इसका कारण यह था कि गुजरात, कपास के लिए सिंचिंत क्षेत्र का दायरा लगभग 57 प्रतिशत तक बढ़ाने में सक्षम था। महाराष्ट्र में यह केवल 3 प्रतिशत के आसपास था। इसमें कोई आश्चर्य नहीं कि खराब मानसून की वजह से महाराष्ट्र में बीटी कपास की खेती जोखिम भरा था, जबकि गुजरात में यह किसानों के लिए खुशहाली लेकर आया।

यह सबको मालूम है कि बीटी कपास के बीज मोनसेटो-मायको (मोनसेटो को अब बायर ने अधिग्रहित कर लिया है) से आया था। आज के समय में देश में लगभग 95 प्रतिशत बीटी कपास ही हैं। बीटी कपास की वजह से ही भारत, दुनिया में सबसे बड़ा कपास उत्पादक देश के रूप में उभरा। भारत 2011-12 तक कपास का, दूसरा सबसे बड़ा निर्यातक देश बन चुका था। शुरू में, इसका अधिकांश हिस्सा चीन को निर्यात किया जाता था। लेकिन हाल ही में इसने बांग्लादेश, वियतनाम, कई अन्य देशों में निर्यात करना शुरू कर दिया है। नरेंद्र मोदी ने बतौर मुख्यमंत्री गुजरात को कपास का एकीकृत हब बनाने का सपना देखा। खेतों (कच्चे कपास) को कारखाने (सूत, कपड़े, वस्त्र) से जोड़ने, फैशन डिजाइनिंग और उच्च मूल्य वाले कपड़ों के लिए विदेशी बाजारों तक पहुंचाने का सपना देखा था। हालांकि, यह सपना अभी भी पूरा नहीं हुआ है।

फलों और सब्जियों के उत्पादन में भी उल्लेखनीय प्रगति देखी गई। गुजरात, पपीते का सबसे बड़ा उत्पादक राज्य बन गया। केला, अनार और चीकू का दूसरा सबसे बड़ा उत्पादक बन गया। बीन्स (सबसे बड़ा उत्पादक), लहसुन, आलू और बैंगन जैसी उच्च मूल्य वाली सब्जियों में अच्छी खासी वृद्धि देखी गई। वहीं, बहुत सारे मसालों विशेष रूप से जीरा (जीरा) में भी ऐसा ही देखने को मिला। बिना पानी वाले प्याज के मामले में, गुजरात एक दिलचस्प राज्य के तौर पर उभरा। देश में इसकी लगभग 80 प्रतिशत यूनिट गुजरात में थीं, जो ज्यादातर महुवा, भावनगर जिले में थीं। यह गुजराती कारोबारियों की अनूठी कारोबारी भावना को बतलाता है।

कोई यह पूछ सकता है: नरेंद्र मोदी में इन सबका का क्या योगदान था? यहां कुछ महत्वपूर्ण चीजों की सूची दी गई है, जो उन्होंने मुख्यमंत्री के रूप में की। इसने गुजरात में कृषि क्रांति को गति देने में मदद की।

पहली चीज, पानी और बिजली पर फोकस करना था। पानी की एक-एक बूंद

से अधिक फसल का लक्ष्य रखा गया। यह न केवल, नर्मदा के जल में तेजी लाकर किया गया, बल्कि बांधों, बोरी बांध, खेत तलवाडी और सूक्ष्म सिंचाई (बूंद और छिड़काव) को भी खासतौर पर बढ़ावा दिया जा रहा था। गुजरात सरकार ने 2005 में राज्य सरकार के जल संचय अभियान के एक अभिन्न अंग के रूप में सूक्ष्म सिंचाई को बढ़ावा देने के लिए गुजरात हरित क्रांति कंपनी लिमिटेड (GGRC) की शुरुआत की। इसने सूक्ष्म सिंचाई पर 70 प्रतिशत या 70,000 रुपये प्रति हेक्टेयर (जो भी कम हो) के हिसाब से सब्सिडी दी। इन उपायों की वजह से 2001-02 में 33.3 प्रतिशत की तुलना में सिंचित क्षेत्र 2013-14 में बढ़कर 47.6 प्रतिशत हो गया। यानी सिंचित क्षेत्र में लगभग 43 प्रतिशत की बढ़ोतरी हुई। अगर हम, राष्ट्रीय स्तर पर इसकी तुलना करें, तो इसी अवधि में सिंचित क्षेत्र 41.7 से बढ़कर 47.7 प्रतिशत हो गया, जो महज 14 प्रतिशत ही बढ़ा। गुजरात में सिंचाई का क्षेत्र बढ़ने से किसानों को सूखे से राहत मिली। उनकी उत्पादकता में वृद्धि हुई और भू-जल स्तर में भी सुधार आया।

गुजरात शायद एकमात्र ऐसा राज्य है, जहां भूजल की स्थिति में व्यापक सुधार हुआ है। यह नरेंद्र मोदी के मुख्यमंत्री रहते हुए हुआ था। केंद्रीय भूजल बोर्ड के अनुसार, 2004 में सिर्फ 97 तालुका ही ऐसे थे, जो भूजल के लिए सुरक्षित थे। 2009 में यह संख्या बढ़कर 156 और 2013 में 175 हो गई। साथ ही, 2004 से 2013 की इसी अवधि में अर्ध-गंभीर तालुका की संख्या 69 से घटकर सिर्फ 9 रह गई। (तालिका-1 देखें)।

तालिका-1

गुजरात के विभिन्न तालुकों में भू-जल की स्थिति (2004-2013)

	Safe	*Semi-Critical*	*Critical*	*Over-Exploited*	*Stage of Ground Water Development (%)*
2004	97 (43%)	69 (31%)	12 (5%)	31 (14%)	76%
2009	156 (70%)	20 (9%)	6 (3%)	27 (12%)	75%
2013	175 (78%)	9 (4%)	6 (3%)	23 (10%)	68%

स्रोत: केंद्रीय भूजल विकास बोर्ड

यह उस राज्य में जल संरक्षण की सफलता की उल्लेखनीय कहानी थी, जिसका 75 प्रतिशत फसल क्षेत्र शुष्क और अर्ध-शुष्क माना जाता रहा है। पानी की कमी से

जूझ रहे महाराष्ट्र, कर्नाटक, राजस्थान जैसे राज्यों को भी इस नीति को अपनाने की जरूरत है। इसके उलट, पंजाब जैसे राज्य में लगभग 99 प्रतिशत सिंचित क्षेत्र है, वहां भू-जल स्तर खतरनाक दर से गिर रहा है। यह लगभग 30 सेमी प्रति वर्ष के हिसाब से गिर रहा है! यह मुख्य रूप से मुफ्त बिजली की नीति और 30 लाख हेक्टेयर से अधिक इलाके में बड़े पैमाने पर धान की खेती के कारण हो रहा है। धान की खेती के दौरान, बड़ी मात्रा में ग्रीनहाउस गैसों (मीथेन और नाइट्रस ऑक्साइड) का उत्सर्जन होता है। फिर बाद में फसलों के बाकी बचे अंश को जलाया जाता है, जिससे कार्बन डाइऑक्साइड निकलता है और लाखों लोगों का दम घुटता है।

इस तुलना के जरिए हमें कृषि में बिजली क्षेत्र के सुधारों का पता चलता है। गुजरात में मोदी की अगुआई में साल 2003 में ज्योति ग्राम योजना की शुरुआत की, पहले पायलट प्रोजेक्ट के तौर पर शुरू की गई। फिर बाद में इसका दायरा राज्य स्तर तक फैलाया गया। गुजरात में 2003 से पहले बिजली की स्थिति बाकी दूसरे राज्यों की ही तरह खराब थी। खेती, घरों, कारोबार या विनिर्माण के लिए एक ही बिजली लाइन थीं। इससे अकसर बड़े स्तर पर दिक्कतें होती थीं, क्योंकि कृषि के लिए बिल बहुत कम थे। राज्य की कुल बिजली खपत में कृषि का हिस्सा बकाया के आधार पर था। नतीजतन, ग्रामीण क्षेत्रों को कभी-कभी और खराब गुणवत्ता वाली बिजली मिल रही थी।

गुजरात सरकार ने ग्रामीण इलाकों के लिए अलग-अलग फीडरों की व्यवस्था की। ग्रामीण इलाकों में 24 घंटे बिजली सुनिश्चित की। कृषि के लिए 8 घंटे की आपूर्ति तय की गई। इससे ग्रामीण क्षेत्रों में बिजली आपूर्ति की स्थिति में काफी बदलाव आया।

बिजली चोरी बंद हो रही थी। बिजली खपत में कृषि की हिस्सेदारी 2002-03 में 36.3 प्रतिशत से घटकर 2013-14 तक 25.4 प्रतिशत हो गई। किसानों को पहले तय कार्यक्रम के तहत, 8 घंटे बिना किसी रुकावट के बिजली मिल रही थी। उन्हें गुणवत्ता वाली बिजली मिल रही थी, इससे वे खुश थे। गुजरात ग्रामीण इलाकों में 24 घंटे बिजली सुनिश्चित करने वाला पहला राज्य बना। इससे भुगतान के बदले कमर्शिल और मैन्यूफैक्चरिंग क्षेत्र को अधिक आपूर्ति करने में मदद मिली। इससे बिजली क्षेत्र की वित्तीय स्थिति में सुधार हुआ। ग्रामीण बिजली आपूर्ति में सुधार, एक ऐसी मिसाल है, जिसे दूसरे राज्य अपने यहां अपना सकते हैं। वह भी बिना दरों में बढ़ोतरी किए और कृषि को आपूर्ति जारी करके भी। इससे बिजली क्षेत्र की वित्तीय स्थिति में सुधार लाया जा सकता है।

कृषि की सफलता का एक दूसरी वजह, ग्रामीण सड़कों पर फोकस करना था। भले ही प्रधानमंत्री ग्राम सड़क योजना (पीएमजीएसवाई) 2000 में शुरू की गई थी, लेकिन सभी ग्रामीण बाजारों को जोड़ने और इन सड़कों को पक्का करने की

योजना, नरेंद्र मोदी सरकार के दौरान लागू की गई। जो एक बहुत बड़ा काम था। मार्च 2015 तक, पीएमजीएसवाई सड़कों की लंबाई 18,441 किमी थी। इनमें गुजरात की 92 प्रतिशत ग्रामीण सड़कें थीं, जो राष्ट्रीय औसत 61 प्रतिशत से काफी अधिक थी। आईएफपीआरआई (2007) की ओर से किए गए अध्ययनों से पता चलता है कि ग्रामीण सड़कों में निवेश से किसानों को भरपूर लाभ मिलता है। पक्की ग्रामीण सड़कें, बड़े और दूर-दराज के बाजारों तक फसलों को पहुंचाकर उपज की कीमतों में सुधार लाया जा सकता है। इससे लागत भी कम होगी। इससे खेती अधिक प्रतिस्पर्धी और मुनाफे वाली बनती है। वहीं, खराब गुणवत्ता वाली या ग्रामीण सड़कें न होने से उलटा असर पड़ता है।

अंत में, मैं कृषि के एक अनूठे मॉडल का जिक्र करना चाहूंगा, जिसे गुजरात ने अपनाया था। इसका नाम है- कृषि महोत्सव। मोदी ने एक मुख्यमंत्री के तौर पर कृषि-विस्तार पर जोर दिया। उन्होंने कृषि से जुड़े लगभग सभी विभागों के लोगों को शामिल किया। उन्हें बुवाई का मौसम शुरू होने से पहले एक या उससे अधिक महीने के लिए गांवों में जाने के लिए कहा। कृषि रथ (कृषि-वाहन) को गुजरात के सभी गांवों में भेजा गया। सरकारी अधिकारी, किसानों के साथ बैठकें करते। उन्हें नई बीजों, खेती के तरीकों वगैरह के बारे में बताते। यह एक बड़े पैमाने पर लोगों को लामबंदी करने वाला अभियान था, जिसे मुख्यमंत्री अकसर बुआई का मौसम शुरू करने से पहले शुरू करते थे। निजी क्षेत्र भी किसानों को अपने नए उत्पादों को दिखाना चाहता था। इससे प्रयोगशाला और भूमि के बीच की खाई को पाटने में मदद मिली, जिसकी वजह से लागत, प्रभावी दरों पर बीजों और अन्य चीजों के विकल्प बेहतर हुए। इससे उत्पादकता में सुधार हुआ। कुछ राज्यों ने सफलता के इस मॉडल को अलग-अलग तरीके से अपनाने की कोशिश की।

अगर संक्षेप में कहें, तो नरेंद्र मोदी के मुख्यमंत्री रहते हुए गुजरात ने कृषि क्षेत्र में सबसे अधिक वृद्धि (9.2 प्रतिशत प्रति वर्ष) और कुल जीडीपी में दूसरी सबसे बड़ी वृद्धि (9.8 प्रतिशत प्रति वर्ष) हासिल किया। ऐसी सफलता, किसी दूसरे राज्य ने हासिल नहीं की थी। मोदी की नीतियों और उन्हें लागू करने की वजह से ही गुजरात में भूजल स्तर में सुधार आया। इससे कृषि टिकाऊ और जलवायु पर ज्यादा निर्भर नहीं रह गई थी, जो कि समय की मांग है। इसमें कोई आश्चर्य नहीं कि इसे 'गुजरात मॉडल' कहा जाने लगा। आर्थिक विकास का यह गुजरात मॉडल ही था, जिसके बूते मोदी, राष्ट्रीय फलक पर उभरे। नतीजतन, 26 मई 2014 को संसद सदस्य के रूप में चुने गए। फिर भारत के प्रधानमंत्री बने। भारतीय इतिहास में किसी भी दूसरे राज्य के नेता ने मुख्यमंत्री से सीधे प्रधानमंत्री के पद तक छलांग नहीं लगाई थी।

पीएम मोदी के कार्यकाल में कृषि

इससे पहले कि हम प्रधानमंत्री के रूप में मोदी के कार्यकाल के दौरान कृषि के प्रदर्शन को देखें, उससे पहले यह ध्यान देना जरूरी है कि हमारे संविधान के अनुसार कृषि मुख्य रूप से राज्य का विषय है। लेकिन कृषि-खाद्य क्षेत्र से संबंधित कुछ नीतियां ऐसी हैं, जो ऐतिहासिक रूप से केंद्र सरकार के दायरे में रही हैं। उदाहरण के लिए, खाद्य और उर्वरक सब्सिडी की नीति, न्यूनतम समर्थन मूल्य (एमएसपी) की नीति, कुछ कृषि उत्पादों की खरीद, कृषि-वस्तुओं में बाहरी व्यापार की नीति आदि। ये सभी कृषि के प्रदर्शन को प्रभावित करते हैं। इनके अलावा, ऐसी नीतियां और कार्यक्रम भी हैं, जो केंद्र और राज्य सरकार दोनों के दायरे में आते हैं। उदाहरण के लिए, कृषि-अनुसंधान और शिक्षा, फसल बीमा, मिट्टी जांच, कृषि-विपणन (ई-एनएएम) आदि से संबंधित कार्यक्रम। इन सबके बावजूद कृषि की बेहतरी की प्राथमिक जिम्मेदारी राज्य के मुख्यमंत्रियों की है।

मोदी सरकार ने केंद्र में साढ़े सात साल पूरे कर लिए हैं। कृषि को लेकर इसका रिकॉर्ड क्या रहा है? यह ध्यान रखना दिलचस्प है कि मोदी सरकार के पहले सात वर्षों (2014-15 से 2020-21) के दौरान समग्र रूप से भारत की कृषि-जीडीपी की विकास दर 3.5 प्रतिशत प्रति वर्ष थी। यह अरसे तक रही वृद्धि दर, लगभग 3.2 फीसदी प्रति वर्ष से कुछ ही अधिक है। लेकिन यह भी ध्यान रखना चाहिए कि यह पहले दो वर्षों 2014-15 और 2015-16 में लगातार सूखे के बावजूद हासिल किया गया। लगातार दो साल तक सूखा पड़ना, भयावह घटनाओं की तरह है। ऐसा पिछले सौ वर्षों में केवल तीन बार हुआ है! इस लिहाज से सात वर्षों में 3.5 प्रतिशत की औसत वृद्धि हासिल करना अच्छी उपलब्धि ही मानी जाएगी।

लेकिन, इन दो लगातार सूखे से एक अहम सीख भी मिली। सूखे की समस्या से निपटने के लिए मोदी सरकार ने कुछ साहसिक फैसले लिए। सबसे पहले, इसने अप्रैल 2016 में प्रधानमंत्री फसल बीमा योजना (पीएमएफबीवाई) को नया रूप दिया और लॉन्च किया। इसके तहत केंद्र और राज्य मिलकर किसानों के लिए बीमा प्रीमियम का लगभग 90 प्रतिशत सब्सिडी देते हैं। इसमें केंद्र और राज्यों का योगदान बराबर-बराबर है। दूसरा, इसने 99 सिंचाई परियोजनाओं की पहचान की, जिन्हें 2020 तक प्राथमिकता के आधार पर पूरा किया जा सकता है। इसके लिए सुनिश्चित किया गया कि फंड कोई बाधा न बने। ये दोनों उपाय, सूखे के जोखिम से किसानों को सुरक्षा और मदद के लिए किए गए। हालांकि, इन दोनों कार्यक्रमों को लागू करना काफी हद तक राज्यों पर निर्भर था।

इनके मिलेजुले नतीजे आए। यह संघीय ढांचे में कृषि कार्यक्रमों और उसे लागू

करने की जटिलताओं को बतलाता है। फसल बीमा के बारे में कहें, तो हम सभी जानते हैं कि, कितने राज्यों ने केंद्र के दिशानिर्देशों को माना है और अभी भी किसानों का बीमा कर रहे हैं, जबकि भारतीय मौसम विभाग (आईएमडी) ने मॉनसून का अपना पहला पूर्वानुमान जारी कर दिया है। इससे फसल बीमा का विचार ही खत्म हो जाता है। नतीजतन, फिर से बीमा करने वालों ने प्रीमियम को ऊंचा रखा। जब राज्यों के साथ मिलकर किसी बड़े कार्यक्रम को शुरू किया जाता है, तो कुछ शुरुआती समस्याएं आती हैं। लेकिन, कुछ राज्यों ने पीएमएफबीवाई से खुद को अलग करना शुरू कर दिया है, जो किसानों के लिए अच्छा नहीं है। ऐसा इसलिए कि गंभीर सूखे की स्थिति में उनकी स्थिति खराब हो सकती है। सिंचाई की 99 प्राथमिकता वाली परियोजनाओं को पूरा करने के मोर्चे पर भी देरी है। यह बतलाता है कि, राज्य सरकारें इन परियोजनाओं को लागू करते समय केंद्र की अपेक्षाओं को पूरा नहीं कर सकती हैं, या शायद केंद्र अति-महत्वाकांक्षी रहा है।

मोदी सरकार ने कई नई योजनाएं भी शुरू कीं। इनमें ई-एनएएम (राष्ट्रीय कृषि बाजार के लिए इलेक्ट्रॉनिक प्लेटफॉर्म) शामिल हैं। इसे 2016 में शुरू किया गया था। फिर 2017 में एपीएलएम (कृषि उत्पाद और पशुधन विपणन संवर्धन और सुविधा) अधिनियम, 2018-19 में ग्रामीण कृषि बाजार (ग्राम) को शुरू किया। सरकार ने फसलों के एमएसपी लागत, ए2 प्लस पारिवारिक श्रम लागत से जोड़ा। इसमें लागत से 50 प्रतिशत अधिक का न्यूनतम मार्जिन था। सरकार ने 2019 में पीएम-किसान (प्रधानमंत्री किसान सम्मान निधि) की शुरुआत की। इसके तहत हर लाभार्थी किसान को 6,000 रुपये का सीधा ट्रांसफर, उनके अकाउंट में किया जाता है।

इसके बाद, मोदी सरकार ने 2020 में देश में कृषि-बाजार को उदार बनाने के लिए तीन कृषि कानून पारित किए। ये कानून थे: कृषि उत्पादन व्यापार और वाणिज्य (संवर्धन और सुविधा) विधेयक 2020 (एफपीटीसी); किसान (सशक्तिकरण और संरक्षण) मूल्य आश्वासन और कृषि सेवा अधिनियम 2020 और तीसरा, आवश्यक वस्तु (संशोधन) अधिनियम, 2020। इन तीनों कानूनों के पीछे की असल मंशा जानने के लिए, इनका समग्र रूप से मूल्यांकन करने की आवश्यकता है। लेकिन किसी तरह यह बहस तैयार की गई कि ये कृषि कानून किसानों के हित में नहीं हैं। फिर किसानों के एक साल के विरोध के बाद नवंबर 2021 में मोदी सरकार ने इन कानूनों को रद्द कर दिया।

हालांकि, अगर कृषि क्षेत्र में तरक्की लाना है तो, भारत को किसानों के लिए अधिक कुशल वैल्यू चेन की जरूरत है। जहां किसानों को सही लागत मिल सके। यह विशेष रूप से खराब होने वाले फलों और सब्जियों के मामले में ज्यादा जरूरी है। इसके लिए, भारत को किसान उत्पादक संगठन (एफपीओ) बनाने और विपणन

बुनियादी ढांचे में निवेश करने की जरूरत है। इस संदर्भ में, यह देखकर अच्छा लगा कि प्रधानमंत्री मोदी ने फसल के बाद की उपज को संभालने के लिए 10 हजार अतिरिक्त एफपीओ और 1 लाख करोड़ के कृषि अवसंरचना कोष (एआईएफ) की घोषणा की। इसे लागू करने की जिम्मेदारी, नाबार्ड और एसएफएसी की है।

मोदी 2.0 सरकार के दौरान कृषि क्षेत्र में कुछ खास पहल भी की गई हैं। इनमें 17 जून 2019 की अधिसूचना के बाद मत्स्य पालन, पशुपालन और डेयरी मंत्रालय का गठन शामिल है। फिर जुलाई 2021 में सहकारिता मंत्रालय का गठन किया गया।

अगर कोई कृषि के क्षेत्र में मोदी सरकार की कुछ उल्लेखनीय उपलब्धियों का आकलन करना चाहे, तो इन निम्नलिखित बातों पर ध्यान देना जरूरी हो जाता है:

- दालों का उत्पादन। इस क्षेत्र में सफलता हासिल करना बड़ा मुश्किल काम था। इसका उत्पादन 2013-14 में 19.25 मिलियन टन से बढ़कर 2020-21 में लगभग 26 मिलियन टन हो गया। दालों का आयात, शुरुआती वर्षों की तुलना में लगभग आधा हो गया। मोदी सरकार ने नेफेड के जरिए दालों की रिकॉर्ड खरीद भी की है, जिससे किसानों को दालों की बेहतर कीमत मिली।
- मोदी सरकार ने गेहूं और चावल की भी रिकॉर्ड खरीद की है। भारतीय खाद्य निगम (FCI) के पास अनाज का स्टॉक भी काफी बढ़ गया। जुलाई 2021 में 110 मिलियन टन तक स्टॉक हो गया। यह 41.1 मिलियन टन के बफर स्टॉक के मानदंड से कहीं अधिक है। यह सार्वजनिक वितरण प्रणाली (पीडीएस) के साथ-साथ सूखे से बचने के लिए आवश्यक है।
- पीडीएस और प्रधानमंत्री गरीब कल्याण अन्न योजना के तहत अनाजों (79 मिलियन टन) का रिकॉर्ड वितरण और 2020-21 में रिकॉर्ड खाद्य और उर्वरक सब्सिडी 6.52 लाख करोड़। सब्सिडी केंद्र के कुल राजस्व का 38.5 प्रतिशत है। ऐसा आजादी के बाद से भारत के आर्थिक इतिहास में शायद कभी नहीं हुआ। जैसा कि, सबको मालूम है कि यह एक महामारी का साल था। लाखों लोगों ने अपनी नौकरी खो दी और बड़े वित्तीय/खाद्य सहायता की जरूरत थी। आने वाले वर्षों में इस तरह की मदद की उम्मीद नहीं की जा सकती है। किसी को इस बारे में कुछ गंभीर विचार करने की जरूरत है कि खाद्य और उर्वरक सब्सिडी की व्यवस्था में सुधार कैसे लाया जाए कि गरीब उपभोक्ताओं और छोटे किसानों की मदद कम लागत पर की जा सके। इन मुद्दों पर आईसीआरआईईआर (इंडियन काउंसिल फॉर रिसर्च ऑन इंटरनेशनल इकोनॉमिक रिलेशंस) में हमारे काम से पता चलता है कि हमें

सीधे कैश ट्रांसफर की ओर बढ़ने की जरूरत है। यानी, खाद्य और उर्वरक सब्सिडी सीधे लाभार्थियों के खातों में दी जाए और लोगों को बाजार से अनाज खरीदने दिया जाए। किसानों को भी बाजार मूल्य पर उर्वरक खरीदने दें।

- अत्यधिक सब्सिडी वाली मूल्य नीति की जगह लाभार्थियों को सीधे कैश ट्रांसफर की नीति अपनाने से सार्वजनिक वितरण प्रणाली के साथ-साथ उर्वरक वितरण (विशेष रूप से यूरिया) में बड़े पैमाने पर लीकेज को रोका जा सकेगा। यह मौजूदा व्यवस्था में अधिक प्रभावी होगा। अगर मोदी को यह अधिकार मिल जाता है, तो सरकार हर साल कम से कम 50,000 करोड़ रुपये आसानी से बचा सकती है। इसके लिए उसे गरीबों और छोटे किसानों की मदद करने में किसी तरह की कोई अड़चन भी नहीं आएगी। इस बचत का उपयोग कृषि-आरएंडडी (कृषि अनुसंधान और विकास), ग्रामीण क्षेत्रों में बुनियादी ढांचे, कृषि के लिए नवाचार निधि वगैरह पर खर्च बढ़ाने के लिए किया जा सकता है। इससे उच्च उत्पादकता वाले रोजगार पैदा करने और किसानों की आय को बढ़ाने के अलावा खेती को प्रतिस्पर्धी बनाने में मदद मिलेगी।
- कृषि उत्पादों के विदेशी व्यापार की बात करें, तो 2020-21 में भारत के पास 20 अरब डॉलर का अधिशेष था। इसमें निर्यात 41.8 अरब डॉलर और आयात 21.6 अरब डॉलर था। भारत 8.8 अरब डॉलर मूल्य के 17.7 मिलियन टन चावल के सबसे बड़े निर्यातक के रूप में उभरा है। जो कि वैश्विक चावल व्यापार का 35 प्रतिशत से अधिक हिस्सा है। हमारी कृषि-निर्यात की विविधता की बात करें तो, मछली से लेकर मसालों और चीनी तक में बढ़ोतरी है। हालांकि, हमारा आयात काफी अधिक है। अकेले 2020-21 में खाद्य तेल का आयात 11.1 बिलियन डॉलर (13.5 मिलियन टन) और दालों का आयात 1.6 बिलियन डॉलर (2.4 मिलियन टन) का था। जैसा कि पहले ही संकेत दिया गया था, मोदी सरकार दालों के आयात को 2017-18 में 5.6 मिलियन टन से घटाकर 2020-21 में 2.4 मिलियन टन करने में सफल रही है। इसका मुख्य कारण, दालों का उत्पादन बढ़ना रहा है। खाद्य तेलों के मामले में भी इसी तरह का प्रयास किया जा रहा है और प्रधानमंत्री ने 11,000 करोड़ रुपये के फंड के साथ पाम ऑयल पर ध्यान देने के लिए नए मिशन की घोषणा की है। भारत में पाम ऑयल के लिए लगभग 20 लाख हेक्टेयर क्षेत्र की पहचान की गई है, लेकिन अब तक केवल लगभग 300,000 हेक्टेयर का ही इस्तेमाल किया जा सका है।

> सरकार को उत्पादकता बढ़ाने और भारत को तिलहन और खाद्य तेलों का विश्व स्तर पर प्रतिस्पर्धी उत्पादक बनाकर, खाद्य तेलों में आत्मनिर्भरता बनाने के लिए एक सही रणनीति की आवश्यकता है।

कुल मिलाकर, नरेंद्र मोदी के मुख्यमंत्री रहते हुए भारतीय कृषि का प्रदर्शन शानदार था। तब लगभग एक चमत्कार की तरह 13 साल तक 9.2 प्रतिशत की वृद्धि दर रही। लेकिन देश के प्रधानमंत्री के रूप में उनके पिछले सात वर्षों के कार्यकाल में कृषि की वृद्धि दर 3.5 प्रतिशत प्रतिवर्ष रही है। यह लंबे समय तक रहे 3.2 प्रतिशत से कुछ ही अधिक है। हालांकि, कई नई पहल की गई हैं और हम यह उम्मीद कर सकते हैं कि आने वाले समय में इसके नतीजे दिखेंगे।

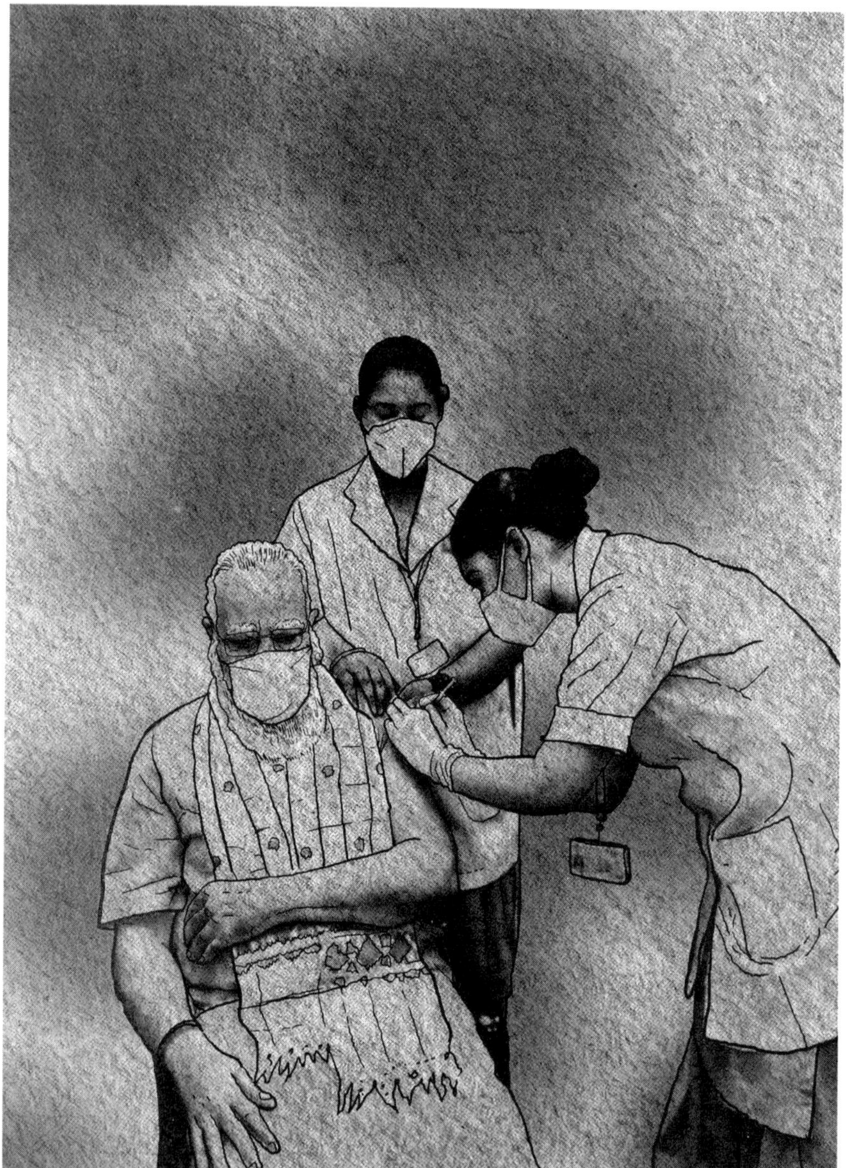

महामारी से जंग: आगे बढ़कर नेतृत्व करना

डॉ. देवी शेट्टी

पिछले दो दशक में, पहले गुजरात के मुख्मंत्री और बाद में प्रधानमंत्री के पद पर रहने वाले नरेंद्र मोदी के सामने कई बड़ी चुनौतियाँ आई हैं। कोविड-19 महामारी यकीनन, उनमें सबसे बड़ी चुनौती रही है। यह एक ऐसी सबसे बड़ी चुनौती भी रही है, जिसका सामना हमने एक राष्ट्र रूप में इस सदी में किया है। मोदी के दूसरे कार्यकाल का अभी साल भर भी नहीं हुआ था कि 2020 की शुरुआत में, एक ग्लोबल स्वास्थ्य खतरे के रूप SARS-CoV-2 या कोविड-19 वायरस फैल गया। इस महामारी ने दुनियाभर में, अनगिनत लोगों की जान को खतरे में डाल दिया। इसके अलावा, इससे आर्थिक गतिविधियों में बेहद कमी आई। यह कहना अतिशयोक्ति नहीं होगी कि, महामारी के शुरू होने के बाद रोजमर्रा की जिंदगी पहले जैसी नहीं रही। दिसंबर 2021 के अंत तक 3.48 करोड़ से अधिक भारतीय, कोरोना वायरस से संक्रमित हो चुके थे। दुर्भाग्य से, इसकी वजह से 4.8 लाख से अधिक लोगों को अपनी जान गंवानी पड़ी।[1]

बहरहाल, हमारे देश में दुनिया के देशों से तुलना कर एक निराशाजनक तस्वीर पेश करने की कोशिश की जा रही है। इस लड़ाई में भारत की कोशिशों को कुछ लोग झुठलाने का प्रयास कर रहे हैं। हमने दुनिया के कई विकसित देशों की तुलना में बेहतर किया है। भारत में हर 10 लाख लोगों पर 24,879 मामले ही सामने आए हैं। यह आंकड़ा अमेरिका और ब्रिटेन में आने वाले मामलों से 5 गुना कम हैं। अमेरिका और ब्रिटेन में हर 10 लाख लोगों पर क्रमश: 1,48,817 और 1,56,458 मामले आए। यूरोप में तो हर 10 लाख लोगों पर 1,03,728 से अधिक कोविड के मामले सामने आए हैं। इसी तरह, भारत में हर 10 लाख लोगों पर मौतों की संख्या महज 340 रही है, जो बाकी देशों की तुलना में बहुत कम है। अमेरिका और ब्रिटेन में हर 10 लाख लोगों पर क्रमश: 2383 और 2147 मौतें दर्ज की गईं।[2]

प्रधानमंत्री मोदी ने पिछले दो वर्षों में, इन चुनौतियों से पार पाने के लिए अथक

प्रयास किया है। भारत ने स्वास्थ्य प्रणाली में सुधार किया है, जिसको पिछले सात दशकों से बहुत गंभीरता से नहीं लिया गया। मोदी सरकार की तरफ से अतीत में दिए गए, किसी भी आर्थिक पैकेज की तुलना में ज्यादा बड़ा बजट दिया गया और दुनिया का सबसे बड़ा टीकाकरण अभियान शुरू किया गया। कोविड महामारी से इस जंग में भारत की स्थिति का आकलन करने के लिए हमें, पीछे मुड़कर देखने की जरूरत है। साथ ही, महामारी प्रबंधन को लेकर भारत की पूरी यात्रा को देखना काफी मददगार हो सकता है। यह देखना अहम है कि, हमारी शुरुआत कहां से हुई और हम कहां तक पहुंचे हैं। यह अध्याय मोदी की अगुआई में कोविड के खिलाफ भारत की लड़ाई के बारे में बतलाता है।

समय पर कार्रवाई

तेजी से फैलने वाले संक्रामक रोगों के मामले में शुरुआत में तेजी से लिया गया फैसला, अहम होता है। भारत भी कोविड के मामले में समय पर ठोस और सशक्त कार्रवाई की वजह से कोविड जैसे गंभीर संकट को रोकने में कामयाब रहा। भारत दुनिया का ऐसा पहला देश था, जिसने चीन में उभरती स्थिति के बाद इसकी नियमित निगरानी शुरू की। साथ ही, इसके महामारी के रूप में फैलने की आशंका के मद्देनजर योजना बनाने और एक्शन लेने वाले पहले देशों में से एक था। चीन के हुबेई प्रांत के वुहान में 31 दिसंबर 2019 को निमोनिया का पहला मामला सामने आया था। इसके महज एक महीने से भी कम समय में, भारत में 30 जनवरी 2020 को कोविड का पहला मामला दर्ज किया गया।[3] केरल के त्रिशूर की रहने वाली एक छात्रा चीन से लौटने के बाद संक्रमित पाई गई थी। हालांकि, इस पहले मामले के दर्ज होने से काफी पहले ही हमारे कोविड प्रबंधन और रणनीति को अमल में लाया जा चुका था।

शीर्ष सरकारी अधिकारी चीन के घटनाक्रम पर नजर रख रहे थे और प्रधानमंत्री कार्यालय (पीएमओ) के साथ नियमित संपर्क में थे। मोदी जनवरी 2020 से खुद निजी स्तर पर स्थिति की निगरानी कर रहे थे और पर्याप्त कार्रवाई सुनिश्चित कर रहे थे। भारत में जनवरी से ही व्यवस्थित तरीके से कोविड को लेकर सावधानियां बरती जाने लगी थीं। भारतीय चिकित्सा अनुसंधान परिषद (ICMR) और राष्ट्रीय रोग नियंत्रण केंद्र (NCDC) ने चीन से लौटने वालों पर नजर रखना और कोविड जांच की निगरानी करना शुरू कर दिया था। आखिरकार, विश्व स्वास्थ्य संगठन (WHO) ने 11 मार्च 2020 को कोविड को महामारी घोषित कर दिया।[4] तब तक, भारत में पहले से ही कोविड से लड़ने के लिए एक औपचारिक संस्थागत तंत्र बनाया जा चुका था। देश में शीर्ष स्वास्थ्य विशेषज्ञ और मेडिकल पेशेवर हालात की निगरानी और देश

की कोविड रणनीति की योजना बनाने में सीधे तौर पर शामिल थे।

इसके अलावा, सरकार ने हवाई अड्डों पर स्क्रीनिंग, कोविड और इससे जुड़े लक्षणों के बारे में जागरूकता, जांच के लिए, और अधिक बुनियादी ढांचे का निर्माण और मामलों में तेजी को रोकने के लिए देश भर में आइसोलेशन की सुविधा जैसे उपाय शुरू कर दिए थे। जरा सोचिए, अगर हमने कोविड से जंग में जरा भी देर कर दी होती, तो क्या हालात होते। मोदी सरकार ने इस उभरती चुनौती से पार पाने के लिए पहले ही 'पूरी सरकार' को सक्रिय कर दिया था। इस प्रक्रिया में न सिर्फ स्वास्थ्य मंत्रालय, बल्कि कई दूसरे मंत्रालय भी, महामारी और उससे जुड़ी चुनौतियों के प्रबंधन में शामिल थे। विदेश मंत्रालय और नागरिक उड्डयन मंत्रालय ने यह सुनिश्चित किया कि भारत, चीन से अपने नागरिकों को सुरक्षित निकालने वाला पहला देश बने। नागरिक उड्डयन मंत्रालय ने वैश्विक प्रतिक्रिया और यात्रा प्रतिबंधों की बारीकियों पर नजर बनाए रखी और फिर एक्शन लिया। गृह मंत्रालय कोविड से जुड़ी पाबंदियों को लगाने की तैयारी सुनिश्चित करने में शामिल था। रसायन और उर्वरक (फार्मास्युटिकल विभाग), वाणिज्य, कपड़ा और एमएसएमई जैसे विभिन्न मंत्रालयों ने जरूरी वस्तुओं की पर्याप्त आपूर्ति सुनिश्चित करने में अहम भूमिका निभाई। साथ ही, घरेलू उत्पादन में कई गुना बढ़ोतरी की गई। प्रधानमंत्री मोदी ने सुनिश्चित किया कि ये मंत्रालय मिलकर काम करें और अच्छे नतीजों के लिए लगातार प्रयासरत रहे।

राष्ट्रव्यापी लॉकडाउन

दुनिया भर में, जैसे ही कोविड के हालात बेकाबू हो गए और मामले लगातार बढ़ते रहे, तो ऐसे में मोदी सरकार ने 25 मार्च 2020 से राष्ट्रव्यापी लॉकडाउन लागू कर दिया। मोदी ने इससे एक दिन पहले, राष्ट्र को संबोधित किया और देशव्यापी लॉकडाउन की घोषणा की।[5] मोदी ने मार्च 2020 में धार्मिक नेताओं, स्वास्थ्य पेशेवरों, रेडियो जॉकी (आरजे), पत्रकारों वगैरह के जरिए समाज के विभिन्न वर्गों में कोविड के बारे में जागरूकता पैदा करने के लिए संपर्क किया। इस हालात को समझते हुए उन्होंने होली उत्सव में भाग लेने से परहेज करने का फैसला किया। मोदी ने होली से करीब एक हफ्ते पहले, ट्वीट किया और होली के कार्यक्रमो से दूर रहने के अपने फैसले की घोषणा की।[6]

मोदी सरकार ने महसूस किया कि पर्याप्त तैयारी और संक्रमण को फैलने रो रोकने के लिए लॉकडाउन की जरूरत है। आखिरकार, प्रधानमंत्री ने सख्त लॉकडाउन का साहसिक निर्णय लिया। बहुत सारे लोगों ने, विशेष रूप से मेडिकल सेवा से जुड़े लोगों ने इस लॉकडाउन को लागू करने पर जोर दिया था। लेकिन यह फैसला

आसान नहीं था और कई मुश्किल सवाल थे। यह कैसे सुनिश्चित किया जाए कि हाशिए पर रहने वाले लोग लॉकडाउन के बाद खुद के लिए, दो जून की रोटी जुटाने में सक्षम हों? कैसे सुनिश्चित करें कि आपूर्ति की प्रक्रिया बाधित न हो? लोगों को घर पर रहने के लिए कैसे मनाएं?

अधिकांश देशों ने वायरस फैलने के बाद लॉकडाउन लागू करने में गलती की। इससे सभी को दिक्कतें आईं। भारत ने लॉकडाउन को पूरी तरह से समय पर लगाया। इसे तब लगाया, जब कुछ ही मामले आए थे। ऑक्सफोर्ड यूनिवर्सिटी के एक अध्ययन के अनुसार, भारत का लॉकडाउन भी दुनिया के सबसे सख्त लॉकडाउन में से एक था।[7]

कुछ लोगों ने इसे, मनमाना फैसला प्रचारित करने की कोशिश की, लेकिन उसके उलट लॉकडाउन मनमाने ढंग से या अचानक नहीं लागू किया गया। दूसरों की तुलना में मोदी संभवत: जनमानस को बेहतर ढंग से समझते हैं। वह जानते थे कि इस देश के लोगों के लिए पूरी तरह से लॉकडाउन अनजानी चीज है और लोगों को इसके लिए तैयार रहने की जरूरत थी। इसी वजह से उन्होंने 22 मार्च को 'जनता कर्फ्यू' की घोषणा की। लोगों से उस दिन घर के अंदर रहने की अपील की।[8] जनता कर्फ्यू ने, एक तरह से लोगों को लॉकडाउन की अवधारणा के अनुकूल बनाने का काम किया। असल में, 24 राज्यों ने प्रधानमंत्री के लॉकडाउन की घोषणा करने से पहले ही किसी न किसी तरह की पाबंदी की घोषणा कर दी थी।

25 मार्च को 21 दिनों का राष्ट्रीय लॉकडाउन शुरू हुआ। इसे तीन बार बढ़ाया गया और कुल 68 दिनों तक यह लागू रहा।[9] जरूरी सेवाओं को छोड़कर सभी आर्थिक गतिविधियों को बंद कर दिया गया था। पूरी तरह से लॉकडाउन ने अमीर से लेकर गरीब सभी की रोजमर्रा की जिंदगी को बाधित कर दिया।

हमें यह समझना चाहिए कि, जब मोदी और उनकी सरकार ने यह फैसला किया था तो उनके पास इसके सिवा कोई विकल्प नहीं था। उस समय की परिस्थितियों और हालात को देखते हुए, यह सबसे उपयुक्त निर्णय था और रहेगा। मार्च 2020 में, हम इस भयानक वायरस की पूरी तस्वीर से वाकिफ नहीं थे। हमें यह नहीं मालूम था कि यह कैसे व्यवहार करता है या मानव शरीर को प्रभावित करता है। हमारे पास चीन, इटली और कोविड से प्रभावित दूसरे देशों की तस्वीरों की झलक थी, जहां शवों को अस्पतालों के गलियारों में लावारिस छोड़ दिया गया था। यह बीमारी किस से फैलती है, कितना खतरनाक है, इलाज, चिकित्सा के लिए बुनियादी ढांचे की जरूरतें और हमारी तैयारियों...इन सबको लेकर हमारे पास बेहद सीमित जानकारियां थीं। ऐसा न सिर्फ भारत, बल्कि दुनिया भर के देशों में समान चिंताएं थीं। इसके संक्रमण को रोकने और मेडिकल सुविधाओं का ढांचा खड़ा करने के लिए विश्व स्तर पर पूरी तरह लॉकडाउन को ही एकमात्र उपाय के रूप में देखा गया था। स्वास्थ्य

विशेषज्ञों ने भी इस फैसले का समर्थन किया और इसे सही माना।

आखिरकार, हमें लॉकडाउन के प्रभाव पर चर्चा करते समय, इसके विपरीत हालात को भी ध्यान में रखना चाहिए। यदि पूरी तरह लॉकडाउन नहीं लगाया गया होता तो स्थिति और खराब होने की आशंका ज्यादा थी। साथ ही, पर्याप्त तैयारी नहीं की गई होती, तो मामले तेजी से बढ़ने की बहुत अधिक आशंका थी। संभवतः, कोविड मामलों में तेजी, जल्दी शुरू हो गया होता और जो दौर हमने देखा, हालात उससे कहीं ज्यादा खराब हो गया होता। प्रधानमंत्री मोदी ने लॉकडाउन की घोषणा करते हुए साफ रूप से सरकार की प्राथमिकताओं को बताया, 'जान है तो जहान है।'[10] भारत के लॉकडाउन का मकसद साफ था। जब तक जान सुरक्षित थी, देश आर्थिक संकट का सामना करने के लिए तैयार था।

कोविड-19 में उचित बर्ताव

कोविड की संक्रामक क्षमता को देखते हुए, इसे तेजी से फैलने से रोकने की खातिर उचित व्यवहार जरूरी था। इस देश में लोगों से उचित बर्ताव का पालन करना बहुत बड़ी चुनौती थी। व्यावहारिक समाधान खोजने के लिए समस्या की पूरी समझ और इसे प्रभावी ढंग से लागू करने की आवश्यकता होती है।

जिस किसी ने भी बारीकी से देखा है, तो उसे पता चला होगा कि कैसे प्रधानमंत्री ने इस संकट से भारत को आगे बढ़ाया है। उसे लगा होगा कि कैसे प्रधानमंत्री ने लोगों को संवेदनशील बनाने और मार्गदर्शन करने के लिए आसानी से समझ वाली भाषा का इस्तेमाल किया और छोटी-छोटी कहानियों के जरिए लोगों तक अपनी बात रखी। उदाहरण के लिए, आप 130 करोड़ की आबादी को 'महामारी' या 'सोशल डिस्टेंसिंग' का मतलब कैसे समझाते? दुनिया में सबसे अधिक जनसंख्या घनत्व वाले देश में आप 'सोशल डिस्टेंसिंग' को सुनिश्चित करते? लॉकडाउन के 68 दिनों के दौरान देश के लोगों के साथ-साथ हमारे स्वास्थ्य कर्मियों को कोई कैसे प्रेरित रखता? ये ऐसे सवाल थे जिन पर मुझे लगता है कि मोदी ने लंबे समय तक और कठिन विचार किया। जैसा कि उनके कार्यों से भी पता चलता है। उन्होंने हालात की गंभीरत को बताने के लिए 'कोरोना वैश्विक महामारी' जैसी शब्दावलियों पर जोर दिया। उन्होंने सोशल डिस्टेंसिंग को समझाने के लिए 'दो गज की दूरी' के बारे में भी बताया। प्रधानमंत्री ने 'जान है तो जहान है' और फिर 'जान भी, जहान भी' का इस्तेमाल करते हुए हजार शब्दों की बात को आसान तरीके से समझाया।

प्रधानमंत्री ने जब लोगों से दीया जलाने और स्वास्थ्यकर्मियों को प्रोत्साहित करने के लिए बर्तन और ताली बजाने की अपील की, तो कुछ ने उनके आह्वान का

मजाक उड़ाया। हां, ये चीजें कोरोना को दूर भगाने वाली नहीं थीं। लेकिन, उन्होंने 130 करोड़ लोगों के लिए एक जोड़ने वाली कड़ी के रूप में काम किया, जो सदी में एक बार आने वाली महामारी में निराशा में घरों में फंसे थे। उन्होंने उन लोगों में आशा, उम्मीद और सकारात्मकता का दीया जलाने में मदद की, जो नहीं जानते थे कि, आगे क्या होने वाला है। उन्होंने अपने परिवारों की परवाह किए बगैर काम करने वाले हजारों स्वास्थ्यकर्मियों को प्रेरित किया। दीया, ताली और थाली एक अनजान दुश्मन से जंग में प्रतिरोध के मजबूत प्रतीक थे। यह तय नहीं था कि आगे क्या होगा, लेकिन एक सच्चा नेता वही है, जो 130 करोड़ देशवासियों को ऐसी परिस्थितियों में भी एक उम्मीद देता है।

हमने जनवरी 2020 से अभी तक लोगों में जागरूकता और संवेदनशीलता पैदा करने में एक लंबा सफर तय किया है। आज, यहां तक कि एक स्थानीय किराना स्टोर वाला भी अपने ग्राहकों से कहता है कि कुछ दूरी के साथ कतार में खड़े हों। सड़क किनारे सब्जी बेचने वाला भी नोटों की लेनदेन से बचने के लिए यूपीआई क्यूआर से भुगतान की सुविधा रखता है।

मेक इन इंडिया की सफलता

भारत 2020 की शुरुआत में बड़े पैमाने पर वायरल महामारी के लिए तैयार नहीं था। मेडिकल उपकरणों से लेकर एन-95 मास्क, पीपीई, वेंटिलेटर से लेकर अस्पतालों में बेड की सुविधा और बुनियादी ढांचे की भारी कमी थी। यदि भारत को कोविड की चुनौतियों से पार पाना था, तो उसे इस अंतर को तत्काल पाटने की जरूरत थी। मोदी सरकार ने घरेलू उत्पादन में इजाफा करके, कुछ महीनों के भीतर ही कामयाबी हासिल कर ली। कोविड का पता लगाने के लिए RT&PCR एक मानक जांच है। जब महामारी शुरू हुई थी, तब भारत में केवल एक प्रयोगशाला-एनआईवी, पुणे-ही कोविड के लिए आरटी-पीसीआर की जांच कर सकती थी। मार्च 2020 में, जब भारत में मामले बढ़ने लगे, तो उस वक्त तक 52 लैब हो गए थे।[11] आईसीएमआर, स्वास्थ्य मंत्रालय और नेशनल एक्रिडिटेशन बोर्ड फॉर टेस्टिंग एंड कैलिब्रेशन लेबोरेटरीज (एनएबीएल) के प्रयासों से जांच सुविधाओं में तेजी आई। देश भर में कुछ महीनों के भीतर, आरटी-पीसीआर जांच की सुविधाओं वाले 1,364 प्रयोगशालाएं थीं।[12] फिलहाल, हमारे देश में 3,000 से अधिक प्रयोगशालाएं हैं।[13] आरटी-पीसीआर के अलावा, हमारे पास रैपिड टेस्टिंग किट पर्याप्त हैं। इसने कोविड प्रबंधन में सुधार किया है, क्योंकि हम हॉटस्पॉट और भीड़-भाड़ वाले सार्वजनिक जगहों जैसे रेलवे स्टेशनों, हवाई अड्डों पर तत्काल जांच कर सकते थे।[14] सफलता अकसर संख्या और आंकड़ों में खो जाती

है, लेकिन यह सभी की मिलीजुली कोशिशों के अलावा कुछ नहीं है। सरकार ने इतने कम समय में क्षमता में इजाफा किया, यह उसकी सबसे बड़ी सफलता है।

यह बुनियादी ढांचा लंबे समय तक देश की स्वास्थ्य सेवा में सुधार करेगा। अधिकांश सार्वजनिक अस्पतालों, यहां तक कि छोटे शहरों के अस्पतालों में भी अब आरटी-पीसीआर जांच होती है। कोविड-19 के बाद, ये प्रयोगशालाएं आनुवंशिक बीमारियों और कैंसर के अलावा हेपेटाइटिस सी और एचआईवी जैसी बीमारियों का जल्द पता लगा लेंगी। इन भयानक बीमारियों का जल्द पता लगाने से खासतौर पर ग्रामीण इलाकों में सस्ता इलाज किया जा सकेगा।

जब 2020 में महामारी शुरू हुई, तो हमारे हेल्थकेयर और फ्रंटलाइन वर्करों के लिए एन-95 मास्क और पीपीई किट जैसी बुनियादी सुविधाओं की कमी थी। जब मैंने आईसीयू में युवा डॉक्टरों को पुराने रेनकोट में खुद को लपेटने और मोटरसाइकिल हेलमेट से अपने चेहरे को ढंकने के बारे में सुना तो, मैं चौंक गया। घरेलू स्तर पर पीपीई किट और एन-95 मास्क का उत्पादन बेहद कम था, क्योंकि इसे बनाने वाले कम थे। महामारी की वजह से पूरी दुनिया में इसकी कमी हो गई और निर्यात भी बंद हो गया। भारत घरेलू कमी को पाटने के लिए आयात पर निर्भर नहीं रह सकता था। यदि हम मौजूदा स्थिति से, इसकी तुलना करें तो भरोसा नहीं होता कि कुछ समय पहले ही तो इन सब चीजों की कितनी कमी थी। भारत अब पीपीई किट बनाने के मामले में दुनिया के तमाम देशों को पीछे छोड़ते हुए दूसरे नंबर पर अपनी जगह बना ली। हम पीपीई किट और एन95 मास्क के प्रमुख निर्यातक बन गए हैं। आज, N-95 मास्क, स्थानीय फार्मेसियों में भी सस्ती दरों पर उपलब्ध हैं। देश भर में हेल्थकेयर वर्करों के पास पीपीई किट की पर्याप्त आपूर्ति है।

यह बदलाव रातोंरात नहीं हुआ। प्रधानमंत्री मोदी के शासन के प्रति व्यापक सोच ने इसे संभव कर पाने में सफलता हासिल की। इससे उत्पादन में कई गुना वृद्धि हुई। कपड़ा मंत्रालय ने पीपीई किट के उत्पादन को बढ़ाने पर ध्यान केंद्रित किया। मंत्रालय के अधिकारी और औद्योगिक निकाय सक्रिय रूप से देश भर के निर्माताओं के साथ जुड़े रहे और उन्हें पीपीई किट और एन 95 मास्क का उत्पादन करने के लिए प्रोत्साहित किया। सरकार ने रेगुलेटरी बाधाओं को दूर करने के लिए सक्रिय रूप से भूमिका निभाई। इसमें तकनीक की मदद ली गई। फिलहाल देश में पीपीई किट के 600 से अधिक घरेलू निर्माता हैं। जब पिछले साल महामारी शुरू हुई थी, तब इसकी कल्पना भी नहीं की जा सकती थी।[15]

हमने जब गंभीर मरीजों का इलाज शुरू किया, तो हमने महसूस किया कि इलाज के लिए वेंटिलेटर के साथ आईसीयू बेड की जरूरत होगी। यह जानकारी केंद्र सरकार को दी गई और सरकार ने इस पर तत्काल कार्रवाई की।

जब महामारी शुरू हुई तो, देश के सरकारी अस्पतालों में सिर्फ 17,850 वेंटिलेटर थे।[16] सरकार को यह सुनिश्चित करना था कि तत्काल हजारों वेंटिलेटर लग सकें। हालांकि, भारत में उत्पादन क्षमता की कमी थी। ऐसे में पूरी तरह से यूरोप और चीन से आयात पर निर्भर रहना पड़ा। लेकिन, विदेशों से आयात करना भी विकल्प नहीं रह गया था, क्योंकि सभी देश पहले अपनी जरूरतों को पूरा करने की कोशिश कर रहे थे। मोदी सरकार सभी विकल्पों पर विचार करने और समाधान खोजने में तेज थी।

अप्रैल-मई 2020 में ही 50,000 से अधिक वेंटिलेटर के लिए ऑर्डर दिए गए थे। यह संख्या महामारी से पहले की क्षमता का लगभग तीन गुना था। इसके अलावा, इन्हें पूरी तरह से केंद्र सरकार की ओर से पीएम केयर्स फंड के जरिए खरीदा जाना था और राज्य सरकारों को सरकारी अस्पतालों में लगाने के लिए दिया जाना था।[17] मोदी हरकत में आ गए थे और हमेशा की तरह सार्वजनिक प्रावधान के पैमाने को बदल दिया। स्वास्थ्य मंत्रालय ने वेंटिलेटर की घरेलू आपूर्ति बढ़ाने के लिए अन्य केंद्रीय एजेंसियों के साथ मिशन मोड पर काम किया। स्वदेशी वेंटिलेटर के लिए एक डिजाइन बनाया गया था। सार्वजनिक क्षेत्र की भारतीय कंपनी इलेक्ट्रॉनिक्स लिमिटेड को 30,000 वेंटिलेटर बनाने और आपूर्ति करने के लिए कहा गया था।[18] विभिन्न निजी निर्माताओं की पहचान की गई और वेंटिलेटर का उत्पादन शुरू करने में तकनीकी और तमाम सहायता दी गई। सरकार ने एक सूत्रधार के रूप में काम किया और सुनिश्चित किया कि उत्पादन में रेगुलेटरी बाधाओं को दूर किया जाए। हमने चमत्कार से कम हासिल नहीं किया और देश भर के सरकारी अस्पतालों में मुफ्त वेंटिलेटर की आपूर्ति की गई। महामारी से पहले सरकारी अस्पतालों में 17,000 वेंटिलेटर से यह संख्या बढ़कर 50,000 हो गई। कई राज्य इन नए वेंटिलेटर से कई बार सफलतापूर्वक अपनी क्षमता का विस्तार कर सकते हैं।

एन95 मास्क, पीपीई किट, वेंटिलेटर के उत्पादन में उल्लेखनीय वृद्धि और जांच क्षमता का विस्तार 'मेक इन इंडिया' की सफलता की कहानियां हैं। इन सबने भारत को एक, आत्मनिर्भर भारत बनाने के मोदी के लक्ष्य को हासिल करने में एक कदम करीब लाने का काम किया।

महामारी की दूसरी लहर

भारत को अप्रैल-मई 2021 में महामारी की क्रूर, दूसरी लहर का सामना करना पड़ा। बेहद संक्रामक डेल्टा वेरिएंट की वजह से यह लहर फैली थी। डेल्टा वेरिएंट ने ही पूरी दुनिया में फिर से कहर बरपाया। दुनिया भर में, उन देशों सहित, जिन्होंने नए संस्करण के प्रसार से पहले उच्च टीकाकरण कवरेज का प्रबंधन किया था। जैसा कि

हमेशा होता है, डॉक्टरों, प्रशासकों और सरकार को भी लगता है कि हम और बेहतर कर सकते थे। हालांकि, डेल्टा पूरी तरह से एक नया स्वरूप था। भारत ने सबसे पहले, इसके प्रकोप को झेला, लेकिन जैसे-जैसे यह फैलता गया, विकसित देशों को भी इसी तरह की कमी का सामना करना पड़ा और अस्पताल मरीजों से पट गए। दूसरी लहर के दौरान पूरी चिकित्सा व्यवस्था की परीक्षा देखने को मिली। प्रधानमंत्री ने अग्रिम मोर्चे से नेतृत्व किया और देश को संकट से बाहर निकाला। विभिन्न मंत्रालयों, केंद्र सरकार के संगठनों और राज्य सरकारों ने जरूरी चिकित्सा आपूर्ति सुनिश्चित करने के लिए मिलकर काम किया।

भारत ने महामारी के शुरुआती दिनों से ICMR और NCDC के जरिए कोविड निगरानी को संस्थागत रूप दिया था। दुनिया के कई देशों की तुलना में भारत ने नियमित ट्रैकिंग को सुनिश्चित किया, ताकि कोई मामला छूट न जाए। कोविड मरीजों के इलाज में सक्रिय रूप से शामिल होने के नाते, मैंने नियमित रूप से सरकारी सलाह और कोविड प्रबंधन के निर्णयों का पालन किया। फरवरी-मार्च 2021 में सरकारी सलाह और कार्यों पर, एक सरसरी नजर डालने से पता चलता है कि प्रधानमंत्री मोदी लगातार स्थिति की देखरेख कर रहे थे। केंद्र सरकार अत्यधिक सतर्क थी और संक्रमण को कम करने और सुरक्षा के लिए सक्रिय रूप से कोविड प्रबंधन की निगरानी कर रही थी। उन राज्यों को कई सलाह दिए गए, जहां इस अवधि के दौरान संक्रमण बढ़ रहा था। केंद्र सरकार की निगरानी टीमों ने कई राज्यों का दौरा किया और कोविड प्रबंधन पर विस्तृत सुझाव दिए। इसके अलावा, केंद्र ने ज्यादा मामले आने वाले राज्यों में प्रबंधन रणनीति तैयार करने के लिए जिला-स्तरीय निगरानी टीमों को भी तैनात किया था।[19]

वैश्विक स्तर पर, डेल्टा ने सरकारों के लिए एक अभूतपूर्व चुनौती पेश की। डेल्टा वेरिएंट की उच्च संक्रामक क्षमता ने बहुत ही कम समय में संक्रमणों में तेजी से वृद्धि की। इसने स्वास्थ्य सेवा प्रणाली पर अत्यधिक बोझ डाला और महत्वपूर्ण आपूर्ति की भारी कमी को जन्म दिया। गंभीर रूप से बीमार, कोविड मरीज को रोजाना 86 हजार लीटर तक मेडिकल ऑक्सीजन की जरूरत हो सकती है। शायद ही किसी दूसरी बीमारी में महज एक मरीज की जिंदगी को बचाने के लिए ऑक्सीजन की इतनी आवश्यकता होती हो। ऐसे मरीजों से भरे अस्पताल की कल्पना कीजिए। दुनिया भर में हेल्थकेयर डिलीवरी सिस्टम, अनुभव के आधार पर चरम मांग को पूरा करने के लिए डिजाइन किए गए हैं। अस्पताल के बुनियादी ढांचे पर कुछ ही दिनों में बड़ी संख्या में मरीजों की बाढ़ आ जाती है। यहां तक कि उत्तरी अमेरिका और यूरोप में एक विकसित स्वास्थ्य प्रणाली भी चरमरा गई।

दूसरी लहर के दौरान, गंभीर कोविड मरीज और सांस लेने में कठिनाई वाले बहुत

से मरीज थे। मांग तेजी से बढ़ने के कारण मेडिकल ऑक्सीजन की आपूर्ति कम हो गई। मोदी ने निजी रूप से देश भर में मेडिकल ऑक्सीजन के समान वितरण के लिए केंद्र सरकार की कोशिशों पर नजर रखी। वह जानते थे कि, वो पूरे देश के प्रधानमंत्री हैं और उन्हें सभी राज्यों की मांग को पूरा करना है। हालांकि, सीमित उत्पादन क्षमता ही एकमात्र चुनौती नहीं थी, जिसका सरकार सामना कर रही थी। पूरे देश में मेडिकल ऑक्सीजन पहुंचाना एक उलझाऊ प्रक्रिया थी। ऐसा पहले देश ने कभी नहीं देखा था। भारत में ऑक्सीजन का उत्पादन पूर्वी हिस्से में केंद्रित है। यहां से इसे पूरे देश में ले जाना था। सड़क मार्ग के जरिए यह करना चुनौतीपूर्ण था, क्योंकि ऑक्सीजन टैंकरों को उत्तर और पश्चिमी इलाकों में अस्पतालों तक पहुंचने में कुछ दिन लगेंगे, जहां कमी बहुत अधिक थी। उत्पादन वाली जगह से देश भर के अस्पतालों तक ऑक्सीजन के परिवहन की सुविधा के लिए पहले की कई नीतियों को जल्दी से बदल दिया गया था।

मोदी हमेशा संकट की स्थिति में नए समाधान देने के लिए जाने जाते हैं। केंद्र सरकार ने ऑक्सीजन परिवहन में सहायता के लिए भारतीय रेलवे, वायु सेना और नौसेना को शामिल किया। रेलवे ने देश भर में लिक्विड मेडिकल ऑक्सीजन पहुंचाने के लिए विशेष ट्रेनें- ऑक्सीजन एक्सप्रेस शुरू कीं। 24 अप्रैल से शुरू हुई ऑक्सीजन एक्सप्रेस ने एक महीने से भी कम समय में पूरे देश में 15,000 मीट्रिक टन से अधिक ऑक्सीजन पहुंचाई।[20] ऑक्सीजन के परिवहन में एक बड़ी चुनौती क्रायोजेनिक टैंकरों और सिलेंडरों की कमी थी। वायु सेना ने देश के भीतर और विदेशों से खाली क्रायोजेनिक टैंकरों को पहुंचाया।[21] मेडिकल ऑक्सीजन उत्पादन बढ़ाने और परिवहन की सुविधा के लिए, सरकार के कड़े प्रयासों ने दूसरी लहर के दौरान अनगिनत लोगों की जान बचाई। सरकार ने युद्ध स्तर पर ऑक्सीजन की व्यवस्था शुरू कर दी थी, जिससे जानमाल की महत्वपूर्ण हानि को रोका जा सका।

दूसरी लहर में दवाओं और अस्पताल में बिस्तरों की भी कमी देखी गई। केंद्र सरकार ने राज्यों की मदद के लिए सभी जरूरी अपीलों को तत्काल और कुशलता से पूरा किया और आपूर्ति बढ़ाने में उनकी सहायता की।

हालांकि, अस्पतालों में बेड उपलब्ध कराना मुख्य रूप से राज्य सरकारों की जिम्मेदारी है। फिर भी केंद्र ने और अधिक बेड मुहैया कराने के लिए वे सारे इंतजाम किए, जो वह कर सकता था। अप्रैल 2021 में, आइसोलेशन बेड और आईसीयू बेड की संख्या की जरूरत क्रमशः लगभग 154 गुना और 40 गुना हो गई थी। यह 2020 में महामारी शुरू होने के समय की तुलना में कहीं अधिक थी। दूसरी लहर के दौरान, मोदी सरकार ने विभिन्न मंत्रालयों को देश भर में कोविड से लड़ने के लिए और मरीजों की देखभाल के लिए कई केंद्र और सुविधाएं जुटाने के लिए प्रेरित किया।

केंद्र सरकार ने दिल्ली में अस्थायी सुविधाएं और फील्ड अस्पताल शुरू किए गए। उदाहरण के लिए, आईटीबीपी ने जुलाई 2020 में 10,000 बिस्तरों वाला सरदार पटेल कोविड देखभाल केंद्र खोला। यह दुनिया का सबसे बड़ा कोविड केयर सेंटर था।[22] दूसरी लहर के दौरान, केंद्र सरकार ने विशेष सुविधा से लैस, कई नए सेंटर को फिर से खोलने का फैसला किया और पर्याप्त स्टाफ तथा अन्य संसाधनों की उपलब्धता सुनिश्चित की।[23] इसके अलावा, दूसरी लहर के दौरान केंद्र सरकार के अस्पतालों के माध्यम से दिल्ली में कोविड मरीजों के लिए 2,100 से अधिक बिस्तर उपलब्ध कराए गए। दूसरी लहर के दौरान जरूरतों में बढ़ोतरी की आशंका को देखते हुए सरकारी अस्पतालों ने दिल्ली में रोगियों के लिए, बिस्तरों की संख्या में मार्च की तुलना में लगभग चार गुना वृद्धि की।[24]

देश में जब भी कोई संकट आया है, तो रक्षा बल हमेशा उनका सामना करने में सबसे आगे रहे हैं। दूसरी लहर के दौरान, सशस्त्र बल चिकित्सा सेवा (एएफएमएस), डीआरडीओ, रक्षा सार्वजनिक क्षेत्र के उपक्रम (डीपीएसयू) और छावनी बोर्ड अस्पताल ने मिलकर काम किया और बेड की संख्या में बढ़ोतरी की।[25] देश भर में सैन्य और एएफएमएस अस्पतालों ने नागरिक उपयोग के लिए बिस्तर उपलब्ध कराए। डीआरडीओ ने दिल्ली, लखनऊ, अहमदाबाद और पटना सहित देश भर के कई शहरों में विशेष सुविधाओं की स्थापना की। भारतीय सेना ने पूरे देश में अस्पताल के बिस्तर और स्पेशल आइलेशन वार्ड की सुविधा भी दी। सशस्त्र बलों ने चिकित्सा और गैर-चिकित्सा कर्मचारियों की भारी कमी को दूर करने में मदद की।[26]

भारतीय रेलवे ने अस्पताल के बिस्तरों की उपलब्धता बढ़ाने की दिशा में अहम मदद की। लगभग 4,000 रेलवे कोचों को विशेष देखभाल सुविधाओं वाली व्यवस्था में बदल दिया गया। इन्हें राज्य सरकार की आवश्यकताओं के आधार पर देश भर में आसानी से भेजा और तैनात किया जा सकता है। इनकी वजह से 64,000 अतिरिक्त बिस्तर उपलब्ध कराए जा सके।[27]

कोविड की दूसरी लहर एक दुखद अनुभव था, क्योंकि इस दौरान असंख्य लोगों की जानें गईं। फिर भी, अगर हम पीछे मुड़कर देखें तो कोई भी विश्वास के साथ कह सकता है कि अधिक से अधिक लोगों की जान बचाने और जनता की पीड़ा को कम करने के लिए पर्याप्त प्रयास किए गए थे।

दुनिया का सबसे बड़ा टीकाकरण अभियान

भारत दुनिया का सबसे बड़ा टीकाकरण अभियान चला रहा है। हमने मानव इतिहास में एक अभूतपूर्व चुनौती का सामना किया। साथ ही, इतनी बड़ी आबादी को कई

खुराकों वाले टीका लगाने की मुहिम शुरू की। वो भी कुछ ही महीनों के भीतर। प्रधानमंत्री मोदी ने 'सबको टीका, मुफ्त टीका' के अपने वादे को पूरा करने के लिए अथक प्रयास किया है

भारत में इसे लेकर कैसा अनुभव रहा? पूरे देश भर में 31 दिसंबर 2021 तक 145 करोड़ से अधिक टीके लगाए जा चुके थे। इसे और बेहतर ढंग से समझने के लिए एक आंकड़ा पेश है। भारत ने यूरोप, उत्तरी अमेरिका, दक्षिण अमेरिका और अफ्रीका जैसे पूरे महाद्वीपों की तुलना में कहीं अधिक वैक्सीन खुराक लगा लिया था।[28] देश की 90 प्रतिशत से अधिक नागरिकों को कम से कम एक खुराक लग चुकी थी। लगभग 60 प्रतिशत को दोनों खुराक लग चुकी थी।[29] कई राज्यों और केंद्र शासित प्रदेशों ने पहले ही पात्र नागरिकों को टीके की पहली खुराक के 100 प्रतिशत लक्ष्य हासिल कर लिया है, बाकी राज्य इसी राह पर हैं। हिमाचल प्रदेश पात्र आबादी के बीच पूर्ण टीका कवरेज हासिल करने वाला पहला राज्य बना।[30] पूरी आबादी को टीका लगाने का विशाल काम अभूतपूर्व रफ्तार से आगे बढ़ रहा है। देश को 100 करोड़ का मील का पत्थर पार करने में सिर्फ नौ महीने लगे। भारत में टीकाकरण की गति लगातार बढ़ रही है। शुरुआत में, पहली दस करोड़ खुराकों को लगाने में 85 दिन लगे। अब, हर पखवाड़े में करीब 10 करोड़ खुराकें लगाई जा रही हैं।[31] जब से केंद्र सरकार ने पूरे टीकाकरण अभियान को अपने हाथ में लिया है, तब से टीका लगाने की रफ्तार कई गुना बढ़ गई है। हर महीने दी जाने वाली खुराकों की संख्या में भी लगातार वृद्धि हुई है।[32]

हाल ही में, सरकार ने 15 से 18 साल के युवाओं को टीका लगाने के लिए घोषणा की। साथ ही फ्रंटलाइन वर्करों और अधिक गंभीर मरीजों के लिए भी 'बूस्टर' खुराक की घोषणा की है।

मोदी ने दो दशकों से अधिक समय तक, अपने सरकार के कार्यकाल में शासन में सुधार के लिए तकनीक के नवीनतम का उपयोग और जन भागीदारी पर ध्यान केंद्रित किया है। टीकाकरण कार्यक्रम में भी यह देखने को मिला है। उदाहरण के लिए, आईसीएमआर ने उत्तर-पूर्व और अंडमान और निकोबार द्वीप समूह में दूरस्थ स्थानों में टीकों की ड्रोन से पहुंचाने का इंतजाम किया।[33] इसके अलावा, उन्होंने 'हर घर दस्तक' (हर दरवाजे पर दस्तक) अभियान शुरू किया। इसका मकसद टीकाकरण दर को बनाए रखना और पूरी पात्र आबादी को पूरी तरह से टीका लगाना था।[34] इस पहल में प्रधानमंत्री का 'संपूर्ण सरकारी दृष्टिकोण' शामिल है, क्योंकि डाकघर, स्कूल, आंगनबाड़ी और अन्य सार्वजनिक संस्थान टीकाकरण के विस्तार में स्वास्थ्य कार्यकर्ताओं की मदद कर रहे हैं।[35]

कोविड टीकाकरण में अभूतपूर्व बाधाएं आईं, लेकिन इसके बावजूद यह एक आदर्श

स्थापित करने में सक्षम रहा। शायद यही कारण रहा कि, टीकाकरण को पूरी दुनिया में सराहना मिली। इसके अलावा, टीके को प्रतिकूल प्रभावों की निगरानी की आवश्यकता होती है। यह पोलियो जैसे टीकाकरण अभियान से अलग है, जहां घर-घर टीकाकरण करना अनिवार्य हो जाता है। विकसित देशों के साथ मिलकर सामूहिक टीकाकरण शुरू करना भारत के लिए अपने आप में एक ऐतिहासिक उपलब्धि है। यह गर्व की बात है कि हम विश्व स्तर पर उन चुनिंदा देशों में से एक हैं, जिनके पास कई स्वदेशी टीके हैं और घरेलू आपूर्ति में आत्मनिर्भर हैं। इसमें दुनिया का पहला डीएनए वैक्सीन-जायकोव डी शामिल है। इसे जायडस कैडिला ने विकसित किया है। इसके अलावा, वैक्सीन कार्यक्रम कोविन पोर्टल और ऐप जैसे अत्याधुनिक डिजिटल माध्यम से किया जा रहा है।

यह देश के लिए एक स्वागत योग्य बदलाव है, क्योंकि पहले कई मामलों में भारत में टीकाकरण शुरू करने में काफी देरी हुई है। बाजार की पर्याप्त मांग के बावजूद, टीकों के घरेलू निर्माण में और भी अधिक समय लगा। उदाहरण के लिए, विदेशों में पोलियो टीकाकरण 1950 के मध्य में शुरू हुआ। भारत में पोलियो के लिए बड़े पैमाने पर टीकाकरण 1978 में शुरू हुआ। दुर्भाग्य से, तेजी से फैलती बीमारी और टीकाकरण की महत्वपूर्ण मांग के बावजूद देश घरेलू आपूर्ति की व्यवस्था को बनाने में विफल रहा। नतीजतन, हम दशकों तक आयातित टीके की खुराक पर निर्भर रहे और पोलियो को खत्म करने के लिए संघर्ष करते रहे।[36]

इसी तरह, पूरी दुनिया में शुरू होने के करीब एक दशक बाद 1982 में भारत ने हेपेटाइटिस-बी को टीकाकरण कार्यक्रम में शामिल किया। खसरे के लिए टीकाकरण पूरी दुनिया में 1963 में शुरू किया गया था। भारत में इसकी वैक्सीन का निर्माण और वितरण 1980 के दशक तक नहीं हो पाया था। हमने कोविड का पहला मामला आने के सालभर के भीतर टीकाकरण शुरू कर लिया। इस सफलता को कमतर करके नहीं आंका जाना चाहिए।

इस ऐतिहासिक प्रयास और सफलता का कारण क्या है? केंद्र पिछले साल से ही टीकाकरण कार्यक्रम के मामले में सक्रिय रहा है। इसने मिशन कोविड सुरक्षा जैसी पहलों से टीकों के अनुसंधान और विकास को लेकर तकनीक ट्रांसफर से लेकर फंड के स्तर पर मदद में लगातार काम किया। टीका पर्याप्त मात्रा में सबके लिए उपलब्ध हो, यह लगातार सुनिश्चित किया गया।[37]

सरकार ने भारत में टीकों के विकास और उत्पादन की कोशिश कर रही, कई फार्मास्युटिकल फर्मों को वित्तीय, तकनीकी और संस्थागत सहायता दी। मोदी निजी तौर पर टीके के विकास की प्रगति की देखरेख करते रहे और नियमित रूप से विभिन्न निर्माताओं के साथ बातचीत करते हैं। उन्होंने नवंबर 2020 में तीन वैक्सीन कंपनियों

का दौरा किया[38] और वैक्सीन बनाने की प्रक्रिया को देखा।[39] तब से, प्रधानमंत्री ने व्यक्तिगत रूप से कई मौकों पर वैक्सीन निर्माताओं से उनकी चिंताओं को दूर करने और सरकार की तरफ से पूरी मदद का भरोसा दिया। इसके अलावा, उनकी सरकार ने मिशन कोविड सुरक्षा के जरिए वैक्सीन अनुसंधान के लिए पर्याप्त सहायता दी है। भारतीय कोविड-19 वैक्सीन विकास मिशन को नवंबर 2020 में शुरू किया गया। मोदी सरकार ने इन प्रयासों के लिए 900 करोड़ रुपये दिए।[40] साथ ही, केंद्र की ओर से आईसीएमआर जैसे सरकारी संस्थानों ने भी वैक्सीन निर्माताओं को अनुसंधान और क्लिनिकल ट्रायल में मदद की।

भारत बायोटेक और आईसीएमआर की ओर से संयुक्त रूप से विकसित कोवैक्सिन को लॉन्च करना, देश के लिए एक ऐतिहासिक उपलब्धि थी। भारत बायोटेक की आपूर्ति बाधाओं को समझते हुए मोदी सरकार ने उत्पादन बढ़ाने के प्रयास किए। जैव प्रौद्योगिकी विभाग ने कई कंपनियों के साथ तकनीक ट्रांसफर की सुविधा को अंजाम दिया। इन कंपनियों में हाफकिन बायोफर्मास्यूटिकल कॉर्पोरेशन लिमिटेड, इंडियन इम्यूनोलॉजिकल लिमिटेड, हैदराबाद, भारत इम्यूनोलॉजिकल एंड बायोलॉजिकल लिमिटेड, बुलंदशहर, उत्तर प्रदेश[41] और हेस्टर बायोसाइंसेज, गुजरात शामिल हैं।[42]

वैक्सीन निर्माता सीरम इंस्टीट्यूट ऑफ इंडिया और भारत बायोटेक को अग्रिम भुगतान और ऑर्डर के जरिए भी आगे समर्थन दिया गया है। उदाहरण के लिए, मई-जुलाई 2021 में टीके की आपूर्ति के लिए एसआईआई को 1,732 करोड़ रुपये और मई-जुलाई 2021 में भारत बायोटेक को 787 करोड़ रुपये दिए गए।[43] स्वास्थ्य मंत्रालय ने जून 2021 में अंडर ट्रायल टीके के लिए बायोलॉजिकल ई के साथ 30 करोड़ खुराक की डील को अंतिम रूप दिया। मंत्रालय ने इसके लिए 1,500 करोड़ रुपये का अग्रिम भुगतान दिया।[44]

भारत का नागरिक होने के नाते, यह मेरे लिए बहुत गर्व की बात है कि हमारा देश टीकाकरण के मामले में न केवल आत्मनिर्भर रहा है, बल्कि दूसरे देशों को भी आपूर्ति सुनिश्चित करने का प्रमुख स्रोत भी रहा। वैक्सीन मैत्री कार्यक्रम के तहत, SII और भारत बायोटेक ने 94 देशों और संयुक्त राष्ट्र की दो संस्थाओं को वैक्सीन दी।[45] भारत ने कमर्शियल निर्यात के दायित्वों को पूरा करने के अलावा अनुदान के रूप में भी टीकों की आपूर्ति की।

वैक्सीन विकसित करने वाले वैज्ञानिकों से लेकर, लोगों को टीका लगाने वाले स्वास्थ्यकर्मी, इस टीकाकरण कार्यक्रम की सफलता के हकदार हैं। हालांकि, मैं विशेष रूप से प्रधानमंत्री मोदी की अहम भूमिका का भी जिक्र करूंगा। एक नेता का इरादा अपने लक्ष्यों को हासिल करने में अहम होता है। भारत की क्षमताओं को लेकर उपहास करने वालों को नजरअंदाज करते हुए, प्रधानमंत्री मोदी आशा की किरण बने हुए हैं।

वह पूरे समय आशावादी रहे और टीके के विकास के लिए राज्यों की सहायता करने के लिए हमेशा तैयार रहते हैं। उनके निरंतर कोविड संदेशों ने टीकाकरण पर ध्यान केंद्रित किया है और लाखों नागरिकों को टीकाकरण के लिए प्रोत्साहित किया है। भारत बायोटेक की कोवैक्सिन टीका लगवाने के उनके निजी फैसले ने बहुत सी गलत सूचनाओं और अफवाहों को दूर कर दिया। वैक्सीन को लेकर की झिझक कम कर दी।

जैसा कि भारत के ऐतिहासिक 100 करोड़ के मील के पत्थर को पार करने के बाद पीएम मोदी ने, एक लेख में जिक्र किया कि अंतिम जरूरतमंद शख्स तक टीकों की डिलीवरी में एक जटिल लॉजिस्टिक प्रक्रिया है। हालांकि, मोदी के नेतृत्व में सरकार ने यह सुनिश्चित किया है कि यह प्रक्रिया, स्थानीय भ्रष्टाचार और 'वीआईपी संस्कृति' के बिना पूरी हो।

स्वास्थ्य सेवाओं में सुधार

भारत में पिछले सात दशकों तक एक के बाद एक कई सरकारें आईं, लेकिन वे मजबूत स्वास्थ्य सेवा का ढांचा खड़ा करने में विफल रहीं। उदाहरण के लिए, सरकारी अस्पतालों में हमेशा चिकित्सा विशेषज्ञों की 70 प्रतिशत से अधिक कमी बनी रही। देश में हमेशा 10 लाख से अधिक डॉक्टरों और 20 लाख नर्सों की कमी थी। प्रधानमंत्री मोदी स्वास्थ्य सेवा प्रणाली में सुधार के लिए नए विचारों को लेकर आए। उन्होंने, हमेशा बदलावों की शुरुआत करने की इच्छा व्यक्त की है।

उनकी कथनी और करनी में अंतर नहीं होता है, क्योंकि उनकी सरकार ने पिछले सात वर्षों में कुछ महत्वपूर्ण पहल की हैं। देश भर में 2014 के बाद से मेडिकल सीटों में खासी वृद्धि हुई है। देश में 35,000 से अधिक स्नातक सीटें जोड़ी गई हैं। एमबीबीएस सीटों की कुल संख्या 2014 में 51,348 सीटों से बढ़कर 2021 में 8 8,120 सीटों पर पहुंच गई, जो 72 प्रतिशत की वृद्धि है। स्नातकोत्तर (पीजी) सीटों में वृद्धि और भी अधिक अभूतपूर्व रही है। फिलहाल, देश में 55,595 पीजी सीटें हैं- जिनमें नेशनल बोर्ड ऑफ एग्जामिनेशन (एनबीई) द्वारा दी जाने वाली डिप्लोमेट नेशनल बोर्ड (डीएनबी) सीटें और कॉलेज ऑफ फिजिशियन एंड सर्जन (सीपीएस) सीटें शामिल हैं। ये एमबीबीएस सीटों के बाद व्यापक विशेषताओं में डिप्लोमा कोर्स उपलब्ध कराती हैं। अगर हम 2014 से पहले की तुलना करें तो, आज 78 प्रतिशत की वृद्धि हुई है।[46] इन सीटों में वृद्धि से भारत को विश्व बैंक की ओर से तय किए गए, यानी हर 10 हजार पर 1 डॉक्टर के लक्ष्य को हासिल कर सकता है।

मेडिकल कॉलेजों की संख्या में अभूतपूर्व वृद्धि करके ही इन सीटों की संख्या बढ़ाई जा सकी है। 2014 से 2020 के बीच देश भर में 179 नए मेडिकल कॉलेज

खोले गए।[47] जिला और रेफरल अस्पतालों में मेडिकल कॉलेज स्थापित करने की एक विशेष योजना से सीटों की उपलब्धता में वृद्धि हुई है। इससे मेडिकल शिक्षा को और अधिक सुलभ बनाया गया है। केंद्र सरकार ने नए मेडिकल कॉलेजों की स्थापना के लिए 25,000 करोड़ रुपये से अधिक की मंजूरी दी है।[48] सरकार ने तीन चरणों में जिला अस्पतालों से जुड़े 157 मेडिकल कॉलेजों की स्थापना को मंजूरी दी है। यह जानकर खुशी होती है कि जिलों की सूची में देश के कुछ सबसे दूरस्थ या आर्थिक रूप से पिछड़े जिले शामिल हैं, जहां मेडिकल शिक्षा को वास्तव में सुलभ बनाया जा रहा है। इस पहल से कई जिलों को आजादी के सात दशक से अधिक समय के बाद अपना पहला मेडिकल कॉलेज मिलेगा।

भारत में जल्द ही टियर टू और टियर थ्री शहरों में बेहतर सरकारी अस्पताल होंगे। उनमें से अधिकांश को पीजी कोर्स वाले संस्थानों में बदल दिया जाएगा, जिसमें उत्साही युवा डॉक्टर ब्रिटेन की राष्ट्रीय स्वास्थ्य सेवा (एनएचएस) की तरह रोगियों की सेवा करेंगे। इन नए मेडिकल कॉलेजों में सामूहिक रूप से 15,000 से अधिक मेडिकल सीटों के बढ़ने की उम्मीद है।[49]

इसके अलावा, केंद्र सरकार ने पिछले सात वर्षों में विभिन्न राज्यों में 15 एम्स को मंजूरी दी है। सभी प्रस्तावित एम्स में कामकाज समय पर पूरा होने वाले हैं। इनमें से कई संस्थानों ने पहले ही एमबीबीएस और/या ओपीडी सेवाओं के लिए छात्रों को प्रवेश देना शुरू कर दिया है।[50] ये संस्थान, विश्व स्तरीय चिकित्सा शिक्षा और स्वास्थ्य सुविधाएं देंगे। इससे नागरिकों के जीवन पर काफी सकारात्मक असर पड़ेगा।

सरकार ने बुनियादी ढांचे के विस्तार के साथ-साथ कुछ महत्वपूर्ण नियामक सुधार किए हैं। सरकार ने पिछले साल मेडिकल काउंसिल ऑफ इंडिया को 33 सदस्यों वाले नियामक निकाय के रूप में बदल दिया। इसे राष्ट्रीय चिकित्सा आयोग (NMC) का नाम दिया गया है। एनएमसी मेडिकल शिक्षा में अधिक पारदर्शिता और जवाबदेही सुनिश्चित करेगा। आयोग ने नियमों को सुव्यवस्थित करने, स्वास्थ्य देखभाल में मानव संसाधन की जरूरतों को पूरा करने और मेडिकल शिक्षा को सबकी पहुंच तक बनाने की दिशा में ध्यान केंद्रित किया है। सरकार ने जुलाई 2020 में माध्यमिक और तृतीयक स्वास्थ्य सेवाओं को मजबूत करने के लिए भी कदम उठाए हैं। राष्ट्रीय परीक्षा बोर्ड ने इसके लिए 8 विशिष्टताओं में दो साल का डिप्लोमा पाठ्यक्रम शुरू करने का प्रस्ताव रखा था, जिसका सरकार ने समर्थन किया है।

कोरोना की पहली और दूसरी लहर ने यह एहसास कराया है कि, बड़े अस्पतालों को अपनी ऑक्सीजन जरूरतों के मामले में आत्मनिर्भर होने की आवश्यकता है। इसने दबाव स्विंग अवशोषण (पीएसए) संयंत्रों को स्थापित करने के लिए प्रयासों और काफी संसाधनों की मंजूरी दी है। केंद्र सरकार ने देश भर में 1,562 पीएसए

संयंत्रों को मंजूरी दी है। इनमें से 1,225 को पीएम केयर्स फंड के माध्यम से फंड के जरिए लगे। देश के हर जिले को कवर किया गया है। इसके अलावा, विभिन्न सार्वजनिक उपक्रमों ने भी पीएसए संयंत्रों की स्थापना में योगदान दिया। ये संयंत्र प्रतिदिन एक लाख से अधिक ऑक्सीजन बिस्तरों की जरूरतों को पूरा करेंगे।[51] साथ ही, देश की दैनिक ऑक्सीजन उत्पादन क्षमता पिछले एक साल में काफी बढ़ गई है। 1 अक्टूबर, 2020 को यह 6876 मीट्रिक टन/दिन से नवंबर 2021 में 8778 मीट्रिक टन/दिन हो गई है।[52]

सारांश

कोविड महामारी स्वास्थ्य पेशेवरों के करियर की सबसे चुनौतीपूर्ण समय में से एक रही है। जब मामले बढ़ने लगे तो हमने महसूस किया कि, भारत कोविड से एक मुश्किल जंग लड़ने जा रहा है। जब तक महामारी पर काबू नहीं पा लेते, तब तक हमें अपनी निजी जिंदगी पर पेशेवर जिंदगी को प्राथमिकता देनी होगी। हम सभी जानते थे कि, कोविड जैसे अत्यधिक संक्रामक बीमारी का इलाज करना, बेहद जोखिम भरा था। हम जब भी अस्पताल में प्रवेश करते हैं, तो हमारे लिए संक्रमित होने का एक खतरा लगातार बना रहता है। हालांकि, इन सभी ने हमारे स्वास्थ्य पेशेवरों और फ्रंटलाइन वर्कर्स को, उनके कर्तव्यों से विमुख नहीं होने दिया। लोग हफ्तों तक घर से दूर रहे। कुछ को व्यक्तिगत नुकसान उठाना पड़ा। फिर भी उनकी जिम्मेदारी के रास्ते में कुछ भी नहीं आया।

प्रधानमंत्री मोदी ने हमें 'कोविड के योद्धाओं' के रूप में एक पहचान दी, जो काफी उत्साहवर्धक और प्रेरक है। जब से महामारी शुरू हुई, हमने इस युद्ध में अपने देश की रक्षा करने के एकमात्र इरादे से काम किया। मुझे यह कहने में जरा भी झिझक नहीं है कि मोदी ने हमेशा हमारा ध्यान रखा है और हमारी मांगों को पूरा किया है। मैं 20 लाख से अधिक स्वास्थ्य कर्मियों के लिए मुहैया कराए गए, जीवन बीमा लाभों का भी जिक्र करना चाहता हूं।[53]

प्रधानमंत्री ने जब मार्च 2020 में जनता कर्फ्यू के बाद स्वास्थ्यकर्मियों और फ्रंटलाइन वर्करों के प्रयासों की तारीफ करने के लिए लोगों से ताली या घंटी बजाने की अपील की, तो उनका वह बर्ताव दिल को छू लेने वाला लगा।[54] प्रधानमंत्री के आह्वान पर जनता की प्रतिक्रिया से मैं बहुत खुश था। इस छोटी-सी बात ने कोविड के खिलाफ भारत की लड़ाई में हमारे संकल्प को मजबूत करने का बड़ा काम किया।

कोविड महामारी निश्चित रूप से पूरे देश के लिए एक चुनौतीपूर्ण दौर रहा है। हालांकि, मुझे खुशी है कि हमने जिन चुनौतियों का सामना किया, उन्हें सफलतापूर्वक

पार कर लिया है। अब भी सफलतापूर्वक उसे पार पा रहे हैं। यह प्रधानमंत्री मोदी के नेतृत्व के बिना संभव नहीं होता, जिन्होंने आशावाद और सेवा-आधारित नजरिए से हमें एकजुट बनाए रखा। क्रिकेट में एक महान फिनिशर की तरह मोदी ने हमें हमेशा लक्ष्य हासिल करने के लिए ट्रैक पर रखा। इसमें शक नहीं कि हमारे सामने आत्म-विश्वास में कमी और निराशा के कई पल आए हैं। लेकिन, हर अवसर पर प्रधानमंत्री की सलाह और प्रेरणादायक संदेशों ने, हमें नकारात्मकता से दूर निकलने और कोविड से जंग में अपने कर्तव्य पर ध्यान केंद्रित करने में मदद की। मोदी को विरासत में एक खस्ताहाल सार्वजनिक स्वास्थ्य प्रणाली विरासत में मिली। एक ऐसी व्यवस्था, जो कोविड संकट के बोझ से निपटने के लिए पूरी तरह से तैयार नहीं थी। हालांकि, उन्होंने इस पर राजनीति करने के बजाय, इसकी मजबूती पर ध्यान केंद्रित किया। उस प्रक्रिया पर ध्यान केंद्रित किया, जिसे कई दशक पहले शुरू होनी चाहिए थी, लेकिन वह 2014 में शुरू हुई। भारतीय स्वास्थ्य प्रणाली धीरे-धीरे बदल रही है। हम एक ऐसी व्यवस्था के निर्माण की ओर बढ़ रहे हैं, जिसके हम हमेशा हकदार थे और जिसका हमें इंतजार भी था।

प्रधानमंत्री जन-धन योजना
UPI

शासन के यंत्र के रूप में कल्पनाशील तकनीक

नंदन नीलेकणि

"छह साल पहले जो, सर्वव्यापी डिजिटलीकरण आंदोलन की मैंने कल्पना की थी, वो अब साकार होने लगा है।'' प्रधानमंत्री नरेंद्र मोदी ने 1 जुलाई 2021 को डिजिटल इंडिया के लाभार्थियों से बातचीत के दौरान अपने मन की बात कही। उन्होंने ये भी कहा कि डेटा के क्षेत्र में भारत को मिली सफलता और तकनीकी दक्षता की वजह से यह दशक "टीकेड" बन जाएगा। प्रधानमंत्री की यह टिप्पणी दर्शाती है कि, उन्हें टेक्नोलॉजी और उसके नतीजों में कितनी गहरी रुचि है। उनकी ये बातें यह भी स्पष्ट करती हैं कि वो वाकई इस देश को टेक्नोलॉजी के क्षेत्र में किस ऊंचाई पर देखना चाहते हैं।

एक सामाजिक कार्यकर्ता के तौर पर अपने शुरुआती दिनों से लेकर गुजरात के मुख्यमंत्री के रूप में कई कार्यकालों और भारत की राजनीति के शिखर तक अपनी यात्रा पूरी करने के दौरान, मोदी ने महसूस किया है कि तकनीक के जरिए ही देश आगे बढ़ सकता है। तकनीक ही सरकारी तंत्र के प्रयास को सफल कर सकती है। प्रौद्योगिकी पर, उनकी शुरुआती सोच की एक झलक 1999-2000 में उनके द्वारा दिए गए एक दुर्लभ टेलीविजन साक्षात्कार में दिखाई देती है, जहां उन्होंने नई तकनीकों के साथ प्रयोग करने और घंटों तक इंटरनेट की खोज करने के अपने विचार पर विस्तार से बात की।

मोदी, प्रौद्योगिकी में लगातार हो रहे बदलाव को गंभीरता से समझते हैं। इसके उपयोग को वो आकाश की तरह व्यापक रूप में देखते हैं। जो सबके लिए सुलभ हो। तकनीक सिर्फ कुछ लोगों तक सीमित न हो। शायद यही कारण है कि उनकी कार्यशैली में तकनीक का असर, साफ देखा जा सकता है। उनके संदेशों को भारत के लोगों तक पहुँचाने से लेकर, सीधे आम जनता को फायदा पहुँचाने, नौकरशाही में दक्षता बढ़ाने तक, टेक्नोलॉजी के प्रयोग अलग-अलग रूप में अकसर दिखते हैं। 'मन की बात' कार्यक्रम के जरिए उन्होंने, रेडियो से इतर होती जा रही भारतीय जनता

को एक बार फिर से जोड़ दिया। इससे न सिर्फ रेडियो सुनने वालों को बल मिला बल्कि रेडियो के चलन को आम लोगों ने फिर से अपनाया।

पीएम मोदी के कार्यक्रम मन की बात के बाद रेडियो का मानों कायापलट हो गया। नए-नए प्रयोग होने लगे। इस नए जमाने में ऑरल प्लेटफॉर्म यानी सुनने-सुनाने के प्लेटफॉर्म, अब रेडियो के स्रोताओं के लिए सामग्री तैयार करते हैं। मिस्ड कॉल के माध्यम से, गुटखा मुक्ति अभियान की रूपरेखा तैयार करने से लेकर वीडियो चैट के माध्यम से वैश्विक दर्शकों को आकर्षित करने तक, वह हमेशा नए प्रयोगों के लिए तैयार रहे हैं। सोशल मीडिया प्लेटफॉर्म पर उनकी उपस्थिति न केवल व्यापक है, बल्कि विभिन्न क्षेत्रों के लिए बेहतरीन सामग्री प्रस्तुत करना उल्लेखनीय हैं चैनलों के साथ सामग्री का मिलान करने की उनकी क्षमता, अद्वितीय है और इन प्लेटफार्मों पर उनके निरंतर नेतृत्व की व्याख्या की जाती है।

गुजरात के मुख्यमंत्री के रूप में अपने शुरुआती दिनों से लेकर भारत के प्रधानमंत्री के रूप में अपने दूसरे कार्यकाल तक मोदी लगातार इस दिशा में प्रयासरत रहे हैं। आम लोग जब इन तकनीकों का अपने जीवन में इस्तेमाल होते देख पा रहे हैं तो निश्चय ही वो, मोदी जी की टेक्नोलॉजी के प्रति प्रतिबद्धता की सराहना करते होंगे।

सार्वजनिक हित के लिए प्रौद्योगिकी का इस्तेमाल

लोकतंत्र में आमतौर पर एक बड़ी चिंता इस बात की रहती है कि आम लोगों की आवाज सरकार तक कब और कैसे पहुँचेगी? जहां तक नौकरशाही का सवाल है, तो अपनी शिकायत दर्ज कराने की कठिन प्रक्रिया के प्रति आम लोगों की आशंकाओं को मोदी ने गुजरात के मुख्यमंत्री पद पर रहते हुए महसूस किया। 2003 में, पहली बार मुख्यमंत्री के रूप में शपथ लेने के कुछ साल बाद, उन्होंने एक ऑनलाइन शिकायत निवारण प्रणाली की शुरुआत की। जिसका नाम रखा गया स्वागत (SWAGAT) (स्टेट वाइड अटेंशन ऑन ग्रिवान्सस बाई एप्लीकेशन ऑफ टेक्नोलॉजी) मंच। देखते ही देखते यह शिकायत निवारण प्रणाली मशहूर हो गई। देश में ई-गवर्नेंस को अपनाने के लिए यह काफी प्रचलित हुई। इस मंच को प्रशासन के जमीनी स्तर तक ले जाने के अपने इरादे को आगे बढ़ाते हुए, मुख्यमंत्री मोदी ने 2009 में तालुका स्तर पर स्वागत और 2011 में इसके ग्राम स्तर पर शुरुआत की। स्वागत का प्रभाव, स्थानीय और वैश्विक, दोनों था। केवल नौ दिनों में ग्राम स्वागत को 9,000 आवेदन प्राप्त हुए। 2010 में, SWAGAT कार्यक्रम को, सार्वजनिक सेवा में पारदर्शिता और जवाबदेही में सुधार के लिए अपने लोक सेवा पुरस्कार के माध्यम से संयुक्त राष्ट्र द्वारा अंतरराष्ट्रीय स्तर पर मान्यता दी गई थी। संयुक्त राष्ट्र पुरस्कार ने इस आईटी-सक्षम प्रणाली के कामकाज

पर लोगों का ध्यान आकर्षित किया। गुजरात में जन शिकायतों को जिस संगठित और समयबद्ध तरीके से निपटाया गया, उसने अन्य भारतीय राज्यों को मॉडल के पहलुओं को दोहराने के लिए प्रेरित किया।

स्वागत की सफलता का अधिकांश श्रेय मुख्यमंत्री कार्यालय (सीएमओ) की दक्षता को दिया गया। गुजरात के सीएमओ ने, जनवरी 2009 में अपनी प्रक्रियाओं के लिए आईएसओ प्रमाणन प्राप्त किया था। प्रमाणीकरण को नवीनतम मानकों के अनुसार, जनवरी 2010 में नवीनीकृत किया गया था। आईएसओ प्रमाणीकरण के लिए, सचिवालय और जनसंपर्क कार्यालय के कामकाज, सीएमओ के सामान्य प्रशासन, मानव संसाधन, जन संपर्क ('सार्वजनिक संपर्क', जहां स्वागत आता है) और अंत में, सूचना प्रौद्योगिकी के बुनियादी ढांचे को बदल दिया गया। स्वागत लोक फरियाद नामक, एक विशेष सॉफ्टवेयर विकसित किया गया, ताकि शिकायतों को वास्तविक समय में अपलोड किया जा सके। कई वर्षों बाद, उनके प्रधानमंत्री बनने के साथ, हम प्रगति (प्रो-एक्टिव गवर्नेंस एंड टाइमली इम्प्लीमेंटेशन) में राष्ट्रीय स्तर पर परियोजनाओं की निगरानी, बाधाओं को हल करने और परियोजनाओं के निष्पादन में तेजी लाने के लिए एक उपकरण के रूप में, उसी दक्षता को देखते हैं।

मैंने सरकार में अपने कार्यकाल के दौरान आकर्षक, सर्वव्यापी और मांग वाली सरकारी फाइल की खोज की थी, मोदी ने इस कागज-आधारित शासन की कमियों को बहुत पहले ही समझ लिया था। 2007 में, गुजरात में उनकी सरकार ने एक आदेश जारी किया कि, गांधीनगर सचिवालय में कागजी फाइलों को समाप्त कर दिया जाए। चौंतीस विभागों में सभी काम डिजिटल रूप से होने थे। इससे सचिवालय द्वारा किए गए कार्यों को गति और दक्षता मिली।

मुख्यमंत्री मोदी की एक अन्य पहल, उनके राज्य की सभी पंचायतों में ब्रॉडबैंड कनेक्टिविटी थी। 2010 तक, गुजरात देश का एकमात्र राज्य बन गया, जिसने सभी 13,695 ग्राम पंचायतों को ब्रॉडबैंड कनेक्टिविटी थी। कई क्षेत्रों में ई-गवर्नेंस सेवाएं शुरू की गईं। इनमें कम्प्यूटरीकृत भूमि अभिलेखों के लिए ई-धारा शामिल है; नागरिक केंद्रित सेवाओं के वितरण के लिए ई-ग्राम, ई-नगर पालिका और एक दिवसीय शासन भी शामिल है।

डिजिटल उपकरणों का उपयोग न केवल सेवाएं प्रदान करने के लिए बल्कि उपयोगिताओं के प्रभावी प्रबंधन को सुनिश्चित करने के लिए भी किया जाता था। गुजरात के एकीकृत जल-शेड प्रबंधन कार्यक्रम ने, 2011 में ई-गवर्नेंस में नवीन प्रौद्योगिकी के उपयोग के लिए सराहना प्राप्त की। गुजरात वाटरशेड प्रबंधन की पूरी योजना, कार्यान्वयन और निगरानी के लिए उपग्रह जीआईएस (भौगोलिक सूचना प्रणाली) लागू करने वाला पहला राज्य बन गया। सैटेलाइट इमेजरी का इस्तेमाल, वाटरशेड सीमाओं

और सहायता के लिए सबसे जरूरी क्षेत्रों की पारदर्शी पहचान करने के लिए किया गया था। जीपीएस (ग्लोबल पोजिशनिंग सिस्टम) और मोबाइल सॉफ्टवेयर का इस्तेमाल डेटा फीड करने और योजना बनाने और प्रगति की निगरानी के लिए, नक्शे बनाने के लिए किया गया था। गुजरात राज्य वाटरशेड प्रबंधन एजेंसी ने 1,048 गांवों, 7.08 लाख (708,000) हेक्टेयर भूमि और 2.5 लाख (250,000) किसानों को लाभान्वित करने के लिए प्रौद्योगिकी का उपयोग किया है, जिससे यह अपनी तरह का सबसे बड़ा हस्तक्षेप है।

गुजरात मोदी के कई प्रयोगों के लिए एक रोमांचक, लेकिन कुछ हद तक सीमित प्रयोगशाला साबित हुआ। मुख्यमंत्री के हस्तक्षेप ने जो सक्षम किया वह, प्रौद्योगिकियों की संभावनाओं और सीमाओं की खोज करने का एक महत्वपूर्ण और सीखने का अवसर था। जब वे नई दिल्ली पहुंचे, तब तक मोदी ने एक अनुभवात्मक दृष्टिकोण विकसित कर लिया था कि, कैसे तकनीकी परियोजनाओं को तैयार किया जाए। इस प्रक्रिया में शामिल हितधारकों का, सही समूह कैसे प्राप्त किया जाए और प्रस्तावित कार्यक्रमों के संबंध में नागरिकों की कल्पना को कैसे जगाया जाए।

गुजरात में शासन के अंतिम पड़ाव तक, हाई-स्पीड इंटरनेट के प्रावधान से कई लाभ मिले। अपने इस अनुभव के साथ, प्रधानमंत्री मोदी भारतनेट योजना, ब्लॉक से लेकर ग्राम पंचायतों तक एक मध्यम-मील नेटवर्क का सख्ती से पालन कर रहे हैं। 2014 से इस योजना के तहत 1.5 लाख (150,000) से अधिक ग्राम पंचायतों को ऑप्टिकल फाइबर नेटवर्क से जोड़ा गया है। इस प्रयास के व्यापक निहितार्थ हैं, क्योंकि अधिकांश देश-स्तरीय पहल ग्रामीण स्तर तक मजबूत कनेक्टिविटी मानती हैं।

यह सुनिश्चित करना कि स्वास्थ्य, शिक्षा और कृषि के क्षेत्र में आवश्यक सरकारी सेवाएं देश के दूर-दराज के हिस्सों तक पहुंचें और सामाजिक कल्याण और वित्तीय समावेशन योजनाओं तक पहुंच को गहरा करना, मोदी के प्रशासन की प्राथमिकता रही है। इसके लिए कॉमन सर्विस सेंटर्स (सीएससी) ने महत्वपूर्ण भूमिका निभाई है। सीएससी भारत सरकार की ई-सेवाओं को ग्रामीण और दूरस्थ स्थानों पर पहुंचाने के लिए भौतिक सुविधाएं हैं; जहां कंप्यूटर और इंटरनेट की उपलब्धता नगण्य थी। सरकार ने अगस्त 2021 तक देश भर में 3.56 लाख (356,000) सीएससी स्थापित किए हैं।

जिस समय मोदी ने देश की कमान संभाली, उस समय तक देश भारत में विशिष्ट पहचान, डिजिटल दस्तावेजीकरण में तकनीक का इस्तेमाल होने लगा था। पहले से जारी तकनीक के इस्तेमाल को उन्होंने, और आगे बढ़ाया। उन्होंने, सरकारी मशीनरी का इस्तेमाल इसको आगे बढ़ाने में ही किया। मैंने कई मौकों पर उनकी प्रतिबद्धता को देखा है।

आधार की ताकत को समझना

जब मैंने 2009 में, भारतीय विशिष्ट पहचान प्राधिकरण (यूआईडीएआई) के संस्थापक अध्यक्ष के रूप में भूमिका निभाई, तो मैंने तय किया कि मैं सभी राज्यों का दौरा करूंगा और आधार के विचार को प्रचारित करूंगा और उनकी प्रतिक्रिया प्राप्त करूंगा। मैं, हर राज्य में जाऊंगा, मुख्यमंत्री और वरिष्ठ नौकरशाहों से मिलूंगा और आधार को लागू करने के लाभों के बारे में बात करूंगा। जुलाई 2011 में मैं गुजरात में मुख्यमंत्री नरेंद्र मोदी से मिलने गया।

मैंने देखा कि उनका कार्यालय कितना तेज और शानदार है। उनके काम करने के तौर तरीके ने मुझे इंफोसिस के कॉर्पोरेट ऑफिस की याद दिला दी। तीस मिनट की बैठक, नब्बे मिनट तक चली। इस दौरान उन्होंने, गुजरात में विकास और नए आइडियाज और प्रौद्योगिकी का उपयोग करने के कई तरीकों पर विस्तार से बात की। मुझे आधार के बारे में ज्यादा समझाने की जरूरत नहीं पड़ी। उन्होंने आधार की सभी संभावनाओं को समझ लिया था। विभिन्न राज्यों के मेरे सभी दौरों और कई मुख्यमंत्रियों के साथ बैठकों में वो, एकमात्र ऐसे व्यक्ति थे, जिन्होंने यह समझा था कि आधार दस्तावेज 1.3 बिलियन भारतीय निवासियों तक पहुंच जाएगा और इसलिए, कार्ड पर जो छपा है, वह रणनीतिक महत्व का है। उन नब्बे मिनटों के दौरान एक भी रुकावट नहीं आई और उन्होंने, मुझे अपना पूरा समय दिया। मैं यह महसूस करते हुए वापस आया कि मैं एक बहुत ही अलग तरह के राजनेता से मिलकर आया हूँ।

2014 के चुनाव होने के बाद जब प्रधानमंत्री नरेंद्र मोदी और उनके मंत्रिमंडल ने शपथ ली, स्मार्ट-कार्ड-आधारित आईडी जैसी अन्य पहल के साथ-साथ आधार के भविष्य के बारे में अटकलें शुरू हो गयी थीं। 2014 के लोकसभा चुनाव के लिए बेंगलुरू से चुनाव लड़ने और असफल होने से पहले, मैंने अपने जीवन के पांच साल आधार को समर्पित कर दिए थे। मैं भारत के लिए आधार के महत्व के बारे में भावुक था। अपनी पत्नी और कुछ दोस्तों के प्रोत्साहन के बाद, मैंने प्रधानमंत्री मोदी से मिलने और इस मामले पर चर्चा करने का फैसला किया।

जून 2014 के अंत में, मैं नई दिल्ली में था। स्थायी रूप से बेंगलुरू लौटने के लिए अपने घर को समेट रहा था। मैंने नए प्रधानमंत्री के साथ मिलने के लिए समय माँगा। मुझे बहुत हैरानी हुई, मुझे चौबीस घंटे के भीतर सुविधाजनक समय मिला। मैं कुछ घबराहट के साथ गया। क्योंकि मैंने, अभी-अभी एक प्रतिद्वंद्वी पार्टी के टिकट पर चुनाव लड़ा था। मोदी बड़े दिल वाले निकले। उन्होंने मेरी बात बड़ी तन्मयता से सुनी। इस बार, उनके प्रश्न नागरिकों को नहीं बल्कि निवासियों को कार्ड जारी करने के बारे में थे। वो जानना चाहते थे कि, आधार भारत की वित्तीय स्थिति प्रत्यक्ष

लाभ हस्तांतरण (डीबीटी) और भ्रष्टाचार को कम करने में, किस तरह से मददगार हो सकता है। उन्हें सुप्रीम कोर्ट में निजता के मामले समेत सभी मुद्दों की अच्छी जानकारी थी। जिस बात ने मुझे चौंका दिया, वह थी, सुनने और देश के लिए सही काम करने का उनका खुलापन।

कई वर्षों से प्रधानमंत्री मोदी ने आधार को जिस तरह की मजबूती दी है, आधार के इस्तेमाल के व्यापकता को बढ़ाने की अनुमति दी है, वो वाकई सराहनीय है। उनके लिए यह स्पष्ट था कि किसी व्यक्ति के मोबाइल फोन नंबर, बैंक खाते और आधार को जोड़ने से लाभार्थियों को और नागरिकों को लाभ पहुंचाने में निहित केंद्र और राज्य स्तर पर सरकारों के कई लाभ मिल सकते हैं। 2015 में भारत के JAM (जन धन-आधार-मोबाइल) विजन को साकार करने पर एक कॉन्क्लेव में उन्होंने कहा कि, 'JAM खर्च किए गए प्रत्येक रुपये के लिए अधिकतम मूल्य प्राप्त करने, हमारे गरीबों के लिए अधिकतम सशक्तिकरण, जनता के बीच अधिकतम तकनीकी पैठ के बारे में है।'

जबकि कुछ लोगों ने विकास के उद्देश्यों के लिए आधार के उपयोग को चुनौती दी, पर मोदी ने, भारत के लोगों को कतारों और बोझिल प्रक्रियाओं से मुक्त करने के रूप में, आधार की भूमिका को देखा। आधार से जुड़ी तीन सौ बीस योजनाएं इस समय उपयोग में हैं। आधार, किसी भी बिचौलियों को दरकिनार करते हुए, लाभ सीधे लाभार्थियों के बैंक खातों में स्थानांतरित करने में सक्षम है। दिसंबर 2021 के अंत तक, 20.23 लाख करोड़ या 20.23 ट्रिलियन की संचयी राशि, सीधे लाभार्थियों के बैंक खातों में स्थानांतरित कर दी गई थी। इससे सरकार को फर्जी लाभार्थी को समाप्त करके अनुमानित 2 लाख करोड़ या 2 ट्रिलियन की बचत हुई है। इससे खाते, नकली लाभार्थी और प्लगिंग लीकेज थमा।

यहां सरकार विकास में हस्तक्षेप नहीं कर रही थी, बल्कि डिजिटल सार्वजनिक बुनियादी ढांचे का निर्माण कर रही थी। आधार, खुद ही आपकी पहचान साबित कर सकता है; हालांकि, आधार को कई कार्यक्रमों में शामिल करने से सरकार और उसके नागरिकों के लिए समग्र कल्याण वितरण अनुभव बढ़ गया।

आधार, एक मूलभूत पहचान प्रणाली थी, लेकिन अगले दशक में, भुगतान और डेटा विनिमय के क्षेत्र में पूरक डिजिटल बुनियादी ढांचे का निर्माण किया गया है। इन सभी प्रणालियों को लोगो ब्लॉक के रूप में डिजाइन किया गया था- नए और अनूठे समाधान बनाने के लिए इन्हें, एक दूसरे के ऊपर पुनर्सयोजन किया जा सकता है। 2019 में प्रकाशित एक बैंक फॉर इंटरनेशनल सेटलमेंट्स (बीआईएस) की रिपोर्ट में कहा गया है कि भारत अपने सार्वजनिक डिजिटल बुनियादी ढांचे के कारण वित्तीय समावेशन में जिस तरह की प्रगति हासिल करने में कामयाब रहा, वह सात साल

में सैंतालीस साल के काम के बराबर है। जब पहली बार, महामारी आई थी तो नागरिकों को सीधे और तेजी से वित्तीय सहायता देने के लिए, उसी बुनियादी ढांचे का उपयोग किया गया था।

डिजिटल भुगतान को लोकप्रिय बनाना

2016 में, जब सरकार ने चुनिंदा मुद्रा नोटों को बंद करने का फैसला किया, तो प्रधानमंत्री ने देश को डिजिटल भुगतान की ओर ले जाने का अवसर देखा। उन्होंने यूनिफाइड पेमेंट्स इंटरफेस (यूपीआई) में गहरी दिलचस्पी ली, जिसे नेशनल पेमेंट्स कॉरपोरेशन ऑफ इंडिया (एनपीसीआई) द्वारा विकसित किया जा रहा था। उन्होंने नियमित रूप से इसके विकास की स्थिति के बारे में पूछताछ की, और इसे भीम (भारत इंटरफेस फॉर मनी) नाम दिया। भीमराव अंबेडकर को एक उपयुक्त श्रद्धांजलि, जिनका काम भारतीय रिजर्व बैंक की स्थापना में महत्वपूर्ण भूमिका निभाता था। साथ में जिनकी सोच थी, केंद्र और राज्य सरकारों के बीच धन का वितरण की वित्त आयोग की अवधारणा। जब दिसंबर 2019 में भीम का शुभारंभ किया, तो प्रधानमंत्री ने कहा कि एक समय था, जब लोग एक अशिक्षित व्यक्ति को 'अंगूठा छाप' के रूप में संबोधित करते थे, लेकिन अब, अंगूठे का निशान किसी व्यक्ति के बैंक, उसकी पहचान, और यहां तक कि एक व्यक्ति के बैंक के रूप में कार्य कर सकता है। इसने मुझे स्थापित, भारतीय व्यवहार की विशिष्टता के जरिये तकनीक को जोड़ने की मोदी के कौशल को समझने का अवसर दिया। भारत में धन प्रवाह को डिजिटल बनाने की सरकार की प्रतिबद्धता के कारण UPI को अपनाना और बढ़ाना संभव हो पाया है।

यूपीआई पर अभी 229 बैंक काम कर रहे हैं। हर महीने, UPI कई करोड़ लेन-देन की प्रक्रिया करता है और इस प्रक्रिया में, ट्रेल्स बनाता है, जिसका उपयोग अन्य वित्तीय सेवाओं के लिए किया जा सकता है। डिजिटल भुगतान पारिस्थितिकी तंत्र के रूप में यूपीआई ने वैश्विक ध्यान आकर्षित किया है। गूगल ने सुझाव दिया कि यूएस फेडरल रिजर्व डिजिटल भुगतान के लिए एक समान भुगतान पारिस्थितिकी तंत्र विकसित करे।

2 अगस्त 2021 को, मोदी ने ई-आरयूपीआई, एक व्यक्ति-से-उद्देश्य विशिष्ट डिजिटल भुगतान समाधान लॉन्च किया। इसे डिजिटल भुगतान के लिए एक कैशलेस और संपर्क रहित साधन के रूप में सबसे बेहतर समझा जाता है, जहां योजनाओं के इच्छित लाभार्थियों के मोबाइल फोन पर एक क्यूआर कोड या एसएमएस स्ट्रिंग-आधारित ई-वाउचर दिया जाता है। ई-आरयूपीआई सेवाओं के प्रायोजकों को, बिना किसी हस्तक्षेप के डिजिटल तरीके से लाभार्थियों और सेवा प्रदाताओं से जोड़ता है। यह सुनिश्चित

करता है कि लेन-देन, पूरा होने के बाद ही सेवा प्रदाता को भुगतान किया जाए। प्री-पेड होने के कारण, यह सेवा प्रदाता को बिना किसी मध्यस्थ की भागीदारी के समय पर भुगतान का आश्वासन देता है।

कल्याणकारी सेवाओं की लीक-प्रूफ डिलीवरी सुनिश्चित करने की दिशा में ई-आरयूपीआई एक क्रांतिकारी पहल होने की उम्मीद है। इसका उपयोग 'मां और बच्चे' कल्याण योजनाओं, टीबी (तपेदिक) उन्मूलन कार्यक्रमों, आयुष्मान भारत, प्रधानमंत्री जन आरोग्य योजना, उर्वरक सब्सिडी जैसी योजनाओं के तहत दवाओं और निदान के तहत दवाएं और पोषण सहायता प्रदान करने के लिए भी किया जा सकता है। यहां तक कि निजी क्षेत्र भी, अपने कर्मचारी कल्याण और कॉर्पोरेट सामाजिक जिम्मेदारी कार्यक्रमों के हिस्से के रूप में इन डिजिटल वाउचर का लाभ उठा सकता है।

बहुत कुछ पंचायत स्तर की ब्रॉडबैंड कनेक्टिविटी परियोजना की तरह-जिसकी कल्पना मुख्यमंत्री मोदी ने गुजरात के लिए की थी और जिसे प्रधानमंत्री मोदी ने भारत भर में लागू किया। गांधीनगर सचिवालय में कागजी फाइलों को खत्म करना एक प्रेरणा साबित हुआ। उन्होंने डिजिलॉकर का समर्थन किया। डिजिलॉकर डिजिटल इंडिया पहल के तहत इलेक्ट्रॉनिक्स और सूचना प्रौद्योगिकी मंत्रालय द्वारा प्रदान की जाने वाली एक भारतीय डिजिटलीकरण ऑनलाइन सेवा है। यह दस्तावेजों और प्रमाणपत्रों के भंडारण, साझाकरण और सत्यापन के लिए एक सुरक्षित क्लाउड-आधारित प्लेटफॉर्म है।

ऐसी संस्कृति में जहां नागरिकों को अकसर विभिन्न सेवाओं का लाभ उठाने के लिए दस्तावेज प्रस्तुत करने के लिए कहा जाता है, पहचान, योग्यता या योग्यता दस्तावेजों की हार्ड कॉपी बनाए रखना, एक महंगा और जटिल मामला हो सकता है। इलेक्ट्रॉनिक रूप में दस्तावेजों को सुरक्षित करके, जो एक मान्यता प्राप्त प्रारूप भी है, डिजिलॉकर पेपर प्रारूपों को बनाए रखने की आवश्यकता को दूर कर रहा है। अगस्त 2021 तक डिजिलॉकर के जरिए, कुल 432 करोड़ (4.32 अरब) दस्तावेज जारी किए जा चुके हैं। इससे नागरिकों और अधिकारियों की लागत और समय की बचत हुई है।

सीखने की नई विधियां

2019 में, मुझे प्रधानमंत्री के साथ पारस्परिक हित के दो विषयों पर चर्चा करने का अवसर मिला। शिक्षा और उधार। 2014 से, मैं शिक्षकों, छात्रों और अभिभावकों के लिए एक मंच दीक्षा से जुड़ा रहा हूँ। इसकी बेहतरी के लिए काम करता रहा हूँ। यह निर्धारित स्कूल पाठ्यक्रम के लिए प्रासंगिक शिक्षण सामग्री प्रदान करता है। दीक्षा एकस्टेप फाउंडेशन द्वारा विकसित सनबर्ड ओपन सोर्स सॉफ्टवेयर पर आधारित है।

यह पांच व्यक्तियों (माता-पिता, शिक्षकों, छात्रों, समुदाय के सदस्यों और प्रशासकों) को तीन परिदृश्यों (सीखने, सीखने में मदद और सीखने की प्रक्रिया को प्रबंधित करने में मदद) के साथ दो इंटरैक्शन (सीखने और प्रशासन) के माध्यम से मदद करना चाहता है। दीक्षा के बिल्डिंग ब्लॉक्स में कंटेंट, क्यूरेशन, असेसमेंट, पर्सनलाइजेशन, एनालिटिक्स और ट्रांसलेशन शामिल हैं।

जब मंच एक निश्चित आकार में पहुंच गया, तो मंच पर काम करने वाली टीम और मैंने इसका विवरण प्रधानमंत्री को पेश करने का फैसला किया। हमारे प्रयासों का एक महत्वपूर्ण हिस्सा पाठ्यपुस्तकों में क्यूआर कोड को सक्रिय करना था। ये कोड छात्रों को मल्टीमीडिया तक पहुंचने में मदद करते हैं। अवधारणा की उनकी समझ तत्काल थी। छात्रों, शिक्षकों और अभिभावकों के साथ नियमित रूप से बातचीत करने के बाद - विशेष रूप से हर साल शिक्षक दिवस (5 सितंबर) पर वीडियोकांफ्रेंसिंग के माध्यम से - उन्होंने देश भर में छोटे बच्चों की सीखने की क्षमता के लिए निष्क्रिय सामग्री की समस्याओं को समझा।

यह साबित करने के लिए कि, सामग्री को जीवंत करने का एक बेहतर तरीका मौजूद है, प्रधानमंत्री ने अपनी पुस्तक एक्जाम वारियर्स में, क्यूआर कोड के माध्यम से मल्टीमीडिया, क्विज और एक समुदाय के लिए परीक्षा की तैयारी के लिए युक्तियों को जोड़ा है। मोदी ने न केवल दीक्षा की बारीकियों को समझा, बल्कि उन्होंने अपने सहयोगियों को राष्ट्रीय स्तर पर, ऐसे प्रयास करने के निर्देश दिए। आज, देश भर के छात्र समृद्ध सामग्री से लाभान्वित हो रहे हैं, जबकि माता-पिता और शिक्षक प्रगति को ट्रैक करने में सक्षम हैं - न केवल समग्र स्तर पर बल्कि प्रत्येक बच्चे के लिए। विद्यादान के माध्यम से सामग्री की सोर्सिंग, निष्ठा के माध्यम से डिजिटल शिक्षक प्रशिक्षण, और ई-विद्या के माध्यम से एक्सेस सक्षमता महामारी के दौरान सीखने की निरंतरता सुनिश्चित करने में विशेष रूप से उपयोगी थी।

जबकि हमने, अपनी प्रस्तुति में दीक्षा के डिजाइन तत्वों में उद्यम नहीं किया था, प्रधानमंत्री ने अंतर्निहित ढांचे की शक्ति और निहितार्थ को समझा। उन्होंने लापरवाही से पूछा कि क्या नौकरशाही के लिए कौशल और प्रशिक्षण मॉड्यूल बनाने के लिए समान घटकों का उपयोग किया जा सकता है। यह सुनिश्चित करने के लिए कि कार्मिक और प्रशिक्षण विभाग ने हमारे देश की सेवा करने वाले नौकरशाहों के लिए एक आधुनिक शिक्षण बुनियादी ढांचे को अपनाया है, इस दृष्टिकोण का पालन करने के लिए एक पॉइंटपर्सन और एक टीम को सौंपा।

ऋण लेना गरीबों के लिए लंबे समय से दुष्कर कार्य रहा है। विशेष रूप से जिनके पास अपनी साख साबित करने के लिए कोई क्रेडिट इतिहास नहीं है। यूपीआई के साथ, भारत ने वित्त तक पहुंच को गहरा करने के लिए एक नया मॉडल तैयार

किया है। पाउच के रूप में, मोबाइल के अनुकूल और लेनदेन के त्वरित कार्यान्वयन के रूप में।

इन्डियन सॉफ्टवेर प्रोडक्ट इंडस्ट्री राउंड टेबल (आईस्प्रिरिट), बेंगलुरु का डायनेमिक थिंक टैंक, के स्वयंसेवक छोटे व्यवसायों और हमारे बीच सबसे गरीब लोगों के लिए ऋण देने की फिर से कल्पना करने के लिए काम कर रहा था, जो हमेशा क्रेडिट प्रदाताओं के लिए लाइन में सबसे पीछे खड़े रहे हैं। प्रस्तावित मॉडल में, छोटे व्यवसाय और व्यक्ति उधार देने वाले संस्थानों से क्रेडिट ऑफर प्राप्त करने के लिए, अपने लेनदेन इतिहास और कर भुगतान प्राप्तियों को साझा करने में सक्षम होंगे।

क्रेडिट चाहने वालों द्वारा जानकारी साझा करना, क्रेडिट योग्यता का मूल्यांकन और उधारदाताओं द्वारा क्रेडिट के लिए ऑफर और धन का वितरण, मिनटों के भीतर, फोन पर होगा। प्रधानमंत्री के तकनीकी प्रेम को देखते हुए, उन्होंने अनुपालन को पुरस्कृत करने और प्रौद्योगिकी की मदद से लोगों की सेवा करने के विचार का तुरंत समर्थन किया। तेजी से विकसित हो रहा अकाउंट एग्रीगेटर फ्रेमवर्क और ओपन क्रेडिट इनेबलमेंट नेटवर्क (ओसीईएन) सरकार की इच्छा और वित्तीय सेवाओं के प्रवेश के पारंपरिक तरीकों को आगे बढ़ाने के लिए भारतीय रिजर्व बैंक के निरंतर समर्थन का परिणाम है।

कुछ घंटों में हुई इस बातचीत ने प्रधानमंत्री मोदी की तकनीकी प्रगति की सहज समझ के बारे में मेरे विचार की पुष्टि की, जो आगे बढ़ने के लिए भारत की सबसे अच्छी शर्त है। यह इस साझा विश्वास के कारण है कि, राष्ट्र के पास अब दुनिया भर के देशों द्वारा मांगा गया एक सॉफ्टवेयर भण्डार है। यह इस विश्वास के कारण भी है कि पिछले कुछ वर्षों में आयुष्मान भारत के रूप में क्रांतिकारी और कोविन (Co-WIN) के रूप में आगे की सोच के रूप में पहल देखी गई है, जिसने दिसंबर 2021 के अंत तक 145 करोड़ (1.45 बिलियन) टीकाकरण दर्ज किया और भारतीयों को सत्यापित प्रमाणपत्र भी दे रहा है।

मोदी ने न केवल देश-स्तरीय कार्यक्रमों का समर्थन किया है, बल्कि मतदाताओं से जुड़ने के लिए प्रौद्योगिकी का उपयोग करने में भी सबसे आगे रहे हैं। वह 2012 में एक वीडियो चैट पर मतदाताओं के साथ बातचीत करने वाले, पहले वैश्विक नेताओं में से एक थे। 2012 में उनके द्वारा होस्ट किया गया गूगल हैंग आउट अपनी तरह का सबसे अधिक देखा जाने वाला इंटरैक्शन बना हुआ है। वह पारंपरिक मीडिया चैनलों को दरकिनार करते हुए, सीधे दर्शकों तक पहुंचने के लिए यूट्यूब पर अपने भाषणों को लाइव-स्ट्रीमिंग करने में भी अग्रणी थे। 2014 में, उन्होंने 3डी होलोग्राम रैलियों और एलईडी रथों की शुरुआत की। चुनाव अभियान के दौरान, उनके द्वारा शुरू किया गया एक अनूठा तकनीक-आधारित स्वयंसेवी मंच अब माई गोव के रूप में विकसित हो गया है, जो नीति निर्माण और शासन के लिए भारत का पहला मंच

है। क्राउडसोर्स्ड नीति निर्माण दृष्टिकोण के कारण ही राष्ट्रीय शिक्षा नीति (एनईपी) को जमीनी स्तर पर राष्ट्रव्यापी प्रयास के रूप में तैयार किया गया है। वह नियमित रूप से MyGov और व्यापक NaMo ऐप के माध्यम से अन्य समसामयिक मुद्दों पर नागरिकों की प्रतिक्रिया मांगते हैं। 2017 में सिलिकॉन वैली में रहते हुए, प्रधानमंत्री ने न केवल शीर्ष तकनीकी अधिकारियों से मुलाकात की, बल्कि उन्होंने प्रमुख तकनीकी कंपनियों के मुख्यालयों का दौरा किया, ताकि उनकी आर एंड डी की और भारत के लिए इसकी प्रासंगिकता को समझा जा सके।

स्वास्थ्य सेवा और शिक्षा पर ध्यान

ये वो दो क्षेत्र है, जिनमें सरकारें हमेशा बेहतर करने की आकांक्षा रखती हैं-परन्तु अपनी सीमाओं के कारण हमेशा, उन आकांक्षाओं को पूरा नहीं कर पाती है। इन कार्यक्रमों को कई बार डिजाइन और संशोधित किया गया है, फिर भी इन डोमेन में वांछित परिणाम नहीं मिल पाते है। स्वास्थ्य देखभाल के लिए इन प्रयासों को समेकित और उन्नत करने के प्रयास में, पीएम मोदी ने राष्ट्रीय डिजिटल स्वास्थ्य मिशन (एनडीएचएम) की परिकल्पना की है, जो नागरिकों और रोगियों की भलाई के लिए एक व्यापक कार्यक्रम है। मिशन का अंतर्निहित उद्देश्य स्वास्थ्य देखभाल की गुणवत्ता को सुलभ, सस्ता और विश्वसनीय बनाकर सुधारना है। यह प्रत्येक भारतीय नागरिक को एक डिजिटल स्वास्थ्य आईडी देना चाहता है, जिसमें व्यापक स्वास्थ्य रिकॉर्ड होंगे। प्रासंगिक स्वास्थ्य अभिलेखों को जमा करने और इन अभिलेखों को गैर-विवेकाधीन और गैर-प्रायोजित तरीके से देखने के लिए यह एक एकल पहचानकर्ता होगा।

दिसंबर 2021 के अंत तक, 14.67 करोड़ (146.7 मिलियन) स्वास्थ्य आईडी तैयार की गई थीं और 6,803 डॉक्टरों और 15,010 सुविधाओं ने मंच पर पंजीकरण किया था। एनडीएचएम का उद्देश्य, देश के एकीकृत डिजिटल स्वास्थ्य बुनियादी ढांचे का समर्थन करने के लिए आवश्यक तंत्र विकसित करना भी है। यह डिजिटल राजमार्गों के माध्यम से स्वास्थ्य सेवा पारिस्थितिकी तंत्र के विभिन्न हितधारकों, जैसे स्वास्थ्य पेशेवरों, गैर सरकारी संगठनों, अस्पतालों, बीमाकर्ताओं आदि के बीच मौजूदा अंतर को पाटेगा।

एनडीएचएम प्लेटफॉर्म, रजिस्ट्रियों और निर्देशिकाओं के निर्माण के माध्यम से समग्र और समावेशी तरीके से डॉक्टरों की खोज करने के लिए एक स्वास्थ्य पेशेवर रजिस्ट्री बनाने का भी प्रयास करता है। यह विभिन्न प्रणालियों और डोमेन-विशिष्ट रजिस्ट्रियों को यूपीआई के समान एकीकृत स्वास्थ्य इंटरफेस के माध्यम से इलेक्ट्रॉनिक मेडिकल रिकॉर्ड तक पहुंचने में सक्षम बनाएगा। यह मरीज और डॉक्टरों के लिए बीच संवाद

बढ़ाने के लिए एप्लिकेशन और डोमेन-विशिष्ट रजिस्ट्रियों के साथ, एक लिंक के रूप में काम करेगा। इसमें अस्पताल और टेली-परामर्श ऑनलाइन बुकिंग की सुविधा भी शामिल होगी।

शिक्षा के मोर्चे पर, डिजिटल लर्निंग मोदी सरकार के लिए फोकस का एक बड़ा क्षेत्र रहा है। शिक्षा पर राष्ट्रीय मिशन के माध्यम से शुरुआती निवेश ने छात्रों को लॉकडाउन के दौरान भी आईसीटी (सूचना और संचार प्रौद्योगिकी) पहल जैसे स्वयं, स्वयं-प्रभा, राष्ट्रीय डिजिटल लाइब्रेरी, ई-यंत्र, वर्चुअल लैब, आदि के माध्यम से शिक्षा तक पहुंचने में मदद की है। दीक्षा पोर्टल के 2,300 करोड़ (23 बिलियन) से अधिक हिट हैं, जो सामग्री को ऑनलाइन उपलब्ध कराने की उपयोगिता का प्रमाण है। नव स्वीकृत एनईपी डिजिटल और प्रौद्योगिकी-सक्षम सीखने पर भी बहुत जोर देता है। यह स्कूल और उच्च शिक्षा दोनों के लिए सीखने और मूल्यांकन में प्रौद्योगिकी के उपयोग को और बढ़ावा देने के लिए एक राष्ट्रीय शैक्षिक प्रौद्योगिकी मंच स्थापित करने का प्रस्ताव करता है। सितंबर 2021 में शिक्षक पर्व में बोलते हुए, प्रधानमंत्री ने कहा कि, राष्ट्रीय डिजिटल शैक्षिक वास्तुकला शिक्षा में असमानता को दूर करने में एक बड़ी भूमिका निभाने जा रहा है। जिस तरह यूपीआई इंटरफेस ने बैंकिंग क्षेत्र में क्रांति ला दी है, उसी तरह एन-डियर सभी शैक्षणिक गतिविधियों के संबंध में एक सुपर कनेक्ट के रूप में कार्य करेगा।

प्रौद्योगिकी के प्रति नरेंद्र मोदी का दृष्टिकोण सबका विकास की भावना में समावेशी रहा है, जिसमें प्रौद्योगिकी के लाभों को सभी वर्गों तक पहुंचाने पर जोर दिया गया है। इसका एक अच्छा उदाहरण मृदा स्वास्थ्य के लिए राष्ट्रीय पोर्टल है, जिसने पूरी प्रक्रिया को डिजिटल कर दिया है। इसके माध्यम से पूरे भारत के किसान परीक्षण के लिए अपनी मिट्टी के नमूने भेज सकते हैं, परीक्षण प्रक्रिया को ऑनलाइन ट्रैक कर सकते हैं और अपने डिजिटल मृदा स्वास्थ्य कार्ड डाउनलोड करते समय सिफारिशें प्राप्त कर सकते हैं। इसमें उनकी पसंद की एक भाषा भी है।

इस बात से भी अवगत हो कि सरकार के तहत कई प्रौद्योगिकी पहल को बंद कर दिया गया था, मोदी ने 2015 में डिजिटल इंडिया लॉन्च किया, जो भारत को डिजिटल रूप से सशक्त समाज और ज्ञान अर्थव्यवस्था में बदलने के दृष्टिकोण के साथ एक प्रमुख एकीकृत कार्यक्रम है। कम लागत, व्यापकता लिए और समावेशी डिजिटलीकरण को आगे बढ़ाने की भारत की क्षमता को इस दृष्टिकोण से लाभ हुआ है। अब कई बहु-हितधारक तंत्र विकसित हो रहे हैं जो शासन की रूपरेखा को व्यापक रूप से बदलने का वादा करते हैं। कैशलेस हाईवे टोल भुगतान के लिए फास्टैग सिस्टम एक ऐसा डिजिटल इकोसिस्टम है जो रेडियो फ्रीक्वेंसी आइडेंटिफिकेशन टेक्नोलॉजी का लाभ उठाता है और इसने भारत के राष्ट्रीय राजमार्गों पर टोल संग्रह में

क्रांति ला दी है। जब मैं 2010 में भारत में राष्ट्रीय राजमार्गों के लिए, एक एकीकृत इलेक्ट्रॉनिक टोल संग्रह तकनीक का मार्ग प्रशस्त करने के लिए मूल रिपोर्ट के साथ आया था, तब तक इस मोर्चे पर सीमित काम था, अब मोदी सरकार ने इस मोर्चे पर सुधारों को आगे बढ़ाने का फैसला किया और नतीजा सामने है।

जीईएम (सरकारी ई-मार्केटप्लेस) पर खरबों रुपये के लेन-देन से लेकर ई-एनएएम (ई-नेशनल एग्रीकल्चर मार्केट) पर पंजीकृत लाखों किसानों के सशक्तिकरण से लेकर जीएसटीएन (गुड्स एंड सर्विसेज टैक्स नेटवर्क) पर पंजीकृत लाखों करदाताओं को सरलता प्रदान करने तक.), डिजिटल इंडिया के लिए कई राष्ट्रीय सार्वजनिक डिजिटल प्लेटफॉर्म हैं। जेम विशेष रूप से, सार्वजनिक खरीद के लिए एक गेम चेंजर के रूप गें उभरा है; जो छोटे और मध्यम व्यवसायों को पूरे भारत में खरीदारों तक पहुंचने के लिए अमेजॅन के ई-मार्केटप्लेस से मेल खाता है। यह एमएसएमई को उनके ऑर्डर, ट्रांजेक्शन फ्लो और टैक्स फाइलिंग के आधार पर तत्काल ऋण प्राप्त करने में मदद कर रहा है। लाभार्थियों ने अनुभव को 'चमत्कारी और जादुई' बताया है।

ये सभी प्लेटफॉर्म-नागरिक सशक्तिकरण के माध्यम से, व्यापार करने में आसानी और आसान शासन-सरकार-नागरिक जुड़ाव को सुगम बना रहे हैं। सरकार की तेजी और जवाबदेही को बढ़ा रहे हैं, नीतिगत प्रभावशीलता को बढ़ा रहे हैं और सेवाओं के माध्यम से सरकारी तंत्र की अखंडता को मजबूत कर रहे हैं। डिजिटलीकरण के प्रति, इस तरह का समग्र दृष्टिकोण रखने वाला भारत शायद एकमात्र देश है। खुले मानकों, पारस्परिकता और व्यापकता के प्रति हमारी प्रतिबद्धता अब, दुनिया भर के देशों को एक समान दृष्टिकोण अपनाने के लिए प्रेरित कर रही है।

राष्ट्र की सेवा में अपने इक्कीसवें वर्ष में प्रवेश करते ही, प्रधानमंत्री मोदी की डिजिटल इंडिया के प्रति निरंतर प्रतिबद्धता सुनिश्चित करेगी कि राष्ट्र दुनिया के तकनीकी मानचित्र पर एक अमिट छाप छोड़े।

GST
REFORMS
DISINVESTMENT

विचार और हकीकत में विरोधाभास नहीं

नृपेंद्र मिश्रा

देश नरेंद्र मोदी को भारत के प्रधानमंत्री के तौर पर देखता है। मेरा यह सौभाग्य रहा है कि मैंने, उनके साथ काम किया है। इस दौरान मुझे अहसास हुआ कि मोदी के अंदर नेतृत्व करने की जो क्षमता है वो, अन्यत्र दुर्लभ है। नेतृत्व की उनकी यह क्षमता एक यात्रा की तरह है। इस यात्रा में, उन पर महात्मा गांधी, ए.पी.जे. अब्दुल कलाम, राजेंद्र प्रसाद, सरदार वल्लभभाई पटेल का बड़ा प्रभाव पड़ा। वहीं, अंतरराष्ट्रीय स्तर पर नेल्सन मंडेला, अब्राहम लिंकन, ली कुआन यू और शिंजो आबे का असर रहा। यह उनकी यात्रा ही है, जिसने उन्हें देश के हर कोने में पहुंचने में मदद की। इनमें कुछ इलाके विकसित, तो कुछ गरीबी की दलदल में फंसे हैं। कुछ ऐसे भी हैं, जिन्हें देश के विकास की सफलता की कहानी के रूप में देखा जाता है। उनकी यात्रा ने 'न्यू इंडिया' के लिए, उनके नजरिए को निखारने का काम किया है। इनमें सबको साथ लेकर चलने की सोच, सबसे कमजोर तबके को सक्षम बनाना, लैंगिक समानता, महिला सशक्तिकरण, वैश्विक स्तर पर लीडरशिप को प्रोत्साहित करने के विचार शामिल है। इन सभी ने एक ऐसे भारत के लिए अहम पहलुओं को तैयार करने में मदद की है, जिससे भारत ग्लोबल लीडर के रूप में अपनी जमीन पर खड़ा है।

यह 20 मई 2014 की बात थी, जब मेरे पास अरुण जेटली का फोन आया। उन्होंने कुछ बातचीत के लिए गुजरात भवन आने को कहा था। वहां पहुंचने के बाद मुझे पता चला कि मुझे शाम चार बजे प्रधानमंत्री नरेंद्र मोदी से मिलना है। उन दिनों मैं एक एनजीओ के लिए काम कर रहा था, जो चुनावी प्रक्रिया में आपराधिक तत्वों पर लगाम लगाने से जुड़ा था। इस सिलसिले में एक जनहित याचिका सुप्रीम कोर्ट में पहले ही दाखिल की जा चुकी थी। इससे जुड़े मुद्दे पर कुछ दूसरे एनजीओ ने भी याचिका दाखिल की थी। इससे पहले, मैं मोदी से कभी नहीं मिला था। इस वजह से मैं थोड़ा परेशान और अनिश्चित दोनों था। मैं उनके चेंबर में गया और कुछ देर की औपचारिक बातचीत के बाद उन्होंने गांधी जी, स्वतंत्रता आंदोलन समारोह और

गरीबी के मुद्दे पर बात की। मैंने भविष्य के लिए उनकी प्राथमिकताओं को देखा। हमारी बातचीत खत्म हुई और मैं चला आया। प्रधानमंत्री इस बात का ख्याल रखते हैं कि, जो भी उनसे मिलने आए, वह सहज महसूस करे। यह 25 मई 2014 की तारीख थी, जब मुझे दोबारा बुलावा आया। तब, उन्होंने खुद मुझे प्रधानमंत्री के प्रधान सचिव के तौर पर नियुक्ति की जानकारी दी। इसमें एक कानूनी अड़चन थी, लेकिन उन्होंने अपना मन बना लिया था। उनके व्यक्तित्व में हिचकिचाहट के लिए कोई भी जगह नहीं है। उनका संकल्प दृढ़ होता है।

प्रधानमंत्री मोदी ने 68वें स्वतंत्रता दिवस के मौके पर लाल किले से देश को संबोधित करते हुए गरीबों और वंचित तबके लिए अपनी प्रतिबद्धताओं का ऐलान किया: 'हम भारत मां की समृद्धि के लिए काम करने का प्रण लेते हैं और खासतौर पर गरीबों, दलितों, शोषित और देश के पिछड़े लोगों की भलाई के लिए काम करने का प्रण लेते हैं।' उन्होंने जाति या धर्म के लिए किसी खास तरह की प्राथमिकता तय नहीं की। उनका भरोसा सबकी भलाई करने में था।

बतौर राजनेता और एक उत्कृष्ट नेता के रूप में, प्रधानमंत्री मोदी के पास न केवल लोगों के लिए एक सोच थी, बल्कि उस सोच को वास्तविकता की धरातल पर उतारने की क्षमता भी थी। उन्होंने एक व्यापक योजना के लिए, कई छोटे-छोटे कार्यक्रम बनाए, जो व्यवहारिक लगे। मुझे इस अध्याय में उनमें से कुछ को याद करने का अवसर मिला है। उन्होंने 15 अगस्त 2014 को देश में बदलाव लाने वाली योजनाओं की बुनियाद रखी। उनकी सोच थी कि महिलाएं जीवन के हर क्षेत्र में सशक्त हों, जहां सभी के लाभ के लिए अर्थव्यवस्था में सुधार किया जाए, जहां 'ईज ऑफ डूइंग बिजनेस' जैसे कदमों से धन सृजन आकर्षक हों, जहां संस्थागत सुधार और तकनीक के जरिए भ्रष्टाचार पर नकेल कसा जा सके। जहां सभी के पास स्वास्थ्य सेवा तक पहुंच हो, जहां आम लोग के पास बेहतर कल के लिए अपनी आजीविका हो। साथ ही, समाज के सभी वर्गों के लोगों को जीवन में मुश्किलों का सामना न करना पड़े।

व्यक्ति और उसका मिशन

आजाद भारत में देश में बदलाव के दावे सहित कई वादे किए गए। ऐसा ही एक वादा था कि, सभी गांवों तक बिजली की पहुंच हो। इस योजना की समीक्षा के दौरान प्रधानमंत्री को बताया गया कि देश में 18,500 गांव ऐसे हैं, जहां बिजली के तार और पोल अभी तक नहीं पहुंचे हैं। उन्होंने 15 अगस्त 2015 के अपने भाषण में वादा किया कि अगले एक हजार दिनों में देश के सभी गांवों में बिजली होगी। इस

लक्ष्य को अप्रैल 2018 में हासिल किया गया। उन्होंने एक हजार दिनों की सीमा तय करते हुए नीति आयोग और केंद्रीय ऊर्जा मंत्रालय दोनों को अचंभित कर दिया था। बिजली मंत्रालय ने राज्यों के साथ प्रभावी ढंग से काम किया और लक्ष्य हासिल किया। मोदी ने साप्ताहिक आधार पर, हर राज्य में इस काम की प्रगति पर निगरानी की।

उन्होंने एक बार इस योजना और इसे लागू करने के बारे में बात करते हुए हुए मुझे अपनी कार्य नीति के बारे में विस्तार से बताया। उन्होंने कहा कि, उनके कार्यक्रमों के चयन में एक मॉड्यूलर नजरिया होता है- छोटे से लेकर बड़े तक; लेकिन वे सभी आपस में जुड़े होते हैं। तो इसमें हैरानी की कोई बात नहीं है कि गांवों के विद्युतीकरण के तुरंत बाद, उन्होंने अनुसूचित जातियों और अनुसूचित जनजातियों की बस्तियों को प्राथमिकता देते हुए, मिशन मोड पर हर गांव में कम-से-कम एक घरेलू बिजली कनेक्शन योजना का ऐलान किया। यह योजना 2017 में शुरू हुई। उसके बाद से 2.62 करोड़ घरों (99.93 प्रतिशत) को बिजली कनेक्शन दिया जा चुका है।

तभी हमें लग रहा था कि, प्रधानमंत्री मोदी जल्द ही विद्युतीकरण की बुनियाद पर ग्रामीण शिक्षा और ग्रामीण संचार के लिए एक कार्यक्रम शुरू करेंगे। एक बार संचार और वाई-फाई सेवाओं के गांवों में पहुंचने के बाद टेली-एजुकेशन, टेली-मेडिसिन और सभी के लिए बैंकिंग सफलता से शुरू हो जाएगी। मोदी ने गुजरात के मुख्यमंत्री के रूप में ज्योति ग्रामोद्योग विकास योजना के जरिए ग्रामीण इलाकों में बिजली के प्रसार का व्यापक प्रभाव देखा था। इसका ग्रामीण अर्थव्यवस्था पर कई मायनों में सकारात्मक असर पड़ा। उनकी नेतृत्व क्षमता की बदौलत ही आज, गुजरात के सभी गांवों में चौबीस घंटे बिजली आपूर्ति के दावे किए जाते हैं। गुजरात ने एक ग्रामीण फीडर पृथक्करण योजना को अपनाया, जिसे अब दूसरे राज्यों की ओर से एक मॉडल के रूप में अपनाया जा रहा है। इसके तहत बिजली के नए बुनियादी ढांचे और बड़े पैमाने पर निवेश का निर्माण शामिल था। इसे मार्च 2006 में पूरा किया गया। तब भी एक महत्वाकांक्षी कैनवास पर बनाए जा रहे विभिन्न कार्यक्रमों की पहचान की जा सकती है।

बचपन में खुद गरीबी देख चुकने के बाद, मोदी को अच्छी तरह मालूम है कि यह किस तरह मानवीय क्षमताओं को सीमित करता है। उन्होंने 15 अगस्त 2014 को गरीबी के अभिशाप को दूर करने के अपने संकल्प की घोषणा की। तब उनके मन में यह साफ था कि गरीबी दूर करने वाले उपाय से लोग सशक्त हों, न कि उन्हें कोई चीज गुपत में दी जाए। गरीबी के दुष्चक्र को तोड़ने के लिए गरीबों को अपनी आय में सुधार करने की जरूरत है। बुनियादी शिक्षा तक पहुंच, उनकी सर्वोच्च प्राथमिकता बन गई। गुजरात के मुख्यमंत्री के रूप में उन्होंने महसूस किया था कि शिक्षा, विशेष रूप से प्राथमिक शिक्षा को बढ़ावा देना होगा। इसके लिए उन्होंने दो

कार्यक्रम शुरू किए- कन्या केलवानी और शाला प्रवेशोत्सव। ये शुरू में तीन दिवसीय अभियान थे। आखिरकार इसने, गुजरात में शिक्षा को मजबूत करने में गहरी जड़ें जमा लीं। सभी हितधारकों को इसमें शामिल होने और इसे अपनाने के लिए आमंत्रित किया गया था। सरकार सूत्रधार बन गई। शिक्षण प्रक्रिया में क्रांतिकारी बदलाव आया और 21 हजार से अधिक शिक्षकों की भर्ती की गई। गुजरात ने आज नामांकन दर (लड़कियों सहित) में सुधार, स्कूली शिक्षा सुविधाओं में सुधार और गुणवत्तापूर्ण शिक्षा के मामले में अभूतपूर्व नतीजे हासिल किए हैं। प्राथमिक स्तर के स्कूलों में शत-प्रतिशत लड़कियों के नामांकन का लक्ष्य हासिल कर लिया गया है।

गुजरात में मिली सफलता भरे विश्वास के साथ प्रधानमंत्री मोदी ने हाल ही में राष्ट्रीय शिक्षा नीति की घोषणा की। इसमें भारतीय भाषाओं में शिक्षा, मूल्य-आधारित शिक्षा, व्यावसायिक शिक्षा, कार्यात्मक साक्षरता और संख्यात्मकता, समग्र शिक्षा, प्रौद्योगिकी और नैतिकता का उपयोग और मानवीय मूल्य शामिल हैं। इसमें सभी के लिए उच्च गुणवत्ता वाली शिक्षा देने की प्रतिबद्धता झलकती है। पहुंच, हिस्सेदारी, गुणवत्ता, सामर्थ्य और जवाबदेही के मूलभूत स्तंभों पर बनी यह नीति, सतत विकास के लिए एजेंडा 2030 के मुताबिक है। ऐसी समस्याओं को दूर करने के अपने लंबे अनुभवों और धरातल पर बदलाव लाने की गहरी इच्छा की वजह से ही प्रधानमंत्री ने सामाजिक सुरक्षा कार्यक्रमों को विकसित करने और उन्हें लागू करने में सक्रिय रूप से दिलचस्पी ली। प्रधानमंत्री जीवन ज्योति बीमा योजना की शुरुआत 2015 में की गई। इसके तहत 18 से 50 साल के लोगों के लिए केवल 1 रुपये प्रतिदिन के प्रीमियम पर 2 लाख रुपये के जीवन बीमा का प्रावधान है। प्रधानमंत्री सुरक्षा बीमा योजना सिर्फ 1 रुपये हर महीने के प्रीमियम पर 2 लाख रुपये का बीमा कवर देती है। अटल पेंशन योजना को असंगठित क्षेत्र को ध्यान में रखकर शुरू किया गया। इसके तहत 60 साल की उम्र के बाद लाभार्थी को बहुत कम प्रीमियम पर पेंशन की सुविधा दी गई है।

उन्होंने किसानों की भलाई के लिए भी काम किया। प्रधानमंत्री फसल बीमा योजना के तहत, मामूली प्रीमियम पर बीमा का प्रावधान है। दीनदयाल ग्राम ज्योति योजना को गांवों में बेहतर बिजली सप्लाई के लिए शुरू किया गया। ये दोनों योजनाएं, मिसाल हैं कि किस तरह समाज के गरीब और वंचित रहने वाले लोगों का ख्याल रखा जा रहा है। प्रधानमंत्री मोदी का मानना है कि, इस तरह की योजनाएं गरीबों के प्रति हमारी जिम्मेदारी की तरह है। उन गरीबों के प्रति यह हमारी सहानुभूति का प्रतीक हैं। और, सबसे बड़ी बात यह है कि हम चाहे कितनी तरक्की कर लें, चाहे कितना भी हासिल कर लें, अगर इसकी सफलता गरीबों तक नहीं पहुंचती है, तो वह विकास अधूरा है। इन सभी योजनाओं को जरूरतमंदों की सामाजिक सुरक्षा को सुनिश्चित करने के लिए धरातल पर उतारा गया। इसमें सफलता मिली है।

गरीबी के खिलाफ मोदी का अभियान जारी है। गरीबों के लिए आवास, सभी घरों का विद्युतीकरण, महामारी के दौरान मुफ्त राशन का वितरण, गरीबों को रोजगार, रेहड़ी-पटरी वालों को आर्थिक मदद और अनुसूचित जाति/अनुसूचित जनजाति की महिला उद्यमियों की फंडिंग के लिए कार्यक्रम, जैसी नित नई योजनाएं चलाई जा रही हैं। इन पर काम चल रहा है।

प्रधानमंत्री मोदी ने 15 अगस्त 2014 को देश के नाम अपने संबोधन में महिला सशक्तिकरण के लिए पूरे दिल से अपनी प्रतिबद्धता जाहिर की। अगर उनके शब्दों में कहूं तो 'क्या हमें कभी इस बात का दुख हुआ है कि हमारी माताओं और बहनों को खुले में शौच करना पड़ता है? क्या महिलाओं की गरिमा हमारी सामूहिक जिम्मेदारी नहीं है?' उन्होंने बतौर गुजरात के मुख्यमंत्री, लड़कियों की शिक्षा को लेकर खराब आंकड़ों पर ध्यान दिया था। उन्हें यह जानकर हैरानी हुई कि छात्राओं के लिए अलग शौचालय, सुरक्षित पेयजल और स्वच्छता जैसी बुनियादी सुविधाओं की कमी उन्हें स्कूलों से दूर रख रही थी। 'बेटी बचाओ बेटी पढ़ाओ' को 22 जनवरी 2015 को शुरू किया गया था। यह कन्या भ्रूण हत्या के खिलाफ और शिक्षा में लैंगिक समानता के लिए एक आह्वान था। उन्होंने 15 अगस्त 2014 को 'महिलाओं के लिए' मुद्दे पर बात की थी। वह केवल एक वादा नहीं रह गया, बल्कि उसे हकीकत में बदला गया।

लिंगानुपात में 16 अंकों का सुधार हुआ है। यह 2014-15 में 918 से सुधरकर 2019-20 में 934 हो गया। यूडीआईएसई के आंकड़ों के अनुसार, माध्यमिक स्तर पर स्कूलों में लड़कियों का सकल नामांकन अनुपात (जीईआर) 77.45 (2014-15) से बढ़कर 81.32 (2018-19 अनंतिम आंकड़े) हो गया। 10 करोड़ से अधिक ग्रामीण शौचालय बनाए गए हैं और 6 लाख से अधिक गांवों को खुले में शौच मुक्त (ओडीएफ) घोषित किया गया है। प्रधानमंत्री मोदी की सरकार के तहत, भारत ने पांच साल में सौ फीसदी ग्रामीण स्वच्छता को हासिल किया है। जबकि यही दर 2014 में सिर्फ 38 प्रतिशत थी।

महिला सशक्तिकरण

भारत में महिलाओं की अधिकांश समस्याएं पारंपरिक स्तर की हैं, लेकिन उन मुद्दों का समाधान उनके जीवन में बुनियादी बदलाव ला सकता है। ग्रामीण इलाकों में लकड़ी जैसे पारंपरिक ईंधन से खाना बनाना आम बात है। प्रधानमंत्री ने इसकी वजह से होने वाली स्वास्थ्य जोखिमों को महसूस किया। उन्होंने अकसर इस बात का जिक्र किया कि पारंपरिक ईंधन से खाना बनाना, 400 सिगरेट पीने के बराबर है। उन्होंने उज्ज्वला योजना के रूप में इसका समाधान पेश किया। इसे 1 मई 2016 को लॉन्च किया गया

था। इस योजना के तहत परिवारों को एलपीजी सिलेंडर बेहद ही कम दाम पर दिए गए। 2016 में इस योजना के शुरू होने से लेकर अभी तक इसके तहत 8 करोड़ एलपीजी कनेक्शन दिए जा चुके हैं। दूसरे चरण की उज्ज्वला योजना की शुरुआत, अगस्त 2021 में की गई। इसके तहत कम आय वाले परिवारों को 1 करोड़ और कनेक्शन देने का लक्ष्य रखा गया। यह प्रधानमंत्री मोदी के सभी तक एलपीजी की पहुंच के सपने को पूरा करने में मदद करेगा।

महिलाओं की कई समस्याओं में एक शादी और तलाक के मामले में अन्याय और असमानता के व्यवहार का सामना करना है। मुस्लिम समुदाय में तीन तलाक का मुद्दा ऐसा ही एक मसला है, जिसका उस समुदाय की महिलाओं पर नकारात्मक असर पड़ रहा था। इस पर चर्चा की गई कि तलाक का यह स्वरूप मुस्लिम पर्सनल लॉ या शरीयत का हिस्सा है। लेकिन, इस प्रथा पर पाबंदी को लेकर भी काफी मांग हो रही थी। मुस्लिम वुमन ऐक्ट (शादी के अधिकारों की रक्षा) को जुलाई 2019 में पास किया गया। इसके तहत तीन तलाक को बैन किया गया और ऐसा करना अपराध बनाया गया। इस कानून ने मुस्लिम महिलाओं के लिए, बड़ी आजादी और न्याय देने का काम किया है।

आर्थिक आजादी के बिना महिला सशक्तिकरण अधूरा ही रह जाएगा। यही वजह है कि प्रधानमंत्री का मानना का मानना था कि, वित्तीय भागीदारी जरूरी है। भारत में बैंकिंग क्षेत्र ने पारंपरिक रूप से गरीबों और वंचितों को व्यवस्था से बाहर ही रखा है। इन लोगों के पास बैंक अकाउंट नहीं हैं या इन्हें उचित दर पर कर्ज नहीं मिलते। इसकी वजह से इन्हें, बिचौलिए और सूदखोरों के चुंगल में फंसना पड़ता है। इस कारण प्रधानमंत्री ने ऐसे लोगों, खासकर महिलाओं के ज्यादा से ज्यादा अकाउंट खोलवाने की योजना बनाई। मोदी का मानना है कि वित्तीय भागीदारी में अगर महिलाएं जुड़ जाती हैं तो घर की तरक्की और फिर देश का विकास होने से कोई नहीं रोक सकता।

इस लक्ष्य को हासिल करने के लिए, प्रधानमंत्री मोदी ने जन धन योजना की शुरुआत की। इसके तहत, बिना बैंक अकाउंट वाले लोगों का शून्य जमा राशि पर बैंक अकाउंट खोलने की योजना बनाई गई। जनवरी 2015 और मार्च 2015 के बीच 30 करोड़ नए बैंक अकाउंट खोले गए। इस बात का ध्यान रखा गया कि ये अकाउंट जारी रहें। प्रधानमंत्री मोदी ने इसे लोगों के वित्तीय लाभ के लिए प्रत्यक्ष और डिजिटल ट्रांसफर की योजना के रूप में देखा।

यह भ्रष्टाचार पर अंकुश लगाने की दिशा में एक अहम सुधार था। इस तरह, अनौपचारिक स्तर पर हो रही गतिविधि, औपचारिक अर्थव्यवस्था का हिस्सा बन गई। महिलाओं की आर्थिक आजादी के संदर्भ में बात करें, तो दिसंबर 2021 के अंत तक 44.2 करोड़ जन-धन खाताधारकों में से 55 फीसदी महिलाएं थीं। इनके पास स्वयं

सहायता समूहों के खाताधारकों को 5,000 रुपये की ओवरड्राफ्ट सुविधा थी। जन-धन योजना एक महत्वाकांक्षी योजना थी, लेकिन प्रधानमंत्री की आर्थिक समावेश की योजना यहीं नहीं रुकी। हाशिए पर पड़े लोगों के बीच इंटरप्रेन्योरशिप को बढ़ावा देने के लिए उन्होंने, माइक्रो यूनिट्स डेवलपमेंट एंड रिफाइनेंस एजेंसी (मुद्रा) की शुरुआत की। इसकी वजह से छोटे कारोबारियों को बैंकों और माइक्रोफाइनेंस संस्थानों से बिना किसी जोखिम के 10 लाख रुपये तक के कर्ज रियायती दर पर मिलने लगे। इस योजना के शुरू होने के महज तीन साल के भीतर मुद्रा कर्ज 12 करोड़ लोगों को दिया गया। उनमें से 68 प्रतिशत महिला कारोबारी हैं। यह स्टैंड-अप इंडिया योजना के तहत महिला कारोबारियों को दिए जाने वाले कर्ज से अलग व्यवस्था थी। मोदी ने महिलाओं को कुशल बनाने की जरूरत को पहचाना। प्रधानमंत्री कौशल विकास योजना के तहत प्रशिक्षित 73 लाख लोगों में से 40 फीसदी महिलाएं हैं। इस प्रकार, एकीकृत महिला सशक्तिकरण कार्यक्रम को धरातल पर उतारने के लिए उन्होंने काम किया।

योजनाओं को लेकर, उनकी विचार प्रक्रिया की काफी तारीफ होने लगी। जैसे-जैसे योजनाओं की शुरुआत होती गई, उसके बाद एक बड़े लक्ष्य को हासिल करने की उनकी विचार प्रक्रिया की सराहना की जाती रही। उन्होंने 15 अगस्त 2014 को ही स्वच्छता के लिए अभियान की घोषणा थी। उन्होंने कहा, 'लोग हैरान थे कि क्या यह किसी प्रधानमंत्री का काम है। लोगों को लग सकता है कि यह एक मामूली काम है, लेकिन मेरे लिए यह बड़ा काम है... 2019 तक, जब हम महात्मा गांधी की 150वीं जयंती मनाएंगे, तो हम संकल्प लेते हैं कि हमारे गांवों में गंदगी का एक कण भी नहीं होगा। यह सिर्फ सरकार के साथ नहीं, बल्कि जनभागीदारी से संभव है और इसलिए हमें, इसे मिलकर करना है।' उन्होंने खुद, सुबह-सुबह झाड़ू लेकर गरीबों के रहने वाले इलाकों में सफाई अभियान में हिस्सा लिया। उन्होंने स्वच्छ भारत अभियान के राजदूत के रूप में अलग-अलग क्षेत्रों के प्रमुख हस्तियों से मदद मांगी, ताकि व्यापक भागीदारी सुनिश्चित की जा सके। उन्होंने घोषणा की कि भारत में कोई भी स्कूल शौचालय की सुविधा के बिना नहीं होगा। ऐसे में ग्रामीण शौचालय, स्कूलों में छात्र-छात्राओं के लिए अलग-अलग शौचालय और खुले में शौच मुक्त गांवों का लक्ष्य एक वास्तविकता बन गई।

उनका अगला पड़ाव स्वास्थ्य सेवा है। उसके बाद वेलनेस सेंटर और फिर जीवन की सहूलियत। प्रधानमंत्री मोदी का दृढ़ विश्वास है कि, गरीबी का स्वास्थ्य से नाता है। उन्होंने आयुष्मान भारत के तहत समाज के कमजोर वर्गों को दवा और अस्पताल में भर्ती सहित बुनियादी स्वास्थ्य सुविधा देने का वादा किया। लाभार्थियों की पहचान की गई। उन्हें आयुष्मान कार्ड दिए गए। दिसंबर 2021 के अंत तक, 17.21 करोड़ लोगों के ऐसे कार्ड जारी किए गए थे। इससे उन्हें देश भर में 22,000 से अधिक

अस्पतालों में इलाज कराने में मदद मिली। इनमें लगभग नौ हजार, निजी अस्पताल शामिल थे। इस योजना के तहत, दो करोड़ से ज्यादा लोगों का मुफ्त इलाज किया जा चुका है। इस योजना को आगे और मजबूत किया गया। इसके लिए कम कीमत पर दवाइयां मुहैया कराने के लिए दुकानें खोली गईं। आयुष्मान भारत डिजिटल मिशन की शुरुआत, सभी नागरिकों का डिजिटल हेल्थ रिकॉर्ड रखने के इरादे से की गई। प्राथमिक, दूसरे और तृतीय स्तर की स्वास्थ्य व्यवस्था को मजबूत किया जा रहा है। इसके पीछे मकसद, वेलनेस सेंटर को प्रभावी रूप से चलन में लाने का है। इस तरह, स्वास्थ्य क्षेत्र में बेहतरी के वादे को गहराई से अपनाया गया है, जिसका मकसद उन लोगों तक स्वास्थ्य सुविधाओं को पहुंचाना, जिनके पास ये उपलब्ध नहीं है। प्रधानमंत्री की नजर में 'ईज ऑफ लिविंग' का मतलब गरीबों के बीच सुरक्षा और आत्मविश्वास की भावना से है।

सुधार के दायरे का विस्तार

आजादी के समय एक तरफ भारत का राजनीतिक एकीकरण सरदार पटेल की कोशिशों की वजह से हुआ था, तो दूसरी तरफ देश का आर्थिक एकीकरण एक सपना बनकर रह गया। देश के विभिन्न राज्यों में विशेष रूप से आवश्यक वस्तुओं से संबंधित चीजों की आवाजाही को नियंत्रित करने वाले नियम और विनियम अव्यहारिक, विरोधी और अपारदर्शी बने रहे। इन नियमों ने अकसर एक-दूसरे के लक्ष्यों के खिलाफ काम किया। साथ ही, उत्पादकों और खरीदारों दोनों के लिए, एक ही बाजार बनाकर देश के आर्थिक एकीकरण को सफल बनाने से रोका। कुछ मामलों में, भारत और कुछ अन्य देशों के बीच माल की आवाजाही देश के भीतर माल की आवाजाही की तुलना में आसान थी! इसके अलावा, बिक्री कर, उत्पाद शुल्क, वैट वगैरह को नियंत्रित करने वाली एक जटिल अप्रत्यक्ष कर व्यवस्था, लंबे समय से समस्या बनी हुई थी। इसकी वजह से राज्यों के बीच आर्थिक आवाजाही बड़ी बाधा बनी रही। इसने बाजार की विकृतियों को सामने लाया और देश को जबरदस्त नुकसान पहुंचाया, जिससे उत्पादकों और उपभोक्ताओं दोनों पर प्रतिकूल प्रभाव पड़ा। वहीं, सभी बिचौलियों को लाभ हुआ और हर स्तर पर भ्रष्टाचार को बढ़ावा मिला।

पूरे देश के लिए एक वस्तु एवं सेवा कर (जीएसटी), को भारत के आर्थिक एकीकरण के लिए सबसे अहम कदम के रूप में देखा गया। पहली बार 1999 में देश में इस लागू करने के विचार पर चर्चा हुई। तब से यह बहस का विषय बना रहा है, लेकिन जीएसटी के रास्ते में आने वाली समस्याएं और बाधाएं ऐसी थीं कि, इसे लागू करना दूर का सपना बनकर रह गया था। राज्यों ने इसका खूब विरोध

किया। राज्यों को लगा कि, जीएसटी से उनकी कर शक्तियों में भारी कमी आएगी। राजस्व की हानि होगी। आगे चलकर उन्हें वित्तीय स्वायत्तता से भी हाथ गंवाने का डर बना रहा। जबकि, इसे लेकर बातचीत वर्षों से जारी थी। फिर भी कोई समाधान नजर नहीं आ रहा था। 13 वर्षों तक एक राज्य के सीएम रह चुके पीएम मोदी ने राज्यों की चिंता को समझा। यहां तक कि, उन्होंने बतौर मुख्यमंत्री, केंद्र सरकार को खत भेजकर अपनी आपत्ति भी जताई थी। बतौर राजनेता, वह देश को आर्थिक रूप से एकीकृत करने की क्षमता के साथ जीएसटी के पक्ष में तर्क को समझते थे। संघीय सिद्धांतों का सम्मान करते हुए, वह केंद्र की ओर से उदार थे। जबकि, प्रत्यक्ष और अप्रत्यक्ष करों के मामले में केंद्र की अहम भूमिका होती है। यहां तक कि केंद्र के पास घरेलू और अंतरराष्ट्रीय दोनों स्तरों पर, कर्ज लेने की संप्रभु शक्तियां भी हासिल हैं। उन्होंने राज्यों की चिंताओं को समझते हुए पांच साल की गारंटी दी कि इस दौरान जीएसटी के लागू होने से होने वाले किसी भी राजस्व नुकसान की भरपाई केंद्र करेगा।

इस योजना ने कर चोरी और भ्रष्टाचार की गुंजाइश को काफी हद तक खत्म कर दिया। इसने एक संस्थागत विकास को भी जन्म दिया, जहां केंद्रीय वित्त मंत्री की अध्यक्षता में राज्यों के वित्त मंत्रियों की जीएसटी परिषद को कर ढांचे को अंतिम रूप देने सहित, इसे लागू करने की जिम्मेदारी दी गई। जीएसटी 'एक राष्ट्र, एक कर व्यवस्था' बन गया। भ्रष्टाचार के खिलाफ मोदी की लड़ाई मुख्य रूप से व्यवस्था में बदलाव, डिजिटलीकरण, नागरिकों और सरकारी तंत्र के बीच सीधे संपर्क को कम करने के माध्यम से रहा है। इसने प्रत्यक्ष करों में फेसलेस ई-मूल्यांकन की शुरुआत की है। वित्तीय क्षेत्र में संस्थागत सुधारों को व्यापार करने में आसानी और भ्रष्टाचार पर अंकुश लगाने के लिए बड़े पैमाने पर बढ़ावा दिया जाता है। एक आसान, लेकिन अहम संशोधन सरकार में स्व-सत्यापन को एक स्वीकार्य प्रथा बना रहा है। यह जन-प्रतिनिधियों या राजपत्रित अधिकारियों के माध्यम से सत्यापन की जरूरत को हटा रहा है।

बुनियादी ढांचा, धन सृजन

मोदी के एजेंडे में इंफ्रास्ट्रक्चर यानी बुनियादी ढांचा सर्वोच्च है। वह अधूरी परियोजनाओं पर बारीकी से नजर रखते हैं। ऐसी ही एक समीक्षा के दौरान यह बात सामने आई कि रोड ओवर ब्रिज को लेकर सड़क निर्माण एजेंसियों और रेलवे के बीच तालमेल की कमी के कारण कई सड़कें अधूरी थीं। उन्होंने, तुरंत व्यवस्थागत बदलाव लाए। इससे डिजाइन और अंतिम निर्माण दोनों में समय काफी कम हो गया। साथ ही बेहतर

तालमेल भी हो गया।। प्रधानमंत्री मोदी अच्छी तरह से समझते हैं कि असल विकास केवल आर्थिक विकास, उद्यमिता और धन सृजन के बल पर हो सकता है। अधिक समतावादी समाज बनाने के लिए, इन उपायों में से किसी की कमी से सिर्फ गरीबी बढ़ेगी। इसकी वजह है कि राज्यों की ओर से ऐसे में कल्याणकारी योजनाओं को फिर से शुरू करना होगा। ऐसा करने के लिए सबसे पहले धन का सृजन जरूरी है। और, पिछले तीन सौ साल के दुनिया के इतिहास से पता चलता है कि, धन सृजन नागरिकों और उनके निजी कारोबार के जरिए बेहतर तरीके से किया जाता है। राज्य अपने नागरिकों की आर्थिक सफलता के लिए अनुकूल परिस्थितियों की बुनियाद रखता है।

यही वजह है कि, प्रधानमंत्री ने नागरिकों की ओर से धन सृजन को बढ़ावा देने के लिए देश में व्यापार करने में आसानी (ईज ऑफ डूइंग बिजनेस) में सुधार पर जोर दिया। उनके नेतृत्व में पारदर्शिता को बढ़ाकर, अप्रचलित नियमों और विनियमों को हटाकर, डिजिटल और अन्य तकनीक के इस्तेमाल की वजह से, भारत की अंतरराष्ट्रीय रैंकिंग में सुधार आई। विश्व बैंक की ईज ऑफ डूइंग बिजनेस रैंकिंग में 2014 में 144 के निचले स्तर से भारत 2020 में 63वें पायदान पर आ गया। प्रधानमंत्री मोदी का लक्ष्य, इसे शीर्ष 50 में लाना है, जो साफ तौर पर पहुंच के दायरे में है। इस क्षेत्र में मिली अपार सफलता की कहानी प्रधानमंत्री मोदी ने खुद लिखी है। वह इस बात को समझते हैं कि किसी कारोबारी (छोटा या बड़ा) के लिए गैर-जरूरी प्रक्रियाएं और क्लियरेंस बिजनेस शुरू करने, चलाने या असफलता से निकलने के लिए कितना मुश्किल भरा होता है। प्रधानमंत्री ने इन दिक्कतों को दूर किया। अभी भी वह जिम्मेदारी तय करके और नई तकनीक के साथ पारदर्शिता लाकर, यह काम कर रहे हैं।

साउथ ब्लॉक में शुरुआती महीनों में प्रधानमंत्री ने महसूस किया कि विदेश मंत्रालय विदेश नीति पर ओरिएंटेशन जैसी चीजों पर ज्यादा वक्त खर्च कर रहा है। इसकी वजह से नए प्रयासों के लिए, बहुत कम जगह बच जाती है। कई लोगों को यह गलतफहमी थी कि प्रधानमंत्री विदेश नीति के मामले में नए हैं, लेकिन उनको यह मालूम नहीं था कि, वह एक ऐसे राजनीतिक नेता हैं, जिन्होंने ढेर सारी यात्राएं की थीं। अमेरिका, जापान, चीन और कई दूसरे देशों की यात्राएं वह चुनावी राजनीति में आने से पहले कर चुके थे। इतना ही नहीं, वह बिना किसी समझौते या बुनियादी मूल्यों से छेड़छाड़ के देश की विदेश नीति को फिर से परिभाषित करने को इच्छुक थे।

प्रधानमंत्री मोदी ने इतिहास पर अहम प्रभाव के साथ विदेश नीति को बहुआयामी माना। उन्होंने अकसर इस तथ्य पर जोर दिया कि, जिन देशों ने भारत के साथ आजादी हासिल की थी, वहां भी गरीबी के मुद्दे हैं। इसलिए, उन्होंने गरीबी के

खिलाफ लड़ाई में 'सार्क देशों से सहयोग' मांगा और वैश्विक संस्थानों के साथ प्रमुख आर्थिक मुद्दों पर मिलकर काम करना चाहा। उनकी विदेश नीति का एक अहम पहलू, उन क्षेत्रों में विकसित देशों के साथ मिलकर काम करना है, जहां एक-दूसरे के साथ काम करना शामिल है। दिसंबर 2015 में पेरिस में जलवायु परिवर्तन पर संयुक्त राष्ट्र का सम्मेलन हुआ। उन्होंने इस सम्मेलन में उम्मीद से अधिक प्रदर्शन संकेतक देकर, भारतीय प्रतिनिधियों को आश्चर्यचकित कर दिया। इस तरह, उन्होंने भारत की प्रतिबद्धता के लिए मान्यता हासिल की। उन्होंने जलवायु परिवर्तन पर पेरिस घोषणा को अंतिम रूप देने में अग्रणी भूमिका निभाई। प्रधानमंत्री मोदी मोटे तौर पर मुक्त व्यापार क्षेत्रीय समझौतों के प्रति उदार हैं। यह द्विपक्षीय व्यापार और उदारीकरण को बढ़ावा देता है। हालांकि, उनके लिए राष्ट्रहित सर्वोपरि है। आसियान समूह की ओर से बढ़ावा दी जा रही क्षेत्रीय व्यापक आर्थिक भागीदारी (आरसीईपी) पर वार्ता के दौरान, उन्होंने रचनात्मक सहयोग बढ़ाया। उन्होंने इसका भी ध्यान रखा कि, भारत को अपनी प्रतिबद्धताओं को पूरा करने के लिए लंबी अवधि में संरचनात्मक रूप से समायोजित किया जाए। हालांकि, अंतिम चरण में उन्होंने, कुछ देशों की कठोरता पर ध्यान दिया और आरसीईपी वार्ता से हटने का एक सोचा-समझा फैसला लिया। भले ही आर्थिक विकास और सामरिक सुरक्षा, उनकी मुख्य विदेश नीति के हिस्से हैं, लेकिन खास बात यह है कि वे अंतरराष्ट्रीय नेताओं के साथ विचारों का आदान-प्रदान करते हुए इन क्षेत्रों में अहमियत की पहचान कर सकते हैं।

प्रधानमंत्री की एक सबसे उल्लेखनीय खासियत यह है कि, जब कोई योजना चल रही हो, तो वे इसे लागू करने वाले कमांडरों और योद्धाओं में गलतियां नहीं खोजते। मैंने उन्हें कभी भी प्रदर्शन की कमी या योजनाओं को लागू करने की प्रक्रिया में मशीनरी में खामी पर चर्चा करते हुए नहीं सुना। चाहे वह विमुद्रीकरण (डिमोनेटाइजेशन) हो या कुछ और। जब वह नीति के बारे में आश्वस्त होते थे, लेकिन नतीजे उनकी अपेक्षा से मेल नहीं खा रहे होते तो भी, उन्होंने इसे लागू करने वाले कर्मियों की आलोचना नहीं की। जहां तक विमुद्रीकरण की बात है, तो, उन्हें भरोसा था कि भ्रष्टाचार की समस्या का काले धन से गहरा नाता है। विमुद्रीकरण, व्यवस्था की सफाई वाला अभियान था। मोदी ने इस प्रक्रिया में लगभग गांधीवादी नजरिया अपनाया था, ताकि वित्तीय प्रणाली की सफाई की जा सके। वह कुछ अर्थशास्त्रियों से सहमत नहीं थे, जिन्होंने जीडीपी वृद्धि में काले धन की सकारात्मक भूमिका देखी। इसे एक बड़ा झटका देने के लिए,, प्रधानमंत्री ने 500 और 1,000 रुपये के नोटों को चलन से बाहर करने का फैसला किया। आम लोगों, खासतौर पर गरीब और मध्यम आय वर्ग के लोगों ने उत्साहित होकेर प्रधानमंत्री के इस फैसले का साथ दिया, क्योंकि इस योजना को उन्हें अपना और देश का हित नजर आया। लोगों ने वादा किया

कि, तमाम कठिनाइयों के बावजूद वे व्यापक राष्ट्रीय हित में बलिदान देने को तैयार हैं। यह पूरी तरह से साफ था कि, वित्तीय संस्थान उम्मीद के मुताबिक प्रदर्शन नहीं कर सके, लेकिन किसी भी स्तर पर प्रधानमंत्री मोदी, मशीनरी को दोष देने के लिए तैयार नहीं थे।

यह भारत के किसी भी निष्पक्ष पर्यवेक्षक के लिए साफ है कि देश ने पिछले सात वर्षों में हर क्षेत्र में तरक्की की है। इसमें सबसे खास बात यह है कि, एक बड़ी आबादी को उनके फैसलों और योजनाओं से लाभ पहुंचा। इस आबादी ने हर मौके पर, जोश के साथ उनका साथ दिया। प्रधानमंत्री मोदी ने यह करके दिखाया है कि भारत के लोग राष्ट्रहित के लिए प्रतिबद्ध नेताओं का साथ देने के लिए हमेशा तैयार रहते हैं।

जब मैं 2014 से अभी तक प्रधानमंत्री मोदी का कार्यकाल देखता हूं, तो मुझे महान कवि टी.एस. इलियट की चंद पंक्तियां याद आती हैं। उन्होंने इन पंक्तियों में बड़ी खूबसूरती से मानवीय अस्तित्व की स्थिति का जिक्र किया है। उन्होंने बताया है कि, कैसे हमारी उम्मीदों तथा उपलब्धियों और सपने तथा हकीकत की वजह से किस तरह के हालात बनते हैं। इसमें यह भी जोड़ा जा सकता है, 'हमारे वादे और उन्हें अमल करना' ....

'विचार और वास्तविकता के बीच
बदलाव और काम के बीच
एक परछाई होती है'

हम भाग्यशाली है कि, जहां तक प्रधानमंत्री मोदी की बात है तो, उनके विचारों और हकीकत के बीच परछाई या विरोधाभास जैसा कुछ नहीं है।

लोकतंत्र का प्रदर्शन

जनता और जन आंदोलनों की ताकत

सद्गुरु

लोकतंत्र के चरण

हम जिस दौर में रहते हैं, उसकी अहमियत को सही मायनों में समझने के लिए हमें, थोड़ा पीछे जाना चाहिए और उसे एक बड़े फलक पर देखना चाहिए। इस फलक पर जो चीजें दिखती हैं; उसी को हम भारतीय सभ्यता कहते हैं।

हमारा देश भारत, भिन्न-भिन्न संस्कृतियों, अलग-अलग जाति, सैंकड़ों भाषाओं, स्थानीय पहचानों, क्षेत्रीयता, दर्शन और साहित्य का एक मिश्रित बहुरूपक की तरह है। जिसमें ज्यादातर समय किसी एक राजनीतिक सत्ता का वर्चस्व नहीं रहा। हालांकि, बाहरी और आंतरिक विचारों में एक कड़ी ऐसी बनी रही और कह सकते हैं जुड़ी रही, जो इसको खास बनाती है। उसी कड़ी ने इस धरती को एक अलग पहचान दी; यह आत्म-अनुभूति की खोज करने वाले साधकों की भूमि थी।

इस खोज की गहरी जड़ों से निकली, आध्यात्मिकता और जीवन की गहन भावनाओं ने भारतीय मानस पर एक अमिट छाप छोड़ी है। नतीजतन, एकता की अंतर्निहित भावना और सभी की भलाई की आंतरिक चिंता तथा करुणा पैदा हुई है। वसुधैव कुटुम्बकम, भारतीय जनमानस के लिए महज एक शब्दावली भर ही नहीं है, बल्कि यह हमारे लिए अनुभव की बात है। हालांकि, दिलचस्प बात यह है कि इस भूमि के इतिहास के जरिए, इस एकता को बहुत कम अभिव्यक्ति मिली है। आत्मानुभूति की खोज निजी स्वभाव बना रहा!

परिणामत: भारत की उपलब्धियों और गौरव में सबसे बड़ा योगदान निजी प्रतिभा और प्रयासों का है। इस देश में सत्य की खोज ने उन क्षेत्रों में सबसे उत्कृष्ट अभिव्यक्ति पाई है, जो विज्ञान, चिकित्सा, गणित, कला और आध्यात्मिकता जैसे मानवता को गहराई

से प्रभावित करते हैं। इस देश के वैज्ञानिकों, कलाकारों, राजाओं, नेताओं और मनीषियों ने सर्वोच्च मानदंड और आकांक्षाओं को स्थापित किया है। इन महान शख्सियतों की ओर से स्थापित रास्तों से लोग जुड़ते चले गए। गर्व करने के लिए हमारे पास एक शानदार विरासत है। असल में, हम कह सकते हैं कि सामूहिक तालमेल की इस कमी का एक और कारण यह है कि, बाहरी खतरे के न होने से एकजुटता के लिए कभी भी मजबूत प्रोत्साहन नहीं मिला है। दरअसल भारत ने हमेशा बाहरी प्रभाव के लिए अपनी बाहें खोली हैं और 'नया' कभी भी भारतीय दिमाग के लिए खतरा नहीं रहा है।

यह महज पिछले हजार वर्षों की बात है, जब बाहरी ताकतें क्रूर इरादों के साथ आईं, और इसकी वजह से भारतीय तानेबाने को जबरन तोड़ने का प्रयास किया गया। बाहरी दुश्मन के खिलाफ, भारत के लोगों को एकजुट करने के लिए एक महात्मा की जरूरत थी। हमने शायद पहली बार देखा कि एक सामान्य राष्ट्रीय पहचान का उदय हुआ और आधुनिक युग में भारतीय गणराज्य का औपचारिक जन्म हुआ। भारत ने लोकतंत्र में अपनी यात्रा शुरू की।

भारत के गणराज्य बनने के लगभग शुरुआती पांच दशक, इस नई पहचान को बनाने, आर्थिक बुनियाद कायम करने और पश्चिमी दुनिया की तकनीकी प्रगति को हासिल करने में ही खर्च हो गए। आज हम एक ऐसे मोड़ पर हैं, जहां सामूहिक रूप से आजादी की लडाई के बाद, अंकुरित, इस ऊर्जा को एक दिशा और परिपक्वता की जरूरत है। इस सफर में चुनौतियां बेहद बारीक हैं। इंसान हमेशा से 'खिलाफ' खड़ा होने में तत्पर रहा है, लेकिन अब यह सभी की भलाई 'के लिए', देश के विकास और सामूहिक तरक्की, एक-दूसरे की क्षमताओं का प्रदर्शन करने के लिए काम करने का सवाल है।

भविष्य में होने वाले इस बदलाव के लिए, भारतीय चेतना एक ऐसे नेतृत्व की तलाश कर रही थी, जो इसे अपनी वास्तविक क्षमता तक ले जा सके। एक ऐसा नेता, जो देश के हितों को सबसे ऊपर रखेगा और मिसाल कायम करेगा। भारत को स्वार्थ और हकदारी से परे राजनीति की जरूरत थी। यह वक्त की मांग ही है कि हमें ऐसे नेतृत्व की जरूरत है, जो भारतीय होने की विशेष समझ के साथ-साथ एक सोच, अखंडता और प्रेरणा का काम कर सके। भारतीयों की पिछली कुछ पीढ़ियों की यह लालसा और चाहत, नरेंद्र दामोदरदास मोदी के रूप में सामने आई है।

भारत को समझना-वक्त से साथ बहते चलना

यह शायद बतौर नेता नरेंद्र भाई की सबसे उल्लेखनीय पहलुओं में से एक है कि, वे इतिहास में अपनी भूमिका को उतनी ही गहराई से समझते हैं जितना कि, वे समय

की लहरों की दिशा को समझने में सक्षम हैं। वह एक शासक के रूप में इस तथ्य से पूरी तरह वाकिफ हैं कि, नए अवतार में लोकतंत्र के लिए आम नागरिक की भूमिका और सामूहिक इच्छा शक्ति ही, इस राष्ट्र का भविष्य तय करेंगे।

उन्होंने अपने राजनीतिक जीवन के शुरुआती दौर से ही यह समझ दिखाई है। यह जानी-समझी बात है कि, उन्होंने एक युवा व्यक्ति के रूप में इस देश के लोगों के दिल की बात जानने के लिए काफी यात्राएं की हैं। इन यात्राओं के लिए, उन्होंने वर्षों तक अलग-अलग हिस्सों में अपना जीवन गुजारा है। इस शुरुआती प्रशिक्षण और उनकी अपनी विनम्र जड़ों ने, बाद की भूमिकाओं के लिए बड़ी मजबूती से तैयार किया है, जहां उन्हें भारत की इस गहन समझ का इस्तेमाल करना पड़ा है। यह उस तरह का आंतरिक ज्ञान है, जो बड़े अंतरराष्ट्रीय कॉरपोरेशन नए क्षेत्रों में प्रवेश से पहले, शोध और विकास पर अहम हिस्सा खर्च करते हैं। यह अमूल्य धरोहर और दूसरों से अलग करने वाली पहचान ही एक लोकतांत्रिक राष्ट्रीय नेता की खासियत होती है।

आकांक्षा और प्रेरणा

गुजरात के मुख्यमंत्री के तौर पर नरेंद्र मोदी के शुरुआती वर्षों की सफलता, उनकी व्यापक स्वीकृति और लोकप्रियता थी। इस स्वीकृति और लोकप्रियता की भी अपनी वजहें थी, जो उनमें लोगों की आकांक्षाओं को समझने और उसे अपने कार्यों से सही दिशा में पहुंचाने में निहित है। विकास का उनका मॉडल, 'जनभागीदारी से विकास' में निहित है। उन्होंने गुजरात की अर्थव्यवस्था में बदलाव अपनी साफ सोच और उस सोच को, साढ़े पाँच करोड़ गुजरातियों तक पहुंचाने की अपनी खासियत से ही की। इस प्रक्रिया में उन्हें, लोगों का भरोसा और सहयोग दोनों मिला। चाहे वह 2003 में शुरू किया गया कन्या केलावाणी साक्षरता आंदोलन हो या कृषि महोत्सव, इन सभी में लोगों की भागीदारी, साफ तौर पर नजर आती है। कन्या केलावाणी साक्षरता आंदोलन गुजरात सरकार ने लड़कियों की शिक्षा पर फोकस करके शुरू किया था, तो कृषि महोत्सव की शुरुआत जमीनी स्तर पर खेती में जोश भरने के लिए की गई थी। नरेंद्र भाई हमेशा से भावनात्मक प्रतिबद्धताओं का मजबूत केंद्र बने रहे। इन सभी योजनाओं की सफलता का लक्ष्य, यूं ही तय नहीं किया गया था, बल्कि इसके पीछे जनता की सोच बदलने का इरादा रखा गया था। उदाहरण के तौर पर, कन्या केलावाणी आंदोलन के दौरान मुख्यमंत्री ने खुद आगे बढ़कर मोर्चा संभाला। उन्होंने इसके लिए खुद यात्राएं कीं और लड़कियों के माता-पिता को शिक्षा की अहमियत समझाने की कोशिश की।

जब उन्होंने 2012 में उंझा में उमिया देवी मंदिर के सिल्वर जुबली समारोह की अध्यक्षता की, तो उन्होंने, इस तथ्य पर गौर किया कि तालुक में देवी उमिया का

मंदिर होने के बावजूद, इस इलाके में गुजरात में सबसे कम लिंगानुपात था। उन्होंने फिर कदावा पाटीदार समुदाय से कन्या भ्रूण हत्या की घृणित प्रथा को खत्म करने की अपील की। इससे प्रेरित होकर समुदाय के लोगों ने पवित्र मंदिर में शपथ ली कि वे इस प्रथा को समाप्त कर देंगे। इसी समुदाय ने 2020 की शुरुआत में दुनिया के सबसे ऊंचे मंदिर की आधारशिला रखने के लिए दुनिया भर से संसाधनों को इकट्ठा करने के लिए अपनी एकजुटता दिखाई। इसे देवी का चमत्कार मानते हुए, मैंने अपना आशीर्वाद भेजकर विशेष रूप से प्रसन्नता जाहिर की। लोगों के दिलों में जागरूकता पैदा करके, जो बदलाव हासिल किए जा सकते हैं, वो जबरन नीतियों या कानूनों को लागू करके नहीं किए जा सकते हैं। ऐसा लगता है कि नरेंद्र मोदी, अपने सहज ज्ञान और जमीनी अनुभव की वजह से, यह अच्छी तरह समझते हैं।

परिपक्व और समझदार लोगों की एक पहचान यह होती है कि, हम उन महान लोगों की सराहना और याद करते हैं, जिसे हमने देखा होता है। इन बातों पर गर्व और कृतज्ञता जाहिर न करने वाला राष्ट्र, कभी भी असल में गौरवशाली भविष्य का निर्माण नहीं कर सकता है। मैं अकसर गुमनाम राष्ट्रवादी नायक श्यामजी कृष्ण वर्मा की कुछ घटनाओं को याद करता हूँ। जहां तक मुझे याद है, तो वह एक ऐसी शख्सियत थे, जिन्होंने कृतज्ञता की ताकत को समझा है।

श्यामजी वर्मा एक महान राष्ट्रवादी और स्वतंत्रता सेनानी थे। इन्होंने लंदन में इंडिया हाउस नाम से एक सेंटर की स्थापना की। यह सेंटर न केवल समान विचारधारा वाले क्रांतिकारियों के लिए मिलने-जुलने की जगह थी, बल्कि यूनाइटेड किंगडम में, नस्लवाद का सामना कर रहे भारतीय छात्रों की शरणस्थली भी थी। उन्होंने 1930 में जिनेवा में अपनी मृत्यु से पहले, स्थानीय सेंट जॉर्ज कब्रिस्तान में अपनी अस्थियां सुरक्षित रखने की व्यवस्था की। उनकी इच्छा थी कि इसके कलश को भारत में तभी भेजा जाए, जब वह स्वतंत्र हो जाए। नरेंद्र भाई ने भारत को आजादी मिलने के लगभग 55 साल बाद और गुजरात के मुख्यमंत्री के तौर पर अपने दूसरे कार्यकाल में, उनकी इस अंतिम इच्छा को पूरा करने में मदद के लिए कदम बढ़ाया। अस्थियों को स्विट्जरलैंड से वापस लाया गया। वे अस्थियां, मुंबई से करीब 2,029 किमी और 17 जिलों से गुजरी 10 दिनों की यात्रा के बाद, गुजरात के मांडवी पहुंची, जो उनकी जन्मस्थली थी। आज वहां एक स्मारक है, जहां हजारों लोग श्रद्धांजलि देने जाते हैं और एक महान आत्मा को याद करते हैं। यह स्मरण, कृतज्ञता, भावना और सोच, सभी को एक फलक में समाहित करता है और एक ऐसे व्यक्ति की खूबियों को जाहिर करता है; जो अतीत की नींव और अपने नायकों की अहमियत को समझते हुए एक बुनियाद के निर्माण के महत्व को जानता है।

जज्बे को तराशना

मैं मैसूर में अपने शुरुआती दिनों में, कुछ जोशीले युवाओं के एक समूह के साथ अपने शहर को साफ करने की एक मुहिम पर निकल पड़ा। हम झाड़ू से लैस, वॉलेंटियर्स के लिए बिस्किट के पैकेट और पांका (नींबू पानी) के साथ, हर रविवार को बड़े जोश के साथ निकलते थे। यहां नींबू पानी भी उन लोगों की मेहरबानी की बदौलत मिला, जिनकी सड़कों की हमने सफाई की थी। हमलोगों का यह जोश देख दूसरे, इतने उत्साहित हुए कि एक समय में हमारे पास 30,000 से 35,000 के करीब वॉलेंटियर्स थे और, शहर के नगर निगम के कर्मचारी, हमें इस काम में हराने के लिए हमसे पहले ही अपना काम करना शुरू कर देते थे। हाल ही में, जब मैसूर को देश का सबसे स्वच्छ शहर घोषित किया गया, तो मेरे कुछ दोस्तों ने मुझे इस बदलाव की शुरुआत को याद करने के लिए बुलाया था। मैं इसे इस तरह बताना चाहता हूँ कि, कैसे आम लोगों का जोश किसी इलाके, शहर या राष्ट्र को बदल सकता है। इस सरकार की ताकत यह है कि, इसने सहभागी लोकतंत्र की शक्ति को पहचाना है। चाहे स्वच्छ भारत अभियान हो या बेटी बचाओ बेटी पढ़ाओ मिशन, इनमें से हर मिशन ने जड़ें जमा ली हैं। ऐसा इसलिए कि इनका नेतृत्व लोगों ने किया और इसमें बदलाव की वजह खुद लोग हैं। हर गांव में कम से कम एक स्वच्छाग्रही का होना, सहभागी नेतृत्व का एक मास्टरस्ट्रोक था।

लोगों की एक और चौंकाने वाली प्रतिक्रिया उस वक्त भी देखी गई, जब वे प्रधानमंत्री के 'गिव इट अप' मुहिम से जुड़े। इसके तहत लगभग एक करोड़ लोगों ने अपनी एलपीजी सब्सिडी छोड़ दी। इससे सरकार को हर साल 4,166 करोड़ रुपये की बचत हुई। इससे महिलाओं और गरीब परिवारों को 7 करोड़ से अधिक कनेक्शन मिले, जिसकी उन्हें आवश्यकता थी। इसी तरह, लगभग 42 लाख वरिष्ठ नागरिकों ने एक अपील पर 9 महीने के भीतर अपनी रेल किराया सब्सिडी छोड़ दी। यह उस भरोसे का परिचायक है, जिसे सरकार हासिल करने में सफल रही है और इसने नागरिकों में समुदाय की भावना के रूप में पैदा की है।

भरोसे से ही भरोसा पैदा होता है

इस दुनिया में जितनी भी चीजें मूल्यवान हैं, उसे हासिल करने से पहले कुछ खोना ही पड़ता है। यह प्रेम, करुणा, सम्मान का सत्य है। यह भरोसे की भी हकीकत है। नरेंद्र भाई, लोगों का विश्वास हासिल करने में इतने सफल रहे हैं, क्योंकि उन्होंने हमेशा व्यक्तिगत और सामुहिक तौर पर जनता को भरोसे में रखने की कोशिश की है।

यह उनके प्रशासन में कई अलग-अलग स्तरों में झलकता है। उन्होंने समय-समय पर लोगों की क्षमताओं में बहुत ही यकीन किया है। यह हमने उनके शासन के विभिन्न स्तरों- जिला कलेक्टरों से लेकर केंद्रीय मंत्रिमंडल के सदस्यों तक के स्तर पर बार-बार देखा है। उन्हें अहम सरकारी पदों पर पेशेवरों की प्रगतिशील फौज की नियुक्ति के लिए जाना जाता है, जहां प्रोटोकॉल की तुलना में क्षमता को महत्व दिया जाता है।

यहां तक कि उन्होंने, बतौर मुख्यमंत्री कर्मयोगी अभियान की शुरुआत की। इसके तहत 500,000 सरकारी कर्मचारियों को तैयार किया और गुजरात में एक मजबूत प्रशासनिक टीम बनाई। उनकी यह खासियत है कि वह सभी स्तरों पर नेतृत्व क्षमता का निर्माण करते हैं। अपनी इन्हीं खूबियों के साथ वह दिल्ली आए।

पीएम मोदी ने अपना भरोसा न केवल देश के सरकारी तंत्र, बल्कि नागरिकों पर भी बनाए रखा है। इससे पहले आम लोगों को कभी इतनी जिम्मेदारी नहीं दी गई। लोगों से सुधार के लिए, उनके विचार मांगे गए या प्रतिक्रिया की अपेक्षा की गई। शिक्षा व्यवस्था में सुधार से लेकर हमारे इतिहास को फिर से लिखने के विचारों तक, वैकल्पिक ऊर्जा से लेकर अर्थव्यवस्था तक, भारतीयों से उनके विचार मांगे और उन्हें सुना भी। उन्होंने बतौर प्रधानमंत्री, लोगों से सीधे संपर्क में रहने के लिए इसे एक अहम बिंदु बनाया है। मन की बात रेडियो कार्यक्रम से लेकर सोशल मीडिया पर उनकी व्यापक उपस्थिति से सरकार और जनता के बीच की दूरी बहुत कम हो गई है। इस तरह के जुड़ाव के बिना सहभागी लोकतंत्र का उदय नहीं हो सकता है।

यह भरोसा आसानी से नहीं आता है। इसे बमुश्किल कमाया जाता है। मेरे हिसाब से इसमें सबसे बड़ी भूमिका नरेंद्र भाई के व्यक्तित्व और उनकी विलक्षण प्रतिबद्धता का है। सार्वजनिक जीवन के इतने वर्षों में उनके फैसलों ने प्रशासन के न सिर्फ अलग-अलग स्तरों, बल्कि सड़कों पर चलने वाले लोगों को भी लाभ पहुंचाया है। समय की परवाह किए बगैर काम करना या उनकी निजी प्रतिबद्धता, व्यक्तिगत लाभ या किसी रिश्तेदार या मित्र के लिए अपने दफ्तर का इस्तेमाल न करने की भावना... इन सभी ने उनके आसपास रहने वाले लोगों पर बड़ा असर डाला। इन बातों ने उन सभी को प्रभावित किया, जिन्होंने उनकी तरक्की को देखा है। जब लोगों को अपने नेता के इरादों और प्राथमिकताओं पर पूरा भरोसा होता है, तो भारत जैसे जटिलता वाले देश में सबसे मुश्किल बदलाव वाले सुधारों में भी उनका सहयोग आसानी से मिल जाता है।

उनकी राजनीति का एक दूसरा पहलू, लोगों की मांगों के प्रति उनका गहरा सम्मान है: उनका कान हमेशा जमीन पर टिका रहता है। वह लोगों की मांग और उनकी बातों को समझने में बड़े समर्थ हैं। जब वह 'जन आदेश' की बात करते

हैं, जैसा कि वह अकसर करते हैं, तो उनका मतलब शब्दश: इसी से होता है। मैंने खुद इसे "नदी अभियान आंदोलन" की शुरुआत के दौरान, निजी रूप से देखा और यह देखकर मुझे बहुत खुशी हुई। जब नदियों का फिर से उद्धार के अपने कार्यक्रमों के तहत सितंबर 2017 में हम अपनी 29 दिवसीय राष्ट्रव्यापी रैली के बाद दिल्ली पहुंचे, तो प्रधानमंत्री भी हमसे यही उम्मीद कर रहे थे। तब हम अपने समर्थन में 16.2 करोड़ लोगों का समर्थन लेकर, नई दिल्ली पहुंचे थे और हमारे पास 760-पन्नों का "भारत में नदियों का पुनरोद्धार: ड्राफ्ट नीति की सिफारिशें" थीं। मैं समझ गया था कि, वह रैली के बारे में पूरी तरह जानकारी हासिल कर रहे थे। हर स्तर पर लोगों की आवाज सुन रहे थे। मैंने रैली खत्म होने पर उन्हें दस्तावेज की हार्ड कॉपी सौंप दी। अगले ही दिन हमारी टीम को प्रधानमंत्री कार्यालय (पीएमओ) से एक कॉल आया, जिसमें दस्तावेज की एक सॉफ्ट कॉपी की मांग की गई थी। इसका मकसद यह था कि, इसे साझा किया जा सकता था और इसका अलग-अलग स्तर पर विशेषज्ञों से विश्लेषण कराया जा सकता था।

पीएमओ ने महज एक महीने के भीतर ही नवंबर 2017 में नीति आयोग के तहत, इस मामले में सिफारिशों को देखने के लिए एक विशेषज्ञ समूह का गठन किया। समूह ने 6 महीने बाद ग्रामीण विकास विभाग के नेतृत्व में एक कार्यक्रम तैयार किया था। नीति आयोग के सीईओ अमिताभ कांत ने सभी राज्यों और केंद्र शासित प्रदेशों को लिखे अपने पत्र में कहा, 'नदियों के पुनरोद्धार को लेकर व्यापक स्तर पर चर्चाएं की गई हैं और सरकार की मौजूदा योजनाओं और (कार्यक्रमों) का इस्तेमाल कर एक बड़ा मिशन शुरू करने का फैसला लिया गया है।'

इसके बाद, 2020 में पर्यावरण मंत्री ने मुझे सूचित किया कि केंद्र सरकार भारत की 13 प्रमुख नदियों में नदी के पुनरोद्धार के समुदाय वाले मॉडल को लागू करने के लिए विस्तृत परियोजना पर काम कर रही है। असल में, भारतीय किसान और ग्रामीण समुदाय को प्राथमिक हितधारक और लाभार्थी बनाए बिना, उस बदलाव को हासिल करने का कोई अन्य तरीका नहीं है, जिसे हमें प्राप्त करने की आवश्यकता है। यह हैरानी की बात है कि इस तथ्य को सरकार ने बड़ी साफगोई से समझ लिया था।

मेरे लिए सबसे खुशी की बात यह थी कि, इसे लेकर प्रतिक्रियाएं काफी तेजी से आ रही थीं। हम यही चाहते थे और उम्मीद करते हैं कि धीमी गति से काम करने वाले भारतीय प्रशासनिक ढांचे में किसी परियोजना को लेकर तेजी की प्रतिक्रिया हो। प्रधानमंत्री ने इस प्रक्रिया में कई तरह की लालफीताशाही और नौकरशाही की बाधाओं को खत्म कर दिया था और सहूलियत वाली व्यवस्थाओं का निर्माण किया। जब आप लोगों की आकांक्षाओं को समझते हैं और उसे पूरा करना चाहते हैं, तो इस लिहाज से यह बेहद जरूरी कदम था।

प्रतीकों की ताकत

नरेंद्र भाई की सबसे अहम खासियत यह भी है कि, वह भावनाओं की ताकत को भली-भांति समझते हैं। यह भारत में विशेष रूप से सच है। भारतीयों को हानि-लाभ के तर्कों से प्रेरित नहीं किया जा सकता, न ही हमें नियमों और विनियमों को मानने के लिए मजबूर किया जा सकता है। भारतीय को प्रेरित करने के लिए, उनके दिलों तक पहुंचना जरूरी है। उनके दिलों में हलचल पैदा करना जरूरी है। यह कुछ ऐसी बात थी, जिसे महात्मा गांधी ने बड़ी खूबसूरती से जाहिर किया। नतीजतन, नरेंद्र भाई ने कभी भी प्रतीकों की ताकत को कम करके नहीं आंका।

हाल के वर्षों में, मैंने इसकी मिसाल देखी और मैं यह देखकर चकित भी था। उन्होंने एक साधारण-सा प्रस्ताव रखा था कि, हमें एक नागरिक के तौर पर सिनेमाघरों और ऐसे तमाम जगहों पर राष्ट्रगान के लिए खड़ा होना चाहिए। एक बड़ी आबादी को मुश्किल हालातों से बाहर निकालने के लिए यह बेहद अहम है कि, हम एक मजबूत राष्ट्रीय पहचान की बुनियाद पर काम करें। आखिर राष्ट्रवाद कोई ईश्वर की देन अवधारणा नहीं है।

अगर किसी युवा और जटिल राष्ट्र को आगे बढ़ना है, तो इसे मजबूत राष्ट्रीय भावना के बिना हासिल नहीं किया जा सकता है। विरोधियों के पास अंतहीन बहस की अपनी दलील हो सकती है, लेकिन एक प्रधानमंत्री जिसके हाथों में यह मुश्किल काम है, वह इसे गंवाने का मौका नहीं दे सकता है। और, हम भाग्यशाली हैं कि उन्होंने, यह मौका नहीं गंवाया है! बेहद खुशहाली और स्थिरता का समय तभी आ सकता है, जब हम अपनी राष्ट्रीय भावना को शांत करने का जोखिम उठा सकते हैं। सच में... हमें उस वक्त का इंतजार है, लेकिन वह समय अभी नहीं है।

'भारत का लौह पुरुष' कहे जाने वाले सरदार वल्लभ भाई पटेल की स्मृति में 'स्टैच्यू ऑफ यूनिटी' बनाए जाने के प्रतीकवाद और विचार से मैं भी प्रभावित हुआ। नरेंद्र मोदी ने गुजरात के मुख्यमंत्री रहते हुए मूर्ति बनाने के लिए किसानों से लोहे के छोटे-छोटे टुकड़े एकत्र करने के लिए एक राष्ट्रव्यापी अभियान की घोषणा की थी। इस पहल को बड़ी आसानी से अलग-अलग वजहों से खारिज किया जा सकता है, लेकिन 5 लाख गांवों के उन किसानों में से सभी ने, इस अभियान में अपनेपन के साथ-साथ अपने योगदान की भावना का अनुभव किया है।

ठीक इसी तरह, जब कोविड-19 महामारी आई तो, प्रधानमंत्री की पहली चिंता नागरिकों को लेकर थी। इसका एक ज्वलंत उदाहरण यह था कि बस उनकी एक अपील पर कैसे लोगों ने हमारे अग्रिम पंक्ति के स्वास्थ्य कार्यकर्ताओं के साथ एकजुटता दिखाई। यह असाधारण रूप से काफी महत्वपूर्ण था, क्योंकि बिना आपसी सहयोग के हमें, बड़ी आपदा सामना करना पड़ सकता था। लोगों को घरों के अंदर रखने के

लिए, हमारे पास न तो मानव संसाधन हैं और न ही हममें लोगों को जबरन, ताकत के बल पर घरों में बंद रखने की क्रूर सोच ही है।

देश भर में लोगों की ओर से ताली बजाने और दीये जलाने की मिसाल जागरूकता पैदा करने के साथ-साथ एकजुटता की भावना दिखाने के लिहाज से बेहद अहम थी। गैर-भारतीयों के लिए, यह समझना मुश्किल है कि इस देश की विविधिता से निपटने में भारतीय प्रशासन के सामने आने वाली चुनौतियां कैसी हैं। हम केवल इस तथ्य से ही समझ सकते हैं कि, देश में 22 तो आधिकारिक भाषाएं ही हैं। भारत एक ऐसा देश है जहाँ के लोग जेहनी तौर पर कई मायने में बहुत जागरूक हैं। आप यह समझें कि, यही इसकी कमजोरी है और साथ में ताकत भी। यह जागरुकता जो कमजोरी भी है और ताकत भी, इस पर काबू करने का एकमात्र तरीका है, भावना।

भारत में बदलाव

कोई भी देश भावनाओं के बूते ऊपर उठ सकता है, लेकिन काम करने के लिए उसे कई व्यवस्थाओं की जरूरत होती है। अगर सांस्कृतिक रूप से देखें, तो इसमें कोई शक नहीं कि भारत एक शानदार देश है। हालांकि, व्यवस्थित रूप से देखें तो यहां अकसर आम आदमी को बुरे अनुभवों का सामना करना पड़ता है। यहां हर किसी के पास अपनी जिंदगी सम्मान से जीने का हक होना चाहिए, चाहे उसके मामा या चाचा कोई सरकारी अधिकारी हो या न हों। चाहे उसके चाचा या मामा ने कोई चुनाव जीता हो या नहीं। अभी तक यह होता आया था कि, इस देश के लोगों को अपने हर काम के लिए जन्म से लेकर मृत्यु तक का रजिस्ट्रेशन कराने के लिए, दफ्तर के बाबुओं का चक्कर लगाना पड़ता था। उन्हें हर छोटे-मोटे काम के लिए रोजाना, अपमान के आंसुओं को पीना पड़ता था। ऐसे में लोगों ने उम्मीद ही छोड़ दी थी। मुझे एक खास घटना याद है। तब मैं अपने युवा दिनों में अपने खेत पर काम कर रहा था। मेरी जान-पहचान का एक किसान था। उसने कई साल पहले ग्रामीण बैंक में अपनी जमीन गिरवी रखकर, पांच बकरियां खरीदी थीं। इनमें से वह केवल दो बकरियां ही अपने पास ला सका। दो बकरियों में से एक को तो बैंक अधिकारी ने अपने लिए रख लिया। दूसरी बकरी को लोन को पास कराने वाले पंचायत प्रमुख ने ले लिया। लगभग 15 साल बाद, जब बैंक ने उसकी जमीन और संपत्ति को जब्त करना चाहा, तो उसने यह बताया कि उसे वास्तव में केवल दो बकरियां मिली हैं।

जब मैं लोगों की इन कठिनाइयों के बारे में सोचता हूं, तो मेरे दिमाग में प्रधानमंत्री जन धन योजना, एक सशक्त विचार के रूप में नजर आता है। जमा पूंजी, कर्ज, सरकारी योजनाओं से लाभ, सभी नागरिक के बैंक खाते में सीधे ट्रांसफर जैसी

सुविधाओं वाली यह योजना, एक डिजिटल क्रांति की तरह है, जो भारत को जमीनी स्तर पर बदलने की क्षमता रखता है।

फिलहाल, हमें ऐसी व्यवस्था बनाने पर ध्यान केंद्रित करने की आवश्यकता है जो, लोगों को राज्यों की ओर से चलाए जाने वाली योजनाओं और बुनियादी ढांचे पर निर्भर बनाने के बजाय उन्हें ही सशक्त करे। उदाहरण के लिए, स्किल इंडिया मूवमेंट में हम अभी भी राज्य की ओर से चलाए जा रहे केंद्रों और योजनाओं के जरिए ही व्यवस्था को मजबूत करने की कोशिश कर रहे हैं। इसके बजाय, हमें पहले से मौजूद संसाधन का उपयोग करना चाहिए। ये संसाधन हैं- कुशल शिल्पकार, तकनीशियन या कारीगर। देश भर में विभिन्न प्रकार की तकनीकी और शिल्प की कुशलताओं से लैस मास्टर शिल्पकारों या तकनीशियनों को हम, ट्रेनिंग देने के लिए रख सकते हैं। इसके बदले उन्हें भुगतान और प्रोत्साहन दिया जा सकता है। इसके अलावा, कौशल परीक्षा पास करने वाले हर सफल छात्र/प्रशिक्षु को बोनस दिया जाना चाहिए। इससे राज्य महंगा बुनियादी ढांचा और सपोर्ट सिस्टम बनाए बिना तकनीकी और पारंपरिक कौशल दोनों सफल तरीके का इस्तेमाल सुनिश्चित कर सकते हैं।

मुझे पूर्व प्रधानमंत्री अटल बिहारी वाजपेयी के कार्यकाल के समय का एक वाकया याद है। तब मैं संसद भवन में ग्रामीण विकास मंत्रालय के दफ्तर गया था, क्योंकि मेरी ग्रामीण विकास और उससे जुड़ी चीजों के बारे में कुछ चिंताएं थीं। इस मामले में संबंधित मंत्री ने इस काम को देख रहे, आईएएस अधिकारियों से मिलवाया। उन्होंने मुझे तैयार की गई सभी योजनाओं और नीतियों के दस्तावेजों को दिखाया। यह मुझे बहुत अच्छा लगा कि इन विचारों और योजनाओं को बहुत अच्छी तरह से सोचा गया था। नीतियों का मसौदा उन लोगों ने तैयार किया था, जो जानते थे कि, उनका मकसद क्या है। जैसा कि मैंने देखा कि इसमें मनचाहा नतीजा हासिल करने के लिए एक चीज की कमी थी। वह चीज थी, जन-भागीदारी की बुनियाद।

हमारे विकास के इस मोड़ पर उद्यमशीलता और सहयोग की भावना प्रज्जवलित हुई है। अब अहम यह है कि हम राष्ट्र-निर्माण की जिम्मेदारी में उन्हें शामिल करें, जिसके लिए यह सब किया जा रहा है। यानी राष्ट्र-निर्माण की इस जिम्मेदारी में जन-भागीदारी सुनिश्चित हो। हमें एक ऐसी व्यवस्था की जरूरत है, जो विशेष रूप से "ईज ऑफ लिविंग" पर केंद्रित हो। हमें एक ऐसी प्रणाली तैयार करनी चाहिए, जहां आम आदमी, रोजमर्रा की जिंदगी में सहज और सुखद अनुभव हासिल करे। जहां बुनियादी जरूरतें और विकास लोगों की पहुंच में हो।

मानव जीवन के मूल सिद्धांतों के लगभग हर पहलू को शिक्षा और आजीविका से लेकर पारिस्थितिक तक से बड़े पैमाने पर जोड़ा जा सकता है। इसमें डिजिटलीकरण की भूमिका अहम हो सकती है। एक सच्चे लोकतंत्र को लेकर यह विचार भारत के

स्वरूप को बदलने की क्षमता रखता है।

यह काम प्रशासन के भीतर ही बड़े पैमाने पर जागरूकता और खास सपोर्ट सिस्टम के बिना नहीं हो सकता है। इसके लिए एक अलग विभाग या मंत्रालय की जरूरत है, जिसमें नौकरशाही की टीम के साथ-साथ चुने प्रतिनिधियों की भी भागीदारी हो। इससे जनांदोलनों और शक्तिशाली विचारों को शामिल करने का हमेशा विकल्प रहता है, ताकि कम समय में यह गति और अपने उद्देश्यों को हासिल कर सके।

जैसा कि हम 2021 में खड़े हैं... तो अब भी देश में अभूतपूर्व बदलाव लाने के लिए हमारे पास बतौर एक राष्ट्र 15 से 20 साल का समय है। यह सब मुकम्मल करने के लिए हमें वह सब करना चाहिए, जो हमारी पहुंच में है।

भविष्य का खाका तैयार करना

महाभारत के आदि पर्व में राजा भरत की कहानी है। उनके 9 बेटे हैं, लेकिन वह उनमें से किसी को योग्य नहीं मानते हैं। इसकी जगह वह भुमन्यु को गोद लेते हैं। वह जंगल में रहने वाला बालक था, जो भारद्वाज ऋषि के कृपाप्रसाद से उत्पन्न हुआ था। राजा भरत ने उसे इस कारण गोद लिया कि उन्होंने उसमें एक राजा लायक तमाम गुणों को देखा। कई मायनों में, मैं इसे इस देश में लोकतंत्र का बीज मानता हूं। जहां पहली बार क्षमताओं और गुणों को पुरस्कृत किया जाता है। जहां नेता अपनी काबिलियत, न कि हकदारी के बूते जमीन से ऊपर उठते हैं। आज लोकतांत्रिक भारत में हम इसे फिर से नरेंद्र दामोदरदास मोदी के रूप में देखते हैं।

एक राष्ट्र के तौर पर, हमें इस सुनहरे अवसर का लाभ उठाना चाहिए। हमारा देश आज पूरी दुनिया में सबसे युवा और राष्ट्रीय गर्व की भावना से ओतप्रोत है। इसके पास क्षमताओं की अपार संभावनाएं और एक प्रतिबद्ध नेता भी है। ऐसे में भारत के बदलाव की गाथा लिखने का यही सही पल है। भारत विविधताओं से भरा एक जटिल देश हो सकता है, लेकिन इसे धैर्य और प्रयोगों के साथ, सबसे शानदार पैटर्न के तौर पर इस्तेमाल किया जा सकता है। हम इतिहास की ऐसी दहलीज पर हैं, जब धर्म, क्षेत्र, मूल पहचान और जाति की सीमित पहचान से ऊपर उठकर सोचने की संभावनाएं अपार हैं। ऐसा इसलिए कि प्रौद्योगिकी ने भौगोलिक क्षेत्रों को कम महत्वपूर्ण बना दिया है और मंच एक बड़ी पहचान के लिए तैयार किया है। यह सबकुछ भारत के लोगों पर निर्भर करता है। हम जिस सतत प्रयास और चपलता से इस अवसर को भुनाएंगे, उसी से तय होगा कि हम सही मायनों में कैसे भव्य भारत के रास्तों पर, कितने कदम चल पाते हैं। हमें सकारात्मक जनांदोलनों से यह करने की जरूरत है, क्योंकि लोकतंत्र के लिए जनांदोलन जरूरी हैं।

Digital India
Power To Empower
UNICORN

फिर आई बदलाव की बयार

सुधा मूर्ति

जब भी मैं, अपने देश को लेकर अपनी शुरुआती यादों के बारे में सोचती हूं, तो ब्रिटिश शासन के ठीक बाद का दौर याद आता है। तब बुनियादी जरूरतों के लिए ही काफी संघर्ष था। मुझे साफ तौर पर याद है कि मेरे पिता जी ने फिएट कार की 'बुकिंग' की थी, जो आखिरकार 17 वर्षों के लंबे अंतराल बाद, घर पहुंच सकी थी। तब खुशहाली इस बात से तय होती थी कि किसी व्यक्ति के पास सरकारी नौकरी है या नहीं, जिससे उसे पेंशन की सुविधा मिल सके। या फिर इस बात से कि, उसके पास कार या घर या टेलिफोन और रेफ्रिजेरेटर है या नहीं। किसी की समृद्धि इस बात से तय होती थी कि, क्या उसे कंपनी के खर्चे पर विदेश जाने का मौका मिलता है या नहीं। अगर किसी व्यक्ति के पास इनमें से कोई एक भी सुविधा होती थी, तो लोग उसे बेहद भाग्यशाली मानते थे।

यह एक ऐसा भी दौर था, जब औद्योगिकीरण की कमी थी। खासतौर पर, कारोबारियों के लिए मुश्किल भरे हालात थे। हालांकि, टाटा और बिड़ला जैसे कुछ अपवाद जरूर थे, लेकिन आम पृष्ठभूमि वाला, शायद ही कोई खास शख्सियत था।

स्कूल हो या घर, हमें सिखाया जाता कि संतुष्ट होना ही अंतिम लक्ष्य है और खुशी का असली स्रोत है। ऐसा संभवत: इसलिए कि, देश में सुविधाओं की भारी कमी थी और तब संतुष्टि के जरिए ही हम अपनी खुशी जाहिर कर सकते थे। इस वजह से हममें से अधिकांश जितना मिलता, उसमें ही खुश रहते, क्योंकि हमने कभी बड़ा या ऐसा सपना नहीं देखा, जो हमारे बाहर की बात हो। उदाहरण के लिए, हमने कभी हवाईयात्रा के बारे में नहीं सोचा।

बच्चों के लिए हवाई जहाज का अनुभव, बस उन्हें उड़ते हुए देखना। फिर हैरानी भरी नजरों से एक-दूसरे को देखने को लेकर ही था, क्योंकि यह सबको पता था कि, उन्हें कभी भी हवाई यात्रा का मौका नहीं मिलेगा। समाज के बुजुर्गों का मानना था कि, पश्चिम की कोई भी चीज सबसे अच्छी होती थी। यह एक ऐसा

विचार था, जो अंग्रेज जाने के बाद, अपने पीछे छोड़ गए थे। लोगों ने हजार वर्षों से औपनिवेश और दमन झेला था, इसकी वजह से हमारी मानसिकता भी काफी हद तक वैसी हो गई थी। सामाजिक स्थितियों ने हमें घाटे, असफलता और 'लोग क्या कहेंगे' जैसी चीजों से डरा दिया था।

हालांकि, धीरे-धीरे ही सही, लेकिन चीजें बदलने लगीं। 1991 में आर्थिक उदारीकरण की नीतियों के साथ बड़ा बदलाव आया। लाइसेंस राज खत्म हो गया। और रुपये का तेजी से अवमूल्यन हुआ। निजी कॉलेजों ने फैलना शुरू किया और कई नए कारोबारियों ने बिजनेस के क्षेत्र में कदम रखा। इन सबके बावजूद, कोई 'एंजल' या संस्थागत निवेशक नहीं थे। सभी को अपनी पूंजी के लिए बैंकों के कर्ज पर निर्भर रहना पड़ता था। अधिकांशत: बैंक प्रभावशाली और धनी लोगों का पक्ष लेते थे, तो गरीबों के बीच ज्यादातर लेनदेन नकदी के रूप में ही होता था। संपर्क की रफ्तार धीमी थी। हमने एक दिन फटाफट संचार का सपना देखा। ग्रामीण जीवन की तुलना में शहरी जीवन बेहतर था, लेकिन चुनौतियों से भरा था। गैस का कनेक्शन होना अभी भी विलासिता की बात थी। खराब सड़कों पर यात्रा करना आसान नहीं था। अगर आपके पास टेलीविजन हो जाए, तो समझिए कि आप पूरे समुदाय के लिए एक सेलिब्रेटी बन गए। फिर, 2001 का दौर आया। इसके बाद इंटरनेट इतना तेजी से लोकप्रिय हुआ कि, यह शब्द आम लोगों के लिए जीवन का हिस्सा बनने लगा।

मैं पिछले करीब 30 वर्षों से गरीबों और आम लोगों के लिए काम कर रही हूँ। मैंने अपने अनुभवों के जरिए, बदलावों को देखा और महसूस किया है। मैं 2000 में कर्नाटक में आमलोगों की मदद की खातिर सप्ताह भर के लिए यात्रा की योजना बना रही थी। मैं किसी भव्य होटल में रुकने की जगह जान-पहचान के लोगों के घर ठहरती थी, ताकि मुझे जमीनी हकीकत का सही से अंदाजा लग सके। इसलिए, मैंने उस इलाके में पहचान के एक दंपती से बात की। दोनों डॉक्टर थे और एक नर्सिंग होम चलाते थे। मेरे मित्र खुश थे और उन्होंने कहा, 'आओ, सुधा, जब तक चाहो, यहां रह सकती हो। हमलोग तीर्थयात्रा पर जा रहे हैं, तो जब तुम आओगी, हमलोग यहां नहीं होंगे। हमने महीना भर पहले इस यात्रा की योजना बनाई थी। लेकिन, हमारा घर तुम्हारे लिए हमेशा के लिए खुला है। हमारी भरोसमंद हाउसकीपर सरला, यहां रहेगी और हमारे न होने के बावजूद तुम्हें किसी तरह की दिक्कत नहीं होगी।'

मैंने उनके इस प्रस्ताव को मान लिया और पहले से तय कार्यक्रम के अनुसार उनके शहर में पहुंच गई। यह काफी अच्छा घर था। जब मैं वहां पहुंची, तो सरला मेरा इंतजार कर रही थी। करीब 35 साल की सरला एक मोटी महिला थी और उसका चेहरा काफी हंसमुख था। वह अपनी 5 साल की बेटी के साथ कंपाउंड में

ही हेल्पर क्वॉर्टर में रहती थी। हर सुबह वह मेरे लिए खाना बनाती और मेरा लंच पैक करती। शाम को मेरे घर लौटने के बाद वह मेरे लिए स्वादिष्ट खाना बनाती थी। मुझे लोगों से बात करने की आदत है, खासकर आस-पास रहने वाले लोगों से। ऐसे लोग मुझे अपने देश के किसानों, मजदूर, शिक्षक, पंडित या पुजारी, रेहड़ी-पटरी वाले और दूसरे दिहाड़ी मजदूरों की असली हकीकत बता सकते हैं।

सरला की कहानी

जब मैं खाना खा रही थी, तो सरला से बात की। तब मुझे उसकी कहानी पता चली। उसने कहा, 'अम्मा, मेरे माता-पिता पास के गाँव में कुली हैं। वहां मैंने 7वीं तक पढ़ाई की और उसके कुछ वर्षों बाद उन्होंने मेरी शादी कर दी। मेरी एक बेटी भी है। बहुत जल्द ही सड़क हादसे में मेरे पति की जान चली गई। मेरे गांव की सड़कें बेहद खराब हैं और ऊंची-नीची हैं। मेरे पति जब घर लौट रहे थे, तो उनकी साईकिल एक बड़े पत्थर से टकरा गई। उनके सिर में गंभीर चोट लगी। पास में न तो कोई अस्पताल या न ही किसी एंबुलेंस की सुविधा थी, तो हम जब तक अस्पताल ले जाते, तब तक उनकी मौत हो चुकी थी।' यह वही अस्पताल है, जिसे मैडम अपने पति के साथ चलाती हैं। मेरे माता-पिता चाहते थे कि, मैं गांव में ही रह जाऊं और उनकी तरह कुली बनूं। लेकिन मैंने मना कर दिया। मैंने मैडम से नौकरी के लिए आग्रह किया। उन्होंने मेरी बड़ी मदद की और अपने घर में देखभाल की नौकरी दी। मैं उनके घर की अच्छे से देखभाल की कोशिश करती हूं... '

मैंने उसे टोकते हुए कहा, 'हां, जब मैंने उनसे बात की तो उन्होंने बड़ी तारीफ की।'

'हां, अम्मा, इसे बनाए रखने के लिए मुझे अपना काम अच्छी तरह से करना होगा। मेरे पास अच्छी शिक्षा नहीं है, न ही मुझे खुद पर भरोसा है कि कहीं और जाकर कुछ अच्छा कमा सकूं। ये अच्छे लोग हैं। मुझे रहने के लिए जगह दी है। वे मेरी बेटी की पढ़ाई-लिखाई का भी ख्याल रखते हैं। उन्हें हमारे स्वास्थ्य की भी फिक्र रहती है। हमारे पास कोई स्वास्थ्य बीमा नहीं है और डॉक्टरों की फीस काफी महंगी होती है, अम्मा। इसलिए मैं संतुष्ट और खुश हूं।'

मैंने पूछा, 'सरला, तुम अपनी पढ़ाई पूरी क्यों नहीं कर लेती? तब मुझे यकीन है कि तुम्हे बेहतर सैलरी वाली नौकरी मिल सकेगी।'

सरला ने कहा, 'अम्मा, मुझे ऐसा नहीं लगता।' 'मेरे माता-पिता को देखो- वे खेतों में काम करके दिहाड़ी कमाते हैं। उनकी तुलना में मेरा काम बहुत अच्छा है और मैं संतुष्ट हूं।'

फिर मैंने पूछा, 'अच्छा, तो तुम अपनी बेटी के लिए क्या सपने देखती हो?' 'अम्मा, मैं चाहती हूं कि, वह कॉलेज की डिग्री हासिल करे। वह किसी अस्पताल या कंपनी में रिसेप्शनिस्ट के रूप में काम करे। यह बहुत अच्छा काम होगा।'

मैंने फिर निराशा में पूछा, 'क्या यह सब चाहती हो?'

उसने कहा, 'मैं उसके लिए बस इतना ही चाहती हूं। कॉलेज से डिग्री हासिल करने के बाद उसे बेहतर सैलरी मिलेगी।'

मैंने घुड़की देते हुए कहा, 'तुम अपनी बेटी को डॉक्टर या अफसर बनाने का सपना क्यों नहीं देखती? तुम बड़े सपने क्यों नहीं देखती?' तब सरला ने उदासी में कहा, 'मैं चाहती हूं कि वह मुझसे बेहतर करे। मैंने कई अशिक्षित माता-पिता को देखा है, जो चाहते थे कि उनके बच्चे उनसे बेहतर करें। मैं गांव में अपने माता-पिता की दुर्दशा को देख चुकी हूं। वहां पीने के पानी, स्वच्छ शौचालय, बैंक और चिकित्सा सुविधाओं की भी कमी है।'

मैंने फिर हैरानी में कहा, 'ऐसे में वे अपनी सेविंग्स को कहां रखते हैं।'

सरला ने कहा, 'मेरे माता-पिता जो भी कमाते थे, उसे घर के डब्बे में रखते थे। जब भी उन्हें कोई जरूरत होती तो, उन्हें नकदी देती थी। अब आप मुझे देखिए- मैंने बैंक में अकाउंट खोला है और मेरी सैलरी सीधे अकाउंट में आती है। मैं चाहती हूं कि, मेरी बेटी कुछ बड़ा करे, लेकिन मुझे अपनी सीमाओं का भी एहसास है। भला कैसे मेरी बेटी अफसर बन सकती है? अम्मा, हर इच्छा पूरी नहीं होती है।'

मैं मुस्कुराई और बोली, 'कई बार जो बहुत कुछ हासिल कर लेते हैं, उन्हें हासिल की गई उन सब चीजो की जरूरत नहीं होती है।' लेकिन चीजें बहुत बदल गई हैं, सरला। तुम्हें अपनी बेटी के लिए बड़े सपने देखने चाहिए। उसकी क्षमता के बारे में किसे पता है? तुम्हे, उसे और कुछ बड़ा हासिल करने में मदद करनी चाहिए। लेकिन अभी आओ, क्या तुम टेलीविजन ऑन करोगी? मैं ओलंपिक देखना चाहती हूं।'

उसने जब टेलीविजन चालू किया तो पूछा, 'यह क्या है?'

मैंने कहा, 'यह दुनिया की सबसे अच्छी खेल प्रतियोगिता है। यह काफी समय पहले ग्रीस नाम के देश में शुरू हुआ था और हर चार साल बाद, इसका आयोजन अलग-अलग देशों में होता है। विभिन्न देशों के खिलाड़ी वहां जाते हैं। सभी स्पर्धाओं में सबसे बेहतरीन प्रदर्शन करने वाले को स्वर्ण पदक, दूसरे नंबर पर रहने वाले को सिल्वर और तीसरे नंबर पर रहने वाले को ब्रॉन्ज मेडल मिलता है।'

सरला ने पूछा, 'बाकी खिलाड़ियों का क्या होता है?' मैंने बिना सोचे-समझे बोल दिया कि 'उन्हें इसमें भाग लेने के लिए भागीदारी का सर्टिफिकेट मिलता है।' सरला को उत्सुकता हुई, 'क्या हमारे देश से कभी कोई गया है? शायद कोई नहीं...आखिरकार यह ओलंपिक दुनिया का सर्वश्रेष्ठ है।'

'बेशक, भारत से भी लोगों ने भाग लिया होगा। क्या उन्होंने इस साल पदक जीते हैं? और यदि हां, तो कितने?'

मैंने कहा, सरला मुझे मालूम नहीं है, क्योंकि यह प्रतियोगिता अभी भी चल रही है। उसने कहा, 'यह पर्याप्त से अधिक है कि वे वहां मौजूद हैं। इस तरह, प्रतिभागी विदेश यात्रा कर सकते हैं, कार्यक्रम देख सकते हैं और सर्टिफिकेट हासिल कर सकते हैं।'

जिस तरह के विचार सरला ने जाहिर किए थे, मैं उससे दुखी थी कि, उसने सोचा कि हमें बस सर्टिफिकेट से ही खुश हो जाना चाहिए। भले ही कोई जीत न रहा हो, लेकिन उसकी नजर में सिर्फ, विदेश जाना ही उपलब्धि थी। कोई आश्चर्य नहीं कि उसने अपनी बेटी को, रिसेप्शनिस्ट बनाने का लक्ष्य रखा।

अगले दिन हम जाने वाले थे कि सरला ने मुझे एक बॉक्स दिया और मुस्कुराई। उसने कहा, 'अम्मा, यह बेहद ही खास डिश है।'

मैंने हैरानी में कहा, 'यह क्या है?'

उसने कहा, 'आप गरीबों की बहुत मदद करती हैं, अम्मा। मैं जानती हूं कि आपको कुछ खास नहीं दे सकती है, लेकिन यह खजूर की पोली है। बहुत कम लोगों को ही इसे अच्छे से बनाना आता है और मैं उन्हीं कम लोगों में से हूं। मैडम ने मुझे यह रेसिपी बनाना सिखाया। जब भी आप इसे खाना, तो इसमें एक चम्मच घी डाल देना। तब इसका स्वाद लाजवाब हो जाएगा।' मैंने उसे कहा, 'जरूर, मैं जानती हूं इसके बारे में! मेरी मां भी इसे बनाती है और वह भी यही बात कहती है।' मैंने उसे धन्यवाद कहा, बॉक्स लिया और अपने मेजबान के लिए 'धन्यवाद नोट' रखकर निकल गई। इसके बाद कई साल गुजर गए। तारीखें बदलती रहीं। पौधे बड़े वृक्ष बन गए। नेतृत्व बदला। देश के राजनीतक माहौल में सुधार आया है। सूचना प्रौद्योगिकी के क्षेत्र में बड़ा क्रांतिकारी बदलाव आया। हालांकि, मैंने इंफोसिस फाउंडेशन के जमीनी कार्यों को करना जारी रखा।

कई बरस के बाद...

साल 2020 में भारत महामारी की चपेट में आ गया। ऐसे में हमारा फाउंडेशन बेहद चौकन्ना हो गया। हमारा पहला एजेंडा मेडिकल पेशे से जुड़े लोगों की सुरक्षा और मरीजों की मदद करना था। खासतौर पर वंचित तबके से आने वाले मरीजों की।

हम अस्पतालों की मदद करने, बेड मुहैया कराने, सैनिटाइजर, मास्क, दस्ताने, सूखा राशन और भोजन बांटने में व्यस्त हो गए। फिर पर्सनल प्रोटेक्टिव इक्विपमेंट (पीपीई) किट की बारी आई। यहां तक मेडिकल कर्मचारी भी उन्हें पहनते समय अंतरिक्ष यात्रियों जैसे लगते थे, लेकिन वायरस उनकी आंख, नाक या गले में प्रवेश न करें,

इस वजह से यह बेहद अहम था। हमारे लिए उन्हें अधिक-से-अधिक सप्लाई करना अहम था। हालांकि, पीपीई किट हासिल करना आसान नहीं था। हम नहीं चाहते थे कि, डॉक्टर और नर्स बिना किट के मरीजों का इलाज करें। इसलिए हमने कुछ किट आयात करने के लिए ऑर्डर दिया। हमने देखा कि वे न केवल महंगे थे, बल्कि उनकी सप्लाई में काफी देरी भी होती थी। जब मोदी की अगुआई में सरकार पश्चिमी देशों की तुलना में देसी टीके विकसित कर सकती है, तो इस सोच ने मुझे एक नई उम्मीद दी फिर, मैंने 'मेक इन इंडिया' की राह पकड़ ली। लेकिन उचित मूल्य पर इतनी कुशलता से, जल्दी और अच्छी गुणवत्ता वाले पीपीई किट कौन बनाएगा? पूरे देश में कई अस्पतालों को इन किटों की जरूरत थी।

मैं गंभीरता से इसकी खोज में लग गई। तभी एक ईमेल ने मेरा ध्यान खींचा, जिसे एक युवा लड़की ने लिखा था। उसने लिखा था, 'मेरी एक छोटी-सी गारमेंट फैक्ट्री है, जिसमें 50 लोग काम करते हैं। अगर आप हमें कोई ऑर्डर देती हैं, तो हम आपकी जरूरत के हिसाब से किसी भी डिजाइन को बनाने और उसका उत्पादन में सक्षम हैं। यदि आप हमें कच्चा माल और एक आयातित पीपीई किट मुहैया कराती हैं, तो हम उसी तरह का आपको बनाकर दे सकते हैं। मैं एक छोटे से शहर से हूं और मेरे पास पूंजी की कमी है। हालांकि, मुझमें टैलेंट और जानकारी की कमी नहीं है। अगर आप मुझे मिलने का समय दें, तो मुझे और विस्तार से बताने में खुशी होगी।'

ईमेल को पढ़ने के बाद मुझे एक पुरानी बात याद आ गई। मुझे वह समय याद आया, जब मैंने 50 साल पहले बिना किसी कनेक्शन के जे.आर.डी टाटा को पत्र लिखा था। भले ही मैं एक छोटे शहर की लड़की होने के नाते उनके लिए अनजान थी, लेकिन मैंने उनसे खत को पढ़ने का आग्रह किया था। मैंने खुद को उस लड़की की जगह देखा और उसे ऑफिस बुलाया। लड़की सभी जरूरी दस्तावेजों के साथ मेरे ऑफिस आई थी। वह एक साधारण लड़की थी, गंभीर किस्म की। मैंने उसे अपने सवालों के बौछारों से डुबो दिया। उसने कहा, 'आप मुझे जो भी डिजाइन देंगी, मैं उसकी नकल कर सकती हूं।' 'मुझे लगता है कि इस समय में इस कौशल का इस्तेमाल अच्छे काम के लिए किया जा सकता है।'

मैंने पूछा, 'क्या आपने पहले ऐसा किया है?'

उसने जवाब दिया, 'मैम, मैंने डिजाइन में डिप्लोमा किया है। यदि आप दिल्ली के चांदनी चौक से वाकिफ हैं, तो आप जानती हैं कि मशहूर फैशन डिजाइनरों के चोरी-छिपे कपड़े, वहां 10 गुना कम कीमत में बिकते हैं।'

मैंने जवाब दिया, 'यह मेरी मतलब की चीज नहीं है, इसलिए मैं इस पर टिप्पणी नहीं कर सकती।'

उसने कहा, 'मैं आपसे यह कह रही हूं मैडम कि आप मुझे एक पीपीई किट दीजिए, अच्छा कच्चा माल और मैं आपको निराश नहीं करूंगी। मैं आपके लिए उसी गुणवत्ता की पीपीटी किट दूंगी, जो आप मुझे देंगी। यहां तक कि आप जहां चाहेंगी, वहां इसकी डिलिवरी भी कर सकती हूं।'

मैंने पूरी पारदर्शिता से पूछा, 'लेकिन, तुम ऐसा करोगी कैसे? तुम्हारी फैक्ट्री में फिलहाल 50 लोग हैं। तुम अभी जितना बना सकती हो, उससे कहीं अधिक की हमें इसकी जरूरत है।'

उसने कहा, 'प्लीज, इसे लेकर आप चिंता न करें। मैं और लोगों को नौकरी पर रख सकती हूं। इस समस्या का हल करना मेरी जिम्मेदारी है।' मैंने कहा, 'मान लो, तुम्हारी बनाई किट पर गुणवत्ता को लेकर हमारी राय अलग-अलग हो तो, फिर इसका क्या?'

उसने कहा, 'अगर गुणवत्ता आपके मुताबिक नहीं हुई, तो मैडम, मैं किस्तों में आपके पैसे लौटा दूंगी।' तो फिर, मैंने जोखिम लिया और उसे 10 लाख रुपये का चेक दिया और छोटा ऑर्डर दिया। मैंने उसे कहा, देखो, मैं निजी तौर पर तुम्हें ये पैसे दे रही हूं। मुझे उम्मीद है कि, तुम अपनी बात रखोगी और उचित कीमत पर बेहतरीन प्रोडक्ट लेकर आओगी। भविष्य के ऑर्डर इस पायलट प्रोग्राम पर ही निर्भर करते हैं।'

उसने पैसे लिए, मुझे धन्यवाद दिया और मेरे पैर छुए। उसने कहा, 'मैम, आपको इसका पछतावा नहीं होगा।' आत्मविश्वास के साथ वह चली गई।

वह पांच दिनों के बाद पहला प्रोटोटाइप लेकर आई। मैंने इसकी तुलना आयातित पीपीटी किट से की। यह उसी तरह का लग रहा था और सस्ता भी। उस युवा लड़की ने इसे साफ-सुथरी पैकेजिंग में दिया था। मैंने भी असली फीडबैक के लिए किट कुछ अस्पतालों और भरोसेमंद डॉक्टरों को भेजी। मुझे काफी जल्द ही फीडबैक मिल गए। इस लड़की ने आयातित पीपीई किट से भी बेहतर प्रोडक्ट बनाया था।

उस पल, हमने उसे फाउंडेशन की तरफ से एक बड़ा ऑर्डर दिया और वह हमारी नियमित सप्लायर बन गई। हमने जिन डॉक्टरों या अस्पतालों को भी इन्हें दान में दिया, किसी से भी हमें किसी तरह की शिकायत नहीं मिली।

कुछ महीनों के बाद, वह युवती मुझसे मिलने आई।

मैंने पूछा, 'क्या हुआ? क्या तुम्हें अपने पिछले ऑर्डर का चेक नहीं मिला?'

वह मुस्कुराई और बोली, 'सब ठीक है मैडम। मैं आपसे बात करना चाहती थी।'

मैंने पूछा, 'बेटा, किस बारे में?'

उसने कहा, 'मैं आपको कुछ देना चाहती हूं।' फिर उसने मुझे एक बक्सा दिया और कहा, 'यह खजूर की पोली है, जो विशेष रूप से आपके लिए बनाई गई है।

मैडम, अगर आप इसमें घी डालेंगी, तो स्वाद और भी बेहतरीन हो जाएगा।'

मैंने पूछा, 'क्या इसे तुमने बनाया है? और घी डालने की तरकीब के बारे में कैसे पता चला?'

उसने कहा, 'मैडम, मैं यह बनाने में एक्सपर्ट नहीं हूं। इसे मेरी मां ने आपके लिए बनाया है।'

मैंने पूछा, 'तुम्हारी मां को कैसे पता चला कि मुझे खजूर की पोली पसंद है?'

उसने जवाब दिया, 'आप 20 साल पहले एक डॉक्टर के घर पर ठहरी थीं। मेरी मां, सरला, वहां हाउसकीपर थीं और उन्होंने ही आपके लिए इस खजूर की पोली को बनाया है। उन्हें याद था कि आपको यह पंसद है, तो उन्होंने इसे आपके लिए भेजा।'

मैं खुश थी। मैंने पूछा, 'क्या तुम सरला की बेटी हो, वही 5 साल की छोटी-सी लड़की।' उसने जवाब दिया, 'जी, मेरा नाम स्वप्ना है।'

मैं अपनी अगली मीटिंग के बारे में भूल चुकी थी और उसके बारे ज्यादा से ज्यादा जानना चाहती थी। मैंने उससे पूछा, 'स्वप्ना अपने बारे में और बताओ, अभी तक के सफर के बारे में बताओ। सबसे पहले, तुमने यह क्यों नहीं बताया कि तुम सरला की बेटी हो? जहां तक मुझे याद है कि, तुम्हारी मां तुम्हें रिसेप्शनिस्ट बनाना चाहती थी।'

उसने कहा, 'जी, आपने सही कहा। मेरी मां वही चाहती थी। जब मैं बड़ी हो रही थी, तो मुझे एहसास हुआ कि मेरे लिए एक स्थायी नौकरी की तुलना में मेरा पैशन ज्यादा अहम है। मुझे हमेशा से डिजाइनिंग और चीजों को बनाना पसंद था। शुरू-शुरू में, मुझे मालूम था कि, मैं बड़ी आसानी से किसी भी डिजाइन को पढ़ सकती थी, कच्चे माल को काटकर और उसे हाथों से सिलाई करके बना देती थी। यह पता चलने के बाद डॉक्टर काका ने मुझे एक सिलाई मशीन दिलवाई। तब मैं स्कूल में ही थी। मैंने बाजार में दुकानों के बाहर लगने वाले पुतलों पर, नए कपड़ों पर हमेशा ध्यान दिया और मैं ठीक उसी तरह के कपड़ों की बड़ी आसानी से सिलाई कर देती थी। इसलिए, जब मैं हाई स्कूल में गई तो अतिरिक्त कमाई के लिए सलवार कमीज और दूसरे कपड़ों की सिलाई शुरू की। फिर मैंने डिजाइन में डिप्लोमा कोर्स करना शुरू कर दिया। मुझे काफी कुछ करने का मौका मिला और मैंने कुछ सालों तक दिल्ली में काम भी किया।'

'वहां मुझे पता चला कि सिर्फ डिग्री नहीं, बल्कि पैशन और उत्कृष्टता की वजह से ही मैं टॉप पर पहुंच सकती हूं। मैंने डिजाइनिंग बिजनेस चलाने के बारे में सीखना शुरू किया और उसके बाद लौटी। मैंने बैंक से लोन लिया। इसका इस्तेमाल फंडिंग में किया और मैंने अपना बिजनेस शुरू किया। फिर दिल्ली में क्लाइंट को कपड़ों की सप्लाई करने लगी। मैंने ठीकठाक कमाई की और बिजनेस का दायरा थोड़ा बढ़ाया।

मैंने आपका एक इंटरव्यू देखा, जिसमें आप जल्द-से-जल्द अस्पतालों को पीपीई किट सप्लाई करने को लेकर इच्छुक थीं। ऐसे में मैंने आप तक पहुंचने का फैसला किया।'

'लेकिन, तुमने ये क्यों नहीं बताया कि तुम कौन हो?'

'मैं यह खुद करना चाहती थी। मैं नहीं चाहती थी कि आपका निर्णय किसी तरह से पक्षपाती लगे। जब आपने पहली बार पैसे दिए, तो मैं बेहद खुश थी। मैं आपका भरोसा तोड़ना नहीं चाहती थी। इसलिए मैंने प्रोडक्ट पर अपना सबकुछ झोंक दिया। मुझे मालूम था कि, यह कोई फैशनेबल या डिजाइनरों के लिए नहीं, बल्कि नर्सों, डॉक्टरों और मेडिकल क्षेत्र के हेल्परों की जिंदगी बचाने वाला होगा। मैं एक डॉक्टर के घर में पली-बढ़ी हूँ और मुझे मालूम है कि लोगों की सेवा करने का मतलब क्या होता है। इसलिए मैंने दिल्ली के काम को बगल में रखा और इस प्रोजेक्ट को अपने देश के लिए प्राथमिकता के स्तर पर लिया। इस दौरान, दिल्ली में कई दुकानें बंद हो गईं और चीजें देर से होने लगीं।'

'क्या सरला को मालूम है कि तुम हमारी किस तरह से मदद कर रही हो?'

'जी बिल्कुल, वह जानती हैं। मैडम वह सीढ़ियों के नीचे ही हैं।'

'तुम उसे अपने साथ लेकर क्यों नहीं आई?'

'मैं आपकी इजाजत लेना चाहती थी।'

मैंने कहा, 'इतना भी औपचारिक न बनो। प्लीज उन्हें ऊपर बुला लो!'

कुछ मिनटों के बाद, स्वप्ना अपनी मां के साथ आई। सरला बेहद सुंदर साड़ी में थी। मुझे लगा कि उसकी उम्र पच्पन के आसपास होगी। वह सम्मानपूर्वक बैठी और मैं उसके भीतर आत्मविश्वास के साथ खुशी को महसूस कर सकती थी।

उसने मुस्कुराहट के साथ कहा, 'अम्मा, मुझे बिल्कुल मालूम नहीं था कि, आपसे दोबारा इस तरह मिल पाऊंगी।'

मैंने कहा, 'सरला, मैं खुश हूं कि स्वप्ना रिसेप्शनिस्ट नहीं बनी। वह बहुत अच्छा कर रही है। तुम जरूर खुश होगी।'

अचानक, सरला की आंखों में आंसू थे। उसने कहा, 'काश, यह देखने के लिए उसके पिता जीवित होते। अगर उन दिनों सड़कें सही होतीं, तो आज का दिन देखने के लिए वह जीवित होते।'

मैंने कहा, 'हां, सरला, मैं सहमत हूं। भारत पिछले कुछ साल में दुनिया भर में तेजी से हाइवे बनाने वाला देश बन गया है।'

उसने कहा, 'अम्मा, मेरी बेटी ने मेरी आंखें खोल दीं। उसने मुझे सिखाया कि अगर किसी में जज्बा है तो कोई किसी भी उम्र में काम कर सकता है।'

'इन दिनों तुम क्या कर रही हो?'

'अम्मा, जैसा कि आप जानती हैं कि मैं हमेशा से खाना बनाने में अच्छी थी।

तो सबसे पहले मैंने अपनी बेटी की कंपनी के लिए केटरिंग शुरू की। अब मैं खुद का अलग केटरिंग बिजनेस चलाती हूं।'

'मैं यह सुनकर खुश हूं। तुम्हारे माता-पिता कैसे हैं?'

'वे अब भी गांवों में ही रहते हैं और हमारे साथ शहरों में नहीं रहना चाहते हैं।'

'क्या अब भी उन्हें बक्से में पैसा जमा करना पड़ता है?'

'नहीं अम्मा। अब वे आधुनिक बन चुके हैं। पिछले कुछ वर्षों में गांव में काफी बदलाव आ चुका है। अब उनके पास गांव में दूसरे लोगों की तरह बैंक अकाउंट भी हैं। वे ऑनलाइन ट्रांजैक्शन भी करते हैं और इस उम्र में इस सुविधा को पाकर मेरे माता-पिता बेहद खुश हैं।

मैंने हां में सिर हिलाया, 'हां, मुझे पता है कि भारत रोजाना 25 अरब ट्रांजैक्शन के साथ रीयल-टाइम डिजिटल भुगतान में शीर्ष पर है।'

सरला ने कहा, 'आप अपने युवा दिनों में फील्डवर्क के लिए बहुत यात्रा करती थीं। मुझे यकीन है कि, आप इस महामारी के दौरान उसे काफी याद करती होंगी।'

मैंने कहा, 'हां, ये बात तो है। मेरी इच्छाओं की लिस्ट में एक चीज अभी भी बाकी है। मैं गुजरात में सरदार वल्लभभाई पटेल की दुनिया की सबसे ऊंची प्रतिमा को देखना चाहती हूं। इसे 2018 में मोदी के नेतृत्व में बनाया गया था और यह उस व्यक्ति की याद दिलाता है, जिसने हमारे देश को एकजुट करने में अहम भूमिका निभाई। मैं एक बार उसे देखना पसंद करूंगी।'

तभी, मेरे प्रोग्राम डायरेक्टर ने अंदर झांका और उसने कहा, 'मैडम'। उसने कहा, 'वीडियो बनाने वाली टीम आपका इंतजार कर रही है, असल में वीडियो टीम टीकाकरण जागरूकता के लिए, आपकी प्रतिक्रिया रिकॉर्ड करना चाहती है।'

मैंने उससे कहा, 'प्लीज, मुझे थोड़ा समय दे दो। मैं जल्द ही आती हूं।'

मैंने सरला की ओर रुख किया और पूछा, 'मुझे उम्मीद है कि तुम्हें और तुम्हारे कर्मचारियों को टीका लग चुका है।'

उसने जवाब दिया, 'हां, मैडम। मेरे माता-पिता के गांव के लोगों को भी टीका लगाया जा चुका है। उनके पास आयुष्मान भारत योजना स्वास्थ्य बीमा योजना भी है।'

मैंने कहा, 'मैं इन कार्यक्रमों को लागू करने के बारे में सुनकर बहुत खुश हूं। आयुष्मान भारत योजना दुनिया की सबसे बड़ी स्वास्थ्य बीमा योजना है। मैंने अभी पढ़ा था कि, दिसंबर 2021 तक 17.2 करोड़ हेल्थ कार्ड जारी किए जा चुके हैं। अभी तक 2.5 करोड़ लोगों का मुफ्त इलाज किया जा चुका है। हमारे जैसे देश में इस योजना की सख्त जरूरत थी। सरकार में प्रधानमंत्री नरेंद्र मोदी के कार्यों का असर देश में आसानी से महसूस किया जा सकता है। स्वदेशी कोविड-19 टीकाकरण और अभियान इन सफलताओं का महज एक हिस्सा भर हैं, जो हमें

आत्म-निर्भरता की ओर एक कदम आगे ले जाते हैं। क्या तुम्हें मालूम है कि, मिशन इंद्रधनुष को सबसे बेहतरीन टीकाकरण कार्यक्रमों में से एक के रूप में सराहा जा चुका है? लगभग 4 करोड़ बच्चे और 95 लाख गर्भवती महिलाओं को इसके तहत कवर किया गया है!'

मैं अपने देश की उपलब्धियों के बारे में खुश थी और मेरे चेहरे पर मुस्कान तैर गई।

मेरा उत्साह देखने के बाद सरला, मां-बेटी भी मुस्कुराई।

मैंने कहा, 'स्वप्ना, अब वे दिन नहीं रहे, जब लोग सिर्फ नौकरियों के बारे में सोचा करते थे। अब तुम्हारे जैसे युवा नौकरी लेने के बजाय, लोगों के लिए रोजगार पैदा कर रहे हैं। यह समाज में धन सृजन करने और गरीबी कम करने का सबसे अच्छा तरीका है। क्या तुम्हे मालूम है कि पिछले सात वर्षों में भारत में 60 यूनिकॉर्न (मतलब 1 अरब डॉलर वैल्यू वाले स्टार्टअप) हैं? मुझे आशा है कि तुम 61वां बनोगी।'

उसने कहा, श्मैडम, मुझे नहीं मालूम था। मुझे लगा कि चीन कई यूनिकॉर्न पैदा कर रहा है।'

'ये पुराने आंकड़े हैं, स्वप्ना। आज, भारत ने महामारी के बावजूद चीन की तुलना में पांच गुना यूनिकॉर्न बनाए हैं। इस पीढ़ी ने साबित कर दिया है कि अगर हम किसी चीज में दिमाग लगाएं, तो उसमें हम सर्वश्रेष्ठ हो सकते हैं।'

सरला ने बीच में कहा, 'क्या आपको याद है कि आपने मुझे सिखाया कि ओलंपिक का मतलब क्या होता है? उस दिन मैंने कहा था कि भागीदारी ही अपने आप में बड़ी बात थी। लेकिन आज मैं अपने शब्दों को वापस लेती हूं। पदक जीतना अद्‌भुत है। उसमें भी गोल्ड मेडल।! मैं नहीं चाहती कि भारतीय किसी से भी कमतर हों।'

मैं मुस्कुराई और अपना सिर हिलाने लगी।

उनके जाने के बाद, मैं अपने विचारों में खो गई। स्वप्ना की कहानी बदलाव की कहानी थी। एक ऐसी महिला की, जो अपनी मदद खुद कर रही है। वह आधुनिक भारतीय पीढ़ी की प्रतिनिधि है, जो दृढ़निश्चयी और मेहनती है। साथ ही, सर्वश्रेष्ठ बनने का लक्ष्य रखती है।

यह 2021 का भारत है और यह भविष्य का भारत है। एक ऐसा भारत, जो 21वीं सदी में कदम रख रहा है। मैं ऐसा महसूस करने लगी, जैसे हवा में उड़ रही हूं, पानी पर कूद रही हूं और बर्फ में गोते लगा रही हूं, बारिश में डुबकी लगा रही हूं- इन सभी चीजों से मुझे बेहद खुशी मिलती है।

अब ये न्यू नॉर्मल है

अगर कोई दो दशक पहले मुझे यह कहानी सुनाता, तो मैं उस पर शक करती। लेकिन, ऐसा मेरे साथ हुआ और मैंने इस बदली दुनिया का आनंद लिया। मैं अकसर विश्लेषण करके बदलाव के पीछे की वजहों का पता लगाती हूं। विश्लेषण की मेरी इस क्षमता ने मेरा आत्मविश्वास बढ़ाया है और शायद इसी वजह से मैं बदलाव के पीछे के सही कारणों तक पहुँच पाती हूँ। पिछले सात वर्षों में, हमारे देश में माहौल बेहद मददगार हुआ है। महिलाएं कारोबार करने के लिए सुरक्षित महसूस कर रही हैं। बेहतर सड़कों, अच्छी शिक्षा और अवसरों की वजहों से बिजनेस करने और उसके विकास के लिए अनुकूल माहौल मिला है। प्रधानमंत्री मोदी की सरकार ने बदलाव की दूसरी बयार को प्रोत्साहित किया है। इस बदलाव ने हमारे और आपके जैसे अरबों लोगों की जिंदगी पर प्रभाव डाला है। चाहे वह टीकाकरण अभियान हो, हालिया ओलंपिक खेलों की सफलता हो, स्वप्ना जैसी युवाओं के लिए प्रेरणा स्रोत स्टार्ट-अप्स और यूनिकॉर्न, ग्रामीण इलाकों में माताओं-बहनों की आंसुओं को दूर करने के लिए गैस की सुविधा या फिर जन-धन योजना। इन सभी ने हम पर बड़ा असर डाला है। जन-धन योजना ने तो देश के सभी लोगों के लिए बैंकिंग और डिजिटल भुगतान का रास्ता ही खोल दिया।

अब वे दिन लद गए, जब लोग आंखों में आंसू लिए अपने बच्चो को विदेश भेजा करते थे। ऐसा इसलिए कि उन्हें मालूम होता था कि उनके बच्चे वित्तीय चुनौतियों की वजह से वहीं बस जाएंगे और अब लौटकर आने वाले नहीं हैं। आज, कई लोग सकारात्मक बदलाव की सोच के साथ वापस लौटकर आ रहे हैं। उनमें से कई तो तरक्की को बरकरार रखने की चाहत के साथ आ रहे हैं। अब, भारतीयों को दुनिया में किसी भी स्तर पर दोयम दर्जे का नहीं माना जाता है। युवा पीढ़ी आत्म-विश्वास से लबरेज है और न सिर्फ क्रिकेट बल्कि एथलेटिक्स और तमाम प्रतियोगिता में किसी भी देश का सामना करने के लिए तैयार है। हमारा लक्ष्य सर्वश्रेष्ठ होना है।

यह सब संभव हो पाया, क्योंकि हमारे पास मोदी जैसे सच्चे नेता हैं। एक ऐसे नेता, जो पीपल के पेड़ की तरह गहराई तक जड़ों से जुड़े हैं। बड़ी जिम्मेदारी वाला एक बड़ा पेड़। इस पेड़ का हर हिस्सा दूसरों के लिए उपयोगी है। ठीक हमारे प्रधानमंत्री की तरह। उनकी हर योजना हमारे लिए उपयोगी हैं। पशु पत्ते खा सकते हैं, चिड़िया घोसला बना सकती है, लोग फल ले सकते हैं, मधुमक्खी और लोग दोनों मधु और फूलों की खुशबू का आनंद ले सकते हैं। साथ ही, शाखाओं को काटकर जरूरतमंदों के लिए रहने का इंतजाम किया जा सकता है। लेकिन, एक अच्छा नेता अपने फायदे के लिए न सोचकर, हमेशा दूसरों के लिए करता है और बड़ा बना

रहता है। ये ऐसे नेता हैं, जो जमीनी हकीकत से वाकिफ हैं और देश और उसकी जनता की तकदीर को बदलने का लक्ष्य रखते हैं।

'छायामन्यस्य कुर्वन्ति तिष्ठन्ति स्वयमातपे।
फलंति चा परार्थेषु ना स्वार्थेषु महाद्रुमः'

वृक्ष धूप में खड़े रहते हैं, फिर भी दूसरों को छांव देते हैं। इनके फल भी दूसरों के लिए ही होते हैं।

भाग 5

वसुधैव कुटुम्बकम्: भारत और विश्व

मजबूत और प्रभावी राष्ट्रीय सुरक्षा नीतियों द्वारा विरोधियों से निपटना

अजित डोभाल, के.सी.

परिचय

राष्ट्रीय सुरक्षा नीति निर्माण केवल उद्देश्यों को परिभाषित करने और क्षमताओं के निर्माण का कार्य नहीं है, अपितु पहचाने गए लक्ष्यों को प्राप्य करने के लिए, क्षमताओं को विस्तार करने की राजनीतिक इच्छाशक्ति का प्रदर्शन भी है।

एक बार नीतियाँ बन जाने के बाद, सबसे अधिक महत्वपूर्ण होता है कि, नेतृत्व कैसे प्रणाली और प्रक्रियाओं का निर्माण करता है, राष्ट्रीय इच्छाशक्ति बनाता है और अपनी टीम को बात करने के लिए प्रेरित करता है।

राष्ट्र निर्माण के लिए प्रधानमंत्री नरेंद्र मोदी जी की प्रतिबद्धता, भारत की अंतर्निहित क्षमता में एक स्थायी विश्वास और एक अद्वितीय नेतृत्व शैली ने मजबूत और प्रभावी राष्ट्रीय सुरक्षा नीतियों को तैयार करने में महत्वपूर्ण भूमिका निभाई है। भविष्य के लिए दूरदृष्टि और जन सेवा तथा शासन के व्यावहारिक अनुभव रखने वाला राजनीतिक नेता, उनके पास तीन लक्षण हैं, जो उन्हें अन्य लोगों से अलग करते हैं; जो पहले उस महान पद पर थे। कड़ी मेहनत करने की क्षमता, विस्तृत सूचना के लिए लगन और जटिल मुद्दों को जल्दी से समझना, उनकी नेतृत्व शैली की असाधारण विशेषताएँ हैं। मजबूत ऐतिहासिक और वैश्विक जुड़ाव वाले प्रगतिशील तटीय राज्य गुजरात के मुख्यमंत्री के रूप में उनके लंबे अनुभव ने केंद्र-राज्य संबंधों को और वैश्विक नजरिये पर उनकी सोच को प्रभावित किया है। इन विचारों ने वर्ष 2014 में उनके पदभार ग्रहण करने के बाद से, राष्ट्रीय सुरक्षा को मजबूत करने के लिए उनके उद्देश्यों, संकेतित इरादों और क्षमताओं को परिभाषित करने के तरीकों को आकार दिया है।

बारह वर्ष से अधिक समय तक गुजरात के एक सफल मुख्यमंत्री रहने के बाद प्रधानमंत्री मोदी जी ने कार्यालय में प्रवेश किया। सार्वजनिक जीवन में उनका लंबा अनुभव उन्हें, लोगों के स्वभाव और प्रवृत्ति को समझने और उनकी जरूरतों और आकांक्षाओं से जुड़ने की अद्‌भुत क्षमता देता है। उन्होंने अवलोकन की गहरी समझ, सूक्ष्मता से देखने की दृष्टि और वस्तुस्थिति का विश्लेषण करने और उनसे परस्पर संबंधित होने की योग्यता भी विकसित की। यह सब एक प्रधानमंत्री के रूप में उनकी कार्यशैली में स्पष्ट था। जब वह गुजरात के मुख्यमंत्री बने, तब वह शासन की प्रक्रिया में क्रांतिकारी बदलाव लाने में सक्षम हुए। उन्होंने नौकरशाही की ताकत और सीमाओं को समझा - एक ऐसा संसाधन जो, यदि कल्पनात्मकता से इस्तेमाल और नियंत्रित किया जाए तो, उपयोगी है। प्रधानमंत्री के तौर पर, उन्होंने समझा कि, यदि नौकरशाही का नेतृत्व करना है तो, नेता को सभी पहलुओं में एक कदम आगे रहने के लिए कुछ नए इरादों, नवीन योजनाओं और व्यावहारिक सुझावों के साथ आना होगा। वह उनके लिए समस्या का समाधानकर्ता भी होना चाहिए। प्रधानमंत्री जी ने इसे बहुत सफलतापूर्वक हासिल किया।

प्रधानमंत्री मोदी जी ने भारत के सुरक्षा हितों पर प्रतिकूल प्रभाव डालने वाली एकतरफा कार्रवाईयों को लागू करने के प्रयासों के विरुद्ध पीछे हटने का दृढ़ संकल्प दिखाया है। हालांकि, विवादों को शांतिपूर्ण तरीकों से सुलझाने के हर अवसर को जांचने के बाद, इसे धीरे-धीरे, जांच-परख कर और जिम्मेदार तरीके से किया गया। उन्होंने समकालीन और भविष्य की सुरक्षा चुनौतियों से निपटने के लिए संरचनाओं के उन्नयन करने, दृष्टिकोण विकसित करने और क्षमताओं का निर्माण करने के प्रयास भी किए हैं। सबसे महत्वपूर्ण बात यह है कि उनकी पहल जन-केंद्रित है और इस बात से परिभाषित है कि मोटे तौर पर भारत और विश्व के लिए अच्छा क्या है। इस दृष्टिकोण के साथ, उनके नेतृत्व में, देश ने राष्ट्रीय सुरक्षा चुनौतियों से निपटने का एक अनोखा भारतीय तरीका विकसित किया है, जो विवेक और बिना हिचकिचाहट के संकल्प का दुर्लभ मिश्रण है। इस चैप्टर में उनके द्वारा की गई कुछ प्रमुख पहलों पर चर्चा की गई है और यह भी देखा गया है कि, क्या बदला है? कैसे बदला है? और प्रधानमंत्री मोदी जी की नेतृत्व शैली और व्यक्तिगत विश्वासों ने बदलाव को कैसे प्रभावित किया है?

एक ऐसे व्यक्ति के रूप में जिसे सात वर्षों से अधिक समय से इन परिवर्तनों का करीब से देखने का अवसर मिला है, मैं दावे के साथ कह सकता हूँ कि यह परिवर्तन न तो आकस्मिक थे और न ही भाग्य से मिले थे। वह परिणाम थे, गहन विचार, मंत्रणा, और स्पष्टता के साथ-साथ प्रधानमंत्री मोदी जी की उच्च जोखिम लेने की क्षमताओं के।

भारत की स्वतंत्रता के 75वें वर्ष में, इन प्रश्नों से जुड़ना कई कारणों से लाभदायक है। यह नीति निर्माताओं को उनकी प्रभावशीलता की समीक्षा करने का अवसर प्रदान करता है। यह भविष्य की रणनीतियों को निर्धारित करने में भी मदद करता है। प्रधानमंत्री जी की पहल को मोटे तौर पर तीन शीर्षकों के तहत वर्गीकृत किया जा सकता है: (1) रवैया विकसित कर मजबूती लाना, (2) राजनीतिक इच्छाशक्ति की दृढ़ता, और (3) परिवर्तन लाना। इन सभी पहल ने साथ-साथ प्रगति की है और आगे के पैराग्राफों में संक्षेप में इन पर चर्चा की गई है।

रवैया विकसित कर मजबूती लाना

प्रधानमंत्री मोदी जी के महत्वपूर्ण कार्यों में से एक रही है सुरक्षा की एक राष्ट्रीय दृष्टि बनाना और गहराई से अंतर्निहित यथास्थितिवादी मानसिकता और पुरातन दृष्टिकोण को बदलना जो सभी परिवर्तनों का विरोध करते हैं। इसकी प्रमुख चुनौतियों में नरम और कठोर शक्ति का लाभ उठाने के लिए सही संतुलन खोजना, एक ध्रुवीकृत वैश्विक वातावरण में राष्ट्रीय हितों का अनुसरण करना और परिणाम-संचालित सुरक्षा नीतियों को क्रियान्वित करना शामिल थे। विश्व स्तर पर भारत को निवेश और रणनीतिक साझेदारी के लिए पसंदीदा गंतव्य बनाने के लिए देश की छवि की ब्रांडिंग करना भी महत्वपूर्ण है।

प्रधानमंत्री मोदी जी के दृष्टिकोण में हितधारकों के साथ परामर्श, विशेषज्ञों की सलाह पर निर्भरता, विस्तार में जाने की एक प्रवृत्ति और राष्ट्रीय सुरक्षा से निपटने वाले संस्थानों की संगठनात्मक संस्कृतियों की विलक्षणता के बारे में जागरूकता शामिल हैं। यह रणनीतिक स्पष्टता और त्वरित निर्णय लेने का कारण बनता है। यह सच्चाई कि, प्रधानमंत्री मोदी जी केंद्र सरकार में सेवा करने में समस्याओं से प्रभावित नहीं हुए, एक नया दृष्टिकोण लेकर आई। उन्होंने दृढ़तापूर्वक कहा कि, राष्ट्रीय सुरक्षा की महत्वपूर्ण रणनीतिक समीक्षा, जैसे कि वार्षिक डी.जी.पी. (पुलिस महानिदेशक) और संयुक्त कमांडरों के सम्मेलन, दिल्ली से बाहर आयोजित किए जाएँ। वह पिछली मिसाल को तोड़ने के लिए, जोखिम लेकर राष्ट्रीय हित में राजनीतिक विचारों से ऊपर उठने के लिए भी तैयार थे। यह पेशेवरों पर छोड़ दिया गया कि, विशिष्ट कार्यों की योजना और निष्पादन का कार्य किसे सौंपना है।

भारत को आंतरिक रूप से सुरक्षित करना

प्रधानमंत्री मोदी जी की सुरक्षा नीति की नींव, इस विश्वास से निकलती है कि, जब भारत आंतरिक रूप से मजबूत होगा, तभी उसको अंतर्राष्ट्रीय स्तर पर गंभीरता से लिया

जाएगा। एक निर्बाध, समन्वित राष्ट्रीय सुरक्षा तंत्र और खुफिया ग्रिड का निर्माण करने के प्रयास किए गए हैं। केंद्रित इंटेलिजेंस-आधारित अभियानों ने, खतरों को रोकने और उन पर अविलंब प्रतिक्रिया देने में मदद की हैं। इसके परिणामस्वरूप जम्मू-कश्मीर से आगे के आंतरिक इलाकों और पंजाब के कुछ क्षेत्रों में कोई बड़ा आतंकवादी हमला नहीं हुआ है। एक ऐसे विश्व में जहां पिछले एक दशक में इस्लामी आतंकवाद का स्तर बढ़ा है, चरमपंथी समूहों द्वारा कई प्रयासों के बावजूद भारत द्वारा आतंकवादी खतरों का प्रभावी मुकाबला, उनके निर्णायक नेतृत्व के लिए एक सम्मान की बात है।

प्रधानमंत्री जी सुरक्षा नीति निर्माण की जटिलताओं को अच्छी तरह से समझते हैं और प्रत्येक समस्या तक कार्यान्वयन योग्य समाधान खोजने के लक्ष्य के साथ पहुंचते हैं। वह निरपवाद रूप से महत्व को बढ़ाते हैं और नवीन विचारों का सुझाव देते हैं, जो कभी-कभी सुरक्षा अधिकारियों को सुखद रूप से आश्चर्यचकित कर देता है। विफलताएं, बाधाएं और प्रासंगिक आश्चर्य उन्हें, कभी विचलित नहीं करते। उन्होंने हमेशा ऐसी संरचनाएँ बनाने की आवश्यकता पर जोर दिया है; जो वास्तविक समय की प्रतिक्रिया और अंतर-एजेंसी तालमेल ला सकें। क्षमता निर्माण और व्यवस्थित सुधारों के माध्यम से आतंकवाद से निपटने वाले विभिन्न हितधारकों को मजबूत किया है।

उल्लेखनीय है कि वर्ष 2004-14 के दशक में, एक हजार लोगों की जान चली गई और तीन हजार घायल हो गए। इसके अलावा, जम्मू और कश्मीर, पूर्वोत्तर और वामपंथी उग्रवाद (एल.डब्लू.ई.) प्रभावित क्षेत्रों के बाहर, 25 बड़े आतंकवादी हमले हुए। जब वह मुख्यमंत्री थे, तब प्रधानमंत्री मोदी जी को गुजरात में आतंकवाद के कहर को देखने का प्रत्यक्ष अनुभव था। आतंकवाद के खिलाफ, एक प्रभावी प्रतिक्रिया की रणनीति बनाने के तरीकों पर लंबी चर्चा के दौरान, उन्होंने हमेशा खेल बदलने वाले विचार और सुझाव दिए; जिससे देश को आतंकवाद का मुकाबला करने में मदद मिली। जम्मू-कश्मीर में सफल आतंकवाद विरोधी अभियानों के अलावा, देश के अन्य हिस्सों से 100 से अधिक आतंकवादियों को पकड़ा गया था, और कुल मिलाकर प्रधानमंत्री मोदी जी के नेतृत्व में देश का भीतरी इलाका, आतंकवाद के भय से मुक्त रहा है।

प्रधानमंत्री मोदी जी के मार्गदर्शन में, जम्मू-कश्मीर के सुरक्षा तंत्र ने राज्य के बुनियादी ढांचे के विकास को सुनिश्चित करने में महत्वपूर्ण भूमिका निभाई है। जम्मू-कश्मीर ने वर्ष 2019-2020 में प्रधानमंत्री ग्राम सड़क योजना (पी.जी.एम.एस. वाई.) के अंतर्गत लगभग 11,400 किलोमीटर की संचयी लंबाई के पूरा होने के साथ उच्चतम सड़क निर्माण गतिविधि हासिल की है। जुलाई 2020 में, सीमावर्ती क्षेत्रों में छः पुलों का उद्‌घाटन किया गया। दोहरे उपयोग वाले बुनियादी ढांचे का निर्माण करके, नागरिक-सैन्य विलय सुनिश्चित किया जा रहा है, जिसमें केन्द्रीय सड़क परिवहन और राजमार्ग मंत्रालय रक्षा मंत्रालय के साथ निकटता से समन्वय कर रहा

है। आपात स्थिति में राजमार्गों के लगभग 29 हिस्सों की विमान रनवे में परिवर्तित करने के लिए पहचान की जा चुकी है। संयुक्त नागरिक-सैन्य उपयोग के लिए 30 सैन्य हवाई क्षेत्र और सात एडवांस लैन्डिंग ग्राउंड्स खोले गए हैं। इससे प्रधानमंत्री जी की 'उड़े देश का आम नागरिक' (यू.डी.ए.एन.) क्षेत्रीय हवाई संपर्क योजना को बढ़ावा मिलेगा। पहली बार बुनियादी ढांचे के विकास के लिए, दीर्घकालिक और समग्र दृष्टिकोण अपनाया जा रहा है।

मित्र देशों के समर्थन से बड़ी संख्या में आतंकवादी मॉड्यूल्स देश के भीतर और बाहर भी निष्प्रभावी हो गए हैं। जमात-उल-मुजाहिदीन (जे.एम.बी.), सिख फॉर जस्टिस (एस.एफ.जे.) और जम्मू-कश्मीर इस्लामिक फ्रन्ट (जे.एल.-जे.-के.) जैसे समूहों पर प्रतिबंध लगा दिया गया है। स्टूडेंट्स इस्लामिक मूवमेंट ऑफ इंडिया (सिमी) और इंडियन मुजाहिदीन (आई.एम.) का पूरा नेटवर्क वस्तुतः टूट गया है। अल कायदा मॉड्यूल की पहचान, राष्ट्रीय खुफिया एजेंसी (एन.आई.ए.) ने शुरुआती दौर में ही कर ली थी और इस तरह उसे जड़ें जमाने नहीं दी गई। भारत की समुद्री सुरक्षा बढ़ाने के लिए तटीय क्षेत्रों में, नई खुफिया चौकियों को मंजूरी दी गई है। सरकार ने वर्ष 1984 के सिख विरोधी दंगों के पीड़ितों के लिए राहत और पुनर्वास प्रदान किया है, जिसने सिखों की आहत भावनाओं को बहुत हद तक शांत किया है।

दक्षिण छत्तीसगढ़ में दंडकारण्य क्षेत्र जैसे गुरुत्वाकर्षण के केंद्रों पर वैचारिक मोर्चे पर समाधान के साथ-साथ, केंद्रित मैदानी अभियानों के माध्यम से एल.डब्लू.ई. के विरुद्ध बहु-आयामी अभियान शुरू किया गया था। केन्द्रीय बलों और राज्य पुलिस के बीच खुफिया-संचालित समन्वय और 'शहरी नक्सलियों' के विरुद्ध कार्रवाई एक साथ आगे बढ़ी है।

पिछड़े जिलों, एल.डब्लू.ई. प्रभावित क्षेत्रों और सीमावर्ती राज्यों में बुनियादी ढांचे का विकास, सुरक्षा और विकास दोनों उद्देश्यों को ध्यान में रखते हुए किया जा रहा है। आकांक्षी जिला विकास कार्यक्रम, जिसमें एल.डब्लू.ई. से प्रभावित कई जिले शामिल हैं, को सफलतापूर्वक क्रियान्वित किया गया है।

संयुक्त सुरक्षा और विकास संबंधी दृष्टिकोण ने वामपंथी उग्रवाद से प्रभावित क्षेत्रों में बेहतर संचार और क्षेत्रीय संपर्क, बिजली, स्वास्थ्य और शिक्षा सुविधाओं को बढ़ावा दिया है। इसके परिणामस्वरूप, वामपंथी उग्रवादी हिंसा और स्थानिक क्षेत्र में उनके प्रभाव में लगातार कमी आई है।

मोदी जी की सरकार ने विद्रोही समूहों से बात करने और पूर्वोत्तर में पारंपरिक समूहों की वास्तविक चिंताओं को दूर करने की इच्छा दिखाई है। इसके परिणामस्वरूप उन्होंने वर्ष 2014 में मेघालय में अचिक राष्ट्रीय स्वयंसेवी परिषद (ए.एन.वी.सी.), वर्ष 2019 में त्रिपुरा में साबिर कुमार देबबर्मा के नेतृत्व वाली त्विपरा की राष्ट्रीय

मुक्ति मोर्चा (एन.एल.एफ.टी.-एस.डी.), वर्ष 2020 में असम के बोडो समूहों, के साथ समझौतों के अनुबंध पर हस्ताक्षर किए और जनवरी 2020 में त्रिपुरा और मिजोरम की राज्य सरकारों के बीच ब्रू / रेयांग मुद्दों का समाधान किया। वर्ष 1958 के सशस्त्र बल विशेष अधिकार अधिनियम (ए.एफ.एस.पी.ए.) को मेघालय से और अरुणाचल प्रदेश के कुछ जिलों से हटा दिया गया है। अगस्त 2015 में नागालैंड की राष्ट्रीय समाजवादी परिषद (इसाक-मुईवाह) के साथ एक रूपरेखा समझौते पर हस्ताक्षर किए गए। केंद्र ने पूर्वोत्तर राज्यों में क्षमता निर्माण उपायों के साथ इन्हें पूरक भी किया है। मार्च 2018 में, 10 अतिरिक्त भारतीय रिजर्व बटालियनों को मंजूरी दी गई थी। सटीक खुफिया जानकारी के आधार पर, वर्ष 2015 में म्यांमार में भारत की सीमाओं के पार आतंकी बुनियादी ढांचे के विरुद्ध आगे बढ़कर कार्यवाई की गई थी, जिसमें हमारे बहादुर सुरक्षा बलों के जवानों में से कोई हताहत नहीं हुआ था। इन कार्यवाइयों के परिणामस्वरूप, विद्रोह कि घटनाओं में, हमारे सुरक्षा बलों में हताहतों की संख्या में और नागरिकों की मौतों में गिरावट आई है।

सुरक्षा कर्मियों - नागरिक और सैन्य - के बलिदानों कि मान्यता देने और उनका मनोबल बढ़ाने के कई लंबित प्रस्तावों को शीघ्रता से मंजूरी दे दी गई है। पुलिस स्मारक की स्थापना, राष्ट्रीय युद्ध स्मारक की स्थापना और एक रैंक एक पेंशन को लागू करने को सर्वोच्च प्राथमिकता दी गई। दिनांक 31 अक्टूबर 2018 को स्टैचू ऑफ यूनिटी का उद्घाटन, प्रतीक है उस महत्व का जो, नेतृत्व द्वारा राष्ट्रीय एकता और भारत की 'विविधता में एकता' को दिया जाता है। सशस्त्र बलों में महिलाओं के लिए स्थाई नियुक्तियाँ, भारतीय वायु सेना के लड़ाकू दल सहित सुरक्षा बालों में अधिक महिलाओं को शामिल करना, और भारतीय सेना के साथ-साथ सैनिक स्कूलों में महिला सैनिकों का नामांकन, ऐसी महत्वपूर्ण पहल हैं; जो प्राकृतिक सुरक्षा प्रबंधन में और लैंगिक भेदभाव के प्रति दृष्टिकोण में बदलाव को व्यापक रूप से समावेशित करती हैं।

राष्ट्रीय हित सर्वोपरि

राष्ट्रीय सुरक्षा के लिए प्रधानमंत्री मोदी जी का दृष्टिकोण, राष्ट्रवादी विचारधारा की एक प्रबल अंतर्धारा और एक मजबूत भारत के निर्माण की, रणनीतिक दीर्घकालिक दूरदृष्टि द्वारा चिन्हित किया जाता है। वह अपनी नवीन सोच को, उच्च लागत सुरक्षा आवश्यकताओं के लिए कम लागत वाले समाधान खोजने में लगाते हैं। मुझे इसकी पहली झलक तब मिली जब, प्रधानमंत्री जी ने पद संभालने से एक सप्ताह पहले मई 2014 में, मुझे एक अनौपचारिक बैठक के लिए बुलाया। मेरे लिए, यह सबसे

अविस्मरणीय अनुभवों में से एक था। मैं, बाधाओं की परवाह किए बिना, उनके दृढ़ विश्वास की ताकत, सोच की स्पष्टता और परिवर्तन लाने के लिए दृढ़ संकल्प, देख सकता था। उन्होंने प्रतिबद्धता और आत्मविश्वास की गहरी भावना जताई। मैंने पाया कि यह विशेषताएं उनके नीतिगत दृष्टिकोण, निर्णय लेने की क्षमता और प्राथमिकता में टाल-मटोल के लिए शून्य सहनशीलता के मिश्रित के साथ, स्वयं को प्रकट करती हैं।

इन विशेषताओं में सबसे प्रमुख प्रधानमंत्री मोदी जी का, राजनीतिक लागतों सहित अन्य सभी चिंताओं को निरस्त करते हुए, राष्ट्रीय हितों को आगे बढ़ाने का जुनून था। वर्ष 2015 की शुरुआत में, उन्हें भारतीय वायु सेना के सामने लड़ाकू विमानों की भारी कमी के बारे में जानकारी दी गई। हर बीतते वर्ष के साथ स्थिति गंभीर होती जा रही थी। वायु सेना जल्द ही लड़ाकू-योग्य विमानों के अपने बेड़े में लगभग 45 प्रतिशत की कमी से ग्रस्त हो जाती। राफेल लड़ाकू विमानों को 11 वर्षों की लंबी प्रक्रिया और पूरी सावधानी बरतने के बाद शामिल करने के लिए चुने जाने के बाद यू.पी.ए. सरकार ने पद छोड़ने से ठीक पहले त्याग दिया था। अप्रैल 2015 में प्रधानमंत्री जी ने, फ्रांस का दौरा किया। उन्होंने मूल प्रस्ताव में उल्लिखित शर्तों की तुलना में अधिक हितकारी शर्तों पर सरकार-से-सरकार समझौते के माध्यम से इस सौदे को पुनर्जीवित किया। अन्य सभी बातों के नजरंदाज करते हुए, उन्होंने एक ऐसा समझौता किया, जो ना केवल हमारे राष्ट्रीय हित के लिए सबसे उपयुक्त था, अपितु इसे रिकार्ड समय में हासिल भी किया।

विदेश नीति में नई दिशा और गति

प्रधानमंत्री मोदी जी ने अंतर्राष्ट्रीय मुद्दों पर अधिक सक्रिय रुख अपनाया है। इसके परिणामस्वरूप एक साहसिक और परिणाम-संचालित विदेश नीति आई है। अपने कार्यकाल की शुरुआत में, उन्होंने सभी मध्य एशियाई देशों का दौरा किया और सऊदी अरब, संयुक्त अरब अमीरात, इजराइल और ओमान सहित पश्चिम एशियाई देशों के साथ सक्रिय रूप से जुड़े। इस्लामिक सहयोग संगठन (ओ.आई.सी.) ने पहली बार भारत के विदेश मंत्री को इसे संबोधित करने के लिए आमंत्रित किया। अपने पहले तीन वर्षों में, उन्होंने 50 देशों का दौरा किया। उनके दृष्टिकोण में एक सामान्य सूत्र था 'भारत पहले', जिससे वह उन भागीदारों के साथ जुड़ सके, जिनके बीच परस्पर प्रतिद्वंद्विता अथवा मतभेद हो सकते हैं। उनके समकक्षों ने भी उनके दृष्टिकोण के प्रति संवेदनशीलता दिखाई। मोदी जी की भरोसा दिलाने की अतुलनीय शक्ति के अलावा, वह उनके दृढ़ विश्वासों और ईमानदार इरादों को लेकर भी आश्वस्त थे।

अंतर्राष्ट्रीय व्यवस्था में, भारत की भूमिका के बारे में उनके व्यक्तिगत विश्वास,

इसकी आध्यात्मिक और सभ्यतागत जड़ें, जो 'एक परिवार के रूप में विश्व' (वसुधैव कुटुंबकम) और 'सभी के लिए खुशी' (सर्वे भवन्तु सुखिन:) की परिकल्पना करती है, को नीति निर्माण में एकीकृत किया गया है। इसमें उन्हें, भारतीय प्रवासियों सहित लोगों का विश्वास जीतने में मदद मिली है। प्रधानमंत्री मोदी जी स्वयं के लिए भी एक कठोर कार्यक्रम का अनुसरण करते हैं। इस निस्वार्थ प्रतिबद्धता ने उन्हें देश-विदेश में पहचान और सम्मान दिलाया है। अंतिम परिणाम यह है कि, लोग उनपर भरोसा करते हैं और उनकी पहल का समर्थन करने को तैयार हैं।

वैश्विक मामलों के प्रति, उनका दृष्टिकोण मजबूत आंतरिक विकास के साथ विदेश नीति को जोड़ने पर आधारित है। उनका मानना है कि, एक सुरक्षित भारत जिसे विश्व में अपनी जगह का भरोसा है, वह अपने साथियों और प्रतिस्पर्धियों से एक मजबूत स्थिति से निपटने में सक्षम होगा। एक महान प्रेरक और शक्तिशाली संचारक, उन्होंने भारतीयों को लगातार बड़ी चीजों की आकांक्षा रखने और उन लक्ष्यों को प्राप्त करने की क्षमता विकसित करने के लिए प्रेरित किया है।

'पड़ोसी पहले' नीति के तहत प्रधानमंत्री मोदी जी के लिए पड़ोसियों तक पहुंचना सर्वोच्च प्राथमिकता थी। भारत के दक्षिण एशियाई पड़ोसियों ने मई 2014 में, एक अभूतपूर्व कार्यक्रम, प्रधानमंत्री मोदी जी के शपथ ग्रहण में भाग लिया। यह एकबारगी, 'हट के सोच' पहल नहीं थी। जब यह स्पष्ट हो गया कि, निहित स्वार्थ दक्षिण एशियाई सर्वसम्मति बनाने के प्रयासों को बाधित कर सकते हैं, तो उन्होंने वर्ष 2016 में गोवा में ब्रिक्स शिखर सम्मेलन के लिए बी.आई.एम.एस.टी.ई.सी. (बिम्सटेक) नेताओं को आमंत्रित करके, एक नई राह निकाली। उन्होंने इस बात पर भी जोर दिया कि, बंगाल की खाड़ी पहल के लिए बहु-क्षेत्रीय तकनीकी और आर्थिक सहयोग (बिम्सटेक) के सदस्य देशों को सुरक्षा क्षेत्र में सहयोग बढ़ाना चाहिए। बिम्सटेक के राष्ट्रीय सुरक्षा सलाहकार (एन.एस.ए.) मंच के सम्मुख बंदरगाह-आधारित विकास, समुद्री सुरक्षा, अंतरिक्ष सुरक्षा, कानून प्रवर्तन सहयोग और जलवायु परिवर्तन में कई पहल को आगे बढ़ाया गया है। बिम्सटेक नौवहन समझौते पर भी प्रगति हुई है।

प्रधानमंत्री के रूप में पदभार ग्रहण करने पर, नरेंद्र मोदी जी ने, भूटान की अपनी पहली आधिकारिक यात्रा की। भारत कई संकटों के दौरान भूटान के साथ मजबूती से खड़ा रहा है, जिसमें कोविड-19 महामारी और चीन के साथ उसका सीमा विवाद शामिल है। वह 17 साल के अंतराल के बाद नेपाल की यात्रा करने वाले पहले भारतीय प्रधानमंत्री हैं। बांग्लादेश के साथ लंबे समय से लंबित भूमि सीमा समझौता, जिसमें परिक्षेत्रों के आदान-प्रदान के कठिन कार्य को शामिल किया गया था, सफलतापूर्वक सम्पन्न हुआ। भारत ने बांग्लादेश के साथ समुद्री सीमा के समाधान पर अंतर्राष्ट्रीय निर्णय का भी सम्मान किया। इसने बांग्लादेश के साथ संबंधों में एक बड़ी

बाधा को हटा दिया और कनेक्टिविटी में सुधार, भूमि, रेल और अन्तर्देशीय जलमार्ग के माध्यम से यातायात में सुधार कि लिए, कई पथ-प्रदर्शक पहल के लिए राह बनाई।

मालदीव और श्रीलंका के साथ संबंधों को एक नया प्रोत्साहन दिया गया। भारत, मालदीव और श्रीलंका के बीच एन.एस.ए.-स्तर पर त्रिपक्षीय समुद्री सुरक्षा पहल का विस्तार किया गया है और - एक उन्नत 'कोलंबो सुरक्षा सम्मेलन' में - तीन और देशों - मॉरीशस, सेशेल्स और बांग्लादेश को शामिल करके, इसका विस्तार किया गया है। यह आतंकवाद, कट्टरपंथ, तस्करी और संगठित अपराध और साइबर सुरक्षा सहित अन्य आम सुरक्षा चुनौतियों को संबोधित करने के लिए समुद्री सुरक्षा के क्षेत्र से परे मामलों में अधिक संपर्क और सहयोग सुनिश्चित करेगा।

पश्चिम एशिया में हमारे दीर्घकालिक हित हैं। यह हमारी ऊर्जा आवश्यकताओं का प्रमुख स्रोत है और भारत की सबसे बड़ी प्रवासियों कि संख्या वहाँ रहती है, जहां से बड़ी मात्रा में प्रेषित धन हमारे देश में आता है। लेकिन प्रधानमंत्री मोदी जी की सोच इससे कहीं आगे निकाल गई। उन्होंने संबंधों को अधिक व्यापक बनाने और निवेश, व्यापार में दोतरफा रास्ता खोलने और रक्षा, खुफिया, साइबर, नवीकरणीय ऊर्जा, कृषि, अंतरिक्ष आदि में सहयोग बढ़ाने के मामले पर जोर दिया। आप पाएंगे कि भारतीय, साथ ही साथ खाड़ी क्षेत्र के उद्योगपति, दोनों दिशाओं में निवेश बढ़ाने के लिए बहुत उत्सुक हैं।

महत्वपूर्ण बात यह है कि, पश्चिम एशिया के साथ भारत के संबंध अपने पैरों पर खड़े हैं, और उनके पास अकेले सुरक्षा मुद्दों से परे देखने की गहराई है। भारत और खाड़ी सहयोग परिषद (जी.सी.सी.) राज्य, दोनों ही देश इस संबंध को केवल पाकिस्तान के नजरिये से नहीं देखते हैं। यह देश नागरिक समाज पर कट्टरता और आतंकवाद के प्रभाव को समझते हैं। उत्कृष्ट खुफिया सहयोग के परिणामस्वरूप, पिछले सात वर्षों में लगभग 150 आतंकवादीयों और कट्टर अपराधियों को 15 देशों से - अधिकतर खाड़ी देशों से - भारत में वापस लाया गया है।

वैश्विक सुरक्षा परिदृश्य में हो रहे निरंतर परिवर्तन और अप्रत्याशितता ने सुरक्षा कमजोरियों को बढ़ा दिया है। भारत संयुक्त रूप से उभरती चुनौतियों का सामना करने के उद्देश्य से, अमेरिका और ब्रिटेन सहित सामरिक भागीदारों के साथ सुरक्षा संबंधों के लिए संपर्क कर रहा है। इक्कीसवीं सदी में सुरक्षा खतरे, पारंपरिक क्षेत्रों से परे जाकर सीमाहीन और व्यापक हो गए हैं। खतरों से निपटा जा सकता है और इसके लिए सभी के सहयोग की आवश्यकता है।

प्रमुख देशों के साथ हमारे सुरक्षा सहयोग का आधार है, उस वैश्विक कॉमन्स को सुरक्षित रखना जिस पर वैश्विक व्यापार चलता है, और ऐसी कार्यवाईयों का विरोध करना है; जो उस अंतर्राष्ट्रीय व्यवस्था को चुनौती देती हैं, जो नियमों पर आधारित

हैं और जो वैश्विक आतंकवाद और कट्टरपंथ का एकतरफा मुकाबला करने के लिए बनाई गई हैं। जलवायु परिवर्तन का प्रभाव, ऊर्जा सुरक्षा, साइबर सुरक्षा, मानव और मादक पदार्थों की तस्करी, अवैध प्रवास, नागरिक परमाणु और अंतरिक्ष क्षेत्रों में सहयोग, ऐसे अन्य क्षेत्र हैं, जो प्रमुखता प्राप्त कर रहे हैं।

साझा वैश्विक मूल्यों और आम चुनौतियों ने इन देशों के साथ रणनीतिक विश्वास बढ़ाया है। हाल के वर्षों में, हमने अमेरिका और ब्रिटेन के साथ सुरक्षा और खुफिया सहयोग बढ़ाया है। पहले की तुलना में, यह देश अब क्रेता-विक्रेता या लेन-देन संबंधी दृष्टिकोण से हट कर, मुख्य प्रौद्योगिकियों और सर्वोत्तम प्रथाओं को साझा करने के अधिक इच्छुक हैं। द्विपक्षीय सैन्य अभ्यासों के दायरे और संख्या को बढ़ाया गया है ताकि पारस्परिकता में सुधार हो। अमेरिका ने भारत को एक प्रमुख गैर-नाटो सहयोगी के रूप में नामित किया है, और प्रमुख प्रौद्योगिकियों के हस्तांतरण को सक्षम करते हुए एस.टी.ए.-। का दर्जा दिया है। कृत्रिम इंटेलिजेंस (ए.आई.), क्वांटम प्रौद्योगिकियों और दुर्लभ पृथ्वी के क्षेत्रों में कई संभावनाएं हैं, जो किसी देश की राष्ट्रीय सुरक्षा और दीर्घकालिक स्थिरता के लिए अपरिहार्य होती जा रही हैं।

प्रधानमंत्री मोदी जी ने रूस के राष्ट्रपति व्लादिमीर पुतिन, अमेरिकी राष्ट्रपति डोनाल्ड ट्रम्प, जापान के प्रधानमंत्री शिंजो आबे, चीन के राष्ट्रपति शी जिनपिंग और सभी प्रमुख शक्तियों के राष्ट्राध्यक्षों / सरकारों जैसे फ्रांस, ऑस्ट्रेलिया, यूरोपीय संघ, इजराइल, पश्चिम एशियाई भागीदारों और ब्रिटेन सहित विश्व नेताओं के साथ व्यक्तिगत समीकरण विकसित करने के प्रयास किए हैं। यह प्रधानमंत्री मोदी जी की शैली की सबसे स्थाई विशेषताओं में से एक रही है, जो हमारे देश के लिए बहुत लाभकारी रही है।

भारत को भी अब पाकिस्तान के साथ जोड़कर नहीं देखा जाता और न ही केवल गुटनिरपेक्षता के नजरिये से देखा जाता है। इसका मतलब यह नहीं है कि हमने अपनी सामरिक स्वायत्तता खो दी है, लेकिन हम अपनी आवश्यकताओं के अनुरूप निपुण कूटनीति में निवेश कर रहे हैं। दो दशक पहले जो स्थिति थी, उसकी तुलना में एक बड़ा बदलाव यह है कि, एक क्षेत्रीय शक्ति के रूप में भारत की क्षमता और इसके प्रायद्वीपीय भूगोल के महत्व को महसूस किया जा रहा है। इसके परिणामस्वरूप, बड़ी शक्तियां बहुत सम्मान के साथ और समान शर्तों पर हमारे पास आ रही हैं।

राजनीतिक इच्छाशक्ति का दावा

प्रधानमंत्री जी का मानना है कि राष्ट्रीय इच्छा, राष्ट्रीय शक्ति का सबसे आवश्यक तत्व है। विरोधी ताकतों से खुद को बचाने का राष्ट्र का संकल्प राष्ट्रीय सुरक्षा का सबसे महत्वपूर्ण पहलू है। इसके बिना, तकनीकी और सैन्य शक्ति रखने का नगण्य

वास्तविक महत्व है। साथ ही, वह इस बात पर जोर देते हैं कि, सुरक्षा एजेंसियों को अंतर्राष्ट्रीय कानून के दायरे में काम करना चाहिए क्योंकि भारत एक जिम्मेदार राष्ट्र है और एक उभरती हुई शक्ति है। तदनुसार, प्रधानमंत्री जी की कई पहल ने उनके मूल विश्वासों से समझौता किए बिना, शब्दों से नहीं, बल्कि कार्यों द्वारा उनके इरादे का संकेत दिया है।

कुशल और निर्णायक पाकिस्तान नीति

राजनीतिक इच्छाशक्ति की सबसे महत्वपूर्ण अभिव्यक्ति सीमा पार आतंकवाद से निपटने में रही है। शांतिपूर्ण तरीके से पाकिस्तान के साथ जुड़ने के लिए वातावरण बनाने के प्रधानमंत्री जी के सर्वोत्तम प्रयासों के बावजूद, भारत ने देखा कि पाकिस्तान ने योजना बनाकर पठानकोट (जनवरी 2016), उरी (सितंबर 2016) और पुलवामा (फरवरी 2019) में आतंकवादी हमलों हो अंजाम दिया। भारत ने इस तरह की घटनाओं से निपटने के लिए, अपने दृष्टिकोण को धीरे-धीरे और सुनियोजित तरीके से विस्तृत किया है।

जनवरी 2016 की शुरुआत में पठानकोट में हुए हमले पर भारत की प्रतिक्रिया के बारे में बहुत कुछ लिखा गया है। यह हमला वर्ष 2015 में जब प्रधानमंत्री मोदी जी क्रिसमस के दिन पाकिस्तान के तत्कालीन प्रधानमंत्री नवाज शरीफ की बेटी के निकाह में शामिल हुए थे तो, उसके तुरंत बाद हुआ था। भारतीय एजेंसियां हमलावरों की गतिविधि का पता लगाने के लिए ऑपरेशनल एडवांस इंटेलिजेंस विकसित करने में सक्षम थीं। इसने सुरक्षा एजेंसियों को हमले से पहले पठानकोट हवाई अड्डे के भीतर सेना और केन्द्रीय पुलिस संगठनों दोनों से वरिष्ठ सैन्य कमांडरों को तैनात करने, आतंकवाद विरोधी और बंधक विरोधी बलों को गतिमान करने का अवसर प्रदान किया। हालांकि, आतंकवादियों के साथ मुठभेड़ में भारत ने कुछ सुरक्षा कर्मियों को खोया, लेकिन एक बड़े आतंकवादी हमले का मुकाबला किया गया और चार आत्मघाती आतंकवादियों को पकड़ लिया गया था।

एक नई दिशा दी गई थी - जब तक भारत सीमापार आतंकवाद से लड़ने में होने वाले खर्च को नहीं बढ़ाता, पाकिस्तान इस विश्वास के साथ यह नापाक गतिविधियां करता रहेगा भारत परमाणु हथियारों की उपस्थिति के बारे में सोचकर मामले को ज्यादा आगे नहीं बढ़ाएगा। उरी (वर्ष 2016) और पुलवामा (वर्ष 2019) हमलों के लिए पाकिस्तान के कब्जे वाले जम्मू और कश्मीर और पाकिस्तान के भीतर आतंकवादी बुनियादी ढांचे के विरुद्ध हमलों द्वारा भारत की प्रतिक्रिया यह सुनिश्चित करने के लिए शीर्ष नेतृत्व की राजनीतिक इच्छाशक्ति का एक दावा था कि, सीमा पार आतंकवाद अब बिना प्रतिक्रिया के नहीं होगा। लक्ष्य चुने गए, कार्यप्रणाली अपनाई

गई और इन अभियानों के संघर्ष के बाद के प्रबंधन ने उप-परंपरागत खतरों के प्रति भारत की एक नई सामान्य प्रतिक्रिया का संकेत दिया है।

प्रधानमंत्री जी जब गुजरात के मुख्यमंत्री थे, तब से सीमा पार आतंकवाद से निपटने के लिए प्रतिक्रिया में बदलाव का समर्थन करते आ रहे हैं। भारत को अपने प्रमुख शहरों में बम विस्फोटों की असंख्य घटनाओं और यहां तक कि 26/11 की ऐतिहासिक घटना पर प्रतिक्रिया न करने के कारण, 'सॉफ्ट स्टेट' का नाम दिया गया। उरी के बाद अपनी तरह के पहले अभियान ने भारत की वैश्विक प्रतिष्ठा को बढ़ाया। इसने विरोधी के मन में दहशत पैदा कर दी और आतंकवादी प्रशिक्षण तथा अधिक हमलों की योजना को अस्थाई रूप से बाधित कर दिया। आतंकवाद को आर्थिक संरक्षण देने वालों पर प्रत्यक्ष लागत लगाते हुए सीमाओं पर भी अपने सैनिकों को स्थानीय परिस्थितियों से निपटने के लिए स्वतंत्रता दी गई।

उरी 2016 की प्रतिक्रिया में, कुछ पहलू सामने आते हैं। एक, यह एक साथ चार अलग-अलग स्थानों पर कई स्ट्राइक दलों द्वारा किया गया हमला था, जो एक विशाल भौगोलिक सीमा में फैला हुआ था। दो, यह प्रधानमंत्री जी का राजनीतिक आह्वान था, जिसका अर्थ था कि वह ना केवल सफलता की, अपितु असफलता की भी जिम्मेदारी ले रहे थे। यह उच्चतम स्तर पर जोखिम लेने का प्रदर्शन था - बहुत कम लोगों द्वारा दिखाया गया एक गुण। तीन, यह नई योजना थी, जिसमें इसने 'हर जगह दुश्मन' सिन्ड्रोम द्वारा अराजकता और घबराहट का माहौल बनाकर भ्रम पैदा किया। तत्कालीन पाकिस्तानी सेना प्रमुखों ने अपने ग्राउन्ड फॉर्मेशंस को इस बात पर फटकार लगाई कि, एक बड़ी संख्या में सीमा पर तैनात सैन्यदल के बावजूद वह, उस विशाल मोर्चे पर एक भी स्ट्राइक दल को रोकने में सफल नहीं हुए।

जब वर्ष 2019 में हुए पुलवामा हमले की प्रतिक्रिया की बात आती है, तो बालाकोट जवाबी हमले का एक प्रमुख पहलू यह था कि, यह भारत द्वारा किए गए अन्य आतंकवाद-विरोधी जवाबी हमले से बहुत अलग था। हम जमीनी स्तर पर आतंकी हमलों का जवाब देते रहे हैं। यह पहली बार था कि, एक हवाई हमले की कल्पना की गई और इसे कुशलता से लागू किया गया, इसके चलते पाकिस्तान का परमाणु ब्लैकमेल का मिथक भी समाप्त कर दिया गया। सही भी है, यदि विरोधी हमारे मूल हितों को चोट पहुंचाता है, उसके कारण हताहतों की संख्या अधिक होती है, तो जवाबी कार्यवाही हो सकती है, और होगी। डोमेन और स्तर बाधा पैदा नहीं कर सकेंगे। ऐसा कहा गया कि, उरी के बाद किए गए हमले भिन्न थे, और यह कि बालाकोट, उरी के बाद के हमलों से भी भिन्न था। हो सकता है कि कल होने वाले हमले, इन सब हमलों से भी भिन्न हों। यह प्रधानमंत्री जी की सोच और दिशा की शैली के मूल पर निर्भर करता है।

यह सब पाकिस्तान के प्रति एक बदले हुए दृष्टिकोण को दर्शाता है। इन अभियानों को इसीलिए बनाया गया था कि, पाकिस्तान को एक प्रामाणिक संदेश मिले कि भारत पाकिस्तान का मुकाबला करने के लिए खर्च को बढ़ाने के लिए पारंपरिक और उप-पारंपरिक विकल्पों का किसी भी स्तर तक उत्पन्न और प्रयोग कर सकता है। उरी 2016 और पुलवामा 2019 के जवाबों में नई तकनीकों और नवीन पद्धतियों को शामिल किया गया। यह परमाणु परिवेश में भारत के लिए वह विकल्प बने, जिसके माध्यम से वह दंडात्मक कार्यवाई कर सकता है। सभी खंडों में सभी स्तरों पर निरंतर सीख मिल रही थी। जहां भी आवश्यकता महसूस हुई, सुधार लागू किए गए। राजनीतिक नेतृत्व ने, यद्यपि धीरे धीरे और संयमित तरीके से, दक्षता के साथ बल प्रयोग के लिए सकारात्मक मंशा दिखाई। मुख्यतः, आतंकी ढांचे को निशाना बनाया गया। निर्दोष नागरिकों को दुर्घटनावश कोई क्षति नहीं हुई। भारत में कोई हताहत नहीं हुआ। एक स्पष्ट संदेश भेजा गया था, कि अहितकर कार्यों पर जवाबी कार्यवाई की जाएगी।

उसी समय, वित्तीय कार्यवाई कार्य दल (एफ.ए.टी.एफ.) और संयुक्त राष्ट्र सुरक्षा परिषद (यू.एन.एस.सी.) में केंद्रित प्रयास किए गए। एफ.ए.टी.एफ. ने जून 2018 में पाकिस्तान को ग्रे सूची में रखा और उसे धन शोधन और आतंकवादी वित्तपोषण पर अंकुश लगाने के लिए 27-सूत्रीय कार्य योजना को लागू करने का आग्रह किया। पाकिस्तान शर्मिंदगी के साथ, आज तक ग्रे सूची में बना हुआ है।

पाकिस्तान को यह आकलन करना है कि, आतंकवाद को अपनी राज्य नीति के रूप में लागू करने का प्रभाव उसकी अर्थव्यवस्था और अंतर्राष्ट्रीय प्रतिष्ठा पर कितना दुर्बल बना रहा है।

सुसंगत और स्पष्ट चीन नीति

वास्तविक नियंत्रण रेखा (एल.ए.सी.) पर यथास्थिति को चुनौती देने के एकतरफा प्रयासों से निपटने के लिए, भारत के दृष्टिकोण में भी प्रधानमंत्री मोदी जी के नेतृत्व में बदलाव देखा गया है। भारत ने अपने कार्यों और राजनीतिक मंशा से यह बता दिया है कि, यथास्थिति को बदलने की अनुमति नहीं दी जाएगी। धीरे-धीरे पूरे विस्तार के साथ प्रतिक्रिया को जांचा-परखा गया है। भारत ने साफ कर दिया है कि वह सीमा मुद्दे पर अडिग रहने को तैयार है।

प्रधानमंत्री मोदी जी की यह खास प्रतिष्ठा है कि, वह जटिल समस्याओं को एक गैर-पारंपरिक सहूलियत की दृष्टि से देखते हैं और लीक से हट कर समाधान प्रस्तुत करते हैं। यह विशेष रूप से उनके सुरक्षा मामलों को संभालने में सबसे अधिक स्पष्ट था। औपचारिक रूप से सोचते हुए, जब उन्हें विश्वास हो जाता है कि यह

देश के बचाव और सुरक्षा के लिए आवश्यक है, वह सोच समझ कर जोखिम उठाते हैं। साथ ही, जब कोई स्थिति जटिल हो जाती है, तो वह खुद को सामने रखते हैं और अकसर आश्चर्यजनक परिणाम होते हैं।

अपने पहले कार्यकाल के दौरान प्रधानमंत्री जी कि लिए एक परीक्षा बहुत पहले आई थी। चूमर में दिनांक 16 सितंबर 2014 को एक 16 दिन का गतिरोध आरंभ हुआ, जब एल.ए.सी. के भारतीय पक्ष में चीनी पी.एल.ए. (पीपल्स लिबेरेशन आर्मी) द्वारा सड़क विस्तार गतिविधियों को त्वरित समय में 1500 भारतीय सैनिकों को एकत्र कर अवरुद्ध किया गया।

गतिरोध के दौरान, प्रधानमंत्री जी ने उस महीने राष्ट्रपति शी जिनपिंग की भारत यात्रा के अवसर का लाभ उठाया। अहमदाबाद में राष्ट्रपति शी के साथ एक अनौपचारिक बातचीत के दौरान, वह उन्हें बिना शर्त और चीनी सैनिकों की तत्काल वापसी सुनिश्चित करने की आवश्यकता के बारे में समझाने में सफल हुए। वह केवल पारंपरिक राजनयिक या सेना से सेना के संबंधों पर निर्भर नहीं थे। ऐसे समय में जब चीनी राष्ट्रपति भारत में थे, भारतीय प्रतिक्रिया ने राष्ट्रीय महत्व के मुद्दों पर दृढ़ रहने के प्रधानमंत्री जी के राजनीतिक संकल्प को उजागर किया। वर्ष 2015 में, पूर्वी लद्दाख, अरुणाचल प्रदेश और सिक्किम में भारत की प्रतिक्रियाएं समान रूप से दृढ़ थीं।

जून 2017 में, सिक्किम से सटे भारत-भूटान-चीन तिराहे के पास, डोकलाम पठार के माध्यम से सड़क बनाने के लिए पी.एल.ए. द्वारा किए गए प्रयासों के कारण, भारत को एक अलग चुनौती का सामना करना पड़ा। गतिरोध 73 दिनों तक चला।

शीर्ष स्तर पर त्वरित निर्णय लेने से सामरिक स्तर पर समय पर और प्रभावी प्रक्रिया को सक्षम बनाया गया - एक ऐसे क्षेत्र के प्रतिकूल कब्जे को रोकने के लिए जो, हमारी चिंताओं के प्रति संवेदनशील और महत्वपूर्ण है। इसीलिए, जब हमारे महत्वपूर्ण राष्ट्रीय हितों की रक्षा करने की बात आती है, तो प्रधानमंत्री जी सैन्य शक्ति को तेजी से नियोजित करने में संकोच नहीं करते। वास्तव में, डोकलाम के बाद चीनी राज्य मीडिया और अन्य स्रोतों में भाषण अपमानजनक और चरम सीमा तक डराने वाला था। इसमें उल्लेख किया गया है कि चीन 'प्रधानमंत्री मोदी जी द्वारा गढ़े गए, भारतीय मानस के क्रांतिकारी परिवर्तन' को समझने में विफल रहा है (हेमंत अदलखा, द डिप्लोमैट, मुंबई, 11 जनवरी 2018)। चीन में राय बनाने वाले अमेरिका के बाद (जापान के स्थान पर) भारत को चीन के लिए दूसरा बड़ा खतरा होने की ओर इशारा कर रहे थे।

हालांकि, भारत ने गतिरोध के दौरान और संघर्ष के बाद की बातचीत में संकल्प दिखाया। अन्य सभी विकल्प समाप्त हो जाने के बाद, प्रधानमंत्री मोदी जी ने व्यक्तिगत रूप से चीनी राष्ट्रपति शी के साथ इस मुद्दे को उठाया। जर्मनी में अनौपचारिक बैठक

के लिए जी-20 बैठक से मौके पर प्रधानमंत्री मोदी जी जब राष्ट्रपति शी के पास चल कर गए तो, उन्होंने राजनीतिज्ञता का परिचय दिया। मैं दोनों नेताओं के बीच उस प्रभावशाली बातचीत का प्रत्यक्षदर्शी था, जब उन्होंने बिना कोई देरी किए समाधान खोजने पर सहमति व्यक्त की। आखिरकार, कई दौर की बातचीत के बाद, गतिरोध को सुलझा लिया गया। प्रधानमंत्री जी की सीधी कार्यवाही के बिना यह संभव नहीं होता। दोनों देश दिनांक 16 जून 2017 से पहले के मोर्चों पर परस्पर वापसी पर सहमत हुए। ऐसे कई प्रसंग हैं जो, समाधान के लिए नवीन तरीकों को संबोधित करते हुए, जटिल समस्याओं के प्रति प्रधानमंत्री जी के अग्र दृष्टिकोण को उजागर करते हैं।

पूर्वी लद्दाख प्रधानमंत्री जी के नेतृत्व का एक और उदाहरण था। सभी मौजूदा सीमा प्रबंधन समझौतों के विपरीत, विरोधी ताकतों ने महामारी की आड़ में हमारे कुछ प्रमुख हितों को चुनौती देने का प्रयास किया, जिससे निपटने के लिए संतुलित बल की आवश्यकता थी। बिना कोई देरी किए शीर्ष स्तर से उस बल प्रयोग की मंजूरी दी गई थी। इसने सुनियोजित रूप से न्यूनतम स्तर पर कार्यवाई करने का स्वतंत्र अधिकार दिया। नेतृत्व और सैनिकों के इरादों से साफ था कि, वह एकतरफा कारवाई का मुकाबला कर सकते हैं। इसलिए, इस संकट के समय जब, हमने, अन्य विकल्पों के होते हुए भी, एक अलग तरीके से इसका जवाब दिया। देश के महत्वपूर्ण और प्रमुख हित दांव पर लगे तो, कुछ विकल्पों का प्रयोग किया गया और कुछ विकल्पों का प्रयोग किया जाएगा। पूछने लायक सवाल यह है: क्या हमलावर हम पर अपनी इच्छा थोपने में सक्षम था? यदि उत्तर स्पष्ट रूप से 'नहीं' है, तो उसकी हरकतें शंकास्पद हैं।

भारत ने यू.एन.एस.सी. की 1267 प्रतिबंध समिति सूची में मसूद अजहर को आतंकवादी के रूप में सूचिबद्ध करने के लिए चीन के साथ केंद्रित प्रयास भी किए। भारत ने प्रक्रियात्मक और तकनीकी कमियों के आधार पर सूचीकरण को 'रोकने' अथवा 'अवरुद्ध' करने के चीन के कार्यों के बारे में स्पष्ट रूप से उसको अपनी निराशा व्यक्त की। भारत ने चीन को सीधे तौर पर द्विपक्षीय संबंधों पर, उसकी निरंतर अस्पष्टता के संभावित प्रभाव से अवगत कराया। द्विपक्षीय शिखर सम्मेलनों और बहुपक्षीय कार्यक्रमों में इस विषय को उठाने की भारत की इच्छा ने एक अतिरिक्त दबाव बिन्दु के रूप में काम किया। पी-5 सदस्यों और अन्य अंतर्राष्ट्रीय भागीदारों के सहयोग ने भारत की सहायता की। मई 2019 में, मसूद अजहर को सूचीबद्ध करने के लिए भारत का दशक लंबा प्रयास सफलतापूर्वक समाप्त हुआ।

जब बेल्ट और सड़क पहल / एक बेल्ट एक सड़क (बी.आर.आई./ओ.बी.ओ.आर.) की बात आती है, तब तक भारत इसका विरोध नहीं करता है, जब तक यह पाकिस्तान के कब्जे वाले कश्मीर और गिलगित-बाल्टिस्तान पर भारत की राष्ट्रीय

संप्रभुता के साथ टकराव नहीं करता है। यह इस मूलभूत कारण की वजह से था कि भारत ने वर्ष 2017 में पहले बी.आर.आई. सम्मेलन में भाग नहीं लिया था। भारत ने भी, अपने पड़ोस और उसके आगे बुनियादी ढांचा और संपर्क परियोजनाएं शुरू की हैं। हमारी परियोजनाओं के प्रमुख पहलू हैं विश्वास, पारदर्शिता, पर्यावरण संरक्षण, ऋण-जाल कूटनीति न होना और स्थानीय भावनाओं तथा स्वामित्व को प्रधानता - जैसे कि तीसरे देशों में किसी भी बुनियादी ढांचा विकास परियोजना के साथ होना चाहिए।

प्रतिरोध पर नए मोर्चे

प्रधानमंत्री मोदी जी की निगरानी में भारत द्वारा की गई कई अन्य पहल ने प्रतिरोध को मजबूत किया है। आई.एन.एस. अरिहंत के दिनांक 5 नवंबर 2018 को सफल प्रथम प्रतिरोध गश्त के अवसर पर अपने सम्बोधन में प्रधानमंत्री जी ने इस बात पर जोर दिया कि 'शांति हमारी ताकत है, कमजोरी नहीं'। उन्होंने भारत के परमाणु कार्यक्रम और परमाणु त्रय को विश्व शांति और स्थिरता को आगे बढ़ाने के भारत के प्रयासों के संदर्भ में देखा।

प्रधानमंत्री मोदी जी के दृष्टिकोण की एक और उल्लेखनीय विशेषता रही है; उनके निर्णय लेने के एक बहुत ही समग्र और व्यापक दृष्टिकोण को अपनाना। सुरक्षा संबंधी नीतियों और निर्णयों का अंतर्राष्ट्रीय संबंधों, घरेलू नीति, अर्थव्यवस्था, अधिग्रहण और प्रौद्योगिकी पर असर पड़ता है। जब भी सुरक्षा संबंधी किसी भी मुद्दे से निपटते हैं, तो प्रधानमंत्री जी, एक प्रतिक्रिया के रूप में, अन्य क्षेत्रों में पड़ने वाले इसके प्रभाव पर अपने विचार लेकर आते हैं। वर्ष 2017 की शुरुआत में, प्रधानमंत्री जी को इस बात की जानकारी दी गई थी कि, कैसे अंतरिक्ष भविष्य के विवादों का एक नया मोर्चा बन रहा है, और इस महत्वपूर्ण मुद्दे पर भारत की संवेदनशीलता के बारे में भी जानकारी दी गई थी। उन्हें, अंतरिक्ष में किसी लक्ष्य पर निशान लगाकर अपनी क्षमता के प्रदर्शन द्वारा, भारत को एक अंतरिक्ष शक्ति के विशिष्ट क्लब में प्रवेश करने की आवश्यकता के बारे में भी बताया गया था। समय बहुत कम था - जैसा पूर्व में था - और उन शक्तियों द्वारा अंतर्राष्ट्रीय प्रतिबंध लगाए जाने की संभावना हमेशा बनी रहती थी, जिनके पास पहले से ही यह क्षमता है।

किसी भी निर्णय पर पहुँचने से पहले, प्रधानमंत्री जी ने सूक्ष्मतम विवरणों में इसके कई निहितार्थों को ध्यानपूर्वक देखा - जैसे कि इसके आंतरिक परिणाम, अंतरिक्ष मलबे पर संभावित विवाद, उच्च गोपनीयता बनाए रखने की आवश्यकता और हमारे रक्षा अनुसंधान परियोजनाओं जैसे विदेशी सहयोग अथवा अतिरिक्त कलपुर्जों की आपूर्ति आदि पर प्रभाव। उन्होंने अद्भुत धैर्य और ध्यान के साथ तीन लंबी बैठकें कीं। अंत

में उन्होंने, महत्वपूर्ण निर्णय लिया और मुझे आगे बढ़ने के लिए कहा। प्रधानमंत्री जी ने अंतर्राष्ट्रीय प्रतिक्रियाओं से निपटने, उच्च गोपनीयता बनाए रखने और परीक्षण के लिए घरेलू स्तर पर उपलब्ध सामग्री और प्रौद्योगिकी पर भरोसा करने के संबंध में कई विशिष्ट निर्देश दिए। दिनांक 27 मार्च 2019 को, रक्षा अनुसंधान और विकास संगठन (डी.आर.डी.ओ.) ने उल्लेखनीय सटीकता के साथ एक लक्ष्य को भेदकर सफलतापूर्वक उपग्रह रोधी (ए.एस.ए.टी.) परीक्षण किया। इसके साथ ही भारत एक मान्यता प्राप्त अंतरिक्ष शक्ति बन गया। प्रधानमंत्री मोदी जी ने विश्व को आश्वासन दिया कि भारत का सफल ए.एस.ए.टी. मिसाइल परीक्षण, किसी के विरुद्ध निर्देशित नहीं था। यह इस बात का प्रदर्शन था कि इस क्षेत्र में शांति और सुरक्षा का वातावरण बनाने के लिए आधुनिक तकनीक का इस्तेमाल कैसे किया जा सकता है।

भारतीय नौसेना अब अभियान-आधारित तैनाती करती है, जिससे हिन्द महासागर क्षेत्र की परिधि पर रणनीतिक स्थानों और नाकाबंदी वाले स्थानों पर निरंतर उपस्थिति सुनिश्चित होती है। इसने भारतीय नौसेना को आपदाओं और महामारी जैसी विशेष आपात स्थितियों सहित उभरती परिस्थितियों के लिए एक लचीली प्रतिक्रिया करने की अनुमति दी है। यह जितना राजनीतिक मंशा के बारे में कहते थे, उतना ही क्षमता के विकास के बारे में भी कहते थे।

अंतिम मील तक वितरण पर फोकस

प्रधानमंत्री मोदी जी न केवल मूल सोच में, अपितु उसके क्रियान्वयन को सुनिश्चित करने के लिए, सूक्ष्मतम विवरणों की कर्मठ योजना में भी उत्कृष्टता प्राप्त करते हैं। उनका मानना है कि एक विस्तृत योजना बनाना और उसका क्रियान्वयन जितना सरल लगता है उतना ही जटिल होता है और मुश्किलें खड़ी कर सकता है।

मई 2015 में, उन्हें हमारी उत्तरी सीमाओं के साथ बुनियादी ढांचे की स्थिति के बारे में विस्तृत जानकारी दी गई - सड़कों, सुरंगों और अन्य सुविधाओं की भारी अपर्याप्तता पर तत्काल ध्यान देने की आवश्यकता है। उन्हें चीन द्वारा अपनी तरफ बुनियादी ढांचे के विकास में बड़े पैमाने पर की गई प्रगति के बारे में भी बताया गया। वह इस अभाव के रणनीतिक महत्व को जल्द ही समझ गए और उसके बाद, जिस दृढ़ निश्चय के साथ इसका पालन किया, वह किसी अन्य प्रधानमंत्री ने प्रदर्शित नहीं की होगी। वित्त मंत्री के साथ उनके व्यक्तिगत हस्तक्षेप के माध्यम से अतिरिक्त धनराशि स्वीकृत की गई। उन्होंने विशेष रूप से सुरंगों के निर्माण में समस्याओं और जटिलताओं को समझने के लिए एक अत्यधिक तकनीकी प्रकृति के साथ-साथ छोटे से छोटे विवरण के बारे में भी जाना। वर्ष 2014 में एन.डी.ए. सरकार के सत्ता में

आने की तुलना में आज सीमा का बुनियादी ढांचा कई गुणा अधिक मजबूत है। इस सबके बावजूद, प्रधानमंत्री जी की व्यक्तिगत रूप से इसमें शामिल हुए बिना सीमा सड़क संगठन (बी.आर.ओ.) द्वारा किए गए यह उत्कृष्ट काम होना संभव नहीं था। इसी प्रकार, रूसियों के साथ समझौते से लेकर अमेठी में एक संस्थापना की स्थापित करने तक, भारत में 100 प्रतिशत प्रौद्योगिकी हस्तांतरण और बिना किसी रॉयल्टी क्लॉज के ए.के.-203 असॉल्ट राइफलों के स्वदेशी उत्पादन की प्रगति बिना प्रधानमंत्री जी की निरंतर निगरानी के संभव नहीं था।

परिवर्तन लाना

राष्ट्र के लिए उनके दृष्टिकोण को समझे बिना, प्रधानमंत्री मोदी जी की सुरक्षा नीतियों को समझना मुश्किल है। उनके पास सामाजिक जागरूकता और भारत के भविष्य की दीर्घकालिक रणनीतिक दृष्टि है, जो एक मजबूत राष्ट्रवादी अंदाज में वैचारिक रूप से तैयार और पोषित की गई है। उनका मानना है कि, एक मजबूत अर्थव्यवस्था, परिवर्तित मानव पूंजी, तकनीकी उत्कृष्टता और शक्तिशाली राष्ट्रीय चेतना भारत की सुरक्षा की गारंटी है। उन्होंने हाल ही में साथी भारतीयों को अगले 25 वर्षों को 'अमृत काल' के रूप में देखने का आह्वान किया है और 100वें स्वतंत्रता दिवस तक वांछित परिवर्तन प्राप्त करने के लिए सामूहिक प्रयासों (सबका प्रयास) की आवश्यकता पर प्रकाश डाला। इस लक्ष्य को प्राप्त करने कि लिए कई परिवर्तनकारी पहल शुरू की गई हैं।

प्रगति और शांति को आगे बढ़ाना

प्रधानमंत्री मोदी जी की सबसे महत्वपूर्ण परिवर्तनकारी पहल में से एक दिनांक 5 अगस्त 2019 को राष्ट्रपति का आदेश के माध्यम से भारत के संविधान की 395 धाराओं में से एकमात्र अस्थाई धारा, अनुच्छेद 370 में संशोधन कर लिया गया था। इसने यह सुनिश्चित किया कि, जम्मू-कश्मीर पर भारत के संविधान के सभी प्रावधान लागू होंगे। दिनांक 5 अगस्त 2019 को पारित राष्ट्रपति के आदेश ने वर्ष 1954 में पारित राष्ट्रपति के आदेश का स्थान लिया, जिसके आधार पर अनुच्छेद 35ए बनाया गया था। यह जम्मू-कश्मीर की अखंडता को सुनिश्चित करने के लिए, लोगों के बीच अलेगाव, भेदभाव और अलगाववादी मानसिकता के प्रमुख कारकों को संबोधित करने के लिए एक महत्वपूर्ण कदम था। लद्दाख को केंद्र शासित प्रदेश का दर्जा भी दिया गया, जो क्षेत्र के लोगों की लंबे समय से मांग थी। इसके बाद जम्मू-कश्मीर में जमीनी स्तर पर लोकतंत्र को मजबूत किया गया है। पहली बार जिला विकास

परिषद के चुनाव नवंबर - दिसंबर 2020 के दौरान हुए थे। इससे पहले, दिनांक 24 अक्टूबर 2019 को प्रखण्ड विकास परिषद के चुनाव हुए थे।

सामाजिक सद्भाव और समावेशी विकास सुनिश्चित करने के लिए कई कदम उठाए गए हैं। उच्चतम न्यायालय के राम जन्मभूमि पर ऐतिहासिक निर्णय के बाद कोई प्रतिकूल घटना नहीं हुई। मुस्लिम महिला (विवाह पर अधिकारों का संरक्षण) अधिनियम, 2019, जिसने तीन तलाक और इसी तरह के अन्य रूपों को अवैध बना दिया, ने मुस्लिम महिलाओं को बहुत सांत्वना प्रदान की। इसके अलावा गैर-आरक्षित श्रेणी के आर्थिक रूप से पिछड़े वर्गों के लिए 10 प्रतिशत आरक्षण की शुरुआत की गई है। 14वें वित्त आयोग ने केन्द्रीय करों के हस्तांतरण में राज्यों की हिस्सेदारी बढ़ाने के लिए महत्वपूर्ण सिफारिशें की हैं। यह सभी वह बदलाव हैं, जिन पर प्रधानमंत्री जी की मुहर है, जिनके पास भारत के भविष्य के लिए एक दृष्टिकोण है।

आत्मनिर्भर भारत के लिए रक्षा क्षेत्र में सुधार

भविष्य की चुनौतियों से निपटने के लिए राष्ट्रीय सुरक्षा परिषद सचिवालय (एन.एस. सी.एस.) का पुनर्गठन किया गया है। इसकी भूमिकाओं और कार्यों को 'व्यावसायिक आवंटन' नियमों में संस्थागत रूप दिया गया है। विज्ञान और प्रौद्योगिकी, नवाचार और समुद्री सुरक्षा, आर्थिक सुरक्षा, जलवायु परिवर्तन और मौसम युद्ध तंत्र सहित गैर-पारंपरिक सुरक्षा में हुए परिवर्तनों पर विशेष ध्यान दिया गया है। एन.एस.सी.एस. में बाहरी, आंतरिक, खुफिया, साइबर और सैन्य कार्यक्षेत्रों से संबंधित मौजूदा संरचनाओं को और मजबूत किया गया है। एन.एस.सी.एस. और नीति आयोग के बीच घनिष्ठ समन्वय यह सुनिश्चित करेगा कि प्रधानमंत्री जी की सुरक्षा और विकास पहल को समन्वित तरीके से लागू किया जाए। रक्षा सुधार, प्रधानमंत्री जी के परिवर्तन एजेंडे में शीर्ष पर है। सैन्य मामलों के विभाग (डी.एम.ए.) के साथ रक्षा प्रमुख (सी.डी.एस.) के पद के निर्माण से रक्षा योजना को एकीकृत करने, संयुक्त अभियान चलाने और सशक्त बलों के बीच संसाधनों की परस्पर प्राथमिकता की सुविधा में मदद मिलेगी। साइबर, अंतरिक्ष और विशेष अभियानों के कार्यक्षेत्र में संयुक्त संरचनाएं सीधे सी.डी.एस. के तहत कार्य करती हैं।

दूसरा महत्वपूर्ण आयाम, जो प्रधानमंत्री जी ने पेश किया, वह था सशस्त्र बलों में एकीकरण और एक साथ होने का सिद्धांत। उन्होंने महसूस किया कि, इससे यह पूरी तरह से अनुकूल हो जाएगा, और प्रत्येक युद्ध क्षेत्र अपने सैन्य उद्देश्यों को प्राप्त करने के लिए कुल मिलाकर आत्मनिर्भर होगा। रक्षा साइबर एजेंसी, रक्षा अंतरिक्ष एजेंसी और सशस्त्र बल विशेष संचालन विभाग का निर्माण भविष्य की चुनौतियों को ध्यान

में रखते हुए उठाए गए कुछ अन्य कदम थे।

रक्षा अधिग्रहण की कार्यप्रणालियों और प्रक्रियाओं को सरल बनाने के उपाय शुरु करके, निजी क्षेत्र और रक्षा उत्पादन में स्टार्ट-अप को प्रोत्साहित करके, सह-उत्पादन पर जोर देकर, परियोजना की समय-सीमा में कटौती करके, स्थानीय क्षमताओं को बढ़ाकर तथा रक्षा में स्वचालित मार्ग के माध्यम से अधिक प्रत्यक्ष विदेशी निवेश (एफ.डी.आई.) की अनुमति देकर, प्रधानमंत्री मोदी जी ने वर्ष 2014 में ही रक्षा सुधारों की प्रक्रिया आरंभ कर दी थी।

प्रधानमंत्री मोदी जी के आत्मनिर्भर भारत के दृष्टिकोण के अनुरूप, आत्मनिर्भरता सुनिश्चित करने और मेक इन इंडिया को बढ़ावा देने के लिए कई स्वदेशी परियोजनाओं में तेजी लाई गई है। दिनांक 4 अगस्त 2021 को आई.ए.सी.-1 (विक्रांत) के सफल समुद्री परीक्षणों के बाद स्वदेशी पोत निर्माण को बड़ा बढ़ावा मिला है। घरेलू शिपयार्ड में 36 युद्धपोत मांग पर हैं। सशस्त्र बलों के लिए स्वदेशी हल्के लड़ाकू विमान (एल.सी.ए.) और इसके वेरिएन्ट और मुख्य युद्धक टैंक अर्जुन के कई दस्ते खरीदे जाएंगे। ब्रह्मोस क्रूज प्रक्षेपास्त्र को एस.यू.-30 एम.के.आई. के साथ एकीकृत किया गया है और ए.ई.डब्लू.-सी. विमान को शामिल किया गया है।

स्वचालित मार्ग के तहत रक्षा क्षेत्र में प्रत्यक्ष विदेशी निवेश 49 प्रतिशत से बढ़ाकर 74 प्रतिशत कर दिया गया है। घरेलू प्रतिपालन, मरम्मत और जीर्णोद्धार (एम.आर.ओ.) पर जी.एस.टी. दरों को 5 प्रतिशत कम कर दिया गया है। इससे भारत में नागरिक और सैन्य दोनों एम.आर.ओ. गतिविधियों को बढ़ावा मिलेगा।

प्रधानमंत्री जी ने वर्ष 2025 तक पाँच अरब अमेरिकी डॉलर के रक्षा निर्यात का महत्वाकांक्षी लक्ष्य भी रखा है। भारतीय दूतावासों को रक्षा निर्यात को प्रोत्साहित करने का अधिकार दिया गया है। भारत की हस्ताक्षर प्रदर्शनी ऐरो इंडिया और डेफ एक्सपो के साथ-साथ रक्षा मंत्री की संगोष्ठी नियमित विशेषताएं बन गए हैं और इन्होंने दृश्यता प्राप्त कर ली है। उत्तर प्रदेश और तमिल नाडु में रक्षा औद्योगिक गलियारे रक्षा निर्माण में शामिल कंपनियों को विशेष प्रोत्साहन प्रदान करेंगे।

आत्मनिर्भर भारत के प्रधानमंत्री जी के आह्वान के वैचारिक ढांचे ने राष्ट्र के सम्पूर्ण सुरक्षा समुदाय की मानसिकता में एक परिवर्तनकारी बदलाव लाया है। अधिकांश ने दृढ़ विश्वास के साथ, और कुछ ने मजबूरीवश, इस वास्तविकता को आत्मसात करना शुरू कर दिया है कि, हमें उन स्वदेशी चीजों पर निर्भर रहना होगा, जो हमें उपलब्ध हैं। घरेलू उत्पादन को प्रोत्साहित करने के लिए एक सकारात्मक स्वदेशीकरण सूची जारी की गई है। रक्षा खरीद वस्तुओं की एक सूची तैयार करने का उनका निर्देश जो आयात की नकारात्मक सूची में होगा, लागू करने का आसान निर्णय नहीं था। आज, ऐसी 200 मदें हैं तथा और मदों पर अनुवर्ती कार्यवाई की जा रही है।

वह चाहते थे कि, आत्मनिर्भरता ड्रॉइंग बोर्ड से आगे निकल कर, युद्ध क्षेत्र में पहुंचे। इसमें अवधारणा, स्वदेशी प्रौद्योगिकी विकास, डिजाइन और विकास क्षमताओं और नमूनों के सत्यापन से लेकर उत्पादन तक सभी गतिविधियां शामिल हैं – सभी को देश के अंदर ही निष्पादित किया जाना है।

कीमती और जटिल हथियार प्रणालियों को न केवल खरीदना महंगा है, अपितु इनका रखरखाव भी महंगा होता है। इसमें रक्षा बजट का बहुत बड़ा भाग खप जाता है, और नए प्लेट्फॉर्म को विकसित करने, संचालित करने और उनके रखरखाव के लिए बहुत कम पैसा बचता है। इसका प्रशिक्षण मानकों पर व्यापक प्रभाव पड़ता है और उपकरणों के रखरखाव की लागत बढ़ जाती है। अंत में परिणाम यह होता है कि अपने रक्षा बलों को मजबूत करने के लिए राष्ट्र के पास पैसे कम पड़ जाते हैं।

जब आत्मनिर्भर भारत मॉडल सफल होगा, तब हमारी रक्षा सेवाएं स्वदेशी स्रोतों से सर्वोत्तम और महत्वपूर्ण उपकरण और प्रणालियों की खरीद करने में सक्षम होंगी।

जागरूक ऑर्डनेन्स फैक्ट्री सुधार

वर्ष 2015 की शुरुआत में, प्रधानमंत्री जी को आयुध कारखानों के असंतोषजनक कामकाज के बारे में बताया गया था – वह अप्रचलित प्रौद्योगिकियों के आधार पर अत्यधिक लागत पर अपेक्षाकृत कम अच्छे रक्षा उपकरण का उत्पादन कर रहे थे। दो सदियों पुरानी विरासत, कार्य संस्कृति के साथ रक्षा आयुध कारखानों की व्यवस्था को बदलना कोई आसान काम नहीं था। प्रधानमंत्री जी ने इस चुनौती का पूरे जोश और स्पष्टता के साथ जवाब दिया। उन्होंने कहा – इसे बदलना होगा और मैं इसे बदलूँगा। हालांकि, उन्होंने सभी श्रमिकों के हितों की रक्षा करने पर जोर दिया। यह पूरी प्रक्रिया में उनकी प्रत्यक्ष भागीदारी का परिणाम था, जिसमें विभिन्न विकल्पों पर काम करने के लिए धीरज के साथ लंबे प्रस्तुतीकरणों की एक श्रृंखला शामिल थी, जो राष्ट्रीय आवश्यकताओं को अधिकतम सीमा तक बढ़ा सकते थे, और साथ ही साथ कार्यबल के हितों की रक्षा भी कर सकते थे। अंततः, वह देश के सभी 41 आयुध कारखानों का निगमीकरण करने में सफल रहे।

दीर्घकालिक सोच द्वारा एक नया परिप्रेक्ष्य लाना

प्रधानमंत्री मोदी जी में नई सोच और जटिल समस्याओं के नए और सरल समाधान निकालने की प्रवृत्ति है। तेजी से तकनीकी विकास, विशेष रूप से रक्षा और सुरक्षा क्षेत्रों में, उनके केंद्रित क्षेत्रों में से एक है। अपने पहले सम्बोधन में, जो उन्होंने अगस्त

2014 में डी.आर.डी.ओ. के वैज्ञानिकों को दिया, वह चाहते थे कि युवा वैज्ञानिकों को नए विचारों के साथ आने और प्रयोग करने का अवसर दिया जाए। उन्होंने निर्देश दिया कि डी.आर.डी.ओ. की कुछ प्रयोगशालाओं को 35 वर्ष से कम आयु के चुनिंदा प्रख्यात युवा वैज्ञानिकों के अधीन रखा जाए। वर्ष 2020 तक, देश भर में डी.आर.डी.ओ. की 52 प्रयोगशालाओं में से पाँच को अगली पीढ़ी के उपकरण विकसित करने के लिए पूर्ण निर्णयात्मक स्वायत्तता के साथ युवा वैज्ञानिक प्रयोगशालाएं नामित किया गया था।

इसी प्रकार, वर्ष 2020 में डी.जी.पी. के सम्मेलन के दौरान, उन्होंने एक मंत्री की अध्यक्षता में एक उच्च-शक्ति पुलिस प्रौद्योगिकी मिशन के गठन की घोषणा की।

प्रधानमंत्री जी की अन्य महत्वपूर्ण विशेषता राष्ट्रीय सुरक्षा के मामलों को दीर्घकालिक रणनीतिक दृष्टिकोण से देखने की उनकी क्षमता रही है। उनके पास एक विलक्षण भविष्यवादी समझ है, और वह जोखिमों और अवसरों को देखते हैं जिसे देखना अकसर विशेषज्ञ भी चूक जाते हैं।

हम अकसर अपने निर्णय लेने में तात्कालिक प्रकृति की समस्याओं में बह जाते हैं, और राष्ट्र के दीर्घकालिक निहितार्थों और हितों का आकलन करने अथवा उन्हें पूरा करने में विफल रहते हैं। दशकों पहले, हमने सोवियत सहयोग और बाद में, रूस के साथ भारत में रक्षा वस्तुओं का निर्माण शुरू किया। अन्य वस्तुओं का भुगतान करने के अलावा, हमने भारत में उत्पादित प्रत्येक वस्तु के लिए 'रॉयल्टी' देने की प्रथा का पालन किया था। प्रौद्योगिकी लागत के हस्तांतरण और सभी वस्तुओं का स्वदेशी रूप से निर्माण करने के बाद भी - रॉयल्टी भुगतान की प्रथा जारी रही - क्योंकि यह मूल अनुबंध का एक हिस्सा था। पिछले कुछ वर्षों में, हम सभी इसे चुनौती देने के लिए बहुत पवित्र मानने लगे थे।

प्रधानमंत्री जी इस बात से क्रोधित थे कि घरेलू रूप से निर्मित टी-72 टैंकों के लिए भी, रूसी मूल उपकरण निर्माता को रॉयल्टी राशि का भुगतान किया जा रहा था। वह चकित थे कि, रॉयल्टी क्लॉज की कोई समय या अन्य सीमा नहीं थी। वह चाहते थे कि हम सभी न केवल भविष्य में इस प्रथा को बंद करें, अपितु पुराने अनुबंधों की समीक्षा करने की दिशा में भी काम करें। जब हम ज्यादा सफलता हासिल करने में असफल रहे, तो उन्होंने बहुत मजबूती के साथ इसे राष्ट्रपति पुतिन से सामने उठाया। अपने प्रत्येक तर्कों और अभिव्यक्ति कौशल के साथ, वह राष्ट्रपति पुतिन को इस प्रथा की तर्कहीनता पर प्रभावित करने में सफल हुए। उन्होंने इस तथ्य पर जोर दिया कि, जब हम निर्णय लेते हैं, समझौतों पर हस्ताक्षर करते हैं अथवा अनुबंध संबंधी दायित्व लेते हैं, तो हमें इसके दीर्घकालिक परिणामों को भी देखना चाहिए।

दशकों तक हमने जो रॉयल्टी दी, वह उस समय के वार्ताकारों की गलती थी, जो इसके दीर्घकालिक परिणामों का मूल्यांकन नहीं कर सके। दीर्घकालिक लाभ प्राप्त

करने के लिए, दबावों के बावजूद, प्रधानमंत्री जी अल्पकालिक कष्टों को सहन करने के लिए तैयार थे। रक्षा आयात (जिसे अब सकारात्मक सूची कहा जाता है) के लिए प्रतिबंधित वस्तुओं की सूची लाने का उनका आग्रह इसी दृष्टिकोण का हिस्सा है। उन्हें एहसास है कि, लंबे समय में, देश न केवल इन वस्तुओं के उत्पादन की क्षमता प्राप्त करेगा, लेकिन यह भारत को मूल निर्माताओं और उन हथियारों को बेचने वाले देशों की सनक के प्रति भी कम संवेदनशील बना देगा।

तकनीक को प्रोत्साहन मिला है

राष्ट्रीय सुरक्षा समस्याओं के तकनीकी समाधान खोजने के लिए प्रधानमंत्री जी का अपरंपरागत दृष्टिकोण इस बात की गहरी समझ को दर्शाता है कि औद्योगिकी उत्पादन के वैश्विक तंत्र में कैसे बदलाव आया है। एक वैश्वीकृत दुनिया में प्रौद्योगिकी हमेशा पहले निजी क्षेत्र में दिखाई देती है। इसीलिए, प्रधानमंत्री जी ने सार्वजनिक क्षेत्र के बाहर मौजूद एक बड़े पारिस्थितिकी तंत्र की ऊर्जा का उपयोग करने के लिए प्रोत्साहित किया। सीमा सुरक्षा बल (बी.एस.एफ.) द्वारा आयोजित 'भूमि' हैकथॉन पहल ने सुरंग का पता लगाने और ड्रोन रोधी प्रणालियों में समाधान खोजने में मदद की है। मानव रहित प्रणालियों और स्वॉर्म ड्रोन में एक पारिस्थितिकी तंत्र बनाने के लिए भारतीय वायु सेना ने बाबा मेहर सिंह प्रतियोगिता का आयोजन किया था। भारत रक्षा स्टार्ट-अप चुनौती 5.0 ने 35 क्षेत्रों की पहचान की है, जिनमें पानी के नीचे कार्यक्षेत्र जागरूकता, स्थिति जागरूकता, कृत्रिम इंटेलिजेंस, संवर्धित वास्तविकता और मानव रहित प्रणाली केन्द्रीय क्षेत्रों के रूप में शामिल हैं। यह एक मौन क्रांति की तरह है। यह न केवल सुरक्षा को मजबूत करेगा अपितु, यह भी सुनिश्चित करेगा कि, सरकार के बाहर उपलब्ध विशेषज्ञता का उपयोग राष्ट्रीय सुरक्षा के उद्देश्यों के लिए किया का सकता है, मुख्यतः प्रौद्योगिकी क्षेत्र में।

राष्ट्रीय साइबर सुरक्षा रणनीति के प्रारूपण के साथ रणनीति निर्माण और अभिव्यक्ति को बढ़ावा मिला है। गृह मंत्रालय में साइबर और सूचना सुरक्षा (सी.आई.एस.) प्रभाग और भारतीय साइबर अपराध समन्वय केंद्र (आई.सी.4) योजना सहित साइबर कार्यक्षेत्र में कई संरचनाएं बनाई गई हैं। इसके अलावा, इलेक्ट्रॉनिक्स और आई.टी. मंत्रालय के तहत राष्ट्रीय साइबर समन्वय केंद्र (एन.सी.सी.सी.) सक्रिय रूप से खतरों की पहचान करने के लिए, वेब ट्रैफिक के बारे में स्थितिजन्य जागरूकता बढ़ाएगा। विदेश मंत्रालय (एम.ई.ए.) के तहत साइबर कूटनीति प्रभाग भागीदारों और बहुपक्षीय एजेंसियों के साथ बाहरी कार्यों को देखेगा। एन.एस.सी.एस. में राष्ट्रीय साइबर सुरक्षा समन्वयक, नीति निर्माण और क्षमता निर्माण आयामों में तालमेल सुनिश्चित करता है। यह सुनिश्चित

करने के लिए भी नई नीतियाँ बनाई गई हैं कि केवल विश्वसनीय दूरसंचार उत्पाद ही हमारे नेटवर्क के साथ जुड़े हैं।

भारत के समुद्री संबंधों को मजबूत करना

समुद्री क्षेत्र में नीतिगत अभिव्यक्ति प्रधानमंत्री जी की प्राथमिकता रही है। भारत के समृद्ध समुद्री इतिहास के बारे में उनकी जागरूकता और तटीय सुरक्षा मुद्दों से निपटने में गुजरात में उनका प्रशासनिक अनुभव, उनकी समुद्री दृष्टि की अभिव्यक्ति में परिलक्षित होता है। प्रधानमंत्री मोदी जी ने वर्ष 2015 में मॉरीशस और सेशेल्स के लिए अपनी हिन्द महासागर यात्रा के दौरान क्षेत्र में सभी के लिए सुरक्षा और विकास (एस.ए. जी.ए.आर.) का अपना दृष्टिकोण रखा। इसने हिन्द महासागर क्षेत्र में समुद्री सुरक्षा के तरीकों को तैयार करने के लिए मंच तैयार किया। उन्होंने वर्ष 2018 में सिंगापुर में शांगरी ला बातचीत में इस दृष्टिकोण को विस्तार से बताया, जहां उन्होंने भारत के इंडो-पैसिफिक दृष्टिकोण को व्यक्त किया।

प्रधानमंत्री जी के दृष्टिकोण के अनुरूप, बंदरगाहों का इस्तेमाल करने के लिए सेशेल्स, मॉरीशस, ओमान, फ्रांस (रीयूनियन द्वीप समूह), ईरान (चाबहार) के साथ व्यवस्था सम्पन्न हुई। प्रधानमंत्री जी ने रूस के सुदूर पूर्व के जुड़ाव को प्राथमिकता दी है, भारत की 'पूर्व की ओर देखो नीति' का उन्नयन किया है जिससे 'पश्चिम को देखो' की उपेक्षा किए बिना 'ऐक्ट ईस्ट' किया जाए। भारत ने अंतर-संचालन को मजबूत करने के प्रयासों के हिस्से के रूप में अमेरिका के साथ मूलभूत समझौते सम्पन्न किए हैं और रूस, जापान, ऑस्ट्रेलिया, सिंगापुर, अमेरिका और अन्य के साथ रसद विनिमय समझौते सम्पन्न किए हैं। समुद्री कार्यक्षेत्र जागरूकता बढ़ाने के लिए कई देश, भारत के अंतर्राष्ट्रीय संलयन केंद्र (आई.ओ.आर.) में शामिल हुए हैं। भारत ने श्रीलंका और मॉरीशस सहित पड़ोसियों के संकट की स्थिति में समुद्री सहायता भी प्रदान की है। भारत की उत्तरध्रुवीय नीति को अंतर्राष्ट्रीय भागीदारों और टीकाकारों ने खूब सराहा। भारत 'अंतर्राष्ट्रीय आर्कटिक फोरम', उत्तरध्रुवीय परिषद और उत्तरध्रुवीय राज्यों के साथ जुडने में भी अधिक सक्रिय भूमिका निभा रहा है।

समुद्री सुरक्षा पर हाल ही में सम्पन्न हुई यू.एन.एस.सी. की बैठक दो कारणों से महत्वपूर्ण है। यह पहली बार था कि, किसी भारतीय प्रधानमंत्री ने यू.एन.एस.सी. की बैठक की अध्यक्षता की। बैठक में समुद्री सुरक्षा पर पहली बार परिणाम दस्तावेज को भी अपनाया गया। यह एक नए और आत्मविश्वास से भरे भारत का प्रतिबिंब है, जो अधिक से अधिक अंतर्राष्ट्रीय जिम्मेदारियों को साहसपूर्वक ग्रहण करता है। प्रधानमंत्री जी ने चतुर्भुज अथवा क्यू.यू.ए.डी. (क्वाड) को कार्य-स्तर से मंत्री-स्तर और अब

शिखर-स्तर तक उन्नत करने में संकोच नहीं किया है। इसी के साथ साथ, भारत शंघाई सहयोग संगठन (एस.सी.ओ.) और बी.आर.आई.सी.एस. (ब्रिक्स) - एक गठबंधन जिसमें ब्राजील, रूस, भारत, चीन और दक्षिण अफ्रीका शामिल हैं, एक महत्वपूर्ण भागीदार बना हुआ है। क्वाड के तहत समुद्री सुरक्षा, टीकों और आपूर्ति श्रृंखलाओं पर ध्यान केंद्रित करता है, एस.सी.ओ. कट्टरता, आतंकवाद और अत्यधिक आस्था-आधारित कट्टरवाद जैसे खतरों को संबोधित करता है।

नई साझेदारियों को विकसित करते समय भारत के पारंपरिक भागीदारों की उपेक्षा नहीं की गई है। भारत-अफ्रीका संबंधों के लिए 10 मार्गदर्शक सिद्धांत अफ्रीका के साथ भारत की निरंतर एकजुटता को दर्शाते हैं। दक्षिण पूर्वी एशियाई राष्ट्र संघ (ए.एस.ई.ए.एन.) (आसियान) के साथ संबंध बहुत अधिक मजबूत हुए हैं। सभी आसियान नेताओं ने संयुक्त रूप से मुख्य अतिथि के रूप में भारत के गणतंत्र दिवस में भाग लिया। आई.बी.एस.ए. शिखर सम्मेलन सितंबर 2021 में आयोजित किया गया था। आई.बी.एस.ए. एन.एस.ए. की पहली बैठक भी अगस्त 2021 में हुई थी। विदेश मंत्रालय द्वारा आयोजित द रायसीना संवाद एक वार्षिक विशेषता बन गया है। इस संवाद में, विदेश मंत्रालय यह सुनिश्चित करता है कि राष्ट्रीय सुरक्षा में महत्वपूर्ण मुद्दों पर उच्चतम स्तर पर चर्चा की जाए। इस तरह के बहुआयामी जुड़ाव भारत के बढ़ते आत्मविश्वास को प्रतिबिंबित करते हैं; जिससे वह उन विविध भागीदारों के साथ जुड़ सके जिनका दृष्टिकोण विरोधाभासी प्रतीत होता है। इसने तेजी से जटिल और लगातार विकसित हो रही विश्व व्यवस्था में अपने राष्ट्रीय हितों को आगे बढ़ाने के लिए भारत के विकल्पों में विविधता ला दी है।

निष्कर्ष

विश्व व्यवस्था विजेताओं द्वारा बनाई गई है - वर्तमान मामले में द्वितीय विश्व युद्ध के विजेताओं द्वारा। संयुक्त राष्ट्र और ब्रेटन वुड्स वित्तीय प्रणालियाँ जो आज की वैश्विक व्यवस्था को शासित करती हैं, युद्ध के बाद की बहु-राजनीतिक वास्तविकताओं से उभरी हैं। लेकिन, आम सहमति की कमी जल्द ही स्पष्ट हो गई, जब एक और विजेता ने दशकों तक इसे चुनौती दी। फिर लगभग दो दशकों तक स्थिरता की अवधि का पालन हुआ, जब उन विजेताओं में से एक ने, अब विश्व व्यवस्था को चुनौती देना शुरू कर दिया है। इसकी अभिव्यक्ति हमारे चारों ओर देखी जा रही है।

जैसा कि हम इसे जानते हैं, क्या विश्व व्यवस्था उसी आकार और रूप में जारी रहती है, यह समान विचारधारा वाले देशों द्वारा सामूहिक कार्यवाई पर निर्भर करता है। भारत के पास इस वर्तमान विश्व व्यवस्था के साथ बने रहने के कई कारण हैं,

जिसके परिणामस्वरूप कई मतभेदों के बावजूद पूर्ण युद्ध नहीं हुए हैं। आज की विश्व व्यवस्था में, भारत को स्थिरता के कारक और वैश्विक भलाई के एजेंट के रूप में देखा जाता है। प्रधानमंत्री मोदी जी की दीर्घकालिक रणनीतिक दृष्टि आज हमारे सभी कार्यों का मार्गदर्शन कर रही है, जिससे न केवल भारत स्वयं को भविष्य की चुनौतियों से सुरक्षित रख सके, अपितु राष्ट्रों के समूह में अपना सही स्थान भी पक्का कर सके।

भारत के वर्ष 2030 तक विश्व की तीसरी सबसे बड़ी अर्थव्यवस्था होने की उम्मीद है। हालांकि, राष्ट्रीय शक्ति के मामले में इसे और आगे जाने की आवश्यकता है। इसके संस्थानों की गुणवत्ता, कानून के शासन की गारंटी देने की इसकी क्षमता और इसकी कुशल श्रमशक्ति इसकी परिवर्तन प्रक्रिया के प्रमुख समर्थक होंगे। प्रधानमंत्री जी की परिकल्पना अपने मूल मूल्यों, समृद्ध संस्कृति और संवैधानिक प्रणालियों को संरक्षित करते हुए भारत को एक प्रमुख शक्ति में बदलना है। भारत के उदय में लोकतंत्र, बहुलवाद और समावेशी व्यवस्था में विश्व के लिए आशा निहित है। भारत की राष्ट्रीय इच्छा को नष्ट करने वाली किसी भी चीज से बचना होगा। गलत कथनों की शक्ति राष्ट्र को दुर्बल बना सकती है। हमें कड़े निर्णय लेने की जरूरत है। इसके लिए हैं निर्णायक नेतृत्व की जरूरत है। स्थानीय और क्षेत्रीय हितों को राष्ट्रीय हितों पर वरीयता देना आपदा को निमंत्रण देता है। मजबूत और प्रभावी राष्ट्रीय सुरक्षा नीतियों के माध्यम से विश्वसनीय प्रतिरोध स्थिरता प्रदान करेगा और राष्ट्र के लिए एक इस्पात कवच के रूप में काम करेगा।

प्रधानमंत्री जी रणनीतिक रूप से कार्य करते हैं। उनका जोर विश्व व्यवस्था में परिवर्तन का अनुमान लगाते हुए हमारी रणनीति को सर्वोत्तम रूप से तैयार करने पर है। उनका दृष्टिकोण, विश्व व्यवस्था में भारत की प्रमुखता को फिर से स्थापित करना और भारत के हितों के अनुरूप नए भू-राजनीतिक मार्गरेखा का उपयोग करना है। उन्होंने संरचनाओं और प्रक्रियाओं में सक्रिय सुधारों और भारतीय अवधारणाओं को सोच और रणनीति में लागू करने के लिए एक स्पष्ट आदेश दिया है। एक मुख्यमंत्री के रूप में अपने अनुभवों और आखिरी मील तक वितरण के महत्व से प्रेरणा लेते हुए, वह उस सैनिक के समान शक्तिशाली - और भविष्य के लिए तैयार होना चाहते हैं, जो सबसे पहले जंग में जाने वाला है।

प्रधानमंत्री मोदी जी ने अपना दृष्टिकोण स्थापित किया है। उन्होंने वह राजनीतिक इच्छाशक्ति दिखाई है जिसके माध्यम से वह नीतियों को निष्पादित कर अपने द्वारा कल्पित और निर्धारित लक्ष्यों को प्राप्त कर सकें। अब यह दायित्व आने वाली पीढ़ियों पर है कि, वह प्रधानमंत्री मोदी जी द्वारा रखी गई इस मजबूत नीव को आगे बढ़ायें।

वैश्विक परिघटना का उद्भव

मनोज लडवा, भरत बरई

प्रधानमंत्री मोदी इस समय दुनिया के सबसे प्रभावशाली और बहुचर्चित नेताओं में शुमार हैं। दुनिया के तमाम देशों के राष्ट्रध्यक्षों के बीच मोदी की स्थिति अद्वि तीय है। यह हमारे लिए वाकई हमारे लिए गौरव की बात है। उनकी अंतरराष्ट्रीय कूटनीति का ही असर है कि, भारत का रिश्ता कई देशों से बहुमूल्य हो पाया। उन्होंने हमेशा बिलकुल नई सोच और नए तरीके से अपने मिशन को अंजाम दिया है। अंतरराष्ट्रीय समुदाय के साथ रिश्ते और कूटनीति के अपरंपरागत तरीकों से भारत की साख में बढ़ोतरी ही हुई है। मोदी का भारत दुनिया की आर्थिक उम्मीदों, राजनीतिक महत्वाकांक्षाओं, सामाजिक और पर्यावरण संबंधी जरूरी कार्य का अहम हिस्सा है। इसने भारत के भीतर महाशक्ति के रूप में एक नया आत्मविश्वास पैदा किया है। इससे भी अहम बात यह है कि, इसने देश और विदेश में भारतीयों के बीच आत्मविश्वास पैदा किया है।

तो मोदी यह सब कैसे करते हैं और दुनिया में भारत की इस सफलता का राज क्या है?

मोदी के रिश्तों का पुल

गुजरात का मुख्यमंत्री बनने से पहले ही मोदी ने दुनिया के कई देशों से अपने संबंध बनाने शुरू कर दिए थे। इस प्रक्रिया में उन्होंने कई तरह के प्रयोग भी किए। जब भारत ने 1990 के दशक की शुरुआत में पुरानी अर्थव्यवस्था की बेड़ियों को तोड़ना शुरू किया था, जिसे नेहरूवादी समाजवाद ने पिछले दशकों में बंदी कर रखा था, तब मोदी अमेरिका और ब्रिटेन जैसे देशों में भारतीय मूल के लोगों के साथ रिश्ते बना रहे थे। इसी प्रक्रिया में, उनकी मुलाकात कैंसर रोग के मशहूर विशेषज्ञ डॉ. भरत बरई से हुई। वह पहली बार 1993 में मोदी से मिले थे। तब मोदी विश्व धर्मसंसद

की 100वीं वर्षगांठ और स्वामी विवेकानंद के ऐतिहासिक भाषण के स्मरणोत्सव में भाग लेने के लिए अमेरिका गए थे।

डॉ. बरई याद करते हैं, 'नरेंद्र भाई 22 इंच का छोटा सूटकेस लेकर आए थे। मुझे याद है कि वह मेरी पत्नी डॉ. पन्ना बरई से बात कर रहे थे। उन्होंने पूछा, "पन्नाबेन, मुझे पता है कि आप अमेरिका में हर हफ्ते कपड़े धोती हैं, लेकिन मेरे पास केवल दो जोड़ी कपड़े हैं। इसलिए, क्या मैं अपने कपड़े रोजाना साफ कर सकता हूं?" वह बेहद साधारण जरूरतों और साधनों वाले एक आम इंसान थे।'

लेकिन यह सिर्फ मोदी की सादगी ही नहीं थी, जिसने उन तमाम लोगों को प्रभावित किया, जिनसे वे शुरुआती दिनों में मिले। जैसा कि डॉ बरई आगे बताते हैं, 'हमें इस युवा और ऊर्जावान राजनीतिक दल के कार्यकर्ता की मेजबानी करने का सम्मान मिला, जबकि उनके पास तब कोई सरकारी पद भी नहीं था। मैं उनके गहन विश्लेषण, ज्ञान, समर्पण और भारत के प्रति उनके नजरिए से बेहद हैरान और प्रभावित हुआ। मैं चाय पे चर्चा के दौरान भारत के बारे में बातें करते हुए उनकी नम आंखों को देख सकता था।'

यह उस वक्त की बात थी, जब भारतीय राजनीतिक दल 'एनआरआई' (अनिवासी भारतीय) शब्द को बुराई के तौर पर देखते थे। कई भारतीय राजनेताओं ने तो एनआरआई को 'भारत में गैर-जरूरी' के रूप में प्रचार करना शुरू किया था। जिन लोगों ने विदेशों में बेहतर अवसरों के लिए भारत को छोड़ा था, उन्हें देशद्रोही या इससे भी बदतर करार दिया गया था। इन एनआरआई ने पश्चिम में मिले अपने अनुभवों, पूंजी और तकनीक से भारत के विकास के लिए हाथ बढ़ाया, लेकिन उनके इन प्रस्तावों को गैर-जरूरी करार देकर खारिज कर दिया गया था।

जहां तक मुझे याद है, यह 2013 की बात रही होगी। टाइम्स नाउ पर एक बहस के दौरान साथी गेस्ट और कांग्रेस पार्टी के सांसद ने कहा कि मोदी 'अनिवासी भारतीयों से बात करने वाले बेचैन व्यक्ति हैं... इससे उन्हें कुछ फायदा नहीं होने वाला। यह मेरे लिए बेहद हैरानी भरा था।'

लेकिन मोदी की शख्सियत अकसर पहले से बने बनाए प्रतिमानों और विचारों को तोड़ने वाली रही है। उन्होंने प्रवासी भारतीयों को देश के लिए धरोहर के रूप में देखा, जिसका सही से इस्तेमाल करने की जरूरत थी। उन्हें अलग-थलग छोड़ने की जरूरत नहीं थी, जैसा कि अभी तक के राजनीतिक प्रतिष्ठान में कई लोगों ने उन्हें किया था। मोदी के प्रधानमंत्री बनने के बाद एक बार की बातचीत मुझे अभी तक याद है। तब उन्होंने 3 करोड़ प्रवासी भारतीयों को 'ब्रेन ड्रेन' के बजाय एक 'ब्रेन बैंक' बताया, जिसका इस्तेमाल अभी तक नहीं किया गया था।

मोदी ने रणनीतिक रूप से इस जुड़ाव को फिर से परिभाषित किया। उन्होंने

प्रवासी भारतीय दिवस के शुरुआती वर्षों में वाइब्रेंट गुजरात शिखर सम्मेलन का आयोजन सुनिश्चित किया, ताकि विदेशों से आने वाले भारतीय आसानी से गुजरात यात्रा पर आ सकें। इस सम्मेलन का मकसद व्यापार, निवेश और तकनीक के अवसरों को लुभाने के लिए मंच उपलब्ध कराना था। इसने प्रवासी भारतीयों को मोदी के शासन का मॉडल देखने का मौका मुहैया कराया। उनकी सक्रिय भागीदारी ने अतीत के संदेह को मिटाने का काम किया, जहां मोदी के शासन में हर भारतीय दुनिया में कहीं भी यह महसूस कर सकता था कि, वह भारत पर भरोसा कर सकता है और उसके लिए अपना योगदान दे सकता है।

डॉ बरई, मोदी के बढ़ते अंतरराष्ट्रीय जुड़ाव की इस अवधि के बारे में कुछ इस तरह बताते हैं, '2005 में गुजरात दिवस की शुरुआत की गई, तब से हर दो साल की अवधि पर हम अमेरिका के अलग-अलग शहरों से वीडियो लिंक से मुख्यमंत्री मोदी से जुड़ते थे और हजारों गुजराती प्रवासियों के साथ गुजरात दिवस मनाते थे। फिर, 2009 में गैर-गुजराती भारतीयों ने, उन्हें सुनने का अनुरोध किया गया। इसलिए, मैंने नरेंद्र भाई से हिंदी में बोलने का अनुरोध किया, ताकि दूसरे भी समझ सकें। फिर 2013 में, जब उन्होंने भारत के प्रधानमंत्री की दावेदारी पेश करने का फैसला किया, तो अमेरिका के 20 शहरों में वीडियो लिंक से लाइव इवेंट का आयोजन किया गया, जिसमें हजारों अमेरिकी-भारतीयों ने हिस्सा लिया।'

मोदी ने 2015 में लंदन में प्रवासी भारतीयों के लिए 'लिविंग ब्रिज' का मुहावरा इस्तेमाल किया, जिसने हजारों प्रवासी भारतीयों पर अमिट छाप छोड़ी। यह एक ऐसी शब्दावली थी, जिसे अब 'भारत-ब्रिटेन के भविष्य के संबंधों का खाका-2030' के तौर पर याद किया जाता है। दो शब्दों में समाहित इस विचार ने दो दशकों तक मोदी के निरंतर, प्रतिबद्ध और खुले जुड़ाव को प्रतिबिंबित किया है। इसने विदेश में बसे भारतीयों के लिए एक दूत की तरह काम किया, जिसे 'ग्लोबल भारतीय' का नाम दिया जा सकता है।

रिश्तों में नई गर्मजोशी

प्रधानमंत्री बनने के बाद मोदी के लिए सबसे बेहतरीन लम्हों में से एक 28 सितंबर 2014 का वह वक्त था, जब अमेरिका के न्यू यॉर्क शहर के मशहूर मैडिसन स्क्वॉयर गार्डन में उनका शानदार स्वागत किया गया। इस दौरान, मोदी ने अमेरिका के चुने हुए दर्जनों प्रतिनिधियों और अधिकारियों के साथ मंच साझा किया। मोदी ने तब पूरे अमेरिका से आए भारतीय मूल के 20,000 से अधिक लोगों को संबोधित किया। मुझे याद है कि, उस समय मैडिसन स्क्वॉयर गार्डन के कर्मचारियों ने आशंकित होकर

कहा था कि, इतनी भीड़ कभी जुटी नहीं थी।

मोदी सहज रूप से समझ गए कि आगे क्या होने वाला है। उन्होंने प्रवासी भारतीयों की नई आकांक्षाओं को पहचाना। वहां मौजूद लोग जानते थे कि, मोदी ने जो नए भारत का वादा किया है, उसमें उनकी आवाज भी गूंजेगी।

न्यू यॉर्क में ऐतिहासिक स्वागत ने मोदी को रातोंरात एक वैश्विक राजनीतिक प्रतीक बना दिया। दो दिन बाद वॉशिंगटन में अमेरिकी विदेश विभाग में मोदी की अगवानी करते हुए विदेश मंत्री जॉन केरी ने कहा, 'हम मैडिसन स्क्वॉयर गार्डन में आपके शानदार स्वागत की कभी बराबरी नहीं कर पाएंगे... हमने जिस भी टेलीविजन को देखा या अखबार को पढ़ा, सबमें प्रधानमंत्री को मिले सेलिब्रिटी कवरेज का ही जिक्र था। और इसके साथ ही हम सभी के लिए साझा उत्साह और संभावना की भावना जागृत हुई है।'

विडंबना इतनी कठोर नहीं हो सकती थी। वॉशिंगटन पोस्ट की 28 सितंबर 2014 के अंक की हेडलाइन थी: भारत के मोदी को एक बार अमेरिका में प्रवेश से रोक दिया गया था और रविवार को मैडिसन स्क्वॉयर गार्डन पर उनका शानदार स्वागत हुआ। यहां एक ऐसा व्यक्ति था, जिसे एक दशक से अधिक समय से अंतरराष्ट्रीय मीडिया लगातार बदनाम कर रहा था। वह अब बड़े खेल और संगीत कार्यक्रमों की शान थे। उनका, अमेरिकी राजनेताओं द्वारा उत्साहपूर्वक स्वागत किया जा रहा था। यहां तक कि उन्होंने 2016 में अमेरिकी कांग्रेस के संयुक्त सत्र को संबोधित भी किया। इस बात के लिए मोदी को श्रेय दिया जाना चाहिए कि, इतने वर्षों तक यह सब झेलने के बावजूद, उन्होंने न तो कभी इसका जिक्र किया या न ही नाराजगी जाहिर की।

मैडिसन स्क्वॉयर गार्डन ऐसा पहला उदाहरण था। इससे पहले कभी भी लोकतांत्रिक रूप से चुने गए किसी विदेशी नेता ने अमेरिकी धरती पर इतना बड़ा स्वागत नहीं देखा था। मैं विशेष रूप से लोकतांत्रिक नेता की बात कर रहा हूं, क्योंकि पोप और नेल्सन मंडेला ऐसे दो ग्लोबल लीडर हैं, जिन्हें विदेशी धरती पर इसी तरह का सम्मान मिला है।

दिल और दिमाग से जुड़ाव

अब पीएम मोदी दुनिया में जहां भी जाते हैं, भाड़ी भीड़ उनके अभिनंदन को तैयार रहती है। मोदी के नेतृत्व में भारत के वैश्विक पटल पर उभार ने भारतीयों को गर्व की भावना से भर दिया है। उन्हें एहसास होता है कि देश की तरक्की में उनका भी योगदान है। उदाहरण के लिए, 13 नवंबर 2015 को वेम्बली स्टेडियम में 60,000 से अधिक लोगों ने उनका स्वागत किया। मैं, भाजपा के विदेश मामलों के प्रमुख, विजय

चौथवाले के साथ तत्कालीन ब्रिटिश प्रधानमंत्री डेविड कैमरून को औपचारिक रूप से आमंत्रित करने के लिए 10 डाउनिंग स्ट्रीट गया। कैमरून दर्शकों की संख्या और मोदी के दौरे की तैयारियों से काफी प्रभावित हुए। उन्होंने खुद कहा कि, उन्हें तो टाउन हॉल के एक कमरे में 600 लोगों को जुटाने में ही जद्दोजेहद करनी पड़ जाएगी।

मोदी ने 14 नवंबर, 2015 की सुबह ब्रिटेन के तत्कालीन विपक्षी नेता और लंबे समय से उनके विरोधी लेबर पार्टी के नेता जेरेमी कॉर्बिन से मुलाकात की। कुछ हफ्ते पहले तक कॉर्बिन की टीम ने विदेश मंत्री हिलेरी बेन से इस बात पर विचार किया था कि क्या मोदी कॉर्बिन से मिलेंगे। यह कोई प्रोटोकॉल नहीं था कि वह विपक्ष के नेता से मिलें और न ही ऐसी कोई प्रथा थी। कॉर्बिन के इतिहास को देखते हुए, मुझे याद है कि लेबर टीम के साथ अनुभव शर्गिंदगी भरा रहा है। इसके विपरीत मोदी ने बिना किसी हिचकिचाहट के इस बैठक का स्वागत किया। इसने उनके राजनीतिक संबंधों के एक व्यापक फलक का दायरा ही बढ़ाया। जो बतलाता है कि, वह किसी दक्षिणपंथी और वामपंथी राजनीति के पिजड़े में कैद नहीं रहना चाहते।

वैश्विक मंच पर मोदी का कम्युनिकेशन स्किल सिर्फ प्रवासी भारतीयों तक ही सीमित नहीं है या उन्होंने सिर्फ मंत्रमुग्ध कर देने वाले भाषण ही नहीं दिए। वह जिस शब्द को बोलते हैं, उसकी छवि के बारे में उतना ही जागरूक रहते हैं कि इसका क्या संदर्भ निकलने वाला है। वह खादी से बने 'मोदी-कट कुर्ते' का ब्रांड हैं, तो वैश्विक स्तर पर इस भारतीय फैशन को लोकप्रिय बनाने के अपने जुनून के लिए जाने जाते हैं। मोदी एक ब्रांड एंबेसडर के तौर पर वाकई भारतीयता का पहनावा पहनकर चलते हैं।

हालांकि, एक अपवाद है। उन्होंने 2016 में जोहान्सबर्ग में 'मंडेला कुर्ता' पहना था, जिसे देखकर दक्षिण अफ्रीका के लोगों को आश्चर्य और खुशी हुई। उन्होंने इस तरह से अपने मेजबानों का दिल जीत लिया।

एक तरफ वह भारतीय समुदाय से बातें कर रहे थे, लेकिन उनके जरिए एक व्यापक श्रोता वर्ग को भी संबोधित कर रहे थे। जोहान्सबर्ग में उस शाम मंडेला शर्ट पहनकर, उन्होंने पूरे दक्षिण अफ्रीका और असल में दुनिया को एक संदेश भेजा कि, वह नेल्सन मंडेला के मूल्यों का सम्मान करते हैं, जिन्होंने लोकतंत्र और स्वतंत्रता के लिए लड़ाई लड़ी। और, अपने देश से रंगभेद शासन को खत्म किया।

लोग अकसर मुझसे पूछते हैं कि क्या ये मोदी का करिश्मा है, जिसकी बदौलत बड़े-बड़े स्टेडियमों में भारी भीड़ जुट जाती है? यह सच है कि यह मोदी के व्यक्तित्व का करिश्मा है, जिससे प्रभावित होकर लोग उनको सुनना चाहते हैं, देखना चाहते हैं, उनसे सीख लेना चाहते हैं। यहीं पर मोदी की समुदाय से जुड़ने की काबिलियत काम आती है। उन्होंने पहले गुजरात के लोगों से जुड़ना शुरू किया था और अब देश के

तमाम अलग-अलग समुदाय के लोगों से जुड़ते हैं। मोदी की यात्रा समुदायों को इस तरह के आयोजनों को संभव बनाने के लिए एक साथ लाती है, जो संभवत: जमीनी स्तर के स्वयंसेवकों और सामुदायिक संगठनों के सबसे ग्लोबल नेटवर्क से ही संभव है। उदाहरण के लिए, अमेरिका में 700 अलग-अलग संगठनों ने मैडिसन स्क्वॉयर गार्डन को सफल बनाने के लिए लोगों को संगठित किया। जब मोदी ब्रिटेन यात्रा पर गए तो विभिन्न क्षेत्रीय, धार्मिक और सांस्कृतिक पृष्ठभूमि के करीब 500 छोटे-बड़े भारतीय समुदाय के संगठनों ने उनके स्वागत के लिए तैयारियां कीं।

इस तरह के विशाल आउटरीच कार्यक्रम रातोंरात ही संभव नहीं हुए। मोदी ने दशकों से इसकी बुनियाद तैयार की और रिश्तों का आधार तैयार किया। उन्होंने नियमित इस तरह के संपर्कों को बनाए रखा है। उन्होंने निजी तौर पर लोगों के बीच गर्व की भावना और हम 'कर सकते हैं' का नजरिया पैदा किया है। जबकि कुछ समय पहले तक इस देश के तथाकथित बड़े नेता और अभिजात वर्ग के लोग यह कहते पाये जाते थे कि ऐसे चीजों की भारत में क्या जरूरत। ऐसी ही नकारात्मक बातें वे लोग प्रचारित भी करते थे। मैंने 1999 में मोदी की मुलाकात ब्रेंट नॉर्थ से ब्रिटेन के अनुभवी सांसद बैरी गार्डिनर से कराई। उनकी मुलाकात वेस्टमिंस्टर के कुंदन रेस्तरां में हुई, जो 2003 में वेम्बली कॉन्फ्रेंस सेंटर में उनके कार्यक्रम में मौजूद थे। तब मोदी मुख्यमंत्री थे। उस शाम मोदी ने हिंदी और गुजराती में बात की। बाद में मैंने बैरी से पूछा कि क्या उन्हें मोदी की बातें समझ आईं। उन्होंने जवाब दिया, 'मैं राजनीतिक संचार की भाषा समझता हूं। नरेंद्र इसका उस्ताद है।' मोदी उस दिन 18 अगस्त 2003 को आसानी से गैलरी वगैरह देख सकते थे। लेकिन इसके बजाय, जैसा कि उन्होंने अपने पूरे राजनीतिक जीवन में किया है, उन्होंने अपने घंटे भर के भाषण पर फोकस किया। उन्होंने इस बात पर ध्यान दिया कि कैसे गुजरात का विकास हो सकता है और गुजराती प्रवासी उनके राज्य की तरक्की में कैसे योगदान दे सकते हैं।

इससे पहले सुबह में बकिंघम गेट के ताज होटल में पहुंचने के तुरंत बाद, उनकी पहली मीटिंग भारतीय मुसलमानों के एक प्रतिनिधिमंडल के साथ थी। इस बैठक का आयोजन जफर सरेशवाला ने किया था। मोदी को भले ही अलग छवि वाला चित्रित करने के प्रयास किए गए हों, लेकिन वह हमेशा स्पष्ट और ईमानदार संवाद के लिए जाने जाते हैं।

प्रख्यात अर्थशास्त्री और गुजराती लॉर्ड मेघनाद देसाई ने एक बार ऐलान किया था कि, जब तक मोदी सत्ता में हैं तब तक वह गुजरात में कभी पैर नहीं रखेंगे। लेकिन उन्होंने 2010 में मोदी से गांधीनगर में उनके आधिकारिक आवास पर पहली बार मुलाकात की। मैं बाहर बैठा था और 15 मिनट की शिष्टाचार मुलाकात लगभग एक घंटे की बातचीत में बदल गई। लॉर्ड देसाई मुस्कराहट के साथ बाहर निकले

और मुझसे कहा कि उन्होंने 'मधुमेह' पर चर्चा की है। मैं उनके अतीत को देखते हुए चकित रह गया, लेकिन तब से दोनों दोस्त बने हुए हैं।

इसी तरह, ब्रिटेन के करी किंग के नाम से मशहूर दिवंगत लॉर्ड गुलाम नून शुरुआती दौर में मोदी के बड़े आलोचक थे। लेकिन 2009 में गांधीनगर में उनसे मिलने के बाद मोदी के सबसे बड़े प्रशंसकों में से एक बन गए। ऐसे अनगिनत उदाहरण हैं।

इन वर्षों में, मोदी का सबसे बड़ा कौशल अपने आलोचकों को भी मुरीद बनाने का रहा है। वह आलोचना को भी समान भाव से लेते हैं। प्रतिकूल परिस्थितियों में रूढ़िवादिता, आलोचकों के साथ संबंध बनाने में राजनीतिक चतुराई और अवसर को भुनाने की कला ने उन्हें हमारी पीढ़ी का एक असाधारण वैश्विक नेता बना दिया है।

दूसरों को प्रभावित करना

कई लोग दुनिया भर के स्टेडियमों में भीड़ जुटाने की क्षमता और उनके रॉक-स्टार जैसे स्वागत को मोदी का राजनीतिक गौरव का शिखर मानेंगे। एक राजनेता को करोड़ों लोगों की मेहमाननवाजी से बढ़कर और क्या चाहिए? लेकिन मोदी कोई साधारण राजनेता नहीं हैं। वह निश्चित रूप से एक ऐसे व्यक्ति भी नहीं हैं, जो वैश्विक स्तर पर मिली प्रसिद्धि के कारण अपने मिशन से भटक गया हो।

इसके मूल में भारत माता की सेवा करना और इस यात्रा में दूसरों से जुड़ने की उनकी अपनी इच्छा है। मेरा मानना है कि इसका वैचारिक आधार उस वक्त तैयार हुआ, जब वह राष्ट्रीय स्वयंसेवक संघ (आरएसएस) के एक विनम्र युवा स्वयंसेवक थे। जो रोज शाखा (सभा) में भाग लेते थे, जहां हर सत्र के अंत में अंतिम आदेश 'संघ विकीर्ण' होता है। यह इन दैनिक सभाओं के जरिए लोगों से जुड़ने और अपनी आभा से दूसरों को प्रकाशित करने और देशभक्ति की भावना से जुड़ा है।

ऐसे कई मिसाल हैं, जब मोदी ने अपनी क्षमताओं से स्थानीय या घरेलू भारतीय मुद्दों को पूरी दुनिया से जोड़ा। उदाहरण के लिए, मुख्यमंत्री के रुप में उन्होंने जिस तरह से गुजरात राज्य के 50 साल पूरा होने पर जो उत्सव मनाया वो अद्‌भुत था। इस मौके पर विकास की कई योजनाओं और कार्यक्रम से उन्होंने गुजरातियों को जोड़ा, जो एक अभियान बन गया।

इसी तरह, मोदी गंगा नदी के पुनर्जीवन कार्यक्रम को एक राज्य की योजना बने रहने दे सकते थे। इसके बजाय उन्होंने अपनी ही शैली में 'नमामि गंगे' के स्लोगन को गढ़कर मैडिसन स्क्वॉयर गार्डन के मंच का इस्तेमाल प्रवासी भारतीयों को अपनी मां गंगा की सफाई के मिशन के लिए धन और ज्ञान के साथ योगदान करने के लिए प्रोत्साहित किया।

अपने राष्ट्र की सेवा के लिए लोगों का दिल और दिमाग जीतने का मोदी का मिशन बड़ी योजनाओं और लोगों के हुजूम से शुरू या खत्म नहीं होता है। मुझे याद है कि 2000 की गर्मियों में, मैं मोदी के साथ पिकाडिली लाइन पर मध्य लंदन में हाउंस्लो में अपने साधारण फ्लैट से आलीशान मेफेयर में एक भारतीय कारोबारी से मिलने, उनके घर गया। चाय और मौज-मस्ती के बाद, मोदी थोड़ा आगे बढ़े और हमारे मेजबान की आंखों में गहराई से देखा। फिर नाटकीय अंदाज में पूछा, 'क्या आप मेरे लिए कुछ करेंगे?' जब कोई नेता इस तरह के सवाल करता है तो ज्यादातर को लगता है कि एक नेता का अमीर कारोबारी से ऐसा सवाल पूछने का मतलब केवल यही हो सकता है कि, वह निजी लाभ के लिए कुछ मांग रहा है। इसके बजाय, मोदी ने समझाया कि व्यवसायी के पिता ने भारत और दुनिया भर में सामाजिक कार्यों में महत्वपूर्ण योगदान दिया है, और उनके बेटे को यह सुनिश्चित करना चाहिए कि उन सभी अच्छे कामों को दूसरों के लिए प्रेरणा के रूप में बताने के लिए एक जीवनी लिखी जाए। ऐसी अनगिनत घटनाएं हैं, जहां मोदी ने सामाजिक, आर्थिक और सांस्कृतिक कारणों से दुनिया भर के भारतीयों को जुटाने के लिए अपनी अभूतपूर्व स्मृति, ऊर्जा, विचारों और मानवीय पहलुओं को जोड़ा है।

यदि हम लोगों से लोगों के बीच संपर्क विकसित करने के मोदी के दृष्टिकोण को करीब से देखें, तो हमें एक पैटर्न उभरता हुआ दिखता है। उन्होंने समय-समय पर जनता के मूड को पकड़ने, जनता की शिकायतों को दूर करने, विचारों को लागू करने (अकसर बड़े पैमाने पर) और मौजूदा प्रशासनिक ढांचे के भीतर इन्हें संस्थागत रूप से लागू करने की अपनी क्षमता का प्रदर्शन किया है। अगर हम उदाहरणों के तौर पर देखें, तो पता चलता है कि कैसे दुनिया भर में भारतीय दूतावासों को प्रवासी संगठनों के साथ इस तरह से और गहराई से जुड़ने के लिए तैयार किया गया है। ऐसा पहले कभी नहीं देखा गया। अब नियमित रुप से आउटरीच कार्यक्रमों, भारतीय त्योहारों और महत्वपूर्ण राष्ट्रीय दिवसों को सक्रिय रूप से मनाया जाता है।

इसी तरह, वीजा और ओसीआई कार्ड प्रक्रिया को आसान बनाने की हर संभव कोशिश की गई है। इसे ऑटोमेटेड बनाया गया है और मनमाने मानवीय हस्तक्षेप को कम करने की कोशिश की गई है।

ब्रांड इंडिया को बढ़ावा देना

मोदी को परंपरागत और रूढ़िवादी राजनयिक सेवा विरासत में मिली। इसके बावजूद, मोदी ने प्रधानमंत्री के तौर पर विदेश मामलों और आर्थिक कूटनीति को अलग-अलग करने पर जोर दिया। उनकी 'गले मिलने' की मशहूर नीति से लेकर राजधानी दिल्ली

से बाहर दुनिया के नेताओं की मेजबानी करने और अपने समकक्षों के साथ बिना स्क्रिप्ट के बात-व्यवहार तक, इन सबने, उन्हें एक अलग पंक्ति में खड़ा किया है। वह सहज रूप से समझते हैं कि आखिरकार कूटनीति निजी संबंधों पर टिकी है।

जब मोदी ने 2014 में पदभार संभाला था, तो मौजूदा प्रधानमंत्रियों के लिए लुटियंस दिल्ली की सीमा के बाहर दुनिया के नेताओं के साथ मिलना दुर्लभ था। शायद वे सभी शर्मीले थे या उस भारत से शर्मिंदा भी थे, जिस पर उन्होंने शासन किया। इसके उलट, मोदी अपने प्रिय भारत, इतिहास, सांस्कृतिक विविधता और सबसे बढ़कर, इसके लोगों की क्षमता को दुनिया के सामने प्रदर्शित करने के लिए हर अवसर का उपयोग करते हैं।

जापानी प्रधानमंत्री शिंजो आबे का गंगा नदी के तट पर काशी में पवित्र आरती करना, ऑस्ट्रेलियाई प्रधानमंत्री मैल्कम टर्नबुल का प्रतिष्ठित अक्षरधाम मंदिर की सीढ़ियों पर मोदी के साथ बैठकर बातचीत करना, अहमदाबाद में महात्मा गांधी के आश्रम में चीन के राष्ट्रपति शी जिनपिंग और मोदी का चरखा चलाना। इन सभी ने सूक्ष्म, लेकिन गहरा संदेश दिया। इसने संदेश दिया कि मोदी के भारत में अपनी समृद्ध भारतीय पहचान से छिपने या शर्माने की जरूरत नहीं है। हो सकता है कि आज आपके पास दुनिया घूमने के लिए संसाधन न हों, लेकिन मोदी दुनिया को आपके दरवाजे पर लाएंगे। उस अवसर का अधिकतम लाभ उठाना, अब आप पर निर्भर है।

इस तरह की कूटनीतिक और आर्थिक आउटरीच पहल की शुरुआत गुजरात में उस समय से हुई जब मोदी मुख्यमंत्री थे। गुजरात त्योहारों का देश है। इसके दो सबसे लोकप्रिय त्योहार नवरात्रि हैं, जो दिवाली से पहले का त्योहार है। इसमें नौ रातों का पारंपरिक नृत्य होता है, जिसे गरबा कहा जाता है। दूसरा उत्तरायण है, जिसे मकर संक्रांति के नाम से भी जाना जाता है। इसे पतंग उड़ाकर मनाया जाता है। मोदी ने गुजरात की सॉफ्ट पावर को दुनिया के सामने पेश करने की क्षमता को देखा और ऐसा करते हुए पर्यटन और आर्थिक नतीजों को आगे बढ़ाया। उन्होंने गरबा को दुनिया के सबसे बड़े नृत्य उत्सव के रूप में ब्रांडेड किया। इस दौरान भारतीय प्रवासियों को यात्रा करने और समारोह में शामिल होने के लिए आमंत्रित किया। आज गरबा उत्सव और गुजरात एक-दूसरे के पर्यायवाची हैं।

इसी तरह, मोदी ने उत्तरायण को एक अंतर्राष्ट्रीय पतंग महोत्सव के रूप में ब्रांडेड किया। इस दौरान, दुनिया भर से पतंग उड़ाने वालों और टीमों को राज्य में आमंत्रित जाता है। उस समय इसे बहुत कम जाना जाता था, लेकिन मोदी का एक और एजेंडा था। भारत में और विशेष रूप से गुजरात में पतंगों के निर्माण में अल्पसंख्यक मुस्लिम समुदाय का वर्चस्व है। एक झटके में, त्योहार को वैश्विक बनाकर, मोदी ने एक सुस्त उद्योग को पुनर्जीवित किया। इसकी मांग को बढ़ाया और नई तकनीकों को

अपनाया। अनुमानों के अनुसार, गुजरात में पतंग उद्योग का कारोबार मोदी के मुख्यमंत्री के कार्यकाल के दौरान तीस गुना बढ़ गया।

मोदी ने प्रधानमंत्री बनने के बाद सांस्कृतिक कूटनीति के अपने फार्मूले को जारी रखा। पूरी दुनिया जानती है कि, मोदी एक उत्साही योग अभ्यासी हैं, वे जहां भी जाते हैं, इसके गुणों का गुणगान करते हैं। जब भी किसी देश के दौरे पर मोदी जाते हैं तो मेजबान पूछते हैं कि, क्या वह सुबह मोदी के साथ योग सत्र में शामिल हो सकते हैं। और इसलिए, जब मोदी 2014 में प्रधानमंत्री के रूप में संयुक्त राष्ट्र की अपनी पहली यात्रा पर गए तो, उन्होंने सुझाव दिया कि संयुक्त राष्ट्र को अंतर्राष्ट्रीय योग दिवस घोषित करना चाहिए। भारत में कई लोग पूरी तरह से हैरान थे। भारतीय 'वाम उदारवादी' अभिजात वर्ग ने इसे मोदी के हिंदुत्व एजेंडे का एक और एजेंडे के रूप में ब्रांडेड किया। लेकिन मोदी के प्रस्ताव को ईसाई और इस्लामिक राज्यों सहित सबसे ज्यादा वोट मिले। मोदी ने योग के प्राचीन विज्ञान को पहचान दिलाने के लिए बड़ा चतुराई से काम किया। इसके भारतीय मूल को पहचाना और सम्मानित किया गया। उन्होंने सॉफ्ट पावर डिप्लोमेसी के लिए एक स्थायी चैनल को संस्थागत रूप दिया, जिसने उनके विरोधियों को निहत्था कर दिया। योग स्वास्थ्य और कल्याण को लेकर वैश्विक संवाद का हिस्सा बन गया।

मोदी ने इसी तरह आयुर्वेद के प्राचीन भारतीय स्वास्थ्य विज्ञान का अंतर्राष्ट्रीय स्तर पर प्रचार किया। साल 2018 में, उन्होंने ब्रिटेन के प्रिंस चार्ल्स के समर्थन और प्रोत्साहन के साथ लंदन के साइंस म्यूजियम में आयुर्वेदिक सेंटर ऑफ एक्सीलेंस (एसीई) का उद्घाटन किया। एसीई के पीछे इरादा आयुर्वेदिक प्रथाओं का अध्ययन और यूके की राष्ट्रीय स्वास्थ्य सेवा के भीतर एक मान्यता प्राप्त चिकित्सा और चिकित्सा प्रणाली के रूप में इसके एकीकरण की संभावना की खोज करना है। मोदी ने इन प्रयासों के जरिए भारत के पहले से ही कई -अरब डॉलर के आयुर्वेदिक स्वास्थ्य उद्योग के वैश्वीकरण की संभावनाओं को खोल दिया है।

मोदी ने वर्षों के प्रयोग से बार-बार साबित किया है कि, संस्कृति और व्यापार साथ-साथ चलते हैं। इससे आपसी विश्वास और सम्मान पर आधारित दीर्घकालिक सफल संबंध बनाने में मदद मिल सकती है।

शायद आपसी विश्वास और सम्मान से ब्रांड इंडिया को पेश करने के मोदी के फार्मूले का सबसे हालिया उदाहरण है, संयुक्त अरब अमीरात। संयुक्त अरब अमीरात ने अपनी राजधानी अबू धाबी में एक भव्य पारंपरिक हिंदू मंदिर के निर्माण की जमीन देने का प्रस्ताव दिया। कुछ साल पहले ही इसे अकल्पनीय और असंभव माना जाता था। मोदी ने क्राउन प्रिंस मोहम्मद बिन जायद अल नाहयान के साथ अपने व्यक्तिगत संबंधों से यह सुनिश्चित किया कि, अमीरात में रहने वाले लाखों हिंदुओं की सांस्कृतिक

और धार्मिक भावनाओं का सम्मान किया जाए। इस पहल का समन्वय करने वाले बीएपीएस स्वामीनारायण संगठन के ऊर्जावान लीसेस्टर में जन्मे भिक्षु ब्रमविहारी स्वामी ने सितंबर 2020 में अपनी यात्रा के दौरान मुझे बताया कि मोदी और क्राउन प्रिंस ने एक-दूसरे को भाइयों के रूप में संबोधित किया।

मोदी ने प्रधानमंत्री पद के अपने पहले कार्यकाल में मध्य पूर्व पर बड़ा दांव लगाया। वह भी, यह अच्छी तरह से जानने के बावजूद कि उनके विरोधियों ने उन्हें इस्लामी दुनिया में बदनाम करने के लिए हर संभव कोशिश की थी। इसके बजाय, अपने उद्देश्य की साफगोई से मोदी ने सुन्नी और शिया बहुल दोनों देशों में सर्वोच्च सम्मान और पुरस्कार जीते हैं। इस क्षेत्र से भारत में व्यापक स्तर पर निवेश को लेकर समझौतों की बाढ़ पहले कभी नहीं आई है।

सभी मोर्चों पर एक साथ काम करना मोदी की खूबी है। इसका उदाहरण इजरायल है। अब्राहम समझौते से बहुत पहले, मोदी ने इस क्षेत्र और उसके लोगों के साथ भारत के संबंधों से अरब-इजरायल संघर्ष को अलग कर दिया था। ऐसा उन्होंने फिलीस्तीनी लोगों की समस्याओं के न्यायसंगत समाधान के लिए, भारत के सैद्धांतिक समर्थन से पीछे हटे बिना किया। अगर क्रिकेट की शब्दावली में कहें, तो तथाकथित विदेशी मामलों के नौसिखिए ने हर गेंद को उसके गुणों के आधार पर खेला। इस प्रक्रिया में शायद सबसे जटिल भू-राजनीतिक पिच पर एक पारी खेली है।

वैश्विक चुनौतियों को हल करना

इन दिनों अकसर कहा जाता है कि यदि आप एक अरब लोगों की समस्या का समाधान कर सकते हैं, तो आप उन्हें दुनिया के लिए भी हल कर सकते हैं। घरेलू मोर्चे पर मोदी की कई उपलब्धियां भी, इस मायने में बिल्कुल उसी तरह की हैं। उदाहरण के लिए, मोदी ने अगस्त 2014 में कार्यभार संभालने के तुरंत बाद दुनिया के सबसे बड़े वित्तीय समावेशी कार्यक्रम की शुरुआत की। भारत में दशकों तक सबसे गरीब लोग बैंकिंग सुविधा से वंचित रहे। उन्हें बैंकिंग सेवा के योग्य नहीं माना जाता था, जिसकी वजह से कल्याणकारी कार्यक्रमों को लागू करने में बड़े पैमाने पर भ्रष्टाचार हुआ। इसने अर्थव्यवस्था को पंगु बना दिया और ग्रामीण तथा शहरी भारत में असामंजस्य और निराशा पैदा हुई। मोदी की जन धन योजना के तहत चार साल के भीतर 31.8 करोड़ बैंक खाते खोले गए। इसे राष्ट्रीय पहचान योजना आधार कार्ड से जोड़ा गया और मोदी के डिजिटल इंडिया कार्यक्रम के जरिए मोबाइल-सक्षम सार्वजनिक सेवाओं को आगे बढ़ाया गया। यह गरीबी उन्मूलन में किसी क्रांति से कम नहीं है।

हाल ही में, दुनिया के विकसित देशों सहित कई देश कोविड की चुनौतियों से जूझ रहे थे। वे आम लोगों तक मदद पहुंचाने में संघर्ष कर रहे थे। वहीं, मोदी के वित्तीय समावेशी और बड़े पैमाने पर डिजिटलीकरण कार्यक्रम ने सुनिश्चित किया कि भारत में जरूरतमंदों तक मदद पहुंचे।

मोदी जब गुजरात के मुख्यमंत्री थे, तो उनका मूल मंत्र अपने 6 करोड़ गुजरातियों की समस्याओं का समाधान 'कौशल, व्यापक स्तर पर और तेजी' से करना था। आज उनका यह दायरा 1.5 अरब लोगों का है। वह बार-बार इस मंत्र का आह्वान करते हैं। इस प्रक्रिया में वह हमारे समय की कई बड़ी वैश्विक चुनौतियों का समाधान पेश कर रहे हैं।

यह वाइब्रेंट गुजरात शिखर सम्मेलन को बढ़ावा देने के लिए नवंबर 2008 में युगांडा के एक व्यापार मिशन के दौरान की बात है। मुझे याद है कि, मैंने एक पुरस्कृत डॉक्यूमेंट्री फिल्म के बारे में मुख्यमंत्री मोदी के साथ एक गहरी बातचीत की थी। 'एन इनकनविनिएंट ट्रुथ' नाम की इसी फिल्म को हाल में भी मैंने देखा था। इसमें पूर्व अमेरिकी उपराष्ट्रपति अल गोल के प्रचार-प्रसार की कहानी थी, जिसमें वह ग्लोबल वार्मिंग के बारे में लोगों को जागरूक करते हैं। मोदी इसके बारे में विस्तार से जानने के लिए उत्सुक थे। उन्होंने आश्चर्य जाहिर किया कि, भारत के राजनीतिक नेतृत्व के भीतर इस बात पर बहुत कम चर्चा हुई। हालांकि, मोदी को जल्दी ही यह एक अहम वैश्विक मुद्दा समझ में आ गया।

मोदी ने जलवायु परिवर्तन पर कदम उठाने की अहमियत को समाज और कुछ ही महीने के भीतर 2009 में एशिया के पहले जलवायु परिवर्तन विभाग की स्थापना की घोषणा की थी। उन्होंने राज्य में बड़े लक्ष्य तय करना शुरू कर दिया और राज्य के कार्बन उत्सर्जन को कम करने के लिए बिजनेस और दूसरे समुदायों के साथ काम करना शुरू कर दिया। उन्होंने ऐसी नीतियां लाईं, जिनमें सौर और पवन सहित विभिन्न हरित ऊर्जा की पहल को अपनाने के लिए प्रोत्साहित किया गया। उन्होंने 'हरित विकास अर्थशास्त्र' की जरूरत पर बल दिया। मोदी तब से अब प्रधानमंत्री के रूप में देश में इस कदम को आगे बढ़ा रहे हैं और संयुक्त राष्ट्र समर्थित अंतर्राष्ट्रीय सौर गठबंधन की अवधारणा सहित जलवायु परिवर्तन की समस्या का समाधान करने में अग्रणी भूमिका निभा रहे हैं।

मोदी की व्यापक सोच और योजनाओं को तेजी से लागू करने की क्षमता का सबसे हालिया उदाहरण, कोविड के खिलाफ टीकाकरण अभियान रहा है। भारत ने शून्य से सफर शुरू कर कुछ ही महीनों के भीतर (सितंबर 2020 तक) हर दिन 1 करोड़ से अधिक लोगों को टीका लगाना शुरू कर दिया। यह संख्या ऑस्ट्रेलिया की आबादी के बराबर है। दुनिया की सबसे बड़ी कर व्यवस्था जीएसटी को लागू करने

की बात करें, तो इसमें भी मोदी के स्पष्ट और सटीक फैसले लेने की क्षमता नजर आती है। वह इसके लिए प्रभावी तकनीक का इस्तेमाल करते हैं, ताकि समस्याओं का आसानी से समाधान हो और लोगों तथा सरकारी कर्मियों के बीच राष्ट्रीय सेवा के आंदोलन के रूप में काम करे।

इस तरह, मोदी भारत के सतत विकास लक्ष्यों (एसडीजी) के मुद्दों को लगातार सुलझा रहे हैं और इस प्रक्रिया में दुनिया की इस समस्या का भी हल कर रहे हैं। ऐसा इसलिए कि वैश्विक एसडीजी अंतर भारत में बहुत अधिक है।

इससे पहले महामारी के दौरान जब कई देश अपनी घरेलू जरूरतों को पूरा करने में लगे थे, तो मोदी ने वैक्सीन मैत्री कार्यक्रम के तहत दुनिया भर के 100 से अधिक देशों में टीके पहुंचाए। इनमें कुछ सबसे गरीब देशों को भारत ने तोहफे के रूप में टीके दिए। उन्होंने भारत की बड़ी तस्वीर और दीर्घकालिक हितों को देखा, जबकि उस दौरान विश्व के अन्य नेता अपने हितो को देख रहे थे। मोदी का इशारा साफ था कि कोविड के बाद की दुनिया इस जरूरत के समय में खड़े होने के लिए भारत का धन्यवाद करेगी। यह भारत के आकांक्षी युवाओं के लिए और अवसर खोलेगा।

और कदम बढ़ते ही गए...

मोदी ने भारत के प्रति दुनिया का नजरिया ही बदल दिया है। उन्होंने दुनिया के साथ-साथ देश की घरेलू प्राथमिकताओं पर भी ध्यान दिया है। इसके लिए, उन्होंने ताकत का इस्तेमाल नहीं किया, बल्कि लोगों के दिलों और दिमाग से जुड़कर किया। इस तरह कई मायनों में उन्होंने खेल के नियम ही बदल डाले।

मोदी ने हमेशा अपने लक्ष्य का दायरा बड़ा रखा और भारत की साख में इजाफा किया। इस क्रम में उन्होंने ऐतिहासिक समस्याओं का हल निकाला और प्रशासन में लगातार सुधार के जरिए भारतीयों को वैश्विक तौर पर सम्मान से सिर ऊंचा रखने का मौका दिया।

चुनावी राजनीति के जरिए सरकारी जीवन में 20 साल का अनुभव खुद ही मोदी के रिकॉर्ड को बयां करता है। उन्हें भारत के सबसे महान प्रधानमंत्री के तौर पर याद किया जाएगा या दुनिया के सबसे महान नेताओं में से एक के तौर पर, यह एक सवाल बना हुआ है। इसका जवाब इतिहास तय करेगा। और, इसके लिए अभी लंबा सफर तय करना बाकी है। फिलहाल, मोदी की शख्सियत, उनका मिशन और देश को बेहतर करने का उनका अथक प्रयास लगातार जारी है और निरंतर आगे कदम बढ़ा रहा है।

विदेश नीतिः दूरदर्शिता और उपलब्धियां

डॉ. एस. जयशंकर

नरेंद्र मोदी जी ने दिनांक 26 मई 2014 को प्रधानमंत्री का पद संभालने के बाद, भारतीय विदेश नीति में कड़े कदम उठा कर उसकी स्थापना को चौंका दिया। उन्होंने नई दिल्ली में, अपने मंत्री परिषद के शपथ ग्रहण समारोह में, पड़ोसी देश के नेताओं को आमंत्रित किया। इस असमान्य निर्णय की अधिकांश समीक्षकों ने अपेक्षा भी नहीं की थी, इस पर उत्साही प्रतिक्रिया की तो बात ही छोड़ दें। इससे भी अधिक आश्चर्य की बात थी कि, यह पहल किसी ऐसे व्यक्ति ने की थी, जिसको कई लोगों ने अंतर्राष्ट्रीय संबंधों में नौसिखिये के रूप में सोचा था। अगले कुछ वर्षों में, विश्व को यह पता लगना था कि वह, वास्तव में, एक ऐसे नेता थे, जिन्होंने कई वर्षों में अपनी नीतिगत अंतर्दृष्टि और विचारों को विकसित किया था। इतना ही नहीं, उनका संदेश देने, लागू करने और उस पर आगे कार्य करने का अपना ही तरीका था। उस समय से, हम सभी नरेंद्र मोदी जी की रणनीति और दृष्टिकोण से कुछ और अधिक परिचित हो गए हैं। केवल एक पक्षपात करने वाला व्यक्ति ही, इस बात पर संदेह करेगा कि उनके प्रभाव ने वैश्विक रूप से भारत के कद को बढ़ाया है।

इसीलिए, एक प्रधानमंत्री, जिसने विदेश नीति पर इतनी मजबूत व्यक्तिगत छाप छोड़ी है, यह उनकी आदतों और विश्वदृष्टि पर विचार करने योग्य है। नरेंद्र मोदी जी के महान ऊर्जा स्तर के साथ-साथ विश्व के बारे में जानने की उनकी जबरदस्त जिज्ञासा, उनकी विशेषता है। उनमें जो उत्साह जानकारी को अपनाने और उस पर कार्य करने का है वह उस क्षमता के बराबर है; जो उस जानकारी को सही प्रकार से प्रयोग करने के लिए चाहिए। जो हमारे लिए केवल एक डाटा पाइंट है, वह उनके लिए लोगों से जुड़ने और उनको प्रभावित करने का तरीका है। यह एक राजनेता का स्वाभाविक गुण हो सकता है, लेकिन वह इसे एक अलग ही स्तर पर ले गए हैं। स्पष्टतः लक्ष्य है कि, जो उनके लिए आगे होने वाला है उस तक पहुँचने के लिए एक सर्वोत्तम संभावित समझौते पर पहुँच कर, उसे अपनी सुविधा अनुसार ढाल लिया

जाए। यह राष्ट्रपति ओबामा से मुलाकात से पहले अमेरिकी राजनीति की पेचीदगियाँ हो सकती हैं, या चीनी इतिहास की पेचीदगियाँ हो सकतीं हैं क्योंकि, वह शीआन जा रहे थे, या शायद सोवियत काल के बाद राष्ट्रपति पुतिन के लिए एक अच्छा अनुभव पाने के लिए। जो कुछ भी उनको बताया जाता था, वह ना केवल उस सारी जानकारी को ग्रहण करते थे बल्कि, हमें भी लगातार बेहतर करने के लिए प्रेरित करते थे। रुचि घटनाओं के बारे में हो सकती है, विषयों और कार्यक्षेत्रों के बारे में, यह उतनी ही आसानी से लोगों और उनकी परस्पर क्रियाओं के बारे में भी हो सकती है। ऐसा करने में आत्म-अनुशासन की भावना भी होती है। वह किसी भी कार्य में शामिल होने से पहले रेड लाइंस के बारे में स्पष्ट होना चाहते थे। स्वयं प्रधानमंत्री जी के लिए, सूचना के स्रोत व्यापक और विविध हैं, बोले गए और लिखित शब्दों से लेकर नौकरशाही तक, राजनीतिक दुनिया, मीडिया और नेटवर्किंग। उद्देश्य है, दूसरे पक्ष के दिमाग में उतरना। एक विदेश सचिव के रूप में उनके साथ परस्पर बातचीत करते हुए, मैंने देखा कि वह प्रश्न पूछने से हिचकिचाते नहीं हैं और हमेशा धैर्यपूर्वक सुनते थे। दिल्ली में नौकरशाही के लिए, जो अब एस.ओ.पी. (मानक संचालन प्रक्रिया) बन गया है, वह शुरूआत में हम सभी के लिए एक नया अनुभव था। जो भी व्यक्ति किसी भी स्तर पर उनके साथ जुड़ता है तो उसको स्पष्ट रूप से अपनी पकड़ बनाने के लिए पूरी तरह से तैयारी करनी होगी।

जिस अवधि को मैं जानता हूँ उसके लक्षणों का विश्लेषण यह बताता है कि प्रधानमंत्री जी ने इसकी रूपरेखा को कितना आकार दिया है। लेकिन नीति निर्माण में भाग लेने का अनुभव भी, उनके बारे में और जानने की एक प्रक्रिया रहा है। यह स्पष्ट है कि नरेंद्र मोदी जी अपने मुख्यमंत्री के दिनों से सीख और निर्णय लेते हैं। सरकार में शामिल होने से पहले की अवधि में भारत और विश्व भर में उनकी व्यापक यात्राओं ने, उन्हें सामाजिक ताकतों और राजनीतिक संवेदनाओं के लिए एक अच्छा अनुभव दिया है। मैंने उनमें से कुछ का अनुमान लगाया था, लेकिन फिर भी कभी-कभी जब हम दूसरे देशों और लोगों के बारे में बात करते थे तो मैं इस बात से बहुत चकित रह जाता था कि उनको इन संदर्भों में कितनी अधिक जानकारी है। उनकी वर्ष 2014 की अमेरिका यात्रा के दौरान, अमेरिकियों के सहज ज्ञान पर चर्चा करते हुए, मैंने अपने युवा दिनों में उस देश की यात्रा करने के बारे में बताया, और मुझे यह पता चला कि वह मुझसे अधिक राज्यों की यात्रा कर चुके हैं। और जैसा कि उन्होंने मजाक में मुझसे कहा, उन्होंने कार या बस से यात्रा नहीं की बल्कि ग्रेहाउन्ड बस से की है! उसी प्रकार, प्रवासी समाजों में लंबे समय से उनके परिचय से विदेशी मामलों में उनकी प्रारम्भिक रुचि के बारे में पता चलता है। वह मॉरीशस, गुयाना अथवा सूरीनाम कुछ भी हो सकता है; ऐसा लगता है वह बहुत से लोगों को

जानते हैं। इसी प्रकार नेपाल में उनका अस्थाई निवास एक रहस्योद्घाटन था, चाहे वह उस समाज के बारे में अंतर्दृष्टि हो अथवा तथ्य। एक ऐसे व्यक्ति के तौर पर जिसने परंपरागत कूटनीति में शिक्षा ग्रहण की हो, मेरे सामने यह आया कि, वह उसी परिदृश्य पर अधिक सामाजिक-रणनीतिक और जमीनी दृष्टिकोण से पहुंचे हैं।

ऐसा कहा जाता है कि, यात्रा दिमाग का विस्तार करती है और निश्चित रूप से उनके मामले में, यह प्रधानमंत्री जी की वैश्विक जागरूकता में एक महत्वपूर्ण योगदान प्रतीत होता है। यह ऐसा इसीलिए है क्योंकि, यह उनका स्वभाव है कि वह सब कुछ खुद ही सीखते हैं और विश्व को बेहतर ढंग से समझने की अनवरत इच्छा रखते हैं।

यह बात सर्वविदित है कि, प्रधानमंत्री मोदी जी को पारंपरिक दर्शनीय स्थलों पर घूमना बहुत अधिक पसंद नहीं है। उनके साथ रह कर मैंने जो समझा वह था कि, विदेशों में मिले अनुभव कितनी दृढ़ता से उस लक्ष्य से प्रेरित थे, जिसके माध्यम से सर्वोत्तम प्रथाओं को पहचाना और उनको अवशोषित किया जा सकता है। बर्लिन में हम जिस रेलवे स्टेशन पर गए थे, वह यहाँ, भारत में उनकी आधुनिकीकरण की योजनाओं का हिस्सा बना। जापान की बुलेट ट्रेन ने वास्तव में एक परियोजना का रूप लिया। वह अधिवेशन केंद्र जहां हमने समय बिताया था, उनमें से प्रत्येक के पास देने के लिए एक सबक था, जब हम अपने अधिवेशन केंद्रों का निर्माण कर रहे थे। सियोल की साफ की गई नदी ने गंगा को फिर से जीवंत करने के हमारे संकल्प को और अधिक मजबूती दी। सिंगापुर में सार्वजनिक आवास, हमारी किफायती आवास योजना में एक योगदान था। इतिहास के छात्र के तौर पर, प्रधानमंत्री जी ने मुझे जापान के मैजी युग के सुधारकों की याद दिलाई, जिन्होंने अपने घर में परिवर्तन के चश्मे के माध्यम से विश्व पर विचार किया था।

भारतीय विदेश नीति में प्रधानमंत्री मोदी जी द्वारा लाए गए परिवर्तनों में से एक घरेलू विकास के लिए बाहरी संबंधों का लाभ उठाने पर केंद्रित है। आखिरकार, वैश्वीकरण के युग में तेजी से विकसित हुई एशियाई अर्थव्यवस्थाएं वह थीं, जिन्होंने आर्थिक विकास को ठीक यही प्रधानता दी। यह, निश्चित रूप से, पहले के वैचारिक अहंकार और व्यापार को कम करने के दिनों से बहुत दूर था। लेकिन, प्रधानमंत्री मोदी जी के इस पहलू को समझने के लिए, मुख्यमंत्री मोदी जी के पास जाने की आवश्यकता है। वाइब्रन्ट गुजरात वैश्विक शिखर सम्मेलन की शुरुआत करके, उन्होंने संसाधनों, प्रौद्योगिकी और सर्वोत्तम प्रथाओं के प्रवाह को प्रोत्साहित करने के लिए एक मंच तैयार किया। यात्राएं और बातचीत, जो इसके प्रमुख केंद्र में थे वह स्पष्ट रूप से उनके लिए अमूल्य अनुभव थे। चाहे वह जापान, कनाडा, डेनमार्क, दक्षिण कोरिया अथवा केन्या जैसे भागीदार हों, अथवा ऑटोमोबील, रेलवे, फार्मासूटिकल्स, नवीनीकरण और रसायन जैसे क्षेत्र हों, उन्होंने प्रमाणित किया कि विश्व सही नीतियों पर प्रतिक्रिया

देगा। दिलचस्प बात यह है कि, इस अवधि में बने कई रिश्तों ने एक प्रमुख शुरुआत देने में मदद की क्योंकि, उनके प्रधानमंत्री के काल में नई दिशाएं निर्धारित की गईं। उनका दृढ़ विश्वास कि भारत को विश्व के साथ विकसित होना चाहिए, उनको हमेशा अपने मंत्रिमंडल के सहयोगियों को जुड़े रहने और खुले विचारों वाला होने की सलाह देने के लिए प्रेरित करता रहेगा। वैश्विक हस्तियों द्वारा नीति निर्माताओं को एन.आई. टी.आई. (नीति) पर व्याख्यान देना, जो सिंगापुर के उप प्रधानमंत्री थर्मण शनमुगरत्नम से आरंभ हुआ था, बहुत हद तक इस प्रवृत्ति में है।

उद्यमियों और निवेशकों की वाइब्रन्ट गुजरात सभा ने निश्चित रूप से, गुजरात को अंतर्राष्ट्रीय स्तर पर सोचने में मदद की है। देश में ऐसी बहुत सी घटनाएं नहीं थीं, जिनको एक ही श्रेणी में रखा जा सकता था। इस उपलब्धि को नियमित रूप से प्राप्त करने से स्पष्ट रूप से बड़ा सोचने की क्षमता में आत्मविश्वास का संचार होता है। प्रधानमंत्री मोदी जी के कार्यभार संभालने के उपरांत, उनकी वैश्विक रूप रेखा को बढ़ाने की उनकी महत्वाकांक्षा में मजबूती से वृद्धि हुई है। इसके बाद के वर्षों में, विश्व के साथ भारत के जुड़ाव ने अपने राष्ट्र के प्रति उनके दृष्टिकोण को प्रतिबिंबित किया है। तब तक भारत ने अफ्रीका के साथ दो सामूहिक शिखर बैठकें की थीं; तीसरी, जो वर्ष 2015 में प्रधानमंत्री मोदी जी के दृष्टिकोण के तहत आयोजित की गई थी, वह एक भिन्न क्रम की थी और उसमें उस महाद्वीप के 41 नेताओं ने भाग लिया था। वर्ष 2014 से पहले, भारत ने गणतंत्र दिवस समारोह के लिए व्यक्तिगत ए.एस.ई.ए.एन. (आसियान) प्रमुखों को आमंत्रित किया था; वर्ष 2018 में हुए समारोह में सभी 10 आसियान राष्ट्राध्यक्षों ने भाग लिया था। यूरोपीय संघ के साथ पहले भी बैठकें हो चुकी हैं; वर्ष 2021 सहभागिता में पहली बार सभी 27 यूरोपीय संघ के नेता शामिल हुए थे। फिर चाहे वह नॅर्डीक (उत्तर यूरोपीय देश) राज्य हों, मध्य एशिया अथवा प्रशांत द्वीप समूह, इस सामूहिक भागीदारी ने अपना का एक संदेश रखा। यह वह प्रधानमंत्री थे, जिन्होंने अपने पहले के अनुभव के आधार पर, देश को कई कार्यक्षेत्रों की श्रेणियों में 'पैमाने' पर सोचने पर मजबूर कर दिया।

गुजरात काल के और भी उदाहरण हैं, जिनका प्रभाव मोदी जी के प्रधानमंत्री काल पर दिखता है। एक मुख्यमंत्री के तौर पर, अक्षय ऊर्जा के मुख्य धारा की सोच बनने से पहले से ही वह इसके उत्साही समर्थक थे। नहरों पर सौर पैनलों के साथ उनके प्रयोगों ने भी अंतर्राष्ट्रीय ध्यान आकर्षित किया था। उन्होंने जलवायु परिवर्तन की एक असुविधाजनक सच्चाई होने की धारणा के उत्तर में, प्रभावशाली रूप से, कनवीनिएन्ट एक्शन नामक एक किताब लिखी थी। और चूंकि वह मोदी जी हैं, उन्होंने वर्ष 2009 में ही जलवायु परिवर्तन पर राज्य सरकार के भीतर एक विभाग भी स्थापित कर दिया था। यदि हम पेरिस में सी.ओ.पी.-21 पर जल्दी से आगे बढ़

जाते हैं तो, यह कोई संजोग की बात नहीं है कि वह अब अंतर्राष्ट्रीय सौर गठबंधन स्थापित करने के लिए एक प्रमुख प्रस्तावक थे। इसी प्रकार, आपदा बहाली पर उनका राज्य-स्तरीय अनुभव, उन्हें एक और वैश्विक पहल की ओर ले गया: आपदा प्रतिरोधी अवसंरचना के लिए गठबंधन। यह प्रकट हो रहा था कि प्रधानमंत्री के तौर पर उन्होंने जो वैश्विक मुद्दे उठाए थे - मुख्य रूप से आतंकवाद, जलवायु परिवर्तन अथवा आपदा - उनका मुख्यमंत्री मोदी जी द्वारा अपने कार्यकाल के दौरान सीधे तौर पर सामना किया गया था। राज्य का नेतृत्व करने वाले उनके लंबे कार्यकाल ने उनकी विदेश नीति की सोच को एक बड़ा संघीय दृष्टिकोण दिया।

प्रधानमंत्री मोदी जी शुरू से ही इस बात पर जोर देते थे कि, दौरे पर आने वाले विदेशी नेताओं को एक ऐसे भारत से रूबरू करना चाहिये, जो राजधानी से परे हो। उन्होंने महसूस किया कि, इन अनुभवों के माध्यम से पूरे भारतीय इतिहास को विश्व भर में बेहतर ढंग से समझा जा सकेगा। और यही नहीं, अमृतसर में एक 'हार्ट ऑफ एशिया' सम्मेलन रखा गया, गोवा में एक ब्रिक्स शिखर सम्मेलन हुआ, शिन्जो आबे ने काशी और अहमदाबाद का दौरा किया, और क्रमशः एंजेला मरकेल और फ्रेंकोइस हॉलनदे ने बेंगलुरु और चंडीगढ़ का दौरा किया और शी जिनपिंग ने ममल्लापुरम का दौरा किया। वह इस बात के लिए भी उत्सुक थे कि, हमारी राजनीति की संघीय प्रकृति को नीति निर्माण में सम्मिलित किया जाए, जिसके चलते विदेश मंत्रालय के भीतर एक राज्य प्रभाग की स्थापना हो। राज्य सरकार के सहयोग से आयोजित साझेदारी, कार्यक्रम और दौरे तेजी से आदर्श बन गए। और उनके संचयी परिणाम ने भारतीय कूटनीति के संदेश को व्यापक बनाया।

पिछले दो दशकों में जिस दृढ़ता ने गुजरात के परिवर्तन को प्रेरित किया है, वह अब विदेशों में भारतीय परियोजनाओं में स्पष्ट दिखाई देती है। राष्ट्रीय स्तर पर स्थापित परियोजना समीक्षा के प्रगति मॉडल ने विदेश मंत्रालय को विदेशों में अपने स्वयं के प्रयासों के लिए, इसी प्रकार की प्रथाओं का पालन करने के लिए प्रेरित किया है। इसके परिणामस्वरूप, नेपाल में तराई सड़कें, श्रीलंका में आवास और अस्पताल, बांग्लादेश में रेल संपर्क और बिजली ट्रांसमिशन अथवा अफगानिस्तान में सलमा बांध और सार्वजनिक भवनों जैसी लंबे समय से लंबित परियोजनाओं को आखिरकार पूरा किया गया। और जो नई परियोजनाएँ शुरू की गई हैं, उनको बहुत तेजी से निष्पादित किया जा रहा है, जो वितरण के तरीके में सुधार को दर्शाता है। चाहे वह मेट्रो हो अथवा मॉरीशस में उच्चतम न्यायालय, नेपाल में भूकंप के बाद घरों का पुनर्निर्माण अथवा श्रीलंका में एम्बुलेन्स सेवा, विकास के भागीदार के रूप में भारत की प्रतिष्ठा में भारी रूपांतरण हुआ है।

प्रधानमंत्री जी की कई विशेषताओं में, जो सबसे अलग है, वह है, उनकी राष्ट्रवाद

की गहरी भावना। यह निश्चित रूप से उनके राजनीतिक विश्वासों में अंतर्निहित है और तब भी इसका बहुत स्पष्ट साक्ष्य मिलता है, जब वह मुख्यमंत्री थे। जब मैं उनसे वर्ष 2011 में चीन में भारत के राजदूत के तौर पर मिला, तो बहुत से अन्य मुख्य मंत्रियों के विपरीत, उन्होंने मेरे साथ विशेष रूप से एक राजनीतिक वार्ता की मांग की। मुझे याद है, उन्होंने आतंकवाद और संप्रभुता के मुद्दों पर जोर दिया था, वह चाहते थे कि, हम विदेशों में एक ही स्वर में बात करें; खासतौर पर चीन में। संयोग से, यह उनके काम करने के तरीके से मेरा पहला परिचय भी था। मैंने जो उनसे सीख उसमें एक आग्रह था कि, मुझे यह बताने में संकोच नहीं करना चाहिए कि उन्हें क्या करना चाहिए, और समान रूप से, उन्हें क्या नहीं करना चाहिए। भारत लौटने पर, उन्होंने जो पत्र मुझे लिखा वह आगंतुक द्वारा आतिथ्य आदि के लिए व्यक्त की जाने वाली सामान्य प्रशंसा से बहुत हट के था। उसमें जो सबसे अलग था वह था, एक स्पष्ट उल्लेख जिसमें, उन्होंने चीन में हमारे देश के हितों को सफलतापूर्वक बनाए रखने के बारे में लिखा था। एक प्रधानमंत्री के तौर पर, केवल इस बात की उम्मीद की जानी थी कि, उनका सामना राष्ट्रीय सुरक्षा चुनौतियों से होगा, पुनरावृत्ति के आधार पर अथवा कभी-कभी संकट के रूप में। जब आतंकवाद की बात आती है, मुख्यत: सीमा पार वाली प्रकृति की, तो इस बात पर वह बिल्कुल स्पष्ट थे कि वह इसे कभी सामान्यीकृत होने की अनुमति नहीं देंगे। उनके इसी दृढ़ संकल्प ने वर्ष 2014 में हमारी पाकिस्तान नीति को आकार दिया।

इस संबंध में मेरा अपना स्मरण एस.ए.ए.आर.सी. (सार्क) यात्रा से है, जो मैं वर्ष 2015 में विदेश सचिव बनने के तुरंत बाद शुरू कर रहा था। अपने विदाई निर्देशों में, प्रधानमंत्री जी ने मुझसे कहा कि, उन्हें मेरे अनुभव और निर्णय पर पूरा भरोसा है, लेकिन इस्लामाबाद पहुँचने पर मुझे एक बात है जो ध्यान में रखनी चाहिए। वह अपने पूर्ववर्तियों से अलग थे और वह ना तो आतंकवाद को नजरंदाज करने वालों में से थे और ना ही बर्दाश्त करने वालों में से। इस हिसाब में कोई अस्पष्टता नहीं होनी चाहिए। जहां तक चीन का संबंध है, प्रधानमंत्री मोदी जी का दृढ़ विश्वास है कि हमारे संबंध आपसी सम्मान और आपसी संवेदनशीलता पर आधारित होने चाहिए। वह मानते हैं कि, हम दो अद्वितीय सभ्यताएँ हैं जिनके समानांतर उदय ने अपनी चुनौतियाँ पैदा की हैं। चीन के समकक्षों के साथ उन सभी बैठकों में, जिनमें मैं उपस्थित रहा हूँ, वह हमारे हितों और चिंताओं को व्यक्त करने से कभी पीछे नहीं हटे। अपने पूर्ववर्तियों के समान, उनको भी सीमा विवाद से निपटना पड़ा। हालांकि उन्होंने अपेक्षित धैर्य का परिचय दिया है, इसके साथ ही उन्होंने एल.ए.सी. को एकतरफा रूप से बदलने की अनुमति नहीं देने का एक दृढ़ संकल्प भी किया है।

एक विदेश सचिव के तौर पर और बाद में विदेश मंत्री के तौर पर, मैं वर्ष

2015 में म्यांमार सीमा पर विद्रोही शिविरों को निष्प्रभावी करने, वर्ष 2016 में उरी में सर्जिकल स्ट्राइक के समय, वर्ष 2017 में डोकलाम में जब आमना-सामना हुआ तब और वर्ष 2020 के बाद से लद्दाख में सीमा पर हुई मजबूत प्रतिक्रिया के समय से, इन सब से जुड़ा रहा हूँ। इनमें से प्रत्येक अवसर पर, जमीनी जटिलता के लिए एक मजबूत समझ से सम्मानित एक निर्णय लेने की शैली बहुत स्पष्ट रही है। उचित विचार विमर्श के बाद लक्ष्य स्पष्ट रूप से निर्धारित किए गए हैं और जिन लोगों को निष्पादन की जिम्मेदारी दी गई है, उन्हें अपेक्षित स्थान दिया गया है। यह राजनयिक पक्ष से उतना ही सच है जितना कि सुरक्षा के पक्ष से। लेकिन प्रधानमंत्री जी का दृष्टिकोण केवल उस पल पर प्रतिक्रिया देना ही नहीं है। पहली बार प्रभावी सीमा अवसंरचना के निर्माण के लिए गंभीर और व्यापक प्रयास किए जा रहे हैं। जो वर्षों से केवल एक रेखाचित्र था अथवा जिस पर काम चल रहा था वह अब हकीकत बनने लगा था। शुरू किए गए परिवर्तनों में नई तकनीक और उपकरणों को अपनाना, कार्य करने का एक बेहतर तरीका, शक्तियों का एक बड़ा प्रतिनिधिमंडल और तेजी से मंजूरी देना शामिल है। वर्ष 2014 के बाद से ही बजट भी दोगुने से अधिक हो गया है। वर्ष 2008-14 की अवधि की तुलना में वर्ष 2014-21 की अवधि में सड़क निर्माण का पूरा होना भी लगभग दोगुना हो गया है। इसी अवधि के लिए, पुलों का निर्माण कार्य पूरा होना भी वास्तव में लगभग तीन गुणा हुआ, जबकि सुरंगों के निर्माण ने भी एक लंबी छलांग मारी। बेशक, इस क्षेत्र में अतीत की भरपाई करना विशेष रूप से चुनौतीपूर्ण है, मुख्यत: उस पड़ोसी के मुकाबले, जिसने वर्ष 1988 के बाद से हमें बहुत पीछे छोड़ दिया है। फिर भी, कुछ महत्वपूर्ण क्षेत्रों में अंतराल कम होना शुरू हो गया है और परिचालन तैनाती अधिक संभव हो गई है। जब चीन सीमा पर चुनौतीपूर्ण परिस्थितियों में सेना की तैनाती की बात करें तो, नेतृत्व और इच्छाशक्ति समान रूप से प्रमाणित थीं। वर्ष 2020 में हमारे सशस्त्र बलों की प्रभावी प्रतिक्रिया अपने आप में एक कहानी है।

विदेश नीति के मोर्चे पर हो सकता है कि मोदी जी के युग की शुरुआत आस-पड़ोस के लोगों के जमा होने से हुई हो सकती है। लेकिन इस हाव-भाव से, हमने तेजी से उस भावना को विकसित किया जिसे 'पड़ोसी पहले' नीति के रूप में जाना जाने लगा। इसने जमीन और समुद्री सीमा को तय करके, मजबूत संपर्क का निर्माण करके, सामाजिक संपर्कों का विस्तार करके और घनिष्ठ नेतृत्व बंधनों को पोषित करके दक्षिण एशिया के रूपांतरण को प्रोत्साहित किया। प्रत्येक मामले में, प्रधानमंत्री जी ने आगे बढ़ कर नेतृत्व करते हुए, सभी पड़ोसी देशों का दौरा किया, उनमें से कुछ में तो दशकों के अंतराल के बाद। उसी समय, उन्होंने अधिक महत्वाकांक्षी विकास परियोजनाओं पर बेहतर वितरण के लिए नीति और निष्पादन पक्ष

पर जोर दिया। कोविड-19 काल में, भारत ने ना केवल टीकों, आपूर्ति और रसद के मामले में अपेक्षा से अधिक कार्य किया, बल्कि उदार वित्तीय सहायता में प्रदान करने में श्रीलंका सबसे उल्लेखनीय मामला रहा। पड़ोसियों को करीब से गले लगाने का तरीका उनके शुरुआती कदमों में सबसे प्रभावशाली रहा होगा। लेकिन, यह प्रधानमंत्री मोदी जी के नेतृत्व की एक बड़ी समीक्षा और पुनर्स्थापना का केवल एक चित्रण था। इसमें एक सचेत 'सरकार के सभी' दृष्टिकोण शामिल हैं, जो लंबे समय से नीति प्रक्रियाओं पर हावी होने वाले विभागीय गड्ढे को दूर करने की मांग कर रहे हैं। बजट की अधिक कठोर प्रक्रिया और विदेशों में परियोजनाओं की नियमित निगरानी ने बेहतर प्रदर्शन में योगदान दिया है।

नरेंद्र मोदी जी के तहत, हमने विश्व के मामलों के प्रति एक बहुत भिन्न दृष्टिकोण का खुलासा होते देखा है। यह भारत के प्रति विश्व की सोच में परिवर्तन के इर्द-गिर्द घूमता है। आरोपित पूर्वाग्रह और निहित स्वार्थ गहरे हो सकते हैं, लेकिन उनका नीतियों और कार्यों के माध्यम से जोरदार मुकाबला किया जा रहा है। एक महत्वपूर्ण पहलू यह सुनिश्चित करना है कि, हमारी क्षमताओं और योगदानों को अधिक मान्यता मिले। 'मेक इन इंडिया' और 'स्टार्ट-अप इंडिया' के अभियान, और उसके बाद आई उत्पादन से जुड़े प्रोत्साहन (पी.एल.आई.) पहल ने, हमारी आर्थिक प्रासंगिकता को बढ़ा दिया है। विश्व हमें अब एक बाजार से अधिक महत्व देता है। 'व्यापार करने की सुगमता' तालिका में भारत की स्थिति में सुधार करने से भी एक स्पष्ट अंतर बना है। यहाँ तक कि कोविड-19 महामारी की चुनौतियों ने भी इस दृष्टिकोण से ध्यान नहीं भटकने दिया है। हमारे शासन का इस बात से ही पता चलता है, जिस प्रकार बड़े पैमाने पर खाद्य और वित्तीय सहायता के माध्यम से महामारी के दौरान कमजोर लोगों का समर्थन किया गया था। विश्व की चिकित्सकीय और टीकों की आवश्यकताओं का उत्तर देकर, 'विश्व की फार्मेसी' के रूप में हमारी प्रतिष्ठा स्थापित हुई। और दूसरे भी इस बात से अनभिज्ञ नहीं हैं कि कुछ टीकों का आविष्कार भारत में हुआ है। आई.टी. शक्ति की एक पुरानी छवि को डिजिटल शासन और बड़े पैमाने पर वितरण के माध्यम से मजबूत किया है। भारत का एनर्जी मिक्स का कायाकल्प एक अन्य उल्लेखनीय उपलब्धि है, जिसे वैश्विक सराहना मिली है। कुल मिलाकर संदेश एक ऐसे भारत का है, जो ना केवल पैदा होने वाली चुनौतियों को संबोधित करते हुए दृढ़ता से आधुनिकीकरण के मार्ग पर बढ़ रहा है, लेकिन साथ ही अपने भविष्य के लिए साहसिक और प्रगतिशील समाधानों को अपना रहा है।

प्रधानमंत्री मोदी जी ने निस्संदेह विदेश नीति में आर्थिक उद्देश्यों पर अधिक ध्यान दिया है। वह विश्व भर के उद्यमियों और नवोन्मेषकों के साथ नियमित रूप से बातचीत करते हैं, जिससे कि भारत नवीनतम विकासों के साथ बराबर बना रहे।

यह मानते हुए कि यह रोजगार विस्तार और मजबूत ताकत में योगदान कर सकता है, वह उन उद्यमियों और नवोन्मेषकों को भारत में परिचालन स्थापित करने के लिए भी सक्रिय रूप से आकर्षित करते रहते हैं। अनेक अधिवेशनों में भाग लेने के अपने अनुभव से मैं वह विश्वास के साथ कह सकता हूँ कि उनकी व्यावसायिक बैठकें वास्तविक समस्या-समाधान अभ्यास है, जिन पर आगे कड़ी कार्यवाई होती है। और जब एक नेता व्यक्तिगत रूप से इतना बड़ा प्रयास करता है, तो उसका संदेश प्रतिध्वनित होता है। भारत को अंतर्राष्ट्रीय साझेदारी से अत्यधिक लाभ होने की संभावना है, फिर चाहे वह स्वच्छ प्रौद्योगिकियों में हो, कुशल रसद में हो अथवा आधुनिक विनिर्माण में हो। बढ़ा हुआ एफ.डी.आई. प्रवाह, हमारे प्रदर्शन का एक मानदंड है; व्यापार का विस्तार दूसरा मानदंड है। पहली बार देशानुसार व्यापार लक्ष्य निर्धारित किए गए हैं और प्रधानमंत्री जी स्वयं विदेशों में हमारे प्रतिनिधियों को प्रेरित करने की अभ्यास में शामिल हुए हैं। इस सबके बाद, हम एक ऐसी विदेश नीति देख रहे हैं, जिसका लक्ष्य रोजगार बढ़ाना है, राष्ट्रीय क्षमताओं को विकसित करना है और हमारे लोगों के जीवन की गुणवत्ता को बढ़ाना है।

एक प्रतिस्पर्धी और विविध विश्व में, यह स्पष्ट रूप से आवश्यक है कि विभिन्न हितों का सबसे प्रभावी ढंग से मार्गनिर्देशन किया जाए। यह या तो विश्वास में कमी और डर के साथ किया जा सकता है, अथवा आत्मविश्वास और कौशल के साथ इसको किया जा सकता है। अपनी ओर से, प्रधानमंत्री मोदी जी दूसरों की तुलना में अवसरों को अधिक आसानी से समझते हैं और उनको विश्वास है कि वह उन अवसरों का उपयुक्त लाभ उठा सकेंगे। उदाहरण के तौर पर, वर्ष 2018 में ब्यूनस आयर्स में दो लगातार त्रिपक्षीय बैठकें अपनी कहानी स्वयं सुनाती हैं। उनमें से एक शिनजो आबे और डोनाल्ड ट्रम्प के साथ थी और दूसरी व्लादिमीर पुतिन और शी जिनपिंग के साथ। अन्य स्तरों पर भी, हिचकिचाहट की पिछली चुनौतियों पर भी काबू पाने की आवश्यकता है। क्षेत्रीय द्विभाजन एक ऐसा उदाहरण है, फिर चाहे वह इजराइल और फिलिस्तीन हो, ईरान और खाड़ी देश अथवा जापान अथवा कोरिया हो। इन सबको निपुणता और आत्म-आश्वासन के साथ संबोधित किया गया है। महत्वपूर्ण रूप से, प्रधानमंत्री जी ने हाइफनेशन के आगे झुके बिना, इजराइल और फिलिस्तीन की अलग अलग द्विपक्षीय यात्राएँ कीं। बेशक, इजराइल की यात्रा हमारी वोट-बैंक की राजनीति से ऊपर उठने के बारे में थी। दिलचस्प बात यह है कि, प्रधानमंत्री जी ने इजराइल पहुँचने के रास्ते में अरब हवाई क्षेत्र को पार किया और रामल्लाह पहुँचने पर इजराइली हेलिकॉप्टर रक्षार्थ उनके साथ रहे। घर के पास, प्रधानमंत्री जी द्वारा ऐसी ही मानसिकता को दरकिनार कर एक ही दौरे में कोलंबो, अनुराधापुरम और जाफना की यात्रा की। उच्चतम स्तर पर, एक बहुध्रुवीय विश्व में सफलता के लिए

प्रतिस्पर्धी शक्तियों का प्रबंधन करने की क्षमता आवश्यक है। जिन्होंने नरेंद्र मोदी जी के तहत भारतीय कूटनीति का पालन किया है, वह इस बात से सहमत होंगे कि, पूर्व उदाहरणों से परे जाने की उनकी इच्छा ने ऐसा करने के लिए एक नया दृढ़ संकल्प पैदा करने में मदद की है। सबका साथ, सबका विकास, सबका विश्वास, भी विदेश नीति का एक सूत्रवाक्य रहा है।

हाल के वर्षों की कूटनीतिक उपलब्धियां केवल इस बात का रेखांकन करतीं हैं कि अधिक आश्वासन और मजबूत नेतृत्व द्वारा कितना कुछ किया जा सकता है। हम उपमहाद्वीप के समाजों से बेहतर ढंग से जुड़े हैं, दक्षिण पूर्व एशिया के साथ अपने संबंधों को व्यापक किया है, खाड़ी देशों के साथ संपर्क स्थापित किए हैं, मध्य एशिया के साथ भागीदारी की है, अपने अफ्रीकी पदचिन्हों को और गहरा किया है, और लैटिन अमेरिका से लेकर प्रशांत द्वीप समूहों तक दूरदराज के भौगोलिक क्षेत्रों को जोड़ा है। विश्व राजनीति के चरम पर, भारत सभी प्रमुख शक्ति केंद्रों के साथ एक साथ प्रभावी ढंग से निपट रहा है। हमारी बहुपक्षीय गतिविधियां, विशेष रूप से संयुक्त राष्ट्र में, बहुत ऊर्जावान रहीं हैं। अंतर्राष्ट्रीय संगठनों में चुनावी जीत के रिकार्ड में सुधार हुआ है, मुख्य रूप से वह महत्वपूर्ण जीत जो अंतर्राष्ट्रीय न्यायालय में हासिल हुई। और हम मुद्दों पर आधारित सहयोग के लिए राष्ट्रों के एक साथ आने की बहुपक्षीय प्रवृत्ति का नेतृत्व कर रहे हैं। भारत ने अपने हिन्द-प्रशांत दृष्टिकोण को आगे बढ़ाया है और क्वाड मंच को आगे ले गए हैं। इसी के साथ साथ, यह यूरेशीयन देशों के शंघाई सहयोग संगठन में शामिल हो गया है। इसी प्रकार, सौर ऊर्जा और आपदा प्रतिरोधक्षमता पर सामूहिक पहल टीकों और अन्य चिकित्सकीय आपूर्ति पर राष्ट्रीय कार्यवाइयों के समानांतर रही हैं। मिसाइल टेक्नॉलजी कंट्रोल रिजीम की सदस्यता प्राप्त करना, रसायनों पर ऑस्ट्रेलियाई समूह और पारंपरिक हथियारों पर वास्सेनार समझौता भी मील के पत्थर रहे हैं।

वैश्विक एजेंडे को अधिक प्रभावी ढंग से आकार देना, एक उभरती हुई शक्ति के लिए स्वाभाविक प्रगति का हिस्सा है। प्रधानमंत्री मोदी जी ने अंतर्राष्ट्रीय मंचों पर अपनी उपस्थिति दर्ज करते हुए अपने विलक्षण जोश और ऊर्जा के साथ इस उद्देश्य को पूरा दिया है। फिर चाहे वह जी-20 बैठकें हों, क्वाड शिखर सम्मेलन हों, एस.सी.ओ. सभाएँ हों अथवा संयुक्त राष्ट्र महासभा हो, इसका असर दिखाई दे रहा है। जनता चाहे नेताओं की भीड़ की तस्वीरें देखें अथवा यह सुनें कि भारत के बारे में कैसे बात की जाती है, वह सहज रूप से इसकी सराहना करते हैं। वैश्विक आयोजनों में भारत की उपस्थिति इसकी पहल की प्रासंगिकता और इसकी तैयारियों के परिश्रम से भी चिन्हित होती है। संयुक्त राष्ट्र और एस.सी.ओ. में, प्रधानमंत्री जी ने आतंकवाद से लड़ने को एक वैश्विक प्राथमिकता बना दिया है और उस चुनौती

पर भी विजय पा ली, जिसके अंतर्गत इसको भारत की व्यक्तिगत लड़ाई के रूप में माना जाता था। जी-20 शिखर सम्मेलनों में, चाहे वह ब्रिस्बेन में हो अथवा रोम में, उन्होंने काले धन और कर चोरी को सुर्खियों में ला दिया। पूर्वी एशिया शिखर सम्मेलन, बी.आई.एम.एस.टी.ई.सी. और भारत-अफ्रीका गोष्ठी जैसे क्षेत्रीय मंचों में, उन्होंने पर्याप्त और व्यवहार्य संयोजकता के निर्माण पर ध्यान दिया, जिसकी अत्यधिक आवश्यकता थी। पेरिस और ग्लासगो में उन्होंने न केवल जलवायु कार्यवाई के साथ-साथ जलवायु न्याय का नेतृत्व किया, अपितु अंतर्राष्ट्रीय सौर गठबंधन की भी स्थापना की। टीका मैत्री कार्यक्रम उस समय सामने आया जब अधिकांश राष्ट्र केवल अपने स्वयं के लिए ही ध्यान दे रहे थे। यह सब करते हुए, प्रधानमंत्री मोदी जी बड़े पैमाने पर विश्व के साथ राष्ट्रीय हित में सामंजस्य बैठाने में सक्षम रहे हैं। उन्होंने बार बार रेखांकन किया है कि यह वसुधैव कुटुंबकम (पूरा विश्व एक परिवार है) से बहुत मेल खाता है। उस अर्थ में, उन्होंने एक ऐसे अंतर्विरोध पर काबू किया है जिसने उनके कई समकक्षों को त्रस्त किया है। वास्तव में, वर्ष 2018 में, और किसी ने नहीं अपितु सिंगापुर के पूर्व प्रधानमंत्री गोह चोक टॉंग ने सार्वजनिक रूप से नरेंद्र मोदी जी की विश्व के कई देशों के केंद्रों को जोड़ने और एक सामूहिक दृष्टि को व्यक्त करने की क्षमता को पहचाना।

प्रधानमंत्री मोदी जी का दृढ़ विश्वास है कि, समुदायों को एक दूसरे के साथ खड़े होना चाहिए। इस विश्वास की जड़ें शायद उनके अपने जीवन के अनुभवों में निहित हैं। जब बात मानवीय और आपदा परिस्थितियों की आती है, फिर चाहे वह मानव द्वारा निर्मित हों अथवा प्राकृतिक, वह आगे बढ़ कर आए हैं और प्रायः प्रतिक्रिया का नेतृत्व किया है। वर्ष 2014 के बाद से, भारत ने इस क्षेत्र में 'प्रथम प्रतिक्रियाकर्ता' की प्रतिष्ठा को योग्य रूप से विकसित किया है। हमने वर्ष 2014 में ऑपरेशन नीर को देखा है जिसके तहत पीने के पानी को मालदीव ले जाया गया था, वर्ष 2015 में ऑपरेशन राहत के माध्यम से, यमन में गृहयुद्ध में फंसे लोगों को बचाया गया था, इसी वर्ष ऑपरेशन मैत्री के माध्यम से नेपाल में भूकंप पीढ़ितों की मदद के लिए गए थे, वर्ष 2017 में बांग्लादेश में रोहिंग्या के लिए ऑपरेशन इंसानियत के माध्यम से, सहायता भेजी थी, वर्ष 2018 में सुनामी के दौरान ऑपरेशन समुद्र मैत्री के माध्यम से, इंडोनेशिया में मदद भेजी गई थी, वर्ष 2020 में चक्रवात के दौरान ऑपरेशन वनीला के माध्यम से, मेडागास्कर में मदद भेजी गई थी, और ऑपरेशन सागर जो हिन्द महासागर में सामने आया, जिसने महामारी से संबंधित सहायता प्रदान की। वर्ष 2015 नेपाल विशेष रूप से मेरी स्मृति में अंकित है क्योंकि, प्रधानमंत्री जी ने काठमांडू में पहले भारतीय विमान के उतरने तक हमारे राहत प्रयासों पर लगातार नजर रखी हुई थी। और फिर, प्रत्याशित रूप से, आगे की कार्यवाई को लेकर उन्होंने हार नहीं मानी!

यह भी उम्मीद की जानी चाहिए कि, मोदी जी की विदेश नीति भारत की विरासत, संस्कृति और परंपरा को विदेशों में दिखाने को अधिक प्राथमिकता देगी। यह विश्व में जारी बड़े सांस्कृतिक पुनर्संतुलन की अभिव्यक्ति हो सकती है। लेकिन वह प्रधानमंत्री जी के रूप में भारतीय लोकतंत्र की व्यापकता के और सांस्कृतिक प्रामाणिकता के भी प्रतिबिंब थे। भारत के महान राजनीतिक और आर्थिक महत्व को ध्यान में रखते हुए, भारतीय सभ्यता की वैश्विक प्रशंसा को प्रोत्साहित करने की एक स्वाभाविक इच्छा थी। संयुक्त राष्ट्र में अंतर्राष्ट्रीय योग दिवस को मान्यता देने और उसका पालन करने की पहल, प्रधानमंत्री जी के शुरुआती कदमों में से एक थी। इसके उपरांत, आयुर्वेद के लाभों से विश्व को और अधिक परिचित कराने पर जोर दिया गया। भारत की बौद्ध परंपराओं को पुनः प्राप्त करना एक और प्रयास था, जिसे संगोष्ठियों, तीर्थयात्रा और धरोहर संरक्षण के माध्यम से आगे बढ़ाया गया। समानांतर में, यू.एन.ई.एस.सी.ओ. (यूनेस्को) द्वारा भारत में विश्व धरोहर स्थलों की मान्यता को सुरक्षित रखने के लिए एक मजबूत प्रोत्साहन दिया गया। संस्कृति स्वयं नीति का एक आंतरिक तत्व बन गई, विशेष रूप से हमारे निकटतम पड़ोस के संबंध में। रामायण परिपथ एक साझा विरासत को विकसित करने का एक उल्लेखनीय उदाहरण था। हालांकि, नीतिगत जोर केवल नम्र शक्ति के प्रक्षेपण पर नहीं है। यह उस सभ्यता के लिए सम्मान सुनिश्चित करने के लिए भी है, जिसको अतीत में शोषित किया गया है। अमेरिका, कनाडा और ऑस्ट्रेलिया से भारतीय पुरावशेषों की वापसी, इस दिशा में एक बड़ा कदम है। जब बात आज की राजनीतिक तर्कों की भी आती है तो, हमारे इतिहास और समाजशास्त्र के रेखांकन से हमारी लोकतान्त्रिक साख सुदृढ़ होती है। अब तक, इन गतिविधियों ने भारत को एक सभ्यतागत राज्य के रूप में फिर से उभरने की धारणा को तेज किया है। यह संदेश प्रवासी भारतीयों के कल्याण के लिए भी प्रासंगिक रहा है। बहुत से भौगोलिक क्षेत्रों में अपनी आस्था की साधना करने का अधिकार लंबे समय से एक मुद्दा रहा है। अबू धाबी में एक मंदिर का निर्माण, इस संबंध में एक मील का पत्थर बना है। अन्य उदाहरणों में सिख समुदाय के लिए विदेश में अपनी आस्था की सामग्री को ले जाने देने के लिए सहयोग शामिल हैं। अथवा भारत के मुसलमानों के लिए हज कोटे को बढ़ाना शामिल है। महात्मा गांधी और गुरु गोविंद सिंह जी से लेकर स्वामी विवेकानंद और डॉ. बी.आर. अंबेडकर तक – भारत की नियति को आकार देने वाली हस्तियों की जयंती की याद का वैश्वीकरण करके हम पूरे विश्व में आगे निकाल गए हैं। यहाँ तक कि जिस तरह से आजादी का अमृत महोत्सव मनाया जा रहा है, वह आत्मविश्वास और महत्वाकांक्षा के एक अलग ही स्तर की बात करता है।

गुजरात हमारे उन राज्यों में से एक है, जो, परंपरागत रूप से तटों तक सीमित

नहीं है। इसके परिणामस्वरूप, यह विदेश में प्रवास करने वाले भारतीयों (एन.आर.आई.) और भारतीय मूल के व्यक्तियों (पी.आई.ओ.) के कल्याण पर एक प्रीमियम डालता है। इसमें कोई आश्चर्य नहीं है कि प्रधानमंत्री मोदी जी ने अपनी विदेश नीति में इस चिंता को उठाया। वास्तव में, दिनांक 1 जनवरी 2015 को नीति आयोग की स्थापना के मंत्रिमंडल संकल्प में प्रवासियों को भू-आर्थिक और भू-राजनीतिक ताकत के रूप में संदर्भित किया गया है। और बहुत कुछ के समान, यह उतना ही भविष्य को देखते हुए था, जितना अतीत को स्वीकार करना था। प्रधानमंत्री मोदी जी विश्व को एक वैश्विक कार्यस्थल के रूप में देखते हैं, ना कि केवल एक बाजार के रूप में। इसका अर्थ है कि विदेशों में काम करने वालों का ख्याल रखने के लिए नई पहल, प्रमुख रूप से उनके लिए जो खाड़ी देशों में काम करते हैं। उन्होंने संयुक्त अरब अमीरात और कतर में श्रम शिविरों का दौरा करके इस संबंध में अपनी व्यक्तिगत प्रतिबद्धता का संकेत दिया। भारतीय समुदाय कल्याण कोष के उपयोग के विस्तार के लिए उनके समर्थन ने महामारी के दौरान बहुत बड़ा बदलाव किया। विदेश जाने वाले छात्रों की कार्य संभावनाओं पर भी अधिक ध्यान दिया गया है। उन्होंने इस मुद्दे को फ्रांस, ब्रिटेन, जर्मनी और ऑस्ट्रेलिया में अपने समकक्षों के साथ उठाया है। इसी नोट पर, जापान और पुर्तगाल के साथ कौशल और गतिशीलता समझौतों पर हस्ताक्षर करके विदेशों में भारतीयों के लिए काम के अवसरों का विस्तार किया गया है। और मुसीबत के समय में, फिर चाहे वह कोई व्यक्तिगत परिस्थिति हो अथवा सामूहिक संकट, उनकी सरकार की ओर से उद्देश्यपूर्ण प्रतिक्रियाएं की गई हैं। लीबिया और यमन से लेकर ईरान, इराक और अफगानिस्तान तक, संकट में फंसे लोगों के लिए कड़े प्रयास किए गए हैं। भारतीयों को बिना किसी सहायता के यूं ही छोड़ा नहीं गया था, फिर चाहे वह नाविक हों अथवा धर्म-प्रचारक, कर्मचारी हों अथवा पेशेवर लोग।

विदेशों में भारतीयों और भारतीय मूल के व्यक्तियों का कल्याण स्वाभाविक रूप से एक वैश्विक युग में महत्वपूर्ण पूर्वव्यवस्था बन गया है। उन्हें भी उभरते हुए भारत से बहुत उम्मीदें हैं। भावनात्मक बंधन के अतिरिक्त, हमें पता है कि एक की सफलता दूसरे को लाभ पहुँचाती है। इसीलिए, यह उचित है कि, प्रधानमंत्री मोदी जी को प्रवासी नीति के क्षेत्र में देखभाल और ध्यान देने की भावना का संचार करना चाहिए। उन्होंने भारतीय प्रणाली को एन.आर.आई. और पी.आई.ओ. की समस्याओं को अधिक सहानुभूतिपूर्वक निपटने के लिए प्रेरित किया है। उनकी आवश्यकताएं, फिर चाहे वह छोटी हों अथवा बड़ी, प्रधानमंत्री के विचार की पात्र हैं और इसका परिणाम सभी देख सकते हैं। भारत में कार्यालयों में प्रतिक्रिया के समान, विदेशों में भी हमारे दूतावासों के रवैये में परिवर्तन आया है। पासपोर्ट प्राप्त करना आसान और भ्रष्टाचार मुक्त हो गया है। और डाकघरों उनकी क्षमता तक प्रयोग करना एक स्मार्ट

कदम रहा है। यह 'अधिकतम शासन, न्यूनतम सरकार' की एक केस स्टडी भी है। इसलिए इसमें अन्य नौकरशाही प्रक्रियाएं भी हैं; जैसे दस्तावेजों का सत्यापन। कठिन परिस्थितियों ने विशेष ध्यान आकर्षित किया है। वास्तव में, ऑनलाइन एम.ए.डी.ए.डी. (मदद) पोर्टल पासपोर्ट के तेज वितरण के प्रभाव में दूसरे स्थान पर रहा है। लेकिन, जिस चीज ने वास्तव में अंतर पैदा किया है वह यह है कि, नीतिगत सुधार किस हद तक जमीनी स्तर पर हैं, यह निश्चित रूप से उस दिमाग की छाप है, जो वर्षों से शासन की चुनौतियों से जूझ रहा है। भारतीय समुदाय कल्याण कोष का अधिक विस्तृत उपयोग आश्रय खोजने वालों, कानूनी बचाव पाने वालों अथवा यहाँ तक कि विदेशों से पार्थिव शरीर भी वापस लाने के लिए संघर्ष करने वालों के लिए एक जीवनरक्षक रहा है। कोविड-19 की अवधि के दौरान, इसकी उपयोगिता विशेष रूप से दिखाई दी थी जब भारतीय नागरिकों के आवास, भोजन और उनके यातायात साधन की आवश्यकता पड़ी थी।

वर्ष 2014 के बाद से, संकट में फंसे भारतीयों को निकालने के लिए कई समर्पित अभियान चलाए गए: वर्ष 2016 में सूडान में ऑपरेशन संकट मोचन, वर्ष 2018 में यमन में ऑपरेशन निस्तार, और अभी हाल ही में, अफगानिस्तान में ऑपरेशन देवी शक्ति। महामारी के दौरान चलाया गया वंदे भारत मिशन जिसके माध्यम से सात मिलियन भारतीयों को देश वापस लाया गया, निश्चित रूप से, इन सभी प्रयासों में सबसे बड़ा था। लोगों का आवागमन अपने आप में एक विकट चुनौती थी; उनके स्वास्थ्य, रहने के प्रबंध और रसद का प्रबंध भी उतने ही प्रभावी तरीके से किया गया। प्रधानमंत्री जी के सिद्धांत के कुछ और बेहतर उदाहरण हैं कि, नीतियाँ लोगों के ही बारे में होती हैं।

जब हम पहली बार वर्ष 2011 में चीन में मिले थे, उस समय दूतावास गुजरात के कुछ हीरा व्यापारियों को शेनझेन में हिरासत से छुड़ाने पर काम कर रहा था। भारत में यह राज्य अधिकारियों का दूतावासों के साथ ऐसे मामलों को उठाना असामान्य नहीं था। लेकिन इस मामले में, स्वयं मुख्यमंत्री ने चीनी वार्ताकारों के साथ, कड़े शब्दों में इस मामले को उठाया था। जब अगले महीने 12 बंदियों की रिहाई सुरक्षित की गई, तो हम एक नियमित आभार-पूर्ति के नहीं, अपितु एक व्यक्तिगत धन्यवाद के प्राप्तकर्ता थे। जब मैं पलट कर इस बारे में सोचता हूँ, इस प्रकरण का महत्व विदेशों में फंसे भारतीयों के लिए जिम्मेदारी की भावना में निहित है। इसी प्रकार की एकनिष्ठता वंदे भारत मिशन में कोविड-19 के प्रकोप के दौरान दिखाई दी अथवा उस समय दिखाई दी जब भारतीय, अफगानिस्तान, यमन, इराक अथवा सूडान में फंसे थे। स्पष्ट है, जो कुछ भी भारत अथवा भारतीयों से जुड़ा होता है, वह व्यक्तिगत होता है और गहराई से महसूस किया जाता है। और जब हम इसे पहले पड़ोसी से जोड़ते हैं, तो यही

कारण है कि हम अपने पड़ोसी नागरिकों के बारे में भी सोचते हैं।

हमारी प्रवासी नीति के विकास में मूल विश्वासों और मजबूत देखभाल की समान कसौटी है। इसे अब व्यापक रूप से स्वीकार कर लिया गया है कि दिनांक 28 सितंबर 2014 को मैडिसन स्क्वायर गार्डन का कार्यक्रम उस क्षेत्र में एक ऐतिहासिक घटना थी। एक बधाई फोन कॉल के दौरान अमेरिकी राष्ट्रपति ओबामा ने प्रधानमंत्री मोदी जी को वहाँ आने का आमंत्रण दिया। उसके बाद अमेरिका में राजदूत के तौर पर उनसे मेरी पहली मुलाकात स्वाभाविक रूप से संभावित यात्रा पर केंद्रित थी। प्रधानमंत्री जी ने प्रवासी भारतीयों के विषय को उठाया, जिसको उन्होंने राष्ट्र की एक बड़ी शक्ति बताया। उन्हें अपनी आवाज खोजने की आवश्यकता थी और हमें एक सेतु के रूप में उनकी भूमिका को मजबूत करने की आवश्यकता थी। मैडिसन स्क्वायर गार्डन (एम.एस.जी.) कार्यक्रम के निर्देश इसी विश्वास के साथ निकले थे। इस कार्यक्रम को इस प्रकार से आयोजित किया जाना चाहिए कि इसकी गूंज ना केवल अमेरिका और भारत में सुनाई दे, अपितु पूरे विश्व में सुनाई दे। अधिकांश भाग के लिए ऐसा हुआ भी क्योंकि, दर्शकों से प्रधानमंत्री जी के जुड़ाव की गहनता इतनी प्रत्यक्ष थी। इसके साथ ही लोकप्रिय कूटनीति में एक अद्वितीय प्रयोग का आरंभ हुआ जो कई अन्य नेताओं और देशों की ईर्ष्या का सबब बना। वह जहां कहीं भी बोले उन्होंने समान रूप से प्रवासियों के गौरव को बढ़ाया है।

यह एक सत्य है कि, देशों के स्थाई हित होते हैं और यह कि अंतर्राष्ट्रीय संबंध इसी नींव पर आधारित होते हैं। लेकिन, ऐसा शायद ही होता है कि हित स्वयं को सुरक्षित कर सकें; यही कारण है कि हमें कूटनीति की आवश्यकता होती है। मिलने और बिछड़ने का लाभ उठाने के लिए संबंधों की आवश्यकता होती है। और यह, बदले में, सर्वश्रेष्ठ रूप से उन्नत होते हैं व्यक्तिगत गुणधर्म और एक प्रभावी संवाद करने की और यकीन दिलाने की क्षमता से। अपने कार्यकाल के दौरान, प्रधानमंत्री मोदी जी ने पिछली उदासीनता और लापरवाही की भरपाई करने का पुरजोर प्रयास किया है। और उन्होंने ऐसा, नौकरशाही रिवाज से नहीं अपितु, एक उद्देश्यपूर्ण तरीके से किया है। उनके दौरे अपने कठिन कार्यक्रमों और एकनिष्ठ केंद्र के लिए प्रसिद्ध हो सकते हैं। लेकिन इसने जो कुछ भी किया है वह भारत को वैश्विक मानचित्र पर और अधिक गंभीरता से लाने के लिए किया है। उन्होंने अमेरिका, रूस, फ्रांस, चीन, जापान, जर्मनी, अथवा यू.के. जैसी शक्तियों के नेताओं के साथ एक नियमित प्रत्यक्ष संवाद स्थापित किया है। नेपाल और श्रीलंका जैसे महत्वपूर्ण भागीदारों, जैसे निकटतम पड़ोसी देशों में द्विपक्षीय दौरों ने एक लंबे अंतराल को कम किया है। यहाँ तक कि विस्तारित क्षेत्रों में भी, संयुक्त अरब अमीरात जैसा राष्ट्र, जहां लाखों प्रवासी भारतीय रहते हैं, ने वर्ष 1981 में इंदिरा गांधी के बाद किसी भारतीय प्रधानमंत्री को

नहीं देखा था। लेकिन अब, स्वयं नेताओं ने ही इन संबंधों में क्रांतिकारी परिवर्तन का नेतृत्व किया है। काफी हद तक, कम जुड़ाव की यह कहानी अन्य भौगोलिक क्षेत्रों में भी प्रचलित थी। यह ऑस्ट्रेलिया जैसा क्वाड भागीदार हो सकता है, कुछ मध्य एशियन राज्य भी, यूरोपीय संघ के महत्वपूर्ण सदस्य भी, अफ्रीका में लंबे समय से दोस्त भी हो सकते हैं अथवा जी-20 के कुछ सदस्य भी हो सकते हैं। यह काफी हद तक समझ आता है कि, नेतृत्व की ऊर्जा द्वारा नए सिरे से स्थापित हुए संपर्कों ने विश्व का ध्यान आकर्षित किया है।

कूटनीति जैसी भी हो, व्यक्तिगत रुचि से सकारात्मक प्रतिक्रिया होना बाध्य है। कई वैश्विक नेताओं ने प्रोटोकॉल और कार्यक्रम के स्थान को लेकर अभिव्यक्ति की। एंजेला मर्केल ने अपनी कन्ट्री रिट्रीट में श्लॉस मेसेबर्ग में, शिनजो आबे ने यमानाशी में अपने व्यक्तिगत आवास पर, डेविड कामेरॉन ने चेकर्स में अथवा व्लादिमीर पुतिन ने सोची में अपनी राष्ट्रपति यॉट पर प्रधानमंत्री जी का स्वागत किया। राष्ट्रपति बीडेन, जिन्होंने उप-राष्ट्रपति के तौर पर, प्रधानमंत्री जी की अपने विदेश विभाग में मेजबानी की थी, ने क्वाड शिखर सम्मेलन के बीच में एक पूर्ण द्विपक्षीय भागीदारी की। कुछ राष्ट्रों ने उनको अपने सर्वोच्च पुरस्कारों से सम्मानित किया, विशेष रूप से सऊदी अरब, संयुक्त अरब अमीरात, फिलिस्तीन, रूस, मालदीव, बहरीन, अमेरिका तथा भूटान ने। यहाँ तक कि उपहारों के आदान-प्रदान जैसी सामान्य चीज के भी नए मायने बन गए। प्रधानमंत्री मोदी जी उनके चयन में व्यक्तिगत रुचि लेते थे, मुख्यतः हमारी विरासत के बारे में बताने वाली वस्तु अथवा हमारे इतिहास की एक यादगार। उनमें से कुछ इतने वर्षों के बाद भी मेरे दिमाग हैं। वर्ष 2015 में गणतंत्र दिवस के अतिथि के रूप में, राष्ट्रपति ओबामा को दिसंबर 1946 की संविधान सभा में पढ़े गए एक अमेरिकी टेलीग्राम की प्रति भेंट में दी गई थी। राष्ट्रपति पुतिन को मार्शल आर्ट में उनकी रुचि को ध्यान में रखते हुए कलरीपयट्टू का एक सेट भेंट किया था। राष्ट्रपति मैक्रों को अंतर्राष्ट्रीय सौर गठबंधन के संस्थापन सम्मेलन में पाल वंश के सूर्य की प्रतिकृति भेंट दी गई थी। ताजिक के राष्ट्रपति रहमोन ने, अपने देश में श्रद्धेय, कवि अब्दुल कादिर बेदिल के मकबरे की एक पेंटिंग प्राप्त की थी। एक जिसने सबसे गहरी छाप छोड़ी वह था ऑस्ट्रेलिया के जॉन लाँग का जून 1854 का न्याय स्मारक, जो झांसी की रानी लक्ष्मी बाई की ओर से ईस्ट इंडिया कंपनी के विरुद्ध उनके संग्राम का था। इसको प्रधानमंत्री टोनी एबॉट को दिया गया था।

ध्यान देने वाली बात यह है कि यह शिष्टाचार और भावनाएं अर्थहीन नहीं हैं। वह गंभीर कूटनीति के लिए अधिक महत्व के मामलों के वितरण करने के लिए सुविधा उत्पन्न करते हैं। पक्के तौर पर, जो व्यक्तिगत संबंध प्रधानमंत्री जी ने बनाए हैं, उन्होंने प्रत्यक्ष रूप से हमारे राष्ट्र के और लोगों के हितों को आगे बढ़ाया है।

वह सऊदी का राजा हो सकता है, जो भारतीयों को निकालने की अनुमति देने के लिए यमन में युद्धविराम के उनके अनुरोध का उत्तर दे रहा हो। अथवा, वास्तव में, भारत के मुसलमानों के लिए हज कोटे में बढ़ोत्तरी और आबू धाबी में हिन्दू मंदिर का निर्माण। कतर जैसे कुछ ने ऊर्जा लागत को कम करने के उनके महत्वपूर्ण प्रस्ताव पर व्यक्तिगत निवेदन का उत्तर दिया। अपने रूसी समकक्ष के साथ बातचीत करने से उस देश में हमारे हाईड्रोकार्बन निवेश के विस्तार में मदद मिली। और, एक से अधिक भागीदारों के साथ, अत्यावश्यक सुरक्षा आवश्यकताओं के लिए एक असाधारण प्रतिक्रिया मिली है। सच कहा जाए तो, एक जोरदार और संवादात्मक नेता से बहुत अंतर पड़ता है।

इस तथ्य से इंकार नहीं किया जा सकता कि विश्व पटल पर प्रधानमंत्री मोदी जी का बड़ा दबदबा है। निश्चित रूप से, उनकी नीतियों और पहलों ने अपना प्रभाव डाला है। लेकिन एक व्यक्तिगत सम्मान भी होता है जो दूसरों के रवैये को प्रभावित करता है। उनके समकक्ष उनको सर्वोत्कृष्ट भारतीय समझते हैं, और उसी के अनुसार प्रतिक्रिया देते हैं। उनकी भाषा, उपमाएं, दिखावट, तौर-तरीके और उनकी आदतें - वह सब एक व्यक्तित्व को परिभाषित करते हैं जिसको विश्व पहचानने लगा है। मुझे याद आ रहा है वर्ष 2014 के दौरे के दौरान, किस प्रकार उनके उपवास की आदतों से अमेरिकी नेता मंत्रमुग्ध हो गए थे। अथवा वह दिलचस्पी, जो यूरोपीय लोगों ने उनकी योग की दिनचर्या में दिखाई थी। जिस प्रकार प्रधानमंत्री जी स्वयं को प्रस्तुत करते हैं वह इसका मूलतत्व है। इतना ही नहीं, वह अपने वार्ताकारों के साथ भारत की परंपराओं और रीति-रिवाजों को साझा करने के लिए उतने ही उत्साहित होते हैं। कूटनीति के लिए उनके अंतर्ज्ञान ने उन्हें विदेशों और उनके नेताओं के बीच भारत के साथ संपर्क खोजने के लिए प्रेरित किया है।

परिवर्तन की तलाश करते हुए कहानी को आकार देना हमेशा, चुनौतीपूर्ण होता है। अतीत से प्रस्थान राजनीतिक सत्यता के नाम पर आलोचना के लिए एक तैयार लक्ष्य है। प्रधानमंत्री मोदी जी ने एक उचित मात्र से अधिक इस प्रकार के हमलों का सामना किया है। यह उनकी ऐतिहासिक गलतियों का निदान करने के प्रयास पर हो सकता है, वोट-बैंक की राजनीति की अवहेलना करने पर हो सकता है और राष्ट्रीय एकता को मजबूत करने के उनके प्रयासों पर हो सकता है। अथवा दूसरे चरम पर, यह तथ्य कि उन्होंने शौचालय की कमी और जलाऊ लकड़ी के उपयोग जैसे रोजमर्रा के मुद्दों को राष्ट्रीय बहस के स्तर तक उठाने का चुनाव किया है। एक वैश्वीकृत दुनिया में, यह भी अपरिहार्य था कि यह बातें हमारी सीमाओं से बहुत दूर तक फैलेंगी। अपने मुख्यमंत्री काल के दौरान कई तूफानों का सामना करने के बाद, वह स्पष्ट रूप से अपने विशिष्ट आत्मविश्वास के साथ उनसे निपट रहे हैं। लेकिन इन

चर्चाओं से यह भी पता चलता है कि भारत को वैश्विक संवाद में पर्याप्त रूप से अपनी बात रखने की आवश्यकता है। इस एहसास के साथ, प्रधानमंत्री मोदी जी ने भारत में विभिन्न मुद्दों पर अंतर्राष्ट्रीय मंचों के प्रसार को प्रोत्साहित किया। उनमें से कुछ, मुख्यत: रायसीना वार्ता, ने इस छोटी अवधि में भी अपनी एक छाप छोड़ी है।

भारत को, एक दिन एक अग्रणी शक्ति बनाने के अपने लक्ष्य के अनुसरण में, प्रधानमंत्री मोदी जी भारतीय प्रणाली से उतनी ही अपेक्षाएँ रखते हैं जितना वह स्वयं के साथ कठोर हैं। उनकी विदेश यात्राएँ उनके कठोर कार्यक्रम के लिए प्रसिद्ध हैं; अफगानिस्तान, कतर, स्विट्जरलैंड, अमेरिका और मैक्सिको का उनका पाँच दिन का दौरा शायद उस स्तर पर सबसे कठिन माना जाएगा। उनके युग में, भारतीय कूटनीति अधिक प्रतिक्रियाशील, प्रभावी, व्यावहारिक और महत्वाकांक्षी होना सीख गई है। और यह शीर्ष से आने वाले उपदेशपूर्ण और प्रेरणादायक प्रयासों के कारण हुआ है। यदि हमारी बाह्य रूपरेखा उच्चतर हुई है, जिम्मेदारियाँ बढ़ी हैं, वितरण बेहतर हुआ है और क्षमताएं अधिक पहचानी जा रही हैं, तो इनमें अधिकतर अंतर नेतृत्व के कारण आया है।

सरकार में बीस वर्षों ने नरेंद्र मोदी जी को हमारी विदेश नीति को व्यापक रूप से पुन: आकार देने में सक्षम बनाया है। आज यह राष्ट्रीय विकास के एक बड़े एजेंडे का बहुत अधिक अभिन्न अंग है। हमारे नागरिकों के जीवन को आसान बनाने के लिए वितरण तथा और अधिक स्पष्ट प्रतिबद्धता पर बहुत जोर दिया गया है। यह अपने मूल में इस प्रकार से राष्ट्रीय हित लिए हुए है; जो वैश्विक भलाई के साथ सामंजस्य स्थापित करता है। संक्षेप में, यह एक नए भारत का विश्व दृष्टिकोण है।

कुछ और विचार

मैं सबसे पहले, हमारे माननीय प्रधानमंत्री नरेंद्र मोदी को 20 साल के सार्वजनिक जीवन के लिए बधाई देना चाहूंगा। उन्होंने यह सफर पहले गुजरात के मुख्यमंत्री के रूप में और फिर भारत के प्रधानमंत्री के रूप में तय किया है। मुझे लगता है कि पीएम मोदी की सबसे बड़ी खासियत, उनकी दृढ़ता और अपने बूते कुछ भी हासिल करने का प्रयास है। इसके लिए वह पुरजोर कोशिश करते हैं। वह भारतीय राजनीति के सबसे बेहतरीन वक्ता में से एक हैं, जिनमें लोगों से संपर्क का बेहतरीन कौशल है। लोगों से जुड़ने, नागरिकों तक पहुंचने और उनके दिलों में जगह बनाने की उनकी क्षमता का जवाब नहीं है। मैंने उनके साथ चुनिंदा मौकों पर बातचीत के दौरान उन्हें सभ्य और गरिमापूर्ण पाया। वह उन चंद राजनेताओं में से हैं, जो सॉफ्ट पावर की क्षमता और विदेशी संबंधों में इसकी अहमियत को भलीभांति समझते हैं। मैं आशा और प्रार्थना करता हूं कि, वह हमारे देश के हर इंसान की जिंदगी में खुशहाली और आनंद लाने में सफल हों।।

आमिर खान, पुरस्कृत भारतीय अभिनेता

एक खुशदिल प्रधानमंत्री!

यदि सार्वजनिक जीवन जीने वाले किसी व्यक्ति से आप मिलते हैं, तो मोदी जी एक ऐसी शख्सियत हैं, जिनसे मिलकर आपकी पहले की धारणाएं धरी की धरी रह जाएंगी। मैं उनसे पहली बार 2012 में मिला। तब वे गुजरात के मुख्यमंत्री थे। जब मैं उनसे मिला, तो उनके चेहरे पर मुस्कान थी। यह कोई औपचारिक मुस्कुराहट नहीं थी, बल्कि गर्मजोशी भरी मुस्कान जो उनकी आंखों में उतनी ही नजर आ रही थी, जितनी उनके चेहरे पर थी। उन्होंने एक के बाद एक लतीफे सुनाते हुए मुझसे बातचीत शुरू की। मुझे याद है कि, मेरी सारी चिंता दूर हो गई। मुझे बताया गया था कि उनसे मिलने के लिए मुझे सिर्फ 10 मिनट मिले हैं। लेकिन, हमारी मुलाकात 46 मिनट तक चली, जिसमें से 40 मिनट हम दोनों ने हंसते हुए बिताए।

जब वे दो साल बाद प्रधानमंत्री बने, तो मैंने जो पहली बात सोची थी, वह थी कि आखिरकार हमारे पास हास्यविनोद की समझ रखने वाले पीएम है!

उसके सात साल बाद, मुझे उनका टेलिविजन इंटरव्यू करने का दुर्लभ अवसर

मिला। मैंने उन्हें एक चुटकुला सुनाने के लिए कहा और बाद में उन्हें कुछ मजेदार मीम्स दिखाए, जो सोशल मीडिया पर वायरल थे और ये मीम्स उन पर ही बनाए गए थे। बहुत से लोगों ने सोचा कि मैंने ऐसा क्यों किया। मैंने ऐसा इसलिए किया, क्योंकि मैं यह बताना चाहता था कि लोग यह नहीं जानते थे। मेरे पास यह मौका है कि मैं सभी को यह बताऊं कि यहां एक ग्लोबल लीडर है, जो केवल गंभीर ही नहीं रहता है। वह उतना ही वास्तविक है, जितना उन्हें लगता है। उनके पास बेहतरीन सेंस ऑफ ह्यूमर है। भले ही उन पर किया गया व्यंग्य हो या किसी और पर।

मैं नरेंद्र मोदी के बारे लंबे समय तक बाते कर सकता हूं, लेकिन मुझे 2016 में एक कार्यक्रम का खास लम्हा याद है। तब उन्होंने वाकई, एक परिवार के बुजुर्ग की तरह मेरे बेटे आरव का प्यार से गाल खींचा और मुस्कुराते हुए उससे कहा 'ठीक से रहना। मम्मी-पापा का नाम रोशन करना।' मेरे बेटे ने बाद में कहा, 'वह बहुत कूल है!'

मैंने अपने बेटे से कहा, 'हां, वह एक खुशदिल प्रधानमंत्री हैं।'

अक्षय कुमार, पुरस्कृत भारतीय अभिनेता

प्रधानमंत्री नरेंद्र मोदी ने जैसे ही चुनी हुई सरकार के मुखिया के तौर पर 20 साल का सफर पूरा किया, उसी से साफ पता चलता है कि, वह दुनिया के सबसे बड़े लोकतंत्र के सबसे लोकप्रिय नेताओं में से एक है।

फिर भी, राजनीति की दुनिया आज पहले से कहीं अधिक उथल-पुथल भरी है और इस मील के पत्थर पर नीतिगत नतीजों को लेकर जरूर एक बहस होगी। हालांकि, मुझे उम्मीद है कि इसका मतलब यह नहीं होगा कि, उनकी कोई निजी भूमिका में कमी रही है।

एक अरब से अधिक लोगों की अगुआई करने वाले और कई माध्यमों से लोगों में जोश भरने वाले नरेंद्र मोदी असल में एक बेहद निजी व्यक्ति हैं।

पिछले कुछ वर्षों में उनके साथ मेरी कुछ व्यक्तिगत बातचीत हुई हैं। इस दौरान, मैं हमेशा अप्रत्याशित रूप से सोच-समझकर आया कि कैसे अपने दिमाग को नियंत्रित किया जाए, कैसे इसे शांत और असंख्य बाहरी चुनौतियों का सामना करने में सक्षम बनाया जाए। मैं हमेशा यह सोचकर चला जाता था: मैं उनके दफ्तर में यह चर्चा करने के लिए नहीं गया था ... यह बातचीत कैसे हुई?

मुझे एक सबसे यादगार लम्हा याद है। मुझे एक बार एक विशेष रूप से

विवादास्पद बहस की बात है, जो संसद में काफी उत्तेजना वाली थी। उन्होंने मेरी ओर गौर से देखते हुए कहा, 'मैं आज में जीता हूं। अगर मैं आपसे बात कर रहा हूं, तो बातचीत कितनी भी अप्रासंगिक क्यों न लगे, मैं आपको अपना पूरा ध्यान दूंगा। ध्यान भटकाने और एक ही बार में सब कुछ हल करने की कोशिश करने से दुनिया की समस्याएं हल नहीं होंगी।'

उनके बारे में एक और बात है, जो मैंने अपनी सामयिक व्यक्तिगत बातचीत से सीखी। वह भारत को एक परोपकारी लेकिन दुनिया में एक शक्तिशाली और प्रभावशाली शक्ति बनाने के मिशन पर लगे हुए एक व्यक्ति है। इसे साकार करने के लिए उन्होंने अपना जीवन समर्पित कर दिया है।

मिशन-आधारित, आत्म-विश्वास और निरंतर कड़ी मेहनत, उन्हें वैश्विक मंच पर तमाम नेताओं से अलग खड़ा करता है।

आनंद महिंद्रा, महिंद्रा ग्रुप के प्रमुख

प्रधानमंत्री नरेंद्र मोदी ने स्थिर और आगे बढ़ने वाले कदमों से अमेरिका-भारत संबंधों का परिप्रेक्ष्य ही बदल दिया है। उन्होंने हमें याद दिलाया है कि, दुनिया की सबसे बड़ी लोकतांत्रिक शक्तियां न सिर्फ अपने लोगों, बल्कि दुनिया की भलाई के लिए भी मिलकर काम कर सकती हैं। यह हमारे सामूहिक इतिहास का मुश्किलों भरा समय है, जहां लोगों के सामने वास्तविक चुनौतियां हैं। उन्होंने ऐसे समय में रणनीतिक स्पष्टता दी, जब इसकी सबसे अधिक जरूरत थी। उन्होंने ऐसा उदार भावना और हमारे साझा मूल्यों के साथ किया।

प्रधानमंत्री हमारे मुद्दों को लेकर हमेशा से अध्ययनशील, स्थिर और निर्णायक नजरिया अपनाते हैं। वह हमारे लिए सुलभ रहते हैं। वह ऐसे व्यक्ति हैं, जो हमें ध्यान से सुनते हैं और हमारी समस्याओं को उलझाने की जगह उनका समाधान खोजते हैं। हम उनकी साझेदारी और 20 वर्षों तक उनकी सार्वजनिक सेवा के लिए आभारी हैं। दो महान राष्ट्रों के बीच संबंधों को मजबूत बनाने के लिए धन्यवाद, प्रधानमंत्री मोदी। आने वाले समय में विभिन्न क्षेत्रों में हमारे साझा काम से रिश्ते और मजबूत हों।

अजय बांगा, मास्टर कार्ड इंक के पूर्व अध्यक्ष और सीईओ

प्रधानमंत्री मोदी को 20 साल की जनसेवा के लिए बहुत-बहुत बधाई। जब भी मैं भारत आता हूं, तो डिजिटल बदलाव को लेकर कार्यों से काफी प्रभावित होता हूं। डिजिटल इंडिया और भारत की ओर से शुरू किए गए कई मंचों को देखना अविश्वसनीय है। ये सभी भारत के छोटे काराबारों को अधिक उत्पादक, बिजनेस को अधिक प्रतिस्पर्धी, गैर-लाभकारी को अधिक प्रभावी, सार्वजनिक क्षेत्र को अधिक कुशल और स्वास्थ्य और शिक्षा में सुधार करने में मदद कर रहे हैं। यही वजह है कि हम माइक्रोसॉफ्ट भारत में निवेश करना जारी रखते हैं। सरकारों के मुखिया को अपने एजेंडे के रूप में डिजिटल बुनियादी ढांचे को प्राथमिकता देना इतना अहम इसलिए है, ताकि पूरे देश भर के लोगों को इसका लाभ मिल सके।

सत्या नडेला, माइक्रोसॉफ्ट के चेयरमैन और सीईओ

मुझे प्रधानमंत्री नरेंद्र मोदी की डिजिटल इंडिया की रणनीति की निगरानी, उस पर काम करने और बतौर सलाहकार काम करने का सौभाग्य और सम्मान मिला है। उन्होंने अपनी सार्वजनिक सेवा के पिछले 20 वर्षों में क्रांतिकारी बदलाव लाने का काम शुरू किया। पहले, गुजरात के लिए और अब पूरे भारत के लिए। उनका नजरिया, संवाद कौशल और किसी योजना को लागू करने का तरीका अद्भुत और शानदार रहा है। वह उम्मीद की किरण की तरह हैं और भविष्य की योजनाओं पर अपना एक नजरिया रखते हैं। वैश्विक नेताओं के साथ अपने 40 साल के लंबे अरसे के अनुभव के आधार पर, मैं यह कह सकता हूं कि, प्रधानमंत्री मोदी निस्संदेह उन शीर्ष नेताओं में से एक हैं, जिनसे मैं कभी मिला हूं। मैंने हमेशा भारत को एशिया में प्रमुख उभरते राष्ट्र और अमेरिका के लिए सबसे बड़े रणनीतिक साझेदार के रूप में माना है। प्रधानमंत्री मोदी के लीडरशिप में अर्थव्यवस्था और रोजगार सृजन जैसे समावेशी कदमों से भारत ने न सिर्फ एक राष्ट्र के रूप में नाटकीय ढंग से तरक्की की, बल्कि वैश्विक मंच पर भी इसने अपनी भूमिका में इजाफा किया है।

जॉन चेम्बर्स, सिस्को के पूर्व एग्जीक्यूटिव चेयरमैन और सीईओ

योगदानकर्ताओं के बारे में

डॉ. अजय माथुर इंटरनेशनल सोलर अलायंस (आईएसए) के महानिदेशक हैं। आईएसए को 2015 में पेरिस जलवायु वार्ता में भारत के प्रधानमंत्री नरेंद्र मोदी और फ्रांस के राष्ट्रपति फ्रांस्वा ओलांद ने बनाया था। इससे पहले, डॉ. माथुर ब्यूरो ऑफ एनर्जी एफिशिएंसी और टेरी में महानिदेशक थे।

अजित डोभाल 2014 से भारत के राष्ट्रीय सुरक्षा सलाहकार हैं। उन्होंने इससे पहले 2004-05 तक इंटेलिजेंस ब्यूरो के निदेशक के रूप में काम किया। बाद में प्रमुख थिंक टैंक विवेकानंद इंटरनेशनल फाउंडेशन, नई दिल्ली के संस्थापक निदेशक बने। उन्हें राष्ट्रपति पुलिस पदक और कीर्ति चक्र से नवाजा जा चुका है।

अमीश त्रिपाठी शिव त्रयी, रामचंद्र सीरीज, लीजेंड ऑफ सुहेलदेव, अमर भारत और धर्म जैसी किताबों के अंतरराष्ट्रीय बेस्टसेलिंग पुरस्कार विजेता लेखक हैं। वे कई अहम अखबारों और पत्र-पत्रिकाओं में स्तंभकार हैं। अमीश फिलहाल नेहरू सेंटर, लंदन के निदेशक हैं। उन्होंने इंडियन इंस्टीट्यूट ऑफ मैनेजमेंट, कलकत्ता से प्रबंधन की डिग्री हासिल की है।

अमित शाह भारत सरकार में गृह और सहकारिता मंत्री हैं। वह 2014 से 2020 के बीच भाजपा के अध्यक्ष थे। शाह पिछले चार दशकों से नरेंद्र मोदी के राजनीतिक सहयोगी रहे हैं। मोदी के साथ करीब रहकर काम करके उन्होंने एक ऐसा नजरिया विकसित किया है, जिसकी बराबरी करना असंभव है।

अनुपम खेर पुरस्कार विजेता एक अंतरराष्ट्रीय अभिनेता हैं। भारतीय सिनेमा में उत्कृष्ट उपलब्धि के लिए उन्हें IIFA अवॉर्ड मिल चुका है। उन्हें ब्रिटिश अकादमी फिल्म पुरस्कार (BAFTA) के लिए नामांकित किया गया था और उन्हें लगातार आठ फिल्मफेयर पुरस्कार मिले हैं। खेर को 2016 में भारत के तीसरे सर्वोच्च नागरिक पुरस्कार पद्म भूषण से सम्मानित किया गया।

अरविंद पणगड़िया अर्थशास्त्र और जगदीश भगवती भारतीय राजनीतिक अर्थव्यवस्था के स्कूल ऑफ इंटरनेशनल एंड पब्लिक अफेयर्स, कोलंबिया यूनिवर्सिटी, में पढ़ाते हैं। उन्होंने 2015 से 2017 तक नीति आयोग के पहले उपाध्यक्ष के रूप में काम किया। उन्हें भारत के तीसरे सर्वोच्च नागरिक पुरस्कार पद्म भूषण से सम्मानित किया गया है।

अशोक गुलाटी वर्तमान में ICRIER में कृषि के लिए इंफोसिस चेयर प्रोफेसर हैं। वह पहले सीएसीपी के अध्यक्ष और आईएफपीआरआई में निदेशक रह चुके हैं। वह पीएम अटल बिहारी वाजपेयी की आर्थिक सलाहकार परिषद में सबसे कम उम्र के सदस्य थे। वह आरबीआई, नाबार्ड, एनसीडीईएक्स आदि के निदेशक मंडल में रहे हैं। उन्हें पद्मश्री से भी सम्मानित किया जा चुका है।

डॉ भरत एच. बरई अमेरिका में कैंसर इंस्टीट्यूट, मेथोडिस्ट हॉस्पिटल्स के मेडिकल डायरेक्टर हैं। डॉ. भरत बरई और उनकी पत्नी की जीवनी अमेरिका के सफल अप्रवासियों के तौर पर न्यूयॉर्क में एलिस द्वीप पर यूनाइटेड स्टेट्स नेशनल म्यूजियम ऑफ इमिग्रेशन (हालिया आप्रवासन अनुभाग) में चित्रित की गई है।

डॉ देवी शेट्टी नारायणा हेल्थ के संस्थापक-अध्यक्ष हैं। वह प्रसिद्ध कार्डियक सर्जन हैं। वह भारतीय चिकित्सा परिषद के गवर्नर रह चुके हैं और फिलहाल आईआईएम बैंगलोर में बोर्ड ऑफ गवर्नर्स के अध्यक्ष हैं। वह स्वास्थ्य सेवा में तकनीक के प्रयोगों के बड़े समर्थक हैं। डॉ. शेट्टी के पास अमेरिकी पेटेंट एक आविष्कारक के रूप में पंजीकृत है।

मनोज लडवा लंदन मुख्यालय वाले इंडिया इंक. ग्रुप के अध्यक्ष और मुख्य कार्यकारी हैं। वह इंडिया ग्लोबल बिजनेस और आईग्लोबल न्यूज के प्रकाशक हैं और इंडिया ग्लोबल फोरम के संस्थापक हैं। वह एक कुशल मीडिया कमेंटेटर और लेखक के साथ-साथ स्तंभकार हैं। मनोज, बर्मिंघम सिटी यूनिवर्सिटी में मीडिया और संचार में विजिटिंग प्रोफेसर हैं।

नंदन नीलेकणि इंफोसिस के चेयरमैन और सह-संस्थापक हैं। वह भारतीय विशिष्ट पहचान प्राधिकरण (यूआईडीएआई-आधार) के संस्थापक अध्यक्ष थे। उन्हें 2006 में पद्म भूषण और 2017 में आर्थिक और व्यावसायिक नवाचार के लिए 22वें निक्की एशिया पुरस्कार से सम्मानित किया गया था। नंदन नीलेकणि तीन पुस्तकों के लेखक हैं।

नृपेंद्र मिश्रा 2014-19 तक प्रधानमंत्री नरेंद्र मोदी के प्रधान सचिव थे। वह फिलहाल श्रीराम जन्मभूमि मंदिर ट्रस्ट की निर्माण समिति के अध्यक्ष हैं। उन्हें भारत सरकार की ओर से पद्म भूषण और जापान सरकार की ओर से ''द ऑर्डर ऑफ द राइजिंग सन, गोल्ड एंड सिल्वर स्टार'' से सम्मानित किया गया है।

प्रदीप गुप्ता मशहूर भारतीय चुनाव विज्ञानी और एक्सिस माई इंडिया लिमिटेड के संस्थापक हैं। वह हार्वर्ड बिजनेस स्कूल के ओपीएम कार्यक्रम के पूर्व छात्र हैं। एक्सिस माई इंडिया ने 52 में से पिछले 48 चुनावों की सटीक भविष्यवाणी की है और अब यह हार्वर्ड बिजनेस स्कूल केस स्टडी और पाठ्यक्रम का हिस्सा है।

पी.वी. सिंधु भारत की प्रमुख बैडमिंटन खिलाड़ी हैं, जिन्होंने दो ओलंपिक पदक, सिल्वर और ब्रॉन्ज जीते हैं। उन्होंने विश्व चैंपियनशिप में गोल्ड मेडल भी जीता है। वर्ल्ड टूर फाइनल्स में गोल्ड मेडल, एशियाई खेलों में सिल्वर मेडल और राष्ट्रमंडल खेलों में गोल्ड मेडल जीता है। सिंधु को ध्यानचंद खेल रत्न पुरस्कार और पद्म भूषण से नवाजा जा चुका है।

सद्‌गुरु एक योगी, रहस्यवादी और दूरदर्शी, हमारे समय के सबसे प्रभावशाली लोगों में से एक हैं। सद्‌गुरु ने पिछले चार दशकों में लाखों लोगों को कल्याण की तकनीकों की पेशकश की है। उन्होंने ईशा फाउंडेशन की स्थापना की है, जिनके दुनिया भर के 300 शहरों में 1.1 करोड़ से अधिक समर्थक हैं। सद्‌गुरु को पद्म विभूषण से सम्मानित किया जा चुका है।

डॉ. शमिका रवि ऑब्जर्वर रिसर्च फाउंडेशन में आर्थिक नीति की उपाध्यक्ष हैं। वह बिट्स स्कूल ऑफ मैनेजमेंट में अर्थशास्त्र की विजिटिंग प्रोफेसर हैं। वह भारत के प्रधानमंत्री की आर्थिक सलाहकार परिषद की पूर्व सदस्य हैं। डॉ. रवि ने न्यूयॉर्क विश्वविद्यालय से अर्थशास्त्र में पीएचडी की है।

शोबना कामिनेनी उस संस्थापक परिवार की सदस्य हैं, जो अपोलो हॉस्पिटल्स ग्रुप चलाती हैं। वह 2017 में भारतीय उद्योग कनफेडरेशन की पहली महिला अध्यक्ष बनीं। वह वर्ल्ड इकोनॉमिक फोरम (WEF) एडिसन एलायंस की बोर्ड सदस्य हैं। वह डब्ल्यूईएफ के हेल्थ एंड हेल्थकेयर इंडस्ट्री गवर्नर्स कम्युनिटी की सह-अध्यक्ष हैं।

सुधा मूर्ति हाल तक इंफोसिस फाउंडेशन की अध्यक्ष थीं। वह एक समृद्ध लेखिका हैं, जिन्होंने अब तक 40 किताबें लिखी हैं। इन सभी की 30 लाख से अधिक प्रतियां बिक चुकी हैं। वह आर.के. नारायण पुरस्कार, पद्म श्री, अत्तिमाबे पुरस्कार, क्रॉसवर्ड बुक द्वारा लाइफटाइम अचीवमेंट और लाल बहादुर शास्त्री राष्ट्रीय पुरस्कार से सम्मानित की जा चुकी हैं।

सुरजीत भल्ला भारत, बांग्लादेश, भूटान और श्रीलंका के लिए आईएमएफ के कार्यकारी निदेशक हैं। वह कुछ समय के लिए प्रधानमंत्री नरेंद्र मोदी की आर्थिक सलाहकार परिषद के सदस्य भी रह चुके हैं। सुरजीत ने प्रिंसटन विश्वविद्यालय से अर्थशास्त्र में पीएचडी, वुडरो विल्सन स्कूल, प्रिंसटन विश्वविद्यालय से पब्लिक एंड इंटरनेशनल अफेयर्स में मास्टर की डिग्री हासिल की है। उन्होंने पर्ड्यू विश्वविद्यालय से बीएसईई की डिग्री भी हासिल की है।

डॉ. एस. जयशंकर भारत के विदेश मंत्री हैं। वह 41 वर्षों तक बतौर राजनयिक रह चुके हैं। इस दौरान वह भारत सरकार के विदेश सचिव से लेकर अमेरिका, चीन, सिंगापुर और चेक गणराज्य में राजदूत के पदों पर रहे। वह द इंडिया वे: स्ट्रैटेजीज फॉर एन अनसर्टेन वर्ल्ड के लेखक भी हैं।

उदय कोटक कोटक महिंद्रा बैंक के संस्थापक और सीईओ हैं। वह 2020-21 में भारतीय उद्योग कनफेडरेशन के अध्यक्ष थे। उदय इंडो-यूके फाइनेंशियल पार्टनरशिप (आईयूकेएफपी) के सह-अध्यक्ष हैं और सिंगापुर के मौद्रिक प्राधिकरण के अंतरराष्ट्रीय सलाहकार पैनल के साथ-साथ सिंगापुर निवेश निगम की सरकार के अंतरराष्ट्रीय सलाहकार बोर्ड में हैं।

डॉ. वी. अनंत नागेश्वरन भारत सरकार में वित्त मंत्रालय के मुख्य आर्थिक सलाहकार हैं। उन्होंने एक्सचेंज रेट बिहेवियर पर एमहर्स्ट में मैसाचुसेट्स विश्वविद्यालय से डॉक्टरेट की डिग्री हासिल की है। उन्होंने 1985 में आईआईएम, अहमदाबाद से प्रबंधन में स्नातकोत्तर डिप्लोमा हासिल किया।

गुजरात के मुख्यमंत्री के तौर पर नरेंद्र मोदी का शपथग्रहण समारोह।

7 अक्टूबर 2001: किसी भी सार्वजनिक पद के लिए पहली शपथ

22 दिसंबर 2002: 2002 के विधानसभा चुनावों में शानदार जीत के बाद पूरे कार्यकाल के लिए मुख्यमंत्री के रूप में शपथ ली।

25 दिसंबर 2007: 2007 के विधानसभा चुनावों में एक और जोरदार जीत के बाद तीसरी बार शपथ ली।

26 दिसंबर 2012: एक और शानदार जीत के बाद चौथी और आखिरी मुख्यमंत्री पद की शपथ।

भारतीय राजनीति के इतिहास में एक अनूठी यात्रा: मुख्यमंत्री मोदी ने 2010 में 'संविधान गौरव यात्रा' का नेतृत्व किया। उन्होंने संविधान अपनाए जाने की 60वीं वर्षगांठ के मौके पर हाथी की पीठ पर संविधान की एक विशाल प्रतिकृति लगाई।

26 मई 2014: भारत के प्रधानमंत्री के रूप में मोदी का भव्य शपथ ग्रहण समारोह। पहले की तुलना में इस बार आयोजन को आम लोगों के लिए खोल दिया गया था। इतिहास में पहली बार सार्क देशों के नेताओं ने भी इस ऐतिहासिक कार्यक्रम में भाग लिया।

मोदी ने पहली बार जैसी ही भारतीय संसद (लोकतंत्र का मंदिर) की ओर जाने वाली सीढ़ियों पर कदम रखा, तो उसे नमन किया।

मोदी ने खेती से जुड़े तमाम हितधारकों और किसानों को एक मंच पर लाने के लिए, कृषि महोत्सव नाम से अनूठी पहल शुरू की। इसे हर साल आयोजित किया जाता रहा। महीने भर चलने वाले इस महोत्सव ने गुजरात में कृषि के क्षेत्र में चमत्कार लाने का काम किया। यहां, 2004 में महोत्सव के दौरान मोदी संबोधित करते हुए।

वाइब्रेंट गुजरात, दो साल में आयोजित होने वाला व्यापारिक नेताओं का शिखर सम्मेलन। मोदी ने निवेश को बढ़ावा देने और व्यापार में सहूलियत के लिए, इसे शुरू किया। यह तब से एक मॉडल के रूप में विकसित हुआ, जिसे कई अन्य राज्यों ने अपनाया। यहां, मोदी 2013 में शिखर सम्मेलन को संबोधित कर रहे हैं।

बालिका शिक्षा मोदी के मुख्यमंत्री के कार्यकाल की बड़ी सफलताओं में से एक थी। गुजरात सरकार हर साल लड़कियों को स्कूलों में दाखिला लेने के लिए प्रोत्साहित करने के लिए तीन दिवसीय कार्यक्रम का आयोजित करती थी। यहां, 'शाला प्रवेशोत्सव' के दौरान मोदी दो लड़कियों को स्कूल के पहले दिन उन्हें साथ ले जाते हुए दिखाई दे रहे हैं।

नरेंद्र मोदी मई 2014 में भारत के प्रधानमंत्री के रूप में अपने पहले कार्यकाल के लिए शपथ लेते हुए।

चाहे वह किसी भी इलाके, आबादी, वर्ग या धर्म की बात हो, मोदी के समर्थकों में महिलाओं की भूमिका काफी अहम रही है। उन्होंने बड़ी संख्या में मोदी की रैलियों में भी हिस्सा लिया और सबसे मुखर भी रही हैं।

'मोदी है तो मुमकिन है' एक ऐसा नारा था, जो 2019 के आम चुनावों में उभरा। यह इतना लोकप्रिय और सर्वव्यापी हो गया कि भाजपा ने अंततः इसे ही आधिकारिक अभियान की थीम के रूप में अपना लिया।

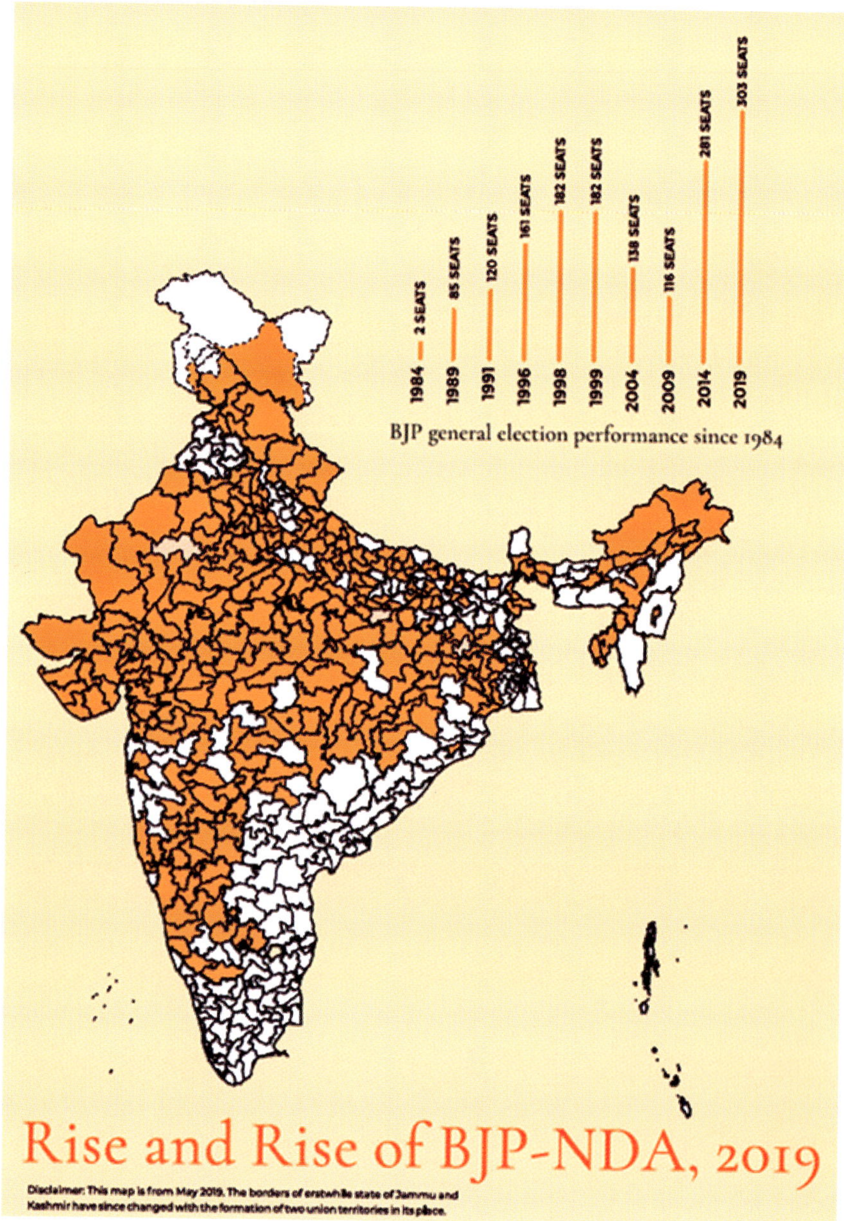

Rise and Rise of BJP-NDA, 2019

Disclaimer: This map is from May 2019. The borders of erstwhile state of Jammu and Kashmir have since changed with the formation of two union territories in its place.

शासन में बीजेपी के उदय में मोदी के प्रभाव को 2019 के लोकसभा चुनावों में पार्टी की ओर से जीती गई सीटों की संख्या से समझा जा सकता है। बीजेपी ने देश के हर क्षेत्र में अपने दम पर जीत दर्ज की और अपने गठबंधन सहयोगियों के साथ मिलकर दो-तिहाई बहुमत हासिल किया।

मोदी 2019 में दूसरे कार्यकाल के लिए प्रधानमंत्री का पद संभालने से पहले संसद के सेंट्रल हॉल में संविधान को नमन करते हुए।

नरेंद्र मोदी ने 30 मई 2019 को भारत के प्रधानमंत्री के रूप में अपने दूसरे कार्यकाल का पदभार संभाला।

गुजरात के अहमदाबाद में साबरमती आश्रम में, महात्मा गांधी को श्रद्धांजलि अर्पित करते हुए।

दुनिया के सबसे बड़े वित्तीय समावेशी कार्यक्रम के शुभारंभ के दिन 1.5 करोड़ से अधिक बैंक खाते खोले गए। प्रधानमंत्री जन धन योजना तब से मोदी की कल्याणकारी योजनाओं के रूप में मील का पत्थर बन गई। इस योजना को 28 अगस्त 2014 को शुरू किया किया गया। इस योजना ने तब से 44.2 करोड़ से अधिक खाताधारकों को सशक्त बनाया है।

द बिग टेक: (बाएं से पहले) जॉन टी. चेम्बर्स, सिस्को के कार्यकारी अध्यक्ष; (बाएं से दूसरे) माइक्रोसॉफ्ट के सीईओ सत्य नडेला; (दाएं से दूसरे) पॉल ई. जैकब्स, क्वालकॉम के कार्यकारी अध्यक्ष; और (दाएं से पहले) गूगल के सीईओ सुंदर पिचाई 26 सितंबर 2016 को अमेरिका के सैन जोस में डिजिटल इंडिया कार्यक्रम के दौरान, प्रधानमंत्री नरेंद्र मोदी के साथ।

मेक-इन-इंडिया, फॉर इंडिया: वंदे भारत ट्रेनें मोदी की 'मेक इन इंडिया' पहल का पर्याय हैं। अब इसे 400 ट्रेनों तक बढ़ा दिया गया है। यह भारत की पहली सेमी-हाई-स्पीड ट्रेन है, जिसे मोदी ने 15 फरवरी 2019 को नई दिल्ली रेलवे स्टेशन से हरी झंडी दिखाई थी।

अगस्त 2016 में MyGov टाउनहॉल में मोदी। सरकार ने शासन और लोगों को जोड़ने के लिए इस पहल की शुरुआत 26 जुलाई 2014 को की। इसे मोदी के 'जनभागीदारी' विजन के हिस्से के रूप में माना गया।

पहली बार प्रस्तावित होने के 60 साल बाद राष्ट्रीय युद्ध स्मारक बनाया गया। इसे भारत के शहीद नायकों की याद मे बनाया गया है। मोदी ने 25 फरवरी 2019 को स्मारक का उद्घाटन किया।

भव्य स्वागत: 9 जून 2016 को कैपिटल हिल में अमेरिकी कांग्रेस के संयुक्त सत्र को संबोधित करने के बाद प्रधानमंत्री नरेंद्र मोदी।

क्वॉड सम्मेलनः (बाएं से दाएं) जापानी प्रधानमंत्री सुगा योशीहिदे, प्रधानमंत्री नरेंद्र मोदी, अमेरिकी राष्ट्रपति जो बाइडन, ऑस्ट्रेलियाई प्रधानमंत्री स्कॉट मॉरिसन 27 सितंबर 2021 को वाइट हाउस की बालकनी में।

प्रधानमंत्री मोदी के साथ 30 अक्टूबर 2021 को जी20 शिखर सम्मेलन के मौके पर अनौपचारिक बातचीत के दौरान (बाएं से दाएं) ऑस्ट्रेलिया के प्रधानमंत्री स्कॉट मॉरिसन, विश्व बैंक के अध्यक्ष डेविड मलपास और संयुक्त राष्ट्र प्रमुख एंटोनियो गुटेरेस।

भारत की जीवंत संस्कृति को दिखाना एक सतत अभ्यास रहा है, जिसका पालन मोदी ने विदेशी गणमान्य व्यक्तियों की यात्राओं के दौरान किया है। यहां, भारत की यात्रा पर आए फ्रांसीसी राष्ट्रपति इमैनुएल मैक्रों 12 मार्च 2018 को काशी के गंगा घाटों के किनारे मोदी के साथ नजर आए।

29 मई 2018 को अपने आधिकारिक आवास पर नीदरलैंड की महारानी मैक्सिमा का स्वागत करते हुए।

ऑस्ट्रेलिया के तत्कालीन प्रधानमंत्री मैल्कम टर्नबुल, मोदी के साथ दिल्ली के स्वामीनारायण अक्षरधाम मंदिर में।

मोदी पिछले 28 वर्षों में 2014 में ऑस्ट्रेलिया का दौरा करने वाले पहले भारतीय प्रधानमंत्री बने। वहां के सिडनी में एक खचाखच भरे ऑलफोन्स एरिना में उनका शानदार स्वागत किया गया।

विदेशों में भारतीयों को एक साथ लाना: 9 जून 2019 को श्रीलंका के कोलंबो में भारतीय प्रवासी भारतीय प्रधानमंत्री की यात्रा के दौरान जोर से 'मोदी मोदी' के नारे से उनका स्वागत करते हुए।

वह आपकी ओर देख रहे हैं: मोदी यहां मार्च 2021 में अपनी बांग्लादेश यात्रा पर प्रवासी भारतीयों के बीच से एक बच्चे का अभिवादन करते हुए दिखाई दे रहे हैं। प्रधानमंत्री का युवाओं के साथ एक विशेष बंधन है, जो सीमाओं से परे है।

नारी शक्ति के साथ तालमेल: 103 साल की एथलीट मान कौर ने 8 मार्च 2020 को दिल्ली में नारी शक्ति पुरस्कार विजेताओं के साथ विशेष महिला दिवस बातचीत के दौरान प्रधानमंत्री नरेंद्र मोदी को आशीर्वाद दिया।

चैंपियन के साथ नाश्ता: मोदी ने टोक्यो 2020 ओलंपिक से लौटने वाले भारतीय दल के सम्मान में अपने आधिकारिक आवास पर नाश्ते की मेजबानी की। इस ओलंपिक में भारत ने 7 पदकों के साथ अब तक का सर्वश्रेष्ठ प्रदर्शन किया था।

धन सृजित करने वालों का सम्मान करना मोदी सरकार की खास उपलब्धि रही है। यहां भारत के प्रमुख उद्योगपतियों और वेल्थ क्रिएटर्स के साथ प्रधानमंत्री मोदी।

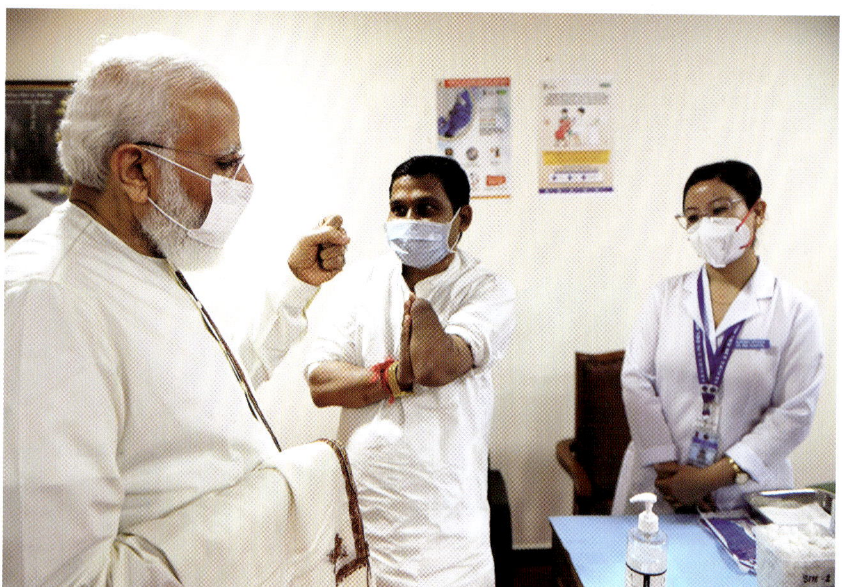

1 अरब की उपलब्धि: मोदी ने 21 अक्टूबर 2021 को नई दिल्ली के राम मनोहर लोहिया अस्पताल में भारत के 1 अरबवां कोविड टीका लगवाने वाले व्यक्ति का अभिवादन किया। उन्होंने इस महत्वपूर्ण मील के पत्थर को हासिल करने में मदद करने वाले फ्रंटलाइन वर्कर्स का भी स्वागत किया।

आत्मनिर्भर भारत विजन के लॉन्च से पहले एक बार उस पर नजर डालते हुए।

संन्यासी के सम्मान में नमन: मोदी राम मंदिर ट्रस्ट के अध्यक्ष महंत नृत्य गोपाल दास से आशीर्वाद लेते हुए।

सदियों से इंतजार वाले पल का पूरा होना: नरेन्द्र मोदी ने 5 अगस्त 2020 को अयोध्या में राम मंदिर के निर्माण की आधारशिला रखी, जिसके बाद भूमि पूजन समारोह हुआ।

मोदी 5 अगस्त 2020 को रामलला विराजमान की पूजा करते हुए, वह ऐतिहासिक तारीख जब अयोध्या में राम मंदिर की आधारशिला रखी गई थी।

दुनिया के प्राचीन शहर में सांस्कृतिक पुनर्जागरण: मोदी 13 दिसंबर 2021 को काशी विश्वनाथ धाम कॉरिडोर परियोजना के पहले चरण के उद्घाटन के अवसर पर बोलते हुए।

पीएम मोदी ने काशी-विश्वनाथ कॉरिडोर का निर्माण करने वाले सैकड़ों कार्यकर्ताओं के साथ भोजन किया। इस परियोजाना में उनके खून-पसीने और आसुंओं के लिए उनका आभार व्यक्त किया। परियोजना के उद्घाटन से पहले मोदी ने उन पर फूलों की वर्षा की।

साहसिक कारनामे: 'मैन वर्सेस वाइल्ड' के लिए बेयर ग्रिल्स के साथ।

देर रात तक चलने वाली बैठकें कोई दुर्लभ घटना नहीं हैं, बल्कि मोदी की दिनचर्या का हिस्सा हैं। इस तस्वीर में पीएम ऐसी ही एक बैठक के दौरान।

एक जिज्ञासु पाठक: मोदी की अनुभवात्मक शिक्षा उनकी पढ़ने की गहरी आदत से बिल्कुल मेल खाती है। पढ़ने का उनका जुनून शुरू से रहा है। अपने आवास पर वह एक किताब उठाते नजर आ रहे हैं।

चाय और फाइलों के ढेर के साथ दिन की शुरुआत होती है: मोदी 30 दिसंबर 2018 को अंडमान और निकोबार द्वीप समूह के पोर्ट ब्लेयर में सुबह की चाय के दौरान।

समय की रेत में पद चिह्नः तमिलनाडु के मामल्लापुरम के समुद्र तटों पर चलते हुए चिंतन के मूड में प्रधानमंत्री नरेंद्र मोदी।

नए भारत का निर्माता: मोदी 16 अक्टूबर 2019 को एक समारोह में बोलते हुए।

नोट्स

मोदी जी युवाओं के निर्विवादित आइकन क्यों हैं

1. https://www-business-standard-com/article/technology/digital-payments-google-wants-us-fed-to-relicate-india-s-upi-model-119121401013_1-html
2. https://pib-gov-in/PressReleaseDetail-aspñ\PRID=1665779
3. https://www-narendramodi-in/vikasyatra/articledetail/empowering-youth-with-opportunities/encouraging-sports-and-fitness-in-india-549945
4. https://www-indiatoday-in/india/story/breaking-news-india-today-february-6-2013-153353-2013-02-06

महिला सशक्तिकरण का नया व्याकरण

1. https://economictimes-indiatimes-com/news/politics-and-nation/female-foeticide-a-matter-of-shame-pm-narendra-modi/artilceshow/44783356-cms\from¾mdr_https://economictimes-indiatimes-com/news/politics-and-nation/female-foeticide-a-matter-of-shame-pm-narendra-modi/articleshow/44783356-cms\from¾mdr_https://narendramodi-in/gujarat-ensuring-a-golden-future-with-eyes-on-girl-child-education-4010
2. https://www-ndtv-com/elections-news/narendra-modis-parting-gift-rs-21-lakh-for-educating-gujarat-staffs-daughters-563633
3. https://indianeñpress-com/article/opinion/columns/beti-bachao-beti-padhao-girl-child-education-women-empowerment-6297784/
4. https://time-com/5614642/india-girl-education/
5. https://www-asercentre-org/p/51-html\p¾61]https://byjus-com/free-ias-prep/aser-annual-status-education-report/
6. https://pmjdy-gov in/account
7. https://glpc-co-in/showpage-sdpñ\contentid¾136
8. https://glpc-co-in/downloads/glpc_5th_jan_low_res-pdf
9. https://pib-gov-in/PressReleaseIframePage-aspñ\PRID¾1604929
10. https://pib-gov-in/PressReleaseIframePage-aspñ\PRID¾1709989
11. https://www-dnaindia-com/india/report-pm-narendra-modi-interacts-with-over-100-mudra-beneficiaries-2603832

12. https://pib-gov-in/PressReleaseIframePage-aspñ\PRID¾1604929
13. https://pib-gov-in/Pressreleaseshare-aspñ\PRID¾1703083
14. https://pib-gov-in/PressReleaseIframePage-aspñ\PRID¾1702495
15. https://archive-pib-gov-in/archive2/erelease-aspñ
16. https://www-firstpost-com/india/amendment-to-maternity-benefits-act-is-a-case-of-good-intentions-backfiring-ends-up-disincentivising-hiring-of-women-4636421-html
17. https://www-ndtv-com/video/business/news/shobana-kamineni-on-becoming-first-woman-president-of-industry-body-cii-456677
18. https://www-facebook-com/IndiaToday/video/640965223960723/
19. https://www-hindustantimes-com/india-news/two-women-army-officers-selected-to-train-as-combat-pilots-101623180458434-html
20. https://www-indiatoday-in/india/story/pm-modi-75th-independence-day-speech-highlights-1840974-2021-08-15
21. https://www-news18-com/news/india/chandrayaan-2-meet-the-rocket-women-behind-indias-second-lunar-mission-2228905-html

जन-केंद्रित दृष्टिकोण की सफलता

1. https://ejalshakti-gov-in/jjmreport/JJMIndia-aspñ
2. जलवायु परिवर्तन प्रदर्शन सूचकांक (सी.सी.पी.आई.), जर्मनवॉच, https://newclimate-org/2020/12/07/the-climate-change-performance-indeñ-2021

मोदी के भागीरथ प्रयास

1. https://bangkok.unesco.org/sites/default/files/assets/article/Asia-Pacific%20Heritage%20Awards/files/2004-winners.pdf
2. http://pibmumbai.gov.in/scripts/detail.asp?releaseId=E2015PR1331
3. https://indianrailways.gov.in/railwayboard/view_section.jsp?lang=0&id=0,1,304,366,535,1419#%22ME%22
4. https://economictimes.indiatimes.com/news/politics-and-nation/pm-modi-cautions-international-community-on-growing-arc-of-violence/articleshow/58639769.cms
5. https://economictimes.indiatimes.com/news/politics-and-nation/dr-ambedkar-international-centre-to-be-developed/articleshow/66645964.cms
6. https://pib.gov.in/Pressreleaseshare.aspx?PRID=1579772
7. https://www.deccanherald.com/content/660426/modi-recites-gomateshwara-stuti-explains.html
8. http://www.iuu.net.in/about-iuu/
9. https://pib.gov.in/newsite/PrintRelease.aspx?relid=159550
10. https://minorityaffairs.gov.in/en/gallery/today-offered-chadar-behalf-pm-shri-narendra-modi-dargah-sufi-saint-hazrat-khwaja-13

11. https://www.firstpost.com/india/pm-modi-sends-chaadar-to-ajmer-dargah-hails-sufi-saint-as-symbol-of-indian-tradition-3350896.html
12. https://www.narendramodi.in/delegation-of-sufi-scholars-calls-on-pm-282794
13. https://www.thehindu.com/news/national/prime-minister-narendra-modi-at-world-sufi-forum/article8366628.ece
14. https://www.thehindu.com/news/national/other-states/at-saifee-mosque-narendra-modi-speaks-about-vasudhaiva-kutumbakam/article24944033.ece
15. https://www.indiatoday.in/fyi/story/shinzo-abe-japan-prime-minister-narendra-modi-india-visit-sidi-saiyyed-mosque-1042980-2017-09-12
16. https://www.narendramodi.in/mobile/pm-modi-s-gift-to-iranian-president-dr-hassan-rouhani
17. https://pib.gov.in/newsite/PrintRelease.aspx?relid=186549
18. https://www.indiatoday.in/india/story/india-gifts-17th-century-relics-st-queen-ketevan-georgia-1826306-2021-07-10
19. https://www.indiatoday.in/india/story/pm-narendra-modi-sri-lanka-visit-st-anthony-s-church-1545331-2019-06-09
20. https://www.bbc.com/news/world-asia-india-28173993
21. https://www.bbc.com/news/world-asia-india-31582002
22. https://indianexpress.com/article/india/kerala-christian-priest-father-tom-uzhunnalil-kidnapped-in-yemen-rescued-with-omans-help-4840018/
23. https://www.news18.com/news/opinion/opinion-transformation-of-unesco-heritage-site-dholavira-when-modi-was-gujarat-cm-is-worth-emulating-4103360.html
24. https://www.financialexpress.com/lifestyle/travel-tourism/kutch-rann-utsav-how-then-gujarat-cm-modi-turned-a-tragedy-into-opportnity-for-the-desert-region/1867234/
25. https://www.indiatvnews.com/news/india/modi-inaugurates-garba-festival-in-gujarat-28871.html
26. https://www.narendramodi.in/cm-lays-stone-for-renovating-shamlaji-temple-complex-at-a-cost-of-rs-70-cr-4690
27. https://pib.gov.in/PressReleaseIframePage.aspx?PRID=1606638
28. https://embindpp.gov.in/gallery?id=enrle
29. https://mea.gov.in/rajya-sabha.htm?dtl/31676/QUESTION+NO3695 +RELATIONSHIP +WITH+BUDDHIST+COUNTRIES
30. https://economictimes.indiatimes.com/news/politics-and-nation/india-extends-15-million-grant-for-promotion-of-buddhist-ties-with-sri-lanka/articleshow/78334018.cms
31. https://indiaculture.nic.in/about-us/autonomus-bodies/buddhist-institutes
32. https://pib.gov.in/PressReleseDetailm.aspx?PRID=1592009
33. https://www.indiatoday.in/india/story/narendra-modi-tony-abbott-rani-lakshmibai-petition-canberra-australian-parliament-227592-2014-11-18
34. https://timesofindia.indiatimes.com/india/pm-modi-gifts-200-cows-to-villagers-in-rwanda/articleshow/65117263.cms

35. https://indianexpress.com/article/explained/narendra-modi-cheraman-juma-masjid-replica-saudi-king-gift/
36. https://www.narendramodi.in/mobile/pm-modi-s-gift-to-iranian-president-dr-hassan-rouhani-
37. https://www.dnaindia.com/india/report-chancellor-merkel-gifts-pm-modi-first-edition-print-of-max-mueller-book-2077571
38. https://www.hindustantimes.com/india/obama-s-gift-to-modi-a-rare-book-with-the-vivekananda-touch/story-ARAFDVQvG9q5r1lqFPLdgO.html
39. https://www.hindustantimes.com/india-news/queen-elizabeth-gave-pm-modi-her-wedding-gift-from-gandhi/story-SE650Jz7dFJLsHuZTteT2L.html
40. https://www.indiatoday.in/india/story/vadnagar-narendra-modi-gujarat-hiuen-tsang-xi-jinping-xian-1060300-2017-10-08
41. https://www.indiatvnews.com/news/world/from-modi-s-vadnagar-to-jinping-s-shaanxi-the-huien-tsang-connection-24517.html
42. https://edition.cnn.com/2016/06/07/us/stolen-artefacts-returned-india/index.html (200)
43. https://pib.gov.in/PressReleasePage.aspx?PRID=1742760 (44)
44. https://archive.pib.gov.in/newsite/PrintRelease.aspx?relid=162199

लोकतंत्र, वितरण और उम्मीद की राजनीति

1. वर्ष 2009 के लोक सभा चुनावों में पार्टी-वार और राज्य-वार जितनी सीटें जीती गईं और जितने वोट डाले गए (भारतीय चुनाव आयोग)
2. वर्ष 2014 के लोक सभा चुनावों में पार्टी-वार और राज्य-वार जितनी सीटें जीती गईं और जितने वोट डाले गए (भारतीय चुनाव आयोग)
3. वर्ष 1996 के लोक सभा चुनावों में पार्टी-वार और राज्य-वार जितनी सीटें जीती गईं और जितने वोट डाले गए (भारतीय चुनाव आयोग)
4. प्रमुख अंश: लोक सभा चुनाव 2009, भारतीय चुनाव आयोग
5. प्रमुख अंश: लोक सभा चुनाव 2014, भारतीय चुनाव आयोग
6. प्रमुख अंश: लोक सभा चुनाव 2009, भारतीय चुनाव आयोग
7. https://www.india.gov.in/spotlight/pradhan-mantri-garib-kalyan-package-pmgkp

चुनाव और चुनाव आंदोलन को हमेशा के लिए बदलना

1. *उदय महूरकर, सेंटरसटेज: इन्साइड द नरेंद्र मोदी मॉडल ऑफ गवर्नन्स* (रैंडम हाउस इंडिया: 2014)
2. https://panchayat-gujarat-gov-in/en/samras-gram-yojana
3. किशोर मकवाना। 2015. *मोदी कॉमन मैन'स पीएम.* प्रभात प्रकाशन
4. https://www-narendramodi-in/largest-mass-outreach-campaign-in-electoral-history-of-a-democracy-3136
5. https://www-narendramodi-in/eñtensive-innovating-and-satisfying-the-story-of-2014-campaign-2-3121

6. शशि शेखर। 2014. *द स्टोरी ऑफ मिशन 272+*
7. https://www-narendramodi-in/eñtensive-innovating-and-satisfying-the-story-of-2014-campaign-2-3121
8. https://www-narendramodi-in/largest-mass-outreach-campaign-in-electoral-history-of-a-democracy-3136
9. https://www-narendramodi-in/largest-mass-outreach-campaign-in-electoral-history-of-a-democracy-3136

बड़ा सोचना और बड़े पैमाने पर निष्पादन करना

1. http://timesofindia-indiatimes-com/articleshow/14682320-cms
2. https://economictimes-indiatimes-com/news/politics-and-nation/the-transformation-of-sabarmati-from-a-parched-river bed-with-puddles-of-industrial-effluents-to-a-bustling-swanky-riverfront/articleshow/45998310-cms
3. https://swaminomics-org/agriculture-secret-of-modis-success/accessed on 7 September 2021
4. https://www-livemint-com/opinion/columns/steps-to-sustain-the-big-success-that-our-dbt-mission-has-been-11627919754109-html
5. https://pib-gov-in/PressReleaseDetailm-aspñ\PRID¾17949749 (accessed on 28 August 2021)
6. यक्षुप चोपड़ा, नागपुरानंद प्रभाला और प्रसन्ना एल. तंत्री (2018): 'बैंक रहितों के लिए बैंक खाते: एक बड़े बैंग के प्रयोग से साक्ष्य' रॉबर्ट एच. स्मिथ स्कूल शोध पेपर संख्या RHS 2919091 https://papers-ssrn-com/so13/papers-cfm\abstract_id¾2919091 (accessed on 30 August 2021)
7. देखें https://nasscom-in/knowledge-center/publications/digital-india-digital-public-goods-platformisation-play (accessed on 29 August 2021)
8. https://indianeñpress-com/article/opinion/columns/demonetisation-india-economic-slowdown-gdp-data-COVID-19-impact-7014835/
9. https://economictimes-indiatimes-com/news/economy/policy/how-an-in-house-e-commerce-platform-has-revolutionasied-government-procurement/articleshow/70310110-cms
10. https://www-financialeñpress-com/industry/sme/msme-eodb-gem-amazon-of-govt-procurement-sees-over-5ñ-increase-in-msme-seller-base-in-12-months-amid-COVID-19/2285112/ (accessed on 7 September 2021)
11. https://www-business-standard-com/article/opinion/transformational-tañ-reform-120063002277_1-html
12. https://www-bloombergquint-com/business/four-years-on-did-rbis-ibc-gamble-with-40-large-defaulters-work
13. https://pib-gov-in/Pressreleaseshare-aspñ\PRID¾1748297 (23 August 2021_ accessed on 28 August 2021)
14. https://www-business-standard-com/article/companies/mobile-eñport-hub-india-may-pip-china-vietnam-120100701643_1-html
15. https://swarajyamag-com/economy/why-it-may-be-the-wrong-time-to-give-

up-hope-on-india
16. https://www-livemint-com/opinion/online-views/opinion-the-challenge-of-overcoming-an-eñtended-crisis-in-our-economy-11593704561035-html
17. https://www-worldometers-info/coronavirus/ (accessed on 22 December 2021)
18. https://dashboard-cowin-gov-in/
19. https://dashboard-cowin-gov-in/
20. https://swachhbharaturban-gov-in/Home-aspñ
21. लांस प्राइस, *'द मोदी इफेक्ट - इन्साइड नरेंद्र मोडीज कैम्पेन टू ट्रांसफॉर्म इंडिया'* (होड्डर & स्टाउटन, 2016)
22. https://indianeñpress-com/article/opinion/columns/economic-package-agriculture-relief-fund-farmers-nirmala-sitharaman-ashok-gulati-6414759/
23. https://indianeñpress-com/article/eñplained/rs-150000-crore-plus-the-govt-stimulus-for-rural-areas-post-lockdown-6474873/
24. विवरण के लिए फुटनोट 15 देखें
25. 'लेबर रिफॉर्म्स: ए हिस्टॉरिकल चेंज', क्रेडिट सुसई (इंडिया), 28 September 2020

एक समृद्ध भारत की ओर

1. मैं संयुक्त राज्य अमेरिका में 40 वर्ष बिताने के बाद पद ग्रहण करने के लिए भारत लौटा था।
2. यू.पी.ए. के दूसरे कार्यकाल के दौरान, सुधार ठप्प हो गए थे, राजकोषीय घाटा बढ़ गया था और रुपया वास्तविक रूप में अत्यधिक मूल्यांकित हो गया था। सरकार के पिछले दो वर्षों के कार्यकाल में भी निर्णय लेने की प्रक्रिया पूरी तरह से ठप्प हो गई है क्योंकि बड़ी बुनियादी ढांचा परियोजनाएँ पर्यावरण अथवा अन्य मंजूरी की कमी के कारण अटक गई हैं। इन दो वर्षों के दौरान विकास दर गिरकर 6 प्रतिशत से नीचे आ गई है और मुद्रास्फीति लगभग दो अंकों के स्तर पर पहुँच गई है। खतरनाक व्यापक आर्थिक संकेतकों का हवाला देते हुए, द *इकोनोमिस्ट* में अगस्त 2013 की एक खबर ने निष्कर्ष निकाला था, 'यह व्यापक रूप से सहमत है कि देश वर्ष 1991 के बाद से अपने सबसे खराब आर्थिक बंधन में है'। इसी तरह, वर्ष 2012 की एक मानक और खराब रिपोर्ट में उसके शीर्षक में आलंकारिक रूप से पूछा, 'क्या भारत बी.आर.आई.सी. का पहला फॉलन ऐन्जल होगा'?
3. उदाहरण के तौर पर, वर्ष 1990 के दशक और 2000 के शुरुआती वर्षों में प्रधानमंत्री नरसिम्हा राव और अटल बिहारी वाजपेयी द्वारा लागू किए गए सुधारों का पूर्ण प्रभाव वर्ष 2003.04 में शुरू होने वाले दशक तक महसूस नहीं किया गया था।

सूक्ष्म क्रांतियां; जिन्होंने आम आदमी के जीवन को बेहतर बनाया

1. भारतीय दूरसंचार नियामक प्राधिकरण https://www.trai.gov.in/sites/default/files/PR_No.04of2022_2.pdf.
2. प्रेस सूचना ब्यूरो - प्रत्यक्ष लाभ अंतरण https://static.pib.gov.in/WriteReadData/specificdocs/documents/2022/jan/doc2022153101.pdf 3.
3. मुरलीधरन, के., निहौस, पी. और सुखतंकर, एस.। कल्याण कार्यक्रमों में पहचान सत्यापन मानक: भारत से प्रायोगिक साक्ष्य https://www.nber.org/papers/w26744 (2020) doi:10.3386/w26744.

4. मुरलीधरन, के., निहौस, पी. सुखतंकर, एस. एवं वीवर, जे.। फोन-आधारित मॉनिटरिंग का उपयोग करके अंतिम छोर तक सेवा वितरण में सुधार करना। https://www.nber.org/papers/w25298 (2018) doi:10.3386/ w25298.
5. स्वच्छता https://www.who.int/news-room/fact-sheets/detail/sanitation.
6. कर्टिस, वी.। 'स्वच्छ भारत' अभियान के परिणामों की व्याख्या: भारत में संस्थागत व्यवहार और स्वच्छता में परिवर्तन। *B.M.J. Glob. Health* 4, e001892 (2019).
7. स्वच्छ भारत मिशन - ग्रामीण https://sbm.gov.in/sbmreport/home.aspx.
8. दंडाबथुला, जी., भारद्वाज, पी., बुर्रा, एम., राव, पी. वी., वी. पी. और राव, एस. एस., भारत में चलाये जा रहे स्वच्छ भारत मिशन एवं गहन अतिसार बीमारी प्रकोप का प्रभाव मूल्यांकन: हाँ, यह एक सकारात्मक परिवर्तन है। *J. Fam. Med. Prim. Care* 8, 1202–1208 (2019).
9. महाजन, के. और सेखरी, एस.। शौचालय तक पहुंच और महिलाओं के खिलाफ हिंसा 36.
10. अद्यतन वैश्विक आर्थिक परिदृश्य, जुलाई 2021: वैश्चिक सुधार में दोषों (फॉल्ट लाइन्स) का विस्तार। https://www.imf.org/en/Publications/WEO/Issues/2021/07/27/world-economic-outlook-update-july-2021.
11. एन.सी.ए.ई.आर. ने दिल्ली एन.सी.आर. के निष्कर्ष जारी किए कोरोनावायरस टेलीफोन सर्वेक्षण https://www.ncaer.org/news_details.php?nID=328.
12. कपूर, एम. और रवि, एस. गरीबी, महामारी और चुनाव: बिहार विधानसभा चुनाव 2020 का विश्लेषण। *Indian J. Hum. Dev.* 15, 49–61 (2021).
13. रवि, एस., महामारी के दौरान भारतीय चुनावों में प्रौद्योगिकी और नकद हस्तांतरण की भूमिका। *Brookings* https://www.brookings.edu/blog/techtank/2021/03/23/the-role-of-technology-and-cash-transfers-in-indian-elections-during-the-pandemic/ (2021).
14. संयुक्त राष्ट्र। महिलाओं की राजनीतिक भागीदारी पर संयुक्त राष्ट्र महासभा का प्रस्ताव https://www.un.org/ga/search/view_doc.asp?symbol=A/RES/66/130 (2011).
15. ग्लोबल लैंगिक अंतराल रिपोर्ट। विश्व आर्थिक मंच https://www.weforum.org/reports/the-global-gender-gap-report-2017/ (2017).
16. चट्टोपाध्याय, आर. एंड डुफ्लो, ई.। नीति निर्माता के रूप में महिलायें : भारत में एक यादृच्छिक नीति प्रयोग से साक्ष्य। *Econometrica* 72, 1409–1443 (2004).
17. क्लॉट्स-फिगुएरास, आई.। क्या महिलायें शिक्षा के लिए बेहतर हैं? भारत से साक्ष्य *Am. Econ. J. Appl. Econ.* 4, 212–244 (2012).
18. भालोत्रा, एस. एवं क्लॉट्स-फिगुएरास, आई.। महिलाओं का स्वास्थ्य एवं राजनैतिक अभिकर्तव्य। *Am. Econ. J. Econ. Policy* 6, 164–197 (2014).
19. भालोत्रा, एस., क्लॉट्स-फिगुएरस, आई. और अय्यर, एल.। पथप्रदर्शक? महिलाओं की चुनावी सफलता और भविष्य में राजनीतिक भागीदारी। *Econ. J.* 128, 1844–1878 (2018).
20. अय्यर, एल. और मणि, ए.। राजनीतिक सत्ता की राह में लिंग अंतराल - अलग राह। *World Dev.* 119, 68–80 (2019).
21. कपूर, एम. और रवि, एस.। भारतीय लोकतंत्र में महिला मतदाता: एक मौन क्रांति। *Econ. Polit. Wkly.* 49, 63–67 (2014).
22. रॉय, पी. और सोपारीवाला, डी. आर.। द वर्डिक्ट - पेंगुइन रैंडम हाउस इंडिया https://penguin.co.in/book/the-verdict/ (2019).
23. राय, पी.। भारत के चुनावों में महिलाओं की भागीदारी: प्रमुख निर्धारक और बाधाएं। *Econ. Polit. Wkly.* 46, 47–55 (2011).
24. पी.आर.एस. भारत *PRSIndia* https://www.prsindia.org/.

25. हम क्या करते हैं। पी.आर.एस. इंडिया https://www.prsindia.org/aboutus/what-we-do (2020).
26. भारतीय राज्यों में चमत्कार : आंध्र प्रदेश, बिहार और गुजरात (Oxford University Press, 2015). doi:10.1093/acprof:oso/9780190236625.001.0001.
27. संकेतक मेटाडेटा रजिस्ट्री विवरण https://www.who.int/data/gho/indicator-metadata-registry/imr-details/67.
28. संयुक्त राष्ट्र सतत विकास लक्ष्य 3. *Health. United Nations Sustainable Development* https://www.un.org/sustainabledevelopment/health/.
29. हग, एल., अलेक्जेंडर, एम., यू, डी. और अल्केमा, एल.। 1990 और 2017 के बीच नवजात मृत्यु दर में राष्ट्रीय, क्षेत्रीय और वैश्विक स्तर और रुझान, वर्ष 2030 के परिदृश्य आधारित अनुमानों के साथ : एक व्यवस्थित विश्लेषण *Lancet Glob. Health* 7, e710–e720 (2019

मोदीः संकटों में भारत के भरोसेमंद सारथी

1. https://www.bbc.com/news/world-south-asia-12309791
2. Pramod K. Mishra. 2004. The Kutch Earthquake 2002: Recollections, Lessons and Insights. National Institute of Disaster Management. Available: https://nidm.gov.in/PDF/pubs/KUTCH%202001.pdf
3. Pramod K. Mishra. 2004. The Kutch Earthquake 2002: Recollections, Lessons and Insights. National Institute of Disaster Management. Available: https://nidm.gov.in/PDF/pubs/KUTCH%202001.pdf
4. https://www.indiatoday.in/magazine/indiascope/story/20020121-gujarat-from-epicentre-of-quake-to-epicentre-of-development-750507-2002-01-21
5. Pramod K. Mishra. 2004. The Kutch Earthquake 2002: Recollections, Lessons and Insights. National Institute of Disaster Management. Available: https://nidm.gov.in/PDF/pubs/KUTCH%202001.pdf
6. https://timesofindia.indiatimes.com/city/ahmedabad/kutch-once-a-tax-haven-now-an-investment-hub/articleshow/56786939.cms
7. http://www.gsdma.org/Content/gujarat-state-disaster-management-act-2003-4239
8. https://economictimes.indiatimes.com/news/politics-and-nation/how-india-got-back-46-nurses-from-isis-in-2014/classified-negotiations/slideshow/62220976.cms
9. https://www.thehindu.com/news/national/catholic-priest-prem-kumar-freed-from-taliban-captors/article6922145.ece
10. https://www.firstpost.com/india/father-tom-reaches-india-after-18-months-in-islamic-state-captivity-meets-narendra-modi-4089517.html
11. https://economictimes.indiatimes.com/news/politics-and-nation/narendra-modis-call-to-saudi-king-helped-indias-operation-rahat-in-yemen-sushma-swaraj/articleshow/62405284.cms?from=mdr
12. https://www.business-standard.com/podcast/current-affairs/seven-major-evacuation-operations-conducted-in-india-s-history-120050601535_1.html; https://www.thehindu.com/specials/the-great-yemen-escape-operation-rahat-

by-numbers/article7089422.ece
13. https://www.hindustantimes.com/india-news/operation-devi-shakti-india-evacuates-more-than-800-people-from-afghanistan-101629794300934.html
14. https://pib.gov.in/PressReleaseIframePage.aspx?PRID=1542250
15. https://twitter.com/PMOIndia/status/719024390885650432
16. https://pib.gov.in/PressReleasePage.aspx?PRID=1608345
17. https://pib.gov.in/PressReleseDetail.aspx?PRID=1623391
18. https://indianexpress.com/article/opinion/columns/political-gain-COVID-19-pandemic-election-healthcare-crisis-7297316/

कृषि: अच्छा है लेकिन बेहतर की गुंजाइश है

1. Fan, Shenggen, Ashok Gulati and Sukhdeo Thorat (2007): *Investment, subsidies, and pro-poor growth in rural India*, IFPRI Discussion paper 716, New Delhi.
2. Dholakia, H. and Samar Datta (2010): *High growth trajectory and structural changes in Gujarat agriculture*, MacMillan Publishers India Ltd.
3. Government of India (2001, 2011): *Census of India*, Registrar General of India, Ministry of Home Affairs, Government of India.
4. Government of India (various issues): *Statewise and itemwise estimates of Value of Output from Agriculture and allied activities*, Central Statistical Office, Ministry of Statistics and Programme Implementation (MOSPI).
5. Gulati, Ashok, Tushaar Shah, and Ganga Shreedhar (2009): *Agricultural performance in Gujarat since 2000: Can it be a divadandi (lighthouse) for other states?*, Report by International Water Management Institute (IWMI) and International Food Policy Research Institute (IFPRI).
6. Gulati, Ashok, Ranjana Roy and Siraj Hussain (2021): '*Performance of Agriculture in Gujarat*' in Revitalizing Indian Agriculture and Boosting Farmer Incomes, edited by Ashok Gulati, Ranjana Roy and Shweta Saini, Springer, 2021.
7. Shah, Tushaar, Ashok Gulati, Ganga Shreedhar, and R.C. Jain (2009): *Secret of Gujarat's agrarian miracle after 2000*, Economic and Political Weekly, 45-55.

महामारी से जंग: आगे बढ़कर नेतृत्व करना

1. https://web.archive.org/web/20211231224224/https://www.mohfw.gov.in/
2. As on December 8, 2021. Accessed from: https://ourworldindata.org/COVID-19-cases
3. https://www.thehindu.com/news/national/indias-first-coronavirus-infection-confirmed-in-kerala/article30691004.ece
4. https://time.com/5791661/who-coronavirus-pandemic-declaration/
5. https://pib.gov.in/PressReleseDetail.aspx?PRID=1607995
6. https://twitter.com/narendramodi/status/1235083359501430789?s=20
7. https://indianexpress.com/article/explained/coronavirus-india-lockdown-vs-global-lockdown-COVID-19-deaths-cases-cure-6399181/

8. https://pib.gov.in/PressReleaseIframePage.aspx?PRID=1607248
9. https://www.hindustantimes.com/india-news/after-lockdown-plan-to-unlock-india-in-phases/story-vsK1wGQ7moLTMjlKkUelHP.html
10. https://pib.gov.in/PressReleseDetail.aspx?PRID=1607995
11. https://www.thehindu.com/news/national/52-labs-made-functional-across-india-for-coronavirus-testing/article31008011.ece
12. https://pib.gov.in/PressReleasePage.aspx?PRID=1787361
13. https://pib.gov.in/PressReleseDetail.aspx?PRID=1777643
14. https://theprint.in/health/how-india-increased-its-COVID-19-testing-capacity-from-52-labs-to-over-1300-in-4-months/471262/
15. https://www.indiatoday.in/india-today-insight/story/how-india-became-a-ppe-manufacturing-hub-1771584-2021-02-21
16. https://cddep.org/wp-content/uploads/2020/04/State-wise-estimates-of-current-beds-and-ventilators_20Apr2020.pdf
17. https://pib.gov.in/PressReleasePage.aspx?PRID=1633516
18. https://www.business-standard.com/article/current-affairs/bel-makes-30-000-ventilators-in-record-time-to-help-govt-in-COVID-19-fight-120081401780_1.html
19. https://indianexpress.com/article/opinion/columns/india-COVID-19-situation-second-wave-oxygen-vaccine-shortage-pm-modi-7308610/
20. https://pib.gov.in/PressReleasePage.aspx?PRID=1721032
21. https://economictimes.indiatimes.com/news/defence/indian-air-force-airlifts-twelve-empty-cryogenic-oxygen-containers-from-bangkok-singapore-dubai/articleshow/82310477.cms?from=mdr
22. https://www.hindustantimes.com/india-news/world-s-largest-COVID-19-care-facility-with-10-000-beds-inaugurated-in-delhi/story-JS0yy17MTSVheVwgrukkPN.html
23. https://www.hindustantimes.com/india-news/as-COVID-19-cases-surge-itbp-to-reopen-sardar-patel-care-centre-in-delhi-101619100012448.html
24. https://pib.gov.in/PressReleaseIframePage.aspx?PRID=1713069
25. https://hal-india.co.in/Common/Uploads/pdfs/RM%20write%20up%20on%20COVID-19.pdf
26. https://hal-india.co.in/Common/Uploads/pdfs/RM%20write%20up%20on%20COVID-19.pdf
27. https://pib.gov.in/PressReleasePage.aspx?PRID=1714683
28. https://ourworldindata.org/COVID-19-vaccinations
29. https://www.thehindu.com/coronavirus/
30. https://twitter.com/mygovindia/status/1467726844698845184?s=20
31. https://twitter.com/mygovindia/status/1467436053451526145?s=20
32. https://twitter.com/mygovindia/status/1451105386262450176/photo/1
33. https://www.who.int/india/news/feature-stories/detail/india-deploys-drones-to-deliver-COVID-19-vaccines#:~:text=India%20is%20using%20indigenously%20developed,and%20Andamans%20and%20Nicobar%20Islands.

34. https://pib.gov.in/PressReleasePage.aspx?PRID=1772536
35. https://twitter.com/mygovindia/status/1467436312084897792?s=20
36. https://www.thehindu.com/opinion/op-ed/a-paradigm-shift-in-vaccination/article34824529.ece
37. https://pib.gov.in/PressReleaseIframePage.aspx?PRID=1676998
38. https://pib.gov.in/PressReleasePage.aspx?PRID=1676814
39. https://www.thehindu.com/news/national/pm-modi-has-virtual-conference-with-COVID-19-vaccine-companies/article33211511.ece
40. https://pib.gov.in/PressReleaseIframePage.aspx?PRID=1676998
41. https://www.hindustantimes.com/india-news/monthly-output-of-25mn-doses-to-continue-till-aug-bharat-biotech-101624387840098.html
42. https://www.businesstoday.in/coronavirus/story/hester-biosciences-to-produce-bharat-biotech-covaxin-297241-2021-05-28
43. https://pib.gov.in/PressReleasePage.aspx?PRID=1715649
44. https://pib.gov.in/PressReleasePage.aspx?PRID=1723933
45. https://pib.gov.in/PressReleseDetail.aspx?PRID=1777643; https://mea.gov.in/vaccine-supply.htm
46. https://pib.gov.in/PressReleasePage.aspx?PRID=1778831
47. https://pib.gov.in/PressReleseDetail.aspx?PRID=1740268
48. http://164.100.24.220/loksabhaquestions/annex/174/AU1090.pdf
49. https://pib.gov.in/PressReleasePage.aspx?PRID=1583290
50. http://pmssy-mohfw.nic.in/
51. https://pib.gov.in/PressReleasePage.aspx?PRID=1780145
52. https://pib.gov.in/PressReleseDetail.aspx?PRID=1777643
53. https://pib.gov.in/PressReleasePage.aspx?PRID=1780152
54. https://pib.gov.in/PressReleaseIframePage.aspx?PRID=1607248

सूची